韩国养老与社会保障重要法规译介

南玉梅 李华 崔慧珠 ◎ 译

中国社会科学出版社

图书在版编目（CIP）数据

韩国养老与社会保障重要法规译介 / 南玉梅等译.—北京：中国社会科学出版社，2021.6

（泰康大健康法制译丛）

ISBN 978-7-5203-8145-1

Ⅰ.①韩… Ⅱ.①南… Ⅲ.①养老—社会保障—法规—韩国 Ⅳ.①D931.26

中国版本图书馆 CIP 数据核字（2021）第 054250 号

出 版 人	赵剑英
责任编辑	梁剑琴
责任校对	刘 娟
责任印制	郝美娜

出　　版	中国社会科学出版社
社　　址	北京鼓楼西大街甲 158 号
邮　　编	100720
网　　址	http://www.csspw.cn
发 行 部	010-84083685
门 市 部	010-84029450
经　　销	新华书店及其他书店
印刷装订	北京市十月印刷有限公司
版　　次	2021 年 6 月第 1 版
印　　次	2021 年 6 月第 1 次印刷
开　　本	710×1000　1/16
印　　张	38
插　　页	2
字　　数	623 千字
定　　价	198.00 元

凡购买中国社会科学出版社图书，如有质量问题请与本社营销中心联系调换
电话：010-84083683
版权所有　侵权必究

泰康大健康法制译丛编委会

编委会主任：冯 果　靳 毅
编委会成员：魏华林　史玲玲　张善斌　张荣芳
　　　　　　郭明磊　武亦文　马 微　王 源
　　　　　　李承亮　杨 巍　南玉梅

序 一

当今世界面临着百年未有之大变局，新冠肺炎疫情的爆发加速了这一动荡变革的进程。新冠肺炎疫情宛若一块试金石，考验了各国、各地区的政治制度与社会治理能力。在中国共产党的领导下，我国抗击新冠肺炎的狙击战取得了阶段性的胜利，为世界其他国家、地区树立了榜样。与此同时，我国卫生与健康法制的不足之处也暴露出来。这样的经历也促使法学界开始反思我国现有的卫生与健康法制体系是否完备，尤其是否能够充分因应重大公共卫生突发事件。

诚如习近平总书记所强调："没有全民健康，就没有全面小康。"而全民健康目标的实现，有赖于健全的卫生与健康法律制度的支持。作为后发的社会主义国家，卫生与健康法律制度在我国的法律体系中发挥着举足轻重的作用。随着中国特色社会主义法律体系的建成，我国卫生与健康法律体系架构已经基本形成。但"粗线条"的立法导致卫生与健康法领域的各项具体法律制度还存在较大的空白。如何去填补这些空白，是学术界与法律实务界应当携手加以解决的重大问题，不仅关系到大健康法制体系的健全，更关系到社会的稳定、国民经济的发展，关系到老百姓生活的方方面面。如果我们能够把握好填补这些立法空白的历史机遇，那么这些空白将成为先前立法者巧妙的"留白"，我国卫生与健康法的立法也能借此实现"弯道超车"。鉴于此，武汉大学大健康法制研究中心作为武汉大学和泰康保险集团共建的大健康法制研究平台，致力于对域外先进之卫生与健康法律法规以及著作的译介，策划了这套《泰康大健康法制译丛》。

良善的法律制度是整个人类文明的共同财富，对于良善的法律制度，我们也应当加以借鉴。本着"取法乎上，扬弃承继"的理念，本译丛聚焦当今世界卫生与健康法制发达国家的法律制度以及学术著作，视野涵盖且不限于德国、英国等欧洲国家，美国以及日本、韩国等亚洲国家卫生与健康领域立法和学说之演变与最新动态。

很多法律实务界的同仁也在密切关注着我国的卫生与健康法制,尤其是大健康法制的发展趋势,盖其关乎到未来我国整个社会治理体系的架构。此外,本套译丛亦为卫生学、医学、药学、社会保障学、保险学等其他学科领域的学者以及实务工作者开启了一扇从法学视角看待域外卫生与健康法律制度的窗户。译者也希望借此打破立法与司法实务、法学与其他学科之间的壁垒,促进立法与司法实务的良性互动以及不同学科间的交流,携手共建具有中国特色的大健康法制体系。

本套译丛的译者具有精深的法学专业知识、丰富的海外学习经历,对国内和域外的法律制度有着深入的了解与研究。译者的专业性保障了本套译丛的质量。"纵浪大化中,不喜亦不惧。应尽便须尽,无复独多虑。"纵使译者非常努力地想向读者呈现一套质量上乘的译作,然囿于学识与时间,篇牍讹误在所难免。由衷希望各界关心我国大健康法制建设的人士不吝赐教、批评斧正!

冯果

2020 年 11 月 1 日于珞珈山

序　二

随着世界老龄人口占比不断增加的趋势日益明显，人类社会逐步迈向长寿时代，开始形成以低死亡率、低生育率、预期寿命持续延长、人口年龄结构趋向"柱状"、老龄人口占比高峰平台期超越 1/4 为特点的新均衡。在百岁人生悄然来临之际，人类的疾病图谱也发生了巨大变化，各类非传染性慢性病正成为人类长寿健康损失的主要原因，带病生存将成为普遍现象，健康产业逐渐成为推动经济发展的新动力。而为了储备未来的养老和医疗资金，个体和社会对财富的需求亦相伴而生。在此背景下，如何充分发挥制度创新、社会创新和商业创新的力量，探寻对养老、健康、财富等社会问题的解决方案，成为需要各界精诚合作、长期投入的事业。

为了探索应对长寿时代需求与挑战的企业解决方案，泰康保险集团在23年的商业实践中把一家传统的人寿保险公司逐步改造、转变、转型为涵盖保险、资管、医养三大核心业务的大健康生态体系。作为保险业首个在全国范围投资养老社区试点企业，泰康已完成北京、上海、广州等22个全国重点城市养老社区布局，成为全国领先的高品质连锁养老集团之一；同时，秉承医养融合理念，养老社区内配建以康复、老年医学为特色的康复医院，进一步满足长寿时代下的健康需求。在此过程中，国家健康法制体系的建设和完善对泰康的商业模式创新提供了鼓励和保障。近年来，国家颁布了一系列文件鼓励和支持保险企业为社会服务领域提供长期股本融资、参与养老服务机构的建设运营、引领医养领域的改革发展，如2020年银保监会联合十三部委颁布的《关于促进社会服务领域商业保险发展的意见》指出，允许商业保险机构有序投资设立中西医等医疗机构和康复、照护、医养结合等健康服务机构；鼓励保险资金与其他社会资本合作设立具备医养结合服务功能的养老机构，增加多样化养老服务供给等等。泰康的经营实践与国家政策的制定颁布实现了相互促进和印证。

他山之石，可以攻玉。无论是国家政策制度的改革还是企业商业模式的创新，都不应是一个闭门造车的过程。正是对国外先进立法经验和商业实践的学习、扬弃，使其真正适应中国社会基因、解决中国现实问题，才让具有中国特色的社会主义制度熠熠生辉，大健康法制领域的学术研究和法制建设概莫能外。《泰康大健康法制译丛》的诞生便由此埋下了伏笔。

2019年，泰康保险集团秉承"服务公众、回馈社会"的理念，践行健康中国战略，与武汉大学共建武汉大学大健康法制研究中心，正式开启有关大健康行业政策与法律的联合研究。2020年，中心首批研究成果陆续问世，其中就包括与中国社会科学出版社合作出版《泰康大健康法制译丛》。本丛书对美国、德国、日本、韩国等国家卫生健康领域的立法和著作进行翻译、引介，为政府、学界和产业界进一步打破国别和学科藩篱、拓展理论与实务视野打开了局面，推动我国大健康法制体系在建设思路和举措上的明晰和完善。

在此，谨代表泰康和中心，对各位专家学者对本领域的持续关注表示诚挚感谢，并衷心希望各界专家积极参与到大健康法律政策的研究中来，汲取人类文明之精华，解决中国发展之问题，为我国大健康法制体系的完善提供坚实的理论基础，为我国在长寿时代下的国家和社会治理构建充分的法治保障，让百岁人生不惧病困、不惧时光，让人们更健康、更长寿、更富足！

陈东升

2020年12月1日于北京

目 录

一　韩国养老与社会保障法律制度简介 …………………………（1）
二　老年人长期疗养保险法 ………………………………………（14）
三　老年人长期疗养保险法实施令 ………………………………（45）
四　老年人长期疗养保险法实施细则 ……………………………（61）
五　社会保障基本法 ………………………………………………（84）
六　社会保障基本法实施令 ………………………………………（95）
七　社会保障给付法 ………………………………………………（106）
八　社会保障给付法实施令 ………………………………………（133）
九　低生育高龄社会基本法 ………………………………………（149）
十　低生育高龄社会基本法实施令 ………………………………（156）
十一　国民健康保险法 ……………………………………………（160）
十二　国民健康保险法施行令 ……………………………………（210）
十三　国民健康保险疗养给付的标准相关规则 …………………（259）
十四　基础年金法 …………………………………………………（286）
十五　基础年金法实施令 …………………………………………（300）
十六　国民年金法 …………………………………………………（317）
十七　国民年金法实施令 …………………………………………（370）
十八　残疾人年金法 ………………………………………………（420）
十九　残疾人年金法实施令 ………………………………………（432）
二十　公务员年金法 ………………………………………………（444）
二十一　公务员年金法实施令 ……………………………………（475）
二十二　私立学校教职员年金法 …………………………………（525）
二十三　私立学校教职工年金法实施令 …………………………（549）

一　韩国养老与社会保障法律制度简介

(一) 韩国养老与社会保障重要法规的选取和译介背景

在人口老龄化与社会少子化趋势下，老年人长期照护问题已从家庭责任逐渐演变为国家责任，成为建设福利社会的重要组成部分。据韩国统计厅未来人口预测部门（KOSIS）推算，韩国65岁以上的高龄人口比重已达15.7%，远超联合国确定的7%的标准，韩国正式进入老龄化社会。此外，随着离异家庭以及未婚人群的增多，独居老人更是成为新型社会问题。面对人口老龄化与独居老人的增多，韩国政府决定将长期疗养问题纳入公法保护范畴。

养老问题作为社会保障制度的重要组成部分，也是福利国家建设的重要问题。韩国《宪法》明确社会保障制度上的国家责任。根据韩国《宪法》规定，国家有义务完善社会保障政策，提高女性、老年人及青少年等社会弱势群体的权利，预防灾害的发生并保障国民免受灾害的威胁。针对人口老龄化带来的养老问题，制度层面区分老龄化对身体机能的影响，既包括健康维持层面的健康保险制度，也包括弥补劳动能力缺失的年金制度，还包括功能障碍导致的长期看护制度等。其中，健康保险制度与年金制度的适用对象并不局限于老年人，但在解决老龄化社会问题中起着不可或缺的作用。

社会的发展与医学的进步，促使人类加速进入老龄化社会，养老问题已经成为人类不得不面对的社会问题。据世界卫生组织公布的资料来看，我国的平均寿命虽然高达73.5岁，但健康寿命却只有62.3岁。疾病缠身的老年生活持续时间较长，通过制度保障晚年健康显得尤为迫切。鉴于韩国早于我国进入老龄化社会，立法、实践积累较多，经验丰富，加之韩国与我国同属于东亚文明圈且同受儒家思想影响，本书选取韩国社会保障与社会保险方面的重要法律法规，试图全方位地引介韩国面对老龄化社会作出的制度准备。希望本书的出版能够为相关部门立法提供有益经验。

（二）《社会保障基本法》制定与修订背景下社会保障体系的形成

福利国家的建设离不开社会保障体系的建立。政党活动对社会制度的影响，是韩国社会保障体系形成的重要特点。通过在韩国法制处国家法律信息中心网站查阅得知，韩国《社会保障基本法》自1963年制定至今，经历了大大小小多达20余次的修订，但大幅度修订发生在1995年和2012年，且与当时韩国社会所处的政治经济状况密切相关。

1. 第一阶段：军政府时期的1963年《社会保障法》

1963年《社会保障法》的出台与当时的韩国社会经济状况具有密切的关联。20世纪50年代的韩国经济可以分为战后高速发展期与结构调整期。朝鲜战争结束后至1957年，韩国经济进入战后高速发展期，年平均增长率高达5.7%。随后战争红利消失，伴随经济进入结构调整期，韩国经济急需新的发展动力。面对韩国经济的平缓发展，大韩劳动总联盟等民间组织提出建立健全社会保障体系的设想。大韩劳动总联盟向国会提出引入失业保险制度为核心的社会保障体系，而其他民间组织提出引入医疗保险为核心的社会保障制度。然而，军人出身的朴正熙总统相比社会保障体系的建立更加关注国家安保与经济增长。但是随着民间呼声的日益增大，政府不得不于1962年提出"建立扶助与保险为核心的社会保障制度"、同年3月成立社会保障制度审议委员会、1963年1月提出"推进医疗保险与灾害保险制度"，最终出台了1963年的《社会保障法》。

最终出台的1963年《社会保障法》的条款内容，直观地反映了军事政府的执政特点。内容上，大量删除了大韩劳动总联盟等民间组织提出的社会保障相关的重要内容，仅在形式上引入了社会保障制度的概念，确立了社会保障让位于经济建设的隐性惯例。不仅如此，在机构设置上，推翻了民间团体提出的专家主导模式，通过政府机关内部设置专家委员会的方式，暗含作为政治手段利用社会保障制度的政治考量。

2. 第二阶段："民主化"运动到新自由经济时期的1995年《社会保障基本法》

1963年出台的《社会保障法》经过32年的实施，韩国社会经济政治环境发生了翻天覆地的变化。20世纪70年代的医疗保险、私学年金及社会福利事业法，20世纪80年代的老年人福利法及身心障碍福利法的制定进一步丰富并完善了社会保障体系。随后，《生活保护法》的出台，公共扶助的概念逐渐进入视野。然而此时的社会保障体系的丰富和完善呈现出自下而上的特点。即，政府始终在被动地迎合自下而上的改革意见，而不是主动承担社会保障问题上的国家责任。

自下而上的改革终于在1980年的"5·18"民主化运动（光州事件）中集中爆发。民主化运动持续了相当长的一段时间，其影响不仅局限在政治领域内，可谓波及整个韩国社会。以至于"民主化"运动后的韩国民众呈现"斗争争取权利"的特点，这一特点被韩国学者概括为"对策性的社会斗争"。民主化运动在社会保障领域内的影响体现在劳动组织与劳动运动的爆发性增长。在"斗争争取权利"的社会思潮下，医疗保险统合运动与地域社会婴幼儿托管运动实现了保育的社会化；残疾人的斗争运动实现了《身心残障者福利法》及《残疾人雇佣法》的出台，进入20世纪90年代又相继发生了国民福利基本线运动，以及福利预算扩充运动等。韩国社会进入福利爆炸（welfare explosion）时期，社会保障制度方面相继实现了全民医疗保险、雇佣保险等大规模社会福利的扩大与改进。

随后韩国政府提出制订新经济五年计划。新经济五年计划的目标是解决"民主化"运动过程中出现的对内三大问题与对外两大问题。对内三大问题分别为，各阶层的需求不统一、集团利己主义的蔓延以及劳动欲望与企业欲望的衰退；对外两大问题分别为，强化贸易保护主义与超越发展中国家。新经济五年计划中，韩国政府呈现出减少国家干预与强化市场功能的转型思路。此时的韩国总统金泳三提倡以新自由主义的市场原理解决社会福利问题，将《社会保障法》修订并更名为《社会保障基本法》。具体措施为，只对绝对贫困阶层承担保障责任，具有劳动能力的人应当通过自身劳动实现自给自足。从结果上来看，金泳三总统的社会保障理念是，通过确立受益人负担原则的社会保障体系，通过新自由主义的市场原理，试图将国家责任转嫁至民间。

3. 第三阶段：外汇危机到民主政府时期的2012年《社会保障基本法》

1995年《社会保障基本法》制定后，随着1997年外汇危机的到来，韩国经济面临重大困境。相比外汇危机引发的经济危机，韩国政治却迎来黄金十年的民主政府时期。民主政府执政的十年对社会福利的改进作出了卓越的贡献，以至于多数学者认为，韩国福利国家的建设始于金大中政府。民主政府执政时期，金大中总统聚焦保障收入的改革。具体措施为，以生产福利为国家指标，大力推行国民年金制度、统合医疗保险与国民健康保险、雇佣保险与工伤保险的全覆盖，推行国民基础生活保障法等。继金大中总统后，卢武铉总统执政期间延续金大中总统的社会保障理念，制定紧急福利支援法、引入劳动奖励税制、制定老年人长期疗养保险法、发放社会福利券等保障低生育率和高龄化时代下特定阶层的社会福利。

虽然民主政府执政时期出台的社会保障措施在扩大适用范围上具有积极的意义，但仍然存在保障空白以及农村地区保障差异等问题。随着韩国政权向保守党李明博总统的转移，2010年2月国会召开了听证会讨论福利国家的建设问题。此次听证会被韩国社会称为"福利国家论战"。听证会上，保守党代表朴槿惠指出，进步党执政期间的社会保障，存在以收入保障为核心的事后保障以及社会保障计划的非连续性等问题，并主张通过修订《社会保障基本法》构建以受益人为中心，贯穿生老病死全过程的社会保障管理体系。最终修订的2012年《社会保障基本法》的内容全盘吸收了朴槿惠关于社会保障管理体系的设想，明确了"终身社会安全网"的构建。即，在福利、保健、教育、雇佣、居住、文化、环境等方面提供社会保障服务。然而从保守党朴槿惠政府指导下修订的《社会保障基本法》的具体条款来看，并未改变保守党一贯主张的自由经济模式下的社会保障措施，反而通过强化公民彼此之间的扶助义务试图实现社会安全网的构建。学界评价朴槿惠的社会保障理念存在转嫁责任与过度规制的问题。

现如今，韩国政权经历了保守党李明博与朴槿惠时代后，重新回到进步党文在寅的手上，社会保障政策再次呈现民主政府执政时期的特点——通过扩大适用范围实现社会保障的普适性。然而财政有限的情况下，扩大社会保障的适用范围会增加国家的财政压力。面对国家财政的有限性与国家社会保障责任的双重压力，文在寅政府提出"刺激增长实现分配"的理念。"刺激增长实现分配"的理念是，通过经济发展创造更多的工作岗位，缓解收入分配不均与贫困的问题。韩国学界借鉴Chalmers Johnson的观点将此种社会保障模式称为"发展型国家社会福利措施"（developmental state welfare regime）。国家通过主导产业化与经济增长创造更多的就业岗位，并将就业岗位与低劳酬、长时间的劳动相结合，辅以极低的个人税负，为个人对抗失业、疾病、老龄等社会风险提供储蓄空间。基于这种特点，也有学者认为，有别于国家承担社会福利责任，发展型国家社会福利措施是通过家庭储蓄及家族连带的方式对抗社会风险。承继进步党的执政理念，自文在寅总统执政以来，社会支出呈现增加的态势。从2018年的数据来看，相比朴槿惠执政时期增长了4.7%。社会保障措施方面，文在寅政府引入儿童劳动报酬的概念、扩大基础年金与事业年金的给付范围、扩大劳动奖励税制（EITC）等措施对扩大贫困阶层的给付带来了积极的作用。此外，文在寅政府提出"文在寅关怀计划"，通过将选择性诊疗费与MRI等非医保项目纳入医保范围，进一步提高健康保险的保障性。

现在的韩国社会保障制度以《社会保障基本法》为基础，具体分为社会保险、社会补偿、公共扶助以及社会福利四大模块。其中，社会保险作为韩国社会保障制度的重要组成部分，再次细分为《国民年金法》《国民健康保险法》《雇佣保险法》《产业灾害补偿保险法》《公务员年金法》《军人年金法》《老年人长期疗养保险法》等[①]。考虑到公共年金制度对我国的借鉴意义较大，本书在《社会保障基本法》《国民年金法》《基础年金法》《国民健康保险法》之外，选取典型的公共年金法规进行全文翻译。

（三）韩国社会保险法体系的发展历程及内容构成

韩国社会保险体系的形成不是一蹴而就的，而是经济发展不断深化的过程。20世纪50年代以前的韩国，社会动荡，民不聊生，国家无力承担民生责任。20世纪60年代军政府朴正熙上台，以建设福利国家为名，制定多部社会保险相关的法律试图稳定政权。《国民福祉年金法》就是这个时期的典型代表。但在1973年石油危机的影响下，朴正熙政府看到西欧国家社会保障制度出现大规模财政赤字，意识到经济基础决定社会保障制

[①] 社会补偿法包括《关于国家有功者礼遇及支援相关法律》《犯罪被害人保护法》；公共扶助法包括《国民基本生活保障法》《医疗保护法》；社会福利法包括《儿童福利法》《老年人福利法》《残疾人福利法》等。

度的有效实施，遂作出经济发展优先于社会福利的决定。朴正熙政府通过大力发展经济，扩大就业机会等，经济领域内取得令人瞩目的成果。1986年修订《国民福祉年金法》，正式颁布《国民年金法》；2009年制定《国民年金法与职域年金关联法》，合并国民年金和职业年金的在职期间，消除分别领取年金引发的年金"死角地带"；取消《基本老龄年金法》，正式颁布《基础年金法》弥补低收入老年人的养老问题。

1. 健康保险制度

保护健康与实现人格尊严是人类最基本的自由。因此社会保障首选疾病作为社会风险，是社会保障制度历史进程中的普遍现象。《韩国健康保险法》起源于1963年制定的《医疗保险法》，制定初期缺乏对社会保障的基本认识导致《医疗保险法》未能发挥社会保障功能。后期回应自下而上的改革要求，1977年修订的《医疗保险法》增加社会保障因素，使其成为社会保险法律制度的重要组成部分。

《国民健康保险法》是最重要的社会保险制度。医疗保障制度作为各国特有的传统与文化为背景的历史性产物，大体上可以分为社会保险（Social Health Insurance，SHI）、国民健康保险（National Health Insurance，NHI）以及国民保健服务（National Health Service，NHS）。韩国的医疗保障制度和我国台湾地区的模式相同，在采取社会保险方式的同时，由单一的保险人以全体国民为对象运营国民健康保险。具体而言，以社会连带性为基础，医疗保障体系引入保险原理并通过单一的保险人为国家全体运营和管理健康保险。

《韩国国民健康保险法》的制定历程

2019.07	外国人投保人纳入适用范围
2015.01	看护看病统合服务保险给付的适用（《医疗法》修订，把现存概括性看护服务更名为看护看病统合服务）
2014.04	健康保险公团以香烟公司为对象，提起损害赔偿之诉
2013.08	重症疾病的灾难性医疗费志愿事业
2012.07	概括售价制、医院级别的疗养机关
2011.01	统合征缴社会保险（健康保险、国民年金、雇佣保险、产灾保险）
2008.07	实施老人长期疗养保险制度
2007.04	制定《老人长期疗养保险法》（法律第8403号）

续表

2005.07	实施老人长期疗养保险示范工作
2003.07	职场财政与地区财政的统合（实质性的统合健康保险）
2002.01	制定《国民健康保险财政健全特别法》
2001.07	不足5人的事业场的劳动者纳入职场投保人范畴
2000.07	统合国民医疗保险管理公团与职场医疗保险组合
1999.02	制定《国民健康保险法》
1998.10	统合国民医疗保险管理公团和职场医疗保险组合成立国民健康保险公团
1997.12	制定《国民医疗保障法》
1989.07	实施城市地区的医疗保险→实现全国民医疗保险
1988.07	扩大适用5人以上事业场的医疗保险
1988.01	扩大适用农渔村地区的医疗保险
1981.01	扩大适用100人以上事业场的医疗保险
1979.01	实施公务员及私立学校教职员医疗保险
1977.07	实施500人以上事业场劳动者的医疗保险
1963.12	制定《医疗保险法》

2. 年金保险制度

年金制度作为收入保障制度的重要组成部分，重在解决日常生活中的老龄化、残疾引发的长时间收入减少导致生活陷入困境而提供等额收付款项。年金制度的计划法色彩决定了制度设计应当遵循可持续理念，兼顾财政的过度支出对下一代公民造成的财政负担。社会福利离不开经济的发展，片面的扩大社会福利反而会引发"福利病"致使国家财政陷入危机。因此，年金法律体系应当协调国民经济发展、年金的合理预测以及老年生活的保障之间的矛盾，还应当关注公共领域和私人领域的职能分担。年金制度分为私人年金制度与公共年金制度，前者为个人与民间保险公司承保的个人年金与企业年金，后者为以公务员、军人、私立学校教职员为对象的职业年金以及以一般公民为对象的国民年金。公务员年金制度、军人年金制度、私立学校的教职工年金制度以及国民年金制度共同构成韩国公共年金的四大支柱。

2007年韩国制定《基础年金法》用以解决因年龄等原因未能参加保险的低收入人群的养老问题。制度实施的初期，适用对象严格限定为收入所得排名在后60%且年龄在70岁以上老年人。然而随着社会贫富差距的加剧，自2008年7月起适用对象范围逐渐扩大至收入所得排名后60%且年龄在65岁以上老年人，并在2009年继续扩大至收入所得排名占后70%且年龄在65岁以上人口。然而，《基础年金法》适用范围的逐渐扩大未能有效解决老年人贫困问题。对此，2012年12月，韩国第18次大选中，朴槿惠候选人的竞选内容之一是"合并基础年金与国民年金，针对65岁以上老年人支付双倍基础养老金"。朴槿惠成功当选总统后着手修订《基础年金法》，确立基础年金与国民年金的合并原则。基础年金与国民年金的合并原则引起学界关于基础年金领取权的范围与补贴额的适当性问题的热议。目前韩国学界主张"功能性多层化"的理念，倾向引进减额装置，消除代际收入再分配功能的弱化问题。

除《基础年金》外，《国民年金法》作为公共年金制度的重要组成部分，性质上属于国家引入保险原理制定的社会保险制度。公共年金制度作为政府预算经营的范畴，包括《公务员年金法》《国民年金法》《军人年金法》《私立学校教职工年金法》四大部分。韩国最初引进公共年金制度是1960年制定的《公务员年金法》。随后1963年1月又制定了《军人年金法》，1973年1月制定了《私立学校教职员年金法》，由此形成以职业范围从业人员为划分标准的公务员年金制度、军人年金制度以及私立学校教职工年金制度。然而，区分职业适用不同的职业年金，可能导致低收入阶层的年金的保险率远远高于其他年金的保险率，从而变相增加企业劳动力成本和影响民间储蓄。基于此，1986年政府制定《国民年金法》，将年金制度扩大适用至工人和农业、渔业等行业从业人员。

《残疾人年金法》作为弥补残疾人丧失劳动力时的收入保障措施，具有重要的社会保障价值。韩国的残疾人收入保障制度包括三个部分：第一，投保人缴纳的保险费为基础的社会保险；第二，区分残疾类型及残疾程度等条件时，支付的残疾人津贴；第三，通过调查收入或持有资产的状态，向低于基本标准的残疾人支付的津贴。目前，韩国残疾人收入保障制度包括，国民年金中的残疾年金、产业灾害补偿保险中的残害津贴，《残疾人福祉法》中的残疾补贴等。

（四）韩国长期疗养保险法律制度的形成及主要内容

老龄化的时代背景下，经过近十年学界与政界的热烈讨论，韩国继德国、日本之后，针对老年人长期照护问题建立了一套共同分担社会风险和费用的制度体系。早在20世纪90年代韩国老龄化问题初显，韩国政府就有计划地增设老年人保健科，并于2000年1月正式成立老年人长期疗养保护政策研究会。2001年8月在金大中总统的推进下，老年人疗养保险制度正式纳入政府主要工作任务。2002年7月国会报告首次提出公共老年人疗养保护体系的构建及实施方案。2003年3月至2004年2月，历经一年多的公共老年人疗养保障促进委员会反复研讨，最终形成《老年人照料保险制度框架报告》，并于2007年4月韩国国会正式通过《老年人长期疗养保险法》，韩国正式确立老年人长期照护法律制度。

1.《老年人长期疗养保险法》的出台背景：争议处理与制度化过程

老年人长期疗养保险作为解决人口老龄化问题的新型保险类型，制度引入过程中既需要考量与既有规则之间的体系性融合，又要关注适用对象的重合性问题。韩国长期疗养保险制度化过程中，针对立法模式、规则衔接、适用对象的内容，争论长达十年有余，积累了较为丰富的制度化经验。以下重点阐述长期疗养保险制度化过程中，关于立法模式以及适用对象的学界争论。

立法模式上，面临模式选择问题。首先，财产来源上，选择社会保险抑或税收保障的问题。综观世界范围内，关于长期疗养保险的财产来源，大体上可以分为以保险费为基础的社会保险模式和以税款为基础的税收保障模式。基于财政压力的考量，韩国政府最终采取社会保险模式的长期疗养保险。其次，保险方式上，选择公共保险抑或民间保险的问题。公共保险与民间保险的区别在于，保障人群的范围不同。基于长期疗养保险与健康保险的联动关系，韩国政府最终采取公共保险的方式。最后，管理运营主体上，选择健康保险公团抑或地方自治团体的问题。基于韩国国民健康保险由健康保险公团负责，而老年人福利则由地方自治团体承担的实践惯性，最终决定国民健康保险公团主管长期疗养保险的运营，但为了更好地发挥地方自治团体的地域性特点，地方自治团体长官推荐等级评定委员会的委员。

适用对象上，老年人福利、残疾人保障以及国民健康保险法之间的衔接问题。首先，长期疗养保险法的适用范围是否应当局限于老年人的问题。韩国在立法过程中抛弃适用对象上的概括性，聚焦老年人的长期照护问题，将长期疗养保险法的适用范围限定在 65 岁以上的老年人。其次，长期疗养保险法的适用范围是否扩大至残疾人的问题。从长期疗养的群体需求来看，相比老年人，残疾人的需求更大。然而，残疾人保障问题作为国家基本课题，应当通过国家财政提供保障。不仅如此，将残疾人纳入《老年人长期疗养保险法》的适用范畴，势必会增加国家财政负担，不利于实现老年人长期照护制度的制度目标。因此，《老年人长期疗养保险法》的适用范围为 65 岁以上的老年人。针对残疾人，政府最终制定《残疾人活动支援法》，提出为残疾人提供与长期疗养相当的保障服务。

《长期疗养保险法》与《国民健康保险法》的适用衔接问题。鉴于《国民健康保险法》与《老年人长期疗养保险法》的适用重叠，立法上如何解决两者的功能重叠成为技术难题。有观点指出，应当在《国民健康保险法》中增设重症老年人的疗养保护，逐渐过渡到制度化的疗养保护。考虑到疾病与长期疗养属于不同类型的社会风险，长期疗养纳入健康保险可能引发转嫁财政负担的风险。加上，《国民健康保险法》的保障范围是疾病，而《老年人长期疗养保险法》具有附带性保护的特点，两种保险不加以区分，可能导致《国民健康保险法》适用范围的变相扩大。

2.《老年人长期疗养保险法》的主要内容

《老年人长期疗养保险法》作为长期照护法律制度在韩国的具体实践，确立了长期疗养保险中的居家疗养原则、灵活性原则和综合性保护原则。居家疗养原则旨在长期疗养优先给付居家疗养的老年人，灵活性原则要求疗养给付综合考量老年人身心状态和生活环境等因素，综合性保护原则要求平衡诊疗救治和预防养护之间的冲突。

首先，承保对象及范围问题。《老年人长期疗养保险法》的承保对象是 65 岁以上以及未满 65 岁的老年人且患有阿尔茨海默病、脑血管疾病等老年性疾病的人，和 6 个月以上无法独自生活且需要通过现金给付的方式接受家事服务的人。先天性疾病的后遗症不属于老年性疾病，不受《老年人长期疗养保险法》的保障。承保范围上，《老年人长期疗养保险法》区别于《国民健康保险法》和《国民年金法》的特殊性在于，《老年人长期疗养保险法》承保无法正常进行日常生活的状态。结合身体功能、认知功能、行动变化、看护需求以及复健需求等几大要素，立法政策具体确定"日常生活"与"日常生活的正常履行"之标准。据不完全统计，目前韩国老年人口的6%符合长期疗养保险法的承保范围。

其次,给付原则与给付类型问题。《老年人长期疗养保险法》确立了实物给付为核心的法定给付与现金给付为例外的任意给付原则,并将给付类型具体化为居家给付、设施给付与特别现金给付三大类型。居家给付表现为访问疗养、访问沐浴、访问看护、昼夜间保护、短期保护等。其中,疗养与看护的区别在于,疗养关注身体及家事活动的支援,而看护则为医疗人员的指导下进行的诊疗辅助、疗养商谈以及口腔卫生等活动。设施给付具体为,入住长期疗养机构运营的老年人医疗福利设施,通过教育、训练等方式提高身体活动和维持身体功能实现疗养目的。特别现金给付具体表现为,家族疗养费和特别疗养费以及疗养医院看护费用,其适用范围限定在长期疗养机构显著不足的地区。

最后,长期疗养给付中的财政保障问题。老年人长期疗养保险的财政来源为投保人和使用人共同缴纳的保险费。确定长期疗养保险费时,应当考虑投保人抚养的子女数量,抚养子女的家庭适用较低的保险费率。财务管理上,长期疗养保险的财务与国民健康保险的财务分别管理,其中疗养给付的财政必须单独管理,而行政管理部分的财政可以统合管理。国库对长期疗养产业予以适当补助,补助比例为长期疗养保险费预期收益额的20%。

3.《老年人长期疗养保险法》的未来发展

老龄化程度的提高,疗养预防机制以及协调家庭政策与疗养政策之间的关系,女性的关照和雇佣政策等问题,成为现阶段《老年人长期疗养保险法》修订中的热点问题。

扩大适用对象是《老年人长期疗养保险法》修订的核心问题。相比德国和日本的长期照护相关立法,韩国《老年人长期疗养保险法》的适用范围较为局限。现阶段韩国《老年人长期疗养保险法》的适用范围在严格遵循分类等级的基础之上,局限为65岁以上的老年人,且不包括疾病导致的行动不能。然而,实践中高达22.5%的人因阿尔茨海默病、中风等原因不符合等级分类条件,需要长期照护。多数观点认为,维持现行体制下,可供选择的路径是扩大解释老年性疾病的方式来拓宽《老年人长期疗养保险法》的适用范围。具体操作方式为,设置一般条款放开老年性疾病的目录,赋予等级评定委员会裁量权的方式,弥补新型疾病的定性问题。

　　给付内容中增加预防性给付也是《老年人长期疗养保险法》的修订重点问题。鉴于长期疗养问题的可预防性，政策上可以增加预防性支出。然而，预防并非《老年人长期疗养保险法》的独有课题，还是《国民年金法》《国民健康保险法》的共同目标。预防问题上，三个制度间的联系主要体现在成本控制上，预防长期疗养的发生有利于减少国民年金的支出，也有利于减轻国民健康保险的负担，这也是韩国引入长期疗养保险制度的初衷。

　　降低本人负担金额是《老年人长期疗养保险法》需要完善的部分。《国民健康保险法》为了防止公民因经济负担过重拒绝接受医疗，国民健康保险在本人负担金额上设置上限，当国民健康保险超过一定额度时，超过的部分由国家负担。区别于《国民健康保险法》，《老年人长期疗养保险法》不设置本人负担金额的上限，适用月收入联动保费的操作。从收入联动保费的角度来看，长期疗养保险费的收取更为合理。但对于重症疗养的老年人存在本人负担金额过高的问题。实践中，适用《国民健康保险法》的老年人相比享受低保的老年人，长期疗养的使用率低。

　　最后，长期疗养方式的立法政策问题。养老政策化发展路径是否一定优于传统养儿防老的习惯，是长期疗养政策选择上的热点问题。韩国与我国一样，深受儒家思想影响，养儿防老的观念根深蒂固。诸多韩国家庭内部，绝大多数的老年人仍然倾向家庭成员提供养老服务。然而养老政策化是长期疗养保险立法的重要目的，即减轻家庭成员养老负担的同时，通过由社会提供制度化的养老服务，让养老问题回归国家责任。因此，《老年人长期疗养保险法》在立法过程中，优先考虑专业化的长期疗养员上门提供疗养服务，而例外的允许家庭成员提供疗养服务，并给予少量的现金补偿。养老制度化既有利于解放妇女，促进妇女回归社会，又能较好地监督养老服务的质量，防止家庭成员提供低质量的养老服务，骗取保险金的道德风险。现行立法政策与社会长期以来形成的养儿防老的社会习惯存在较大的观念冲突，未来立法修订时，亦不可避免地要继续协调养老政策与社会习惯之间的冲突。

　　我国同样面临人口老龄化的社会难题，"十二五"规划开始加大对养老事业的投入。地缘上的优势决定中韩两国在文化上具有共通性，养老问题的制度解决离不开社会文化的影响，结合韩国先于我国进入老龄化社会的社会现实，社会保险制度和社会保障服务方面积累的制度经验可为我国提供有益参考。

本书汇集了韩国社会保障法制体系中的《社会保障基本法》《国民健康保险法》以及《老年人长期疗养保险法》等多部重要社会保障法规译文，是了解韩国社会保障法治体系的重要参考。本书的成型和出版获得了很多师友的关心和帮助，特别是高丽大学法学院李华博士和首尔大学法学院崔慧珠博士共同参与翻译工作。同时特别感谢武汉大学大健康法制研究中心的支持和帮助，为本书的翻译和出版提供资金支持。译者衷心希望本书能为我国社会保险制度的完善提供立法资料，但由于时间仓促，本书定然存在诸多讹误，还请各位读者不吝赐教！

二　老年人长期疗养保险法

第一章　总则

第 1 条（目的）

本法制定的目的是，面向年事已高或老年性疾病困扰且无法独立日常生活的老年人，支援身体活动或家事活动等长期疗养事务，增进健康、安定生活、减轻家属负担、提高国民生活品质。

第 2 条（定义）

本法相关用语的含义。

1. "老年人等"是指 65 岁以上的老年人或未满 65 岁却患有阿尔茨海默病及心脑血管疾病等总统令规定的老年性疾病的人。

2. "长期疗养给付"是指根据本法第 15 条第 2 款的规定，向无法独立连续生活 6 个月以上的人给予身体活动、家事活动或看护服务等对应的现金。

3. "长期疗养事业"是指长期疗养保险费，以国家及地方自治团体的资金为来源向老年人支付长期疗养给付的事业。

4. "长期疗养机构"是指由第 31 条指定的机关或根据第 32 条拟定的长期疗养机构提供长期疗养给付的机关。

5. "长期疗养员"是指符合长期疗养机构资质，为老年人的身体活动或家事活动提供支援的人。

第 3 条（提供长期疗养给付的基本原则）

①长期疗养给付标准应当根据老年人自身的意思与能力，最大程度独立地完成日常生活为限。

②长期疗养给付应当综合考量老年人的身心状态与生活环境以及家属

的要求、选择等,在必要范围内提供适当的帮助。

③老年人与家属共同居住时,长期疗养保险应当优先提供给长期疗养接收者。

④长期疗养给付应当以老年人的身心健康不恶化为前提,与医疗服务连动给付。

第 4 条 (国家及地方自治团体的责任与义务)

①国家及地方自治团体应当为老年人独立完成日常生活并维持身心健康而实施必要的事业(以下简称"老年性疾病预防事业")。

②国家应当为地方自治团体从事老年性疾病预防事业以及《国民健康保险法》规定的国民健康保险社团(以下简称"社团")支援必要的费用。

③国家及地方自治团体应当在考量老年人人口与地域特点的基础之上,为了长期疗养给付的顺利实施,扩充长期疗养机构数量并支援长期疗养机构的设立。

④为了长期疗养给付的顺利实施,国家及地方自治团体应当为社团支援必要的行政及财政支援。

⑤国家及地方自治团体应当积极努力地改善长期疗养员的待遇及福利。

⑥国家及地方自治团体应当开发、普及适合地域特点的长期疗养事业。

第 5 条 (长期疗养给付的国家政策导向)

国家制定并实施第 6 条规定的长期疗养基本计划时,应当努力为老年人、残疾人等无法独立完成日常生活的国民提供长期疗养给付和支援身体活动,强化其生活安定与自立措施。

第 6 条 (长期疗养基本计划)

①便于向老年人提供长期疗养给付,保健福祉部长官应当以五年为单位制定并实施包含下列事项的长期疗养计划:

1. 年度长期疗养给付对象及融资计划;
2. 年度长期疗养机构及长期疗养专业人才管理方案;
3. 长期疗养员的待遇事项;
4. 总统令规定的老年人长期疗养相关的其他事项。

②地方自治团体章节制定并实施第 1 款所称长期疗养基本计划项下的详细实施计划。

第 6 条之二（现状调查）

①为了了解长期疗养事业的运营现状，保健福祉部长官应当在每三年定期调查下列事项并公布结果：

1. 长期疗养认证事项；

2. 根据第 52 条规定的长期疗养等级评定委员会（以下简称"等级评定委员会"）出具的评定结果，接受长期疗养给付的人（以下简称"受助者"）的规模、给付水平及满意度等事项；

3. 长期疗养机构相关事项；

4. 长期疗养员的工作条件、待遇及规模；

5. 保健福祉部令规定的长期疗养事业相关的其他事项。

②第 1 款规定的现状调查方法与内容所必要的事项由保健福祉部令决定。

第二章　长期疗养保险

第 7 条（长期疗养保险）

①保健福祉部长官负责长期疗养保险事业。

②长期疗养保险事业的保险人为公团。

③长期疗养保险的投保人（以下简称"长期疗养保险投保人"）视为《国民健康保险法》第 5 条与第 109 条规定的投保人。

④根据《外国劳动者雇佣法》的规定，外国劳动者等总统令确定的外国人，申请加入长期疗养保险时，除第 3 款规定外，公团可以根据保健福祉部令的规定限制其加入。

第 8 条（长期疗养保险费的征缴）

①为了抵充长期疗养事业所需的费用，公团有权征缴长期疗养费。

②第 1 款规定的长期疗养保险费与《国民健康保险法》第 69 条规定的保险费（以下简称"健康保险费"）一同征缴。此时，公团应当分别告知长期疗养保险费与健康保险费。

③第 2 款规定征缴的长期疗养保险费与健康保险费，公团应当进行账

目分类管理。

第 9 条（长期疗养保险费的计算）

①长期疗养保险费的计算方式为，《国民健康保险法》第 69 条第 4 款及第 5 款规定的保险费金额中扣除本法第 74 条或第 75 条规定的减免额，并乘以长期疗养保险费率而得出的金额。

②第 1 款规定的长期疗养保险费率，经第 45 条规定的长期疗养委员会审议并以总统令的形式颁布。

第 10 条（残疾人长期疗养保险费的减免）

《残疾人福祉法》规定的残疾人或总统令规定的具有类似情形的人是指，长期疗养保险投保人或其被扶养人未能根据第 15 条第 2 款的规定而成为受益人时，公团基于总统令的规定全部或部分减免长期疗养保险费。

第 11 条（长期疗养保险投保资格的准用规定）

长期疗养保险投保人、被扶养人资格取得及丧失，长期疗养保险费的缴纳、征缴及亏损处分等事项准用《国民健康保险法》第 5 条、第 6 条、第 8—11 条、第 69 条第 1—3 款、第 76—86 条及第 110 条的规定。此时，"保险费"视为"长期疗养保险费"，"健康保险"视为"长期疗养保险"，"投保人"视为"长期疗养保险投保人"。

第三章　长期疗养的认定

第 12 条（长期疗养认定的申请资格）

长期疗养认定的申请人应当是符合下列条件的老年人：

1. 长期疗养保险投保人及其被抚养人；

2.《医疗给付法》第 3 条第 1 款规定的受益权人（以下简称"医疗给付受益权人"）。

第 13 条（长期疗养认定的申请）

①申请认定长期疗养的人（以下简称"申请人"）根据保健福祉部令的规定向公团提交长期疗养认定申请书（以下简称"申请书"）及医生或中医出具的医疗建议（以下简称"医疗建议书"）。但根据第 15 条第 1 款的规定，公团可以在向等级评定委员会递交资料前提交医疗建议书。

②除第 1 款的规定外，行动显著不便又或居住地偏远以至于医疗机构无法访问等总统令规定的人可以免交医生建议书。

③医生建议书的发行费用、费用负担方法、发放人的范围及其他必要事项，由保健福祉部令规定。

第 14 条（长期疗养认定申请的调查）

①根据第 13 条第 1 款的规定公团受理申请书时，公团应当根据保健福祉部令的规定让其所属职员调查下列事项。但地理性原因导致无法直接调查且有必要调查时，可以委托特别自治市、省、郡、区（指自治区）代为调查。

1. 申请人的身心状态；
2. 申请人所需的长期疗养给付的种类及内容；
3. 保健福祉部令规定的其他长期疗养相关的必要事项。

②调查第 1 款规定的事项时，公团应当派两名以上的职员同行。

③根据第 1 款的规定进行调查时，公团应当提前向申请人通知调查日期、场所及调查人的相关信息。

④公团或第 1 款但书规定的受托特别自治市、省、郡、区应当在完成调查时制作调查结果。受托特别自治市、省、郡、区应当立即向公团传达调查结果。

第 15 条（等级评定）

①第 14 条规定的调查结束时，公团应当向等级评定委员会递交调查结果、申请书、医生建议书等审议必需的资料。

②等级评定委员会认为，申请人满足第 12 条规定的申请资格要件且六个月以上无法独自生活时，结合其身心状况及长期疗养所必需的程度等总统令规定的等级评定标准评定受益人。

③根据第 2 款的规定等级评定委员会审议、评定时，应当听取申请人及其家属、出具医疗建议书的医生等相关人的意见。

④长期疗养给付受益人或将要获得长期疗养给付资助的人存在下列情形时，公团应当调查第 14 条第 1 款规定的事项并将调查结果提交至等级评定委员会：

1. 以欺骗等不正当方式获得长期疗养认定；
2. 故意发生事故或以违法行为而获得长期疗养认定。

⑤基于第 4 款规定事项的调查结果，公团应当以第 2 款规定为基础重新进行等级评定。

第 16 条（长期疗养等级评定期间）

①申请人递交申请书之日起 30 日内，等级评定委员会应当完成第 15 条规定的长期疗养等级评定工作。但是，有必要对申请人进行精密调查或存在不得已事由导致无法在规定时间内完成评定时，可在 30 日范围内适当延长。

②根据第 1 款但书的规定，等级评定委员会延长长期疗养认定审议及等级评定时，公团应当通知申请人及其代理人延长内容、事由及期限。

第 17 条（长期疗养认定书）

①等级评定委员会审议完成长期疗养认定及等级评定时，公团应当立即制作包含下列事项的长期疗养认定书并送达受益人：

1. 长期疗养等级；
2. 长期疗养给付的种类及内容；
3. 保健福祉部令规定的其他长期疗养给付事项。

②等级评定委员会审议完成长期疗养认定及等级评定时，公团应当及时向未获受助的申请人通知相关内容与事由。此时，特别自治市市长、省长、郡长及区长（自治区区长）要求向其通报时，公团应当一并通报。

③为了长期疗养给付能够有效地使用，根据第 1 款规定送达长期疗养认定书时，公团应当在第 28 条每月限额范围内制定标准长期疗养使用计划书，一并送达。

④保健福祉部令具体规定第 1—3 款规定的长期疗养认定书，以及标准长期疗养使用计划书所需的必要事项。

第 18 条（制定长期疗养认定书时的考虑事项）

公团制作长期疗养认定书时，应当结合下列事项确定第 17 条第 1 款第 2 项的长期疗养给付的种类及内容：

1. 受益人的长期疗养等级及生活环境；
2. 受益人及其家属的诉求及选择；
3. 提供设施疗养时，长期疗养机构经营的设施现状。

第 19 条（长期疗养认定的有效期限）

①总统令第 15 条规定的长期疗养认定有效期至少 1 年以上。

②保健福祉部令规定第 1 款规定的有效期限的计算方法及其他必要事项。

第 20 条（长期疗养认定的更新）

①第 19 条长期疗养认定的有效期间届满时，受益人继续获得长期疗养给付的支援，应当向公团申请更新长期疗养认定。

②第 1 款规定的长期疗养认定的更新应当于有效期届满前 30 日内提出。

③第 12—19 条的规定准用于长期疗养认定的更新程序。

第 21 条（长期疗养等级的变更）

①长期疗养给付的受益人变更长期疗养等级、长期疗养给付的种类及内容时，应当向公团提出变更申请。

②第 12—19 条的规定准用于长期疗养等级的变更程序。

第 22 条（长期疗养认定申请的代理）

①长期疗养给付的受益人基于身体或精神等原因无法单独履行长期疗养认定的申请、长期疗养认定的更新或长期疗养等级的变更时，受益人家属或亲属及其他利害关系人可代理其行使。

②受益人或申请人无法根据第 1 款的规定独自申请时，符合下列事项的人在取得本人或其家属的同意后，可以代理申请：

1.《社会保障给付的使用、提供及受益人发掘法》第 43 条规定的社会福祉公务员；

2.《阿尔茨海默病管理法》第 17 条规定的阿尔茨海默病安心中心的长官（仅限于受助申请人或受益人为同法第 2 条第 2 款的阿尔茨海默病患者）。

③除第 1 款及第 2 款的规定外，长期疗养给付受助申请人或受益人无法申请第 1 款的长期疗养认定时，特别自治市市长、省长、郡长及区长可以代理。

④保健福祉部令细化规定第 1—3 款的长期疗养认定申请方法及程序所必要的事项。

第四章　长期疗养给付的种类

第 23 条（长期疗养给付的种类）

①本法所称长期疗养给付的种类如下。

1. 居家疗养

（1）上门疗养：长期疗养员访问受益人家庭支援其身体活动或家务活动等长期疗养给付；

（2）上门洗澡：长期疗养员访问具备沐浴设备的受益人家庭提供沐浴等长期疗养给付；

（3）上门看护：长期疗养员的护士根据医生、中医或牙医的指示书（以下简称"上门看护指示书"），访问受益人家庭，提供看护、诊疗辅助及疗养商谈或口腔卫生服务的长期疗养给付；

（4）昼夜保护：每天固定时间内可以将受益人托管至长期疗养机构接受其身体活动及身心功能的维持、提升训练；

（5）短期保护：可以在保健福祉部令规定的范围内将受益人托管至长期疗养机构接受身体活动及身心功能的维持、提升训练；

（6）其他居家疗养：提供受益人的日常生活、身体活动及认知功能的维持、提升所必要的工具，或访问其家庭提供复健支援等总统令规定的长期疗养给付。

2. 设施疗养：向长期入住疗养机构的受益人提供身体活动及身心功能的维持、提升训练

3. 特别现金疗养

（1）家属疗养费：根据第24条给付的家属长期疗养给付；

（2）特别疗养费：根据第25条给付的特别长期疗养给付；

（3）疗养医院看护费：根据第26条给付的疗养医院长期疗养给付。

②第1款第1项及第2项规定的提供长期疗养给付的长期疗养机构的种类及标准、长期疗养给付类型化的长期疗养员的范围、业务、报酬教育等必要事项，由总统令具体规定。

③长期疗养给付的提供标准、程序、方法、范围以及其他必要事项，由保健福祉部令具体规定。

第24条（家属疗养费）

①符合下列规定的人接受来自家属提供的符合第23条第1款第1项规定的疗养时，公团可以在总统令规定的范围内向其家属支付家属疗养费：

1. 居住在保健福祉部长官确定并公示的偏僻地带等长期疗养机构显

著不足的地区；

2. 保健福祉部长官认定的因天灾人祸等事由无法享受长期疗养机构提供的长期疗养给付；

3. 身体、精神及性格等总统令规定的事由导致必须由家属提供长期疗养。

②保健福祉部令具体规定第1款的家属疗养费的支付程序及其必要事项。

第 25 条（特别疗养费）

①受益人在老年疗养设施机构等非长期疗养机构接受居家疗养或与此相当的长期疗养给付时，公团可以在总统令规定的标准范围内向其以特别疗养费的方式支付部分长期疗养费用。

②第1款规定认为为长期疗养给付的机构或设施范围、特别疗养费的支付程序及其他事项由保健福祉部令具体规定。

第 26 条（疗养医院看护费）

①受益人在《医疗法》第3条第2款第3项规定的疗养医院住院时，公团可以根据总统令规定的标准向疗养医院支付长期疗养费作为看护费用。

②第1款疗养医院看护费的支付程序及其他必要事项由保健福祉部令规定。

第五章　长期疗养给付的提供

第 27 条（长期疗养给付的提供）

①接到第17条第1款规定的长期疗养认定书及第3款规定的标准长期疗养使用计划书之日起，受益人接受长期疗养给付。

②第1款规定外，受益人存在无家属等总统令规定的事由时，自提交申请书之日起至长期疗养认定书到达前可获得长期疗养给付。

③申请长期疗养给付时，受益人应当向长期疗养机构提交长期疗养认定书与标准长期疗养使用计划书。但是，受益人无法提交长期疗养认定书与标准长期疗养计划书时，长期疗养机构可以通过电话及网络等方式向公团确定受益人资格。

④根据第 3 款的规定长期疗养机构可以，以受益人提供的长期疗养认定书与标准长期疗养使用计划书为基础，制作长期疗养给付计划书并获得受益人同意后通报至公团。

⑤第 2 款规定的长期疗养给付的认定范围与程序、第 4 款规定的长期疗养给付提供计划书制作程序等事项由总统令规定。

第 27 条之二（特别现金疗养授权账户）

①受益人申请特别给付申请时，公团应当将特别现金疗养金汇至受益人名义的账户（以下简称"特别现金疗养受领账户"）。但是，信息通信障碍或其他总统令规定的不可抗力事由导致无法将特别现金疗养汇入指定账户时，可以根据总统令的规定以现金形式支付特别现金疗养。

②金融机构开设特别现金疗养受领账户时，只有特别现金疗养才能汇入特别现金受领账户。

③第 1 款规定的申请方法、程序及第 2 款规定的特别现金疗养受领账户的管理等必要事项由总统令规定。

第 28 条（长期疗养给付的每月限额）

①长期疗养给付的提供限额应当符合每月给付限额的规定。此时每月给付限额应当综合考量长期疗养等级与长期疗养给付种类而确定。

②第 1 款的每月限额的计算标准、方法及其他必要事项由保健福祉部令规定。

第 28 条之二（给付外行为的禁止）

①受益人或长期疗养机构提供或接受长期疗养给付时，不得要求提供下列事项（以下简称"给付外行为"）：

1. 为了受益人家属的行为；
2. 支援受益人或家属工作的行为；
3. 无关受益人日常生活的其他行为。

②其他给付外行为的事项由保健福祉部令规定。

第 29 条（长期疗养给付的限制）

长期疗养给付的受益人无正当理由拒绝接受第 15 条第 4 款规定的调查或拒绝第 60 条以及第 61 条规定的答辩时，公团有权不再提供全部长期疗养给付或部分长期疗养给付。

第 30 条（长期疗养给付限制的准用规定）

《国民健康保险法》第 53 条第 1 款第 4 项、第 53 条第 2—6 款及第

54 条的规定准用于因迟延缴纳保险费等事由导致的长期疗养金的限制给付及长期疗养金的停止给付。此时,"投保人"视为"长期疗养保险投保人","保险给付"视为"长期疗养给付"。

第六章　长期疗养机构

第 31 条（长期疗养机构的指定）

①提供第 23 条第 1 款第 1 项的居家疗养或第 2 项的设施疗养的长期疗养机构,应当向所在管辖区域的特别自治市市长、特别自治省省长、郡守、区长提交经营申请。

②被指定为第 1 款规定的长期疗养机构的单位应当具备保健福祉部令规定的关于长期疗养所必备的设施与人力。

③特别自治市市长、特别自治省省长、郡守、区长结合下列事项指定长期疗养机构。此时,特别自治市市长、特别自治省省长、郡守、区长应当向公团提供相关材料并听取其意见。

1. 经营长期疗养机构者提供长期疗养给付的履历;
2. 经营长期疗养机构者及长期疗养员受到本法的行政处分;
3. 长期疗养机构的经营计划;
4. 特别自治市市长、特别自治省省长、郡守、区长指定长期疗养机构所必需的事项。

④特别自治市市长、特别自治省省长、郡守、区长根据第 1 款的规定指定长期疗养机构时,应当立即将指定明细向公团通报。

⑤提供第 23 条第 1 款第 1 项规定的居家疗养的长期疗养机构为非医疗机构时,在其提供上门看护时,护士为上门看护的管理责任人。

⑥长期疗养机构的指定程序及其必要事项由保健福祉部令确定。

第 32 条　删除

第 32 条之二（缺省事由）

符合下列规定的人不能指定为第 31 条规定的长期疗养机构以及不能设置第 32 条规定的居家长期疗养机构:

1. 未成年人、被成年监护人或限制行为能力人;
2. 《关于精神健康增进及精神疾病患者的福利支援法》第 3 条第 1

款规定的精神疾病患者，但是，专业医生认为能够从事长期疗养机构的设立、运营业务的精神疾病患者除外；

3.《毒品管理法》第 2 条第 1 款规定的毒品中毒患者；

4. 破产宣告而未恢复信用的人；

5. 获得监禁以上实刑且执行终了（不含视为执行终了的情形）或免于执行之日起未过五年的人；

6. 获得监禁以上刑罚且在缓行期间的人；

7. 代表人符合第 1—6 款规定之一的法人。

第 32 条之三（长期疗养机构指定的有效期限）

第 31 条规定指定的长期疗养机构的有效期限为自接受指定之日起六年。

第 32 条之四（更新长期疗养机构的更新）

①第 32 条之三规定的有效期到期时，长期疗养机构继续被指定应当在 90 日前向所在管辖区域的特别自治市市长、特别自治省省长、郡守、区长提出更新申请。

②接到第 1 款申请的特别自治市市长、特别自治省省长、郡守、区长认为有必要审查更新申请时，可以要求长期疗养机构提供追加资料或指派所属地区公务员现场审查。

③第 1 款规定的更新申请在有效期间内未审查完毕时，直至审查决定出来前视为指定仍然有效。

④特别自治市市长、特别自治省省长、郡守、区长审查更新申请之时，应当将结果立即向长期疗养机构通报。

⑤特别自治市市长、特别自治省省长、郡守、区长拒绝更新申请时，内容通报与受助者权益保护事宜准用第 37 条第 2 款及第 5 款的规定。

⑥其他指定更新的标准、程序及方法等所需的必要事项由保健福祉部令具体规定。

第 33 条（变更长期疗养机构的设施和人力）

①长期疗养机构的长官改变设施及人力等保健福祉部令规定的重要事项时，应当根据保健福祉部令的规定取得特别自治市市长、特别自治省省长、郡守、区长的变更指定。

②变更第 1 款规定的事项以外的事项，应当根据保健福祉部令的规定

向特别自治市市长、特别自治省省长、郡守、区长申请变更。

③根据第 1 款及第 2 款的规定变更指定或接收变更申请的特别自治市市长、特别自治省省长、郡守、区长应当立即将变更事项向公团通报。

第 34 条（长期疗养机构信息的咨询）

①长期疗养机构应当让受益人较为容易地选择长期疗养给付。为了保障长期疗养机构提供的给付质量，在公团运营的网站公示长期疗养机构给付的内容、设施、人力等现状材料。

②第 1 款规定的公开内容、方法、程序及其必要事项由保健福祉部令规定。

第 35 条（长期疗养机构的义务）

①长期疗养机构收到受益人提交的长期疗养给付申请时，不能拒绝提供长期疗养给付。但是，存在入园名额没有空余等正当理由时，除外。

②根据第 23 条第 3 款的规定长期疗养机构提供长期疗养给付的标准、程序及方法。

③长期疗养机构的长官应当向提供长期疗养给付的受益人交付长期疗养给付费用的明细书。

④长期疗养机构的长官记录并管理长期疗养给付相关资料，长期疗养机构长官及其员工不得对资料造假。

⑤根据第 40 条第 1 款但书的规定，除长期疗养机构免除或减轻本条第 3 款规定的费用外，不得以营利为目的减轻或免除受益人承担的居家及设施的给付费用（以下简称"本人负担金"）。

⑥任何人不得以营利为目的提供金钱、物品、劳务、优待等提供或约定提供利益的方式向长期疗养机构介绍、居间或引诱受益人。

⑦第 3 款规定的长期疗养费用的明细、第 4 款规定的长期疗养给付提供资料的内容及保存期限等事项，由保健福祉部令规定。

第 35 条之二（长期疗养机构的财务、会计准则）

①根据保健福祉部令规定的财务会计准则（以下简称"长期疗养机构财务会计准则"），长期疗养机构长官应当公开透明地运营长期疗养机构。但是，根据《社会福利事业法》第 34 条设定作为长期疗养机构的社会福利设施准用本条第 3 款规定的财务会计准则。

②保健福祉部长官确定长期疗养机构的财务会计标准时应当考虑长期

疗养机构的特点及实施期间。

第 35 条之三 （人权教育）

①总统令指定的长期疗养机构的经营者及其从属人员应当接受人权教育（以下简称"人权教育"）。

②总统令指定的长期疗养机构的经营者可以向接受长期疗养给付的受益人提供人权教育。

③为了有效实施人权教育，根据第 1 款及第 2 款的规定，保健福祉部长官可以指定人权教育机构。此时，预算范围内可以支援人权教育所需的费用，指定的人权教育机构获得保健福祉部长官的许可可以向受教育人征缴人权教育所必需的费用。

④第 3 款的规定指定的人权教育机构存在下列情形时，保健福祉部长官可以撤销指定或命令六个月内停止业务，但符合第 1 款规定的情形应当撤销指定：

1. 以虚假或不正当的方式接受指定的；
2. 根据第 5 款的规定不具备保健福祉部令要求的指定要件；
3. 人权教育履行能力显著不足时。

⑤第 1 款及第 2 款规定的人权教育的对象、内容及方法，根据第 3 款指定的人权教育机构及根据第 4 款撤销人权教育机构的指定、业务停止处分标准等必要事项由保健福祉部令规定。

第 35 条之四 （长期疗养员的保护）

①下列情形下，长期疗养员请求消除困难及转岗时，总统令规定的长期疗养机构长官可以采取必要的措施：

1. 受益人及其家属对长期疗养员辱骂、殴打、伤害或有性骚扰、性暴力等行为时；
2. 受益人及其家属要求长期疗养员提供第 28 条之二第 1 款规定以外的行为时。

②长期疗养机构长官不得要求长期疗养员从事下列行为：

1. 要求长期疗养员提供第 28 条之二第 1 款规定外的行为；
2. 要求长期疗养员承担受益人本人应当承担的部分或全部负担额的行为。

第 35 条之五 （责任保险）

①防止提供长期疗养给付过程中引发的伤害受益人等损害，长期疗养

机构可以加入伤害保险（以下简称"专业赔偿责任保险"）。

②当长期疗养机构未加入专业赔偿责任保险时，根据第 38 条的规定公团可以减免长期疗养机构支付的部分长期疗养给付费用。

③第 2 款规定的长期疗养给付费用的减免标准所必要的事项由保健福祉部令规定。

第 36 条（长期疗养机构的停止营业）

①长期疗养机构停止营业或休业时，应当在停止营业或休业之日起 30 日前向特别自治区区长、特别自治省省长、郡守及区长申请。接到申请的特别自治区区长、特别自治省省长、郡守及区长应当立即将申请明细向公团通报。

②特别自治区区长、特别自治省省长、郡守及区长在长期疗养机构有效期限届满前 30 日内未通过第 32 条之四的更新申请时，应当将上述事实通报至公团。

③长期疗养机构停止营业或休业但未更新指定时，为了保护受益人权益，根据保健福祉部令的规定可采取下列措施：

1. 制定计划并采取适当措施促使使用该长期疗养机构的受益人能够选择其他长期疗养机构；

2. 根据第 40 条第 1 款及第 2 款的规定，长期疗养机构的受益人存在费用清算情形时，应当采取措施清算上述费用；

3. 保健福祉部令规定的受益人权益保护所必要的措施。

④特别自治区区长、特别自治省省长、郡守及区长根据第 1 款的规定受理停止营业或休业申请，或者长期疗养机构在有效期届满前 30 日前未按照第 32 条之四的规定更新指定时，应当确认长期疗养机构是否根据第 3 款的规定采取受益人权益保护所必要的措施，邻近地区没有可替代的长期疗养机构时，可撤销或劝阻撤回停止营业或休业的申请。

⑤特别自治区区长、特别自治省省长、郡守及区长根据《老年人福利法》第 43 条的规定命令老年人医疗福利设施（仅限于长期疗养机构运营的设施）停止营业或休业时，应当立即向公团通报上述内容。

⑥根据第 1 款的规定停止营业或休业以及未更新指定申请时，长期疗养机构应当将长期疗养给付资料移交至公团。但是，休业申请的长期疗养机构在休业预定日前获得公团许可可直接保管长期疗养给付资料。

第 36 条之二（修正命令）

特别自治区区长、特别自治省省长、郡守及区长可以要求违反长期疗养机构财务会计准则的长期疗养机构在 6 个月之内责令整改。

第 37 条（撤销长期疗养机构的指定）

①长期疗养机构存在下列情形时，特别自治区区长、特别自治省省长、郡守及区长可以撤销指定或命令 6 个月内停止营业。但是，符合第 1 款、第 2 款之二、第 3 款之五、第 7 款及第 8 款时，必须撤销指定。

1. 虚假或其他不正当方法接受指定时；

1 之一．违反第 28 条之二提供给付外行为。但是，长期疗养机构的负责人为了防止违法行为的发生，未曾懈怠监督上述业务的除外。

2. 不符合第 31 条第 2 款规定的指定标准；

2 之二．符合第 32 条之二规定的情形。但是，符合第 32 条之二第 7 款规定的法人三个月内变更法定代表人时除外。

3. 违反第 35 条第 1 款拒绝长期疗养给付时；

3 之二．违反第 35 条第 5 款免除或减轻本人负担额时；

3 之三．违反第 35 条第 6 款规定介绍、居间或引诱受益人等行为；

3 之四．违反第 35 条之四第 2 款规定之一；

3 之五．一年以上未提供长期疗养给付而又未按照第 36 条第 1 款的规定停止营业或休业申请时；

3 之六．未按照第 36 条之二的规定履行修订命令或会计账簿存在不合理行为时；

3 之七．无正当理由拒绝或妨碍第 54 条规定的评估时。

4. 以虚假或其他不正当方法请求访问或设施疗养申请时。

5. 未适用第 61 条第 2 款的规定提出资料或提供虚假资料，拒绝、妨碍提问或检查，又或者存在虚假陈述时。

6. 长期疗养机构的从业人员存在下列行为，但是，长期疗养机构的负责人为了防止下列行为而尽到相当的注意义务与监督义务时，除外：

（1）施暴或伤害受益人的身体；

（2）性暴力或性骚扰等使受益人产生性羞耻心；

（3）遗弃受益人等疏于给予基本保护与治疗的放任行为；

（4）目的外使用赠与或给付受益人的财产；

(5) 用侮辱、胁迫、威胁等方式加害受益人精神健康的虐待行为。

7. 业务停止期间提供长期疗养给付的。

8. 注销《附加税法》第 8 条的营业登记或《所得税法》第 168 条的营业登记及固有号码时。

②特别自治区区长、特别自治省省长、郡守及区长根据第 1 款撤销指定或业务停止命令时，应当立即将内容通报至公团，并根据保健福祉部令的规定向保健福祉部长官通报。此时，市长、郡守、区长应当通过特别市市长、广域市市长或省长向保健福祉部长官通报。

③删除。

④删除。

⑤特别自治区区长、特别自治省省长、市长、郡守、区长根据第 1 款的规定撤销指定长期疗养机构或停止其业务时，应当积极保护受益人的权益。

⑥特别自治区区长、特别自治省省长、市长、郡守、区长根据第 5 款的规定为了保护受益人权益可以基于保健福祉部令的规定采取下列措施：

1. 第 1 款规定的行政处分通过邮寄或电子通信网等方式向受益人及其监护人通报；

2. 提供受益人利用其他长期疗养机构的选择权。

⑦根据第 1 款的规定撤销指定或停止业务的长期疗养机构的负责人应当根据第 40 条第 1 款及第 2 款的规定清算受益人的相关费用。

⑧符合下列条件的人不得根据第 31 条的规定指定为长期疗养机构。

1. 受到第 1 款的规定撤掉指定不满三年的人（法人为其代表人）；

2. 受到第 1 款的行政处罚命令未过业务停止期间的人（法人为其代表人）。

⑨第 1 款规定的行政处分标准由保健福祉部令规定。

第 37 条之二（罚款的附加）

①特别自治区区长、特别自治省省长、市长、郡守、区长以符合第 37 条第 1 款的规定的理由指令停止业务，可能引发保健福祉部长官规定的长期疗养机构的受益人不便等特别事由时，替代业务停止命令可处罚两亿韩元的罚金。但是，根据保健福祉部令规定，违反第 37 条第 1 款第 6 项的行为除外。

②特别自治区区长、特别自治省省长、市长、郡守、区长以符合第37条第1款第4项行为为理由停止业务,可能引发保健福祉部长官规定的长期疗养机构的受益人不便等特别事由时,替代业务停止命令可处罚请求金额五倍以上的罚金。

③总统令规定第1款及第2款处罚罚金的违法行为的种类,违法程度相匹配的金额与程序等必要事项。

④被处以罚款的人未缴纳第1款及第2款规定的罚款时,特别自治区区长、特别自治省省长、市长、郡守、区长根据地方税滞纳处罚的情形加以征缴。

⑤第1款及第2款规定的罚款附加与征缴事项,特别自治区区长、特别自治省省长、市长、郡守、区长应当根据保健福祉部令的规定记录并管理。

第37条之三 (公布违法事实)

①特别自治区区长、特别自治省省长、市长、郡守、区长认为长期疗养机构通过欺诈的方式骗取访问给付及设施疗养费用等符合第37条及第37条第2款规定的处罚时,应当对外公布违反事实、处罚内容、长期疗养机构的名称、住所、长期疗养机构长官的姓名等能够区分长期疗养机构的事项。

1. 欺诈金额达到一千万韩元以上时;
2. 欺诈金额超过长期疗养给付总额的10%以上时。

②特别自治区区长、特别自治省省长、市长、郡守、区长审议第1款规定的事项时,可以设置并运营审议委员会。

③第1款规定的公布与否的决定方法、公布方法及程序,第2款规定的审议委员会的构成、运营等必要的事项由总统令规定。

第37条之四 (行政制裁处分效果的承继)

①符合第37条第1款及同条第3款规定处以行政制裁处罚(以下简称"行政制裁处罚"),自处罚之日起三年内由符合下列情形的人承继:

1. 转让长期疗养机构时的受让人;
2. 法人合并时因合并而新设的存续法人;
3. 长期疗养机构停止营业后,同一地点经营长期疗养机构的工作人员与前受到行政处罚的人(法人时的代表人)存在配偶关系或直系亲属关系。

②行政制裁处罚程序进行过程中，针对符合下列情形的人可以继续进行程序：

1. 转让长期疗养机构时的受让人；
2. 法人合并时合并后存续的法人；
3. 长期疗养机构停止营业后，同一地点经营长期疗养机构的工作人员与前受到行政处分的人（法人时的代表人）存在配偶关系或直系亲属关系。

③除第1款及第2款规定的情形外，符合第1款情形或第2款情形的人（以下简称"受让人等"）能够证明受让、合并或运营期间不知道行政处罚事实或违法事实时，除外。

④受到行政处罚的人或行政处罚程序进行中的人，根据保健福祉部令的规定应当立即将上述事实通知受让人。

第37条之五（限制提供长期疗养给付）

①特别自治区区长、特别自治省省长、市长、郡守、区长与长期疗养机构共谋以不正当方式请求访问给付费用或设施疗养费用时，应当限制长期疗养机构在一年范围内提供服务。

②根据第1款规定处罚时，特别自治区区长、特别自治省省长、市长、郡守、区长应当将处罚内容立即通知公团。

③第1款及第2款规定的长期疗养给付的提供与处分限制、方法及通报方法、程序等必要事项由保健福祉部令规定。

第七章 上门及设施疗养费用

第38条（上门及设施疗养费用的请求与支付）

①长期疗养机构向受益人提供第23条规定的访问给付或设施疗养时，应当向公团请求长期疗养费用。

②公团自长期疗养机构接到第1款规定的访问或设施费用给付请求时，审查后应当向长期疗养机构通报，长期疗养费中公团承担的部分（扣除访问及设施疗养费用中本人承担部分）应当由长期疗养机构给付。

③根据第54条第2款规定的长期疗养给付评价结果，公团预算或计

算长期疗养给付的费用,并参考给付。

④第2款规定外,长期疗养给付费用审查结果显示受益人已经缴纳的本人负担额度高于第2款通知的本人负担额时,差价应当在长期疗养机构支付金额中扣除后支付给受益人。

⑤第4款规定的受益人缴纳的金额应当与受益人缴纳的长期疗养保险费及其他征缴款(以下简称"长期疗养保险费")抵消。

⑥长期疗养机构应当在征缴的长期疗养给付费用中扣除保健福祉部长官公告的比例作为支付长期疗养员的人工费用。

⑦第1—3款规定的访问及设施疗养费用的审查标准、长期疗养给付费用的支付标准、请求程序及支付方法等事项由保健福祉部令具体规定。

第39条（访问及设施疗养费用的计算）

①根据第45条的规定,长期疗养机构审查访问及设施疗养费用并报保健福祉部长官确定并公示。

②根据第1款规定访问及设施疗养费用时,保健福祉部长官应当考虑是否根据总统令的规定接受来自国家及地方自治团体的长期疗养机构的设立费用支援。

③第1款规定的访问及设施疗养费用的具体计算方法及所需要的必要事项由保健福祉部令规定。

第40条（部分本人负担额）

①访问及设施疗养费用由下列规定的受益人承担,但《医疗给付法》第3条第1款第1项规定的受益人除外。

1. 访问给付：长期疗养给付费用的15%；
2. 设施疗养：长期疗养给付费用的20%。

②下面规定的长期疗养给付的费用由受益人本人全部负担：

1. 本法的给付范围及对象不含长期疗养给付；
2. 受益人选择与第17条第1款第2项规定的长期疗养申请书记载的长期疗养给付的种类及内容不同的长期疗养给付时的差额；
3. 超过第28条的长期疗养给付的月限额的长期疗养给付。

③符合下列情形时,本人负担额的60%范围内根据保健福祉部长官的规定可以适当减少征缴。

1. 《医疗给付法》第3条第1款第2—9项规定的受益权人；

2. 保健福祉部长官规定并公告的所得、财产处于一定金额以下的人。但居住在乡间、赤壁、农林村等地区的人可以另行规定金额；

3. 天灾地变等保健福祉部令规定的事由导致升级困难的人。

④第1—3款规定的本人负担金额的计算方法、减轻程序及减轻方法等必要事项由保健福祉部令规定。

第41条（对家族长期疗养的报酬）

①接受长期疗养给付的总额低于保健福祉部长官规定并公告的金额的受益人，其家属给付第23条第1款第一号规定的访问疗养相当的长期疗养时，公团应当根据保健福祉部令的规定采取相应措施减免部分本人负担额。

②第1款规定的本人负担金额的减免方法等必要事项由保健福祉部令具体规定。

第42条（访问看护指示书发放费用的计算）

第23条第1款第1项规定的访问看护指示书使用的费用、费用负担方法及费用请求、支付程序等必要事项，由保健福祉部令具体规定。

第43条（不当得利的征缴）

①长期疗养给付的受益人或长期疗养给付费用的人符合下列情形时，可征缴相当于长期疗养给付或长期疗养给付费用相当的金额：

1. 第15条第5款规定的等级评定结果符合同条第4款规定的情形；

2. 超过第28条每月限额的范围征缴长期疗养给付时；

3. 受到第29条或第30条规定的长期疗养给付限制的人接受长期疗养给付时；

4. 第37条第1款第4项规定的虚假或其他不正当方法请求访问及设施疗养费用而接受支付时；

5. 无正当理由自公团接受长期疗养给付或长期疗养给付费用时。

②第1款规定的报告或证明、诊断存在虚假却给付长期疗养给付时，公团应当要求虚假行为关联人与长期疗养给付受益人对第1款规定的征缴金负连带责任。

③第1款规定的以虚假或其他不正当方法接受长期疗养给付的人同为一户的人（扶养长期疗养给付的受益人或根据其他法律规定对抚养长期疗养给付受益人具有抚养义务的人）应当与接受长期疗养给付的人对第1

款规定的征缴款承担连带责任。

④第 1 款规定的长期疗养机构收缴受益人以欺诈等不正当的方式收到长期疗养给付费用时，公团应当立即征缴上述费用并将其支付至受益人。此时，公团应当将向受益人支付的金额与受益人应当缴纳的长期疗养保险费抵消。

第 44 条（求偿权）

①第三人行为触发长期疗养给付的事由时，在因给付而发生费用的范围内有权向第三人求偿。

②第 1 款规定的情形下，接受长期疗养给付的人自第三人处取得损害赔偿时，公团应当在损害赔偿额的范围内不履行长期疗养给付。

第八章　长期疗养委员会

第 45 条（长期疗养委员会的设置及功能）

保健福祉部长官所属的长期疗养委员会审议下列事项：

1. 第 9 条第 2 款规定的长期疗养保险费率；

2. 第 24—26 条规定的家属疗养费、特别疗养费及疗养医院看护费的支付标准；

3. 第 39 条规定的访问及设施疗养费用；

4. 总统令规定的其他的主要事项。

第 46 条（长期疗养委员会的构成）

①长期疗养委员会设置含委员长一人、副委员长一人在内的 16 人以上 22 人以下的委员。

②非委员长的委员应当在下列人员中由保健福祉部长官任命或委派的人担任，符合下列情形的人应当以同等数量构成：

1. 代表劳动者团体、使用人团体、市民团体（《非营利民间团体支援法》第 2 条规定的非营利民间团体）、老年人团体、农渔业者团体或自营者团体的人；

2. 代表长期疗养机构或医疗界的人；

3. 代表总统令规定的中央行政机构的高层公务员，长期疗养的学界或者研究界的人，公团董事长推荐的人。

③委员长为保健福祉部次官，在副委员长中指定委员长。

④长期疗养委员会的委员任期为三年，但公务员委员的任期以其在任期间为准。

第 47 条（长期疗养委员会的运营）

①长期疗养委员会会议以其组成人员过半数出席为举行条件，并以出席委员过半数为决议条件。

②为了长期疗养委员会的有效运营，分领域设置事务委员会。

③本法规定情形以外的长期疗养委员会的构成、运营及其他必要事项以总统令具体规定。

第八章之二　长期疗养员支援中心

第 47 条之二（长期疗养员支援中心的设置）

①为了保护长期疗养员的权益，国家与地方自治团体可以设置并运营长期疗养支援中心。

②长期疗养员支援中心实施下列业务：

1. 长期疗养员权利侵害的商谈及支援；
2. 强化长期疗养员的教育支援；
3. 长期疗养员的健康诊断等健康管理事业；
4. 总统令规定的长期疗养员业务所必需的事项。

③根据保健福祉部令规定长期疗养员支援中心的设置与运营所必要的事项由地方自治团体条例具体规定。

第九章　管理运营机关

第 48 条（管理运营机关）

①公团是长期疗养事业的管理运营机构。

②公团负责下列业务：

1. 长期疗养保险投保人及其被扶养人与医疗给付受益权人的资格管理；
2. 长期疗养保险费的附加与征缴；

3. 申请人的调查；

4. 等级评定委员会的运营及长期疗养等级的评定；

5. 长期疗养认定书的制作及标准长期疗养使用计划书的提供；

6. 长期疗养给付的管理及评价；

7. 受益人及其家属的信息提供、介绍、商谈等长期疗养给付相关使用事项；

8. 访问及设施疗养费用的审查及支付、特别现金疗养的给付；

9. 长期疗养给付提供内容的确认；

10. 长期疗养事业的调查、研究及宣传；

11. 老年人性疾病预防事业；

12. 根据本法对不当得利金的附加及征缴；

13. 为了开发长期疗养给付的提供标准、探讨长期疗养给付费用的适当性而设置、运营长期疗养机构；

14. 长期疗养事业相关的保健福祉部长官委托的业务。

③设置第 2 款第 13 项长期疗养机构时，应当考虑老年人人口及地域特点，地域间的不均衡，并在设置目的中的必要范围内适用上述原则。

④《国民健康保险法》第 17 条规定的公团章程针对长期疗养事业应当记载下列事项：

1. 长期疗养保险费；

2. 长期疗养给付；

3. 长期疗养事业相关的预算及决算；

4. 总统令规定的其他事项。

第 49 条（公团的长期疗养事业组织）

根据《国民健康保险法》第 29 条的规定，制定公团组织相关事项时，长期疗养事业相关的组织机构与健康保险相关的组织机构应当分离，但第 48 条第 2 款第 1 项及第 2 项的资格管理与保险费征缴业务除外。

第 50 条（长期疗养事业的会计）

①公团应当对长期疗养事业设置独立的会计。

②公团应当对长期疗养事业的财政来源，区分为中长期疗养保险费的财产来源与国家、地方自治团体的财产来源，并分别规制。但是，管理运营所必要的财政可以不做区分。

第 51 条（权限委任的准用规定）

《国民健康保险法》第 32 条及第 38 条准用于本法董事长的权限委任及准备金。此时，"保险给付"视为"长期疗养给付"。

第 52 条（等级评定委员会的设置）

①为了审议长期疗养认定及长期疗养等级评定，应当设置长期疗养等级评定委员会。

②等级评定委员会按特别自治市、特别自治省、市、郡、区为单位设置。但是，考虑人口数量，特别自治市、特别自治省、市、郡、区可以设置两个以上的等级评定委员会，或者两个以上的特别自治市、特别自治省、市、郡、区可以统合为一个等级评定委员会。

③等级评定委员会含委员长一人在内共计由 15 个委员组成。

④等级评定委员会委员由理事长在下列规定的人中委派。此时，特别自治市市长、省长、郡守及区长推荐的委员七人，各含一名医生或者中医。

1. 《医疗法》规定的医师；
2. 《社会福利事业法》规定的社会福利师；
3. 特别自治市、特别自治省、市、郡公务员；
4. 其他法学或者长期疗养相关学识经验丰富的人；

⑤等级评定委员会委员任期为三年，可连任一次。但是，公务员委员的任期为其在任期间。

第 53 条（等级评定委员会的运营）

①特别自治市市长、特别自治省省长、市长、郡守、区长在等级评定委员会委员中任命委员长。根据第 52 条第 2 款但书的规定，两个以上的特别自治市、特别自治省、市、郡、区统合而设置一个等级评定委员会时，由该特别自治市市长、特别自治省省长、市长、郡守、区长共同任命。

②等级评定委员会会议由其组成人员过半数出席而举行并以其过半数同意为决议要件。

③除本法规定的情形外，等级评定委员会的构成、运营等必要事项由总统令规定。

第 54 条（长期疗养给付的管理与评价）

①公团应当对长期疗养机构提供的长期疗养给付内容进行持续的管理

与评价，积极促进长期疗养给付的水平提升。

②公团应当根据第23条第3款规定的长期疗养给付的提供标准、程序及方法评估长期疗养给付的提供水平，并在公团网站公示结果。

③第2款规定的长期疗养给付评估方法与评价结果等必要事项，由保健福祉部令规定。

第十章　异议申请及审查请求

第55条（审查请求）

①针对公团处理的长期疗养认定、长期疗养等级、长期疗养给付、不当得利、长期疗养给付费用或者长期疗养保险费等事项，存在异议时可以向公团请求审查。

②第1款规定的审查请求自知晓处分之日起90日内以书面（含《电子政府法》第2条第7款规定的电子文书）的形式提出来，自处分之日起经过180天则不可再提出异议。但是，能够证明上述期间内存在无法申请审查的正当理由时，上述期间经过仍然可以提交审查申请。

③为了审查第1款规定的请求事项，公团设置长期疗养审查委员会（以下简称"审查委员会"）。

④审查委员会的构成、运营及委员的任期等必要事项由总统令规定。

第56条（再审查请求）

①针对第55条规定的异议申请结果不服的人，可以在处分决定作出之日起90日内申请长期疗养再审查委员会（以下简称"再审查委员会"）申请再审查。

②再审查委员会所属保健福祉部长官，由含委员长一人在内的20个委员构成。

③再审查委员会的委员由保健福祉部长官，在相关公务员、法学及长期疗养事业领域内学识与经验丰富的人员中任命或委派。非公务员的委员应当占全体委员人数的过半数。

④再审查委员会的构成、运营及委员的任期等事项由总统令规定。

第56条之二（行政审判的关系）

①再审查委员会的再审查程序准用《行政审判法》。

②再审查委员会对第 56 条的再审查请求事项进行再审查时，不得申请《行政审判法》规定的行政审判。

第 57 条（行政诉讼）

对公团处分持有异议的人与根据第 55 条审查申请或对第 56 条再审查结果不服的人，可以根据《行政诉讼法》的规定提起行政诉讼。

第十一章　附则

第 58 条（国家的负担）

①国家每年在预算范围内，提取相当于本年度长期疗养保费的 20% 的金额，支援公团。

②根据总统令的规定，国家与地方自治团体全额负担包括医疗给付受益人的长期疗养给付费用、医生建议书发放费用、访问看护指示书发放费用中公团承担的费用（含第 40 条第 1 款但书及第 3 条第 1 款规定的免除及减轻导致公团需要承担的部分）及管理运营费等费用。

③根据保健福祉部领规定，第 2 款规定的地方自治团体负担的金额，由特别市、广域市、特别自治市、省、郡、区分担。

④第 2 款及第 3 款规定的地方自治团体的负担额、征收及财产来源管理等事项，由总统令规定。

第 59 条（电子文书的使用）

①根据保健福祉部令的规定，长期疗养事业相关的各种文书的记载、管理及保管以电子文书制作。

②公团及长期疗养机构对长期疗养机构的指定申请、访问及设施疗养费用的请求与支付、长期疗养机构的财务及会计信息的处理等应当使用电算媒体或电子文书交换等方式。

③除第 1 款及第 2 款规定外，信息通信网及信息通信服务设施恶劣的地域等保健福祉部长官指定的地域可以不使用电子文书、电算媒体或电子文书交换方式。

第 60 条（资料的递交）

①确认长期疗养给付提供内容、管理及评价长期疗养给付、计算长期疗养保险费等情形下，公团认为履行长期疗养事业所必要时，可以要求提

交符合下列情形的材料。

1. 长期疗养保险投保人及其被扶养人及医疗给付受益权人；
2. 受益人及长期疗养机构。

②诚实地提供第 1 款要求的材料。

第 61 条 （报告及检查）

①保健福祉部长官或特别自治市市长、特别自治省省长、市长、郡守及区长应当要求符合下列情形的人提交保健福祉部令规定的事项或材料，或者要求公务员对相关人员进行质询及检查材料。

1. 长期疗养保险投保人；
2. 被扶养人；
3. 医疗给付受益权人。

②保健福祉部长官或特别自治市市长、特别自治省省长、市长、郡守、区长有权要求符合下列条件的人提供长期疗养给付的明细、财务、会计等长期疗养给付相关材料，或者要求公务员对相关人员进行质询及检查材料。

1. 长期疗养机构；
2. 长期疗养给付的受益人。

③第 1 款及第 2 款规定的公务员应当向关联人出示表彰其权限的证票、调查期间、调查范围、调查担当人、关联法律等保健福祉部令规定的事项。

④本法规定的事项外，第 1 款及第 2 款规定的质询、检查的程序与方法，适用《行政调查基本法》。

第 62 条 （禁止泄露秘密）

符合下列条件的人不得泄露业务执行中知晓的信息：

1. 特别自治市、特别自治省、市、郡，公团，等级评定委员会及长期疗养机构从事或从事过相关业务的人；
2. 第 24—26 条规定的家族疗养费、特别疗养费及疗养医院看护病人及提供相关给付的人。

第 62 条之二 （禁止使用类似名称）

非从事长期疗养保险事业的人，不得在保险合同或保险合同名称中使用老年人长期疗养保险或与此相类似的用语。

第63条（请问）

特别自治市市长、特别自治省省长、市长、郡守、区长从事下列处分或公告时应当履行请问程序：

1. 第37条第1款规定的撤销长期疗养机构的指定或业务停止命令；
2. 删除；
3. 第37条之三规定的违反事实的公告；
4. 第37条之五第1款规定的长期疗养给付的限制。

第64条（时效的准用规定）

《国民健康保险法》第91条、第92条、第103条、第104条、第107条、第111条及第112条的规定准用于时效、期间的计算、资料的提供、对公团的监督、权限的委任及委托、业务的委托、端股的处理等。"保险费"视为"长期疗养保险费"，"保险给付"视为"长期疗养给付"，"疗养机构"视为"长期疗养机构"，"健康保险事业"视为"长期疗养事业"。

第65条（其他法的所得的拟制禁止）

本法规定的基于长期疗养给付支付的现金不视为《国民基础生活保障法》第2条第8款及第9款规定的所得或财产。

第66条（受助权的保护）

①长期疗养给付受助权不得转让、扣押或担保。

②第27条之二第1款规定的特别现金疗养受助账户的存款，不得扣押。

第66条之二（罚则适用中公务员的拟制）

等级评定委员会、长期疗养委员会，第37条之三第2款规定的公告审议委员会、审查委员会及再审查委员会委员中非公务员，适用《刑法》第127条及第129—132条的规定时，视为公务员。

第66条之三（小额处理）

每笔征缴或返还的金额不足1000韩元时（不含第38条第5款及第43条第4款后段抵消的支付金及长期疗养保险费等金额），不得征缴或返还。但是，长期疗养保险费与《国民健康保险法》第106条规定的健康保险费统筹征缴或返还时，除外。

第十二章　罚则

第 67 条（罚则）

①下列人员处以两年以下的拘役或两千万韩元以下的罚金：

1. 违反第 31 条未被指定却运营长期疗养机构，或以欺诈或不正当方式接受指定的人；

2. 删除；

3. 违反第 35 条第 5 款免除或减轻本人负担金额的人；

4. 违反第 35 条第 6 款介绍、居间、引诱受益人的人；

5. 违反第 62 条业务履行过程中泄露秘密的人。

②符合下列情形的人处以一年以下的拘役或一千万韩元以下的罚金：

1. 违反第 35 条第 1 款且无正当理由拒绝提供长期疗养给付的人；

2. 虚假或其他不正当方法接受长期疗养给付或使他人接受长期疗养给付的人；

3. 无正当理由不采取第 36 条第 3 款规定的权益保护措施；

4. 违反第 37 条第 7 款受益人未清算负担费用。

第 68 条（双罚规定）

法人的代表人、法人或个人的代理人和使用人及其他从业人员从事违反第 67 条规定时，惩罚行为人外还应当一并课以法人或个人罚金刑。但是，法人或个人为了防止违法行为的发生，针对业务进行相当的注意义务与监督时除外。

第 69 条（滞纳金）

①无正当理由对符合下列情形的人处以五百万韩元以下的滞纳金：

1. 删除；

2. 违反第 33 条进行变更指定或变更申报的人，或以虚假或其他不正当方法接受变更指定或变更申报的人；

2 之二．违反第 34 条规定未对长期疗养机构进行信息披露或虚假披露的人；

2 之三．违反第 35 条第 3 款规定未向受益人交付长期疗养给付费用明细或虚假交付的人；

3. 违反第 35 条第 4 款规定未记录及管理长期疗养给付资料或虚假制作的人；

3 之二．违反第 35 条之四第 2 款情形之一的人；

4. 违反第 36 条第 1 款或第 6 款未申报停止营业、休业或资料移交或以不正当方式申报的人；

4 之二．违反第 37 条之四第 4 款的规定受到行政制裁处分或者未及时通知受让人上述事实的人；

5. 删除；

6. 以虚假或不正当方式导致受益人承受长期疗养给付费用的人；

7. 未根据第 60 条或第 61 条的规定履行报告义务或未听从资料提交命令，虚假报告或提交资料的人，拒绝、妨碍检查或虚假答辩的人；

8. 以虚假或其他不正当方法参加长期疗养给付费用请求的人；

9. 违反第 62 条之二使用老年人长期疗养保险或与此相类似术语的人。

②根据总统令的规定，第 1 款规定的滞纳金由特别自治市市长、特别自治省省长、市长、郡守、区长附加及征缴。

第 70 条　删除

三 老年人长期疗养保险法实施令

第1条（目的）

制定本施行令的目的是规定《老年长期疗养保险法》委任事项及其必要事项。

第2条（老年性疾病）

《老年长期疗养保险法》（以下简称"法"）第2条第1款所称"总统令规定的老年性疾病"系附录一的疾病。

第3条（长期疗养基本计划）

根据法第6条第1款第3项规定，长期疗养基本计划包含下列事项：

1. 长期疗养给付水平的提高方案；
2. 老年性疾病预防业务的推进计划；
3. 其他老年人长期疗养给付实施所必要的事项。

第3条之二（外国人的范围）

法第7条第4款规定的"《外国劳动者雇佣法》中的外国劳动者等总统令规定的外国人"包含下列人员：

1. 根据《国民健康保险法》第109条第2款的规定，《外国劳动者雇佣法》规定的外国劳动者入职时；
2. 根据《国民健康保险法》第109条第2款的规定，《出入境管理法》第10条规定的基于产业研修而获得滞留资格的外国人入职时。

第4条（长期疗养保险费率）

法第9条第1款规定的长期疗养保险费率为851‰。

第5条（对残疾人长期疗养保费的减免）

①法第10条"总统令规定的人"包含下列人员：

1. 《残疾人福祉法》第32条登记的残疾程度较为严重的残疾人；
2. 保健福祉部长官公示的稀缺难治疾病患者。

②法第 10 条规定的残疾人系长期疗养保险投保人或其被扶养人时，国民健康保险公团（以下简称"公团"）可以确认是否符合第 1 款的规定，并有权以此为基础减免 30% 的长期疗养保险费。但公团不能确定时，应当接受长期疗养保险投保人或其被扶养人的减免申请。

③第 2 款规定的长期疗养保险费的具体减轻方法，由保健福祉部长官确定并公告。

第 6 条（免交医生建议书）

根据法第 13 条第 2 款的规定，下列人员在申请长期疗养认定时，免交医生建议书：

1. 根据保健福祉部令规定的标准，申请人的身心状态或行动状态明显不便，并经法第 14 条第 1 款规定的由公团所属职员确定的人；

2. 保健福祉部长官指定且公示的居住在偏僻地的人。

第 7 条（等级评定标准）

①法第 15 条第 2 款规定的等级评定标准如下：

1. 长期疗养一等级：身心功能障碍导致日常生活需要借助他人帮助且长期疗养认定分数为 95 分以上的人；

2. 长期疗养二等级：身心健康障碍导致大部分日常生活需要借助他人帮助且长期疗养认定分数在 75 分以上不满 95 分的人；

3. 长期疗养三等级：身心健康障碍导致部分日常生活需要借助他人帮助且长期疗养认定分数在 60 分以上不满 75 分的人；

4. 长期疗养四等级：身心健康障碍导致一定部分日常生活需要借助他人帮助且长期疗养认定分数在 51 分以上不满 60 分的人；

5. 长期疗养五等级：阿尔茨海默病（符合第 2 条规定的老年性疾病的阿尔茨海默病）患者且长期疗养认定分数在 45 分以上不满 51 分的人；

6. 长期疗养认知支援等级：阿尔茨海默病（限于第 2 条规定的老年性疾病的阿尔茨海默病）患者且长期疗养认定分数不足 45 分的人。

②第 1 款规定的长期疗养认定分数能够彰显长期疗养必要程度的分数，并通过保健福祉部长官认定且公示的身心功能低下状态测定的方法计算。

第 8 条（长期疗养认定有效期限）

①法第 19 条第 1 款规定的长期疗养认定有效期间为一年。但是，法

第 20 条规定的长期疗养认定的更新结果判定与之前相同时，更新的长期疗养认定的有效期限如下：

1. 长期疗养一等级：四年；

2. 长期疗养二等级至四等级：三年；

3. 长期疗养五等级及认知支援等级：两年。

②符合第 1 款的规定时，法第 52 条规定的长期疗养等级评定委员会（以下简称"等级评定委员会"）可以在六个月范围内延长或缩短长期疗养认定有效期限。但是，此时长期疗养认定有效期限不得少于一年。

第 9 条 （其他家庭给付）

法第 23 条第 1 款第 1 项规定的其他访问给付，包括受益人日常生活、身心活动及认知功能维持并提升所需要的，由保健福祉部长官指定并公示的必要用具。

第 10 条 （长期疗养机构的种类及标准）

根据法第 23 条第 1 款第 1 项及第 2 项规定，提供长期疗养给付的长期疗养机构的种类及标准如下：

1. 提供家庭给付的长期疗养机构：《老年人福利法》第 38 条规定的家庭老年人福利设施以及法第 31 条指定的长期疗养机构；

2. 能够提供设施疗养的长期疗养机构：

（1）《老年人福利法》第 34 条第 1 款第 1 项规定的老年人疗养设施同时被法第 31 条指定为长期疗养机构；

（2）《老年人福利法》第 34 条第 1 款第 2 项规定的老年人共同生活家庭同时被法 31 条指定为长期疗养机构。

第 11 条 （长期疗养给付按类型区分的长期疗养员的范围）

①法第 23 条第 2 款规定的长期疗养给付中，根据类型区分长期疗养员的范围具体如下：

1. 法第 23 条第 1 款第 1 项（1）规定的访问疗养的长期疗养员，具体如下：

（1）《老年人福利法》第 39 条之二规定的疗养保护师；

（2）《社会福利事业法》第 11 条规定的社会福利师。

2. 法第 23 条第 1 款第 1 项（2）规定的访问沐浴业务的长期疗养员是指《老年人福利法》第 39 条之二规定的疗养保护师。

3. 法第 23 条第 1 款第 1 项（3）规定的访问看护业务的长期疗养员，具体如下：

（1）《医疗法》第 2 条规定的护士且具备两年以上看护业务经历的人；

（2）《医疗法》第 80 条规定的看护辅助人且具备三年以上看护辅助业务经历，并在保健福祉部长官指定的教育机关进修的人；

（3）《医疗技师法》第 2 条规定的齿科卫生员（限于口腔卫生业务）。

4. 法第 23 条第 1 款第 1 项（4）规定的昼夜间保护、同项（5）规定的短期保护及同款第 2 项规定的设施疗养中，长期疗养员具体如下：

（1）《老年人福利法》第 39 条之二规定的疗养保护师；

（2）《社会福利事业法》第 11 条规定的社会福利师；

（3）《医疗法》第 2 条规定的护士；

（4）《医疗法》第 80 条规定的看护辅助师；

（5）《医疗技师法》第 2 条第 2 款第 3 项规定的物理治疗师；

（6）《医疗技师法》第 2 条第 2 款第 4 项规定的作业治疗师。

②第 1 款第 3 项（2）规定的教育机关的指定标准及程序、教育相关的必要事项由保健福祉部令规定。

第 12 条（家族疗养费支付标准）

①法第 24 条第 1 款规定的家族疗养费的支付金额应当考虑访问给付的利用水平，并经法第 45 条长期疗养委员会的审议，由保健福祉部长官具体规定与公示。

②法第 24 条第 1 款第 3 项规定的"身体、精神或性格等总统令规定的事由"，具体如下：

1.《传染病预防与管理法》规定的肝炎病患者且存在感染风险的人；

2.《残疾人福祉法》第 32 条规定的已登记的残疾人存在法实施令附录一规定的精神残疾的情形；

3. 身体变形等事由导致逃避接触人的情形。

第 13 条（长期疗养给付的提供）

①法第 27 条第 2 款规定的"无照顾家属等总统令规定的事由"，具体如下：

1. 无共同居住的家属；

2. 共同居住的家属为未成年人或年满 65 岁以上的老年人。

②法第 27 条第 2 款规定的长期疗养给付之认定范围，具体包括访问给付及设施疗养。

③根据第 1 款规定的事由，自提交长期疗养申请书之日起申请接受长期疗养给付的受益人，应当将证明材料一并提交至公团，公团在确认后立即向受益人通报决定事项。

④提交长期疗养给付前，长期疗养机构应当制作法第 27 条第 4 款规定的长期疗养给付提供计划书。

⑤提供长期疗养给付的过程中，受益人的身心功能状态、受益人的欲求及长期疗养登记等事项发生变更时，长期疗养机构应当重新制作长期疗养给付计划书，并经受益人的同意将内容向公团通报。

⑥第 3 款规定的长期疗养给付的申请及第 4 款规定的长期疗养给付的提供计划书等事项，由保健福祉部令具体规定。

第 13 条之二（特别现金疗养受助账号的申请方法）

①受益人指定的账号（以下简称"特别现金疗养接收账户"）收到法第 27 条之二第 1 款规定的特别现金疗养时，应当填写保健福祉部令规定的特别现金疗养接收账户汇款申请书并将存款账户（仅指显示账户号码的存款页面）复印件一并提交至公团。变更特别现金疗养接收账户适用相同程序。

②根据法第 27 条之二第 1 款规定的但书，符合下列条件之一时，公团有权以现金方式支付特别现金疗养：

1. 开设特别现金疗养接收账户的金融机构停止营业、停止业务或电子通信障碍等原因无法正常营业时；

2. 受益人居住的地区无法便捷地使用金融机构；

3. 除第 1 项及第 2 项的情形外，应当将特别现金疗养汇入特别现金疗养收款账户的情形。

第 14 条（长期疗养机构的指定标准）

根据法第 31 条规定，特别自治市市长、特别自治道道执事、市长、郡守、区长（仅指自治区的区长）指定的长期疗养机构是指《老年人福利法》第 31 条规定的老年人福利设施，且此类老年福利设施还应当具备法第 31 条第 2 款规定的设施及人力。

第 14 条之二（长期疗养机构中的人权教育对象机构）

法第 35 条之三第 1 款及第 2 款规定的"总统令规定的机构"是指第 10 条第 1 款及第 2 款规定的长期疗养机构。

第 14 条之三（长期疗养员的保护）

长期疗养员请求长期疗养机构长官解决法第 35 条之四第 1 款规定的困扰时，长期疗养机构长官应当对长期疗养员的业务采取转岗等措施。此时，长期疗养机构长官还应当与受益人或受益人家属商谈。

第 15 条（滞纳金的附加标准）

根据法第 37 条之二第 1 款及第 2 款的规定附加滞纳金时，应当考虑违法行为的种类与违法程度确定滞纳金金额，具体标准参见附录二。

第 15 条之二（滞纳金的附加及缴纳）

①特别自治市市长、特别自治道道执事、市长、郡守、区长根据法第 37 条之二附加滞纳金时，应当以书面形式记载并通知违法行为的类型与滞纳金的金额。

②接到第 1 款通知的人应当于 20 日内将滞纳金缴纳至特别自治市市长、特别自治道道执事、市长、郡守、区长指定的收缴机关。但是，天灾地变或其他不可抗力等事由导致无法在规定期限内缴纳时，自不可抗力事由消除之日起七日内缴纳。

③根据第 2 款的规定，接收滞纳金的收缴机关应当向缴纳人出具收据，并立即将缴纳事实向特别自治市市长、特别自治道道执事、市长、郡守、区长通报。

第 15 条之三（公示方法）

法第 37 条之三第 1 款规定的"总统令规定的事项"，具体如下：

1. 长期疗养机构及长期疗养给付的种类；
2. 长期疗养机构的指定日或指定的更新日；
3. 长期疗养机构长官的性别；
4. 长期疗养机构管理责任人（长期疗养机构是《老年人福利法》的老年人医疗福利设施时，管理责任人为该设施的长官）的姓名。

第 15 条之四（公布与否的决定、程序及方法）

①公布法第 37 条之三第 1 款规定的内容时，特别自治市市长、特别自治道执事、市长、郡守、区长应当以书面形式向长期疗养机构（以下

简称为"公布对象长期疗养机构")通知相关事实与公布事项。此时，根据法第 37 条之三第 2 款规定设置公布审议委员会（以下简称"公布审议委员会"）时，还应当通过公布审议委员会的审议。

②长期疗养机构长官收到第 1 款规定的通知时，特别自治市市长、特别自治道执事、市长、郡守、区长应当根据第 63 条第 3 项的规定听证长期疗养机构长官，并根据第 37 条之三第 1 款的规定决定是否公布。

1. 公布对象长期疗养机构长官出席听证会时：特别自治市市长、特别自治道执事、市长、郡守、区长参考听证会结果决定是否公开。但是，根据第 1 款后半段经过审议委员会审议时，公布审议委员会再次审议后决定是否公开。

2. 公布对象长期疗养机构长官未出席听证会时：根据第 1 款的规定决定公布。

③特别自治市市长、特别自治道执事、市长、郡守、区长根据法第 37 条之三第 1 款的规定公布违法事实时，应当在该特别自治市、特别自治道、市、郡、区（以下简称"自治区"）进行为期六个月的公布，且根据《公共机关信息公开法》第 6 条在信息公开系统或公团网站上追加公示。

④特别自治市市长、特别自治道执事、市长、郡守、区长认为作为公布对象的违法行为较为重大或存在反复等需要追加公示时，除第 3 款的公示期间外，还应当根据《新闻振兴法》或《广播法》的规定以报纸或广播的形式追加公示。

⑤特别自治市市长、特别自治道执事、市长、郡守、区长在第 3 款的公布期限内公示的事项存在变更指定或变更申报时，应当在第 3 款的事项中立即反映变更的事项并公示。

⑥除第 1—5 款规定的事项外，公布程序及方法、公布事项的变更等必要事项应当由特别自治市市长、特别自治道执事、市长、郡守、区长具体确定。

第 15 条之五（公布审议委员会的构成、运营）

①公布审议委员会由委员长一人和委员五人构成。

②公布审议委员会的委员由特别自治市市长、特别自治道执事、市长、郡守、区长在下列个别人员中结合性别等因素任命或委托的人担任：

1. 市民团体（限于《非营利民间团体志愿法》第 2 条规定的非营利民间团体）推荐的一人；

2. 律师、法学专业教授等法律专家一人；

3. 老年人福利或长期养老相关经验丰富的一人；

4. 特别自治市、特别自治道、市、郡、区所属四级以上公务员一人；

5. 管辖地区公团在其所属的职员中推荐一人。

③委员长在第 2 款人员中互选产生。

④非第 2 款第 4 项及第 5 项委员的任期为两年。

⑤公布审议委员会的委员长代表公布审议委员会，总管公布审议委员会的业务。

⑥公布审议委员会委员长无法履行职务时，委员长指定的委员代行职务。

⑦公布审议委员会会议以委员过半数出席召开，出席委员过半数赞同形成决议。

⑧根据特别自治市、特别自治道、市、郡、区的相关条例，可以向出席会议的委员支付差旅等实际支出费用，但公务员委员出席与其所管业务直接相关的业务时除外。

⑨第 1—8 款规定的事项以外，公布审议委员会的构成、运营等必要事项由该特别自治市、特别自治道、市、郡、区的条例规定。

第 15 条之六（公布审议委员会委员的除名、回避）

①符合下列情形时，审议委员会委员应当在案件的审议、决议中回避：

1. 委员及其配偶、曾为配偶的人是案件当事人（当事人为法人、团体时含其高管）与案件当事人的共同权利人以及共同义务人；

2. 委员与案件当事人存在亲属关系或曾经存在亲属关系；

3. 委员对案件进行证言、陈述、咨询、研究、项目或鉴定；

4. 委员或委员所属法人为案件当事人的代理人或曾经存在代理关系。

②案件当事人存在第 1 款规定的回避事由等无法作出公正的审议及决议时，可以向公布审议委员会申请回避，公布审议委员会针对上述委员的回避作出决议。此时，申请回避的委员不得参加表决。

③委员存在第 1 款规定的回避事由时，应当在上述案件审议、决议中

回避。

第 15 条之七（公布审议委员会委员的解聘）

当公布审议委员会委员存在下列情形时，特别自治市市长、特别自治道执事、市长、郡守、区长有权解聘其委员资格：

1. 身心障碍导致无法履行职务时；

2. 存在职务犯罪的事实；

3. 存在职务懈怠、品行不端等事实导致不适合担任委员时；

4. 符合第 15 条之六第 1 款却未申请回避的；

5. 委员表示无法独自履行职务的。

第 16 条（长期疗养委员会的审议事项）

法第 45 条第 4 款规定的"总统令规定的主要事项"具体如下：

1. 医生建议书出具费用标准；

2. 上门护士指示书出具费用标准；

3. 法第 28 条规定的月限额决定；

4. 保健福祉部长官规定的其他长期疗养给付相关事项。

第 17 条（公务员委员）

法第 46 条第 2 款第 3 项规定的"总统令规定的相关中央行政机关的高位公职人员公务员"是指企划财政部及保健福祉部的高位公职人员公务员中各所属机关长官指定的人。

第 17 条之二（长期疗养委员会委员的解聘）

法第 45 条规定的长期疗养委员会（以下简称"长期疗养委员会"）的委员存在下列情形时，保健福祉部长官有权解聘：

1. 身心障碍导致无法履行职务时；

2. 存在职务犯罪的事实；

3. 存在职务懈怠、品行不端等事实导致不适合担任委员时；

4. 委员表示无法独自履行职务的。

第 18 条（长期疗养委员会的运营）

①法第 46 条规定的长期疗养委员会的委员长，代表长期疗养委员会并统管委员会业务。

②副委员长辅助委员长，委员长因不得已的事由导致无法履行职务时，由副委员长代为履行职务。

③出席长期疗养委员会会议的委员,应当在预算范围内给付报酬、差旅等必要支出。但委员为公务员时,除外。

④长期疗养委员会运营相关的必要事项。

第 18 条之二（长期疗养员支援中心的业务）

①法第 47 条之二第 2 款第 4 项规定的"总统令规定的事项"具体如下：

1. 向长期疗养员提供与商谈就业相关信息；

2. 改善对长期疗养员社会认知的事业；

3. 保健福祉部长官确定并公示或地方自治团体以条例的方式确定的其他长期疗养员的权利保护的事项。

②为了解决法第 35 条之四第 1 款规定的长期疗养员的实际困难,长期疗养员支援中心可以设置由心理、法律、商谈专家构成的咨询委员会。

第 19 条（国民健康保险公团章程的记载事项）

法第 48 条第 4 款第 4 项规定的"总统令规定的其他事项"是指长期疗养事业的常任理事数量以及长期疗养事业相关的组织、人事、报酬、财务等事项。

第 20 条（等级评定委员会的会议）

①等级评定委员会的委员长召集会议并任议长。

②等级评定委员会可以设置干事一名处理相关事务,委员长在公团所属职员中指定。

第 21 条（等级评定委员会的小委员会）

①为了提高业务运行效率,等级评定委员会可以设置小委员会。

②小委员会有权审议并处理等级评定委员会委托的事项。

③小委员会的构成、运营等必要事项,由保健福祉部令规定。

第 21 条之二（等级评定委员会委员的回避）

①等级评定委员会委员在下列情形下应当在审议并表决中回避：

1. 委员或其配偶、前配偶为案件当事人或当事人的共同权利人、共同义务人时；

2. 委员为案件当事人的亲属或前亲属时；

3. 委员对案件提供证言、陈述、咨询、服务或鉴定时；

4. 委员或委员所属法人为案件当事人的代理人或前代理人时。

②案件当事人存在第1款规定的回避事由或委员无法作出公正的审议、决议时，可以向等级评定委员会申请回避，并由等级评定委员会作出回避决议。此时，申请回避的委员不参加表决。

③委员存在第1款规定的回避事由时，应当主动在案件的审议、决议过程中申请回避。

第21条之三（等级评定委员会委员的解聘）

①等级评定委员会委员存在下列事由时，公团理事长可以解聘委员：

1. 身心障碍导致无法履行职务时；

2. 存在与职务犯罪的事实；

3. 职务怠慢、品行不端等事由导致不适合担任委员的；

4. 符合第21条之二第1款的规定，但未申请回避的；

5. 委员表示履行职务存在困难的。

②根据法第52条第4款以外的后半段规定，推荐委员的特别自治市市长、特别自治道道长、市长、郡守、区长在推荐的委员存在第1款规定的情形时，可以撤回其推荐。

第22条（审查请求决定期间）

①根据法第55条第1款接受审查请求的公团，接到申请请求之日起60日内决定。但是，存在不得已的事由可以在30日的范围内延长决定期限。

②根据第1款但书的规定，公团延长决定期间时应当立即向申请人通报延长事由与延长期限。

第23条（长期疗养审查委员会的构成）

①根据法第55条第3款的规定，公团设置长期疗养审查委员会（以下简称"审查委员会"）时，应当设置包含委员长一人的50名以内的委员。

②审查委员会的委员长在担任长期疗养事业的常任理事中任命，并在符合下列条件的委员中由公团理事长任命或委托：

1. 《医疗法》规定的医师、牙医、中医或业务经历十年以上的护士；

2. 《社会福利事业法》规定的社会福利师且从业经验在十年以上的人；

3. 担任老年人长期疗养保险业务的公团的职工；

4. 其他法学及长期疗养相关学识经验丰富的人。

③审查委员会委员任期三年，连选连任一次。但作为公团职员的委员任期为其在任期间。

第 24 条（审查委员会的运营）

①审查委员会会议由委员长和开会时委员长指定的六名委员共计七人组成，并含符合第 23 条第 2 款规定的各一人组成。

②审查委员会会议由在席委员过半数出席并由出席委员过半数同意而决议通过。

③审查委员会处理事务便利可以设置干事一人，并由委员长在公团所属职员中指定。

④本令规定的事项以外，审查委员会运营所必要的事项经审查委员会决议由委员长确定。

第 24 条之二（审查委员会委员的表决权排除、回避）

①审查委员会委员存在下列情形时，在案件的审议、决议中排除表决权：

1. 委员或其配偶、前配偶为案件当事人或与当事人存在共同权利人或共同义务人时；

2. 委员与案件当事人存在亲属或前亲属关系时；

3. 委员对案件进行证言、陈述、咨询、研究、服务或鉴定时；

4. 委员或委员所属法人为案件当事人的代理人或前代理人时。

②案件当事人存在第 1 款规定的回避事由或无法期待委员作出公正的审议、决议时，可以向审查委员会申请回避，审查委员会决议委员回避。此时申请回避的委员不参加表决。

③符合第 1 款规定的回避事由时，委员应当自觉在案件审议、决议中回避。

第 24 条之三（审查委员会委员的解聘）

符合下列情形时，公团理事长可以解聘审查委员会委员：

1. 身心障碍导致无法履行职务的；

2. 存在职务犯罪时；

3. 职务怠慢、品行不端等事由导致不适合继续担任委员时；

4. 符合第 24 条之二第 1 款规定却不回避时；

5. 委员自认为履行职务存在困难的。

第 25 条（长期疗养再审委员会构成）

①法第 56 条第 1 款规定的长期疗养再审委员会（以下简称为"再审委员会"）的委员长，由保健福祉部长官在负责老年长期疗养保险业务的保健福祉部的高级公务员中任命。

②再审委员会的委员，由保健福祉部长官在符合下列条件的委员中任命或委派：

1. 保健福祉部的四级以上公务员或在职高层公务员；
2. 具有法官、检察官或律师资格的人；
3. 在大学担任社会保险或医疗相关领域的副教授以上的人；
4. 其他法学、社会保险或医疗相关学识与经验丰富的人。

③再审委员会委员任期为三年，可以连选连任一次。但是，公务员委员的任期为其在任期间。

第 25 条之二（再审委员会委员的限制表决权、回避）

①再审委员会委员符合下列情形时，在案件审议、表决中回避：

1. 委员或其配偶、前配偶是案件当事人或与案件当事人为共同权利人或共同义务人时；
2. 委员与案件当事人存在亲属关系或曾经存在亲属关系时；
3. 委员对案件提供证言、陈述、咨询、研究、服务或鉴定时；
4. 委员或委员所属法人为案件当事人的代理人或前代理人时。

②当事人无法对委员期待公正的审议、决议时，可以向再审委员会申请回避并以再审委员会的表决确定。此时回避申请对象之委员不得参加表决。

③存在第 1 款规定的回避事由时，委员应当在案件审议、表决中回避。

第 25 条之三（再审委员会委员的解聘）

第 25 条第 2 款规定的再审委员会委员存在下列情形时，保健福祉部长官有权解聘再审委员会委员：

1. 身心障碍导致无法履行职务的；
2. 存在职务犯罪情形；
3. 职务怠慢、品行不端等事由导致不适合继续担任委员的；
4. 存在第 25 条之二第 1 款情形却未申请回避的；

5. 委员自认为履行职务存在困难的。

第 26 条（再审委员会会议）

①再审委员会会议的委员长召集再审委员会，并担任再审委员会议长。

②委员长无法直接履行职务时，委员长指定的委员代替履行职务。

③再审委员会会议以在席委员过半数出席并以出席委员过半数同意而表决。

④再审委员会为了处理事务可以设置干事一名，并由委员长在保健福祉部公务员中指定。

⑤本令规定的情形外，再审委员会运营相关必要事项须经再审委员会决议并由委员长指定。

第 27 条（在申请求的决定期间）

①接到法第 56 条第 1 款规定的再审请求的再审委员会，自接到再审请求之日起 60 日内表决。但是，存在不得已的情形时，可在 30 日的范围内延长决定期间。

②根据第 1 款的规定再审委员会延长决定期限时，应当立即向请求人通报事由及延长期限。

第 28 条（国家与地方自治团体的负担）

①根据法第 58 条第 2 款规定，国家与地方自治团体负担医疗给付受益人的费用标准如下：

1. 删除；

1 之二.《医疗给付法》第 3 条第 1 款第 1 项规定的医疗给付受益人的费用：地方自治团体负担

（1）国家负担份额：《补助金管理法实施令》附录一的基础生活保障受益人医疗给付标准补助率规定的金额；

（2）地方自治团体负担份额：（1）规定的国家负担份额以外的金额。

②特别市市长、广域市市长、特别自治市市长、道执事、特别自治道执事为了负担第 1 款的费用，应当向公团支付保健福祉部长官确定的费用。

③第 2 款规定的给付费用的支付程序及方法，由保健福祉部长官确定并公示。

第 28 条之二（敏感信息及固有识别信息的处理）

为了实施下列事务，必要时，国家（含法第 64 条准用的《国民健康保险法》第 111 条规定的保健福祉部长官委托或受托的人），地方自治团体长官（含权限委托、委任及受托、受任的人）或公团（法第 64 条准用的《国民健康保险法》第 112 条规定的受托公团业务的人）有权处理《个人信息保护法》第 23 条规定的健康信息、同法实施令第 18 条第 2 款规定的犯罪经历资料信息，同法令第 19 条规定的居民登陆证信息或外国人登陆证信息等。

1. 法第 4 条规定的老年性疾病预防事业；

1 之二．法第 13 条及第 20—22 条规定的长期养老认定申请等事务；

1 之三．法第 23 条及第 27 条规定的提供长期疗养给付等事务；

1 之四．法第 24 条规定的家族疗养费给付事项；

2. 法第 31 条规定的指定长期疗养机构的事项；

3. 法第 32 条之四规定的长期疗养机构指定更新的事项；

4. 法第 33 条规定的长期疗养机构变更申报的事项；

4 之二．法第 35 条第 3 款规定的长期疗养机构长官在交付长期疗养给付费用明细书的事项；

5. 法第 36 条规定的长期疗养机构的停业、休业等事项；

6. 法第 37 条规定的长期疗养机构的撤销指定等行政处分事项；

6 之二．法第 37 条之二规定的滞纳金征缴事项；

6 之三．法第 37 条之三规定的违法事实公布相关事项；

6 之四．法第 37 条之四规定的行政制裁处分效果承继相关事项；

6 之五．法第 37 条之五规定的长期疗养给付提供限制事项；

6 之六．法第 38 条规定的访问及设施疗养费用请求及支付事项；

6 之七．法第 42 条规定的访问护士指示书发放费用计算事项；

7. 法第 48 条第 2 款规定的公团业务事项；

8. 法第 55 条规定的审查请求事项；

9. 法第 56 条规定的再审请求事项；

10. 法第 57 条规定的行政诉讼事项；

11. 法第 61 条规定的报告及检查事项；

12. 法第 63 条规定的听证事项；

13. 法第 64 条准用的《国民健康保险法》第 104 条补偿金支付事项；

14. 法第 11 条第 1 款第 3 项（2）规定的教育机关指定事项。

第 28 条之三（规定的再探讨）

保健福祉部长官针对第 8 条规定的长期疗养认定的有效期限，以 2014 年 1 月 1 日为标准的每三年（是指每三年的 1 月 1 日前）为一个周期，探讨其适当性并采取相关措施。

第 29 条（滞纳金的附加标准）

法第 69 条规定的滞纳金的附加标准参见附录三。

附录

第 1 条（实施日）

本令自 2019 年 12 月 12 日起实施。但是，附录三第 2 款（11）的修订规定自公布之日起实施，第 5 条第 1 款第 1 项的修订规定自 2019 年 7 月 1 日起实施，第 13 条、第 14 条之三、第 18 条之二、附录二第 1 项（限于法第 37 条第 1 款第 1 项之二及第 3 项之四）及附录三第 2 款（5）的修订规定自 2019 年 6 月 12 日起实施。

第 2 条（长期疗养机构的种类及标准的经过措施）

①本令实施时前的《老年人长期疗养保险法》（法律第 15881 号老年人长期疗养保险法部分修订法律前的法律。以下简称为"从前的法"）第 32 条第 1 款规定的访问长期疗养机构的设置、申报程序进行时，本令实施后访问长期疗养机构的设置、申报完成时的访问长期疗养机构视为第 10 条第 1 款修订规定的能够提供访问给付中的长期疗养机构。

②本令实施前从前的法第 32 条规定的设置、申报的访问长期疗养机构根据第 10 条第 1 款的修订规定视为能够提供访问给付的长期疗养机构。

第 3 条（滞纳金附加标准的经过措施）

①针对本令实施前的违法行为征缴滞纳金时，不适用附录三第 2 款（8）及（9）修订规定，而适用从前的法。

②本令实施前的违法行为受到滞纳金处分时，不计入附录三第 2 款（8）及（9）修订规则中规定的违法行为的计算次数。

四　老年人长期疗养保险法实施细则

第1条（目的）

本细则的规范目的在于，明确《老年人长期疗养保险法》及同法实施令委任事项及其必要事项。

第1条之二（外国人投保长期疗养保险的除外程序）

①根据《老年人长期疗养保险法》（以下简称"法"）第7条第4款规定，外国人未申请加入长期疗养保险时，应当将附录一规定的外国劳动者长期疗养保险除外申请书递交至《国民健康保险法》规定的国民健康保险公团（以下简称"公团"）。

②接收第1款规定的申请时，公团应当通过《电子政府法》第36条第2款规定的行政信息的共同利用确认外国人登录证实名信息。但申请人不同意确认或无法确认时，应当附加外国人登录证相关信息。

③外国人申请第1款规定的事实时，视为自申请之日起在长期疗养保险投保中排除在外。但在《国民健康保险法》规定的职场投保人资格申报之日起14日内申请时，视为资格取得之日起排除在外。

第2条（长期疗养认定申请及医生建议书的提交）

①法第13条第1款规定的长期疗养认定申请人（以下简称"申请人"）应当一并提交第1款之二规定的长期疗养认定申请书及第2款规定的医生或中医的建议书。

②第1款规定外，根据法第13条第1款但书的规定，申请人可以在长期疗养等级评定委员会开会前将医生或中医的建议书（以下简称"医师建议书"）递交至公团。但是，申请人未满65周岁导致无法提交医生建议书时，应当随长期疗养认定申请书一并提交《老年人长期疗养保险法实施令》（以下简称"令"）第2条规定的，能够确认老年性疾病（以下简称"老年性疾病"）的诊断书等证明材料。

③收到第 1 款与第 2 款规定的申请书后，发现申请书未提交医生建议书时，公团应当确认申请人是否具备申请资格，并根据第 14 条第 1 款的规定进行调查后，采取下列措施。

1. 符合令第 6 条规定的人：向申请书通报可以不予提交医生建议书。
2. 不符合第 1 款规定的人：

（1）第一次申请长期疗养认定的人或根据法第 20 条申请更新长期疗养认定的人；

（2）不符合（1）项的人：通知医生建议书所需费用由本人全额负担。

④根据第 3 款第 2 项（1）的规定，要求提供医生建议书的人应当向医疗机构（《地区保健法》规定的保健所、保健医疗院及保健分所等）提交委托书，并将医疗机构出具的医生建议书提交至公团。

第 3 条（提交医生建议书的除外人员）

根据令第 6 条第 1 款的规定，调查结果显示符合令第 7 条第 1 款规定的长期疗养一等级或长期疗养二等级且符合保健福祉部长官规定并公示的居住不便的人，可以免于提交医生建议书。

第 4 条（医生建议书的出具费用）

①法第 13 条第 3 款规定的医生建议书的出具费用，由医疗机构的类型与保健福祉部长官公示的金额确定。

②根据第 2 条第 4 项规定，通过医疗委托书出具医生建议书时，具体费用由下列方式承担：

1. 65 岁以上的老年人或未满 65 岁却患有老年性疾病的人：本人承担 20%，公团承担 80%；

2. 《医疗给付法》第 3 条第 1 款第 1 项规定的接受医疗给付的人：地方自治团体承担；

3. 《医疗给付法》第 3 条第 1 款第 1 项规定外接受医疗给付的人：本人承担 10%，国家与地方自治团体承担 90%；

4. 所得、财产等保健福祉部长官公示的一定金额以下的人与第 34 条规定的生计困难的人：本人承担 10%，公团承担 90%。

③申请人未按照第 2 条第 4 款规定的程序取得医生建议书时，费用由本人承担。但申请人符合下列情形时，扣除第 2 款本人承担的金额外的剩

余部分由公团承担：

1. 长期疗养给付接受人（以下简称"受益人"）或长期疗养等级变更时；

2. 初次申请长期疗养认定或根据法第 20 条申请更新长期疗养认定时。

④根据第 2 条第 4 款规定出具医生建议书的人，应当对第 1 款规定的医生建议书出具费用中本人承担部分以外的剩余费用，第 4 项规定的医生建议书出具费用申请请求公团给予承担，公团接到请求之日起 30 日内完结审查并立即支付费用。

第 5 条（长期疗养认定申请的调查）

根据法第 14 条的规定，公团职员调查长期疗养认定申请内容时，可以按照附录第 5 项的格式在长期疗养认定调查表制作调查结果。

第 6 条（长期疗养认定书及标准长期疗养使用计划书）

①法第 17 条第 1 款第 3 项规定的"由保健福祉部令规定的其他长期疗养给付相关事项"，具体如下：

1. 长期疗养认定的有效期限；

2. 法第 15 条第 1 款规定的长期疗养等级评定委员会（以下简称"等级评定委员会"）的意见；

3. 法第 27 条之二规定的特别现金疗养受领账户相关事项。

②法第 17 条第 1 款规定的长期疗养认定书（以下简称"长期疗养认定书"）的格式，适用附录第 6 款的规定，同条第 3 款规定的标准长期疗养使用计划书（以下简称"标准长期疗养使用计划书"）适用附录第 7 项的格式。

③公团制作标准长期疗养使用计划书时，应当考虑下列事项：

1. 受益人的身心功能状态；

2. 受益人及其家属的要求与选择；

3. 受益人生活环境及独立履行日常生活的能力。

④第 3 款规定的事项发生改变而公团需要变更标准长期疗养使用计划书时，应当反映修改状态并重新进行制作。

第 7 条（长期疗养认定有效期限的计算方法）

根据法第 19 条第 2 款的规定，长期疗养认定的有效期限自长期疗养认定书到达受益人之日起计算。但是，符合法第 27 条第 2 款规定的受益人，自递交长期疗养认定书之日起计算。

第 8 条 （长期疗养认定的更新程序）

①根据法第 20 条第 1 款的规定申请更新长期疗养认定的受益人，自长期疗养认定有效期限届满前 90 日至 30 日内将在附录第 1 款之二要求的长期疗养认定更新申请书，以及相关医生建议书一并提交至公团。

②除第 1 款规定外，公团在履行法第 48 条第 2 款规定的业务过程中，确认相关受益人更新申请意思后，视为申请了长期疗养认定的更新。此时，受益人应当将医生建议书提交至公团。

③根据第 1 款及第 2 款申请更新长期疗养认定的受益人，应当考虑长期疗养认定的更新次数、更新申请当时的长期疗养等级、是否具有阿尔茨海默病及脑血管性疾病等情形，符合保健福祉部长官规定的身心状态难以好转的标准时，视为已履行根据法第 20 条第 3 款准用于法第 14 条的调查。但是，受益人邀请相关调查时除外。

第 9 条 （长期疗养等级的变更程序）

根据法第 21 条第 1 款的规定，申请长期疗养等级、长期疗养给付种类或内容变更（不含长期疗养给付种类变更为长期疗养费的情形）时，应当将附录第 1 款之二规定的变更申请书提交至公团。此时，申请长期疗养等级变更时，应当一并提交医生建议书。

第 10 条 （长期疗养认定申请的代理）

根据法第 22 条规定，预计接受长期疗养给付的人或代理受益人申请长期疗养认定申请的人，应当提交证明代理人资格的身份证件及材料。

1. 本人家属或亲属及利害关系人：代理人的居民登记证；

2. 社会福利专门公务员：能够证明公务员的居民登记证；

3. 特别自治市市长、特别自治道道长、市长、郡守、区长（指自治区的区长）指定的人：附录第九号规定的代理人指定书。

第 11 条 （短期保护的给付期间）

①法第 23 条第 1 款（5）接受短期给付的期限为每月九日以内。但是，保健福祉部长官规定的情形，如家庭旅游、医院治疗等事由导致没有能够照顾受益人的家属时，可以每次九天的范围内申请每年延长四次的权利。

②除第 1 款规定的情形外，2017 年 12 月 31 日以内接受指定的长期疗养机构或设置申报的访问长期疗养机构接受短期保护给付时，接受短期保护给付时间应当在每月 15 日前。但是，符合第 1 款规定的但书范围内可以在每月 15 日的范围内每年延长两次。

第 11 条之二　（教育机关指定标准及程序）

①申请被指定为令第 11 条第 1 款第 3 项（2）规定的访问看护的护士教育机构，应当在第 9 项之二规定的文书中附加下列材料递交至保健福祉部长官：

1. 教授要员（专业全职教授及实践指导兼职教授）的姓名及履历等材料；
2. 实习协议机构现状及协议约定书；
3. 教育计划书及教课课程表；
4. 访问护士教育过程中使用的设施及装备的现状。

②根据令第 11 条第 2 款的规定，被指定为访问护士的教育机构，应当具有看护专业的大学、产业大学或专门大学等保健福祉部长官规定的要求。

③根据第 1 款规定收到指定申请且符合第 2 款规定的指定标准时，保健福祉部长官应当作出附录第 9 项之三规定的指定书。

④第 1 款规定的访问看护的护士教育机构的指定程序、教育科目等必要事项，由保健福祉部长官规定并公示。

第 12 条　（长期疗养给付提供标准的一般原则）

①长期疗养机构的受益人个人对长期疗养给付的种类及内容的选择权并支援其自立生活，根据受益人身心状态给付适当给付。

②第 1 款规定的适当给付的具体标准由保健福祉部长官规定并公示。

③长期疗养机构请求受益人承担本人负担金额时，法律规定认定的费用以外不得以入住保证金等名义收取费用。

第 13 条　删除

第 14 条　（长期疗养给付的范围）

①法第 23 条第 1 款规定的长期疗养给付范围以外的事项（含"非给付对象"）具体如下：

1. 餐食材料费；

2. 升级住宿相关的追加费用：老年人疗养设施或老年人疗养共同生活家庭中，本人自愿申请一人室或二人室时，长期疗养所需总费用中扣除第 1 项、第 3 项及第 4 项费用及长期疗养给付费用之外的金额；

3. 理发及美容费；

4. 保健福祉部长官规定并公示的日常生活所必需且认为受益人承担较为合适的费用。

②删除。

第 15 条（对受益人的指导）

长期疗养机构应当在受益人容易接触到的地方展示经营简述、从业人员的出勤体系、长期疗养费用的种类、非给付对象、项目费用、第 38 条第 2 款规定的评价结果等影响长期疗养给付选择的重要事项。

第 16 条（长期疗养给付的合同）

①受益人与长期疗养机构进行长期疗养给付前，应当签订含有下列事项的长期疗养给付合同文本（以下简称"合同"），此时，长期疗养机构应当制作两份合同，将一份合同立即交付至受益人，另外一份保管至长期疗养机构，变更合同采取相同程序：

1. 合同当事人；

2. 合同期间；

3. 长期疗养给付种类、内容及费用；

4. 非给付对象及项目费用。

②长期疗养机构签订第 1 款规定的合同时，应当确认受益人、长期疗养等级、长期疗养认定有效期限、长期疗养给付的种类及内容、标准长期疗养使用计划书、本人负担金额的减轻与否等事项。

③长期疗养机构签订第 1 款规定的合同时，应当向受益人及其家属说明长期养老给付计划与费用（含非给付对象及项目费用等）等相关事项并获得其同意。

④长期疗养机构签约或变更合同条款时，应当立即将附录第 11 项书面文书及附录第 11 项之二的长期疗养给付合同通报书通过传真或公团运营的电子文书交换方式进行通报。

⑤除第 1 款规定外，《医疗给付法》规定的受益人制作附录第 10 项规定的入宿、使用申请书后，向住所地管辖的特别自治市市长、特别自治

道道长、市长、郡守、区长申请长期疗养给付。

⑥特别自治市市长、特别自治道执事、市长、郡守、区长接到第 5 款的申请时，应当将附录第 10 项之二规定的长期疗养机构入宿、使用委托文书递交至长期疗养机构长官，并将该事实通知公团。此时，管辖的特别自治市、特别自治道、市、郡、区（含自治区的区）长期养老机构不足时，可以与其他特别自治市、特别自治道、市、郡、区协商并接受长期疗养给付。

第 17 条（禁止长期疗养给付的重复受助）

①受益人不得重复接受访问给付、设施疗养及特别现金疗养。但是，家族疗养费受益人接受其他访问给付时除外。

②同一时间内受益人不得在访问疗养、访问看护，昼夜保护或短期保护给付中接受两种以上的给付。但是，为了受益人使用的便利性，必要时可以同时接受访问沐浴与访问看护，访问疗养与访问看护。

第 18 条（长期疗养给付的记录等）

长期疗养机构长官实施长期疗养给付时，应当在附录第 12—16 款及附录第 16 款之二规定的长期疗养给付提供记录文本中记载长期疗养给付实施内容并向受益人提供相关信息。此时提供周期与方法等信息提供的具体事项应当由保健福祉部长官规定并公示。

第 19 条（其他访问给付的提供标准）

①根据令第 9 条的规定，长期疗养机构提供保健福祉部长官规定并公示的受益人日常生活及身心活动支援等认知功能维持与提高必要的工具（以下简称"福利工具"）时，应当结合使用年限以买入或租赁的方式提供。

②保健福祉部长官规定并公示福利用品给付对象的范围、给付决定方法、具体提供标准及程序等必要事项。

第 20 条（家族疗养费的支付程序）

①接受法第 24 条第 1 款规定的家族疗养费的人申请长期疗养认定时，应当填写附录第十七号格式的家族疗养费支付申请书，并根据法第 15 条第 1 款规定向等级评定委员会递交材料前，将申请书递交至公团。此时，符合下列条件的人应当一并递交相关证明文件：

1.《肝病预防及管理法》规定的具有感染风险较高的肝病患者：诊

断书等能够证明相关事实的材料；

2. 根据《残疾人福祉法》第 32 条登记的残疾人且符合法实施令附录一规定的精神残疾人士：残疾人登记证；

3. 存在身体变形事由导致回避接触他人的人：诊断书等能够证明上述事实的材料。

②根据法第 21 条第 1 款规定，长期疗养给付种类变更为家族疗养费的受益人应当在附录第十七号的家族疗养支付申请书中附加第 1 款规定的材料并向公团申请。

③接受第 1 款及第 2 款申请的公团，可以通过《电子政府法》第 36 条第 2 款规定的行政信息的共同使用系统确认残疾人登记证（仅限于申请事由存在精神障碍的情形）。但是，申请人不同意确认或无法确认时，应当附加上述信息。

④接到第 1 款及第 2 款申请的公团应当确认要件，并经等级评定委员会的审议（第 1 款第 1 项及第 3 项的情形）确定家族疗养费的受助对象时，长期疗养申请书的长期疗养给付种类记载为家族疗养费并向受益人通报。

⑤接受家族疗养费的受益人不符合法第 24 条第 1 款规定的家族疗养费支付要件时，自事由发生之日起 14 日内应当将附项之二的文件内记载长期疗养给付类型、内容变更申请书并递交至公团。

⑥公团应当每月向受益人支付家族疗养费。但是，该月发生家族疗养费支付消灭事由时，以日计算支付。

第 21 条（长期疗养认定申请书递交之日起申请接受长期疗养给付）

①自法第 27 条第 2 款规定的长期疗养认定申请书递交之日起，受益人应当将附录第 18 项文件中的申请书递交至公团。

②公团接到第 1 款规定的申请时，应当根据《电子政府法》第 36 条第 2 款规定的行政信息共同使用方法确认居民登记证。但是，申请人不同意上述事情时，应当附加相关材料。

③公团接到第 1 款规定的申请时，若要自长期疗养认定申请书递交之日起享受长期疗养给付待遇则应当将长期疗养认定书的有效期限变更记载并通报至受益人。

④长期疗养机构对第 3 款的规定受益人自长期疗养认定申请书递交之

日起适用长期疗养给付。

第 21 条之二 （长期疗养给付提供计划书的提交程序）

①法第 27 条第 4 款规定的长期疗养给付提供计划书应当符合附录第 11 项之三的格式及附录第 11 项之四的格式。

②根据法第 27 条第 4 款的规定，长期疗养机构向公团通报长期疗养给付计划书时，可以使用电子文书的方式。

第 21 条之三 （特别现金疗养受助账户汇款申请书）

令第 3 条之二第 1 款规定的特别现金疗养受助账户的入款申请书，适用附录第 18 项之二的格式。

第 22 条 （长期疗养给付的月限额）

①法第 28 条第 1 款规定的访问给付（不含福利工具）的月限额由保健福祉部长官根据令第 16 条第 3 款规定的长期疗养委员会审议来确定并公示。

②设施疗养的月限额应当综合考量长期疗养给付所需的长期疗养机构的费用与运营现状，并由保健福祉部长官规定并公示的每日给付费用乘以每月日数计算。

第 23 条 （长期疗养机构的指定标准）

①根据法第 31 条第 1 款的规定，被指定为长期疗养机构的人应当在附录第 19 号格式的长期疗养机构指定申请书中，附加下列材料递交至特别自治市市长、特别自治道执事、市长、郡守、区长：

1. 一般现状、人力现状及设施现状；

2. 营业登记证或固有号码证复印件一份（特别自治市市长、特别自治道执事、市长、郡守、区长能够通过《电子政府法》第 36 条第 1 款规定的行政信息使用规定确定的信息可以以确认书来替代上述信息的递交）；

3. 事业计划书及运营规定各一部。

②根据法第 31 条第 2 款的规定，要被指定为长期疗养机构的人应当具备下列设施与人力：

1.《老年人福利法》第 38 条规定的访问老年人福利设施：同法实施细则附录九规定的设施与人力；

2.《老年人福利法》第 34 条规定的老年人医疗福利设施：同法实施

细则附录四规定的设施与人力。

③收到第 1 款规定的长期疗养机构指定申请的特别自治市市长、特别自治道执事、市长、郡守、区长要指定长期疗养机构时,结合性别比例指定长期疗养机构的指定审查委员会,并审查是否符合法第 31 条第 3 款及第 2 款的设施、人力标准。

1. 所属特别自治市、特别自治道、市、郡、区的公务员一名;

2. 老年人福利或长期疗养相关学识与经验丰富的人四名以内。

④管辖特别自治市市长、特别自治道执事、市长、郡守、区长可以提前与申请长期疗养机构的人协商法第 31 条第 1 款规定的长期疗养机构指定标准,管辖特别自治市市长、特别自治道执事、市长、郡守、区长应当积极配合。

⑤特别自治市市长、特别自治道执事、市长、郡守、区长应当结合第 3 款的审查结果决定长期疗养机构的指定与否。

⑥特别自治市市长、特别自治道执事、市长、郡守、区长根据第 5 款的决定指定长期疗养机构时,发布附录第 20 号格式的长期疗养机构指定书,当指定结果为拒绝时,应当将拒绝理由以书面的方式通知申请人。

⑦第 1—6 款规定的事项外,长期疗养机构的审查委员会的构成、运营及审查标准等必要事项由特别自治市市长、特别自治道执事、市长、郡守、区长具体规定。

第 24 条（长期疗养机构指定更新标准）

①根据法第 32 条之四接受更新申请的特别自治市市长、特别自治道执事、市长、郡守、区长应当充分考虑下列事项给予审查更新申请。此时,特别自治市市长、特别自治道执事、市长、郡守、区长应当向公团要求提交必要的资料或意见。

1. 长期疗养机构的长官、法定代表人或长期疗养核心员工受到法第 37 条及第 37 条之五规定的行政处分的内容;

2. 第 23 条第 2 款规定的设施与人力标准;

3. 第 38 条第 1 款规定的长期疗养机构的评估结果;

4. 长期疗养机构的长期疗养给付履历;

5. 特别自治市市长、特别自治道执事、市长、郡守、区长认定的其他审查所必要的事项;

6. 删除；

7. 删除；

8. 删除。

②特别自治市市长、特别自治道执事、市长、郡守、区长结束第 1 款规定的审查时，应当立刻将结果通知申请人与公团。

③除第 1 款及第 2 款规定的事项以外，指定更新程序及方法等事项准用第 32 条的规定。此时"指定"视为"指定更新"。

④删除。

第 25 条 （长期疗养机构变更指定及变更申请）

①法第 33 条第 1 款规定的"设施及人力等保健福祉部令规定的重要事项"是指设施、人力、长期疗养给付的种类及长期疗养给付形态。

②法第 33 条第 1 款规定的申请变更指定时，长期疗养机构长官应当在附录第十九号之二的格式上附加长期疗养机构变更指定申请书递交至特别自治市市长、特别自治道执事、市长、郡守、区长。

1. 能够证明变更事项的材料（特别自治市市长、特别自治道执事、市长、郡守、区长通过《电子政府法》第 36 条第 1 款使用行政信息确认附加材料时，以确认替代附加材料）；

2. 长期疗养机构指定书；

3. 删除。

③根据法第 33 条第 2 款规定的变更申请时，长期疗养机构长官应当自变更事项发生之日起 14 日内，在附录第 23 号格式的变更事项申报书上附加能够确认变更事项的材料，一并递交至特别自治市市长、特别自治道执事、市长、郡守、区长。

④根据第 3 款的规定，申请变更人力情形时，申请人应当遵循法第 59 条第 2 款的规定，使用《社会福祉事业法》第 6 条之二信息系统时，申请变更。

⑤根据第 3 款的规定接收申报书的特别自治市市长、特别自治道执事、市长、郡守、区长，可以通过《电子政府法》第 36 条第 1 款规定的行政信息使用规定替代法人登记事项证明书（仅限于法人的法定代表人变更时）。

⑥根据第 2 款或第 3 款的规定，接收长期疗养机构变更指定申请书或

变更申报书的特别自治市市长、特别自治道执事、市长、郡守、区长应当确认内容并重新颁发记载变更内容的长期疗养机构指定书。

第 26 条（长期疗养机构信息的介绍）

①法第 34 条规定的长期疗养机构应当在公团网页上披露的信息如下：

1. 设施的构造、设备状态及建筑物全景等照片；

2. 长期疗养机构的地址、缩略图、电话号码及网址；

3. 长期疗养机构所属人员类型及人数、长期疗养员工的工作年限、入住员工人数及现入住人员；

4. 长期疗养机构提供的给付类型；

5. 长期疗养给付使用合同的相关事项；

6. 非给付项目的费用；

7. 是否加入法第 35 条之五第 1 款规定的保险；

8.《社会福利事业法》第 34 条之三第 1 款规定的责任保险加入情形。

②长期疗养机构在第 1 款内容发生变更时，应当在公团网站上立即更新相关内容。

第 27 条（长期疗养给付费用明细书及资料的记录与管理）

①法第 35 条第 3 款规定的长期疗养给付费用明细，适用附录第 24 号规定的格式。

②当受益人要求第 1 款规定的长期疗养给付费用明细书中的详细计算内容时，长期疗养机构应当提供。

③当受益人申请《所得税法》第 59 条之四第 2 款规定的医疗费抵扣而要求长期疗养机构提供长期疗养费缴纳内容的确认材料时，长期疗养机构应当根据附录第 25 号的格式提供长期疗养给付费用缴纳确认书。

④根据法第 35 条第 4 款及第 59 条的规定，长期疗养机构的长官以文字或电子文书的方式记录并管理下列规定的长期疗养给付资料，保存期限自长期疗养给付终了之日起五年。

1. 长期疗养给付合同相关材料；

2. 长期疗养给付费用请求书及长期疗养给付费用明细书；

3. 长期疗养给付提供记录志等长期疗养给付费用计算所必要的材料及能够证明上述事实的材料；

4. 访问看护指示书；

5. 长期疗养给付费用明细书副本，但制作并保存附录第 34 号格式的本人负担金额收纳账本时，可以以上述收纳账本替代长期疗养给付明细书的副本。

第 27 条之二（人权教育）

①法第 35 条之三第 1 款规定的人权教育（以下简称"人权教育"）应当涵盖下列内容：

1. 老年人人权相关的法律、制度及国内外动向；

2. 在长期疗养机构发生的人权侵害事件；

3. 在长期疗养机构发生人权侵害事件时的申诉要领及程序；

4. 其他老年人人权保护及增进相关且保健福祉部长官认定的事项。

②根据法第 35 条之三第 1 款及令第 14 条之二的规定设置、运营长期疗养机构的人及其从业人员，应当通过面对面教育或网络教育每年接受四个小时的人权教育。此时，法第 31 条第 1 款规定的指定年度内接受《老年人福利法》第 6 条之三规定的人权教育的视为完成该年度人权教育。

③法第 35 条之三第 2 款规定的长期疗养机构的人，应当对接受该机构长期疗养给付的受益人进行人权侵害时的申报要领及程序教育。

④根据法第 35 条之三第 3 款的规定，保健福祉部长官可以在下列机关、法人或团体指定为教育机关：

1.《国家人权委员会法》规定的国家人权委员会；

2.《老年人福利法》第 39 条之五规定的老年人保护专门机构；

3.《韩国保健福祉人力开发院法》规定的韩国保健福祉人力开发院；

4. 其他具备能够实施人权教育的专门人力与设施的保健福祉部长官认定的机关、法人或团体。

⑤法第 35 条之三第 4 款规定的人权教育机构的撤销指定及业务停止处分的标准适用附录一之二。

⑥除第 1—5 款规定的事项以外，人权教育的实施方法、人权教育机构的指定程序及教育经费等必要事项由保健福祉部长官规定并公示。

第 28 条（长期疗养机构的停业申请）

根据法第 36 条第 3 款的规定，长期疗养机构停止营业或休业以及不想更新长期疗养机构的指定时，应当在附录第 26 号规定的申报书中附加下列材料递交至特别自治市市长、特别自治道执事、市长、郡守、区长：

1. 停止营业或休业决议书（仅限法人）一副；

2. 受益人处置计划书一副；

3. 长期疗养机构指定书（除休业）或访问长期疗养机构设置申报证明书（限于停止营业时）；

4. 法第35条之二规定的长期疗养机构财务会计材料中的决算报告书一副。

第28条之二（移送长期疗养给付的资料）

①根据法第36条第6款的规定，长期疗养机构长官应当于休息日或停业日将保管法第27条第4款规定的材料（不含第2项的材料）和附录第36号规定的申请书、长期疗养给付提供资料目录表以及长期疗养给付提供资料毁损的目录一同递交至公团。

②根据法第36条第6款但书的规定长期疗养机构保管给付提供资料时，长期疗养机构长官应当于修业预计日前将根据附录第36号自己保管的申请书递交至公团。

③公团接收第1款规定的申请书时，应当将接收证明交付至申请人，接收第2款规定的自己保管申请书时，可以审查自己保管计划后许可自己保管事宜。

第29条（行政处分的标准）

法第37条第1款至第37条之五第1款规定的行政处分标准为附录二。

第29条之二（行政处分对象的记录与管理）

①特别自治市市长、特别自治道执事、市长、郡守、区长等符合下列规定时，应当在附录第28号之二规定的行政处分总账（含电子媒介存储的情形）中记录内容并保管。

1. 法第37条第1款或第37条之五第1款规定的行政处分；

2. 法第37条之二第1款或第2款规定的滞纳金。

②特别自治市市长、特别自治道执事、市长、郡守、区长作出法第37条第1款规定的行政处分时，应当将上述内容根据附录第28条之三规定的行政处分通报书的规定向保健福祉部长官通报。此时，可以根据《社会福祉事业法》第6条之二规定的信息系统（以下简称"信息系

统") 进行通报。

③特别自治市市长、特别自治道执事、市长、郡守、区长根据法第37条之五第1款的规定作出行政处分时，应当在附录第28号之四长期疗养给付提供限制处分通报书中记载相关事实并给予通报。

④保健福祉部长官应当根据第2款的规定将接到通报的内容通过信息系统向其他地方自治团体通报。

第29条之三 （滞纳金的附加与缴纳）

①法第37条之二第1款但书中规定的"保健福祉部令规定的情形"是指符合法第37条第1款第6号规定的情形。

②令法第15条之二第1款及第3款规定的滞纳金缴纳通知书以及收据的格式参照附录第28号之五。

第29条之四 （行政制裁处分事实的通报）

①受到法第37条之四第4款规定的行政制裁处分或其程序进行中的人，应当立即根据《邮寄法实施细则》第25条第1款第4项（1）及（3）规定，通知受让人行政制裁处分事实或行政制裁处分程序的进行事实。

②根据第1款的规定通知行政制裁处分事实时，应当明示下列事项。但是，行政制裁处分处于进行过程中的时候，可以排除第2项及第4项的内容。

1. 行政制裁处分的处分请求；
2. 行政制裁处分的内容及事由；
3. 行政制裁处分对象违法行为及其揭发日；
4. 行政制裁处分的处分日；
5. 长期疗养机构提供的长期疗养给付的种类；
6. 行政制裁处分对象之长期疗养机构的名称、法定代表人姓名及长期疗养机构的所在地。

第30条 （长期疗养费用的请求）

①根据法第38条第1款规定，长期疗养机构请求长期疗养给付费用时，应当在长期疗养给付费用请求书中记载下列事项并将长期疗养给付费用请求明细书通过电子文书交换方式或电算媒介递交至公团。

1. 长期疗养给付受益人的姓名及居民登记证号码；

2. 长期疗养认定号码、长期疗养等级、长期疗养认定有效期限及本人负担额的减轻事项；

3. 给付的种类与内容、给付日及给付时间等；

4. 长期疗养给付费用、本人负担金额及费用请求额。

②长期疗养机构首次请求长期疗养给付时，应当在附录第 27 号格式中记载长期疗养机构现状通报书并向公团提交。

③根据第 2 款规定，长期疗养机构的受领账号或营业执照号码变更时，长期疗养机构应当自变更之日起十五日内在附录第 28 号格式的长期疗养机构变更事项通报书中记载变更内容并向公团提交。但是，长期疗养给付费用受领账号变更时，应当附加下列材料并在长期疗养机构变更事项通报书中加盖登记印章或根据《本人签名事实确认法》第 2 条第 3 款规定的本人签字事实确认书（以下简称"本人签字事实确认书"）中签字。

1. 长期疗养机构长官或代表人的印章证明书（法人时指法人印章证明书）或本人签字事实确认书一副；

2. 存折复印件一副。

④公团接收第 2 款及第 3 款（仅适用于营业执照号码变更时）规定的通报书时，应当根据《电子政府法》第 36 条第 2 款规定的行政信息共同使用确认营业执照登记信息。但是，长期疗养机构长官或代表人不同意确认而导致无法确认时，应当递交复印件。

⑤长期疗养给付费用的请求方法、请求时间、长期疗养给付费用请求书及长期疗养给付费用请求明细书的格式、制作要领等其他必要事项由保健福祉部长官规定并公示。

第 31 条（长期疗养给付费用的审查与支付）

①公团收到长期疗养给付费用请求时，根据法第 38 条第 2 款的规定审查是否符合下列事项。当公团理事长进行审查时，必要范围内可以要求所属职员访问现场确认。

1. 法第 17 条第 1 款第 2 项规定的长期疗养认定书记载的长期疗养给付的种类与内容；

2. 法第 23 条第 3 款规定的长期疗养给付的提供标准；

3. 法第 39 条第 1 款规定的访问及设施疗养费用的计算明细。

②公团接到长期疗养给付费用请求之日起 30 日内，审查并将记载长

期疗养给付费用审查支付通报书，并以电子文书交换方式通报至长期疗养机构。审查支付通知书中记载的长期疗养给付费用应当立刻向长期疗养机构交付。此时，计算审查期限时，公团理事长要求提供的审查必要材料的时间不计在期限范围之内。

③删除。

④长期疗养给付费用审查支付通知书的格式与长期疗养给付费用的审查、支付等必要事项由保健福祉部长官规定并公示。

第 31 条之二（长期疗养给付费用的加减给付标准）

法第 38 条第 3 款规定的加算或减额的金额，应当根据法第 38 条第 2 款审核并支付的公团负担金额的 5% 的范围内，保健福祉部长官规定并公示的计算金额为准。

第 32 条（访问及设施疗养费用的计算方法与项目）

法第 39 条第 3 款规定的访问及设施疗养费用的具体计算方法及项目如下。此时，详细的计算标准由保健福祉部长官规定并公示。

1. 访问给付
（1）访问疗养及访问看护：以访问时间为计算标准；
（2）访问沐浴：以访问次数为计算标准；
（3）昼夜间保护：以长期疗养等级及每日提供给付时间为计算标准；
（4）短期保护：以长期疗养等级及给付提供天数为计算标准；
（5）其他访问给付：以福利用具的品类及提供方法为计算标准。

2. 设施疗养：以长期疗养等级及给付提供天数为计算标准

第 33 条（长期疗养给付对象的确认）

①受益人可以请求公团确认，法第 40 条第 1 款及第 3 款规定的本人负担金额的适当性以及本人负担的费用是否符合第 14 条规定的非给付对象。

②公团收到第 1 款规定的确认请求时，应当向受益人通知结果。此时，发现长期疗养机构征缴金额（以下简称"本人负担金额"）存在超额时，应当向长期疗养机构通知相关内容。

③根据第 2 款后半段接到通知的长期疗养机构，应当立即向受益人退还超额征缴的本人负担金额。但是，长期疗养机构未将超额征缴的本人负担金额退还至受益人时，公团有权在长期疗养给付费用中扣除超额征缴的

本人负担金额，并向受益人支付。

第 34 条（天灾地变引发的本人负担份额的减轻）

符合法第 40 条第 3 款第 3 项规定的"天灾等保健福祉部长官规定的事由导致生计困难"是指，因天灾或相类似的灾难，并居住在保健福祉部长官规定并公示区域，达到一定程度的损害程度的生计困难者。

第 35 条（本人负担份额的减免程序及方法）

①法第 40 条第 1 款规定以外的但书及第 3 款规定的本人负担金额减免者，应当在长期疗养认定书中附加下列材料递交至长期疗养机构。但是，存在紧急情形或身不由己的情形下，长期疗养给付自申请之日起七日内（不含公休日）提交。

1.《医疗给付法》第 3 条第 1 款第 1 项规定的接受医疗给付的人：《国民基础生活保障法实施细则》第 40 条规定的受益人证明书及《医疗给付法实施细则》第 12 条第 1 款规定的医疗给付证或医疗给付证明书；

2. 根据《医疗给付法》第 3 条第 1 款第 1 项规定外接受医疗给付的人：同法实施细则第 12 条第 1 款规定的医疗给付证或医疗给付证明书；

3. 所得、财产等保健福祉部长官规定并公示的具有一定金额以下的人和第 34 条规定的生计困难者：能够确认符合减轻者的材料。

②长期疗养机构根据第 1 款的规定收到医疗给付证或医疗给付证明书时，应当确认本人及医疗给付证的每年使用确认栏。

③受益人向长期疗养机构支付公团应当承担的本人负担金额减免部分时，公团应当根据本人的申请或公团的确认返还至受益人。

第 36 条（访问看护指示书的出具费用）

①确认法第 42 条的规定出具访问看护指示书所需要的费用及计算标准，应当结合医疗机构的种类及是否需要访问并根据令第 16 条第 2 款的规定经长期疗养委员会审议后，由保健福祉部长官确定并公示。

②出具访问看护指示书时，出具费用分担如下：

1.《医疗给付法》第 3 条第 1 款第 1 项规定的接受医疗给付的人：地方自治团体承担；

2. 除《医疗给付法》第 3 条第 1 款第 1 项规定外接受医疗给付的人：本人承担 10%，国家与地方自治团体承担 90%；

3. 所得、财产等处于保健福祉部长官规定并公示的金额以下的人及

第 34 条规定的生计困难者：本人承担 10%，公团承担 90%；

4. 第 1—3 项规定的受益人以外的受益人：20% 由本人承担，80% 由公团承担。

③第 1 款及第 2 款规定的访问看护指示书参照附录第 29 号格式与附录第 30 号格式。

④出具访问看护指示书的人可以将第 1 款规定的费用中扣除本人负担金额的费用，并通过记载于附录第 31 号规定的访问看护指示书出具费用请求书一并向公团递交。公团接到请求之日起 30 日内审查完成后立即支付相关费用。

第 36 条之二（长期疗养核心员工支援中心的设置与运营）

①法第 47 条之二第 1 款规定的长期疗养核心员工支援中心（以下简称"长期疗养核心员工支援中心"）履行同条第 2 款规定的业务时，应当设置办公室、商谈室、教育室等相关设施与专业人员。

②第 1 款规定的长期疗养核心员工支援中心的设施及专业人员的标准，其他长期疗养支援中心的设置及运营所必要的事项以法第 47 条之二第 3 款的规定，由地方自治条例具体规定。

第 37 条（等级评定委员会之小委员会的构成与运营）

①令第 21 条第 3 款规定的小委员会含委员长一人在内的七名委员构成，等级评定委员会的委员应当经等级评定委员会决议而构成。

②小委员会应当含医生或中医一人以上。

③小委员会以组成人员过半数出席召开并经组成人员过半数同意而决议。

④本规则确定以外的小委员会运营所必要事项经委员会决议并由委员长确定。

第 38 条（长期疗养机构评估方法）

①根据法第 54 条第 2 款的规定，公团对长期疗养机构的下列事项进行评估：

1. 使用长期疗养机构的受益人权利与便利性满意度；
2. 长期疗养机构的给付提供过程；
3. 长期疗养机构的运营状态、从业人员的专业性及设施环境；
4. 其他改善长期疗养机构运营的相关事项。

②第 1 款规定的长期疗养机构,公团可以区分为定期评估与随时评估,并将评估结果在公团网页上公示。

③第 1 款规定的评估方法等评估所需必要事项,由保健福祉部长官确定并公示。

第 39 条（审查请求方式等）

①根据法第 55 条第 1 款规定公团处分事项申请审查的人,应当在附录第 32 号格式中记载能够证明相关内容的材料并向公团递交。

②公团收到第 1 款规定的审查请求书时,应当立即将复印件与副本通知利害关系人。

③公团对审查请求作出决定时应当制作附录第 33 号格式的审查决定书,并立即将原件送达审查请求人并向利害关系人送达决定书的复印件。

第 40 条（再审查请求的方式）

①根据法第 56 条申请再审查请求的人,应当将下列事项记载在附录第 37 号格式的再审查请求书和相关事实的证明材料,一并递交至长期疗养再审查委员会：

1. 再审查请求人及受处分的人的姓名、居民登记证号码及地址；

2. 原处分人（公团的分支机构为原处分人时,指分支机构的负责人）；

3. 原处分的要旨及知晓处分之日；

4. 再审查请求的要旨及理由；

5. 再审查请求人不是受处分人时,其与受处分人之间的关系；

6. 附加材料的标识；

7. 再审查请求的通知及内容。

②长期疗养审判委员会收到第 1 款规定的再审查请求书时,应当立即将复印件及副本送达公团及其利害关系人。公团接到副本或复印件之日起十日内应当将答辩书与相关材料递交至长期疗养再审查委员会。

③长期疗养再审查委员会对再审查请求作出决定时,应当制作含有下列事项的决定书并立即将原件送达再审查请求人,并将复印件送达利害关系人：

1. 再审查请求人的姓名、居民登记证号码及住所；

2. 原处分人；

3. 决定的主要内容；

4. 再审查请求的要旨；

5. 决定的理由；

6. 决定的年月日。

第 41 条（地方自治团体间分担比率）

法第 58 条第 3 款规定的特别市、广域市、道和市、郡、区分担的金额由特别市、广域市及道的条例规定。

第 42 条（报告及检查）

①法第 61 条第 1 款规定的"其他保健福祉部令决定的事项"具体包含下列事项：

1. 接受长期疗养给付的内容；

2. 长期疗养给付使用合同相关内容；

3. 长期疗养给付费用的明细书。

②法第 61 条第 3 款中规定的"记载保健福祉部长官规定事项的材料"是指：

1. 调查期间；

2. 调查范围；

3. 调查负责人；

4. 相关法条；

5. 提交资料；

6. 其他与现场调查相关的必要事项。

③第 2 款规定的现场调查书，适用社会保障给付相关的保健福祉部长官规定的统一格式。

第 43 条　删除

第 43 条之二（补偿金的支付）

①法第 64 条确定的准用《国民健康保险法》第 104 条的补偿金支付标准是指附录三的内容。

②第 1 款规定的补偿金支付申请书参考附录第 35 号格式。

③删除。

第 44 条（规制的再探讨）

①保健福祉部长官对下列事项以下列标准日为基础每三年（含每三

年的年度标准日与其同日的前一日）进行适当性评估并采取相关改善措施。

1. 第 8 条规定的长期疗养认定之更新程序：2014 年 1 月 1 日；
2. 删除；
3. 第 11 条规定的短期保护给付期间：2017 年 1 月 1 日。

②删除。

附录

第 1 条（实施日）

本规则自 2019 年 12 月 12 日起实施。但是，下列修订规定自规定之日起实施。

1. 第 6 条、第 13 条、第 14 条、第 16 条、第 21 条之二、第 21 条之三、附录二第 2 项，附录第 6 项格式，附录第 7 项格式，附录第 10 项格式，附录第 10 项之二格式，附录第 11 项之三格式及附录第 11 项之四格式：2019 年 6 月 12 日；
2. 第 26 条第 1 款第 7 项的修订规定：2019 年 10 月 24 日；
3. 第 26 条第 1 款第 8 项的修订规定：自公布之日起。

第 2 条（提交长期疗养给付提供计划书的适用例）

第 21 条之二的修订规定自 2019 年 6 月 12 日起适用于公团，且第 6 条第 2 款规定的长期疗养认定书与标准长期疗养使用计划书自长期疗养机构制定受益人长期疗养给付提供计划书时起适用。

第 3 条（人权教育的适用例）

第 27 条之二第 2 款但书的修订规定自 2019 年 12 月 12 日以后，根据法第 31 条第 1 款的规定指定长期疗养机构之日起适用。

第 4 条（申报长期疗养机构停止营业的适用例）

第 28 条的修订规定自 2019 年 12 月 12 日之后适用于长期疗养机构的停止营业或休业申请书递交之日。

第 5 条（行政处分标准的经过措施）

①针对 2019 年 6 月 13 日以前的违法行为适用行政处分，适用附录二的修订规定外，仍然适用前的规定。

②基于 2019 年 6 月 12 日前的违法行为受到行政处分时，计入附录二规定的违法行为次数。

第 6 条（长期疗养机构指定审查的经过措施）

被指定为长期疗养机构的人符合下列规定时，适用第 23 条的规定外，可以适用前的规定。

1. 2019 年 12 月 12 日前适用前的第 23 条规定的长期疗养机构指定申请书。

2. 指定为长期疗养机构的目的，于 2019 年 12 月 12 日前根据《老年人福利法》第 35 条第 2 款规定的老年人医疗福利设施的设置申报及同法第 39 条第 2 款规定的访问老年人福利设施的设置申报时适用。

3. 指定为长期疗养机构为目的，根据《老年人福利法》设置老年人医疗福利设施或家庭老年人福利设施时，于 2019 年 12 月 12 日申请《建筑物法》第 11 条第 3 款规定的许可申请书或同法第 14 条第 1 款规定的建筑物申报时适用。

五　社会保障基本法

第一章　总则

第1条（目的）

为了增进国民福祉，确定社会保障相关的国民权利和国家及地方自治团体的责任，制定社会保障政策及推进相关制度而制定本法。

第2条（基本理念）

社会保障的基本理念是支持国民自立、抵御多样化的社会危险，享受幸福生活，并营造社会参与、自我实现所需的制度和条件，实现社会统合与幸福的福祉社会。

第3条（定义）

本法用语的含义：

1. "社会保障"是指在生产、养育、失业、老龄、残疾、疾病、贫穷及死亡的社会危险中保护国民，保障提高国民生活品质所需的所得与服务的社会保险、公共扶助、社会服务；

2. "社会保险"是指以保险形式应对国民身上发生的社会性危险，由此来保障国民健康和所得的制度；

3. "公共扶助"是指在国家和地方自治团体的责任下，对没有生活维持能力或生活困难的国民给予最低生活保障和支持自立的制度；

4. "社会服务"是指在福祉、保健医疗、教育、雇佣、居住、文化、环境等领域，对所有需要国家、地方自治团体及民间部门帮助的国民，给予像人类一样生活的保障，并通过咨询、康复、看护、信息的提供、关联设施的利用、力量开发、社会参与支援等支援国民生活品质提高的制度；

5. "终身社会安全网"是指同时考虑整个生命周期普遍需要得到满

足的基本需求、特定社会危险引发的特殊需求，保障所得和服务的针对性社会保障制度。

第 4 条（与其他法律的关系）

制定或修订社会保障相关的其他法律，应当符合本法。

第 5 条（国家和地方自治团体的责任）

①国家和地方自治团体负有维持、增进国民生活的责任。

②国家和地方自治团体应合理分担社会保障责任和角色。

③国家和地方自治团体应顺应国家的发展水平、应对社会环境的变化，确立可持续的社会保障制度并筹集其资金。

④为了社会保障制度的稳定运营，国家应隔年实施中长期社会保障财政预算并予以公布。

第 6 条（国家等与家庭）

①国家和地方自治团体应当为维系健康家庭及提高其职能而努力。

②国家和地方自治团体在实施社会保障制度时，应促进家庭和地区共同体的自发性福祉活动。

第 7 条（国民的责任）

①国民应最大限度地发挥自己的能力，实现自力更生。

②国民应持续关心在经济、社会、文化、精神、身体上需要保护的人，并为营造更好的社会生活环境，努力合作。

③国民都应当配合国家的社会保障政策，如按照法令的规定，承担社会保障给付所需的费用、提供信息等。

第 8 条（对外国人的适用）

对国内居住的外国人适用社会保障制度时，应当适用相互主义原则和有关法令的规定。

第二章　社会保障相关的国民权利

第 9 条（获得社会保障的权利）

国民有权根据社会保障相关的法令规定，获得社会保障给付（以下简称"社会保障受益权"）。

第 10 条（社会保障给付水平）

①为了确保国民健康及维持其文化生活，国家和地方自治团体应当努

力提高社会保障给付水平。

②根据相关法令规定，国家应当每年公布最低保障水平和最低工资。

③国家和地方自治团体应当考虑第 2 款规定的最低保障水平和最低工资等，决定社会保障给付的水平。

第 11 条（社会保障给付的申请）

①受领社会保障给付的人应当根据法令的规定，向国家或地方自治团体申请。但是法令另有规定时，可以由国家或地方自治团体代为申请。

②申请社会保障给付的人向其他机关申请的，该机关应当及时将其移送至有正当权限的机关。此时，被移送到有正当权限的机关之日为社会保障给付的申请日。

第 12 条（社会保障受益权的保护）

根据相关法令规定，社会保障受益权不得转让或作为担保提供给他人，不得扣押。

第 13 条（社会保障受益权的限制等）

①不得限制或停止社会保障受益权，但相关法令另有规定的除外。

②根据第 1 款但书规定，限制或停止社会保障受益权的，应当控制在特定目的所需的最低限度内。

第 14 条（社会保障受益权的放弃）

①社会保障受益权可以书面通知有正当权限的机关放弃。

②社会保障受益权的放弃可以撤销。

③放弃社会保障受益权将给他人带来损失或违反社会保障相关法令时，不得放弃社会保障受益权。

第 15 条（对不法行为的求偿）

国民因第三人的不法行为受到损害，从而获得社会保障受益权时。社会保障制度的运营者有权向不法行为责任人求偿。

第三章　社会保障基本计划和社会保障委员会

第 16 条（社会保障基本计划的制定）

①为了增进社会保障，保健福祉部长官应当与中央行政机关的负责人协商，每五年制定社会保障相关的基本计划。

②基本计划应包括下列事项:

1. 国内外社会保障环境的变化与前景;
2. 社会保障的基本目标及中长期推进方向;
3. 主要推进课题及推进方法;
4. 所需财源规模和筹集方案;
5. 社会保障相关基金运营方案;
6. 社会保障传达体系。

③基本计划经第 20 条规定的社会保障委员会和国务会议审议确定。要变更基本计划中总统令规定的重要事项时,亦同。

第 17 条 (与其他计划的关系)

基本计划是社会保障计划的基础,并优先于社会保障计划。

第 18 条 (年度实施计划的制定及实施等)

①根据基本计划,保健福祉部长官及中央行政机关的负责人在各自的负责范围内,每年制定、实施社会保障实施计划(以下简称"实施计划")。

②根据总统令的规定,中央行政机关的负责人应当每年向保健福祉部长官提交第 1 款规定的实施计划及前年度实施计划的推进绩效。

③保健福祉部长官应当综合评价根据第 2 款收到的中央行政机关及保健福祉部负责的推进绩效,并向第 20 条规定的社会保障委员会报告结果。

④为了有效进行第 3 款规定的评价,保健福祉部长官可以将必要的调查、分析等委托至专门机关。

⑤实施计划的制定、实施及推进绩效的评价等相关事项,由总统令规定。

第 19 条 (社会保障相关的地区计划的制定及实施等)

①特别市市长、广域市市长、特别自治市市长、道执事或特别自治道执事、市长(包括《为设置济州特别自治道及造成国际自由都市的特别法》第 11 条第 1 款规定的行政市长)、郡守、区厅长(是指自治区的区厅长),应当根据法令的规定,制订、实施社会保障的地区计划(以下简称"地区计划")。

②地区计划应当与基本计划相适应。

③地区计划的制订、实施及推进绩效的评价等相关事项,由总统令

规定。

第 20 条（社会保障委员会）

①为审议、调整社会保障相关的主要措施，设隶属于国务总理的社会保障委员会（以下简称"委员会"）。

②委员会审议、调整下列事项：

1. 为增进社会保障的基本计划；
2. 社会保障相关的主要计划；
3. 社会保障制度的评价及改善；
4. 社会保障制度的新设或变更引起的优先顺序；
5. 涉及两个以上中央行政机关的重要社会保障政策；
6. 社会保障给付及费用负担；
7. 国家和地方自治团体的职责及费用分担；
8. 社会保障的财政预算及财源筹集方案；
9. 社会保障传达体系运营及改善；
10. 第 32 条第 1 款规定的社会保障统计；
11. 社会保障信息的保护及管理；
12. 其他委员长送交审议的事项。

③委员长应当向中央行政机关的负责人和地方自治团体的负责人通知下列事项相关的具体情况：

1. 根据第 16 条第 3 款确定的基本计划；
2. 第 2 款事项的审议、调整结果。

④中央行政机关的负责人和地方自治团体的负责人应当反映委员会审议、调整事项，运营或改善社会保障制度。

第 21 条（委员会的组成等）

①委员会由 30 人以内的委员组成，其中包括委员长一人、副委员长三人、行政安全部长官、雇佣劳动部长官、女性家族部长官、国土交通部长官。

②委员长由国务总理担任；副委员长由企划财政部长官、教育部长官及保健福祉部长官担任。

③委员会的委员由符合下列条件的人担任：

1. 总统令规定的中央行政机关的负责人；

2. 总统委任的下列人员：
（1）代表劳动者的人；
（2）代表用人单位的人；
（3）社会保障相关学识和经验丰富的人；
（4）具有律师资格的人。

④委员的任期为两年。但是公务员作委员时，任期为其在任期间；第3款第2项的委员以机关、团体的代表人资格被委任时，任期为其维持代表地位的期间。

⑤补选委员的任期为前任任期的剩余期间。

⑥为了有效运营委员会并专门探讨审议事项，委员会设事务委员会，事务委员会可分别按领域设专门委员会。

⑦事务委员会表决的事项应报告委员长，并经委员会的审议。但对总统令规定的轻微事项，可以以事务委员会的表决代替委员会的表决。

⑧为了有效处理委员会的事务，在保健福祉部设事务局。

⑨除本法规定的事项外，委员会、事务委员会、各领域专门委员会、事务局的组成、组织及运营等事项，由总统令规定。

第四章　社会保障政策的基本方向

第 22 条（终身社会安全网的构建及运营）
①为了确保国民在生涯当中维持、增进生活品质，国家和地方自治团体应当构建终身社会安全网。

②国家和地方自治团体在构建、运营终身社会安全网时，应当为社会弱势阶层提供公共扶助、保障最低生活。

第 23 条（社会服务保障）
①为了支援国民均能享受作为人的生活和自立、参与社会、实现自我等，确保生活质量的提高，国家和地方自治团体应当制定社会服务相关政策。

②国家和地方自治团体应当确保社会服务保障和第 24 条规定的所得保障有效、均衡地相衔接。

第 24 条（所得保障）
①为了确保所有国民在各种社会危险中仍可以享受作为人的生活，国

家和地方自治团体应制定保障所得制度。

②国家和地方自治团体应当确保公共部门和民间部门的所得保障制度有效衔接。

第五章　社会保障制度的运营

第 25 条（运营原则）

①国家和地方自治团体在运营社会保障制度时，应当适用于所有需要该制度的国民。

②国家和地方自治团体应当维持给付水平和费用负担上的衡平性。

③国家和地方自治团体应使公益代表人及利害关系人等参与政策决定及实施过程，以确保民主地作出决定并实施。

④为了满足国民的各种福祉需求，国家和地方自治团体运营社会保障制度时，应当提高衔接性和专业性。

⑤社会保险由国家负责实施，公共扶助和社会服务由国家和地方自治团体负责实施为原则。但是应当考虑国家和地方自治团体的财政情况适当协商、调整。

第 26 条（协商及调整）

①国家和地方自治团体在新设或变更社会保障制度时，应当事先充分探讨与现存制度的关系、社会保障传达体系和财政等产生的影响等，并相互合作，确保社会保障给付不致重复或遗漏。

②中央行政机关负责人和地方自治团体负责人在新设或变更社会保障制度时，应当根据总统令的规定，与保健福祉部长官协议新设或变更的妥当性、与现存制度的关系、对社会保障传达体系产生的影响及运营方案。

③中央行政机关负责人和地方自治团体负责人为了有效实行第 2 款规定的业务，认为必要时，可以将相关资料的收集、调查及分析的业务委托至下列机关或团体：

1. 根据《政府出捐研究机关的设立、运营及育成法》设立的政府出捐研究机关；

2. 《社会保障给付的利用、提供及受益权人发掘法》第 29 条规定的社会保障信息院；

3. 其他总统令规定的专门机关或团体。

④无法达成第 2 款规定的协议时，由委员会调整。

⑤保健福祉部长官可以制定适用于社会保障给付相关业务的共同标准。

第 27 条（民间的参与）

①为了引导民间部门参与社会保障，国家和地方自治团体应开发和实施政策，创造条件。

②为了引导民间部门参与社会保障，国家和地方自治团体可以制定、实施包含下列事业的政策：

1. 志愿服务、捐助等旨在促进分享的各种支援事业；

2. 在社会保障政策的实施方面，为构建与民间部门的相互合作体系所需的支援事业；

3. 引导民间参与社会保障所需的事业。

③国家和地方自治团体可支援个人、法人或团体参与社会保障所需的全部或部分经费，或提供履行其业务所需的支援。

第 28 条（费用的负担）

①社会保障费用的负担应当根据各社会保障制度的目的，在国家、地方自治团体及民间部门之间进行合理调整。

②社会保险所需的费用原则上由用人单位、被雇佣人及自营业者负担，但依法令的规定，国家可以负担其部分费用。

③对公共扶助及法令规定的一定所得水平以下的国民，国家和地方自治团体可以负担提供其社会服务所需费用的全部或部分。

④对具有负担能力的国民，原则上由其受益人承担提供社会服务所需的费用，但根据有关法令规定，国家和地方自治团体可以负担其部分费用。

第 29 条（社会保障传达体系）

①为了适时提供社会保障给付，确保所有国民可以便捷使用，国家和地方自治团体应当构建地区、职能层面上均具均衡性的社会保障传达体系。

②国家和地方自治团体应具备社会保障传达体系有效运营所需的组织、人力、预算等。

③国家和地方自治团体应当为了公共部门和民间部门的社会保障传达体系能够有效衔接而努力。

第 30 条（社会保障给付的管理）

①为了保障国民的社会保障受益权及有效的财政运用，国家和地方自治团体构建并运营下列社会保障给付管理体系：

1. 社会保障受益权人的权利救济；
2. 发掘社会保障给付的死角地带；
3. 社会保障给付的不正当与错误管理；
4. 社会保障给付错误支付额的回收等管理。

②为了制定社会服务的品质标准，实行评价及改善的业务，保健福祉部长官可以设置必要的专职机构。

③第 2 款专职机构的设置、运营等事项，由总统令规定。

第 31 条（专业人力的养成等）

为了发展社会保障制度，国家和地方自治团体应致力于培养专业人力、增进学术调查及研究、国际交流等。

第 32 条（社会保障统计）

①为了有效制定与实施社会保障政策，国家和地方自治团体应当制定并管理社会保障相关的统计（以下简称"社会保障统计"）。

②根据总统令的规定，中央行政机关负责人和地方自治团体负责人应当向保健福祉部长官报告社会保障统计。

③保健福祉部长官应当综合第 2 款提交的社会保障统计，提交至委员会。

④社会保障统计的制作与管理事项，由总统令规定。

第 33 条（信息的公开）

国家和地方自治团体应当根据法令的规定，公开社会保障制度相关的国民所需的信息并进行宣传。

第 34 条（社会保障的相关说明）

国家和地方自治团体应当积极向相应国民说明社会保障法令规定的权利或义务。

第 35 条（社会保障的相关咨询）

国家和地方自治团体应当根据社会保障的法令规定，回复社会保障相关的咨询。

第 36 条（社会保障的相关通知）

国家和地方自治团体应当根据社会保障的法令规定，通知国民社会保障相关的事项。

第六章 社会保障信息的管理

第 37 条（社会保障信息系统的构建、运营等）

①国家和地方自治团体应当努力实现社会保障工作的电子化管理，增进国民便利、提高社会保障业务的效率。

②为了统合、衔接有关中央行政机关和地方自治团体进行的社会保障受益权人选定及其给付管理的相关信息，国家可以构建和运营处理、记录、管理相关信息的系统（以下简称"社会保障信息系统"）。

③保健福祉部长官负责社会保障信息系统的构建与运营。

④保健福祉部长官在构建与运营社会保障信息系统的过程中，应当制定保护个人信息的政策。

⑤保健福祉部长官有权要求中央行政机关、地方自治团体及有关机关、团体提供社会保障信息系统运营所需的信息，并在提供的目的范围内持有与利用。此时，收到资料提供要求的人，无正当理由，不得拒绝。

⑥中央行政机关及地方自治团体的负责人就第 2 款的社会保障信息相关，有必要利用社会保障信息系统的，应当事先与保健福祉部长官协商。此时，保健福祉部长官可以在相关业务所需的范围内提供信息，而得到信息的中央行政机关及地方自治团体的负责人应当在获取信息的目的范围内加以持有与利用。

⑦保健福祉部长官可以设专门机构，负责社会保障信息系统的运营与支援。

第 38 条（个人信息的保护）

①根据法律规定，从事或曾从事社会保障业务的人应当保护其在履行相关社会保障业务时获取的个人、法人或团体的信息。

②除了本法及相关法律规定外，国家和地方自治团体、公共机关、法人或团体、个人不得持有、利用、提供因调查或受提供所获得的个人、法

人或团体的信息。

第七章　补则

第 39 条（权利救济）

基于违法或受到不正当的处分，或未受到必要的处分，权利或利益受到侵害的国民可以根据《行政审判法》请求行政审判，或提起《行政诉讼法》规定的行政诉讼，请求撤销或变更该处分。

第 40 条（征求国民的意见）

国家和地方自治团体在制定对国民生活产生重大影响的社会保障计划及政策时，应当通过公听会及信息通信网等，充分听取国民和专家的意见。

第 41 条（行政机关的协助）

①为了社会保障相关计划及政策的制定与实施、社会保障统计的制定等，国家和地方自治团体可以要求公共机关、法人、团体及个人提供资料提交等必要协助。

②委员会若有社会保障资料的提交等业务上的需要的，可以要求行政机关的负责人提供协助。

③根据第 1 款及第 2 款收到协助要求的人，无正当理由，应当提供协助。

附则

本法自公布之日起实施。

六　社会保障基本法实施令

第1条（目的）

制定本令的目的在于，明确《社会保障基本法》委任的事项及其实施事项。

第2条（社会保障财政预算）

①为了明确《社会保障基本法》（以下简称"法"）第5条第4款规定的社会保障财政预算，保健福祉部长官应当在财政预算年度的3月31日前，经法第20条规定的社会保障委员会（以下简称"委员会"）的审议，制定财政预算详细目录。此时，财政预算详细目录包括财政的范围、预算方法、推进体系、公示方法和程序等。

②根据第1款的财政预算详细指南，保健福祉部长官应当在实施预算年度的9月30日前进行财政预算，并将其结果送交委员会审议，同年10月31日前向中央行政机关的负责人通报。

③相关中央行政机关的负责人应当以第2款规定的财政预算结果为基础，制定政策修订方案，并于同年12月31日前提交给保健福祉部长官。

④保健福祉部长官应将收到的第3款政策修订案综合起来，在预算实施年度的次年3月31日前，报告至委员会。

第3条（社会保障基本计划的制定）

①为了有效制定法第16条第1款规定的社会保障相关的基本计划（以下简称"基本计划"），保健福祉部长官应当制定基本计划制定指南，并将其通报相关中央行政机关的负责人。

②根据第1款收到的通报，相关中央行政机关的负责人应当按照该基本计划制定指南，按各自的主管，分别制定基本计划案并提交至保健福祉部长官；保健福祉部长官将其综合起来制定基本计划案，并根据法第16条第3款规定的程序确定基本计划。

③法第 16 条第 3 款的 "总统令规定的重要事项" 具体如下：

1. 社会保障的基本目标及中长期推进方向；
2. 主要推进课题及推进方法；
3. 需要的财源规模和筹集方案；
4. 其他委员会认为有必要审议的社会保障传达体系相关事项。

第 4 条（与其他计划的关系）

①根据其他法令制订的社会保障相关计划，应当反映基本计划的主要内容。

②中央行政机关的负责人在制订、变更其负责的社会保障相关计划的，应当将内容通报至保健福祉部长官。

③保健福祉部长官应综合第 2 款规定的各中央行政机关负责人的通报内容，向委员会报告。

第 5 条（年度实施计划的制定、提交）

①为了确保法第 18 条第 1 款的社会保障及其相关负责的主要政策实施计划（以下简称 "实施计划"）得以有效地制订与实施，保健福祉部长官应当为了制定次年的实施计划，制定指南并在每年 12 月 31 日前，向中央行政机关的负责人报告。

②根据法第 18 条第 2 款规定，中央行政机关的负责人应当参考第 1 款规定的指南制订各自负责的实施计划，并在每年 1 月 31 日前提交给保健福祉部长官；保健福祉部长官将其综合、探讨后，移交委员会审议。

③实施计划经委员会审议确定后，保健福祉部长官应当及时向中央行政机关的负责人报告。

第 6 条（实施计划的评价）

①根据法第 18 条第 5 款，保健福祉部长官应当按照实施计划，为评价推进绩效制定指南，并在每年 1 月 31 日前，向中央行政机关的负责人通报；中央行政机关的负责人按照收到通报的评价指南，评价前年度实施计划的推进绩效后，到每年 3 月 31 日前，将其结果提交给保健福祉部长官。

②保健福祉部长官对中央行政机关的负责人根据第 1 款提交的评价结果，进行综合、探讨并经委员会审议后，到每年 9 月 30 日前，将其结果通报给中央行政机关的负责人。

③中央行政机关的负责人应当将收到的第 2 款评价结果反映在次年度的实施计划之中。

第 7 条（社会保障相关地区计划的制定、实施等）

①根据法第 19 条第 1 款规定，特别市市长、广域市市长、特别自治市市长、道执事、特别自治道执事（以下简称"市、道执事"）及市长（包括《为设置济州特别自治道及造成国际自由都市的特别法》第 11 条第 1 款规定的行政市长,）、郡守、区厅长（是指自治区的区厅长），制定社会保障的地区计划的，应当将其计划提交给相应中央行政机关的负责人。

②中央行政机关的负责人应当将收到的第 1 款地区计划，提交给保健福祉部长官。

③根据法第 19 条第 2 款，为了使地区计划与基本计划相衔接，制定或变更基本计划时，市、道执事或市长、郡守、区厅长应当在负责地区的计划中反映相关内容。

④中央行政机关的负责人在负责地区的计划内容不符合基本计划时，可以要求市、道执事或市长、郡守、区厅长调整。

⑤中央行政机关的负责人在必要时，可以根据相关法令规定评价负责的地区计划的推进绩效；作出评价的，应向保健福祉部长官反馈其结果。

⑥保健福祉部长官对中央行政机关根据第 1 款提交的评价结果进行综合、探讨后，向委员会报告。

第 7 条之二（社会保障制度运营、改善结果的提交）

中央行政机关的负责人和地方自治团体的负责人应当向保健福祉部长官报告法第 20 条第 4 款规定的社会保障制度的运营或改善相关结果。

第 8 条（委员长的职务）

①委员会的委员长代表委员会，并总管委员会的事务。

②委员长因不得已的事由，无法履行职务时，按照委员长预先选定的副委员长顺序，代为履行其职务；委员长和副委员长都因不得已的事由，无法履行其职务时，由委员长预先指定的委员，代为履行其职务。

第 9 条（委员会的委员等）

①法第 21 条第 3 款第 1 项规定的"总统令规定的中央行政机关的负责人"，是指法务部长官、文化体育观光部长官、农林畜产食品部长官、

产业通商资源部长官、环境部长官、国务调整室长及国家报勋处长。

②委员会设干事两人，干事由任职于国务调整室的社会调整室长和保健福祉部社会福祉政策室长担任。

第 9 条之二（委员会委员的解聘）

法第 21 条第 3 款第 2 项规定的委员符合下列情形时，总统可以解聘委员：

1. 因身心障碍，无法履行职务的情形；
2. 存在与职务相关的违法事实的情形；
3. 职务怠慢、有损品味或其他事由，认为不适合做委员的情形；
4. 委员自己做出难以履行职务的意思表示的情形。

第 10 条（委员会的会议运营）

①委员长担任议长负责召开委员会会议。

②委员会会议开幕的七日前，委员长应当向委员会委员通知会议的时间、场所及审议案件。但情况紧急时，可以提前一天通知。

③委员会会议经委员过半数出席，并以出席委员的过半数赞成形成决议。

④必要时，委员会可以要求中央行政机关、地方自治团体及公共机关的负责人或公务员、高管及职员或相关专家参加会议陈述意见，或提交必要的资料。

⑤出席委员会的委员、机关、团体的职员或专家，可在预算范围内支付津贴与旅费。但是公务员就其直接负责的相关业务，出席的除外。

⑥其他委员会的运营相关事项经委员会表决，由委员长以委员会的运营规定进行规定。

第 11 条（事务委员会设置等）

①根据法第 21 条第 6 款规定，委员会设置的事务委员会（以下简称"事务委员会"）探讨下列事项：

1. 委员会将审议的案件事项；
2. 受委员会指示探讨的事项；
3. 根据第 7 条之二收到的社会保障制度的运营、改善结果相关事项；
4. 其他事务委员会的运营相关事项。

②法第 21 条第 7 款但书规定的"总统令规定的轻微事项"，具体

如下：

1. 在不变更根据法第 16 条第 3 款确定的基本计划范围内，实施计划的变更事项；

2. 在不变更第 3 条第 3 款事项的重要事项的范围内，基本计划的变更事项。

③事务委员会包括共同委员长二人，由 30 人以内的委员组成。

④在保健福祉部长官和法第 21 条第 3 款第 2 项委托的委员中，事务委员会的共同委员长由国务总理指定的人担任；事务委员会的委员，由下列人员担任：

1. 企划财政部次官、教育部次官、法务部次官、行政安全部次官、文化体育观光部次官、农林畜产食品部次官、产业通商资源部次官、保健福祉部次官、环境部次官、雇佣劳动部次官、女性家族部次官、国土交通部次官、国务调整室国务二次长及国家报勋处次长，具有多名次官的机关，由该机关的负责人指定的次官；

2. 在社会保障、地区社会福祉、经济、雇佣等相关领域，具有丰富的专业知识和经验的人（包括《地方自治法》第 165 条规定的地方自治团体的负责人向协商组推荐的专家）中，由保健福祉部长官考虑专业领域和性别等委托的人。

⑤事务委员会委员的任期为两年。但是公务员作委员的，其任期为其在任期间。

⑥事务委员会委员中，因委员的卸任等原因重新委托的委员，任期为其前任的剩余期间。

⑦事务委员会设干事一人，干事由保健福祉部长官在符合高层公务员团的一般职公务员中指定。

⑧事务委员会委员长的职务及会议运营相关，准用第 8 条第 1 款和第 10 条。

第 11 条之二（事务委员会委员的解聘）

根据第 11 条第 4 款第 2 项规定的事务委员会委员，符合下列情形时，保健福祉部长官可以解聘相应的事务委员会委员：

1. 因身心障碍，无法履行职务的情形；

2. 与职务相关，具有违法事实的情形；

3. 因职务怠慢、有损品味或其他事由，认为不适合做委员的情形；

4. 委员自己做出难以履行职务的意思表示的情形。

第 12 条（设置专门委员会）

①根据法第 21 条第 6 款的规定，事务委员会有权设置各领域专门委员会（以下简称"专门委员会"）：

1. 企划委员会；

2. 制度调整委员会；

3. 评价委员会；

4. 财政、统计委员会；

5. 其他事务委员会委员长认为必要的专门委员会。

②专门委员会由 15 人以下的委员组成，其中包括委员长一人。

③专门委员会的委员长，由保健福祉部长官在第 4 款规定的专门委员会委员中指定。

④专门委员会由下列人员组成：

1. 法第 21 条第 3 款第 2 项规定的委员会委员；

2. 第 11 条第 4 款第 2 项规定的事务委员会委员；

3. 在社会保障、地区社会福祉、经济、雇佣等相关领域，具有丰富的专业知识和经验的人（包括《地方自治法》第 165 条规定的地方自治团体的负责人推荐给协商组的专家）中，由保健福祉部长官考虑专业领域和性别等委托的人。

4. 符合下列条件的人：

（1）在保健福祉部四级以上公务员中，由保健福祉部长官任命的人；

（2）在企划财政部、教育部、法务部、行政安全部、文化体育观光部、农林畜产食品部、产业通商资源部、环境部、雇佣劳动部、女性家族部、国土交通部、国务调整室、国家报勋处的四级以上公务员中，经相应机关负责人推荐，保健福祉部长官委托的人。

⑤各专门委员会可以在相应领域具有丰富的学识和经验的人，如社会保障、地区社会福祉、经济、雇佣等相关领域的博士学位持有者之中，设三人以内的常任专门委员。

⑥为了便于专门委员会委员调查、研究社会保障相关的专业事项，可以在预算范围内支付研究费和旅费。

⑦其他专门委员会的运营事项，经委员会的表决，由委员长以委员会的运营规定予以规定。

第 12 条之二 （专门委员会委员的解聘）
根据第 12 条第 4 款第 3 项规定的专门委员会委员，符合下列情形时，保健福祉部长官可以解聘专门委员会委员：
1. 因身心障碍，无法履行职务的情形；
2. 存在与职务相关违法事实的情形；
3. 职务怠慢、有损品味或其他事由，认为不适合做委员的情形；
4. 委员作出难以履行职务的意思表示的情形。

第 13 条 （事务局的运营等）
①为了便于委员会及法第 21 条第 8 款规定的隶属于保健福祉部的事务局执行业务，必要时，委员长可以与行政机关、研究机关或团体的负责人协商，要求其公务员或职员的派遣或兼任。
②除第 1 款规定的事项外，事务局的运营等事项，经委员会的表决，由委员长以委员会的运营规定予以规定。

第 14 条 （协商运营方案）
为了便于达成法第 26 条规定的协商，保健福祉部长官针对社会保障制度的新设或变更相关，应制定协商的对象标准、程序等详细运营方案（以下简称"协商运营方案"），并在每年 12 月 31 日前，通报给中央行政机关的负责人和地方自治团体的负责人。

第 15 条 （新设或变更社会保障制度的协商）
①根据法第 26 条第 2 款规定，中央行政机关的负责人和地方自治团体的负责人新设社会保障制度时，应当在每年 4 月 30 日前，向保健福祉部长官提交包含下列事项的协商邀请书。
1. 事业对象、支援内容、传达体系等新设社会保障制度相关的详细事业计划；
2. 新设社会保障制度的根据事项；
3. 随着社会保障制度的新设，可预见的事业成果；
4. 社会保障制度的新设所需的预算规模相关事项；
5. 建立社会保障制度后进行协商所需的文件。

②根据法第 26 条第 2 款的规定，因社会保障制度的变更，引起下列

事项变更的情形（变更为物价上升率、最低保障水平、最低工资等相关法令规定内容的，除外），中央行政机关的负责人和地方自治团体的负责人应当在每年 4 月 30 日前，向保健福祉部长官提交包括第 1 款事项的协商邀请书。此时，第 1 款事项中"新设"视为"变更"。

　　1. 所得、财产、年龄、资格等对象选定标准；
　　2. 国库补助率等地方自治团体的财政负担水平；
　　3. 给付内容、传达体系等保健福祉部长官规定的事项。

③第 2 款规定外，保健福祉部长官结合社会保障制度的中长期发展方向、与现存社会保障制度的关系、对传达体系的影响等，必要时，可以要求相应中央行政机关的负责人或地方自治团体的负责人提交第 1 款规定的协商邀请书。此时，相应中央行政机关的负责人或地方自治团体的负责人应当自收到提交要求之日起，30 日内提交协商邀请书。

④第 1 款规定的期限经过后，中央行政机关的负责人和地方自治团体的负责人需要新设或变更社会保障制度的，应当在事业计划确定时，向保健福祉部长官提交协商邀请书。

⑤遗漏或需要补全协议所需的资料的，保健福祉部长官可以限期要求相应中央行政机关的负责人和地方自治团体的负责人提交及修改或补全；收到要求的中央行政机关负责人和地方自治团体的负责人，在无特别事由的情形下，应当配合。

⑥按照根据第 14 条规定通报的协议运营方案，保健福祉部长官可以提前要求中央行政机关的负责人和地方自治团体的负责人提交新设或变更的社会保障制度事业计划案。

⑦根据法第 26 条第 2 款规定，地方自治团体的负责人和保健福祉部长官协商时，保健福祉部长官可以向负责的中央行政机关负责人征求意见。此时，相应中央行政机关的负责人若无特别事由的，应当自收到征求意见之日起两周内，向保健福祉部长官提交意见。

第 16 条（协商结果的处理）

①根据第 15 条第 1 款的规定，对已提交协商邀请书的事业完成协商的，保健福祉部长官应当向委员会报告，并向企划财政部长官和行政安全部长官报告其处理结果。

②根据法第 26 条第 2 款规定，未达成协议的情形，中央行政机关的

负责人和地方自治团体的负责人可以根据同条第3款，向委员会申请调整。

③委员会应当自收到第2款规定的调整申请之日起，60日内调整。但是必要时可以在30日范围内适当延长。

④根据法第26条第3款进行调整时，中央行政机关的负责人或地方自治团体的负责人收到陈述或提交意见时，委员会应当回应意见。

⑤保健福祉部长官应当向中央行政机关的负责人、企划财政部长官、行政安全部长官及相应地方自治团体的负责人通报法第26条第3款规定的委员会的审议、调整结果。

第17条（实施社会保障相关的教育）
①为了根据法第31条培养专业人才，保健福祉部长官可以以中央行政机关、地方自治团体、公共机关、法人及团体的职员为对象，每年实施一次以上的社会保障教育。

②中央行政机关的负责人和地方自治团体的负责人必要时，可以向保健福祉部长官要求第1款规定的教育。

第18条（社会保障统计的提交等）
①根据法第32条规定的社会保障统计的制定及提交相关，保健福祉部长官应当制定包含制定对象范围、程序等内容的社会保障统计运营指南，并在每年12月31日前，向中央行政机关的负责人和地方自治团体的负责人通报。

②中央行政机关的负责人和地方自治团体的负责人应当制定第1款规定的社会保障统计运营指南、社会保障统计目录，并于每年1月31日前向保健福祉部长官报告；负责的社会保障统计目录变更的情形，应当在变更之日起30日内，向保健福祉部长官报告。

③根据第2款收到的社会保障统计目录存在遗漏时，保健福祉部长官可以要求补全；相应中央行政机关的负责人或地方自治团体的负责人应当配合。

④中央行政机关的负责人和地方自治团体的负责人应当在每年2月最后一日前，向保健福祉部长官提交第2款规定的社会保障统计目录规定的负责社会保障统计结果。

⑤有必要制作社会保障统计时，保健福祉部长官可以要求中央行政机

关的负责人和地方自治团体的负责人提交统计资料。收到要求的机关负责人应当提供相应资料。

⑥经济、社会环境的变化导致需要重新制作社会保障统计的,保健福祉部长官可以要求《统计法》第 3 条第 5 项规定的公共机关负责人,制作或提交所需的统计资料。

第 19 条（社会保障信息系统的构建及运营）

①保健福祉部长官可以通过法第 37 条第 2 款规定的社会保障信息系统,实施下列业务：

1. 社会保障受益人及社会保障给付现状管理；
2. 社会保障相关统计的生成及管理；
3. 社会保障给付的申请、受益资格的调查业务及受领的适当性确认、退还等事后管理业务的电子化及处理支援；
4. 社会保障受益资格的取得、丧失、停止、变更等变动管理；
5. 社会保障给付及补助金的不正当、重复给付监督；
6. 根据其他法令,受国家及地方自治团体委托的社会保障相关业务。

②根据法第 37 条第 5 款及第 6 款规定,为了运营社会保障信息系统,保健福祉部长官可以收集、持有、利用下列信息：

1. 社会保障受益人数、选定标准、保障内容、预算、传达体系等社会保障制度及社会保障受益人现状相关的资料；
2. 作为社会保障给付的申请、受益资格的调查及事后管理所需的资料,申请人及其扶养义务人的下列资料。但是,不需要扶养义务人的扶养,或不需要对劳动能力、所得、财产状态调查的,除外。

（1）居民登记电子信息等个人资料及基本证明书、家族关系证明书等家族关系登记事项；

（2）土地、建筑、船舶、车辆、建筑物区分买入权、国民健康保险、国民年金、雇佣保险、产业灾害补偿保险、退职金、报勋给付、公务员年金、公务员灾害补偿、军人年金、私立学校教职员年金、非官方邮递局年金、勤劳奖励金、农业所得保全直接支付金等所得、财产相关资料；

（3）出入境、兵务、矫正、事业者登记证、雇佣信息、保健医疗信息等劳动能力及就业状态相关资料。

3. 社会保障给付受领履历及与社会保障给付的申请、提供及退还业务处理明细相关资料；

4. 社会福祉法人及社会福祉设施、机关及团体的补助金受领履历相关资料；

5. 其他保健福祉部长官规定的提供及管理社会保障给付或处理受委托的业务所需的信息。

③为了履行第1款业务，保健福祉部长官应当按照保健福祉部长官的规定，定期更新第2款资料。

④为了履行法第37条及第1—3款规定的社会保障信息系统的构建及运营事务，在不可避免的情形下，保健福祉部长官（包括法第37条第7款规定的专门机构）可以处理包含《个人信息保护法》第23条规定的健康相关信息（仅限健康管理、健康检查及医疗费支援相关的信息），同法实施令第18条第2项规定的符合犯罪经历资料的信息，同令第19条第1—4项规定的居民登记证号码、护照号码、驾驶证号码或外国人登记号码的资料。

⑤第1款业务的处理范围、方法及程序等事项，由保健福祉部长官规定。

⑥法第37条第7款规定的专门机构是《社会福祉事业法》第6条之三规定的机构。

附则

第1条 （实施日）

本令自2018年9月21日起实施。

第2条至第17条略

第18条 （其他法令的修订）

①至㉑略。

㉒部分修订下列社会保障基本法施行令：

第19条第2款第2项（2）中"公务员年金"为"公务员年金、公务员灾害补偿"。

㉓至㊸略。

第19条　略

七　社会保障给付法

第一章　总则

第1条（目的）

本法制定的目的是，确定《社会保障基本法》的社会保障给付利用及提供相关的标准和程序等基本事项，发掘并支持社会保障支援对象，并保障接受社会保障给付的人能够享受作为人的生活权利，确保公正有效地提供社会保障给付，为社会保障制度的统筹实施提供制度基础。

第2条（定义）

本法使用的法律用语含义如下：

1. "社会保障给付"是指第5项规定的保障机关根据《社会保障基本法》第3条第1项的规定，提供的现金、实物、服务及其使用券；

2. "受益权人"是指有权获得《社会保障基本法》第9条所提供的社会保障给付的人；

3. "受益人"是指接受社会保障给付的人；

4. "支援对象"是指需要社会保障给付的支援的人；

5. "保障机关"是指法律规定提供社会保障给付的国家机关和地方自治团体。

第3条（与其他法律的关系）

除其他法律有特别的规定外，社会保障给付的利用及提供所需的标准、方法、程序和支援对象的发掘及支援等，适用本法。

第4条（基本原则）

①社会保障支援对象均有权申请社会保障给付，保障机关应当提供必要的说明和咨询服务。

②为了防止遗漏需要社会保障给付的对象，社会保障机关应当积极发掘支援对象，并努力为其提供适当的社会保障。

③社会保障机关应当努力满足国民多样化的福利需求，按生存周期，公正、透明、适当地提供必要的社会保障。

④社会保障机关应当努力确保社会保障给付与《社会福祉事业法》第2条第3项及第4项的社会福祉法人、社会福祉设施等社会保障相关的民间法人、团体、设施所提供的福祉惠泽或服务，有效地相衔接与提供。

⑤为确保国民能够便利地申请社会保障给付，保障机关应当努力制定、实施社会保障政策相关的制度。

⑥保障机关应当为地区社会保障水平均等化的实现而努力。

第二章　社会保障给付

第一节　社会保障给付的利用

第5条（基本原则）

①支援对象与其亲属、《民法》规定的监护人、《青少年基本法》规定的青少年咨询师、青少年指导师，实际保护支援对象的人（包括相关机关及团体的负责人）等可以向支援对象住所地管辖保障机关申请社会保障给付。

②为了确保不遗漏支援对象，保障机关的业务负责人可以依职权申请提供在管辖地区居住的支援对象的社会保障给付。此时，应当取得支援对象的同意；获得同意的，视为支援对象的申请。

③根据第1款及第2款规定申请时，保障机关的业务负责人应当通知申请人或支援对象下列事项：

1. 作为根据的法令、第7条规定的调查目的、调查信息的范围及使用方法；

2. 第20条规定的申报义务；

3. 第34条规定的信息持有期间及销毁。

④第1—3款规定的社会保障给付的申请及通知方法等事项，由总统令规定。

第 6 条（社会保障要求的调查）

根据第 5 条的规定，保障机关的负责人收到社会保障给付申请的，应当调查下列事项：

1. 支援对象的社会保障要求和相关事项；
2. 支援对象的健康状态、家庭成员等生活实态事项；
3. 其他认为对支援对象有必要的社会保障给付事项。

第 7 条（受益资格的调查）

①根据第 5 条规定，保障机关的负责人收到社会保障给付申请的，为确认对支援对象和其扶养义务人（以下包括配偶和一代直系血族及其配偶）的社会保障给付受益资格，可以要求提供符合下列规定的资料或信息，并进行调查和处理（是指《个人信息保护法》第 2 条第 2 项的处理）。但是，没有对扶养义务人进行调查的必要或符合其他总统令规定事由的，除外。

1. 个人资料及家族关系确认相关事项；
2. 所得、财产、劳动能力及就业状态相关事项；
3. 社会保障给付受领履历相关事项；
4. 保障机关负责人认定的其他为选定受益权人的事项。

②保障机关负责人难以确认第 1 款事项所需的资料时，可以要求申请人或支援对象及其扶养义务人提交相应资料。

③为了确认第 1 款事项，必要时保障机关的业务负责人可以出示表明其权限的证件及记载着调查期间、调查范围、调查负责人、法令等保健福祉部令规定事项的文件，访问居住地及事实确认所需的场所。

④为了实施第 1 款调查，保障机关的负责人需要使用居民登记电子信息、家族关系登记电子信息，金融、国税、地方税、土地、建筑、健康保险、国民年金、雇佣保险、产业灾害补偿保险、出入境、兵务、报勋给付、矫正等总统令规定的相关计算机网络或资料的，可以向中央行政机关、法院行政处、地方自治团体、机关及团体要求协助。此时，收到资料提交要求的机关及团体，无正当理由，应当提供。

⑤第 1 款规定的调查过程中，保障机关的负责人应当向支援对象提供陈述意见的机会。

⑥对根据第 1 款的调查内容、程序、方法等相关事项，除本法规定

外,适用《行政调查基本法》的规定。

第 8 条（金融信息的提供）

①根据第 7 条第 1 款规定,中央行政机关负责人或地方自治团体负责人需要对支援对象及其扶养义务人调查金融信息等的,应当获得同意提供下列资料或信息的书面文书:

1. 《金融实名交易及秘密保障法》第 2 条第 2 项及第 3 项规定的金融资产及金融交易内容相关资料,或信息中存款的平均余额及其他总统令规定的资料或信息（以下简称"金融信息"）;

2. 《信用信息的利用及保护法》第 2 条第 1 项规定的信用信息中,债务额及其他的总统令规定的资料或信息（以下简称"信用信息"）;

3. 《保险业法》第 4 条第 1 款规定的缴纳的保险费及其他总统令规定的资料或信息（以下简称"保险信息"）。

②《金融实名交易及秘密保障法》第 4 条第 1 款及《信用信息的利用及保护法》第 32 条第 1 款规定外,保健福祉部长官可以将支援对象及其扶养义务人根据第 1 款提交的同意书面转换成电子形态的文件,并据此要求金融机关等（是指《金融实名交易及秘密保障法》第 2 条第 1 项的金融会社等及《信用信息的利用及保护法》第 2 条第 6 项的信用信息集中机关,以下简称"金融机关等"）提供。

③为了第 19 条规定的社会保障给付的适度性确认调查,保健福祉部长官认为必要时,尽管有《金融实名交易及秘密保障法》第 4 条第 1 款及《信用信息的利用及保护法》第 32 条第 1 款规定,仍可按照总统令规定的基准,以记载个人资料的文书或通过信息通信网,向金融机关等的负责人要求提供受益人及扶养义务人的金融信息等。

④除《金融实名交易及秘密保障法》第 4 条及《信用信息的利用及保护法》第 32 条规定外,收到金融信息提供要求的金融机关负责人,仍应当提供名义人的金融信息等。

⑤金融机关的负责人应当向名义人通报提供金融信息的事实。但名义人同意的,尽管有《金融实名交易及秘密保障法》第 4 条之二第 1 款及《信用信息的利用及保护法》第 35 条规定,仍可以不通报其事实。

⑥金融信息的提供要求及提供,应当使用《信息通信网利用促进及信息保护法》第 2 条第 1 款第 1 项的信息通信网。但是,信息通信网损坏

等情形，除外。

⑦金融信息的提供要求及提供等事项，由总统令规定。

第 9 条（社会保障给付提供的决定）

①保障机关的负责人实施第 6 条及第 7 条规定的调查的，应当决定是否提供社会保障给付及其提供的类型，且将要提供的社会保障给付，不得与支援对象现在所享受的社会保障给付和保障内容相重复。

②保障机关的负责人决定社会保障给付的提供时，可以听取支援对象及其亲属和其他人员的意见。

③保障机关的负责人应当将根据第 1 款规定作出的是否提供社会保障给付的决定，并以书面（包括经申请人同意的电子文书）通知申请人类型及变更事项申报义务，必要时也可并行使用口头方法。通知事项，由总统令规定。

第二节　支援对象的发掘

第 9 条之二（危机家庭成员的发掘）

①为了确保被遗漏的支援对象能获得适当的社会保障给付，保障机关的负责人应致力于发掘需要支援的家庭成员（以下简称"危机家庭成员"）：

1. 根据第 12 条第 1 款资料或信息的处理结果，保障机关的负责人做出处于危机状况的判断的人的家庭成员；

2. 作为出现自杀者的家庭成员或出现自杀试图者的家庭成员，符合总统令规定标准的家庭成员。

②根据第 1 款发掘的危机家庭成员的成员，保障机关的负责人应当确保获得适当的社会保障给付。

第 10 条（资料或信息的提供和宣传）

为了发掘支援对象，保障机关的负责人应当积极提供和宣传下列资料或信息：

1. 社会保障给付的内容及提供规模；
2. 成为受益人的要件和程序；
3. 受领社会保障给付所需的信息。

第 11 条（信息共享的协助要求）

为了发掘居住在管辖地区的支援对象，保障机关的负责人可以向下列机关、法人、团体、设施的负责人，要求共享取得的业务相关信息，或现场调查支援对象的居住地等时，要求所属职员的同行等协助。此时，机关、法人、团体、设施的负责人，无正当理由，应当提供。

1. 《社会福祉事业法》第 2 条第 3 项和第 4 项规定的社会福祉法人及社会福祉设施；

2. 《国民年金法》第 24 条规定的国民年金公团；

3. 《国民健康保险法》第 13 条规定的国民健康保险公团；

4. 《地区保健法》第 10 条规定的保健所；

5. 《初中等教育法》第 2 条规定的学校；

6. 《警察法》第 2 条规定的警察署；

7. 《消防基本法》第 2 条第 5 项规定的消防队；

8. 总统令规定的机关、法人、团体、设施。

第 12 条 （资料或信息的处理等）

①为了支援保障机关有效履行第 10 条规定的业务，保健福祉部长官可以通过《社会保障基本法》第 37 条规定的社会保障信息系统（以下简称"社会保障信息系统"），处理下列资料或信息。

1. 《电气事业法》第 14 条规定的断电（包括电流限制），《水道法》第 39 条规定的断水，《都市煤气事业法》第 19 条规定的断煤气家庭成员信息（家庭成员信息包括居民登记电子信息、家族关系登记电子信息）；

2. 《初中等教育法》第 25 条规定的学校生活记录信息，班主任认为正处于危机状况的学生的家庭成员信息；

3. 滞纳三个月以上的《国民健康保险法》第 69 条规定的保险费的家庭成员信息；

4. 根据《国民基础生活保障法》或《紧急福祉支援法》的申请或支援，未获资助的家庭成员信息；

5. 《社会福祉事业法》第 35 条规定的设施负责人，认为正处于危机状况的人的家庭成员信息；

6. 《信用信息的利用及保护法》第 25 条第 2 款第 1 项规定的综合信用信息集中机关所持有的个人信用信息中，作为保健福祉部长官认为'处于危机状况的人'的符合总统令规定标准的滞纳（是指贷款、信用卡贷款）信息，与金融委员会委员长协商确定的个人信用信息；

7. 其他总统令规定的发掘支援对象所需的信息。

②保健福祉部长官可以要求中央行政机关、地方自治团体及机关、法人、团体、设施的负责人,提供第 1 款资料或信息。中央行政机关的负责人等,无正当理由,应当提供。

③为了消除社会保障的死角地带,保健福祉部长官可以向保障机关的负责人提供第 1 款规定的资料或信息;必要时,保障机关的负责人经支援对象的同意,可以支援总统令规定的法人、团体、设施的负责人对其加以利用。

第 12 条之二（发掘调查的实施及实态检查）

①保障机关负责人应当每季度定期实施支援对象发掘调查。但根据《紧急福祉支援法》第 7 条之二实施发掘调查的情形,除外。

②保健福祉部长官应当每年定期检查支援对象发掘体系的运营实态,并制定改善方案。

③第 1 款及第 2 款规定的发掘调查及运营实态检查相关的具体事项,由保健福祉部令规定。

第 13 条（发现支援对象时的申报义务）

①任何人在发现因生育、养育、失业、老龄、残疾、疾病、贫困及死亡的社会危险,需要社会保障给付的支援对象时,应当通知保障机关。

②符合下列规定的人,因职务之便发现处于第 1 款规定的社会危险,如死亡或陷入重大精神、身体残疾等的支援对象时,应当及时通知保障机关,并积极确保支援对象迅速获得支援:

1. 《社会福祉事业法》第 35 条及第 35 条之二规定的社会福祉设施的负责人及其从事者;

2. 《残疾人活动支援法》第 20 条规定的活动支援机关的负责人及其从事者和同法第 16 条规定的活动支援人力;

3. 《医疗法》第 2 条及第 3 条规定的医疗人和医疗机构的负责人;

4. 《医疗技师法》第 1 条之二规定的医疗技师;

5. 《应急医疗法》第 36 条规定的应急救助士;

6. 《消防基本法》第 34 条规定的救助队及救急队的队员;

7. 《国家公务员法》第 2 条第 2 款第 2 项规定的警察公务员;

8. 《地方公务员法》第 2 条第 2 款第 2 项规定的自治警察公务员;

9.《精神健康增进及精神疾病患者福祉服务支援法》第 3 条第 3 项规定的精神健康福祉中心的负责人及其从事者；

10.《婴幼儿保育法》第 10 条规定的儿童之家的院长等保育教职员；

11.《幼儿教育法》第 20 条规定的教职员及同法第 23 条规定的讲师等；

12.《初中等教育法》第 19 条规定的教职员，同法第 19 条之二规定的专门相谈教师等及同法第 22 条规定的产学兼任教师等；

13.《学院的设立运营及课外教习法》第 6 条规定的学院的运营者、讲师、职员及同法第 14 条规定的教习所的教习者、职员；

14.《性暴力防止及被害者保护法》第 10 条规定的性暴力被害咨询所的负责人及其从事者和同法第 12 条规定的性暴力被害者保护设施的负责人及其从事者；

15.《性买卖防止及被害者保护法》第 10 条规定的支援设施的负责人及其从事者和同法第 17 条规定的性买卖被害咨询所的负责人及其从事者；

16.《家庭暴力防止及被害者保护法》第 5 条规定的家庭暴力相关咨询所的负责人及其从事者和同法第 7 条规定的家庭暴力被害者保护设施的负责人及其从事者；

17.《健康家庭基本法》第 35 条规定的健康家庭支援中心的负责人及其从事者；

18.《老年人长期疗养保险法》第 31 条规定的长期疗养机构的负责人及其从事者；

19.《地区保健法》第 11 条第 1 款第 5 项（7）规定的保健所的访问看护业务从事者；

20.《多文化家族支援法》第 12 条规定的多文化家族支援中心的负责人及其从事者；

21.《地方自治法》第 4 条之二第 4 款规定的行政里的里长及同条第 5 款规定的作为行政洞下部组织设置的统的统长；

22.《共同住宅管理法》第 2 条第 1 款第 10 项规定的管理主体。

③保障机关的负责人通过第 1 款及第 2 款规定的申报等，对认为需要社会保障给付的支援对象，应当积极推进第 5 条规定的申请。

第 14 条（民官合作）

①保障机关和机关、法人、团体、设施应发掘地区社会内需要社会保障的支援对象，并为了形成家庭和地区共同体自发性的合作而努力。

②特别自治市市长及市长（具体包括《为设置济州特别自治道及造成国际自由都市的特别法》第 11 条第 2 款规定的行政市长）、郡守、区厅长（具体包括自治区的区厅长），为了支援发掘对象及构建地区社会保障体系，必要时可以将相关机关、法人、团体、设施的负责人及其他发掘死角地带相关的机关、法人、团体、设施的负责人，包含在第 41 条规定的地区社会保障协议体（特别自治市的情形，是指第 40 条规定的市、道社会保障委员会）运营。

③特别自治市市长及市长、郡守、区厅长，为了促进第 1 款规定的"发掘地区社会内支援对象"的活动，可以在预算范围内支援所需的费用。

第三节 受益权人的支援

第 15 条（支援计划的制定及实施）

①根据第 9 条第 1 款规定，保障机关的负责人作出提供社会保障给付决定的，应当按受益权人，制定包含下列事项的社会保障给付提供计划（以下简称"支援计划"）。此时，应当考虑受益权人或其亲属或其他人员的意见。

1. 社会保障给付的类型、方法、数量及提供期间；
2. 提供社会保障给付的机关及团体；
3. 对同一受益权人提供社会保障给付的保障机关或机关、法人、团体、设施为两个以上的，相互间的衔接方法；
4. 社会保障相关民间法人、团体、设施所提供的福祉惠泽及需要衔接时的衔接方法。

②保障机关的负责人应当确保社会保障给付根据支援计划提供，必要时可以定期评价社会保障给付的提供结果，并根据其结果变更支援计划。

③保障机关的负责人制定、变更受益权人的支援计划时，可以通过社会保障信息系统确认受益资格。

④为了实施支援计划，保障机关的负责人可以与保障机关共享必要信

息，必要时可以经受益权人的同意，与总统令规定的法人、团体、设施共享信息。

⑤为了提高制定及履行支援计划的专业性，保障机关负责人可以根据《公共机关运营法》规定，向其他公共机关委托教育、咨询等必要业务。

⑥第 1 款及第 2 款规定的支援计划的制定及社会保障给付的提供的事项，由总统令规定。

第 16 条（对受益权人的咨询与介绍，委托等）

①为了受益权人或支援对象（以下简称"受益权人等"）能够便利地使用社会保障给付，保障机关的业务负责人应当对社会保障给付的名称、受益权人的选定标准、保障内容及申请方法等相关事项提供咨询与介绍，并为此最大限度地利用社会保障信息系统提供的信息。

②保障机关的业务负责人认为受益权人需要社会保障给付时，应当向申请人或受益权人等介绍第 1 款规定的事项和相应的保障机关，必要时应当邀请相关保障机关或机关、法人、团体、设施提供社会保障给付与服务。

③保健福祉部长官应当确保第 1 款及第 2 款规定的咨询、介绍、邀请能够通过社会保障信息系统，有效地完成。

④为了对受益权人等利用及提供社会保障给付所需的事项，提供综合性的咨询、介绍、邀请等业务，保障机关的负责人可以设立、运营电话咨询中心等设施。

第 17 条（异议申请）

①针对本法规定的处分有异议的受益权人可以自收到该处分之日起 90 日内，向作出处分决定的保障机关的负责人申请异议。但是因正当事由，无法在规定期间内提出异议的，可以在该事由消灭之日起 60 日内，提出异议。

②保障机关的负责人应当自收到异议申请之日起十日内，对该异议申请作出决定，并及时告知申请人结果。但因不得已的事由，无法在规定期间内作出决定时，自该期间届满的次日起，可以在十日范围以内给予延长，并应当将延长事由通知申请人。

③第 1 款或第 2 款规定的异议申请方法及程序等事项，由总统令规定。

第 18 条（对受益权人保护者的支援）

对根据第 9 条决定提供给付的受益权人，为减轻其家庭中看护人的负担，保障机关的负责人可以给付金钱支援等。

第四节 社会保障给付的管理

第 19 条（社会保障给付的适当性确认调查）

①为了确认社会保障给付的适当性，保障机关的负责人有权调查受益权人的第 7 条第 1 款规定的信息。

②根据第 1 款的调查方法及程序，准用第 7 条第 2—5 款及第 8 条的规定。

第 19 条之二（社会保障给付不正当受领实态调查）

①为了保障机关制定有效政策、遏制使用欺骗等方法受领社会保障给付或使他人受领社会保障给付的情形，保健福祉部长官应当每三年对其发生现状、受损事件等实施相关的实态调查，并公开其结果。

②为了进行第 1 款的实态调查，必要时保健福祉部长官可以要求中央行政机关的负责人、《公共机关运营法》规定的公共机关的负责人，其他设施、法人、团体的负责人提交必要的资料或陈述意见。此时，相关中央行政机关的负责人，若无特别事由，应当配合。

③第 1 款的实态调查方法、内容及结果的公开等，由保健福祉部令规定。

第 20 条（受益人的变动申报）

受领社会保障给付的受益人应当周期性地或按规定期间，对第 7 条第 1 款规定事项，如居住地、户主、所得及财产状态、劳动能力、其他给付的受领履历等发生变动时，及时向管辖保障机关的负责人申报。

第 21 条（社会保障给付的变更与终止）

①第 19 条规定的社会保障给付的适当性确认调查及第 20 条规定的受益人的变动申报，受益人及其扶养义务人的个人资料、家族关系、所得及财产状态、劳动能力等发生变动的，保障机关的负责人应当依职权或依受益人或其亲属或其他人员的申请，变更对受益人的社会保障给付的种类、支付方法等。

②由于第 1 款事项的变动，不需要对受益人提供全部或部分社会保障

给付时，保障机关的负责人可以全部或部分终止社会保障给付或变更其种类、支付方法等。

③第1款或第2款规定的社会保障给付的变更或终止应当以书面（包括经受益人同意的电子文书），明示其理由通知受益人，必要时可以并行口头方式。

第 22 条（社会保障给付的回收）

①受益人故意回避第20条规定的申报或以欺骗等不当方法，受领社会保障给付或使他人受领社会保障给付（以下简称"非正当受益人"）的，提供社会保障给付的保障机关负责人，可以回收受领或他人受领社会保障给付的全部或部分。

②未向受益权的人提供社会保障给付，或因变更、终止引起提供给受益人的社会保障给付发生超额支付的情形，保障机关的负责人应立即命该受领人返还其全部或部分。但已经消费或具有其他不得已的事由时，可以免除其返还。

③根据第1款及第2款规定，需要回收或返还的金额应分别通知各非正当受益人或受领社会保障给付的人，并对其进行回收或获得返还；未返还时，应当参照国税滞纳处分方式或《地方税外收入金的征缴法》征缴。

④第1—3款规定的回收及返还命令的对象、范围、方法等，由总统令规定。

第三章　社会保障信息

第一节　社会保障信息及社会保障信息系统的利用等

第 23 条（社会保障信息的处理等）

①为了保障机关能够有效履行受益权人的选定及给付管理的相关业务，保健福祉部长官可以通过社会保障信息系统，处理下列资料或信息（以下简称"社会保障信息"）。

1. 法律规定的保障对象及内容、预算等社会保障给付现状相关资料或信息；

2. 第5—22条规定的咨询、申请、调查及资格的变动管理所需的个人资料、所得、财产等相关资料或信息；

3. 社会保障给付受领记录的资料或信息；

4. 根据第51条规定，保健福祉部长官履行受委任、委托的业务所需的资料或信息；

5. 与社会保障信息相关的法令等规定的咨询、申请（包括第25条第3款规定的申请）、调查、决定、提供、回收等业务处理明细相关的资料或信息；

6. 社会保障相关民间法人、团体、设施的社会保障给付提供现状及补助金受领履历相关的资料或信息；

7. 其他总统令规定的社会保障给付的提供、管理及社会保障信息系统的构建、运营所需的信息或资料。

②为了处理社会保障信息，保健福祉部长官可以向中央行政机关、地方自治团体、机关、法人、团体、设施的负责人要求所需的资料或信息。此时，中央行政机关的负责人等，无正当理由，应当配合。

③为确保社会保障信息系统的顺利运营，社会保障相关的民间法人、团体、设施的负责人应积极合作。

④为了社会保障相关的预测调查、研究开发等活动便于使用社会保障信息，保健福祉部长官可以提供支援。

⑤社会保障信息的处理方法及程序等，由总统令规定。

第24条（社会保障信息系统的利用等）

①为了有效履行第5—22条规定的业务，保障机关的负责人可以使用社会保障信息系统，或衔接使用管辖业务系统和社会保障信息系统。此时，保障机关的负责人应当与保健福祉部长官协商利用社会保障信息系统处理的特定资料或信息及其范围，处理目的、方式，相应资料或信息的持有机关（以下简称"信息持有机关"）等内容。

②为了消除社会保障的死角地带，保健福祉部长官可以将通过社会保障信息系统处理的信息，提供给保障机关的负责人；必要时，经支援对象的同意，保障机关的负责人可以支援总统令规定的法人、团体、设施的负责人使用其信息。

③保障机关的负责人不得将社会保障信息系统提供的社会保障信息，用于本法规定目的外的用途。

④根据第 2 款规定，保健福祉部长官提供社会保障信息时，应当考虑使用目的，提供最低限度的必要社会保障信息。

⑤除第 1—4 款规定的事项外，社会保障信息系统的利用范围、方法及程序等，由总统令规定。

第 25 条 （对国民综合门户的构建等）

①保健福祉部长官应当面向需要社会保障给付的国民，构建提供社会保障相关资料或信息的搜索、查询等线上服务的，以互联网为基础的对国民综合门户，并对其进行管理、促进其利用。

②保健福祉部长官及保障机关的负责人应当充分利用第 1 款规定的对国民综合门户等尖端信息通信技术，积极为国民能够充分利用社会保障信息而努力。

③通过对国民综合门户等申请社会保障给付的，视为根据第 5 条规定进行的申请，并准用第 6—22 条规定。

④第 1 款规定的对国民综合门户的构建及管理等事项，由总统令规定。

第 26 条 （社会保障信息的正确性维持）

①信息持有机关的负责人应当积极维持社会保障信息的正确性。

②保健福祉部长官应当定期更新社会保障信息，并在其信息有误时，要求资料来源或提供信息的信息持有机关负责人修改或补全资料。

③根据第 2 款规定，收到资料或信息修改或补全要求的信息持有机关负责人，应向保健福祉部长官报告结果。但是信息持有机关为《公共机关运营法》规定的公共机关等时，应当报告结果前与中央行政机关或地方自治团体的负责人商议。

第 27 条 （社会保障信息的标准化）

为了通过社会保障信息的共同利用，方便国民利用社会保障给付，保健福祉部长官可以标准化社会保障信息及其相关的各种标准、程序、方法、格式等，并提示给保障机关的负责人。无正当理由，保障机关负责人应当接受。

第 28 条 （社会保障信息的协商与调整）

①保障机关的负责人或中央行政机关的负责人，对第 23 条规定的社会保障信息的处理、第 24 条规定的社会保障信息系统的利用、第 27 条规

定的社会保障信息的标准化、第51条规定的业务的委任及委托等应当与保健福祉部长官协商；未达成协议时，由《社会保障基本法》第2条规定的社会保障委员会（以下简称"社会保障委员会"）调整。

②便于顺利进行第1款规定的协商，保健福祉部长官可以运营社会保障信息委员会；社会保障信息委员会的职责及运营等事项，由总统令规定。

第29条（韩国社会保障信息院）

①为了运营、支援社会保障信息系统，设立韩国社会保障信息院。

②韩国社会保障信息院是法人。

③韩国社会保障信息院接受第51条第2款规定的委托，实施下列业务：

1. 社会保障信息系统的构建及维持、功能改善、管理等运营相关事项；

2. 第12条第1款规定的资料或信息的处理及社会保障信息的处理；

3. 社会保障给付的受领和法令等规定的申请、受理、调查、决定、回收等业务的电子处理支援；

4. 《社会服务的利用及使用券管理法》等法令规定的社会服务使用券的利用、支付及精算等所需的信息系统的运营，通过社会服务使用券提供社会服务事业的管理事项；

5. 对社会保障相关民间法人、团体、设施的电子化支援；

6. 社会保障制度的运营所需的政策信息及统计信息的生产、分析、提供及为支援社会保障政策的调查、研究；

7. 第25条规定的对国民综合门户的运营相关事项；

8. 根据本法或其他法令，从保健福祉部长官、国家或地方自治团体受委托的其他业务。

④为了社会保障给付的利用及提供能够顺利进行，政府可以捐献或支援设立及运营韩国社会保障信息院所需的费用。

⑤除本法规定的事项外，韩国社会保障信息院准用《民法》中对财团法人的规定。

⑥韩国社会保障信息院的设立及运营，由总统令规定。

⑦韩国社会保障信息院的高管及职员在适用《刑法》第129—132条

的规定时，视为公务员。

⑧韩国社会保障信息院的高管及职员或曾经在职的高管及职员，不得泄露或为其他用途使用其职务上得知的秘密。

第二节　社会保障信息的保护

第 30 条（社会保障信息保护对策的制定与实施）

①为了保护社会保障信息系统的社会保障信息，保健福祉部长官应当制定与实施包括物理性、技术性对策的保护对策。

②为了实施第 1 款规定的保护对策，韩国社会保障信息院的负责人应当每年制定实行计划，并提交至保健福祉部长官。

③利用社会保障信息系统的保障机关的负责人，应指定总管保密业务的人（以下简称"信息保护负责人"），并通报保健福祉部长官；信息保护责任人的指定及业务等事项，由总统令规定。

第 31 条（社会保障信息侵害行为的禁止）

任何人在处理社会保障信息时，不得作出下列行为：

1. 以妨碍社会保障信息的处理业务为目的，伪造、变更、毁损或注销社会保障信息的行为；

2. 伪造、变更、毁损或注销、泄露社会保障信息或公开、散布、使用方法或程序的行为；

3. 伪造、变更、毁损社会保障信息系统或利用的行为；

4. 无正当权限或超过许可的权限处理社会保障系信息的行为；

5. 为了业务外的目的阅览或查询社会保障信息的行为。

第 32 条（社会保障信息系统的修复措施）

①社会保障信息系统发生第 31 条规定的侵害行为时，韩国社会保障信息院的负责人及利用社会保障信息系统的保障机关负责人应当迅速采取社会保障信息系统损坏修复及保护所需的措施，并立即向保健福祉部长官通报。

②为了第 1 款规定的损坏修复的迅速进行，保健福祉部长官应当给予必要的支援。

第 33 条（对社会保障信息等侵害行为的更正要求）

有证据表明社会保障信息或社会保障信息系统发生侵害行为时，认为放置会具有难以恢复的损害忧虑的，保健福祉部长官可以要求侵害行为的人采取下列措施。此时，收到要求的人应当予以配合。

1. 终止社会保障信息或社会保障信息系统的侵害行为；
2. 暂时性的停止信息处理；
3. 社会保障信息的保护及防止侵害行为所需的其他措施。

第 34 条（社会保障信息的销毁）

保障机关的负责人及韩国社会保障信息院的负责人应当销毁五年以上的社会保障信息。但是总统令规定的保护支援对象所需的社会保障信息，除外。

第四章　社会保障相关的地区规划及运营体系

第一节　地区社会保障相关计划

第 35 条（地区社会保障相关计划的制定）

①特别市市长、广域市市长、特别自治市市长、道执事、特别自治道执事（以下简称"市、道执事"）及市长、郡守、区厅长，应当每四年制定地区社会保障相关的计划（以下简称"地区社会保障计划"）每年按照地区社会保障计划，制定年度实施计划。此时，应当与《社会保障基本法》第 16 条规定的社会保障相关的基本计划衔接。

②市长、郡守、区厅长应当听取地区居民等利害关系人的意见制定相应市地区（包括《为设置济州特别自治道及造成国际自由都市的特别法》第 10 条第 2 款规定的行政市、郡、区）社会保障计划（包括年度实施计划），并经第 41 条规定的地区社会保障委员会议的审议和相应市、郡、区议会的报告（报告的情形，《为设置济州特别自治道及造成国际自由都市的特别法》规定的行政市长除外），提交至市、道执事。

③市、道执事（特别自治市市长除外）制定特别市、广域市、道、特别自治道的地区社会保障计划，其中应当包含第 2 款规定的市、郡、区地区社会保障计划的内容等。

④特别自治市市长应听取地区居民等利害关系人的意见，制定地区社会保障计划。

⑤市、道执事应当将根据第3款及第4款的地区社会保障计划，经第40条规定的市、道社会保障委员会的审议和相应特别市、广域市、道、特别自治道（以下简称"市、道"）议会的报告，提交给保健福祉部长官。此时，保健福祉部长官应当将收到的计划，报告给社会保障委员会。

⑥市、道执事或市长、郡守、区厅长制定地区社会保障计划时，认为有必要时，可以向社会保障相关机关、法人、团体、设施要求资料或信息的提供和协助。

⑦保障机关的负责人为了制定及支援地区社会保障计划等，可以对地区内社会保障相关实态与地区居民关于社会保障的认识等，实施相关的必要调查（以下简称"地区社会保障调查"）；市、道执事及市长、郡守、区厅长在制定地区社会保障计划时，可以反映地区社会保障调查的结果。

⑧地区社会保障计划的内容符合总统令规定的事由时，保健福祉部长官或市、道执事可以劝告市、道执事或市长、郡守、区厅长对其进行调整。此时，保健福祉部长官可以听取中央行政机关的负责人的意见。

⑨地区社会保障计划的制定及地区社会保障调查的时期、方法等事项，由总统令规定。

第36条（地区社会保障计划的内容）

①第35条第2款规定的市、郡、区地区社会保障计划应当包含下列事项：

1. 地区社会保障需要的测定、目标及促进战略；

2. 可以检查地区社会保障目标的指标（以下简称"地区社会保障指标"）的设定及目标；

3. 地区社会保障的各领域推进战略、重点推进事业及相互合作方案；

4. 地区社会保障传达体系的组织与运营；

5. 社会保障给付的死角地带发掘及支援方案；

6. 地区社会保障所需的财源规模和筹集方案；

7. 地区社会保障相关的统计收集及管理方案；

8. 地区内不正当受领的现状及防止对策；

9. 总统令规定的其他事项。

②第35条第3款规定的特别市、广域市、道、特别自治道地区社会

保障计划应当包含下列事项：

1. 支援市、郡、区社会保障能够均衡有效推进的目标及战略；
2. 地区社会保障指标的设定及目标；
3. 社会保障给付在市、郡、区得以有效利用和提供的基础构建方案；
4. 市、郡、区社会保障给付负责人力的培养及专业性提高方案；
5. 地区社会保障相关统计资料的收集及管理方案；
6. 为支援市、郡、区防止不正当受领对策的方案；
7. 推进地区社会保障的其他事项。

③第35条第4款规定的特别自治市地区社会保障计划，包含下列事项：

1. 第1款各项规定的事项；
2. 社会保障给付得以有效利用及提供的基础构建方案；
3. 社会保障给付负责人力的培养及专业性提高方案；
4. 推进地区社会保障的其他事项。

第37条（地区社会保障计划的实施）

①市、道执事或市长、郡守、区厅长应当实施地区社会保障计划。

②市、道执事或市长、郡守、区厅长在实施地区社会保障计划时，可以对社会保障相关民间法人、团体、设施进行人力、技术、财政支援。

第38条（地区社会保障计划的变更）

具有社会保障的环境变化、《社会保障基本法》第16条规定的社会保障相关基本计划的变更等情形的，市、道执事或市长、郡守、区厅长可以变更地区社会保障计划，其变更程序，准用第35条。

第39条（地区社会保障计划实施结果的评价）

①保健福祉部长官对市、道地区社会保障计划的实施结果，市、道执事对市、郡、区地区社会保障计划的实行结果，可分别按照保健福祉部令的规定评价。

②市、道执事作出第1款规定的评价后，应当向保健福祉部长官提交其结果。保健福祉部长官应综合其结果进行探讨，并向社会保障委员会报告。

③保健福祉部长官或市、道执事，可以将根据第1款的评价结果，反映在根据第47条的支援上。

第二节 地区社会保障运营体系

第 40 条（市、道社会保障委员会）

①为了提高市、道的社会保障，市、道执事可以设置市、道社会保障委员会。

②市、道社会保障委员会审议、咨询下列业务：

1. 市、道的地区社会保障计划制定、实施及评价相关事项；

2. 市、道的地区社会保障调查及地区社会保障指标相关事项；

3. 市、道的地区社会保障给付提供事项；

4. 市、道的地区社会保障推进相关的重要事项；

5. 第 41 条第 7 款规定的邑、面、洞单位的地区社会保障委员会的构成及运营相关事项（仅限特别自治市）；

6. 强化与提供社会保障相关服务的机关、法人、团体、设施的联系、合作的事项（仅限特别自治市）；

7. 其他委员长认为必要的事项。

③市、道社会保障委员会由市、道执事在下列人员中任命或委托：

1. 具有社会保障相关的专业知识或经验的人；

2. 社会保障相关机关及团体的代表人；

3. 代表需要社会保障的人的利益的人；

4. 第 41 条第 3 款规定的地区社会保障委员会的代表人；

5. 《非营利民间团体支援法》第 2 条的非营利民间团体推荐的人；

6. 《社会福祉共同募金会法》第 14 条规定的社会福祉共同募金支会推荐的人；

7. 第 41 条第 7 款规定的邑、面、洞单位的地区社会保障委员会的委员长（仅限特别自治市，存在共同委员长的情形，指从民间委员中选出的共同委员长）；

8. 负责社会保障相关业务的公务员。

④下列人员不得成为市、道社会保障委员会的委员。

1. 未成年人；

2. 成年监护人、限定监护人；

3. 被宣告破产而没有复权的人；

4. 法院判决丧失或停止资格的人；

5. 被处以监禁以上的实刑、执行（包括视为执行完毕的情形）结束或豁免之日起未超过三年的人；

6. 被处以监禁以上刑罚且在其缓刑期间中的人；

7. 第 5 项及第 6 项规定外，《社会福祉事业法》第 2 条第 1 项的社会福祉事业（以下简称"社会福祉事业"）或其职务相关，触犯《儿童福祉法》第 71 条，《补助金管理法》第 40—42 条或《刑法》第二十八章、第四十章（第 360 条除外）的罪，或违反本法，符合下列规定的人：

（1）被处以一百万韩元以上的罚金刑的，刑罚确定后，未经过五年的人；

（2）被处以监禁以上刑罚缓期执行的，缓期执行期间结束之日起，未经过七年的人；

（3）被处以监禁以上实刑的，执行完毕（包括视为执行完毕的情形）或免除执行之日起，未经过七年的人；

8. 第 5—7 项规定外，触犯《性暴力犯罪的处罚特例法》第 2 条的性暴力犯罪或《儿童、青少年的性保护法》第 2 条第 2 项以儿童、青少年为对象的性犯罪的人，被宣告并确定刑罚或治疗监护后，该刑罚或治疗监护全部或部分执行完毕（包括视为执行完毕的情形），或免除执行或缓期执行期间届满之日起，不足十年的人。

⑤市、道社会保障委员会的组织、运营事项，应当根据保健福祉部令的规定，由市、道的条例规定。

第 41 条（地区社会保障委员会）

①为了增进地区社会保障，市长、郡守、区厅长应当强化与提供社会保障相关服务的机关、法人、团体、设施的联系与合作，在相应市、郡、区设地区社会保障委员会。

②地区社会保障委员会审议、咨询下列业务：

1. 市、郡、区的地区社会保障计划的制定、实施及评价相关事项；

2. 市、郡、区的地区社会保障调查及地区社会保障指标相关事项；

3. 市、郡、区的社会保障给付的提供相关事项；

4. 市、郡、区的社会保障推进的相关事项；

5. 邑、面、洞单位的地区社会保障委员会的构成及运营事项；

6. 委员长确定的其他必要事项。

③地区社会保障委员会的委员，由市长、郡守、区厅长在下列人员中任命或委托。但是符合第40条第4款规定的人，不得成为委员：

1. 社会保障相关的学识和经验丰富的人；

2. 履行社会保障活动或提供服务的机关、法人、团体、设施的代表人；

3. 《非营利民间团体支援法》第2条规定的非营利民间团体推荐的人；

4. 第7款规定的邑、面、洞单位的地区社会保障委员会的委员长（含民间委员中选出的共同委员长）；

5. 负责社会保障相关业务的公务员。

④便于有效履行地区社会保障委员会的业务，地区社会保障委员会设置事务协调组。

⑤为了有效运营地区社会保障委员会，保障机关负责人可以提供必要的人力及运营费等财政支援。

⑥第1—5款规定的事项外，地区社会保障委员会及事务协商组的组织、运营事项，按照保健福祉部令的规定，以相应市、郡、区的条例（《为设置济州特别自治道及造成国际自由都市的特别法》第10条第2款规定的行政市的情形，是指特别自治道的条例）予以规定。

⑦为了以邑、面、洞为单位的邑、面、洞的社会保障相关业务能够顺利执行，特别自治市市长及市长、郡守、区厅长，在相应的邑、面、洞设置以邑、面、洞为单位的地区社会保障委员会。

⑧第1款规定的邑、面、洞单位的地区社会保障委员会的组织与运营事项，按照保健福祉部令的规定，以相应特别自治市及市、郡、区的条例规定。

第42条（社会保障事务专门机构）

①为了有效履行社会保障相关业务，特别自治市市长及市长、郡守、区厅长应当制定相关组织、人力、机关之间的合作体系等，必要时可另设负责社会保障相关事务的专门机构（以下简称"社会保障事务专门机构"）。

②社会保障事务专门机构应当充分利用社会保障信息系统，向受益权

人介绍必要信息，并保障社会保障给付申请的顺利开展。

③社会保障事务专门机构的事务范围、组织及运营等事项，以相应特别自治市及市、郡、区的条例规定。

第 42 条之二（统合案例管理）

①为了提高支援对象的社会保障水平，保健福祉部长官，市、道执事及市长、郡守、区厅长应当根据支援对象的多样化和复合性特征，提供咨询与指导、调查社会需求、制定服务计划，并根据计划可以对支援对象实施统合案例管理，即对保健、福祉、雇佣、教育的社会保障给付及民间法人、团体、设施等提供的服务进行统合性的衔接与提供。

②为了实施第 1 款规定的统合案例管理，必要时可以在特别自治市及市、郡、区设置统合案例管理师。

③为了对统合案例管理事业提供专业性的支援，保健福祉部长官可以委托公共或民间机关、团体相关业务。

④第 2 款规定的统合案例管理师的资格、业务等运营事项，以及第 3 款规定的委托统合案例管理事业的支援业务事项，由保健福祉部令规定。

第 43 条（社会福祉专门公务员）

①为了负责社会福祉事业相关的业务，可在市、道，市、郡、区，邑、面、洞，或社会保障事务专门机构设社会福祉专门公务员。

②社会福祉专门公务员由《社会福祉事业法》第 11 条规定的具有社会福祉师资格的人担任，其聘用等事项由总统令规定。

③社会福祉专门公务员在社会保障给付相关的业务中，负责对弱势阶层的咨询与指导、生活实态的调查等保健福祉部令规定的社会福祉相关的专门业务。

④国家可以补助全部或部分社会福祉专门公务员的报酬所需的费用。

⑤根据《地方公务员教育训练法》第 3 条的规定，市、道执事及市长、郡守、区厅长制定并实施社会福祉专门公务员的教育培训相关政策。

第 44 条　删除

第三节　地区社会保障的支援及均衡发展

第 45 条（地区社会保障的均衡发展）

为了缩小市、道及市、郡、区之间的社会保障水平差异，中央行政机关的负责人及市、道执事应当在预算分配、社会保障给付的提供机关的安排等方面，采取必要的措施。

第 46 条（地区社会保障均衡发展支援中心）

①为了有效地履行市、道及市、郡、区社会保障推进现状分析、地区社会保障计划的评价、支援地区之间社会保障的均衡发展等业务，保健福祉部长官可以设置、运营地区社会保障均衡发展支援中心。

②保健福祉部长官可以委托专门机关，运营地区社会保障均衡发展支援中心。

③地区社会保障均衡发展支援中心的设置、运营和运营的委托等事项，由保健福祉部令规定。

第 47 条（对地方自治团体的支援）

结合第 39 条的评价结果，中央行政机关的负责人可以对市、道执事及市长、郡守、区厅长支援执行社会保障事业所需的费用。

第 48 条（运营社会保障特别支援区域）

①中央行政机关的负责人或市、道执事可以将《公共住宅特别法》规定的永久租赁住宅园区、低收入阶层密集居住地，其他保健、福祉、雇佣、居住、文化等特定领域服务薄弱的地区，选定为特别支援区域并给予支援。中央行政机关的负责人或市、道执事在选定社会保障特别支援区域时，应当与行政机关的负责人进行协议。

②第 1 款规定的社会保障特别支援区域的选定及支援等事项，由总统令规定。

第五章　补则

第 49 条（秘密维持义务）

从事或曾从事下列业务的人，不得向他人泄露或以职务目的外的用途利用其职务中知晓的秘密。

1. 第 5—22 条规定的申请、调查、决定、确认调查、回收等给付的提供及管理的相关业务；

2. 第 23 条规定的社会保障信息的处理等相关业务；

3. 第 42 条之二规定的统合案例管理相关业务。

第 50 条（社会保障给付的扣押禁止）

不得扣押作为社会保障给付支付的款物及其获得的权利。

第 51 条（权限的委任与委托）

①本法规定的保障机关负责人的部分权限或业务中的下列事项，可以委任给所属机关负责人或地方自治团体负责人，或委托保健福祉部长官或其他行政机关的负责人：

1. 第 5 条规定的申请的受理；

2. 第 6 条、第 7 条及第 19 条规定的社会保障要求的调查、受益资格的调查及社会保障给付的适当性确认调查；

3. 金融信息的处理。

②根据总统令的规定，本法规定的保健福祉部长官的业务可以部分委托至第 29 条规定的韩国社会保障信息院、社会保障相关民间法人、团体、设施。

第 52 条（委任、委托时人力及费用的支援）

保障机关的负责人或保健福祉部长官应当积极处理第 51 条规定的委任、委托业务所需的人力或经费。

第 53 条（告发及惩戒要求）

①具有正当理由可以认定存在违反本法所导致的犯罪嫌疑时，保健福祉部长官应当向相关搜查机关告发其内容。

②具有正当理由可以认定存在违反本法的行为时，保健福祉部长官可以要求相应机关的负责人惩戒责任人。收到要求的机关应对此给予尊重，并将其结果通报给保健福祉部长官。

③保障机关的负责人就主管业务相关，对违反本法的行为人，可以向管辖搜查机关告发或向相应机关的负责人要求进行惩戒。收到惩戒要求的机关应对此给予尊重，并将其结果通报给保健福祉部长官。

第 53 条之二（举报褒赏金的支付等）

①举报下列人时，保障机关的负责人可以在预算范围内支付褒赏金：

1. 第 22 条第 1 款的非正当受益人；

2. 违反法令或以不正当方式提供社会保障给付的社会福祉法人、社会福祉设施等社会保障相关法人、团体、设施。

②为了促进对非正当受益人的举报可以积极展开，保障机关的负责人

应当宣传不正当受领及举报褒赏金制度的事项。

③第 1 款及第 2 款规定的褒赏金支付的标准、程序、方法及宣传的方法等事项，由总统令规定。

第六章　罚则

第 54 条（罚则）

①违反第 31 条第 1 项的人，处以十年以下的徒刑或一亿元以下的罚金：

②符合下列条件的人，处以五年以下的徒刑或五千万韩元以下的罚金：

1. 违反第 29 条第 8 款或第 49 条规定的人；
2. 违反第 31 条第 2 项规定的人；
3. 违反第 31 条第 3 项规定的人；
4. 违反第 31 条第 4 项规定的人。

③对第 22 条第 1 款规定的非正当受益人，处以一年以下的徒刑或一千万韩元以下的罚金。

第 55 条（罚款）

①对超过第 7 条第 1 款规定的调查范围收集个人信息的人，处以五千万韩元以下的过怠料。

②符合下列情形时，处以三千万韩元以下的罚款：

1. 未遵行第 33 条规定的更正要求的人；
2. 未按照第 34 条规定的销毁的人。

附则

第 1 条（实施日）

本法自公布后经过六个月之日起实施。但是第 12 条第 1 款第 3 项、第 13 条第 2 款第 22 项及第 31 条第 5 项的修订规定，自公布之日起实施。

第 2 条（社会保障信息院的名称变更所导致的过渡措施）

①本法实施时，前规定的社会保障信息院视为本法规定的韩国社会保

障信息院。

②韩国社会保障信息院应当在本法实施后的三个月内，根据本法的修订规定变更章程并获得保健福祉部长官的许可。

③本法实施前的社会保障信息院所作的行为或对社会保障信息院作出的行为，视为韩国社会保障信息院所作的行为或对韩国社会保障信息院作出的行为。

第3条（其他法律的修订）

①社会保障基本法中的部分内容，修订如下：

第26条第3款第2项中"社会保障信息院"修订为"韩国社会保障信息院"。

②儿童津贴法进行如下部分修订：

第22条中的"社会保障信息院"修订为"韩国社会保障信息院"；

第23条第2款中的"社会保障信息院"修订为"韩国社会保障信息院"。

③儿童福祉法进行如下部分修订：

第28条之二第6款中的"社会保障信息院"修订为"韩国社会保障信息院"。

八　社会保障给付法实施令

第1条（目的）

为了明确《社会保障给付的利用、提供及受益权人发掘法》委任的事项，制定本令。

第2条（社会保障给付的申请及通知方法）

①根据《社会保障给付的利用、提供及受益权人发掘法》（以下简称"法"）第5条第1款及第21条第1款的规定，申请社会保障给付或申请变更社会保障给付的人，应当在社会保障给付相关申请书（包括电子文书）上，附加法律规定的能够确认支援对象的扶养关系、所得、财产状态及健康状态的文件（包括电子文书），提交给保障机关的负责人。

②根据法第5条第3款规定，保障机关的业务负责人应当书面通知（包括电子文书）申请人或支援对象同款事项。但是书面通知（包括电子文书）困难时，可以以电话、口头通知等方式通知。

第3条（受益资格的调查）

①根据法第7条第1款但书的规定，符合下列情形时，不予调查同款第2项规定的所得、财产、劳动能力及就业状态等事项：

1. 根据其他法令，受领社会保障给付的情形，仅以受益资格证明，就可决定提供社会保障给付的；

2. 仅以诊断书等确认支援对象的健康状态，决定提供社会保障给付的；

3. 保障机关的负责人认为不需要对所得、财产、劳动能力及就业状态相关进行调查的。

②法第7条第4款前段规定的"居民登记电子信息、家族关系登记电子信息、金融、国税、地方税、土地、建筑、健康保险、国民年金、雇佣保险、产业灾害补偿保险、出入境、兵务、报勋给付、矫正等总统令规定

的计算机网络或资料"，是指附表一规定的计算机网络或资料。

第 4 条（金融信息、信用信息及保险信息）

①法第 8 条第 1 款第 1 项规定的"存款平均余额和此外其他总统令规定的资料或信息"，是指下列资料或信息（以下简称"金融信息"）。

1. 普通存款、储蓄存款、自由储蓄存款、外汇存款等活期存款：最近三个月内的平均余额；

2. 定期存款、定期积金、定期储蓄等储蓄性存款：存款的余额或者总纳入额；

3. 股票、受益证券、出资金、出资股份、不动产（年金）信托：最终市价；

4. 债券、期票、支票、债务证书、新股认购权证书、可转让定期存单：票面金额；

5. 年金储蓄：定期支付的金额或最终余额；

6. 第 1—5 项规定的金融财产的利息、分红或折扣额。

②法第 8 条第 1 款第 2 项规定的"债务额和其他总统令规定的资料或信息"，是指下列资料或信息（以下简称"信用信息"）：

1. 贷款现状及滞纳内容；

2. 信用卡未结算金额。

③法第 8 条第 1 款第 3 项规定的"保险费和此外其他总统令规定的资料或信息"，是指下列资料或信息（以下简称"保险信息"）：

1. 保险证券：解约时会收到的退还金或最近一年以内支付的保险费；

2. 年金保险：解约时会收到的退还金或定期支付的金额；

3. 第 1 项及第 2 项规定的利息或分红。

第 5 条（金融信息的提供等）

①根据法第 8 条第 2 款及第 3 款规定，保健福祉部长官向金融机关等（含《金融实名交易及秘密保障法》第 2 条第 1 项规定的金融公司等及《信用信息的利用及保护法》第 2 条第 6 项规定的信用信息集中机关）的负责人提供的金融信息、信用信息或保险信息（以下简称"金融信息等"），应当记载下列事项：

1. 支援对象及其扶养义务人（是指配偶和一代的直系血族及其配偶）的姓名和居民登记证号码；

2. 要求提供的金融信息的范围、查询标准日及查询期间。

②根据第 1 款规定，收到提供金融信息等要求的金融机关的负责人，应当向保健福祉部长官提供包含下列内容的金融信息：

1. 支援对象及其扶养义务人的姓名和居民登记证号码；
2. 提供金融信息的金融机关的名称；
3. 要提供的金融商品名和账户号码；
4. 金融信息的内容。

③保健福祉部长官可以要求金融机关的负责人利用该金融机关等加入的协会、联合会或中央会的信息通信网，提供第 1 款和第 2 款规定的金融信息等。

第 6 条（决定提供社会保障给付的通知）

①根据法第 9 条第 3 项，保障机关的负责人通知申请人社会保障给付的提供与否和其类型及变更事项时，若无特别规定，应当自社会保障给付的申请之日起 30 日内进行。

②第 1 款规定外，存在法第 6 条及第 7 条规定的调查等特别事由的时，可以明示事由，并在社会保障给付的申请日起，60 日内通知。

第 6 条之二（危机家庭成员的发掘标准）

法第 9 条之二第 1 款第 2 项规定的 "符合总统令规定标准的家庭成员"，是指《预防自杀及营造尊重生命文化法》第 13 条第 1 款规定的自杀预防中心的负责人，或《精神健康增进及精神疾患病者福祉服务支援法》第 15 条第 1 款规定的精神健康福祉中心的负责人，发现家庭成员处于下列危机情形时，应当向保障机关的负责人通知：

1. 自杀者曾经是主要收入者（主所得者）的家庭成员；
2. 自杀者的遗属认为有试图自杀可能的人所属的家庭成员；
3. 认为有可能再次试图自杀的自杀试图者所属的家庭成员；
4. 因家庭成员成员的自杀或试图自杀，认为处于经济上的困境或难以进行正常经济活动的家庭成员。

第 7 条（为发掘支援对象的信息共享的协助机关等）

法第 11 条第 8 项规定的 "总统令规定的机关、法人、团体、设施"，是指下列机关、法人、团体、设施：

1.《都市煤气事业法》第 2 条第 2 项规定的都市煤气事业者；

2.《水道法》第 3 条第 21 项规定的水道事业者；

3.《韩国煤气公社法》第 2 条规定的韩国煤气公社；

4.《韩国电力公社法》第 2 条规定的韩国电力公社；

5. 为了发掘支援对象，经过法第 28 条第 2 款规定的社会保障信息委员会（以下简称"社会保障信息委员会"）的协议，保障机关的负责人规定的机关、法人、团体、设施。

第 8 条（资料或信息的处理等）

①法第 12 条第 1 款第 6 项规定的"符合总统令规定标准的滞纳信息"，是指要求提供相应信息之日起至过去的两年期间，滞纳的金额合计在一百万韩元以上一千万韩元以下的滞纳信息。

②法第 12 条第 1 款第 7 项的"由总统令规定的信息"，是指附表二规定的信息。

③法第 12 条第 3 款的"总统令规定的法人、团体、设施"，是指下列法人、团体、设施：

1.《社会福祉事业法》第 2 条规定的社会福祉法人、社会福祉设施及社会福祉馆；

2. 为了消除社会保障的死角地带，经社会保障信息委员会的协议，由保健福祉部长官规定的法人、团体、设施。

第 9 条（支援计划的制定及实施等）

①根据法第 15 条第 1 款，保障机关的负责人按各受益权人制定社会保障给付提供计划（以下简称"支援计划"）时，应当综合考虑受益权人的经济状况、家庭状况及健康状态等。

②保障机关的负责人制定支援支援计划的，应当适用保健福祉部令规定的格式，并根据受益权人的特性、福祉需求、社会保障给付及提供机关的特性，追加必要的内容。

③法第 15 条第 4 款规定的"总统令规定的法人、团体、设施"，是指下列法人、团体、设施：

1.《社会福祉事业法》第 2 条规定的社会福祉法人、社会福祉设施及社会福祉馆；

2. 为了履行支援计划，经社会保障信息委员会的协议，由保障机关的负责人规定的法人、团体、设施。

第 10 条（异议申请的方法及处理程序等）

①法第 17 条第 1 款规定的异议申请，应当书面记载下列事项：

1. 申请人的姓名、地址及联系方式（申请人为法人或团体的情形为法人或团体的名称、代表人的姓名、事务所或事业所的所在地及联系方式）；

2. 异议申请对象的处分的内容；

3. 异议申请的宗旨及理由；

4. 收到处分通知之日。

②根据法第 17 条第 2 款规定，保障机关的负责人对异议申请作出决定并通知其结果的，应当以详细记载下列内容的书面进行：

1. 对异议申请的决定结果；

2. 对异议申请的决定理由；

3. 对原来处分申诉方法及申诉程序（仅限异议申请未被接受的情形）。

③根据法第 17 条第 2 款但书的规定，保障机关的负责人通知异议申请决定期间的延长时，应当在通知书上详细记载延长事由及期间等。

第 11 条（社会保障给付的收回）

①根据法第 22 条的规定，保障机关的负责人收回社会保障给付时，应当收回所提供的社会保障给付本身。各情形下的收回价额标准如下：

1. 作为社会保障给付提供的标的物因受损、丢失、灭失或其他事由无法回收的情形：相当于该标的物的价额；

2. 作为社会保障给付提供的标的物为服务、设施利用的无形的服务或使用券的情形：服务或使用券的提供费用。

②根据法第 22 条第 3 款规定，发生收回事由时，保障机关的负责人应当以书面、明示的方式通知存在事由的事实、收回对象、交付期限（收回对象为现货的，是指返还期限。以下在本条相同）、交付机关（收回对象为现货的，是指返还机关）及异议申请方法等内容。此时，交付期限为自通知日起 30 日以上。

③收到第 2 款规定的通知，接收人截至交付期限为止，未交付第 1 款规定的社会保障给付、与其相应的价额或社会保障给付的提供费用的，保障机关的负责人应定下 30 日以上的期限给予督促。

第 12 条（社会保障信息）

法第 23 条第 1 款第 7 项规定的"总统令规定的资料或信息"，是指下列资料或信息：

1. 根据法第 12 条及本令第 8 条第 2 款规定，为发掘支援对象所需的电话号码、电子邮件地址等联系方式相关的信息；

2. 法第 24 条规定的社会保障信息系统（是指《社会保障基本法》第 37 条规定的社会保障信息系统）的利用机关及利用者相关的信息；

3. 根据法第 47 条规定，对地方自治团体的支援金相关的信息；

4. 《老年人长期疗养保险法》第 15 条第 2 款规定的等级判定结果相关的资料；

5. 《老年人长期疗养保险法》第 37 条规定的长期疗养机构指定的撤销等相关的信息；

6. 《社会福祉事业法》第 45 条规定的后援金管理相关的信息；

7. 《社会福祉事业法》第 51 条规定的指导、监督等相关的信息；

8. 保健福祉部长官认定并公示的对社会保障给付的提供、管理及社会保障信息系统的构建、运营所需的信息。

第 13 条（社会保障信息的处理方法及程序）

①根据法第 23 条第 1 款规定，保健福祉部长官为了通过社会保障信息系统处理社会保障信息（是指法第 23 条第 1 款规定的社会保障信息），应当规定下列内容的标准化业务处理程序：

1. 咨询、申请、调查、决定、给付、事后管理等，社会保障给付的提供程序中的信息处理事项；

2. 处理社会保障信息所需的，信息持有机关的负责人管辖的业务系统，或保障机关的负责人管辖的业务系统等，与社会保障信息系统等相衔接的，信息衔接事项；

3. 为个人信息保护及信息安全的社会保障信息系统访问权限管理事项。

②关于第 1 款规定的标准化业务处理程序，所需的详细事项，由保健福祉部长官规定。

第 14 条（社会保障信息系统的利用范围、方法及程序等）

①根据法第 24 条第 1 款规定，利用社会保障信息系统或与管辖业务

系统相衔接利用的保障机关的负责人，应当向保健福祉部长官提交包含下列内容的社会保障信息系统利用申请书：

1. 机关的名称；

2. 通过社会保障信息系统，要利用的社会保障信息的名称、范围及信息持有机关；

3. 通过社会保障信息系统，要处理的事务名称、目的及内容；

4. 社会保障信息系统的利用方式及确保安全性方案；

5. 为利用社会保障信息系统，保健福祉部长官规定的事项。

②保健福祉部长官收到第1款申请时，应当结合下列标准审核申请对象的业务，并与保障机关的负责人协商：

1. 是否符合社会保障给付；

2. 参考社会保障给付对象的选定、调查及《社会保障基本法》第29条规定的社会保障传达体系等相关的业务量；

3. 参考保健福祉部长官根据《社会保障基本法》第26条第4款的规定制定的共同适用于社会保障给付相关业务的标准；

4. 参考用于进一步开发社会保障信息系统所需的合理的预算；

5. 参考社会保障信息系统的进一步开发所需的合理的开发期间；

6. 参考社会保障信息系统的保安及安全相关的对策；

7. 参考保障机关的系统变更、衔接可能与否等，保健福祉部长官规定的认为必要的事项。

③根据第2款规定，保健福祉部长官有权通过社会保障信息系统的利用协议限制下列适用范围：

1. 利用对象社会保障信息的范围限制；

2. 社会保障信息系统的利用者范围及访问权限的限制；

3. 社会保障信息系统的利用方式、社会保障信息的提供方法及社会保障信息传达体系；

4. 社会保障信息系统的利用所需的预算、设施及人力的确保；

5. 社会保障信息系统的信息通信网、信息保护系统的构成方法及内容；

6. 社会保障信息系统的信息保护方案；

7. 需要缴纳社会保障信息使用手续费等时的缴纳方式。

④根据第 2 款和第 3 款规定,保健福祉部长官达成社会保障信息系统的利用或衔接利用相关的协议时,应当向申请机关和相应信息的持有机关通报协商结果。

⑤除第 1—4 款规定的事项外,社会保障信息系统利用协议的程序相关的详细事项,由保健福祉部长官规定。

⑥法第 24 条第 2 款规定的"总统令规定的法人、团体、设施",是指下列法人、团体、设施:

1. 《社会福祉事业法》第 2 条规定的社会福祉法人、社会福祉设施及社会福祉馆;

2. 经社会保障信息委员会的协议,由保健福祉部长官规定的法人、团体、设施。

第 15 条（对国民综合门户的构建等）

①根据法第 25 条第 1 款规定,保健福祉部长官为了以互联网为基础的对国民综合门户所提供的线上服务,能够有效运营及进行品质管理,调查及分析下列事项:

1. 社会保障给付的名称、法令、预算、支援对象及规模、受益资格的调查及选定标准、保障单位、传达体系等,社会保障给付的现状的调查及分析;

2. 国民综合门户利用者的访问记录及检索语分析、服务内容及品质的调查及分析。

②根据法第 25 条第 1 款规定,保障机关的负责人为了确保保健福祉部长官能够构建、管理对国民综合门户,在通过对国民综合门户提供信息的社会保障给付发生新设或中断的情形等社会保障给付相关内容变更时,应当及时将该事实通知给保健福祉部长官。保健福祉部长官应当把收到的变更内容,反映在对国民综合门户的资料或信息上。

③根据法第 25 条第 2 款规定,保健福祉部长官应当确保通过对国民综合门户也能够提供保障机关提供的社会保障信息。

④必要时,法第 25 条第 2 款规定的通过对国民综合门户利用社会保障信息,以及同条第 3 款规定的通过对国民综合门户申请社会保障给付等信息,保健福祉部长官可以向中央行政机关、地方自治团体、关联机关及团体要求提供。

⑤根据法第 25 条第 3 款规定，通过对国民综合门户申请社会保障给付的保障机关的负责人，应当事先与保健福祉部长官协商对国民综合门户的利用的事项。

第 16 条（社会保障信息委员会）

①社会保障信息委员会协议并调整下列事项：

1. 法第 11 条及本令第 7 条规定的发掘支援对象的信息共享等，协助机关事项；

2. 法第 12 条第 1 款及本令第 8 条第 2 款规定的为发掘支援对象的资料或信息事项；

3. 法第 12 条第 3 款及本令第 8 条第 3 款规定的为消除社会保障死角地带的信息利用机关相关事项；

4. 法第 15 条第 4 款及本令第 9 条第 3 款规定的为履行支援计划的信息共享机关相关事项；

5. 法第 24 条第 1 款规定的社会保障信息系统的利用方法及程序、利用对象的社会保障信息范围等，系统利用相关事项；

6. 法第 27 条规定的社会保障信息相关的各种标准、程序、方法、格式的标准化相关事项；

7. 法第 52 条规定的委任、委托时，人力及费用的支援和社会保障传达体系的变更相关事项。

②社会保障信息委员会的议长，由保健福祉部的室长级职位的公务员担任；组成员由利用社会保障信息系统，或与标准化社会保障信息相关各种标准、程序、方法、格式等的中央行政机关及地方自治团体的局长级职位的公务员担任。

③协商时，社会保障信息委员会可以让具有专业知识和经验的人出席，并听取其意见。

④有效执行第 1 款规定的协商，社会保障信息委员会可以按其负责设置分科委员会。

⑤除第 1—4 款规定的事项外，社会保障信息委员会的组成及运营所需的详细事项，由保健福祉部长官规定。

第 17 条（对社会保障信息院的监督）

①保健福祉部长官可以命令社会保障信息院进行事业报告，或进行诸

如对其事业或财产状况实施检查的指导与监督。

②根据第 1 款规定指导与监督时，保健福祉部长官发现违法或不当的事实的，可以要求更正或命令变更章程或规定等，采取监督所需的必要措施。

第 18 条（信息保护责任人的指定及业务等）

①法第 30 条第 3 款规定的信息保护责任人，由保障机关的负责人指定。此时，准用《个人信息保护法实施令》第 32 条第 2 款的规定。

②根据第 1 款规定，保障机关的负责人指定信息保护责任人或变更指定的，应当及时通报给保健福祉部长官。

③根据第 1 款规定，被指定的信息保护责任人应当实施下列工作：

1. 通过社会保障信息系统处理负责业务的执行时，对有权查阅社会保障并进行指定和管理的工作；

2. 社会保障信息系统利用过程中，为防止社会保障信息侵害等行为，进行安全检查工作；

3. 第 2 款规定的检查结果出现的特殊事项及其应对处理结果应当向保健福祉部长官通报；

4. 指导职员利用社会保障信息系统的工作。

④除第 1—3 款规定的事项外，信息保护责任人的指定及业务的事项，由保健福祉部长官规定。

第 19 条（支援对象的保护所需的信息）

①法第 34 条但书规定的"总统令规定的支援对象的保护所需的社会保障信息"，是指下列信息：

1. 社会保障给付受益人及其扶养义务人的信息；

2. 社会保障给付终止后再受领时，有必要考虑的社会保障给付受领履历的信息；

3. 从社会福祉设施退所以后，再受领社会保障给付或再入所社会福祉设施时，有必要考虑的社会福祉设施的入所履历的信息；

4. 社会福祉设施从事者及代表人信息；

5. 作为残疾人、见义勇为死伤者、在俄罗斯的韩国人等登记在保障机关的个人信息，对相关社会保障给付的支付所必需的信息；

6. 与第 1—5 项规定的资料保存对象符合家族关系，以及共同受领社会保障给付的人的信息。

②第 1 款信息的具体标准及类型，由保健福祉部长官规定并公示。

第 20 条（地区社会保障计划的制定程序及提交时期）

①根据法第 35 条第 1 款规定，特别市市长、广域市市长、特别自治市市长、道执事、特别自治道执事（以下简称"市、道执事"）及市长（包括《为设置济州特别自治道及造成国际自由都市的特别法》第 11 条第 1 款规定的行政市长）、郡守、区厅长（是指自治区的区厅长），应当综合考虑法第 35 条第 7 款规定的地区社会保障调查结果和相应区域所需的事业内容，制定特别市、广域市、特别自治市、道、特别自治道（以下简称"市、道"）及市（包括《为设置济州特别自治道及造成国际自由都市的特别法》第 10 条第 2 款规定的行政市）、郡、区（是指自治区）的地区社会保障计划。

②特别自治市市长及市长、郡守、区厅长，应当对地区社会保障计划案的主要内容，进行 20 日以上的公告，并听取地区居民等利害关系人的意见，制定特别自治市及市、郡、区的地区社会保障计划。

③市长、郡守、区厅长，对经过法第 41 条第 1 款规定的地区社会保障委员会的审议和对相应市、郡、区议会的报告（报告的情形，《为设置济州特别自治道及造成国际自由都市的特别法》规定的行政市长除外），所确定的市、区、郡地区社会保障计划，应当把其在实施年度的前年度 9 月 30 日前，对该年度的实施计划，应当在实施年度的前年度 11 月 30 日前，分别提交给市、道执事。

④市、道执事，对经过法第 40 条第 1 款规定的市、道社会保障委员会（以下简称"市、道社会保障委员会"）的审议和相应市、道议会的报告，所确定的市、道地区社会保障计划，应当把其在实施年度的前年度 11 月 30 日前，对其年度实施计划，应当在其实施年度的 1 月 31 日前，分别提交给保健福祉部长官。

第 21 条（地区社会保障调查的时期与方法等）

①法第 35 条第 7 款规定的地区社会保障调查（以下简称"地区社会保障调查"），每四年一次。必要时，可以每年进行。

②地区社会保障调查的内容应当包括下列事项：

1. 性别、年龄、家族事项地区居民或家庭成员的一般特性的事项；

2. 所得、财产、就业等地区居民或家庭成员的经济活动及状态的事项；

3. 居住、教育、健康、看护等地区居民或家庭成员的生活条件及社会保障给付受领实态的事项；

4. 社会保障给付的利用及提供事项有关的，地区居民的认识和需求；

5. 儿童、女性、老年人、残疾人等，需要社会保障给付的人的社会保障给付利用经验、认知度及满意度的事项；

6. 保健福祉部长官认为有利于促进地区居民的社会保障的必要事项。

③地区社会保障调查以标本调查方法实施，可以并行实施统计资料调查、文献调查等方法。

④保障机关的负责人可以将地区社会保障调查，委托至具备专业性和人力，以及装备的机关、法人、团体设施。

⑤除第1—4款规定的事项外，地区社会保障调查的必要事项，由保健福祉部长官规定。

第 22 条（地区社会保障计划的调整劝告）

法第 35 条第 8 款规定的"符合总统令规定的事由"，是指下列情形：

1. 法第 35 条第 1 款前段规定的地区社会保障计划（以下简称"地区社会保障计划"）的内容等，有违反法令可能的情形；

2. 地区社会保障计划的内容，不符合根据《社会保障基本法》第 16 条第 3 款确定的社会保障相关的基本计划或国家或市、道的社会保障政策的情形；

3. 地区社会保障计划的内容，未反映地方自治团体的行政区域与居民生活圈域之间的差异的情形；

4. 地区社会保障计划的内容，涉及两个以上的地方自治团体时，未经相应地方自治团体之间协议的情形；

5. 为了调整地区社会保障计划，保健福祉部长官认为必要的其他情形。

第 23 条（社会福祉专门公务员的聘用）

法第 43 条规定的社会福祉专门公务员的聘用等相关事项，依据《地方公务员聘用令》的规定。但社会福祉专门公务员中，非正式公务员的聘用等相关事项，依据相应地方自治团体的条例规定。

第 24 条（社会保障特别支援区域的选定等）

①根据法第 48 条规定，中央行政机关的负责人或市、道执事，可以考虑特定地区的保健医疗、社会福祉等各领域的地区社会保障指标的水平或地区社会保障计划的评价结果，并经过《社会保障基本法》第 20 条规定的社会保障委员会（以下简称"社会保障委员会"）或市、道社会保障委员会的审议，选定社会保障特别支援区域。

②第 1 款规定的地区社会保障指标，可以由保健福祉部长官与中央行政机关的负责人进行协议，在地区社会保障计划实施年度的前年度 6 月 30 日前确定。

③为了选定社会保障特别支援区域，中央行政机关的负责人或市、道执事可以制定详细的标准及要件。

④为了选定社会保障特别支援区域，必要时中央行政机关的负责人或市、道执事可以对相应地区的社会保障相关的实态等，直接实施基础调查或委托专门机关进行调查。此时，中央行政机关的负责人或市、道执事可以要求相应的地方自治团体的负责人提交基础调查所需的资料。

⑤中央行政机关的负责人或市、道执事，选定社会保障特别支援区域的，应当向管辖相应地区的市、道执事及市长、郡守、区厅长通报结果。

第 25 条（对社会保障特别支援区域的支援）

根据法第 48 条第 1 款规定，经社会保障委员会或市、道社会保障委员会的审议，中央行政机关的负责人或市、道执事可以对社会保障特别支援区域，实施下列行政及财政上的支援：

1. 社会保障增进事业的执行所需的经费支援；

2. 为了扩大社会保障给付的提供，进行人力及服务提供机关等基础构建的支援；

3. 为了改善地区居民的生活条件及提高地区社会保障指标的支援；

4. 中央行政机关的负责人或市、道执事为了增进社会保障特别支援区域的社会保障所需的其他支援。

第 26 条（业务的委托）

根据法第 51 条第 2 款规定，保健福祉部长官可以将下列业务委托至社会保障信息院：

1. 法第 12 条第 1 款规定的资料或信息的处理；

2. 法第 12 条第 2 款前段规定的资料或信息的要求；

3. 法第 23 条第 1 款规定的社会保障信息的处理；

4. 法第 23 条第 2 款前段规定的中央行政机关、地方自治团体及机关、法人、团体、设施的负责人相关的资料或信息的要求；

5. 法第 23 条第 4 款规定的社会保障信息的利用支援；

6. 法第 25 条规定的对国民综合门户的运营。

第 27 条（举报褒赏金支付的标准、程序及方法等）

①保障机关的负责人收到符合法第 53 条之二第 1 款规定的举报时，应当确认内容、决定褒赏金的支付，并通知举报的人（以下简称"举报人"）。此时，根据法第 22 条第 1 款规定，举报人应当在命令收回社会保障给付后进行。

②根据第 1 款规定，保障机关的负责人应当自通知举报人是否支付褒赏金之日起，60 日内支付褒赏金。

③根据法第 22 条第 1 款规定，保障机关的负责人应当在命令收回金额的 30% 范围内，支付褒赏金。此时，每一举报人每年（是指一月一日起到 12 月 31 日前）的褒赏金支付限度为五千万韩元。

④二人以上共同举报的情形，举报人应当自行指定代表人，其代表人成为褒赏金的支付对象。

⑤受理了两件以上对同样人的以同样内容的举报的，仅对初次的举报人支付褒赏金。

⑥下列情形不支付褒赏金：

1. 举报的内容已被舆论媒体等公开的内容的情形；

2. 举报的内容已处于调查、搜查中或正在进行刑事裁判的情形；

3. 对同样人的以同样内容的举报，根据其他法令已收到褒赏金的情形；

4. 保障机关的负责人认为具有相当的理由可不支付褒赏金的情形。

⑦保障机关的负责人在支付褒赏金后，发现符合下列事实时，应当收回相应的褒赏金：

1. 违法、不当的证据收集、虚假举报、虚假陈述、证据伪造等不正当的方法领取褒赏金的情形；

2. 因错误等其他事由，褒赏金支付有误的其他情形。

⑧根据法第 53 条之二第 2 款规定，保障机关的负责人应当将不正当受领及举报褒赏金制度的事项，以登载在保障机关的官方网站等方法进行宣传。此时，保障机关的负责人可以要求机关、法人、团体、设施的负责人对进行宣传事项进行协助。

⑨涉及褒赏金支付的保障机关公务员，不得将举报人的身份等举报的事项提供或泄露给他人。

⑩ 除第 1—2 款规定的事项外，支付褒赏金的详细标准、支付方法及支付程序等相关的必要事项，由保健福祉部长官规定。

第 28 条（敏感信息及固有识别信息的处理）

保健福祉部长官（包括根据第 26 条，受委托处理该业务的人）及保障机关的负责人（包括根据法第 51 条第 1 款，受到该权限的委任或受到业务的委托的人），为了实施下列事务，在不可避免的情形下，可以处理包含《个人信息保护法》第 23 条规定的健康的信息、同法实施令第 18 条第 2 款规定的符合犯罪经历资料的信息、同令第 19 条规定的居民登记证号码、护照号码、驾驶证的号码或外国人登记号码的资料。

1. 法第 5 条规定的社会保障给付的申请的事务；
2. 法第 6 条规定的社会保障要求的调查的事务；
3. 法第 7 条规定的受益资格的调查的事务；
4. 法第 8 条规定的金融信息的提供要求的事务；
5. 法第 9 条规定的提供社会保障给付的决定的事务；
6. 法第 10—14 条规定的发掘支援对象的事务；
7. 法第 15 条规定的支援计划的制定及实施的事务；
8. 法第 16 条规定的对受益权人的咨询、介绍、委托的事务；
9. 法第 17 条规定的异议申请的处理的事务；
10. 法第 19 条规定的社会保障给付的适当性确认调查的事务；
11. 法第 20 条规定的受益人的变动申报的事务；
12. 法第 21 条规定的社会保障给付的变更、终止的事务；
13. 法第 22 条规定的社会保障给付的收回的事务；
14. 法第 23 条规定的社会保障信息的处理的事务；
15. 法第 24 条规定的社会保障信息系统的利用的事务；
16. 法第 25 条规定的构建对国民综合门户等事务；

17. 法第 26 条规定的维持社会保障信息的正确性的事务。

附则

第 1 条（实施日）

本令自 2019 年 6 月 12 日起实施。但附表一及附表二的修订规定，自公布之日起实施。

第 2 条（《放送法实施令》第 44 条第 1 款第 5 项的经过措施）附表二的修订规定中，将《放送法实施令》第 44 条第 1 款第 5 项视为同款第 9 项，直到 2019 年 7 月 9 日前。

九　低生育高龄社会基本法

第一章　总则

第 1 条（目的）

本法的制定目的在于，应对低生育及人口高龄化引发的变化，规定低生育高龄社会政策的基本方向与其制定及推进体系相关事项，为提高国家的竞争力、改善国民的生活品质与国家的持续性发展做贡献。

第 2 条（基本理念）

本法的基本理念是，为了国家的持续性发展，实现人口结构的均衡与质的提高，确保国民健康安定地度过老年生活。

第 3 条（定义）

本法所使用的用语定义如下：

1. "人口的高龄化"是指老年人口比例增加的现象；
2. "低生育高龄社会政策"是指应对低生育及人口高龄化带来的变化，制定和实施的政策。

第 4 条（国家级地方自治团体的职责）

①国家应当制定和实施综合性的低生育高龄社会政策；地方自治团体应当配合国家的低生育高龄社会政策，制定和实施符合地区社会、经济实际情形的低生育高龄社会政策。

②根据不同的法律规定，国家及地方自治团体制定中长期计划及年度实施计划等主要政策时，应当考虑第 20 条规定的低生育高龄社会基本计划。

第 5 条（国民的职责）

①国民应当认识到生育及育儿对社会的重要性和人口高龄化带来的变

化，积极参与并协助国家及地方自治团体实施低生育高龄社会政策。

②作为家庭及地区社会的一员，国民应当强化彼此责任，努力营造各自健康且充实的老年生活。

第 6 条（与其他法律的关系）

国家制定或修订低生育高龄社会政策相关的其他法律时，应当符合本法的目的和基本理念。

第二章 低生育高龄社会政策的基本方向

第一节 低生育率的对策

第 7 条（人口政策）

国家及地方自治团体应当分析适度人口的结构与规模、预测人口变动，为国家及地方自治团体的持续性成长和发展，制定并实施人口政策。

第 7 条之二（人口教育）

国家及地方自治团体应当积极展开人口教育并为此寻求必要的政策，使国民了解低出生率及人口高龄化问题的重要性，对结婚、生育及家族生活形成合理的价值观。

第 8 条（子女的生育和保育等）

①为了子女不受歧视，安全、幸福地生活，国家及地方自治团体应当积极营造教育和培养人性的社会环境。

②国家及地方自治团体应当营造社会环境，积极保障怀孕、生育、养育及教育子女的人有效兼顾职场生活与家庭生活。

③国家及地方自治团体应当积极采取措施，为抚养子女的人提供良好的保育服务。

第 9 条（母子保健的增进等）

①为增进母子保健和尊重胎儿生命，国家及地方自治团体应当制定政策促进孕妇、胎儿和婴幼儿的健康诊断。

②国家及地方自治团体应当针对怀孕、生育、养育的社会意义和生命的尊严性及家族成员合作的重要性等实施教育。

③国家及地方自治团体可以设置必要机关或委托相关机关，提供怀

孕、生育、养育相关的信息、教育及实施宣传。

第 10 条（减轻经济负担）

①国家及地方自治团体应当寻求必要的政策，减轻怀孕、生育、养育及教育子女所需的经济上的负担。

②为了支援及寻求第 1 款的实施政策，国家及地方自治团体可以对怀孕、生育、养育及教育子女的经费进行统计调查。

第二节　高龄社会政策

第 11 条（雇佣与所得保障）

①国家及地方自治团体应当为了有意向及能力工作的高龄者营造工作环境。

②国家及地方自治团体应当构建年金制度等老年所得保障体系，创造适合老年人工作的岗位，为确保国民过上经济稳定的老年生活寻求必要的措施。

第 12 条（健康增进和医疗提供）

①国家及地方自治团体应当考虑性别、年龄上的健康特性和主要健康危险要素，为增进国民健康寻求政策。

②国家及地方自治团体应当积极确立和发展老年人医疗和疗养制度，扩充必要的设施和人力。

第 13 条（生活环境和安全保障）

国家及地方自治团体应当具备老年生活所需功能和设备的居住及利用设施，营造老年人可以安全便利的移动环境并保障老年人的安全。

第 14 条（鼓励余暇、文化及社会活动）

①国家及地方自治团体应当提供基础设施鼓励老年的余暇和文化活动。

②国家及地方自治团体应当营造自愿服务等社会氛围，促进老年人参与社会活动。

第 15 条（平生教育和信息化）

①国家及地方自治团体应当提供教育机会，使所有的世代经其一生都可以学习，按照能力和专长接受教育，并为此寻求教育设施的设置、人力的养成及项目的开发等必要的政策。

②为了消除世代之间的信息差距，国家及地方自治团体应当寻求信息化教育、程序开发及装备的普及等必要的政策。

第 15 条之二（老年设计）

国家及地方自治团体应当采取必要的政策，确保国民在财务、健康、余暇、社会参与等各领域能够接受适当的咨询与教育，享受幸福而充满活力的老年生活。

第 16 条（弱势阶层老年人等）

在制定和实施低生育高龄社会政策上，国家及地方自治团体应当对女性老年人、残疾老年人等弱势阶层的老年人采取特别的照顾，并反映都市、农渔村地区之间的差距等地区的特殊状况。

第 17 条（家族关系和世代之间的理解增进）

国家及地方自治团体应当鼓励孝行，使老年人在家庭和社会得到尊敬，促进世代之间的交流、增进世代之间的理解，为形成民主、平等的家族关系营造必要的社会环境。

第 18 条（经济和产业等）

国家及地方自治团体应当制定和实施适应人口高龄化带来的经济、产业结构及劳动环境变化的政策。

第 19 条（高龄亲和产业的育成）

①为了应对随着人口高龄化带来的商品及服务需求的变化，国家及地方自治团体应当为新产业的培育奠定基础。

②为了激活老年人所需的用具和用品的研究开发、生产及普及，国家及地方自治团体应当寻求必要的对策。

第三章 低生育高龄社会政策的制定及推进体系

第 20 条（低生育高龄社会基本计划）

①政府应当设定低生育高龄社会中的长期政策目标及方向，并据此制定并推进低生育高龄社会基本计划（以下简称"基本计划"）。

②保健福祉部长官应当与中央行政机关的负责人协议，每五年制作基本计划案，并经第 23 条规定的低生育高龄社会委员会及国务会议的审议，获得总统的承认予以确定。变更所制定的基本计划时，亦同。

③基本计划包含下列事项：
1. 低生育高龄社会政策的基本目标和推进方向；
2. 各期间的主要推进课题与其推进方法；
3. 所需的财政资源规模和筹集方案；
4. 作为低生育高龄社会政策认为必要的其他事项。
④删除。
⑤基本计划的制定程序等事项，由总统令规定。

第 21 条（年度实施计划）
①中央行政机关的负责人应当按照基本计划，按其所管、按年度树立并实施计划（以下简称"实施计划"）；地方自治团体的负责人根据基本计划及中央行政机关的实施计划，制定和实施相应地方自治团体的实施计划。
②地方自治团体的实施计划违反基本计划及中央行政机关的实行计划时，中央行政机关的负责人应当要求相应地方自治团体的负责人对其进行变更，并可以按照基本计划检查地方自治团体的实施情形。
③根据第 1 款的规定，中央行政机关的负责人及地方自治团体的负责人应当向保健福祉部长官提交下一年的实施计划及过去一年的推进绩效；保健福祉部长官应当将其综合起来，根据第 23 条规定，接受低生育高龄委员会的审议。
④国家及地方自治团体应当每年按照实施计划，评价推进绩效，并将其结果反映在低生育高龄社会政策上。
⑤实施计划的制定和实施及评价外的其他必要事项，由总统令规定。

第 22 条（业务的协助）
①为了制定和实施基本计划及实施计划，国家及地方自治团体可以听取公务员或专家的意见，或邀请相关机关及团体等协助提供所需的资料等。
②为了制定基本计划，保健福祉部长官可以邀请中央行政机关及地方自治团体的负责人，提供低生育高龄社会相关的计划及政策等相关资料或意见等必要协助。
③根据第 1 款及第 2 款规定收到协助邀请的人，若无特别事由，应当提供。

第 23 条（低生育高龄社会委员会）
①为审议低生育高龄社会政策的重要事项，在总统属下设置低生育高

龄社会委员会（以下简称"委员会"）。

②委员会审议下列事项：

1. 应对低生育及人口高龄化的中长期人口结构分析与社会经济的变化前景相关事项；

2. 低生育高龄社会政策的中长期政策目标及推进方向相关事项；

3. 基本计划相关事项；

4. 实施计划相关事项；

5. 低生育高龄社会政策的调整及评价相关事项；

6. 第 5 款的干事委员会提交审议的低生育高龄社会政策的其他重要事项。

③委员会的委员长由 25 人以内的委员构成，其中包括委员长一人。

④委员长由总统担任，委员由下列人员担任：

1. 总统令规定的中央行政机关的负责人；

2. 在高龄化及低生育领域具有丰富学识和经验的人中，由委员长委托的人。

⑤委员会设干事委员两人；干事委员由保健福祉部长官和第 4 款第 2 项的委员中，由总统令指定的人担任。

⑥委员会的组成及运营等的必要事项，由总统令规定。

第 24 条　删除

第 25 条　删除

第 26 条（行政机关的协助）

为了审议低生育高龄社会政策，委员会必要时可以向行政机关要求资料。此时，若无特别事由，行政机关的负责人应当提供。

第 27 条（国会报告）

政府在确定基本计划、实施计划及其评价等之后，应当及时向国会报告。

第四章　补则

第 28 条（专门人力的培养）

①为了应对低生育及人口高龄化带来的变化，国家及地方自治团体应

当培养专业人力。

②为了根据第 1 款规定培养专业人力，国家及地方自治团体可以指定研究所、大学及必要机关为专业人力培养机关，并对专业人力培养机关进行必要的支援。

第 29 条（调查及研究）

①为了应对低生育及人口高龄化带来的变化，国家及地方自治团体应当实施必要的调查及研究。

②为了执行第 1 款规定的调查及研究，国家及地方自治团体可以设置调查研究机构或委托研究所、大学等必要机关，从事调查及研究。

第 30 条（民间的参与）

国家及地方自治团体应当营造环境，促进民间部门积极参与低生育高龄社会的政策制定。

第 30 条之二（人口日）

①为提高国民对人口结构不均衡导致的政治、经济、社会波及影响的理解与关注，引导民间参与低生育高龄化的应对，将每年的 7 月 11 日定为人口日。

②国家和地方自治团体应当为了实施符合人口日宗旨的活动和教育、宣传事业而努力。

第 31 条（促进国际交流）

国家及地方自治团体应当参与低生育及人口高龄化相关的国际机构及国际会议，通过信息交换及共同调查研究等促进国际交流。

第 32 条（支援）

为了根据本法实施低生育高龄社会政策，国家及地方自治团体应当根据法律的规定，给予税收的减免等必要的支援。

附则

本法自公布之日起实施。

十 低生育高龄社会基本法实施令

第1条（目的）

本令的目的是规定《低生育高龄社会基本法》委任的事项及其实施所需的必要事项。

第2条（低生育高龄社会基本计划的制定）

①为了有效制定《低生育高龄社会基本法》（以下简称"法"）第20条第1款规定的低生育高龄社会基本计划（以下简称"基本计划"），保健福祉部长官应当预先制作基本计划案制定指南，并将其通报中央行政机关的负责人。

②中央行政机关的负责人应当按照第1款规定的基本计划制定指南，按各自的主管制定基本计划案，并提交至保健福祉部长官；保健福祉部长官将其综合起来制定基本计划案，并根据法第20条第2款规定的程序确定基本计划。

③中央行政机关的负责人在确定的基本计划中，要变更其主管的事项时，应当制定基本计划变更案提交给保健福祉部长官；保健福祉部长官应当提交至法第23条规定的低生育高龄社会委员会（以下简称"委员会"）。

④根据第2款或第3款的规定，确定或变更基本计划时，保健福祉部长官应当通知中央行政机关的负责人及地方自治团体的负责人。

第3条（年度实施计划的制定）

①为了有效地制定及实施法第21条第1款规定的年度实施计划（以下简称"实施计划"），保健福祉部长官应当制作实施计划制定指南，并将其通报给中央行政机关的负责人及地方自治团体的负责人。

②根据第1款规定的实施计划制定指南，中央行政机关的负责人及地方自治团体的负责人应当按照各自的主管制定下一年度的实施计划，并在

每年12月31日前提交给保健福祉部长官。此时,地方自治团体的负责人应当与保健福祉部长官及中央行政机关的负责人事先协议相关内容。

③根据法第21条第3款的规定,实施计划经委员会审议确定的,保健福祉部长官应当及时向中央行政机关的负责人及地方自治团体的负责人通报。

第4条 (实施计划的评价等)

①根据法第21条第5款的规定,保健福祉部长官评价实施计划时应当制作评价指南并经委员会的审议,向中央行政机关的负责人及地方自治团体的负责人通报。

②根据第1款规定的评价指南,中央行政机关的负责人及地方自治团体的负责人评价去年的推进绩效,截至每年的3月末,向保健福祉部长官提交结果。

③根据第2款规定,保健福祉部长官应当综合中央行政机关的负责人及地方自治团体的负责人提交的评价结果,经委员会审议后,向中央行政机关的负责人及地方自治团体的负责人通报。

④根据第3款规定,中央行政机关的负责人及地方自治团体的负责人应当在下一年度实施计划中反映评价结果。

第5条 (委员会的组成)

①法第23条第4款第1项规定的"总统令规定的中央行政机关的负责人"是指,企划财政部长官、教育部长官、行政安全部长官、保健福祉部长官、雇佣劳动部长官、女性家族部长官、国土交通部长官(以下简称"当然职委员")。

②根据法第23条第4款第2项规定委托的委员(以下简称"委托委员"),任期为两年。但是补选委员的任期为前任的剩余期间。

③必要时,委员会委员长可以安排与委员会案件相关的中央行政机关的负责人及地方自治团体的负责人参加会议。

④根据法第23条第5款规定,委员会副委员长由总统令指定的干事委员担任。

第6条 (委员长的职务)

①委员会委员长代表委员会并总管委员会的事务。

②委员会委员长无法履行职务时,由副委员长代其履行职务。

第 7 条（委员会的会议）

①委员会委员长召集委员会会议并担任议长。

②委员会委员长召集会议，应当截至会议召开七天前，向各个委员通知会议的时间、地点及案件，并以书面形式通知各委员和根据第 5 条第 3 款出席会议的中央行政机关负责人及地方自治团体负责人。但情况紧急时，除外。

③委员会会议以过半数出席召开，出席委员的过半数赞成表决。

第 7 条之二（委托委员的解聘）

委托委员符合下列情形时，委员会委员长可以解聘委员：

1. 因需要长期治疗的疾病或其他事由，被认为无法履行职务的；

2. 与职务相关，具有违法事实的；

3. 因职务怠慢、有损品位或其他事由，认为不适合继续担任委托委员职责的；

4. 委员作出难以履行职务的意思表示的。

第 8 条（低生育高龄社会政策运营委员会）

①便于事先探讨、调整提交至委员会的案件并支援委员会的活动，委员会设低生育高龄社会政策运营委员会（以下简称"运营委员会"）。

②运营委员会包括委员长，由 40 人以内的委员组成。

③运营委员会委员长由法第 23 条第 5 款规定的两名干事委员共同担任；委员由运营委员会委员长在下列人员中共同任命或委托：

1. 当然职委员所属的中央行政机关的次官或副委员长，有多名次官的机关，由相应机关的负责人指定的次官担任；

2. 在高龄化及低生育相关的专业知识和经验丰富的人中，由运营委员会委员长委托的人；

3. 低生育高龄社会政策相关的中央行政机关的次官或次官级公务员，有多名次官的机关，由相应机关的负责人指定的次官担任。

④运营委员会设干事一人；干事由保健福祉部长官在保健福祉部内，与低生育高龄社会政策相关部门的三级公务员或高层公务员团所属的一般职公务员中指定。

⑤为了有效运营运营委员会，运营委员会可按各领域，设分科委员会。

⑥运营委员会及分科委员会的组成、运营及业务的范围等相关的必要事项，经委员会的表决由委员会委员长决定。

第 9 条（事务机构）

①为支援委员会的顺利运营和实行实质性的事务，委员会设事务机构。

②法第 23 条第 4 款第 2 项规定的委员中，事务机构的负责人由总统指定的委员和总统秘书室负责低生育业务的秘书官共同担任。

③根据第 2 款规定，总统指定的事务机构的负责人为全职。

④事务机构的负责人受委员长的指挥，共同总管事务机构的事务，指挥、监督所属职员。

第 10 条（公务员的派遣等）

①为了委员会的运营或事务机构的事务执行，委员会可以要求中央行政机关、地方自治团体所属的公务员、相关民间机关、团体或研究所的高管及职员、研究员派遣或兼任。

②为了委员会的运营或事务机构的事务执行，必要时委员会可以在预算范围内安排相关领域的专家担任任期制公务员。

第 11 条（津贴等）

出席委员会及事务委员会的委员可以在预算范围内支付津贴及旅费和其他所需的经费。但公务员因与其所管的业务有直接关系出席的，除外。

第 12 条（运营细则）

除本令规定外，委员会的运营的事项，经委员会的表决，由委员会的委员规定。

附则

本令自公布之日起实施。

十一　国民健康保险法

第一章　总则

第1条（目的）

为了预防、诊断、治疗疾病或负伤以及将生育、死亡、促进健康等事项纳入保险范围，提高保健水平从而促进社会保障，制定本法。

第2条（负责机关）

本法规定的健康保险事业由保健福祉部长官负责。

第3条（定义）

本法使用的术语含义如下。

1. "劳动者"是指与职业类型无关，以劳动为对价获得酬劳并维系生活的人（含法人的董事和其他的高管），但公务员及教职工除外。

2. "用人单位"是指符合下列条件的人：

（1）劳动者所属单位的负责人；

（2）经总统令指定的公务员所属机关的负责人；

（3）教职员所属私立学校（指《私立学校教职员年金法》第3条规定的私立学校。以下与本条相同）的设立、运营者。

3. "事业场"是指事业所或事务所。

4. "公务员"是指经常在国家或地方自治团体从事公务的人。

5. "教职工"是指在职于私立学校或私立学校的经营机构的教师和行政人员。

第3条之二（国民健康保险综合计划的订立等）

①保健福祉部长官为了妥善运营本法规定的健康保险（以下简称"健康保险"），经第4条规定的健康保险政策审议委员会的审议，每五

年拟定国民健康保险综合计划（以下简称"综合计划"）。变更综合计划，亦同。

②综合计划包括下列事项：

1. 健康保险政策的基本目标及发展方向；
2. 促进健康保险保障性的计划及方法；
3. 健康保险的中长期财政展望及运营；
4. 保险费征缴体系；
5. 疗养费用；
6. 健康增进事业；
7. 支援弱势阶层；
8. 健康保险统计及信息管理；
9. 改善健康保险所需的总统令规定的其他事项。

③保健福祉部长官应当按照综合计划，每年经健康保险政策审议委员会的审议，拟定、实施年度计划。

④保健福祉部长官应按照每年实施计划，评价促进业绩。

⑤发生下列事由时，保健福祉部长官应当制作报告书并及时向国会主管常任委员会报告：

1. 根据第1款制定及变更综合计划；
2. 根据第3款制定实施计划；
3. 根据第4款规定的实施计划，进行的促进业绩评价。

⑥为了综合计划的制定、实施计划的制定以及按照实施计划进行的业绩评价，必要时保健福祉部长官可以要求相关机关的负责人提交资料。此时，无正当理由被要求提交材料的人应当配合。

⑦第1款规定的综合计划的制定及变更、第3款规定的实施计划的制定、第4款规定的实施计划的促进业绩评价等事项，由总统令规定。

第4条（健康保险政策审议委员会）

①保健福祉部长官下设健康保险政策审议委员会（以下简称"审议委员会"）审议、表决下列事项：

1. 第3条之二第1款及第3款规定的综合计划及实施计划事项（限于审议）；
2. 第41条第3款规定的疗养标准；

3. 第 45 条第 3 款及第 46 条规定的疗养费用；

4. 第 73 条第 1 款规定的职场投保人的保险费率；

5. 第 73 条第 3 款规定的地区居民投保人的计算保险费分值的每分金额；

6. 其他由总统令规定的健康保险相关事项。

②审议委员会包含委员长一人和副委员长一人，共计 25 个委员组成。

③审议委员会的委员长担任保健福祉部次官；副委员长由委员长在第 4 款第 4 项的委员中指定的人担任。

④审议委员会的委员由保健福祉部长官在下列人员中任命或者委托：

1. 劳动者团体①及用人单位团体各推荐两人；

2. 市民团体（指《非营利民间团体支援法》第 2 条规定的非营利民间团体）、消费者团体、农渔业团体及自营业者团体各推荐一人；

3. 代表医疗界的团体及代表药业界的团体共同推荐八人；

4. 符合下列规定的八人：

（1）总统令规定的中央行政机关的公务员两人；

（2）国民健康保险公团的理事长和健康保险审查评价院的院长各推荐一人；

（3）对健康保险具有丰富的学识和经验的四人。

⑤审议委员会委员［不含第 4 款第 4 项（1）规定的人］的任期为三年。但是因委员的卸任导致重新委托委员时，其任期为前任委员任期的剩余期间。

⑥审议委员会的运营事项，由总统令规定。

第二章　投保人

第 5 条（适用对象等）

①在国内居住的国民会成为健康保险的投保人（以下简称"投保人"）或被扶养人。但下列情形除外：

1. 根据《医疗给付法》领取医疗给付的人（以下简称"受益权

---

① 劳动者团体是指工会等集体劳动者组织。

人");

2. 根据《独立有功者礼遇法》以及《国家有功者等礼遇及支援法》，获得医疗保护的人（以下简称"有功者等医疗保护对象"），但符合下列条件的人，可以成为投保人或被扶养人：

（1）有功者等医疗保护对象中，向保险人申请适用健康保险的人；

（2）适用健康保险的人成为有功者的医疗保护对象时，未向保险人申请排除适用健康保险的情形。

②第1款的被扶养人是指符合下列条件且主要依靠职场投保人维持生计，且其收入及财产低于保健福祉部令规定标准：

1. 职场投保人的配偶；

2. 职场投保人的直系长辈（包括配偶的直系长辈）；

3. 职场投保人的直系晚辈（包括配偶的直系晚辈）和其配偶；

4. 职场投保人的兄弟、姐妹。

③根据第2款的被扶养人的认定标准、取得与丧失时期等事项，由保健福祉部令规定。

第6条（投保人的种类）

①投保人区分为职场投保人和地区投保人。

②所有事业场的劳动者和用人单位以及公务员和教职工，成为职场投保人，但是符合下列任意一项的人除外：

1. 雇佣期间未满一个月的日工劳动者；

2. 《兵役法》规定的现役军人（包括被任命的下士）、转换服役的军人及军干部候补生；

3. 选举就任的公务员无报酬或无固定薪酬的人；

4. 其他考虑事业场的特征、雇佣形态及业务种类，由总统令规定的事业场的劳动者及用人单位和公务员以及教职员。

③地区投保人是指，除职场投保人与其被扶养人之外的投保人。

④删除。

第7条（事业场的申报）

符合下列情形，用人单位应当于14日以内，按照保健福祉部令规定的内容，向保险人申报。因符合第1项，向保险人申报的内容发生变更的情形，亦同。

1. 根据第 6 条第 2 款的规定成为职场投保人的劳动者、公务员、教职员的事业场（以下简称"适用对象事业场"）；

2. 发生休业、停业等保健福祉部令规定的事由。

第 8 条 （资格的取得时期等）

①国内居住之日起，投保人获得职场投保人或地区投保人的资格。但符合下列情形时，自规定时起获得投保人资格：

1. 受益权人，自受益权消灭时；

2. 职场投保人的被扶养人，自被扶养资格消灭时；

3. 有功者等医疗保护对象，自保护对象资格消灭时；

4. 根据第 5 条第 1 款第 2 项 (1)，向保险人申请适用健康保险的有功者等医疗保护对象，自申请之日起。

②根据第 1 款获得资格的，职场投保人的用人单位及地区投保人的世带主①应当根据保健福祉部令的规定，在资格取得之日起 14 日以内，向保险人提供相关信息。

第 9 条 （资格的变动时期等）

①符合下列情形时，投保人资格发生变动：

1. 地区投保人成为事业场的员工，或作为劳动者、公务员或教职员（以下简称"劳动者等"）时；

2. 职场投保人成为其他事业场的用人单位，或作为劳动者之日；

3. 作为职场投保人的劳动者等在劳动关系结束之次日；

4. 在适用对象事业场符合第 7 条第 2 项规定的事由之次日；

5. 地区投保人转入其他世带之日。

②根据第 1 款规定资格变动时，职场投保人的用人单位和地区投保人的世带主根据下列情形，按照保健福祉部令的规定，于资格变动之日起 14 日以内，通知保险人相关事实。

1. 根据第 1 款第 1 项及第 2 项规定资格变动时：职场投保人的用人单位；

2. 根据第 1 款第 3—5 项的规定资格变动时：地区投保人的世带主。

---

① "世带主"与"户主"不同，后者是户主制中代表家族的人；前者是实际居住及共谋生计的人的集合——世带制度中的代表者或管理者。在 1955 年内务部统计局实施第一次简易人口调查时，首次使用了"家庭成员"这一术语，而这前使用的便是"世带"。

③职场投保人或地区投保人符合第 54 条第 3 项或第 4 项规定时，法务部长官及国防部长官应按照保健福祉部令的规定，自事由发生之日起 1 个月内，通知保险人。

第 9 条之二（资格的取得、变动事项的通知）

根据第 96 条第 1 款获得的资料，公团确认投保人资格或资格变动时，在资格取得或变动后，根据第 79 条首次通知缴纳义务人保险费缴纳事宜时，应根据保健福祉部令的规定，通知资格取得或变动事项。

第 10 条（资格的丧失时期等）

①投保人符合下列情形时，失去资格：

1. 死亡之次日；
2. 丧失国籍之次日；
3. 不在国内居住之次日；
4. 成为职场投保人的被扶养人之次日；
5. 成为受益权人之日；
6. 适用健康保险的人成为有功者等医疗保护对象时，申请排除健康保险适用范围之日。

②根据第 1 款失去资格的，职场投保人的用人单位和地区投保人的世带主，应当按照保健福祉部令规定，自失去资格之日起 14 日以内，向保险人申报其明细。

第 11 条（资格取得的确认）

①投保人资格的取得、变动、丧失溯及第 8—10 条规定的时期。此时，保险人有权请求确认上述事实。

②投保人或曾经是投保人的人、被扶养人或曾为被扶养人的人，可以请求确认第 1 款事实。

第 12 条（健康保险证）

①投保人或被扶养人申请时，国民健康保险公团应发放健康保险证。

②投保人或被扶养人在接受疗养时，应当向第 42 条第 1 款规定的疗养机构（以下简称"疗养机构"）提交第 1 款规定的健康保险证。但因天灾地变或存在其他不得已的情形，除外。

③第 2 款规定外，疗养机构以居民登录证、驾驶证、护照，或其他保健福祉部令规定的材料确认本人身份证明书（以下简称"身份证明

书"），从而确定资格的，投保人或被扶养人可以不提交健康保险证。

④根据第 10 条第 1 款规定丧失资格后，投保人、被扶养人不得利用证明资格的文件获得保险金。

⑤任何人不得向他人转让或出借健康保险证或身份证明书，获得保险金。

⑥任何人不得接受转让、出借及其他不正当使用健康保险证或身份证明书，获得保险金。

⑦第 1 款所述健康保险证的申请程序和方法、格式及其交付、使用等事项，由保健福祉部令规定。

第三章　国民健康保险公团

第 13 条（保险人）

健康保险的保险人为国民健康保险公团（以下简称"公团"）。

第 14 条（业务等）

①公团主管下列业务：

1. 投保人及被扶养人的资格管理；

2. 征缴保险费和其他本法规定的征收金；

3. 管理保险金；

4. 总统令规定的范围内，为了早期发现、预防疾病，对投保人及被扶养人进行健康管理，有效利用疗养行为和体检结果等实现疾病预防目的；

5. 给付保险金；

6. 管理、运营资产及增值事业；

7. 运营医疗设施；

8. 健康保险相关的教育培训及宣传；

9. 健康保险相关的调查研究及国际合作；

10. 本法确定的公团业务；

11. 《公民年金法》、《雇佣保险及产业灾害补偿保险的保险费征缴等相关的法律》、《工资债权保障法》以及《石棉被害救济法》（以下简称"征缴委托法"）委托的业务；

12. 本法或者其他法令委托的业务；

13. 保健福祉部长官认为必要的健康保险业务。

②第1款第6项规定的资产管理、运营及增值业务，应考虑稳定性和收益性，并遵循下列方式：

1. 向邮政机关或《银行法》规定的银行储蓄或信托；

2. 买入国家、地方自治团体、《银行法》规定的银行直接发行或保证的有价证券；

3. 买入特别法设立的法人所发行的有价证券；

4. 买入《资本市场和金融投资业相关的法律》规定的信托业者发行的或同法规定的集合投资者发行的收益证券；

5. 购置及部分租赁公团使用的不动产；

6. 总统令规定的有利于增值公团资产的其他事业。

③按照公团章程的规定，公团为特定人提供业务或利用公团设施的可以收取手续费和使用费。

④根据《公共机关的信息公开相关的法律》公团公开持有和管理的健康保险信息。

第 15 条（法人人格等）

①公团应为法人。

②公团在主要事务所所在地进行设立登记而成立。

第 16 条（事务所）

①章程具体规定公团的主要事务所所在地。

②必要时，公团可以根据章程规定设立分支机构。

第 17 条（章程）

①公团的章程须记载下列事项：

1. 目的；

2. 名称；

3. 事务所的所在地；

4. 高管和职员；

5. 理事会的运营；

6. 财政运营委员会；

7. 保险费及保险金；

8. 预算及决算;

9. 资产及会计;

10. 业务及执行;

11. 变更章程;

12. 公告。

②变更公团的章程须得到保健福祉部长官的许可。

第 18 条（登记）

公团的设立登记应当包括下列事项：

1. 目的;

2. 名称;

3. 主要事务所及分支机构所在地;

4. 理事长的姓名、地址、身份证号码。

第 19 条（解散）

公团的解散，由法律规定。

第 20 条（高管）

①公团高管由理事长一人、理事 14 人、监事一人组成。其中，理事长、五个理事及监事，为常任制。

②《公共机关的运营相关的法律》第 29 条规定的高管推荐委员会（以下简称"高管推荐委员会"）推荐两人以上理事长候选人，并经保健福祉部长官提名，由总统任命。

③理事长经保健福祉部令规定的推荐程序任命常任理事。

④保健福祉部长官在下列人员中任命非常任理事：

1. 劳动合伙、用人单位团体、市民团体、消费者团体、农渔业团体及老年人团体推荐的一人;

2. 总统令规定推荐的公务员三人。

⑤经企划财政部长官在提名委员会推荐的监事候选人，由总统任命。

⑥根据第 4 款规定，非常任理事可以按照章程的规定进行实报实销。

⑦理事长的任期为三年；理事（公务员理事除外）和监事的任期为两年。

第 21 条（征缴理事）

①常任理事中负责第 14 条第 1 款第 2 项及第 11 项业务的理事（以下

简称"征缴理事"),应当具备保健福祉部令规定的资格,且须具备经营、经济及社会保险相关学识和丰富经验的人担任。

②公团设置征缴理事推荐委员会(以下简称"推荐委员会")推荐征缴理事候选人,并由理事作为其委员。推荐委员会的委员长由理事长指定的理事担任。

③推荐委员会应当在主要新闻日刊登招募征缴理事候选人的广告,也可以另行对认为合适的征缴理事候选人进行调查或委托专业机构进行调查。

④根据第3款招募的人,推荐委员会应按照保健福祉部令规定的征缴理事候选人审查标准进行审查,并与候选人协商确定合同条件。

⑤根据第4款的审查和协商结果,理事长与征缴理事候选人签订合同,合同签订视为根据第20条第3款规定的常任理事任命。

⑥第4款规定的合同条件、第5款规定的合同缔结等事项,由保健福祉部令规定。

第22条 (高管的职务)

①理事长代表公团,总揽业务,任职期间内负责公团的经营业务。

②根据理事长的指令,常任理事执行公团业务。

③因不得已的事由,理事长不能行使其职务时,按照章程的规定,由常任理事中的一人代为履行职务;没有常任理事或不能代为履行职务时,由章程规定的高管代为履职。

④监事对公团的业务、会计及财产情形进行监察。

第23条 (高管失格事由)

符合下列条件时,不得成为公团的高管:

1. 非大韩民国国民;

2. 符合《公共机关的运营相关的法律》第34条第1款规定的人。

第24条 (高管的当然退任及解聘)

①符合第23条规定时,高管应当辞职。

②高管符合下列情形,任命权者可以解聘该高管:

1. 因身心障碍,无法履行职务的;

2. 违反职务义务的;

3. 因故意或重大过失,致使公团遭受损失的;

4. 不管是否与职务有关,行为有损品位的;

5. 根据本法违反保健福祉部长官的命令的。

第 25 条（高管的兼职禁止等）

①公团的常任高管和职员除其职务外,不得从事以营利为目的的事业。

②公团的常任高管经过任命权者或提名权者许可的、公团的职员经过理事长许可的,可以兼任以非营利为目的的业务。

第 26 条（理事会）

①为了审议、表决公团的主要事项（指《公共机关的运营相关的法律》第 17 条第 1 款事项）,公团设立理事会。

②理事会由理事长和理事构成。

③监事可以出席并在理事会发言。

④理事会的表决事项及运营事项,由总统令规定。

第 27 条（职员的任免）

理事长按照章程的规定任免职员。

第 28 条（适用罚则时公务员的拟制）

公团的高管和职员适用《刑法》第 129—132 条规定时,视为公务员。

第 29 条（规定等）

对公团的组织、人事、报酬及会计事项规定,经理事会表决,由保健福祉部长官批准决定。

第 30 条（代理人的选任）

理事长可以在公团的理事或职员中选任代理人,让其代为行使公团业务有关的所有诉讼或诉讼外行为。

第 31 条（代表权的限制）

①理事长在公团利益与自身利益冲突时,不得代表公团。此时,由监事代表公团。

②公团与理事长的诉讼准用第 1 款。

第 32 条（理事长权限的委任）

本法规定的理事长权限中,对总统令规定的事项,如给付限制、保险费缴纳通知等,可以按照章程规定委托给分支机构的负责人。

第 33 条（财政运营委员会）

①公团设置财政运营委员会审议、表决第 45 条第 1 款规定的疗养给付费用合同及第 84 条规定的亏损处理相关的保险裁定事项。

②财政运营委员会的委员长在第 34 条第 1 款第 3 项的委员中互选。

第 34 条（财政运营委员会的构成等）

①财政运营委员会由下列委员构成：

1. 代表职场投保人的委员十人；

2. 代表地区投保人的委员十人；

3. 代表公益的委员十人。

②保健福祉部长官可以任命或委托下列人员为第 1 款的委员：

1. 第 1 款第 1 项的委员，由劳动合伙和用人单位团体推荐的五人；

2. 第 1 款第 2 项的委员，由总统令规定的农渔业团体、城市自营业者团体、市民团体推荐的人；

3. 第 1 款第 3 项的委员，由总统令规定的公务员及具有健康保健知识及经验丰富的人担任。

③财政委员会委员（作为公务员的委员除外）的任期为两年。但因委员卸任等原因，重新委托的委员，其任期为前任委员任期的剩余期间。

④财政运营委员会的运营事项，由总统令规定。

第 35 条（会计）

①公团的会计年度应当与政府的会计年度一致。

②公团应统合运营职场投保人和地区投保人的财政。

③公团应当分别处理健康保险事业及征缴委托根据法规定的国民年金事业、雇佣保险事业、产业灾害补偿保险事业、工资债权保障事业相关的会计与公团的其他会计。

第 36 条（预算）

公团应当在每个会计年度制定预算案，且通过理事会的表决后，须获得保健福祉部长官的许可。更改预算时，亦同。

第 37 条（借款）

公团在现金开支不足的情形下，可以借贷。一年以上长期借贷，应当取得保健福祉部长官的许可。

第 38 条（准备金）

①在每个会计年度结算盈余中，公团应把相当于当年支付的 5% 以上

的保险金金额，积累为准备金，直到准备金达到该年度支付金额的 50% 为止。

②第 1 款规定的准备金，除了支付不足的保险金或用于现金开支不足的情形外，不得使用；若准备金用于现金支付的情形，应当在该会计年度内予以填补。

③对第 1 款规定的准备金的管理及运营方法等事项，由保健福祉部长官规定。

第 39 条（结算）

①公团在每个会计年度都应制定结算报告书和事业报告书，并在次年二月份的最后一日为止，向保健福祉部长官报告。

②根据第 1 款，公团已将结算报告书和事业报告书报告给保健福祉部长官的，应按照保健福祉部令的规定，公示内容。

第 39 条之二（对灾难性医疗费支援事业的捐助）

为了补贴《灾难性医疗费支援相关的法律》规定的灾难性医疗费支援事业费用，公团在每年预算范围内，进行捐助。捐助金额的上限，由总统令规定。

第 40 条（《民法》的准用）

除了本法和《公共机关的运营相关的法律》规定的事项外，公团准用《民法》中关于财团法人的相关规定。

第四章　保险给付

第 41 条（疗养给付）

①对投保人和被扶养人的疾病、负伤、生育等实施下列疗养给付：

1. 诊察、检查；
2. 支付药品、治疗材料；
3. 处置、手术及其他治疗；
4. 预防、康复；
5. 入院；
6. 看护；
7. 移送。

②第 1 款规定的疗养给付（以下简称"疗养给付"）的范围（以下简称"疗养给付对象"）如下：

1. 第 1 款的疗养给付（第 1 款第 2 项的药品除外）：除了根据第 4 款保健福祉部长官规定为非给付对象之外的一切给付；

2. 第 1 款第 2 项的药品：根据第 41 条之三保健福祉部长官决定并公告的疗养给付对象。

③疗养给付的方法、程序、范围、上限等标准，由保健福祉部令规定。

④根据第 3 款规定，保健福祉部长官在制定疗养给付的标准时，不影响业务或日常生活的疾病治疗等保健福祉部令规定的事项，可以将其排除在疗养给付对象之外（以下简称"非给付对象"）。

第 41 条之二（对药品疗养给付费用上限金额的减额等）

①违反《药事法》第 47 条第 2 款有关的第 41 条第 1 款第 2 项的药品，保健福祉部长官可以在不超过疗养给付费用的上限金额（根据第 41 条第 3 款，按药品种类，作为疗养给付费用的上限确定的金额）20%的范围内，部分减免金额。

②根据第 1 款，减免疗养给付费用的上限的药品，自被减额之日起的五年范围里，在总统令规定的期间内，重新根据第 1 款成为减额对象的，保健福祉部长官可以在不超过疗养给付费用上限金额 40%的范围内，减免疗养给付费用的上限金额。

③根据第 2 款，减免疗养给付费用的上限的药品，在被减额之日起五年范围里，在总统令规定的期间内，再次与违反《药事法》第 47 条第 2 款有关的情形，保健福祉部长官可以在一年范围内确定期间，该药品停止适用疗养给付。

④总统令规定第 1—3 款规定的疗养给付费用上限金额的减免、停止适用疗养给付的标准、程序、其他事项。

第 41 条之三（决定行为、治疗材料、药品是否是疗养给付对象）

①第 42 条规定的疗养机构，治疗材料的制造业者、进口者等保健福祉部令规定的人，对未确定为疗养给付对象或非给付对象的，如第 41 条第 1 款第 1 项、第 3 项、第 4 项的疗养给付相关行为及第 41 条第 1 款第 2 项的治疗材料（以下简称"行为、治疗材料"），应当向保健福祉部长官

申请确定。

②《药事法》规定的药品的制造业者、进口者等保健福祉部令规定的人，未被列为疗养给付对象的第 41 条第 1 款第 2 项的药品（以下简称"药品"），可以向保健福祉部长官提出申请，确定疗养给付对象资格。

③保健福祉部长官收到第 1 款及第 2 款申请时，无正当理由应当在保健福祉部令规定的期间内，决定是疗养给付对象或非给付对象，并通知申请人。

④患者诊疗必要且无第 1 款及第 2 款的申请，保健福祉部长官可以依职权决定、治疗材料及药品的疗养给付对象资格。

⑤保健福祉部令规定，第 1 款及第 2 款的疗养给付对象的申请时期、程序、方法及业务委托，以及第 3 款和第 4 款的疗养给付对象的决定程序及方法等事项。

第 41 条之四（选择给付）

①根据总统令规定决定疗养给付时，由于经济性或治疗效果等存在的不确定性导致需要确认其他材料，或不具备经济性但对投保人和被扶养人的康复具有潜在的利益时，可以指定为预备性疗养给付，即选择给付。

②根据总统令规定的程序和方法，保健福祉部长官对第 1 款规定的选择给付（以下简称"选择给付"）进行周期性的疗养给付适当性评估，且据此重新决定是否继续疗养，并调整第 41 条第 3 款规定的疗养给付标准。

第 41 条之五（访问疗养给付）

投保人或被扶养人因疾病或负伤、行动不便等符合保健福祉部令规定的事由时，可以直接访问投保人或被扶养人，实施第 41 条规定的疗养给付。

第 42 条（疗养机构）

①疗养给付（看护和移送除外）由下列疗养机构实施。鉴于公益或国家政策，保健福祉部长官可以从疗养机构中排除不适合作为疗养机构的总统令规定的医疗机构等。

1. 根据《医疗法》开设的医疗机构；
2. 根据《药事法》登记的药店；
3. 根据《药事法》第 91 条设立的韩国稀有、必需医药品中心；

4. 《地区保健法》规定的保健所、保健医疗院、保健支所；

5. 根据《农渔村等保健医疗特别措施法》设置的保健诊疗所。

②提高疗养给付效率，必要时保健福祉部长官可以根据保健福祉部令的规定，将符合保健福祉部令规定的设施、设备、人力、诊疗科目等标准的疗养机构，认定为专门疗养机构。此时，应当向相应的专门疗养机构发放认定书。

③根据第 2 款获得认定的疗养机构，符合下列标准时，保健福祉部长官有权撤销认定：

1. 未达到第 2 款前段规定的认定标准；

2. 已返还根据第 2 款后段发放的认定书。

④第 41 条第 3 款规定的疗养给付程序及第 45 条规定的疗养给付费用，对根据第 2 款被认定为专门疗养机构的疗养机构，或依《医疗法》第 3 条之四规定的上级综合医院，可有别于其他疗养机构，予以另行规定。

⑤第 1 款、第 2 款及第 4 款规定的疗养机构，无正当理由不得拒绝疗养给付。

第 42 条之二（对疗养机构实施选择给付的管理）

①除第 42 条第 1 款规定外，选择给付要求存在必要资料或医疗管理时，保健福祉部长官事先审核选择给付的实施条件，只有满足该条件的疗养机构才能实施选择给付。

②评估第 41 条之四第 2 款规定的选择给付时，第 1 款规定的选择给付疗养机构应当提供必要资料。

③疗养机构不符合第 1 款规定的选择给付的实施条件，或未提交第 2 款规定的材料时，保健福祉部长官可以限制实施选择给付。

④第 1 款规定的实施条件、第 2 款规定的材料、第 3 款规定的实施限制等，由保健福祉部令规定。

第 43 条（疗养机构现状的申报）

①根据第 47 条首次请求疗养给付费用时，疗养机构应当向第 62 条规定的健康保险审查评价院（以下简称"审查评价院"）申报疗养机构的设施、设备、人力的现状。

②第 1 款申报的内容（仅限于第 45 条规定的疗养给付费用的增减相

关事项）发生变化时，疗养机构应当自变更之日起 15 日内，按照保健福祉部令的规定向审查评价院申报。

③第 1 款及第 2 款规定的申报范围、对象、方法及程序等事项，由保健福祉部令规定。

第 44 条（费用的部分负担）

①根据总统令的规定，疗养给付的受益人负担部分费用（以下简称"本人负担金"）。针对选择给付，可以上调本人负担金。

②根据第 1 款规定，本人每年负担的本人负担金总额超过总统令规定的金额（以下简称"本人负担上限额"）时，由公团负担该超出金额。

③第 2 款规定的本人负担上限额，按照投保人的收入水平确定。

④总统令具体规定第 2 款规定的本人负担金总额的计算方法、超过本人负担上限额的支付方法、第 3 款规定的投保人收入水平确定本人负担上限金额等事项。

第 45 条（疗养给付费用的计算等）

①公团的理事长与总统令规定的医药界代表人士们在合同中确定疗养给付费用。合同期为一年。

②根据第 1 款规定，合同签订即视为公团与各疗养机构之间签订的合同。

③第 1 款规定的合同，应当在前一个合同期间届满日所属年度的 5 月 31 日为止签订；该期限为止，未签订合同的，在前一个合同期间届满日所属年度的 6 月 30 日为止，经审议委员会的表决，由保健福祉部长官确定疗养给付费用。此时，保健福祉部长官确定的疗养给付费用，视为根据第 1 款及第 2 款规定的合同所决定的疗养给付费用。

④根据第 1 款或第 3 款确定疗养给付费用后，保健福祉部长官应当及时公告疗养给付费用明细。

⑤公团的理事长应当经过第 33 条规定的财政委员会的审议、表决，签订第 1 款规定的合同。

⑥为了签订第 1 款规定的合同，公团的理事长要求提供材料时，审查评价院应当诚实履行该要求。

⑦第 1 款规定的合同内容及其他的事项，由总统令规定。

第 46 条（对药品、治疗材料的疗养给付费用的计算）

根据总统令规定，第 45 条规定外，第 41 条第 1 款第 2 项的药品、治疗材料（以下简称"药品、治疗材料"）的疗养给付费用应当综合疗养机构的药品、治疗材料的购买金额，另行计算。

第 47 条（疗养给付费用的请求与支付等）

①疗养机构可以请求公团支付疗养给付费用。此时，第 2 款规定的疗养给付费用的审查请求，视为公团的疗养给付费用的请求。

②根据第 1 款规定，请求疗养给付费用的疗养机构应当向审查评价院提出疗养给付费用的审查请求，收到审查请求的审查评价院经过审查后，应当及时将该内容通知公团与疗养机构。

③根据第 2 款收到审查内容的公团，应当及时向疗养机构支付疗养给付费用。若已缴纳的本人负担金高于根据第 2 款通知的金额，则应当从支付给疗养机构的金额中扣除多缴金额后，向投保人支付。

④根据第 3 款规定，公团可以抵消投保人支付的金额与投保人应缴纳的保险费及其他本法规定的征收金（以下简称"保险费等"）。

⑤根据第 63 条规定，审查评价院评价疗养给付的适当性并通知结果。根据该评价结果，公团有权增加或减少疗养给付费用。增加或减少疗养给付费用的标准，由保健福祉部令规定。

⑥疗养机构可以委托下列团体处理第 2 款规定的审查请求：

1.《医疗法》第 28 条第 1 款规定的医师会、齿科医师会、韩医师会、助产师会，或根据同条第 6 款申报的各个支部及分会；

2.《医疗法》第 52 条规定的医疗机构团体；

3.《药事法》第 11 条规定的药师会，或依同法第 14 条申报的支部或分会。

⑦第 1—6 款规定的疗养给付费用的请求、审查、支付的方法及程序事项，由保健福祉部令规定。

第 47 条之二（疗养给付费用的支付保留）

①第 47 条第 3 款规定外，通过侦查机关的侦查结果，公团发现疗养机构违反了《医疗法》第 33 条第 2 款或《药事法》第 20 条第 1 款时，可以停止支付疗养给付费用。

②根据第 1 款规定，公团停止支付疗养给付费用的支付前，可以听取疗

养机构的意见。

③法院的无罪判决等总统令规定的事由可以确认，不存在第 1 款规定事实时，公团应当针对停止支付的疗养给付费用，加算停止支付期间的利息，向疗养机构支付。

④第 1 款及第 2 款规定的停止支付的程序及意见、第 3 款规定的停止支付的疗养给付费用及利息的计算方式和支付程序，由总统令规定。

第 48 条（是否是疗养给付对象的确认等）

①投保人或被扶养人对本人所负担的除本人负担金之外的费用，有权要求审查评价院确认是否符合第 41 条第 4 款规定的排除在疗养给付对象上之外的费用。

②根据第 1 款规定，收到确认申请的审查评价院应将其结果通知申请人。确认结果表明上述费用符合疗养给付对象时，应当将其内容通知公团及相关疗养机构。

③根据第 2 款后段的规定，收到通报的疗养机构应当将多征缴的金额（以下简称"过多本人负担金"），及时支付给申请确认人。对于未支付本人负担金的疗养机构，公团应当从支付给该疗养机构的疗养给付费用中，扣除本人负担金并向申请确认人支付。

第 49 条（疗养费）

①符合保健福祉部令规定的紧急或其他不得已的事由，投保人或被扶养人在保健福祉部令规定的与疗养机构具有相似功能的机关（包含第 98 条第 1 款规定的停止业务期间的疗养机构），基于疾病、负伤、生育等接受疗养，或在非疗养机构生育的，按照保健福祉部令的规定公团向投保人或被扶养人支付相当于疗养给付的金额。

②第 1 款规定的机关应当向疗养接受人提供保健福祉部长官规定的疗养费明细书或记载疗养明细的收据；接受疗养的人应该向公团提交明细书或收据。

第 50 条（附加给付）

除了本法规定的疗养给付外，根据总统令的规定，公团承担怀孕及生育诊疗费、葬祭费、伤病津贴和其他给付。

第 51 条（残疾人的特例）

①根据《残疾人福祉法》登记为残疾人的投保人和被扶养人，公团

可以根据《为了残疾人、老人的辅助器材支援及利用促进相关的法律》第 3 条第 2 款规定，对辅助器材（以下简称"辅助器材"）提供保险给付。

②根据第 1 款对辅助器材提供保险给付的范围、方法、程序和其他事项，由保健福祉部令规定。

第 52 条 （健康检查）

①为了早期发现疾病并提供疗养给付，公团对投保人和被扶养人实施健康检查。

②第 1 款规定的健康检查的种类和对象，具体如下：

1. 一般健康检查：职场投保人、作为世带主的地区投保人、20 岁以上的地区投保人及 20 岁以上的被扶养人；

2. 癌症检查：符合《癌症管理法》第 11 条第 2 款规定的癌症种类划分、检查周期和年龄标准的人；

3. 婴幼儿健康检查：未满六岁的投保人和被抚养人。

③第 1 款规定的健康检查的检查项目，应当按照性别、年龄和生命周期实施。

④第 1 款规定的健康检查的次数、程序和其他事项，由总统令规定。

第 53 条 （限制给付）

①享受保险给付待遇的人符合下列情形时，公团不提供保险给付：

1. 因故意或重大过失的犯罪行为，或故意的事故；

2. 因故意或重大过失导致未遵循公团或疗养机构的疗养指示；

3. 因故意或重大过失拒绝提供第 55 条规定的文书和物件，或回避提问或诊断；

4. 业务或公务导致的疾病、负伤、灾害，根据其他法律规定接受保险给付或报偿或补偿。

②可以获得受保险给付的人，若依其他法令，从国家或地方自治团体受领与保险给付相当的给付或受领相当金额时，限额内公团不予给付。

③投保人未在总统令规定期间内缴纳滞纳下列保险费时，公团免除对投保人和被扶养人的保险给付，直到缴清保险费为止。但每月保险费的欠缴次数（已缴纳的欠缴保险费，在欠缴次数中扣除，且不考虑保险费的滞纳期间）未达到总统令规定的次数，或投保人及被扶养人的所得、财

产等未达到总统令规定的标准，除外。

　　1. 第 69 条第 4 款第 2 项规定的月所得额保险费；

　　2. 第 69 条第 5 款规定的世带为单位的保险费。

　　④第 77 条第 1 款第 1 项规定的负有缴纳义务的用人单位，拖欠第 69 条第 4 款第 1 项规定的月报酬额保险费的，仅在归责于职场投保人欠缴保险费时，公团才适用第 3 款的规定。此时，对该职场投保人的被扶养人也适用第 3 款的规定。

　　⑤第 3 款及第 4 款规定外，但根据第 82 条获得了公团分期缴纳批准，且缴纳获批保险费一次以上的，可以进行保险给付。但根据第 82 条获得了分期缴纳批准的人，在无正当理由，未缴纳获批保险费五次（依同条第 1 款，获批的分期缴纳次数不足五次的，指该分期缴纳次数。以下本条内相同）以上的除外。

　　⑥根据第 3 款及第 4 款规定，符合下列规定的保险给付限制期间（以下在本款为"给付限制期间"）内的给付，视为保险给付：

　　1. 自公团通知投保人给付限制期间内受领保险给付事实之日起，两个月的缴纳期限经过后，缴清拖欠的保险费；

　　2. 自公团通知投保人给付限制期间内受领保险给付事实之日起，两个月的缴纳期限经过后，根据第 82 条获批的分期缴纳未缴保险费一次以上的情形。根据第 82 条获批的分期缴纳人，无正当理由，未缴纳保险费五次以上时，除外。

　　第 54 条（停止给付）

　　可受领保险给付的人，符合下列情形时，不支付保险给付。符合第 3 项及第 4 项时，根据第 60 条的规定实施疗养给付。

　　1. 在国外旅行；

　　2. 在国外从事业务；

　　3. 符合第 6 条第 2 款第 2 项；

　　4. 被收容在教导或类似设施。

　　第 55 条（确认给付）

　　保险给付时，公团可以要求领取保险给付的人提交文书和其他材料，或向相关人员提问或诊断。

　　第 56 条（支付疗养费）

　　根据本法，公团有义务及时支付疗养费以及附加给付。

第 56 条之二（疗养费受领账户）

①根据本法，保险给付发放现金时（以下简称"疗养费等"），经受益人申请，公团应将疗养费等汇至受益人名义的指定账户（以下简称"疗养费受领账户"）。但因信息通信障碍或其他总统令规定的事由导致无法转账至疗养费受领账户时，可以根据总统令规定直接以现金方式支付疗养费。

②开设疗养费受领账户的金融机关，应确保并管理疗养费受领账户里只能存入疗养费。

③第 1 款及第 2 款规定的疗养费受领账户的申请方法、程序及管理事项，由总统令规定。

第 57 条（征缴不当得利）

①以欺骗手段或其他不正当方法，获得保险给付的人或获取保险金的疗养机构，公团征缴保险给付，或全部或部分保险金金额。

②根据第 1 款规定，疗养机构以欺骗手段或其他不正当方式获取保险金时，符合下列规定公团有权要求开设该疗养机构的人与疗养机构承担连带缴纳责任：

1. 违反《医疗法》第 33 条第 2 款的规定，无权开设医疗机构的人借用医疗人员的执照或医疗法人的名义，开设、运营医疗机构；

2. 违反《药事法》第 20 条第 1 款规定，无权开设药店的人借用药师的执照，开设、运营的药店。

③根据用人单位或投保人的虚假报告或虚假证明（包括违反第 12 条第 5 款，转让、出借健康保险证或身份证明书，让他人领取保险给付的）或疗养机构的虚假诊断支付保险给付的，公团有权要求上述人员与领取保险给付的人承担连带责任。

④使用欺骗手段或其他不正当方式领取保险给付的人同属一个世带的投保人（以欺骗手段或其他不正当的方法领取保险给付的人为被扶养人时，指该职场投保人），公团可以让其与使用欺骗手段或其他不当方式领取保险给付的人一起，对第 1 款的征收金负连带责任。

⑤疗养机构使用欺骗手段或其他不当方式获取疗养给付费用的，公团应当及时征缴上述费用，并返还给投保人或被扶养人。此时，公团可以抵消返还金额与应缴保险费。

第 58 条（求偿权）

①第三人的行为导致的保险给付事由，公团向投保人或被扶养人进行保险给付时，有权在给付费用限度内对第三人求偿。

②根据第 1 款规定，第三人向保险给付受益人进行损害赔偿时，赔偿额限度内公团不予赔付。

第 59 条（受益权的保护）

①保险给付受益权不能转让或扣押。

②根据第 56 条之二第 1 款的规定，不可扣押疗养费受领账户内的疗养费。

第 60 条（现役兵的疗养给付费用的支付）

①符合第 54 条第 3 项及第 4 项的人，在疗养机构接受总统令规定的治疗（以下简称"疗养给付"）时，公团可以通过法务部长官、国防部长官、警察厅长、消防厅长或海洋警察厅长的托管金额支付相关费用（以下简称"疗养给付费用"）及第 49 条规定的疗养费。除预算上不可避免的情形外，法务部长官、国防部长官、警察厅长、消防厅长或海洋警察厅长应当根据总统令规定的方式提前托管公团每年预计投入的疗养给付费用和疗养费。

②疗养给付、疗养给付费用及疗养费等相关事项，准用第 41 条、第 41 条之四、第 42 条、第 42 条之二、第 44—47 条、第 47 条之二、第 48 条、第 49 条、第 55 条、第 56 条、第 56 条第 2 款的规定。

第 61 条（疗养给付费用的精算）

根据本法的规定，《产业灾害补偿保险法》第 10 条规定的劳动福祉公团向疗养给付受益人支付《产业灾害补偿保险法》第 40 条规定的疗养给付后，支付决定被撤销时，疗养给付符合本法规定可以实施的疗养给付时，公团可以继续支付疗养给付金额。

第五章　健康保险审查评价院

第 62 条（设立）

为了审查疗养给付费用并评价疗养给付的适当性，设立健康保险审查评价院。

第 63 条（业务等）

①审查评价院主管下列业务：

1. 审查疗养给付费用；

2. 评价疗养给付的适当性；

3. 开发审查标准及评价标准；

4. 第 1—3 项规定的业务和相关调研及国际合作；

5. 审查根据其他法律规定支付的给付费用及医疗适当性评价的受托业务；

6. 保健福祉部长官认为必要的健康保险业务；

7. 其他总统令规定的保险金的审查和保险给付的适当性评价。

②第 1 款第 2 项及第 7 项规定的疗养给付的适当性评价的标准、程序、方法等事项，由保健福祉部长官规定并公示。

第 64 条（法人人格等）

①审查评价院是法人。

②审查评价院在主要事务所在地登记设立而成立。

第 65 条（高管）

①审查评价院高管含院长、理事 15 人及监事一人。院长、理事中的四人及监事是常任制。

②院长经高管推荐委员会推荐而产生，并经保健福祉部长官提名，由总统任命。

③常任理事经保健福祉部令规定的推荐程序，由院长任命。

④非常任理事由保健福祉部长官任命，并符合下列人员中的十人以及根据总统令规定的方式推荐的有关公务员一人：

1. 公团推荐的一人；

2. 医药相关团体推荐的五人；

3. 劳动合伙、用人单位团体、消费者团体及农渔业团体各推荐的一人。

⑤监事，经企划财政部长官经高管推荐委员会推荐的复数人选中提名，由总统任命。

⑥根据章程的规定，第 4 款规定的非常任理事可以实报实销。

⑦院长的任期为三年，理事（不含公务员的理事）和监事的任期分

别为两年。

第 66 条（诊疗审查评价委员会）

①在审查评价院设置诊疗审查评价委员会（以下简称"审查委员会"）履行审查评价院的业务。

②审查委员会由委员长、90 名以内的常任审查委员和 1000 名以内的非常任审查委员组成，并按诊疗科目种类，设立分科委员会。

③第 2 款规定的常任审查委员，由审查评价院院长在保健福祉部令规定的人选中任命。

④第 2 款规定的非常任审查委员，由审查评价院院长在保健福祉部令规定的人选中委托。

⑤审查委员符合下列情形时，审查评价院的院长可以对该审查委员解聘：

1. 因身心障碍，无法履行职务的；
2. 违反职务上的义务或怠于履职的；
3. 因故意或重大过失，致使审查评价院遭受损失的；
4. 无论是否与职务有关，做出有损品位的行为的。

⑥除了第 1—5 款规定的事项外，审查委员会委员的资格、任期及审查委员会的组成、运营等事项，由保健福祉部令规定。

第 67 条（资金的筹集）

①审查评价院向公团征缴负担金用于履行第 63 条第 1 款规定的业务（同款第 5 项规定的业务除外）。

②根据第 63 条第 1 款第 5 项规定，审查评价院受托审查给付费用和评估医疗适当性时，可以收取手续费。

③第 1 款和第 2 款的负担金及手续费的具体金额、征缴方法等事项，由保健福祉部令规定。

第 68 条（准用规定）

审查评价院准用第 14 条第 3 款及第 4 款、第 16 条、第 17 条（同条第 1 款第 6 项及第 7 项除外）、第 18 条、第 19 条、第 22—32 条、第 35 条第 1 款、第 36 条、第 37 条、第 39 条及第 40 条的规定。此时，"公团"视为"审查评价院"，"理事长"视为"院长"。

第六章　保险费

第 69 条（保险费）

①公团有权根据第 77 条的规定向保险费缴纳义务人征缴保险费用于健康保险事业的相关费用。

②第 1 款规定的保险费，自取得投保人资格之日所属月份的次月起征缴，直至失去投保人资格之日的前一日所属的月份为止。每月 1 日取得投保人的资格的，自当月起征缴。

③根据第 1 款及第 2 款规定，征缴保险费时投保人资格发生变动的，变动之日所属月份的保险费以变动前的资格为标准予以征缴。但投保人的资格变动在每月 1 日的，以变动后的资格为标准予以征缴。

④根据下列标准计算职场投保人的每月保险费。

1. 月报酬额保险费[①]：根据第 70 条计算月报酬额，乘以第 73 条第 1 款或第 2 款规定的保险费率所得的金额；

2. 月所得额保险费[②]：根据第 71 条计算的月所得额，乘以第 73 条第 1 款或第 2 款规定的保险费率所得的金额。

⑤地区投保人的每月保险费以世带为单位计算；地区投保人所属世带的每月保险费为，根据第 72 条计算的保险费课征分数，乘以第 73 条第 3 款规定的每项保险费课征分数所值的金额后的最终金额。

⑥第 4 款及第 5 款规定的每月保险费，应根据总统令规定的标准，结合投保人保险费平均额的部分比例，确定其上限及下限。

第 70 条（月报酬额）

①第 69 条第 4 款第 1 项规定的职场投保人的月报酬额，以职场投保人所受领的报酬为标准计算。

②因休职或其他事由，暂停发放全部或部分报酬的投保人（以下简称"休职者等"）的月报酬额保险费，以事由发生前月份的月报酬额为基准计算。

---

① 报酬额多数为劳动所得。

② 所得额包括劳动所得及财产所得等，范围大于报酬额。

③第 1 款规定的报酬是指劳动者等提供劳动，并从用人单位、国家或地方自治团体收取的，由总统令规定的款物（具有实报实销性质的款物除外）。无报酬相关资料或资料不明确等总统令规定事由时，保健福祉部长官规定并公示的金额为报酬。

④第 1 款规定的月报酬额的计算、未被支付报酬的用人单位的月报酬额的计算等事项，由总统令规定。

第 71 条（月所得额）

①扣除第 70 条规定的月报酬额的计算中所包含的报酬后，职场投保人的所得（以下简称"报酬外所得"）超过总统令规定的金额时，月所得额计算方法如下：

（年度报酬外所得－总统令规定的金额）＊1/12

②月所得额的计算标准、方法等月所得额的计算事项，由总统令规定。

第 72 条（保险费课征分数）

①第 69 条第 5 款规定的保险费课征分数，以地区投保人的所得及财产为标准计算。

②第 1 款规定保险费课征分数的计算方法和计算标准，可以针对财产权行使限制财产作出与其他财产不同的规定。

③保险费课征分数的计算方法、计算标准等事项，由总统令规定。

第 72 条之二（保险费课征制度改善委员会）

①为了改善保险费分摊制度，设保健福祉部长官所属的有关中央行政机关公务员及民间专家组成的保险费课征制度改善委员会（以下简称"制度改善委员会"）。

②制度改善委员会审议下列事项：

1. 调查和研究投保人所得状态；
2. 加强掌握投保人所得及对所得课征保险费的改善方案；
3. 委员长提交的改善保险费课征事项。

③保健福祉部长官应当向国会报告第 1 款规定的制度改善委员会运营结果。

④制度改善委员会的组成、运营等事项，由总统令规定。

第 72 条之三（保险费课征制度的适当性评价）

①保健福祉部长官有权对下列事项作出适当性评价。第 5 条规定的被

扶养人认定标准（以下简称"认定标准"）和第 69—72 条规定的保险费、月报酬额、月所得额、保险费课征分数的计算标准及方法等（以下简称"计算标准"）。自本法施行之日起四年后，有权调整上述事项。

②保健福祉部长官评价第 1 款事项的适当性时，应当综合考虑下列内容：

1. 根据第 72 条之二第 2 款第 2 项规定，制度改善委员会审议的掌握投保人的所得现状及改善方案；

2. 公团的所得相关资料持有现状；

3. 《所得税法》第 4 条的综合所得（包括综合课税的综合所得和分离课税的综合所得）课税现状；

4. 对职场投保人课征的保险费和对地区投保人课征的保险费之间的公平性；

5. 第 1 款规定的认证标准及计算标准调整后的保险费变动；

6. 保健福祉部长官规定的其他可以成为适当性评价对象的事项。

③第 1 款规定的适当性评价程序、方法及其他为了进行适当性评价的事项，由总统令规定。

第 73 条（保险费率）

①职场投保人的保险费率在 80‰ 的范围内，经审议委员会表决，由总统令规定。

②国外从事业务的职场投保人，保险费率是第 1 款确定的保险费率的 50%。

③地区投保人的每一保险费课征分数所值金额，经审议委员会表决，由总统令规定。

第 74 条（保险费的免除）

①职场投保人符合第 54 条第 2—4 项时，公团免除保险费。但符合第 54 条第 2 项的职场投保人，仅对符合国内无居住的被扶养人条件时，免除保险费。

②地区投保人符合第 54 条第 2—4 项规定时，投保人所属世带的保险费应当排除投保人根据第 72 条的保险费课征分数。

③免除第 1 款规定的保险费，或根据第 2 款计算保险费时除外的保险费课征分数，从符合第 54 条第 2—4 项的情形时，发生给付停止事由之日

所属月份的次月起，适用到事由消除之日所属的月份为止。但给付停止事由在每月一日消除时，不免除该月的保险费，或计算保险费时不排除保险费课征分数。

第 75 条（保险费的减轻）

①符合下列条件的投保人，对保健福祉部令规定的投保人，或对其所属的世带可以减轻部分保险费：

1. 居住在岛、偏僻地区、农渔村等总统令规定地区的人；

2. 65 岁以上的人；

3. 根据《残疾人福祉法》进行备案的残疾人；

4. 《国家有功者等礼遇及支援的相关的法律》第 4 条第 1 款第 4 项、第 6 项、第 12 项、第 15 项及第 17 项规定的国家有功者；

5. 休职者；

6. 其他因生活困难或天灾等事由，保健福祉部长官规定并公示的有必要减免保险费的人。

②第 77 条规定的保险费缴纳义务人符合下列情形时，根据总统令的规定，可以减免保险费等财产利益。

1. 根据第 79 条第 2 款的规定，以电子文书形式收到保险费缴纳通知的；

2. 以账户或信用卡自动转账的方式缴纳保险费的。

③对第 1 款规定的保险费的减轻方法、程序等事项，由保健福祉部长官规定并公示。

第 76 条（保险费的负担）

①职场投保人的月报酬额保险费，由职场投保人与下列规定人员各自负担保险费的 50%。但职场投保人作为教职员，符合在私立学校上班的教员的，其保险费分别由该职场投保人承担 50%、符合第 3 条第 2 项第三的用人单位承担 30%、国家承担 20%。

1. 职场投保人是劳动者时，符合第 3 条第 2 款第 1 项的事业主；

2. 职场投保人是公务员时，公务员所属的国家或地方自治团体；

3. 职场投保人是教职员（在私立学校工作的教员除外）时，符合第 3 条第 2 款第 3 项的用人单位。

②职场投保人的月所得额保险费，由职场投保人承担。

③地区投保人的保险费，由投保人所属世带的全体地区投保人连带承担。

④职场投保人是教职员时，符合第3条第2款第3项的用人单位无法承担全部承担额的，其不足部分由学校承担。

第77条（保险费的缴纳义务）

①职场投保人的保险费根据下列标准，由下列人员承担：

1. 月报酬额保险费：用人单位，事业场的用人单位为二人以上的，事业场的用人单位连带缴纳职场投保人的保险费；

2. 月所得额保险费：职场投保人。

②地区投保人的保险费，由投保人所属世带的全体地区投保人连带缴纳。但没有所得及财产的未成年人、考虑所得及财产等符合总统令规定标准的未成年人，不承担缴纳义务。

③对月报酬额保险费中应由职场投保人负担的该月保险费，用人单位应从其报酬中扣缴。此时，应通知职场投保人扣除额。

第77条之二（第二次缴纳义务）

①法人的财产不足以抵充该法人应缴纳的保险费、滞纳金、滞纳处分额的，由对该法人课征保险费缴纳义务之日当下的无限责任社员或寡占股东（是指符合《国税基本法》第39条的情形），对该不足的金额承担第二次缴纳义务。但寡占股东，仅以其不足金额除以该法人发行的股份总数（没有表决权的股份除外）或出资总额，乘以该寡占股东行使实质性权力的股份数（没有表决权的股份除外）或出资额，计算的金额为限度。

②事业转让、受让的，转让人的财产不足以抵充转让日前对转让人课征的保险费、滞纳金、滞纳处分额的缴纳义务的，对其不足的金额，以受让财产的价值为限，承担第二次缴纳义务。此时，受让人的范围及受让的财产价值，由总统令规定。

第78条（保险费的缴纳期限）

①根据第77条第1款及第2款规定，有保险费缴纳义务的人对投保人当月的保险费，应当在次月的十日前缴纳。但是职场投保人的月所得额保险费及地区投保人的保险费，可以按照保健福祉部令的规定，按季度缴纳。

②第1款规定外，缴纳通知的延迟送达等具有保健福祉部令规定的事

由的，公团可以根据缴纳义务人的申请，自第 1 款的缴纳期限起在一个月范围内延长缴纳期限。延长缴纳期限的申请方法、程序的事项，由总统令规定。

第 78 条之二（加算金）

①事业场的用人单位违反第 8 条第 2 款或第 9 条第 2 款规定，向保险人谎报因符合总统令规定事由无法成为职场投保人的人为职场投保人的，公团可以向该用人单位课征并征缴相当于第 1 项金额扣去第 2 项金额的 10%的加算金。

1. 用人单位申报为职场投保人的人在被当作职场投保人处理的期间，根据第 69 条第 5 款投保人应当承担的保险费的总额；

2. 在第 1 项期间内，根据第 69 条第 4 款规定，公团对投保人计算并课征的保险费的总额。

②除第 1 款规定外，在加算金为小额或总统令规定的认为不适合征缴加算金的其他情形下，公团可以不予征缴。

第 79 条（保险费的缴纳通知）

①公团征缴保险费时，确定金额并记载下列文书，并通知缴纳义务人：

1. 征缴的保险费种类；
2. 缴纳金额；
3. 缴纳期限及地点。

②根据第 1 款规定，公司通知缴纳时，缴纳义务人可以通过电子文书方式申请。

③根据第 2 款规定，公团以电子文书通知时，电子文书被存储于保健福祉部令规定的信息通信网，或输入缴纳义务人指定的电子邮件地址时，视为通知到达。

④职场投保人的用人单位为两人以上或地区投保人的世带由两人以上构成时，对其中一人进行的通知，视其对事业场的其他用人单位或对世带成员中的其他地区投保人具有效力。

⑤根据保健福祉部令的规定，休职者的保险费可以推迟缴纳通知直至休职等事由结束。

⑥公团对第二次缴纳义务人，进行了第 77 条之二规定的缴纳通知的，

应将该事实通知给作为用人单位的相应法人及事业转让人。

第 79 条之二 （以信用卡等进行的保险费等缴纳）

①收到公团缴纳通知的保险费缴纳义务人，可以通过总统令规定的代办保险费的缴纳机关（以下简称"保险费缴纳代办机关"），以信用卡、借记卡（以下简称"信用卡等"）缴纳。

②根据第 1 款规定，以信用卡缴纳保险费时，保险费缴纳代办机关的许可日视为缴纳日。

③保险费缴纳代办机关可以收取缴纳人的手续费，作为代办保险费缴纳工作的对价。

④保险费缴纳代办机关的指定、运营、手续费等事项，由总统令规定。

第 80 条 （滞纳金）

①保险费的缴纳义务人在缴纳期限内，没有缴纳保险费的，公团可以在其缴纳期限过后每经过一日时，根据下列情形征缴滞纳金：

1. 滞纳第 69 条规定的保险费或第 53 条第 3 款规定的保险给付限制期间内受领的保险给付征收金：滞纳金为滞纳金额的 1/1500。此时，滞纳金不得超过滞纳金额的 20‰；

2. 除第 1 项规定外，滞纳本法规定的征收金：滞纳金为滞纳金额的 1‰。此时，滞纳金不得超过滞纳金额的 30‰。

②保险费的缴纳义务人拖欠滞纳保险费时，自缴纳期限经过后的 30 日之日起每经过一日，除第 1 款规定的滞纳金外，追加征缴下列滞纳金：

1. 滞纳第 69 条所述保险费或第 53 条第 3 款的保险给付限制期间内受领的保险给付征收金：滞纳金为滞纳金额 1/6000。此时，滞纳金不得超过该滞纳金额的 50‰；

2. 除第 1 项规定外，滞纳本法规定的征收金：滞纳金为滞纳金额的 1‰。此时，滞纳金不得超过该滞纳金额的 90‰。

③第 1 款及第 2 款规定外，若有天灾或其他保健福祉部令规定的不得已的事由，公团可不予征缴第 1 款及第 2 款规定的滞纳金。

第 81 条 （保险费的催缴及滞纳处分）

①根据第 57 条、第 77 条、第 77 条之二、第 78 条之二、第 101 条规定，保险费缴纳义务人未缴保险费时，公团可限期催缴。此时，职场投保

人的用人单位为两人以上或地区投保人的世带由两人以上构成时，对其中一人催缴的，对事业场的其他用人单位或世带构成员的其他地区投保人具有同等效力。

②根据第 1 款规定催缴时，应当在 10 日以上 15 日以内的缴纳期限，发出催缴状。

③根据第 1 款规定，被催缴人未在缴纳期限内缴纳保险费时，经保健福祉部长官的许可，公团可以参照国税的滞纳处分，直接征缴。

④根据第 3 款规定滞纳处分前，公团应当发出保险费的滞纳明细、可扣押财产的种类、扣押事实、《国税征缴法》第 31 条第 14 项规定的禁止扣押小额金融财产的事实等通报书。法人解散等总统令规定的有必要紧急处分滞纳的情形，除外。

⑤根据第 3 款参照国税滞纳处分方式，公卖所扣押的财产需要专门知识，或因其他的特殊情形认为不适合直接公卖的，公团可以交由根据《金融公司不良资产的有效处理及设立韩国资产管理公社相关的法律》设立的韩国资产管理公社（以下简称"韩国资产管理公社"）代为公卖。此时，公卖视为公团行为。

⑥根据第 5 款规定，韩国资产管理公社代为公卖的，公团可以按照保健福祉部令的规定支付手续费。

第 81 条之二（提供滞纳或亏损处分资料）

①为了征缴保险费或公益目的，《信用情报的利用及保护相关的法律》第 25 条第 2 款第 1 项规定的综合信用情报集中机关要求提供符合下列条件的滞纳者或亏损处分者的个人资料、滞纳额或亏损处分额资料（以下简称"滞纳资料"）时，公团应当提供。但是关于滞纳保险费或其他征收金有关的行政诉讼正在进行，或存在总统令规定事由时，除外。

1. 保险费超过本法规定的缴纳期限一年的；本法规定的其他征收金和滞纳处分额的总额为五百万韩元以上；

2. 根据第 84 条规定，亏损处分的金额总额为五百万韩元以上。

②滞纳资料的提供程序，由总统令规定。

③根据第 1 款规定，收到滞纳资料的人不得以业务外的目的泄露或利用。

第 81 条之三（保险费的缴纳证明）

①第 77 条规定的保险费的缴纳义务人（以下简称"缴纳义务人"），从国家、地方自治团体或《公共机关的运营相关的法律》第 4 条规定的公共机关（以下简称"公共机关"）收取总统令规定的施工、制造、买入、劳务合同的对价时，应当证明保险费、滞纳金及滞纳处分额的缴纳事实。但缴纳义务人以全部或部分合同价款缴纳滞纳保险费的情形，除外。

②缴纳义务人证明第 1 款规定的缴纳事实时，第 1 款规定的主管部门或公共机关可以经缴纳义务人的同意，向公团查询并确认保险费及其相应的滞纳金和滞纳处分额的缴纳与否，由此替代第 1 款规定的缴纳证明。

第 81 条之四（文件的送达）

第 79 条及第 81 条规定的文件送达，准用《国税基本法》第 8 条（同条第 2 款但书除外）至第 12 条的规定。但是邮件送达的情形，由总统令具体规定。

第 82 条（滞纳保险费的分期缴纳）

①三次以上滞纳保险费的人申请分期缴纳时，公团可以根据保健福祉部令的规定，批准分期缴纳。

②根据第 81 条第 3 款规定，公团处分三次以上滞纳保险费的人前，应通知其申请第 1 款规定的分期缴纳，并按照保健福祉部令的规定，介绍分期缴纳的申请程序、方法等事项。

③根据第 1 款规定获批的分期缴纳人在无正当理由，未缴纳所批准的保险费五次（根据第 1 款获批的分期缴纳次数不满五次的，指该分期缴纳次数）以上的，撤销分期缴纳的批准。

④分期缴纳的批准和撤销的相关程序、方法、标准的事项，由保健福祉部令规定。

第 83 条（公开高额、习惯性滞纳者的个人资料）

①自本法规定的缴纳期限的次日起，经过一年的保险费、滞纳金和滞纳处分额（包括征缴权消灭时效的未完成的根据第 84 条规定作出亏损处分的保险费、滞纳金和滞纳处分额）的总额为一千万韩元以上的滞纳者，具有缴纳能力仍滞纳的，公团可以将其个人资料、滞纳额等（以下简称"个人资料等"）予以公开。但对滞纳的保险费、滞纳金以及

滞纳处分额等金额，根据第 87 条规定提起异议时，若其存在第 88 条规定的审判请求或诉讼，以及部分缴纳事实等总统令规定的事由，可以不予公开。

②为审议是否公开第 1 款规定的滞纳者的个人资料等，应当在公团设立保险费信息公开审议委员会。

③公团对经过保险费信息公开审议委员会审议的个人资料的公开对象，应以书面通知其为公开对象，并给其申辩的机会；自通知之日起经过六个月后，考虑滞纳额的缴纳等情形，选定公开对象。

④根据第 1 款规定，滞纳者个人资料的公开应遵循刊登在官报或刊登在公团官网上的方法。

⑤根据第 1—4 款规定，对滞纳者个人资料的公开相关的缴纳能力的标准、公开程序及委员会的构成和运营等事项，由总统令规定。

第 84 条（亏损处分）

①符合下列情形时，经财政运营委员会的表决，公团可以对保险费等进行亏损处分：

1. 滞纳处分结束后，抵充于滞纳额的分配金额不足以弥补滞纳额的；
2. 对该权利的消灭时效完成的；
3. 总统令规定的其他认为没有征缴可能性的。

②根据第 1 款第 3 项的规定亏损处分后，发现可扣押的其他财产的，公团应当及时撤销处分，并进行滞纳处分。

第 85 条（保险费的征缴顺位）

保险费的征缴应优先于除国税和地方税外的其他债权。但缴纳期限前，变卖房屋典权、质权、抵押权或根据《动产、债权的担保相关的法律》的规定能证明进行了担保权设定登记或备案事实的财产时，在其变卖金额中征缴保险费的，以其房屋典权、质权、抵押权或《动产、债权的担保相关的法律》规定的担保权担保的债权，除外。

第 86 条（保险费的抵充和退还）

①缴纳义务人错误缴纳保险费、滞纳金或滞纳处分额缴纳的金额时，公团应立即退还错误缴纳金额。

②根据总统令规定，第 1 款的退还金应当抵充缴纳义务人的保险费、滞纳金或滞纳处分额；抵充后的剩余金额，应当在第 1 款规定的决定之日

起30日内，支付给缴纳人。退还金用于抵充或支付时，公团应当在退还金上加算总统令规定的利息。

第七章　异议申请及审判请求

第87条（异议申请）

①对于投保人及被扶养人的资格、保险费、保险给付、保险金的处分存在异议时，申请人可以向公团提出异议申请。

②对给付费用及疗养给付等事项存在异议时，公团、疗养机构或其他利害关系人可以申请异议。

③根据第1款及第2款规定申请异议（以下简称"异议申请"）时，自知道处分之日起90日内以文书（包括电子文书）方式进行；自处分之日起经过180日的，不得提起。但存在正当理由时，除外。

④第3款规定外，疗养机构针对第48条规定的审查评价院的确认提出异议申请时，根据同条第2款在收到通报之日起的30日内进行。

⑤除了第1—4款规定的事项外，异议申请的方法、决定及其决定的通知等事项，由总统令规定。

第88条（审判请求）

①对异议申请决定不服的，可以根据第89条规定向健康保险纠纷调整委员会提出审判请求。关于审判请求的提起期间及提起方法，准用第87条第3款的规定。

②根据第1款规定申请审判时，申请人可以根据第87条第1款或第2款规定向公团或审查评价院或第89条规定的健康保险纠纷调整委员会，提交总统令规定的申请书。

③第1款及第2款规定的事项外，请求审判的程序、方法、决定及其决定的通知等事项，由总统令规定。

第89条（健康保险纠纷调整委员会）

①为了审理、表决第88条规定的审判请求，保健福祉部项下设置健康保险纠纷调整委员会（以下简称"纠纷调整委员会"）。

②纠纷调整委员会包括委员长在内，由60人以内的委员构成；除委

员长外的委员中,一人须为当然职①委员。此时,非公务员的委员应占全体委员的过半数。

③纠纷调整委员会的会议包括委员长、当然职委员及每次会议由委员长指定的七名委员,共九人构成,且非公务员委员人数应当超过半数。

④纠纷调整委员会决议经第 3 款规定过半数委员出席并经出席委员过半数同意通过。

⑤支援纠纷调整委员会的业务履行,纠纷调整委员会设置秘书处。

⑥除第 1—5 款规定的事项外,纠纷调整委员会及秘书处的构成及运营,由总统令规定。

⑦适用《刑法》第 129—132 条规定时,纷调整委员会委员中的非公务员视为公务员。

第 90 条(行政诉讼)

对公团或审查评价院的处分存在异议、第 87 条的异议申请或第 88 条的审判请求决定不服时,申请人可以根据《行政诉讼法》的规定提起行政诉讼。

第八章　补则

第 91 条(时效)

①三年内未行使下列权利,权利经消灭时效完成而消灭:

1. 征缴保险费、滞纳金及加算金的权利;
2. 收取退还的错误缴纳保险费、滞纳金及加算金的权利;
3. 受领保险给付的的权利;
4. 受领保险金的权利;
5. 根据第 47 条第 3 款后段规定,收回过多缴纳的本人负担金;
6. 第 61 条规定的劳动福祉公团的权利。

②第 1 款规定的时效,符合下列情形时中断:

1. 通知或催缴保险费;

---

① 因在机关或团体担任某种职责,而理应负担的职责或职务;也就是说当然职不是赋予人的职务,而是赋予职责的。

2. 请求保险给付或保险金。

③征缴休职者的月报酬额保险费的权利，根据第 79 条第 5 款规定，通知推迟时，不计算其消灭时效直至休职等事由结束。

④第 1 款规定的消灭时效期间、第 2 款规定的时效中断及第 3 款规定的时效停止，除本法规定的事项外，适用《民法》规定。

第 92 条（期间计算）

计算本法或根据本法的命令规定的期间时，除本法规定的事项外，准用《民法》对期间的规定。

第 93 条（劳动者的权益保护）

用人单位雇用不符合第 6 条第 2 款规定的所有事业场的劳动者的，不得以妨碍雇用的劳动者根据本法成为职场投保人，或规避负担金为目的，无正当理由限制劳动者升职或工资上涨、解雇或采取其他不合理措施。

第 94 条（申报等）

①公团可以要求用人单位、职场投保人及世带主，申报下列事项或提交相关文件（包括以电子方式记录的）：

1. 投保人的居所地变更；
2. 投保人的报酬、所得；
3. 健康保险事业相关的其他事项。

②根据第 1 款规定申报的事项或提交的材料，公团有权调查并确认真实性。

③根据第 2 款规定，参与调查的职员应当持有并出示表明权限的证明。

第 95 条（缩小、遗漏所得资料）

①根据第 94 条第 1 款规定申报的报酬或所得存在减少或遗漏时，公团可以通过保健福祉部长官向国税厅厅长提交所得的减少或遗漏材料。

②针对第 1 款事项，国税厅基于《国税基本法》的法律规定从事税务调查时，应当向公团递交调查结果以及报酬、所得事项。

③第 1 款及第 2 款的提交程序，由总统令规定。

第 96 条（资料的提供）

①执行下列业务时，公团有权要求国家、地方自治团体、疗养机构、《保险业法》规定的保险公司及保险费率核算机关、《公共机关的运营相

关的法律》规定的公共机关、其他的公共团体，提供总统令规定的居民登记、家族关系登记、国税、地方税、土地、建筑、出入国管理等资料。

1. 执行投保人及被扶养人的资格管理，保险费的课征、征缴，保险给付的管理等健康保险事业；

2. 执行第 14 条第 1 款第 11 项规定的业务。

②为了审查疗养给付费用并评价疗养给付的适当性，审查评价院可以要求国家、地方自治团体、疗养机构、《保险业法》规定的保险公司及保险费率核算机关、《公共机关的运营相关的法律》规定的公共机关、其他公共团体等，提供由总统令规定的居民登记、出入国管理、诊疗记录、医药品供应等资料。

③为了减少或停止第 41 条之二规定的药品疗养给付费用或疗养给付的适用，保健福祉部长官可以要求相关行政机关长提供必要资料。

④根据第 1—3 款规定，被请求提供资料的人，应当诚实地提供。

⑤公团或审查评价院向疗养机构、《保险业法》规定的保险公司及保险费率核算机关，要求提供第 1 款或第 2 款规定的资料时，应当提供记载事由、资料提供对象、对象期间、资料提供期限、提交资料的资料提供请求书等材料。

⑥第 1 款及第 2 款规定的国家、地方自治团体、疗养机构、《保险业法》规定的保险费率核算机关、其他公共机关及公共团体，对公团或审查评价院提供的资料可以免除使用费和手续费。

第 96 条之二（文件的保存）

①疗养机构应按照保健福祉部令的规定，自疗养给付结束之日起保管五年第 47 条规定的有关请求疗养给付费用的文件。但药店等保健福祉部令规定的疗养机构，自请求疗养给付费用之日起保管三年。

②按照保健福祉部令的规定，用人单位应当保管三年资格管理及保险费核算等健康保险有关的文件。

第 97 条（报告与检查）

①保健福祉部长官可以要求用人单位、职场投保人或世带主，提交投保人的移动、报酬、所得或其他必要事项；亦可以要求公务员向相关人员提问或检查相关文件。

②保健福祉部长官可以要求疗养机构（含第 49 条规定实施了疗养的

机关）提交疗养、药品的支付等保险给付有关的报告或文件；亦可以让公务员向相关人员进行提问或检查相关文件。

③保健福祉部长官可以要求受领保险给付的人报告保险给付的内容；抑或让公务员提问。

④保健福祉部长官有权要求第 47 条第 6 款规定的疗养给付费用的审查请求代办团体（以下简称"代办请求团体"）提交必要资料；亦可以要求公务员调查、确认代办请求有关的资料。

⑤减免或停止给付第 41 条之二规定的药品的疗养给付费用金额，必要时保健福祉部长官可以要求《药事法》第 47 条第 2 款规定的医药品供应人提供，能够证明违反医药品销售秩序的金钱、物品、便利、劳务、招待、其他的经济性利益交易的报告或文件；亦可以要求公务员提问相关人员或检查相关文件。

⑥根据第 1—5 款规定，提问、检查、调查或确认的公务员应当持有并出示相关证件。

第 98 条（停止业务）

①符合下列情形时，保健福祉部长官可以在一年内，要求疗养机构停止业务：

1. 以欺骗或其他不当方式导致保险人、投保人及被扶养人承担疗养给付费用的；

2. 违反第 97 条第 2 款规定，提供虚假报告或提交虚假文件的；或拒绝、妨碍、规避公务员的检查或提问的；

3. 无正当理由，疗养机构未遵守第 41 条之三第 1 款规定以欺骗或其他不正当方式，对投保人或被扶养人实施治疗行为或使用治疗材料，并要求承担费用的。

②根据第 1 款规定，受到停止业务处分的人在业务停止期间无法履行疗养给付。

③第 1 款规定的停止业务处分由疗养机构的受让人、合并后存续的法人或合并设立的法人承继；停止业务处分程序由受让人、合并后存续的法人或合并设立的法人继续进行。但受让人、合并后存续的法人或合并设立的法人能够证明不知道处分事实或违法事实的，除外。

④第 1 款规定的停止业务处分或停止业务处分程序进行时，按照保健

福祉部令的规定，应当及时向受让人、合并后存续的法人或合并设立的法人通知行政处分事实或行政处分程序的进行过程。

⑤根据第 1 款规定，停止业务的违反行为的种类、违反程度的行政处分标准或其他的必要事项，由总统令规定。

第 99 条（课征金）

①疗养机构符合第 98 条第 1 款第 1 项或第 3 项规定处以停业处分，导致疗养机构使用人严重不便，或具有保健福祉部长官规定的特别事由时，保健福祉部长官可以通过负担金额五倍以下的课证金替代停业处分。保健福祉部长官有权要求 12 个月内分期缴纳。

②根据第 41 条之二第 3 款规定停止药品的疗养给付时，保健福祉部长官认为在合理范围内预见对国民健康造成严重危害时，根据总统令规定在药品疗养给付费用总额的 60% 范围内征缴课征金替代停止处分。保健福祉部长官有权要求在 12 个月范围内分期缴纳。

③根据第 2 款前段规定，课征金对象药品五年内根据第 2 款前段规定再次成为课征金课征对象时，保健福祉部长官可以根据总统令的规定，在不超过该药品疗养给付费用总额 100% 的范围内课征、征缴课征金。

④根据第 2 款及第 3 款规定，总统令决定药品的疗养给付费用时，应当在不超过一年的疗养给付费用范围内，结合药品过去的疗养给付业绩具体确定。

⑤根据第 1 款规定，应缴纳课征金的人未在缴纳期限内缴纳时，根据总统令规定的程序，保健福祉部长官应当撤销课征金处分，并根据第 98 条第 1 款规定停止业务处分，或参考国税滞纳处分的示例进行征缴。但因疗养机构的停业，无法处以第 98 条第 1 款规定的停止业务处分时，参照国税滞纳处分的示例进行征缴。

⑥根据第 2 款或第 3 款规定课征金缴纳义务人，未在缴纳期限内缴纳时，保健福祉部长官应当参照国税处分示例进行征缴。

⑦征缴课征金时，保健福祉部长官有权要求税务官署的负责人或地方自治团体的负责人提供下列信息：

1. 纳税者的个人资料；
2. 使用目的；
3. 课征金的课征事由及课征标准。

⑧根据第 1—3 款规定，征缴的课征金不得用于下列用途：

1. 根据第 47 条第 3 款规定，公团作为疗养给付费用支付的资金；

2. 根据《应急医疗相关的法律》规定，对援助应急医疗基金的支援；

3. 根据《灾难性医疗费支援相关的法律》规定，对灾难性医疗费援助事业的支援。

⑨第 1—3 款规定的课征金金额和缴纳所需要事项，以及第 8 款规定的课征金用途、使用程序等事项，由总统令规定。

第 100 条 （违反事实的公示）

①根据第 98 条或第 99 条规定，疗养机构以伪造、变造的相关文件，谎报疗养给付费用而受到行政处分时，下列情形下保健福祉部长官可以公示违法行为、处分内容、疗养机构名称、地址及代表人姓名等区别于其他疗养机构的必要事项。结合违法行为的动机、程度、次数及结果确定公示与否。

1. 谎报金额为一千五百万韩元以上的；

2. 疗养给付费用总额中，谎报金额的比例为 20% 以上的。

②为了审议第 1 款规定的公示与否，保健福祉部长官设置并运营健康保险审议公示委员会（以下简称"审议公示委员会"）。

③对经过审议公示委员会审议的公示对象，保健福祉部长官应当通知其作为公示对象的事实，并提供提交申辩资料或出席陈述意见的机会。

④根据第 3 款规定提交的申辩资料或陈述意见，审议公示委员考虑后再次公示，保健福祉部长官重新选定公示对象。

⑤第 1—4 款规定的事项外，公示的程序、方法，公示审议委员会的构成、运营等必要事项，由总统令规定。

第 101 条 （制造业者的禁止行为等）

①《药事法》规定的医药品制造业者、委托制造销售业者及《医疗器械法》规定的医疗器械制造业者、进口业者、修理业者、销售业者、租赁业者（以下简称"制造业者"），根据第 41 条之三的规定决定药品与治疗材料的疗养给付对象，或根据第 46 条规定核算疗养给付费用时，不得存在下列行为损害保险人、投保人及被扶养人利益。

1. 符合第 98 条第 1 款第 1 项疗养机构的行为；

2. 向保健福祉部、公团或审查评价院提交虚假资料；

3. 其他以欺骗或保健福祉部令规定的不正当方式，影响疗养给付对象的确定和疗养给付费用的核算。

②确认制造业者是否存在第 1 款规定的违法事实，保健福祉部长官可以要求制造业者提交相关文件，或要求公务员提问或检查相关文件。此时，公务员应当持有并出示权限证明文件。

③违反第 1 款规定导致保险人、投保人及被扶养人利益受损的制造业者，公团应当征缴相当于损失的金额（以下简称"损失相当额"）。

④根据第 3 款规定的所征缴的损失相当额中，符合投保人及被扶养人的损失金额，公团应支付给其投保人或被扶养人。此时，公团应当抵消投保人或被扶养人支付的金额与投保人及被扶养人应交的保险费。

⑤第 3 款规定的损失相当额的核算、课征、征缴程序及缴纳方法等必要事项，由总统令规定。

第 102 条（信息的维持等）

曾经供职于公团、审查评价院及代办请求团体的人，不得存在下列行为：

1. 投保人及被扶养人的个人信息（指《个人信息保护法》第 2 条第 1 项的个人信息，以下简称"个人信息"）泄露或用于职务目的外的用途，或无正当理由向第三人提供将履行；

2. 业务上知晓的信息（第 1 项的个人信息除外）泄露或用于职务目的外的用途，或向第三人提供。

第 103 条（对公团的监督等）

①为了实现公团和审查评价院的经营目标，保健福祉部长官有权要求报告下列事项，或检查其他业务或监督财产状况：

1. 第 14 条第 1 款第 1—13 项规定的公团的业务及第 63 条第 1 款第 1—7 项规定的审查评价院的业务；

2. 根据《公共机关的运营相关的法律》第 50 条的规定，经营指南的履行和相关事业；

3. 根据本法或其他法令规定，公团和审查评价院受委托的业务；

4. 其他的法令规定的事项和相关事业。

②根据第 1 款规定监督时，保健福祉部长官有权要求变更章程或履行其他必要处分。

第 104 条 （褒赏金的支付）

①举报以欺骗或其他不当方式受领保险给付的人或受领保险金的疗养机构，公团可以支付褒赏金。

②针对有效运营健康保险财政作出贡献的疗养机构，公团可以支付奖励金。

③第 1 款及第 2 款规定的褒赏金及奖励金的支付标准和范围、程序及方法等事项，由总统令规定。

第 105 条 （禁止使用类似名称）

①非公团或审查评价院的人，不得使用国民健康保险公团、健康保险审查评价院或与此类似的名称。

②非本法规定的执行健康保险事业的人，在保险合同或保险合同的名称上，不得使用国民健康保险这一术语。

第 106 条 （小额处理）

征缴或返还的金额不足两千韩元每件（根据第 47 条第 4 款，第 57 条第 5 款后段及第 101 条第 4 项后段，可以抵消的本人负担金的退还金及投保人或被扶养人支付的金额除外）的，公团不予征缴或返还。

第 107 条 （尾数处理）

计算保险费等和保险给付费用时，不计算《国库金管理法》第 47 条规定的尾数。

第 108 条 （对保险财政的政府支援）

①每年预算范围内，国家应当向公团支付相当于该年度保险费预计收入额 14% 的金额。

②根据《国民健康增进法》的规定，公团可以从国民健康增进基金中获得资金支援。

③公团应当将第 1 款规定的财源用于下列事业：

1. 投保人及被扶养人的保险给付；

2. 健康保险事业的运营费；

3. 根据第 75 条及第 110 条第 4 款规定，支援减轻保险费。

④公团应当将第 2 款获得的财源用于下列事业：

1. 健康检查等健康增进相关事业；

2. 投保人和被扶养人吸烟导致的疾病的保险给付；

3. 投保人和被扶养人中，对 65 岁以上的人的保险给付。

第 109 条（对外国人的特例）

①用人单位是外国政府时，针对外国人的健康保险，政府可以与外国政府另行协商确定。

②国内滞留的在外国民或外国人（以下简称"国内滞留外国人"）属于劳动者、公务员或教职员，不符合第 6 条第 2 款规定但符合下列条件时，除第 5 条规定外，也可以成为职场投保人：

1. 根据《居民登记法》第 6 条第 1 款第 3 项登记的人；

2. 根据《在外同胞出入国和法律地位相关的法律》第 6 条，国内居所申报的人；

3. 根据《出入国管理法》第 31 条，登记为外国人的人。

③不符合第 2 款职场投保人的国内滞留外国人，具备下列要件时，第 5 条规定外，可以成为地区投保人：

1. 在保健福祉部令规定的期间内，已在国内居住，或预期在相应期间内存在国内连续居住的事由等符合保健福祉部令规定事由的；

2. 符合下列情形的人：

1）符合第 2 款第 1 项或第 2 项的人；

2）根据《出入国管理法》第 31 条登记为外国人的人，具备保健福祉部令规定的滞留资格的人；

④符合第 2 款规定的国内滞留外国人，具备下列要件时，除第 5 条的规定外，若向公团申请，可成为被扶养人：

1. 与职场投保人的关系，符合第 5 条第 2 款规定的；

2. 符合第 5 条第 3 款规定的被扶养人的资格认定标准的。

④除第 2—4 款的规定外，符合下列情形时不能成为投保人及被扶养人：

1. 国内滞留符合违反法律的情形，具有总统令规定的事由的；

2. 根据外国的法令、外国的保险以及用人单位的合同的规定，国内滞留的外国人可以获得相当于第 41 条规定的疗养给付，按照保健福祉部令的规定，用人单位或投保人申请排除加入的。

⑥第 2—5 款规定的事项外，国内滞留外国人的投保人或被扶养人的资格取得及丧失有关的时期、程序等事项，准用第 5—11 条的规定。考虑

到国内滞留外国人的特性，需要特别规定的事项，由总统令另行规定。

⑦作为投保人的国内滞留外国人，每月二日以后，取得地区投保人的资格，并在取得该资格之日所属的月份，因保健福祉部长官公示的事由丧失其资格的，第 69 条第 2 款规定外，仍课征并征缴取得资格之日所属月份的保险费。

⑧符合国内滞留外国人（限于适用第 9 款但书的人）的地区投保人的保险费，第 78 条第 1 款本文规定外，仍应缴纳到其前月的 25 日为止。但符合下列条件时，应按照公团的规定缴纳。

1. 征缴取得资格之日所属月份的保险费；
2. 每月 26 日起至末日的期间内取得资格。

⑨除第 7 款和第 8 款规定的事项外，作为投保人的国内滞留外国人的保险费的课征、征缴事项，准用第 69—86 条的规定。但总统令规定的国内滞留外国人的保险费课征、征缴相关事项，可以结合特征，由保健福祉部长官另行规定并公示。

⑩ 地区投保人的国内滞留外国人（限于适用第 9 款但书的人）滞纳保险费时，第 53 条第 3 款规定外，自滞纳之日起到缴清滞纳的保险费之日为止，公团不予保险给付。此时，不适用第 53 条第 3 款外的部分但书及同条第 5 款、第 6 款的规定。

第 110 条（失业者的特例）

①劳动关系结束时，职场投保人资格的存续期间，属于保健福祉部令规定的期间内一年以上时，成为地区投保人后，从根据第 79 条规定被通知地区投保人初次缴纳保险费之日起，到其缴纳期限后的两个月前为止，可以向公团申请维持职场投保人资格。

②根据第 1 款规定向公团申请的投保人（以下简称"任意继续投保人"），第 9 条规定外，在总统令规定的期间内维持职场投保人的资格。但根据第 1 款规定申请后，在初次应缴纳职场投保人保险费的缴纳期限起两个月内未缴纳的，无法维持其资格。

③任意继续投保人的月报酬额，是核算月报酬额保险费的最近 12 个月期间的月报酬额的平均值。

④任意继续投保人的保险费，可以按照保健福祉部长官的规定部分减轻。

⑤任意继续投保人的月报酬额保险费，第 76 条第 1 款及第 77 条第 1 款第 1 项规定外，仍应由其任意继续投保人全额负担并缴纳。

⑥任意继续投保人在保险费缴纳期限内未缴纳保险费时，限制给付事宜准用第 53 条第 3 款、第 5 款及第 6 款规定。此时，"第 69 条第 5 款规定的世带单位的保险费"视为"第 110 条第 5 款规定的保险费"。

⑦任意继续投保人的申请方法、程序等事项，由保健福祉部令规定。

第 111 条（权限的委任及委托）

①本法规定的保健福祉部长官的权限，可以根据总统令的规定，部分委任给特别市市长、广域市市长、道执事或特别自治道执事。

②第 97 条第 2 款规定的保健福祉部长官的权限，根据总统令的规定委托给公团或审查评价院。

第 112 条（业务的委托）

①根据总统令的规定，公团可以将下列业务，委托给邮政机关、金融机关或其他人：

1. 保险费收纳或保险费缴纳的确认有关的业务；
2. 保险金的支付有关的业务；
3. 根据征缴委托根据法的委托，征缴的年金保险费、雇佣保险费、产业灾害补偿保险费、负担金及分担金等（以下简称"征缴委托保险费等"）的收纳或其缴纳的确认相关的业务。

②公团可以将其部分业务，委托给国家机关、地方自治团体或根据其他法令实施社会保险业务的法人或其他人。但保险费和征缴委托保险费的征缴业务，除外。

③根据第 2 款规定，公团可以委托的业务及可以受委托的人的范围，由保健福祉部令规定。

第 113 条（征缴委托保险费的分配及缴纳等）

①征缴的保险费及其相应的征收金或征缴委托保险费的金额低于征缴总额时，公团应当根据总统令规定的标准、方法，分配与缴纳处理。但缴纳义务人作出其他的意思表示的，按照其意思。

②公团征缴了征缴委托保险费时，应当及时向保险基金缴纳。

第 114 条（捐款的用途等）

①根据《国民年金法》、《产业灾害补偿保险法》、《雇佣保险法》及

《工资债权保障法》，公团分别从年金基金、产业灾害补偿保险及预防基金、雇佣保险基金及工资债权保障基金收到的捐款，用于第14条第1款第11项规定的业务。

②收到第1款规定的捐款的管理及运用等事项，由总统令规定。

第114条之二 （在适用罚则中的公务员拟制）

第4条第1款规定的审议委员会及第100条第2款规定的健康保险公示审议委员会的委员中，非公务员的人适用《刑法》第127条及第129—132条规定时，视为公务员。

第九章　罚则

第115条 （罚则）

①违反第102条第1项泄露投保人及被扶养人的个人信息或用于职务目的外的用途、无正当理由向第三人提供时，处以五年以下的徒刑或五千万韩元以下的罚金。

②符合下列情形时，处以三年以下徒刑或三千万韩元以下的罚金：

1. 作为代办请求团体的从事者，以虚假或其他不当方式，请求疗养给付费用的人；

2. 违反第102条第2项，泄露履行业务时获知的信息（第1项的个人信息除外）或用于职务目的外的用途、提供给第三人的行为。

③以虚假或其他不正当方式，获取保险给付或让他人获取保险给付的人，处以两年以下的徒刑或两千万韩元以下的罚金。

④符合下列情形时，处以一年以下的徒刑或一千万韩元以下的罚金：

1. 违反第42条之二第1款及第3款提供选择给付的疗养机构的开设者；

2. 违反第47条第6款，让非代办请求团体代办的人；

3. 违反第93条的用人单位；

4. 违反第98条第2款的疗养机构的开设者；

5. 删除。

第116条 （罚则）

违反第97条第2款，未提交报告或文件的人、虚假报告或提交虚假文件的人，拒绝、妨碍或规避检查或提问的人，处以一千万韩元以下的罚金。

第 117 条（罚则）

违反第 42 条第 5 款的人，或违反第 49 条第 2 款未出具疗养费明细书或记载疗养明细的收据的人，处以五百万韩元以下的罚金。

第 118 条（双罚规定）

①法人的代表人或法人或个人的代理人、使用人、其他的从事者，业务上违反第 115—117 条规定时，处罚行为人外，对法人或个人也处以罚金刑。但法人或个人为了防止违法行为，尽到相当的注意义务并没有怠于监督的，除外。

第 119 条（过怠料）

①删除。

②删除。

③符合下列条件的人，课以五百万韩元以下的过怠料：

1. 违反第 7 条，未申报或虚假申报的用人单位；

2. 无正当理由违反第 94 条第 1 款，未申报、提交文件或虚假申报、提交文件的人；

3. 无正当理由违反第 97 条第 1 款、第 3 款、第 4 款、第 5 款，未提交报告、文件的或虚假报告、提交文件的人；

4. 未及时通知违反第 98 条第 4 款受到行政处分的事实或行政处分程序正在进行中的事实的人；

5. 无正当理由违反第 101 条第 2 款，未提交文件或虚假提交的人。

④符合下列情形时，课征一百万韩元以下的过怠料：

1. 删除；

2. 删除；

3. 删除；

4. 违反第 96 条之二，未保存文件的人；

5. 违反第 103 条规定的命令的人；

6. 违反第 105 条的人。

⑤第 3 款及第 4 款规定的罚款，根据总统令的规定，由保健福祉部长官课征、征缴。

附则

第1条（实施日）

本法自公布后六个月后起施行。但第53条第4款后段，第83条第1款但书，第102条及第115条第1款、第2款的修订规定自公布之日起施行。

第2条（关于限制给付的适用例）

第53条第5项及第6项的规定同样适用于在本法施行前，根据第82条第1款规定，获得分期缴纳许可，且在本法施行当时依同条第3款，未被撤销分期缴纳许可的情形。

第3条（关于减免保险费的适用例）

第75条第2款第2项的修订规定自本法施行后，第77条规定的保险费缴纳义务人，初次使用信用卡自动转账方法缴纳保险费时起适用。

第4条（关于分期缴纳滞纳保险费的适用例）

第82条第3款的修订规定，也适用于在本法施行前根据同条第1款获得分期缴纳许可，且在本法施行当时依同条第3款，未被撤销分期缴纳许可的情形。

十二　国民健康保险法施行令

第一章　总则

第1条（目的）

为了规定《国民健康保险法》委任的事项及其施行所需的事项，制定本令。

第2条（用人单位的机关负责人）

《国民健康保险法》（以下简称"法"）第3条第2项（2）的"总统令指定的人"是指附表一规定的机关负责人。但是为了有效处理主管的业务，法第13条规定的健康保险公团（以下简称"公团"）认为必要时，可以考虑机关的所在地、人员及其他情形，另行指定附表一规定的机关负责人所属机关的负责人为用人单位的机关负责人。

第2条之二（国民健康保险综合计划的制定等）

①根据法第3条之二第1款前段及同条第3款，保健福祉部长官制定国民健康保险综合计划（以下简称"综合计划"）和每年度施行计划（以下简称"施行计划"）时，应按照下列规定，在相应的时期内予以制定。

1. 综合计划：施行年度前年度的9月30日为止；
2. 施行计划：施行年度前年度的12月31日为止。

②制定或变更综合计划及施行计划时，保健福祉部长官应按照下列方法进行公示：

1. 综合计划：在官报上予以公告；
2. 施行计划：在保健福祉部官方网站上予以公告。

③制定或变更综合计划及施行计划时，保健福祉部长官应当将该内容

通知相关中央行政机关的负责人、公团的理事长及法第 62 条规定的健康保险审查评价院（以下简称"审查评价院"）。

④根据法第 3 条之二第 4 款，保健福祉部长官按照施行计划评价促进业绩时，应当将该评价结果分别反映在下次制定的综合计划及施行计划中。

⑤除了第 1—4 款规定的事项外，对综合计划或施行计划的制定、实施、评价等必要的详细事项，由保健福祉部长官规定并公示。

第 2 条之三　（综合计划中所包括的事项）

法第 3 条之二第 2 款第 9 项的"总统令规定的事项"，是指下列事项：

1. 奠定健康保险制度的基石相关的事项；
2. 健康保险相关的国际合作有关的事项；
3. 为了改善健康保险，保健福祉部长官认为尤为必要的其他事项。

第 3 条　（审议委员会的审议、表决事项）

法第 4 条第 1 款第 6 项的"总统令规定的事项"是指下列事项：

1. 根据第 21 条第 2 款规定对疗养给付目的相对价值分数；
2. 根据第 22 条规定，按照药品、治疗材料种类的疗养给付费用的上限；
3. 其他作为法第 5 条第 1 款规定的健康保险有关的主要事项，如第 23 条规定的附加给付有关的事项等，由法第 4 条规定的健康保险政策审议委员会（以下简称"审议委员会"）的委员长提交至会议的其他事项。

第 4 条　（公务员担任委员时）

法第 4 条第 4 款第 4 项（1）的"总统令规定的中央行政机关的公务员"是指企划财政部和保健福祉部所属的三级公务员或高层公务员团所属的一般职公务员中，该主管机关的负责人各指定的一人。

第 4 条之二　（审议委员会委员的解聘）

符合下列情形时，保健福祉部长官可以解聘法第 4 条第 4 款规定的审议委员会委员：

1. 因身心障碍，无法履行职务的；
2. 与职务相关，具有违法事实的；
3. 因职务怠慢、有损品味或其他事由，认为不适合做委员的；
4. 委员自己做出难以履行职务的意思表示的。

第 5 条（审议委员会的委员长等）

①审议委员会的委员长代表审议委员会，并总揽其业务。

②审议委员会的副委员长辅佐委员长，并在委员长因不得已的事由无法履行职务时，代为履职。

第 6 条（审议委员会的会议）

①审议委员会的会议由审议委员会委员长召开，并担任议长。

②1/3 以上的在籍委员要求或委员长认为有必要时，召开审议委员会会议。

③审议委员会的会议以过半数的在籍委员出席开始会议，以出席委员的过半数赞成进行表决。

④审议委员会的委员长不参加根据第 3 款的表决。但是赞成与反对同票时，由委员长决定。

⑤为了审议委员会的有效审议，必要时可以按领域组成小委员会。

⑥除了第 1—5 款规定的事项外，对审议委员会和小委员会的运营等所需的事项，经审议委员会的表决，由委员长决定。

第 7 条（审议委员会的干事）

①为了处理审议委员会的事物，审议委员会设干事一人。

②委员长在保健福祉部所属四级以上公务员，或高层公务员团所属的一般职公务员中，指定干事。

第 8 条（审议委员会委员的津贴等）

对出席审议委员会会议的委员，可以在预算范围内支付津贴、旅费、其他必要的经费。但是作为公务员的委员，出席与其职务直接相关的会议的情形除外。

第二章　投保人

第 9 条（排除在职场投保人之外的人）

法第 6 条第 2 款第 4 项的"总统令规定的事业场的劳动者及用人单位和公务员以及教职员"是指符合下列条件的人：

1. 非常任劳动者，或每月规定的劳动时间未满 60 小时的短时间劳动者；

2. 非常任教职员，或每月规定的劳动时间未满 60 小时的时间制公务员或教职员；

3. 事业场的所在地不固定的劳动者及用人单位；

4. 没有劳动者或只雇佣符合第 1 项的劳动者的事业场事业主。

第三章　国民健康保险公团

第 9 条之二（公团的业务）

法第 14 条第 1 款第 4 项的"总统令规定的事业"，是指下列事业：

1. 为了投保人及被扶养人的健康管理，构建、运营计算机健康信息系统；

2. 按生涯周期、事业场、职能进行分类，开发及提供健康管理项目或服务；

3. 按年龄、性别、职业分类，对主要疾病信息进行收集、分析与研究，并提供管理方案；

4. 提供高血压、糖尿病等主要慢性疾病的信息及健康管理支援；

5. 通过与《地区保健法》第 2 条第 1 项规定的保健医疗机构的联系与合作，支援各地区健康管理事业；

6. 为了投保人及被扶养人的健康管理，保健福祉部长官认为必要的相当于第 1—5 项事业的其他事业。

第 10 条（公务员担任高管）

根据法第 20 条第 4 款第 2 项，公团的非常任理事由企划财政部长官、保健福祉部长官及人事革新处长，在所属机关的三级公务员或高层公务员团中的一般职公务员中，以分别指定一人的方式进行推荐。

第 11 条（理事会的审议、表决事项）

根据法第 26 条第 4 款，下列事项需经公团的理事会（以下简称"理事会"）的审议和表决。但是法第 4 条第 1 款规定的审议委员会的审议和表决事项、法第 33 条规定的财政运营委员会（以下简称"财政运营委员会"）的审议、表决事项，除外。

1. 事业运营计划等与公团运营的基本方针相关的事项；

2. 预算及结算相关事项；

3. 章程的变更相关事项；

4. 规定的制定、修订及废止相关事项；

5. 保险费及其他法规定的征收金（以下简称"保险费等"）及保险给付相关的事项；

6. 法第37条规定的借款相关事项；

7. 根据法第38条的准备金、其他重要财产的取得、管理及处分相关事项；

8. 其他与公团运营相关的重要事项。

第12条（理事会的会议）

①理事会的会议分为定期会议与临时会议。

②定期会议由理事会的议长在章程规定的时期，每年召集两次。

③临时会议在1/3以上的在籍理事（包括理事长）要求或理事长认为必要时，由理事会的议长召集。

④理事会的会议以在籍理事过半数出席开始，以过半数的在籍理事赞成进行表决。

⑤理事会的议长担任理事长。

⑥理事会的会议召集程序等运营理事会所需的其他事项，由公团章程规定。

第13条（理事长的权限与委任）

法第32条的"总统令规定的事项"，是指下列权限：

1. 根据法第5条及第8—10条规定的资格管理相关的权限；

2. 根据法第7条规定的事业场管理相关的权限；

3. 根据法第53条规定的保险给付的限制相关的权限；

4. 根据法第57条、第69条、第79条及第81条规定的保险费等的赋课与征缴通知、督促及参照国税滞纳处分征缴的相关权限；

5. 根据法第58条规定的行使请求损害赔偿的权利相关的权限；

6. 根据法第75条规定的保险费的减轻相关的权限；

7. 根据法第82条规定的批准及撤销分期缴纳相关的权限；

8. 根据法第109条及第110条的投保人及被扶养人的资格管理、保险给付限制及的赋课与征缴相关的权限；

9. 根据《国民年金法》《雇佣保险及产业灾害补偿保险的保险费征

缴法》《工资债权保障法》及《石棉被害救济法》（以下简称"征缴委托根据法"），受托的年金保险费、雇佣保险费、产业灾害补偿保险费、负担金及分担金等（以下简称"征缴委托保险费等"）的缴纳通知及督促、滞纳处分等征缴相关的权限；

10. 为了法规定的公团业务得以有效的施行，公团章程规定的其他权限。

第 14 条（财政运营委员会的组成）

①根据法第 34 条第 2 款第 2 项，农渔业团体、都市自营业者团体及市民团体按照下列区分，推荐同条第 1 款第 2 项规定的委员：

1. 农渔业团体及都市自营业者团体：各推荐三人；
2. 市民团体：推荐四人。

②法第 34 条第 2 款第 3 项的"总统令规定的相关公务员"是指企划财政部长官及保健福祉部长官，在其机关所属的四级以上公务员或高层公务员团中的一般职公务员中，分别指定的一人。

第 15 条（财政运营委员会的运营）

①财政运营委员会的会议分为定期会议与临时会议。

②定期会议由财政运营委员会的委员长在章程规定的时期，每年召集一次。

③临时会议在公团理事长或 1/3 以上的在籍委员要求时，或财政运营委员会的委员长认为必要时，由委员长召集。

④财政运营委员会的委员长担任财政运营委员会会议的议长；会议以在籍委员过半数出席开始，以出席委员过半数的赞成进行表决。

⑤财政运营委员会的会议召集程序及财政运营委员会运营所需的其他事项，由公团的章程规定。

第 16 条（财政运营委员会的干事）

①为处理财政运营委员会的事物，财政运营委员会设干事一人。

②干事由委员长在公团职员中指定。

第 17 条（财政运营委员会的会议录）

①委员长应制作并保管财政运营委员会的会议录。

②第 1 款规定的会议录应记录会议经过、审议事项及表决事项，并由委员长和出席的委员签字或盖章。

第四章　保险给付

第 18 条（排除在疗养机构之外的医疗机构等）

①法第 42 条第 1 款后段中"总统令规定的医疗机构等"是指下列医疗机构或药店：

1. 根据《医疗法》第 35 条开设的附属医疗机构；

2. 为了诊疗被收容到《社会福祉事业法》第 34 条规定的社会福祉设施中的人，开设的医疗机构；

3. 因为以不收取或减轻第 19 条第 1 款规定的本人负担金等方法，引诱投保人或被扶养人的行为或与此相关的诊疗行为，或不当要求过多诊疗费的行为，受到下列停止业务处分的医疗机构：

（1）五年内受到两次以上法第 98 条规定的停止业务，或法第 99 条规定的课征金处分的医疗机构；

（2）五年内受到两次以上《医疗法》第 66 条规定的停止执照资格处分的医疗人，开设、运营的医疗机构。

4. 法第 98 条规定的停止业务处分程序进行中的，或受到停止业务处分的疗养机构的开设者开设的医疗机构或药店。

②第 1 款第 1 项及第 2 项规定的医疗机构，意欲排除在疗养机构之外的，应按照保健福祉部长官的规定，进行疗养机构排除申请。

③医疗机构等排除在疗养机构外的期间，在第 1 款第 3 项的情形为一年以下；第 1 款第 4 项的情形，则为相应停止业务期间结束之日为止。

第 18 条之二（对药品的疗养给付费用上限金额的减额及疗养给付的停止适用标准等）

①根据法第 41 条之二，保健福祉部长官对药品疗养给付费用的上限金额（根据法第 41 条第 3 款，按照药品种类规定的上限金额，以下简称"上限金额"）进行减额，或停止适用疗养给付的，应将该事实通报至公团和审查评价院，使其能够对上限金额的减额及停止适用疗养给付的明细，进行记录、管理。

②法第 41 条之二第 2 款及第 3 款的"总统令规定的期间"为五年。

③根据法第 41 条之二的第 1 款或第 2 款的规定，成为上限金额减额

对象的药品，符合下列条件时，保健福祉部长官可以不对其上限金额作减额处理。

1. 防止退场医药品（是指虽然为患者的诊疗所必需，却因为没有经济性，被《药事法》规定的制造业者、委托制造业者、进口者所回避生产或进口的，由保健福祉部长官规定和公示的医药品）；

2. 稀贵医药品（是指因为没有合适的代替医药品，需要紧急生产或进口的，由食品医药品安全处长规定的医药品）；

3. 低价医药品（是指上限金额在保健福祉部长官规定并公示的标准金额以下，并由保健福祉部长官规定并公示的医药品）。

④对法第 41 条之二第 1—3 款规定的药品的上限金额，作减额处理及停止适用疗养给付的标准，如附表四之二所示。

第 18 条之三　删除

第 18 条之四（选择给付）

①下列情形，可以实施法第 41 条之四第 1 款规定的选择给付（以下简称"选择给付"）：

1. 因经济性或治疗效果等的不确定性，需要附加根据验证的情形；

2. 经济性虽低，但对投保人和被扶养人恢复健康具有潜在利益的情形；

3. 保健福祉部长官认为疗养给付具有社会需求，或为加大国民健康的增进必要的情形。

②法第 41 条之四第 2 款规定的选择给付的适当性评价（以下简称"适当性评价"），根据下列规定进行。

1. 评价周期：自选择给付实施之日起，每五年进行评价。但是考虑选择给付的内容、性格或效果等，认为有必要迅速评价的，保健福祉部长官可以另行规定其评价周期。

2. 评价项目

应评价下列各目的事项：

（1）治疗效果及治疗过程的改善相关的事项；

（2）费用效果相关的事项；

（3）与其他疗养给付的代替可能性相关的事项；

（4）对国民健康的潜在性利益相关的事项；

(5) 为了适当性评价，保健福祉部长官认为必要的相当于（1）—（4）规定的其他事项。

3. 评价方法：应以书面评价的方法实施。但保健福祉部长官认为必要的，可以追加实施现场调查、文献调查或问卷调查等方法。

③就适当性评价相关，保健福祉部长官认为有必要进行专业、深层探讨的，可以委托保健医疗相关研究机关、团体或专家等予以实施。

④为了适当性评价，保健福祉部长官认为必要的，可以要求相关中央行政机关、地方自治团体、《公共机关的运营相关的法律》规定的公共机关或保健医疗相关法人、团体、专家等，提供必要的资料或意见。

⑤除了第2—4款规定的事项外，对适当性评价的程序及方法等必要事项，由保健福祉部长官规定并公示。

第19条（费用的本人负担）

①法第44条第1款规定的本人部分负担金（以下简称"本人部分负担金"）的负担率及负担额，如附表二所示。

②本人部分负担金由获得疗养给付的人，根据疗养机构的请求向疗养机构进行缴纳。此时，根据法第41条第3款及第4款，除了以保健福祉部令规定的疗养给付事项或非给付事项之外，疗养机构不得以入院保证金等其他名义请求支付费用。

③法第44条第2款规定的本人部分负担金的总额，应当是获得疗养给付的人每年所负担的本人部分负担金的总额。但是符合下列条件时，不计入其本人部分负担金。

1. 根据附表二的第1项（1）之1)，利用上级综合病院、综合病院、病院、韩方病院的一般入院室的二人间、三人间及精神科封闭病室的二人间、三人间的情形下，作为入院费负担的金额；

2. 根据附表二的第3项（4）之5)、6)、9)、10)负担的金额；

3. 根据附表二的第3项（7）及（15）负担的金额；

4. 根据附表二的第4项负担的金额；

5. 根据附表二的第6项负担的金额。

④法第44条第2款规定的本人负担上限额（以下简称"本人负担上限额"），是指按照附表三的计算方法算出的金额。

⑤根据法第44条第2款规定，公团支付超过本人负担上限额的金额

的，应当向获得疗养给付的人指定的存款账户（是指《邮递局存款、保险法》规定的邮递官署及《银行法》规定的银行开设的存款账户等，由保健福祉部长官规定的存款账户）支付。但是存在无法往该存款账户存款的不可避免的事由时，可以以保健福祉部长官规定的方法进行支付。

⑥除第 2 款及第 5 款规定的事项外，本人部分负担金的缴纳方法，或超过本人负担上限额的金额的支付方法等所需的事项，由保健福祉部长官规定并公示。

第 20 条（疗养给付费用合同的当事人）

作为根据法第 45 条第 1 款的疗养给付费用合同的当事人，代表医药界的人如下：

1. 对《医疗法》第 3 条第 2 款第 1 项（1）规定的医院的疗养给付费用：同法第 28 条第 1 款规定的医师会的负责人；

2. 对《医疗法》第 3 条第 2 款第 1 项（2）及第 3 项（2）规定的齿科医院及齿科病院的疗养给付费用：同法第 28 条第 1 款规定的齿科医师会的负责人；

3. 对《医疗法》第 3 条第 2 款第 1 项（3）及第 3 项（3）规定的韩医院及韩方病院的疗养给付费用：同法第 28 条第 1 款规定的韩医师会的负责人；

4. 对《医疗法》第 3 条第 2 款第 2 项规定的助产院的疗养给付费用：同法第 28 条第 1 款规定的助产师组织或护士组织的负责人中的一人；

5. 对《医疗法》第 3 条第 2 款第 3 项（1）、（4）、（5）规定的病院、疗养病院及综合病院的疗养给付费用：同法第 52 条规定的团体的负责人；

6. 对《医疗法》第 2 条第 3 项规定的药店及同法第 91 条规定的韩国稀贵、必需医药品中心的疗养给付费用：同法第 11 条第 1 款规定的大韩药师会的负责人；

7. 对《地区保健法》规定的保健所、保健医疗院及保健支所和根据《为了农渔村等保健医疗的特别措施法》设置的保健诊疗所的疗养给付费用：保健福祉部长官指定的人。

第 21 条（合同的内容等）

①根据法第 45 条第 1 款的合同，应当由公团的理事长和第 20 条各项规定的代表各类型疗养机构的人签订，以确定对疗养给付各项目的相对价

值分数每一分所值的单价,为合同内容。

②第1款规定的疗养给付各项目的相对价值分数,是综合考虑疗养给付所需的时间、努力等业务量,人力、设施、装备等资源的量,疗养给付的危险度及疗养给付带来的社会便利等算出的疗养给付的价值,在各项目中以相对性分数表示;由保健福祉部长官经审议委员会的审议、表决,以保健福祉部令规定的方法予以公示。

③除第2款规定外,在下列情形下,可以按照下列方法,计算疗养给付的相对价值分数:

1. 在《医疗法》第3条第2款第3项(4)规定的疗养病院,接受入院诊疗的:合计相应诊疗所需的疗养给付各项目的分数和药品、治疗材料的费用,按照症状的轻重度之分,算出每日的相对价值分数;

2. 《医疗法》第3条第2款第1项(1)规定的医院、同款第3项(1)规定的病院、同项(4)规定的疗养病院、同项(5)规定的综合病院、同法第3条之四规定的上级综合病院,或在《地区保健法》第12条规定的保健医疗院,对保健福祉部长官规定并公示的疾病群(是指以诊断名、施术名、重症度、年纪等标准分类的患者集团),接受入院诊疗的包括:相应诊疗所需的疗养给付各项目的分数和药品、治疗材料的费用,算出每一入院件数的相对价值分数;

3. 根据《临终关怀、缓和医疗及临终过程中的患者的延命医疗决定相关的法律》第28条,接受临终关怀、缓和医疗的:合计该诊疗所需要的疗养给付各项目的分数与药品、治疗材料的费用,算出每日的相对价值分数。

④根据第1款签订合同时,对未公示相对价值分数的新疗养给付项目,其费用相关的合同,根据第2款,视为在保健福祉部长官对相同项目的相对价值分数予以公示之日签订。此时,合同自公示之日后,对最初实施的相应项目的疗养给付开始适用。

第22条(药品、治疗材料的疗养给付费用)

①根据法第46条,对法第41条第1款第2项的药品、治疗材料(适用第21条第2款及第3款规定的相对价值分数的药品、治疗材料除外,以下与本条相同)的疗养给付费用,按照下列各项规定,予以确定。此时,购买金额(疗养机构购买该药品及治疗材料的金额,以下与本条相

同）大于上限金额（是指经过审议委员会的审议，保健福祉部长官根据相应药品及治疗材的种类，对疗养给付费用的上限予以公示的金额）时，将购买金额规定为与上限金额相同的金额。

1. 韩药品：上限金额；

2. 韩药品外的药品：购买金额；

3. 删除；

4. 治疗材料：购买金额。

②对根据第1款的药品及治疗材料的疗养给付费用的决定标准、程序及其他必要事项，由保健符合部长官规定并公示。

第 22 条之二（疗养给付费用的停止支付等）

①根据法第47条之二第1款，公团决定停止支付疗养给付费用的，应事先对该疗养机，以记载着下列事项的文书进行通知：

1. 该疗养机构的名称、代表人及地址；

2. 作为停止支付的原因事实、作为停止支付对象的疗养给付费用及法律依据；

3. 可以对第2项的事项提出意见的内容及不提出意见时的处理方法。

②根据第1款，收到通知的疗养机构对停止支付有异议的，应当在收到通知之日起七日内，在疗养给付费用的停止支付意见书上，记载申请异议的意思与理由，并附上必要的材料提交至公团。

③根据第2款，公团审查疗养机构提出的意见书后，应以文书方式通报其结果。

④法第47条之二第3款的"法院的无罪判决等总统令规定的事由"，包括下列事由：

1. 无罪判决的确定；

2. 不起诉处分（仅限没有嫌疑或不构成犯罪的处分）。

⑤根据法第47条之二第1款，收到疗养给付费用的保留支付决定的疗养机构，在获得无罪判决或不起诉处分的，应将该事实通知给公团。

⑥根据第5款收到通知的公团，应当及时支付停止支付的疗养给付费用和停止支付期间的利息。此时，利息，是停止支付之日起到支付之日为止的期间，乘以《国税基本法施行令》第43条之三第2款规定的国税退还加算金的利率，算出的金额。

⑦除第 1—6 款规定的事项外，对停止支付疗养给付费用等所需的，向相应疗养机构通知的意见书格式、提出意见时的处理方法等具体事项，由公团规定。

第 23 条（附加给付）

①法第 50 条规定的附加给付，为怀孕、生育（包括流产及死产）诊疗费。

②第 1 款规定的怀孕、生育诊疗费的支援对象如下：

1. 怀孕、生育的投保人或被扶养人；

2. 未满一岁的投保人或被扶养人（以下简称"未满一岁的婴幼儿"）的法定代理人（仅限生育的投保人或被扶养人死亡的情形）。

③公团可以向符合第 2 款的人，按照下列规定，发放可以结算相应费用的怀孕、生育诊疗费使用券（以下简称"使用券"）：

1. 怀孕、生育有关的诊疗所需的费用；

2. 未满一岁的婴幼儿的诊疗所需的费用；

3. 为未满一岁的婴幼儿购买处方药品、治疗材料所需的费用。

④要领取使用券的人（以下简称"申请人"）应当在保健福祉部令规定的申请书上，附加能够确认符合第 2 款的证明书，提交至公团。

⑤根据第 4 款，公团收到使用券的申请的，应当在确认申请人符合第 2 款中的哪一项后，发放使用券。

⑥使用券的有效期间为自根据第 5 款领取使用券之日起，到下列规定之日：

1. 怀孕、生育的投保人或被扶养人：从生育日（流产及死产的，在该日）起，到一年之日；

2. 未满一岁的婴幼儿的法定代理人：未满一岁的婴幼儿的出生日起，到一年之日。

⑦使用券可以支付的金额上限，根据下列规定。但是保健福祉部长官认为必要，且予以公示的，可以超出下列上限支付。

1. 怀孕、生育一个胎儿的：60 万韩元；

2. 怀孕、生育两个以上胎儿的：100 万韩元。

⑧除第 2—7 款规定的事项之外，怀孕、生育诊疗费的支付程序和方法、使用券的发放和使用等必要事项，由保健福祉部令规定。

第 24 条 删除

第 25 条（健康检查）

①根据法第 52 条的健康检查（以下简称"健康检查"），每两年施行一次；对从事于非办公职的职场投保人，每年施行一次。但癌症检查，根据《癌症管理法施行令》的规定；婴幼儿健康检查，考虑到婴幼儿的年龄等，按照保健福祉部长官规定并公示的内容，可以另行决定健康周期与检查次数。

②健康检查应当在《健康检查基本法》第 14 条指定的健康检查机关（以下简称"检查机关"）实施。

③公团要实施健康检查的，应当将实施健康检查的相关事项，按照下列区分予以通报：

1. 一般健康检查及癌症检查：对职场投保人实施健康检查的，应对该用人单位、职场投保人的被扶养人进行通报；对地区投保人实施健康检查的，应对接受健康检查的人进行通报。

2. 婴幼儿健康检查：对作为职场投保人的被扶养人的婴幼儿，实施健康检查的，应对其职场投保人进行通报；对地区投保人的婴幼儿，实施健康检查的，应对该世带主进行通报。

④实施健康检查的检查机关应当将健康检查结果，通报至公团；公团向接受健康检查的人通报。但是检查机关向接受健康检查的人通报时，公团可以省略相应的通报。

⑤健康检查的检查项目、方法、所需费用、健康检查结果的通报程序，其他实施健康检查所需要的事项，由保健福祉部长官规定并公示。

第 26 条（给付的限制）

①法第 53 条第 3 款本文中的"总统令规定的期间"，是指一个月。

②法第 53 条第 3 款但书中的"总统令规定的次数"，是指六次。

③法第 53 条第 3 款但书中的"未达到总统令规定标准"，是指满足下列条件的情形。此时，所得是指根据法第 41 条第 1 款的所得；财产是指根据第 42 条第 3 款第 1 项的财产。

1. 法第 53 条第 3 款第 2 项滞纳保险费的投保人所属世带的所得，未满 100 万韩元，且根据《地方税法》第 10 条的课税标准（以下简称"课税标准"），该世带的财产未满 100 万韩元。但是投保人为未成年人、65

岁以上的人，或根据《残疾人福祉法》备案的残疾人的，其所得及对财产的课税标准，应未满公团分别规定的金额的。

2. 法第53条第3款第2项的滞纳保险费的投保人，在根据《所得税法》第168条第1款进行事业者登记的事业上，没有发生所得的。

④根据第3款的所得及财产的确认程序、方法及时期等相关的具体事项，由公团规定。

第26条之二（疗养费等受领账户的申请方法及程序等）

①根据法第56条之二第1款的本文，要以受益人名义指定的账户（以下简称"疗养费等受领账户"）受领疗养费的人，应当在疗养费支付请求书和辅助器材给付费支付请求书等填上疗养费等受领账户的账户号码，并随附存款账户（是指记录账户号码的那一页面）的复印件，提交至公团。

②公团根据法第56条之二第1款的但书规定，在受益人开设疗养费等受领账户的金融机关，因停业①、停止业务②或信息通信障碍等无法正常营业，或因相当于此的不可避免的事由无法转账的，可以直接以现金支付。

第27条（对现役兵的疗养给付费用的支付）

①法第60条第1款前段的"总统令规定的治疗等"，是指法第41条第1款第1—3项及第5项规定的疗养给付。

②根据法第60条第1款后段，法务部长官、国防部长官、警察厅长、消防厅长或海洋警察厅长（以下简称"机关负责人"），应当对该机关的年度预计疗养给付费用和根据法第49条规定的疗养费（以下简称"疗养费"），托管至公团指定的账户。

③公团应当将托管金的执行情形，按季度向保健福祉部长官及相应机关负责人通报。

④机关负责人根据第2款托管的疗养给付费用和疗养费，不及公团所要负担的疗养给付费用和疗养费的，对此公团应立即向机关负责人请求，机关负责人应按照公团的请求，向公团支付疗养给付费用和疗养费。

---

① 需向相应机关进行停业申报。
② 停止业务处分。

⑤公团可以将机关负责人根据第 2 款托管的疗养给付费用和疗养费中所发生的利息，用于公团应负担的疗养给付费用上。

第五章　健康保险审查评价院

第 28 条（业务）
①法第 63 条第 1 款第 7 项的"总统令规定的业务"，是指下列业务：

1. 法第 47 条规定的疗养给付费用的申请请求相关软件的开发、供应、检查等计算机管理；

2. 根据法第 49 条第 1 款支付的疗养费中，对保健福祉部令规定的机关发放的疗养费的审查；

3. 法第 63 条第 1 款第 2 项规定的疗养给付适当性评价结果的公开；

4. 为了履行法第 63 条第 1 款第 1—6 项及本款第 1—3 项规定的业务，进行患者分类体系的开发、管理；

5. 法第 63 条第 1 款第 1—6 项及与本款第 1—4 项规定的业务有关的教育、宣传。

②根据第 1 款第 1 项、第 3 项、第 4 项的计算机管理、适当性评价结果的公开及患者分类体系的开发、管理的程序、标准、方法及其他事项，由保健福祉部长官规定并公示。

第 29 条（公务员担任高管）
根据法第 65 条第 4 款，审查评价院的非常任理事由保健福祉部长官在保健福祉部的三级公务员或高层公务员团中，推荐一人。

第 30 条（院长权限的委任）
根据法第 68 条所准用的法第 32 条，审查评价院的院长可以委任给分事务所的负责人的事项为，除了下列疗养机构外的疗养机构，对法第 47 条第 2 款规定的疗养给付费用的审查权限和法第 87 条第 2 款规定的对异议申请的决定权限。

1.《医疗法》第 3 条之四规定的上级综合病院；

2. 其他以审查评价院的章程规定的疗养机构。

第 31 条（准用规定）
审查评价院理事会的审议、表决事项及与会议相关的，准用第 11 条

(第5项除外)及第12条。此时视"公团"为"审查评价院","理事长"视为"院长"。

第六章 保险费

第32条（每月保险费的上限与下限）

法第69条第6款规定的每月保险费的上限及下限，根据下列规定。

1. 每月保险费的上限如下：

（1）职场投保人的月报酬额保险费：考虑相当于保险费被课征的年度的前年度职场投保人平均月报酬额保险费（以下简称"前年度平均月报酬额保险费"）的30倍的金额，由保健福祉部长官规定并公示的金额；

（2）职场投保人的月所得额保险费及地区投保人的每月保险费：考虑相当于保险费被课征的年度的前年度平均月报酬额保险费的15倍的金额，由保险福祉部长官规定并公示的金额。

2. 每月保险费的下限如下：

（1）职场投保人的月报酬额保险费：在保险费被课征年度的前年度的平均月报酬额保险费的80‰以上，未满85‰的范围内，由保健福祉部长官规定并公示的金额；

（2）地区投保人的每月保险费：在保险费被课征年度的前年度的平均月报酬额保险费的60‰以上，未满65‰的范围内，由保健福祉部长官规定并公示的金额。

第33条（包含在报酬里的金品等）

①法第70条第3款前段的"总统令规定的"，是指以劳动为对价受领的薪酬、薪资、报酬、年度经费（岁费）、工资、奖金、津贴等，除下列事项外，其他具有前述性质的金品：

1. 退职金；

2. 褒赏金、翻译费及稿费；

3. 根据《所得税法》的非课税劳动所得，但是根据《所得税法》第12条第3项（10）、（13）及（15）的非课税所得除外。

②法第70条第3款后段的"无报酬相关资料或资料不明确等总统令

规定事由"，具体如下：

1. 没有报酬相关材料或材料不明确的；

2. 考虑到根据《最低工资法》第 5 条的最低工资等，公团认为报酬相关材料缺乏可信赖性的。

③报酬的全部或部分以现物支付的，视公团以该地区的市价为标准，确定的价额为其相应的报酬。

④根据法第 70 条第 3 款的后段，在适用保健福祉部长官公示的金额期间，事业场劳动者的报酬得到确认的，公团应从确认之日的所属之月的次月起，不适用其公示的金额。

第 34 条（对职场投保人的月报酬额保险费课征的原则）

①根据法第 70 条的第 1 款，对职场投保人的月报酬额保险费，每年以下列规定计算月报酬额标准进行课征；根据法第 39 条，以下个年度确定的该年度的报酬总额为标准，重新计算月报酬额并进行精算。但是对根据法第 70 条第 3 款后段，适用保健福祉部长官公示金额的职场投保人，在该公示金额适用期间，可以省略所课征的月报酬额保险费的精算。

1. 取得职场投保人资格的、资格变动成为其他职场投保人的、从地区投保人资格变动为职场投保人的人：根据法第 37 条，资格取得或变动时的月报酬额；

2. 不符合第 1 项的职场投保人：以上年度所受领的报酬总额为标准，根据法第 36 条计算的月报酬额。

②根据第 1 款月报酬额的适用期间如下：

1. 第 1 款第 1 项的投保人：资格取得或变动日所属之月（在每月 2 日以后发生资格变动的，是指其资格变动日所属之月的次月）起至次年 3 月；

2. 第 1 款第 2 项的投保人：每年 4 月起至次年 3 月。

第 35 条（为了计算月报酬额的通报）

①为了根据法第 70 条第 1 款计算月报酬额，用人单位应当在每年 3 月 10 日为止，将上年度向职场投保人支付的报酬的总额（作为根据法第 70 条及本令第 33 条计算的金额，指从 1 月至 12 月，向各投保人支付的报酬的总额）和职场投保人从事于相应事业场、国家、地方自治团体、私立学校或该学校经营机关（以下简称"事业场等"）的期间等，计算

月报酬额所需的事项，通报至公团。此时，对适用法第 70 条第 3 款后段的职场投保人，可以省略通报。

②为了根据法第 70 条第 1 款计算月报酬额，事业场存在下列情形时，用人单位应把迄今为止向使用、录用或聘用的所有职场投保人（第 3 项的情形，指该职场投保人）支付的报酬总额等计算月报酬额所需的事项，通报至公团：

1. 事业场停业、倒产或发生类似事由的；
2. 私立学校废校的；
3. 部分职场投保人退职的。

第 36 条（月报酬额的决定等）

①根据第 35 条，公团收到通报的报酬总额，除以职场投保人在上年度从事于该事业场的月数，所得的金额为每年的月报酬额。但是用人单位向公团通报其事业场该年度报酬的上涨率或下降率时，应当在根据本文计算的金额上，反映该平均上涨率或下降率计算的金额，作为每年的月报酬额。

②用人单位在该职场投保人的报酬上涨或下跌时，可以向公团申请月报酬额的变更。但是一般有 100 人以上的劳动者的事业场的用人单位，应按照下列规定向公团申请其月报酬额的变更。

1. 该月的报酬在 14 日前变更的：该月的 15 日为止；
2. 该月的报酬在 15 日之后变更的：该月的次月 15 日为止。

③用人单位没有根据第 35 条进行通报，或所通报的内容与事实不符的，根据法第 94 条，公团可以调查该事实并计算、变更月报酬额；根据第 2 款收到月报酬额变更申请的，可以从报酬上涨之月或下跌之月起变更月报酬额。

④职场投保人在两个以上适用健康保险的事业场受领报酬的，以各事业场受领的报酬为标准，分别决定各月报酬额。

⑤根据第 33—38 条的规定，难以计算职场投保人的月报酬额或没有可以确认报酬的资料的，月报酬额的计算方法和报酬的上涨、下降时月报酬额的变更申请等必要事项，经财政运营委员会的表决，由公团的章程规定。

第 37 条（职场投保人的资格取得、变动时月报酬额的决定）

具有取得职场投保人资格，或资格变动为其他职场投保人，或从地区

投保人资格变动为职场投保人的人时,公团应根据下列规定的相应金额,决定该职场投保人的月报酬额:

1. 报酬根据年、季度、月、周或其他期间决定的:相当于该报酬除以该期间的总日数所得金额的 30 倍的金额;

2. 报酬根据日、时间、生育量或承包决定的:取得职场投保人资格或资格变动之月的前一个月期间内,将事业场从事于同种业务领取同样报酬的人报酬,予以平均的金额;

3. 根据第 1 项及第 2 项,难以计算月报酬额的:取得职场投保人资格或资格变动之月的前一个月期间,将从事于同种业务的人受领的报酬,予以平均的金额。

第 38 条 (未被支付报酬的用人单位的月报酬额的决定)

①根据法第 70 条第 4 款,未被支付报酬的用人单位的月报酬额以下列方法计算。用人单位应当在每年 5 月 31 日为止〔根据《所得税法》第 70 条之二,若是向税务所长提交诚实申报确认书的用人单位(以下简称"诚实申报用人单位")时,到 6 月 3 日为止〕,向公团提交可以证明收入的资料或通报收入金额;由此计算出的金额,自每年 6 月起适用至次年的 5 月(若是诚实申报用人单位,则从每年 7 月适用至次年 6 月)。

1. 作为在该年度该事业场发生的保健福祉部令规定的收入,通过客观资料予以确认的金额;

2. 没有可以确认收入的客观资料的,用人单位申报的金额。

②对未被支付报酬的用人单位,决定或变更月报酬额的程序等,准用第 34 条第 1 款、第 35 条第 2 款及第 36 条规定。

③第 1 款及第 2 款规定外,根据第 1 款第 1 项及第 2 项的确认金额或申报金额,低于在事业场适用最高月报酬额的劳动者的月报酬额的情形,以该劳动者的月报酬额作为相应用人单位的月报酬额。

第 39 条 (月报酬额保险费的精算及分期缴纳)

①原来计算、征缴的月报酬额保险费的金额,超过根据第 34—38 条规定重新计算的月报酬额保险费的金额时,公团应将其超出部分返还给用人单位;不足时,应对用人单位追加征缴其不足部分。

②职场投保人的使用、录用、聘用关系结束时,用人单位应当对该职场投保人缴纳的月报酬额保险费重新计算,并与劳动者进行精算后,再与

公团进行精算程序。但是根据法第 70 条第 3 款后段，对适用保健福祉部长官公示的金额的职场投保人，在适用该公示金额期间，可以省略课征的月报酬额保险费的精算。

③根据第 1 款，在接受返还的金额或追加缴纳的金额中，对职场投保人须获得返还的金额及须负担的金额，应当与该职场投保人进行精算。

④根据第 1 款应追加征缴的金额（以下简称"追加征收金额"）中，职场投保人负担的金额在该职场投保人负担的月报酬额保险费（指通知追加征收金额之日，所属月份的月报酬额保险费）以上的，公团可以让其按照下列规定进行相应的缴纳：

1. 根据第 34 条第 1 款本文，以次年确定的相应年度报酬总额为标准，进行的精算（以下简称"年末精算"）得出的追加征收金额：分五次分期缴纳。但是根据用人单位的申请，可以一次性全额缴纳或在十次以内予以分期缴纳；

2. 除了年末精算外的精算，得出的追加征收金额：一次性全额缴纳。但是根据用人单位的申请，可以在十次以内予以分期缴纳。

⑤除第 1—4 款规定的事项外，对月报酬额保险费的精算及分期缴纳所需要的具体事项，由公团的章程规定。

第 40 条（公务员转出时的月报酬额保险费缴纳）

作为公务员的职场投保人转出到其他机关时，转出之日所属月份的月报酬额保险费，应当由转出前机关的负责人从须支付给被转出公务员的报酬中，将其扣除并予以缴纳。但是转出前机关的负责人没有支付转出之日所属月份的报酬的，由转入机关的负责人在报酬中扣除并予以缴纳。

第 41 条（月所得额）

①根据法第 71 条第 1 款的月所得额（以下简称"月所得额"）计算中，包含的所得如下。此时，根据《所得税法》的非课税所得除外。

1. 利息所得：根据《所得税法》第 16 条的所得；

2. 分红所得：根据《所得税法》第 17 条的所得；

3. 事业所得：根据《所得税法》第 16 条的所得；

4. 劳动所得：根据《所得税法》第 20 条的所得，但是不适用同法第 47 条规定的劳动所得扣除；

5. 年金所得：根据《所得税法》第 20 条之三的所得，但是不适用同法第 20 条之三第 2 款及第 47 条之二；

6. 其他所得：《所得税法》第 21 条的所得。

②法第 71 条第 1 款计算式外的部分及同款计算式的"总统令规定的金额"，分别指每年 3400 万韩元。

③对适用法第 71 条第 1 款的计算式算出的金额，按照保健保福祉部令规定的方法，进行评价并计算月所得额。

④除第 1—3 款规定的事项外，月所得额的计算包含的第 1 款所得资料的反映时期等，对计算月所得额所需的详细事项，由公团的章程规定。

第 42 条（保险费课征分数的计算标准）

①法第 72 条第 1 款规定的保险费赋课分数，应考虑下列各项内容予以计算，其具体计算方法如附表四所示：

1. 所得；
2. 财产；
3. 删除。

②第 1 款第 1 项规定的所得的具体种类及范围，准用第 41 条第 1 款。

③第 1 款第 2 项规定的财产如下：

1. 根据《地方税法》第 105 条，作为财产税课税对象的土地、建筑物、住宅、船舶及航空器，但是宗族财产（宗门财产）、村落共同财产、其他与此相当的以共同目的使用的建筑物及土体除外；

2. 未拥有住宅的地区投保人，对租赁住宅的保证金及月租金额；

3. 根据《地方税施行令》第 123 条第 1 项的乘用汽车及根据同条第 2 项的其他乘用汽车，但符合下列情形的除外：

（1）使用年数在九年以上的；

（2）排气量在 1600cc 以下的。但在课税标准上，根据《地方税法施行令》第 4 条第 1 款第 3 项，按车辆经过年数，考虑残余价值率后，适用保健福祉部长官所公示的比率，计算的车辆价额在 4000 万韩元以上的，除外；

（3）作为根据《国家有功者等礼遇及支援相关的法律》第 4 条、第 73 条及第 74 条的国家有功者等（包括修订为法律第 11041 号之前的《国家有功者等礼遇及支援相关的法律》第 73 条之二规定的国家有功者等），获得同法第 6 条之四规定的伤害等级判定的人和作为《报勋对象支援法》

第 2 条规定的报勋补偿对象，获得同法第 6 条规定的伤害等级判定的人所有的汽车；

（4）根据《残疾人福祉法》备案的残疾人所有的汽车；

（5）根据《地方税特例限制法》第 4 条，不予课税的汽车；

（6）根据《地方税法施行令》第 122 条，用于营业的汽车。

④除第 1—3 款规定的事项外，包含在保险费课征分数的计算中的，第 1 款事项相关的资料的反映时期等，对保险费课征分数的计算所需的详细事项，由公团的章程规定。

第 42 条之二（保险费课征制度改善委员会的组成等）

①根据法第 72 条之二的保险费课征制度改善委员会（以下简称"制度改善委员会"）应考虑性别，由 19 人以内的委员组成，其中包括委员长一人和副委员长一人。

②制度改善委员会委员长担任保健福祉部次官；副委员长由委员长在委员中指定的人担任。

③制度改善委员会委员长代表制度改善委员会，总揽其业务。

④制度改善委员会的副委员长辅佐委员长，并在委员长因不可避免的事由，无法履行职务时，代为履职。

⑤制度改善委员会的委员根据下列区分，由保健福祉部长官任命或委托：

1. 企划财政部、保健福祉部、雇佣劳动部、国土交通部、国务调整室、人事革新处、金融革新委员会及国税厅所属的三级公务员或高层公务员团的一般职公务员中，由其所属机关的负责人分别指定一人；

2. 保险费课征体系、租税、住宅、金融或年金制度等相关的学识和经验丰富的人，九人以内；

3. 公团的理事长推荐的一人。

⑥制度改善委员会的委员（根据第 5 款第 1 项规定的委员除外）的任期为两年，仅限连任两次。

⑦因制度改善委员会委员（根据第 5 款第 1 项规定的委员除外）的卸任等，新委托的制度改善委员会委员的任期，为前任委员任期的剩余期间。

第 42 条之三（制度改善委员会委员的解任及解聘）

制度改善委员会委员符合下列情形时，保健福祉部长官可以解任或解聘该委员：

1. 因身心障碍，无法履行职务的情形；
2. 与职务相关，存在违法事实的情形；
3. 因职务怠慢、有损品味或其他事由，认为不适合做委员的情形；
4. 委员自己做出难以履行职务的意思表示的情形。

第 42 条之四（制度改善委员会的会议）

①制度改善委员会的委员长召集制度改善委员会会议，并担任其议长。

②制度改善委员会会议在 1/3 以上的在籍委员要求时，或委员长认为有必要时召开。

③制度改善委员会会议以过半数的在籍委员出席开始，并以过半数出席委员赞成进行表决。

④为了制度改善委员会的高效审议，必要时可以组成、运营专门委员会。

⑤除第 1—4 款规定的事项外，对制度改善委员会和专门委员会的组成、运营等所需的事项，经制度改善委员会的表决，由委员长决定。

第 42 条之五（干事）

①为了处理制度改善委员会的事务，制度改善委员会设干事一人。

②干事由保健福祉部长官在保健福祉部所属三级或四级公务员中任命。

第 42 条之六（对保险费课征制度的适当性评价）

①为了法第 72 条之三第 1 款规定的适当性评价（以下简称"适当性评价"），保健福祉部长官可以实施调查及研究。

②根据第 1 款实施的调查及研究，保健福祉部长官可以委托给具有保险费课征制度相关的专业性的研究机关、大学、非营利法人或团体等。

③保健福祉部长官可以要求相关中央行政机关、地方自治团体及《公共机关运营法》规定的公共机关等，提交适度性评价相关的意见或资料。

④保健福祉部长官根据第 1 款实施适当性评价的，应将其结果通知制度改善委员会。

第 43 条（地区投保人的世带分离）

地区投保人符合下列条件时，公团可以将该投保人从相应的世带中分离出来，另行组成世带。

1. 与相应世带分别谋求生计及数算家庭单位，且向公团申请世带分离的人；

2. 根据附表二的第 3 项（4），适用本人负担金的人；

3. 根据《兵役法》第 21 条或第 26 条，被召集并服务于常任预备役或社会服务要员的人。

第 44 条（保险费率及保险费课征分数每分所对应的金额）

①法第 73 条第 1 款规定的职场投保人的保险费率，为 646‰。

②法第 73 条第 3 款规定的地区投保人的每一保险费课征分数所值金额，为 189.7 韩元。

第 45 条（减轻保险费的地区）

法第 75 条第 1 款第 1 项的"岛、僻地、农渔村等总统令规定的地区"是指符合下列条件的地区：

1. 保健福祉部长官规定并公示的，离疗养机构的距离甚远或利用大众交通移动的时间过长的岛、辟地地区。

2. 符合下列规定的农渔村地区：

（1）郡及都市农村复合形态市的邑、面地区；

（2）除了《国土的计划及利用法》第 36 条第 1 款第 1 项规定的被指定为居住地区、商业地区及工业地区外的，《地方自治法》第 2 条第 1 款第 2 项规定的市和郡中的洞地区；

（3）符合《为增进农渔村居民的保健福祉的特别法》第 33 条规定的地区。

3. 考虑到劳动地使用疗养机构受限制的特性，保健福祉部长官认定的地区。

第 45 条之二（对账户转账者的保险费减额等）

根据法第 75 条第 2 款，对以电子文书收取缴纳通知或以自动转账方式交保险费的缴纳义务者，公团可以在就此节省的邮费等行政费用的范围内，按照公团章程的规定，对保险费进行减额处理或提供与减额金额相当的财物。

第 46 条（地区投保人的保险费连带缴纳义务免除对象——未成年人）

法第 77 条第 2 款但书中"符合总统令规定标准的未成年人"，是指符合下列条件的未成年人。但是作为第 41 条第 1 款第 2 项的分红所得，或同款第 3 项的事业所得，拥有从根据《所得税法》第 168 条第 1 款进行事业者登记的事业，发生所得的未成年人除外。

1. 具备下列各目中所有要件的未成年人：

（1）根据第 42 条第 1 款第 1 项的所得合计，在每年 100 万韩元以下的；

（2）根据第 42 条第 1 款第 2 项的财产中，没有符合同条第 3 款第 1 项及第 3 项的财产的。

2. 父母双亡且具备第 1 项（1）要件的未成年人。

第 46 条之二（随着事业的转让、受让的第二次缴纳义务）

① 根据法第 77 条之二第 2 款，负有第二次缴纳义务的事业的受让人，是按事业场将其事业相关的所有权利（有关应收账款的除外）和义务（有关未支付金的除外），概括性承受的人。

② 根据法第 77 条之二第 2 款后段，第二次缴纳义务以受让事业的财产价额为限，其价额为下列规定的金额。但是第 2 项规定的金额，仅限没有第 1 项规定的金额或不明确的的情形下适用。

1. 受让人向转让人曾经支付或存在应支付的金额时的该金额；

2. 公团准用《继承税及赠与税法》第 60—66 条的规定，评价受让的资产及负债后，从该资产总额扣除负债总额的价额。

③ 除第 2 款规定外，符合下列情形时，在根据同款第 1 项方法计算的金额和根据第 2 项方法计算的金额中，以其中较大的金额为事业受让财产的价额。

1. 根据第 2 款第 1 项的金额和根据《继承税及赠与税法》第 60 条的市价的差额，为三亿元以上的；

2. 根据第 2 款第 1 项的金额和根据《继承税及赠与税法》第 60 条的市价的差额，相当于该市价的 30% 的金额以上的。

第 46 条之三（加算金）

① 下列情形，视为法第 78 条之二第 1 款外的部分中的"因符合总统令规定事由"：

1. 不是劳动者、公务员或教职员的；

2. 符合法第 6 条第 2 款规定。

②下列情形，视为法第78条之二第2款的"加算金为小额或总统令规定的认为不适合征缴加算金的其他情形"：

1. 加算金（是指法第78条之二第1款规定的加算金）未满3000元的；

2. 存在公团认为不适合征缴加算金的不得已的事由的。

第46条之四（以信用卡缴纳医疗保险费）

①删除。

②法第79条之二第1款的"总统令规定的机关等"，是指下列机关：

1. 根据《民法》第32条，得到金融委员会的许可设立的金融结算院；

2. 在利用信息通信网，以信用卡、借记卡等（以下简称"信用卡等"）进行结算的机关中，公团考虑设施、业务履行能力及资本金规模等指定的机关。

③根据法第79条之二第3款的缴纳代办手续费，由公团综合考虑代为缴纳机关的运营经费等之后，予以承认。此时，代为缴纳手续费，不得超过该保险费等缴纳金额的10‰。

④公团可以规定以信用卡等缴纳保险费时的相关事项。

第46条之五（保险费的滞纳处分前，通报的例外）

法第81条第4款但书中的"总统令规定事由"，是指滞纳保险费等的滞纳者符合下列任意一项的情形：

1. 因滞纳国税，受到滞纳处分的；

2. 因滞纳地方税或公共事业费用，受到滞纳处分的；

3. 受到强制执行的；

4. 在根据《票据法》及《支票法》的票据交换所，受到停止交易处分的；

5. 拍卖开始的；

6. 法人解散的；

7. 因隐匿、遗漏财产，虚假合同或以其他不正当的方法，规避执行滞纳处分的行为的。

第47条（滞纳或缺损处分资料提供的除外事由）

法第81条之二第1款的但书中"具有总统令规定的事由"，是指符合下列情形：

1. 滞纳者根据《债务者回生及破产法》第 243 条的回生计划许可决定，获得滞纳额的征缴的推迟并在此推迟期间内的，或按回生计划的缴纳日程支付滞纳额时；

2. 公团认为滞纳者因符合下列事由，无法缴纳滞纳额时：

（1）因灾害或失窃，财产受到严重损失时；

（2）事业受到显著的损失或处于重大的危机时。

第 47 条之二 （滞纳或缺损处分资料的提供程序）

①根据法第 81 条之二第 1 款，《信用信息的利用及保护法》第 25 条第 2 项第 1 款的综合信用信息征集机关（以下简称"综合信用信息征集机关"），应以记载着下列内容的文书，要求公团提供保险费的滞纳者或缺损处分者的个人资料、滞纳额或缺损处分额相关的资料（以下简称"滞纳资料"）：

1. 信用信息征集机关的名称及地址；

2. 所要求的滞纳资料的内容及用途。

②根据第 1 款要求，向信用信息征集机关提供滞纳资料时，公团可以以文书或利用信息通信网的电子形态的文件（是指记录、保管滞纳资料的磁带、磁盘、其他与此类似的媒体）提供。

③根据第 2 款提供滞纳资料后，发生滞纳额的缴纳、亏损处分的撤销等事由时，公团应当在该事由发生之日起 15 日内，将该事实通知提供滞纳资料的信用信息征集机关。

④除第 1—3 款规定的事项外，对滞纳资料的提供事项，由公团予以规定。

第 47 条之三 （保险费的缴纳证明等）

①符合下列情形视为，法第 81 条之三第 1 款本文中的"总统令规定的施工、制造、买入、劳务等合同"：

1. 《以国家为当事人的合同相关的法律》第 2 条规定的合同。但是以《国库金管理法施行令》第 31 条规定的官署运营经费，作为其对价受领的合同除外；

2. 《以地方自治团体为当事人的合同相关的法律》第 2 条规定的合同，但是以《地方会计法施行令》第 38 条规定的日常经费，作为其对价受领的合同除外；

3.《公共机关运营法》规定的公共机关所缔结的合同，但是由保健福祉部长官规定并公示的日常经费性质的资金，为其对价受领的合同除外。

②符合下列情形视为，法第 81 条之三第 1 款但书的"缴纳义务者要以合同价款的全部或部分，缴纳滞纳的保险费的情形等，总统令规定的情形"：

1. 缴纳义务人要以收取的全部代价，作为保险费及其滞纳金和滞纳处分额缴纳的，或以其部分代价，作为保险费及其滞纳金和滞纳处分额全额缴纳的；

2. 根据法第 81 条的滞纳处分，公团受领了该合同的对价的；

3. 因《债务者回生及破产法》规定的破产管财人无法进行缴纳证明，管辖法院认为难以顺利进行破产程序的情形下，破产管财人向公团请求缴纳证明的例外的；

4. 根据《债务者回生及破产法》的回生计划，规定推迟征缴保险费及其滞纳金和滞纳处分额，或规定推迟滞纳处分导致的财产变现的内容的。此时，无须证明缴纳事实的保险费及其滞纳金和滞纳处分额，仅限于该推迟征缴或推迟变现的金额。

③根据法第 81 条之三第 1 款本文，法第 77 条规定的保险费缴纳义务人，要获得保险费和由此产生的滞纳金和滞纳处分额缴纳事实证明的，应当按照保健福祉部长官规定并公示的方法，向公团请求该证明。但是收取合同对价的人，不是原合同签订者的，应由下列规定的相应人来请求缴纳事实的证明：

1. 因债权转让导致的：转让人和受让人；

2. 根据法院的转付命令的：扣押债权人；

3. 根据《分包公平交易相关法》第 14 条第 1 款第 1 项及第 2 项，直接受领建设工程的分包合同价款的：分包人。

第 48 条（高额、习惯性滞纳者的信息公开及排除公开事由）

①下列情形视为，法第 83 条第 1 款但书中的"缴纳部分滞纳的金额等，具有总统令规定事由的情形"：

1. 自通知之日起六个月内，缴纳了根据法第 83 条第 3 款发出通知时，所滞纳的保险费、滞纳金及滞纳处分额（以下简称"滞纳额"）的30%以上的；

2. 根据《债务者回生及破产法》第243条的回生计划许可决定，获得推迟征缴滞纳额，且在其推迟期间中的，或按回生计划中的缴纳日程缴纳滞纳额的；

3. 因灾害等，财产受到严重损失或事业处于重大危机的情形，法第83条第2款规定的保险费信息公开审议委员会（以下简称"保险费信息公开审议委员会"），认为公开滞纳者的个人资料、滞纳额等（以下简称"个人资料等"）没有实际利益的。

②公团和保险费信息公开审议委员会根据法第83条第3款，选定个人资料等的公开对象时，应综合考虑滞纳者的财产状态、所得水平、是否未成年及其他事项，来判断是否具有缴纳能力。

③根据法第83条第3款，公团在通知其为个人资料等的公开对象时，应当敦促滞纳额的缴纳；若符合同条第1款但书规定的个人资料等公开排除事由的，应对其相关申辩资料的提交予以说明。

④根据法第83条第4款，公团在公开个人资料等时，应公开滞纳者的姓名、商号（包括法人的名称）、年龄、地址、滞纳额的种类、缴纳期限、金额、滞纳要旨等；滞纳者若是法人的，应一并公开法人代表。

第49条（保险费信息公开审议委员会的组成及运营）

①委员会由11人委员组成，其中包括委员长一人。

②在公团的高管中，由负责相应业务的常任理事，担任保险费信息公开审议委员会的委员长；委员由公团的理事长任命或委托的下列人担任：

1. 公团所属职员四人；

2. 负责保险费征缴相关事务的保健福祉部所属三级或四级公务员一人；

3. 国税厅的三级或四级公务员一人；

4. 具有法律、会计或社会保险相关丰富学识和经验的四人。

③根据第2款第4项的委员的任期为两年。

④保险费信息公开审议委员会的会议以过半数在籍委员出席开始，以出席委员过半数赞成进行表决。

⑤除第1—4款规定的事项外，保险费信息公开审议委员会的组成及

运营所需的事项，由公团予以规定。

第 50 条 （亏损处分）

下列情形视为，法第 84 条第 1 款第 3 项中的"总统令规定的情形"：

1. 滞纳者没有财产，或作为滞纳处分标的物的总财产的估价，被确认为偿还滞纳处分额后，就没有剩余可能性的情形；

2. 作为滞纳处分标的物的总财产，被确认为在偿还优先于保险费等的国税、地方税、房屋典权、质权、抵押权或根据《动产、债权等的担保法》的担保权所担保的债权等之后，就没有剩余可能性的情形；

3. 其他经财政运营委员会表决，认为没有征缴可能性的情形。

第 51 条 （退还金的抵充顺序）

①据法第 86 条第 2 款前段，公团应将同条第 1 款的退还金按照下列区分，以各目的顺序偿还：

1. 错误缴纳保险费及其延滞金的：

（1）滞纳处分额；

（2）滞纳的保险费和由此产生的延滞金；

（3）即将要缴纳的一个月份的保险费（仅限根据法第 86 条第 2 款前段偿还后，能获得剩余金额的人同意的情形）。

2. 误缴纳法第 57 条规定的征收金（以下简称"征收金"）和由此产生的延滞金的：

（1）滞纳处分额；

（2）滞纳的征收金和由此产生的延滞金。

3. 误缴纳加算金和由此产生的延滞金的：

（1）滞纳处分额；

（2）滞纳的加算金和由此产生的延滞金。

②公团根据第 1 款第 1—3 项的规定偿还后，有剩余金额的，可以按照下列区分予以偿还。

1. 根据第 1 款第 1 项偿还后有剩余金额的：根据同款第 2 项各目的顺序偿还，然后根据同款第 3 项各目的顺序偿还；

2. 根据第 1 款第 2 项偿还后有剩余金额的：根据同款第 1 项各目的顺序偿还，然后根据同款第 3 项各目的顺序偿还；

3. 根据第 1 款第 3 项偿还后有剩余金额的：根据同款第 1 项各目的

顺序偿还，然后根据同款第2项各目的顺序偿还。

第52条（退还金的偿还、给付时加算利息等）

①法第86条第2款后段的"总统令规定的利息"，是指在下列各项规定的日子起到以退还金当作保险费等、延滞金或滞纳处分额偿还之日（支付的情形，是指发送支付通知书之日）的这一期间，法第86条第1款规定的退还金，乘以《国税基本法施行令》第43条之三第2款规定的国税退还加算金的利率，计算的金额。

1. 两次以上分期缴纳保险费等、滞纳金或滞纳处分额的，下列各目规定的分期缴纳日的次日：

（1）相应退还金少于或等于最终分期缴纳的金额的：最终分期缴纳之日；

（2）相应退还金多于最终分期缴纳的金额的：到相应退还金符合（1）的情形为止，溯及最近分期缴纳日的顺序，计算各分期缴纳日。

2. 根据第39条第1款，公团将其超出额返还给用人单位的，按照下列各目规定之日：

（1）用人单位根据第35条及第38条，到通报期限为止，向公团通报支付给职场投保人的报酬总额等的，从该通报期限日起，经过七日之日。但是经过其通报期限，予以通报的，自通报日起，经过七日之日。

（2）用人单位根据第36条第2款（包括因第38条第2款，准用的情形），向公团申请月报酬额的变更的，自申请日起经过七日之日。

3. 根据第38条第2款，准用第35条第2款事由，精算用人单位的月报酬额保险费的，或因职场投保人的使用、任用、聘用关系结束，公团根据第39条第2款，与用人单位重新精算月报酬额保险费，并予以返还的情形，按照下列各目规定之日：

（1）有根据法第9条第1款的资格变动的情形：申报资格变动之日起经过七日之日；

（2）有根据法第10条第1款的资格丧失的情形：申报资格丧失之日起经过七日之日。

②根据法第86条第2款，公团将退还金用于偿还保险费等、滞纳金或滞纳处分额的，在偿还后要支付剩余金额的，应将该事实以文书方式通知缴纳人。

第七章　异议申请及审判请求

第 53 条（异议申请委员会）

为了有效处理根据法第 87 条第 1 款及第 2 款的异议申请，公团及审查评价院分别设置异议申请委员会。

第 54 条（异议申请委员会的组成等）

①法第 53 条规定的异议申请委员会（以下简称"异议申请委员会"）分别由 25 人委员组成，其中包括委员长一人。

②异议申请委员会的委员长，由公团的理事长指定的公团常任理事担任；委员由公团的理事长任命或委托的下列人担任：

1. 公团的高管和职员一人；

2. 由用人单位团体和劳动者团体各推荐的四人，即八人；

3. 市民团体、消费者团体、农渔业人团体及自营业者团体各推荐的二人，即八人；

4. 律师、社会保险及医疗相关的学识和经验丰富的七人。

③异议申请委员会的委员长，由审查评价院的院长指定的审查评价院的常任理事担任；委员由审查评价院的院长任命或委托的下列人担任：

1. 审查评价院的高管和职员一人；

2. 代表投保人的团体（包括市民团体）推荐的五人；

3. 律师、社会保险相关学识和经验丰富的四人；

4. 医药相关团体推荐的 14 人。

④根据第 2 款和第 3 款委托的委员任期为三年。

第 55 条（异议申请委员会的运营）

①异议申请委员会的委员长召集异议申请委员会会议，并担任其议长。委员长因不得已的事由，无法履行职务时，由委员长指定的委员代为履职。

②委员长和每次会议委员长指定的六人委员组成异议申请委员会的会议。

③异议申请委员会的会议由第 2 款规定的成员过半数出席开始会议，出席委员的过半数赞成进行表决。

④对出席异议申请委员会会议的委员长及所属高管和职员之外的委员，可以在预算范围内支付津贴和旅费及其他必要的经费。

⑤提交至异议申请委员会会议的议案范围，及其他异议申请委员会运营所需的事项，经异议申请委员会表决，由委员长决定。

第 56 条（异议申请的方式）

根据法第 87 条第 1 款及第 2 款的异议申请及其决定，遵循保健福祉部令规定的格式。

第 57 条（异议申请决定的通知）

公团和审查评价院对异议申请做出决定时，应及时将决定书原件发送给申请人，并向利害关系人发送复印件。

第 58 条（异议申请决定期间）

①公团和审查评价院应当在收到异议申请之日起 60 日内予以决定。但有不得已的情形的，可以在 30 日范围内，延长其期间。

②根据第 1 款但书，公团和审查评价院要延长决定期间的，应当在决定期间结束七日前为止，将其事实通知给申请异议的人。

第 59 条（审判请求书的提出等）

①根据法第 88 条第 1 款，要进行审判请求的人，应将记载下列各项内容的审判请求书提交至公团、审查评价院，或根据法第 89 条的健康保险纠纷调整委员会（以下简称"纠纷调整委员会"）。审判请求书若提交给没有正当权限的人的，收到审判请求书的人应将该审判请求书送交给有正当权限的人。

1. 请求人和受处分的人的姓名、居民登录号码及地址（法人的情形，是指法人的名称、法人登记号码及主要事务所的所在地，以下第 60 条第 1 项，亦同）；

2. 作出处分人（公团理事长或受审查评价院院长委任，由分事务所的负责人进行处分的，是指该分事务所的负责人，以下相同）；

3. 处分的要旨及知道有处分之日；

4. 审判请求的宗旨及理由；

5. 请求人不是受处分人的，与受处分人的关系；

6. 标注附件；

7. 是否有审判请求相关的通知及其内容。

②根据第 1 款，公团和审查评价院收到审判请求书的，应当在收到该审判请求书之日起十日以内，在该审判请求书上，附加处分人的答辩书及异议申请决定书的复印件，提交至纠纷调整委员会。

③根据第 1 款，纠纷调整委员会收到审判请求书的，应及时将该复印件或副本，送交给公团或审查评价院及利害关系人；公团或审查评价院应当在收到该复印件或副本之日起十日内，将作出处分人的答辩书及异议申请决定书复印件，提交至纠纷调整委员会。

④根据第 1 款后段，审判请求书送交给有正当权限之人的，应及时将该事实通知请求人。

⑤计算法第 88 条第 1 款后段规定的审判请求的提起期间时，根据第 1 款，审判请求书已提交至公团、审查评价院、纠纷调整委员会或没有正当权限的人时，应视为已提起审判请求。

第 60 条（审判请求决定的通知）

纠纷调整委员会的委员长对审判请求做出决定时，应当在记载下列内容的决定书上署名或签名盖章，并及时向请求人发送决定书正本，对作出处分人及利害关系人发送其复印件：

1. 请求人的姓名、居民登录号码及地址；
2. 作出处分人；
3. 决定的主文；
4. 审判请求的宗旨；
5. 决定的理由；
6. 决定的年月日。

第 61 条（审判请求决定期间）

①根据第 59 条第 1 款审判请求书提出之日起 60 日内，纠纷调整委员会应做出决定。但是有不得已的情形时可以在 30 日范围内，延长其期间。

②根据第 1 款但书要延长决定期间的，应当在决定期间结束七日前，通知请求人。

第 62 条（纠纷调整委员会组成等）

①纠纷调整委员会的委员长由保健福祉部长官提名，总统令任命；委员是由保健福祉部长官在下列人员中任命或委托：

1. 在职或曾在职的四级以上公务员或符合高层公务员团的一般职公

务员；

2. 具有法官、检察官、律师资格的人；

3. 在《高等教育法》第 2 条第 1—3 项规定的学校里在职的，社会保险或医疗相关领域的副教授以上职位的人；

4. 社会保险或医疗相关学识和经验丰富的人。

②在第 1 款第 1 项的委员中，由负责法第 88 条规定的审判请求相关业务的公务员，担任法第 89 条第 2 款规定的当然职委员。

第 62 条之二（纠纷调整委员会委员的解任及解聘）

根据第 62 条第 1 款规定的纠纷调整委员会委员，符合下列情形时，保健福祉部长官可以解任或解聘相应的纠纷调整委员会委员：

1. 因身心障碍，无法履行职务的情形；

2. 与职务相关，具有违法事实的情形；

3. 因职务怠慢、有损品味或其他事由，认为不适合做委员的情形；

4. 符合第 65 条之二第 1 款的规定，却未回避的情形；

5. 委员自己做出难以履行职务的意思表示的情形。

第 63 条（纠纷调整委员会委员长的职务）

①纠纷调整委员会的委员长代表纠纷调整委员会，总揽纠纷调整委员会的事务。

②纠纷调整委员会的委员长因不得已的事由无法履行职务时，由委员长指定的委员代为履职。

第 64 条（纠纷调整委员会委员的任期）

纠纷调整委员会委员的任期为三年。但是第 62 条第 1 款第 1 项规定的委员中，作为公务员的委员，其任期为相应职位的在任期间。

第 65 条（纠纷调整委员会的会议）

①纠纷调整委员会委员长召集纠纷调整委员会会议，担任其议长。

②除本令规定的事项外，纠纷调整委员会运营事项，经纠纷调整委员会表决由委员长规定。

第 65 条之二（纠纷调整委员会委员的除斥、忌避、回避）

①符合下列情形时，纠纷调整委员会的委员（以下简称"委员"）应当在纠纷调整委员会的审理、表决中被除斥：

1. 委员或其配偶或曾经为配偶的人，成为案件的当事人或与案件当事人是共同权利人或共同义务人的；

2. 委员与案件的当事人是亲族或曾经为亲族的；

3. 委员对案件进行证言、陈述、咨询、研究或服务的；

4. 委员或委员所属的法人是该案件当事人的代理人或曾经是代理人的；

5. 委员曾干预作为案件原因的处分或不作为的。

②在具有难以期待委员作出公正的审理、表决的事由时，当事人可以向纠纷调整委员会申请忌避；对此纠纷调整委员会通过表决决定。此时，作为忌避申请对象的委员，不得参与该表决。

③符合第 1 款中的除斥事由的委员应从相应案件的审理、表决中自行回避。

第 66 条（纠纷调整委员会委员的干事）

①为了处理纠纷调整委员会的事务，纠纷调整委员会设干事一人。

②干事由保健福祉部长官在保健福祉部公务员中指定。

第 67 条（纠纷调整委员会委员的津贴）

对出席纠纷调整委员会的委员，可以在预算范围内，支付津贴和旅费及其他必要的经费。但是公务员担任委员时，出席与所管业务直接相关的会议的，除外。

第八章　补则

第 68 条（缩小、遗漏所得资料的送交程序）

①根据法第 95 条第 1 款，公团符合下列情形时，应当经第 2 款规定的所得缩小遗漏审查委员会的审查，将关联资料提交给保健福祉部长官，并送交国税厅长。

1. 根据法第 94 条第 1 款，用人单位、职场投保人及世带主申报的报酬或所得等（以下简称"所得等"），具体如下：

（1）与向国税厅申报的所得等有差异的情形；

（2）低于该行业、职业的平均所得等的情形；

（3）与工资总账或其他所得相关文件或账簿等的内容不同的情形。

2. 被认为具有减少或遗漏所得的情形，具体如下：

（1）未根据法第 94 条第 1 款规定提交资料，或迟延三个月以上提交的情形；

（2）三次以上拒绝、妨碍、忌避法第 94 条第 2 款规定的调查的情形。

②为了根据法第 95 条第 1 款，审查是否对所得等有缩小遗漏相关事项，在公团设置缩小遗漏所得审查委员会（以下简称"所得缩小遗漏审查委员会"）。

③所得缩小遗漏审查委员会由五人委员组成，其中包括委员长一人。

④所得缩小遗漏审查委员会的委员长在符合公团的高管和职员中，由理事长任命。

⑤所得缩小遗漏审查委员会的委员由公团的理事长任命或委托。

1. 公团的职员一人；

2. 保健福祉部及国税厅所属的五级以上公务员，或符合高层公务员团的一般职公务员中，由所属机关负责人分别指名一人，即二人；

3. 税务师或公认会计师一人。

⑥除第 3—5 款规定的事项外，所得缩小遗漏审查委员会的运营所需的事项，由公团的理事长决定。

第 69 条（国税厅回信资料的反映）

根据法第 95 条第 2 款，公团从国税厅长那里收到报酬、所得相关事项的，应将其结果反映在投保人的报酬或所得中。

第 69 条之二（提供请求资料等）

①法第 96 条第 1 款的"总统令规定的资料"，是指根据附表四之三的第 1 项的资料。

②法第 96 条第 2 款的"总统令规定的资料"，是指根据附表四之三的第 2 项的资料。

③根据法第 96 条第 1 款或第 2 款，收到资料提供要求的国家、地方自治团体、疗养机构、《保险业法》规定的保险公司及保险费率核算机关、《公共机关的运营相关的法律》规定的公共机关、其他公共团体等，在第 1 款或第 2 款的资料，利用计算机记录设备或计算机程序，储存于软磁盘、磁带、缩微胶卷、光盘等的情形，可以以相应形态提供资料。

第 70 条（行政处分标准）

①根据法第 98 条第 1 款及第 99 条第 1 款，对疗养机构的停止业务处

分及课征金的征收标准如附表五所示。

②第 1 款的课征金的征缴程序，由保健福祉部令规定。

第 70 条之二（课征金的课征标准）

①法第 41 条之二第 3 款规定的疗养给付的使用停止对象的药品，符合下列情形时，保健福祉部长官可以根据法第 99 条第 2 款或第 3 款，以课征金来代替停止适用疗养给付：

1. 退市防止医药品；

2. 稀贵医药品；

3. 根据法第 41 条第 3 款的规定，公示为疗养给付对象的药品作为单一品种，没有同一制剂（是指投入途径、成分、含量及制剂相同的产品）的医药品；

4. 其他保健福祉部长官认定的有特别事由的药品。

②法第 99 条第 3 款的"总统令规定的期间"是指五年。

③第 1 款所述课征金的课征标准如附表四之二所示。

第 70 条之三（课征金的课征及缴纳）

①保健福祉部长官在根据法第 99 条第 1—3 款规定课征课征金时，应对课征金课征对象的违反行为、课征金的金额、缴纳期限及收纳机关等加以明示，并以书面方式通知缴纳。

②根据第 1 款收到通知的人应当在缴纳通知书记载的缴纳期限内，向收纳机关缴纳课征金。但是有天灾或因其他不得已的事由，无法在此期间内缴纳课征金的，应当在该事由消除之日起七日内缴纳。

③第 2 款的收纳机关收到课征金的，应当向缴纳者出具收据，并立即将缴纳事实通报给保健福祉部长官。

第 70 条之四（对课征金未缴纳者的处分）

①根据第 99 条第 1 款应缴纳课征金的人在缴纳期限内不交课征金的，根据同条第 5 款规定，保健福祉部长官应当在缴纳期限经过后的 15 日内发放督促状。此时，缴纳期限为督促状发放之日起的十日内。

②根据第 1 款，须缴纳课征金的人收到督促状后，在其缴纳期限内仍未缴课征金的，根据法第 99 条第 5 款，保健福祉部长官应撤销赋课课征金的处分，并根据法第 98 条第 1 款予以停止业务处分或参照国税处分予以征缴。

③保健福祉部长官根据法第 99 条第 5 款，撤销赋课课征金的处分，并按照法第 98 条第 1 款进行停止业务处分的，应以书面将其内容通知处分对象。书面应包含处分的变更事由和停止业务处分的期间等停止业务处分所必要的事项。

第 71 条（课征金的支援规模等）

①法第 99 条第 8 款规定的课征金根据其用途，支援的规模如下。

1. 根据法第 47 条第 3 款，公团作为疗养给付费用支付的资金支援：课征金收入的 50%；

2. 根据《应急医疗法》的应急医疗基金支援：课征金收入的 35%；

3. 对根据《灾难性医疗费支援法》的灾难性医疗费支援事业的支援：课征金收入的 15%。

②公团的理事长和根据《应急医疗法》第 19 条第 2 款受委托管理、运用应急医疗基金的人，应当在每年 4 月 30 日为止，向保健福祉部长官提交根据第 1 款收到的支援课征金的次年度运用计划书和上年度使用成果。

③保健福祉部长官应考虑根据第 2 款提交的课征金运用计划书和课征金使用成果，决定次年的课征金支援额，并根据国家财政法令的规定，将其反映在预算中。

第 72 条（公示事项）

法第 100 条第 1 款前段中"总统令规定的事项"，是指下列内容：

1. 相应疗养机构的种类和其代表人的许可号码、性别；

2. 医疗机构的开设者为法人的，医疗机构负责人的姓名；

3. 此外，为了与其他疗养机构的区分，法第 100 条第 2 款规定的健康保险公示审议委员会（以下简称"公示审议委员会"）认为必要的事项。

第 73 条（公示审议委员会的组成、运营等）

①公示审议委员会的委员长由九人委员组成，其中包括委员长一人。

②公示审议委员会的委员长在第 1—4 项的委员中进行互选；委员由保健福祉部长官任命或委托的下列人担任：

1. 消费者团体推荐的一人；

2. 媒体人一人；

3. 律师等法律专家一人；

4. 代表医药界的团体推荐的，健康保险相关的学识和经验丰富的三人；

5. 保健福祉部的高层公务员团中的公务员一人；

6. 公团的理事长及审查评价院的院长各推荐的一人，即两人。

③公示审议委员会委员（第2款第5项的委员除外）的任期为两年。

④公示审议委员会的委员长代表公示审议委员会，总揽公示审议委员会的事务。

⑤公示审议委员会的委员长因不得已的事由无法履行职务时，由委员长指定的委员代为履行其职务。

⑥公示审议委员会的会议以在籍委员过半数出席开议，以出席委员过半数赞成进行表决。

⑦除第1—6项规定的事项外，公示审查委员会的组成、运营等事项，经公示审议委员会的表决，由委员长决定。

第73条之二（公示审议委员会委员的解任及解聘）

根据第73条第2款的规定，公示审议委员会委员符合下列情形时，保健福祉部长官可以解任或解聘相应公示审议委员会委员：

1. 因身心障碍，无法履行职务的情形；

2. 与职务相关，具有违法事实的情形；

3. 因职务怠慢、有损品味或其他事由，认为不适合做委员的情形；

4. 委员自己作出难以履行职务的意思表示的情形。

第74条（公示程序及方法等）

①对根据法第100条第3款收到公示对象的事实通知的疗养机构，保健福祉部长官应当自收到通知之日起20日内，赋予其提交申辩资料或出席陈述意见的机会。

②对根据法第100条第4款被选定为公示对象的疗养机构，保健福祉部长官应当在保健福祉部、公团、审查评价院，管辖特别市、广域市、道、特别自治道和市、郡、自治区及保健所的官网，对同条第1款规定的公示事项进行为期六个月的公告，亦可在公示板等进行追加公告。

③根据法第100条第4款被选定为公示对象的疗养机构，反复进行符合同条第1款的谎报，或该谎报符合重大的违反行为等保健福祉部长官认

为有必要进行追加公示的，除了根据第 2 款的公告外，可以以《新闻振兴法》规定的新闻或《放送法》规定的广播，进行追加公示。

④作为管辖第 2 款规定的公告对象疗养机构的特别市市长、广域市市长、道执事、特别自治道执事，市长、郡守、区厅长或保健所的负责人，在第 2 款规定的公告期间，发现因《医疗法》第 33 条第 5 款规定的变更许可、变更申报等，导致法第 100 条第 1 款公示事项的变更事实时，应当及时通知保健福祉部长官。保健福祉部长官应采取必要措施，使变更事项立即反映在第 2 款规定的公告内容中。

⑤除第 1—4 款规定的事项外，对公示程序及方法、公示事项的变更等事项，由保健福祉部长官规定。

第 74 条之二 （损失相当额的计算标准等）

①根据法第 101 条第 3 款，公团对《药事法》规定的医药品的制造业者、委托制造销售业者、进口者、销售业者及《医疗器械法》规定的医疗器械制造业者、进口业者、修理业者、销售业者、租赁业者（以下简称"制造业者等"），征缴的相当于损失的金额（以下简称"损失相当额"）是，因同条第 1 款第 1—3 项的违反行为，导致保险人、投保人及被扶养人所负担的不当疗养给付费用的全额。

②在法第 101 条第 1 款第 1—3 项规定的违反行为中，制造业者等对同样的药品、治疗材料，做出两个以上的违反行为的，公团在各违反行为导致的损失相当额中，征缴最大金额的损失相当额。

③根据法第 101 条第 3 款，公团征缴损失相当额的，应以包括下列内容的文书通知药品、治疗材料的制造业者：

1. 违反行为的内容及法律根据相关的事项；
2. 征收金额及计算明细等相关的事项；
3. 缴纳期限、缴纳方法及缴纳场所等缴纳所需的事项。

第 75 条 （褒赏金的支付标准等）

①根据法第 104 条第 1 款，要举报以欺骗或其他不正当的方法领受保险给付的人或领受保险给付费用的疗养机构的人，应按照公团规定向公团举报。两人以上的人以共同名义举报时，应指定代表人。

②公团收到第 1 款规定的举报的，应当在确认其内容后，决定是否支付褒赏金，并通知举报人（两人以上以共同名义举报的情形，是指第 1

款后段的代表人，以下与本条相同）。

③根据第 2 款收到褒赏金支付决定通报的举报人，应按照公团规定，向公团申请支付褒赏金。

④公团应当在收到第 3 款规定的褒赏金支付申请之日起一个月以内，按照附表六的褒赏金支付标准，向举报人支付褒赏金。

⑤收到第 1 款规定的举报后，对相同内容的举报人，不再支付褒赏金。

⑥除第 1—5 款规定的事项外，对褒赏金的支付标准和方法、程序等相关的所需事项，由公团规定。

第 75 条之二（奖励金的支付等）

①根据法第 104 条第 2 款的规定，符合下列情形时，公团可以向节减健康保险财政支出做出贡献的疗养机构支付奖励金：

1. 可代替使用的成分或功效相同的药品中，处方或调剂比疗养给付费用低廉的药品的；

2. 根据第 70 条之二第 1 款第 1 项，在被指定、公示为退场防止医药品的药品中，处方或调剂比其他药品低廉且在药品的特性上具有可代替性药品的；

3. 在保健福祉部长官规定并公示的期间内，低于上限金额买入医药品的，或比起上年度药品使用量减少的。

②奖励金不应超过因第 1 款规定的处方或调剂，所节省的健康保险财政支出金额的 70%。

③根据第 1 款第 1 项及第 2 项，要获得奖励金的疗养机构，应当在根据法第 47 条第 2 款，向审查评价院进行审查请求时，一并请求支付奖励金。

④根据第 1 款第 3 项支付的奖励金，由审查评价院算出该金额，并经过保健福祉部长官的承认后，通报至公团。

⑤除第 1—4 款规定的事项外，对奖励金的支付标准和方法、程序等事项，由保健福祉部长官规定并公示。

第 76 条（外国人等投保人及被扶养资格取得的限制）

法第 109 条第 5 款第 1 项中的"总统令规定的事由"，具体如下：

1. 根据《出入国管理法》第 25 条及《在外同胞出入国和法律地位相

关的法律》第 10 条第 2 款，未获得滞留期间延长许可而滞留的情形；

2. 根据《出入国管理法》第 59 条第 3 款，收到强制驱逐命令书的情形。

第 76 条之二（外国人等投保人资格取得时期等）

①国内滞留的在外国民或外国人（以下简称"国内滞留外国人等"），根据法第 109 条第 6 款但书，按照下列标准获得地区投保人资格：

1. 符合法第 109 条第 3 款第 2 项的人，在同款第 1 项的规定期间居住在国内的：经过相应期间之日；

2. 符合法第 109 条第 3 款第 2 项的人，根据同款第 1 项，符合具有将持续居住在国内的可预期事由的：入国之日；

3. 此外，保健福祉部长官考虑滞留资格、滞留期间及滞留情节等，认为有必要对其资格取得时期，作出有别于国内居住国民的规定，并予以公示的：相应公示规定之日。

②国内滞留外国人适用法第 109 条第 6 款规定而准用法第 10 条时，在同条第 1 款第 1 项、第 4 项及第 5 项规定之日，失去投保人的资格。但根据法第 109 条第 6 款但书，在下列日期失去资格。

1. 职场投保人，具体如下：

（1）根据《出入国管理法》第 10 条之二第 1 款第 2 项及《在外同胞出入国和法律地位相关的法律》第 10 条第 1 款，滞留期间届满之日的次日；

（2）根据《出入国管理法》第 59 条第 3 款，收到强制驱逐命令书之日的次日；

（3）根据法第 109 条第 5 款第 2 项，用人单位申请排除职场投保人的加入之日，但是根据法第 8 条第 2 款，职场投保人作出资格取得申报之日起 14 日以内，申请排除加入的，为该资格取得日；

（4）其他保健福祉部长官考虑滞留资格、滞留期间及滞留情节等，认为有必要对其资格丧失时期，作出有别于国内居住国民的规定，并予以公示的：相应公示规定之日。

2. 地区投保人，具体如下：

（1）第 1 项（1）及（2）的规定之日；

(2) 在外国民或滞留期间未届满的外国人,出国后经过一个月的:该出国日的次日;

(3) 法第 109 条第 8 款规定的缴纳期限所属之月的末日为止,未缴纳保险费的:该缴纳期限所属月份的次月一日;

(4) 此外,保健福祉部长官考虑滞留资格、滞留期间及滞留情节等,认为有必要对其资格丧失时期,作出有别于国内居住国民的规定,并予以公示的:相应公示规定之日。

第 76 条之三（外国人的被扶养人资格取得时期等）

①根据法第 109 条第 6 款但书的规定,国内滞留外国人等按照下列规定,获得被扶养人资格。

1. 新生儿的情形:出生日;

2. 根据法第 109 条第 2 款各项,进行居民登记、国内居所申报或外国人登记（以下简称"居民登记等"）之日起 90 日以内,作出被扶养人资格取得申请的:作出相应居民登记等之日,但是作出居民登记等之后,成为职场加入的,则为成为相应职场加入之日;

3. 进行居民登记等之日起经过 90 日,作出被扶养人资格取得申请的:作出该资格取得申请之日,但是进行居民登记等之后,成为职场加入的情形,自成为职场加入之日起,90 日以内有申请的,则为成为该职场加入之日;

4. 保健福祉部长官考虑滞留资格、滞留期间及滞留情节等,认为有必要对其资格取得时期,作出有别于国内居住国民的规定,并予以公示的:相应公示规定之日。

②根据法第 109 条第 6 款规定而准用的法第 5 条时,国内滞留外国人在同条第 3 项规定之日（仅限于死亡、扶养人的职场投保人资格丧失或受领医疗给付的情形）失去被扶养人的资格。但是根据法第 109 条第 6 款但书的规定,符合下列情形时,失去资格:

(1) 根据《出入国管理法》第 10 条之二第 1 款第 2 项及《在外同胞出入国和法律地位相关的法律》第 10 条第 1 款,滞留期间届满之日的次日;

(2) 根据《出入国管理法》第 59 条第 3 款,收到强制驱逐命令书之日的次日;

（3）考虑滞留资格、滞留期间及滞留情节等，保健福祉部长官认为有必要对其资格丧失时期，作出有别于国内居住国民的规定，并予以公示的：相应公示规定之日。

第 76 条之四（保险费课征、征缴特例对象的外国人）

法第 109 条第 9 款但书中"总统令规定的国内滞留外国人等"，是指在作为地区投保人的国内滞留外国人等中，不符合下列情形的人：

1.《出入国管理法施行令》附表一之二规定的具有结婚移民（F-6）滞留资格的人；

2.《出入国管理法施行令》附表一之三规定的具有永住（F-5）滞留资格的人；

3. 保健福祉部长官考虑滞留资格、滞留期间及滞留情节等，认为有必要适用与国内居住国民相同的保险费赋课、征缴基准，并予以公示的具有滞留资格的人。

第 77 条（任意继续投保人的适用期间）

①法第 110 条第 2 款中的"总统令规定的期间"是指使用关系结束之日的次日起起算，在不超过 36 个月之日的范围内的，如下期间：

1. 根据法第 110 条第 1 款，向公团申请的投保人（以下简称"任意继续投保人"），根据法第 9 条第 1 款第 2 项，资格变动前一日为止的期间；

2. 任意继续投保人根据法第 10 条第 1 款，到丧失其资格前一日为止的期间。

②根据法第 10 条第 1 款第 5 项，因成为《医疗给付法》第 3 条第 1 款第 2 项规定的收益权人，而丧失投保人资格的任意继续投保人，根据法第 8 条第 1 款第 1 项，重新取得投保人资格的，若重新取得日在第 1 款规定的使用关系结束日的次日起 36 个月以内时，可以在公团规定的期间内申请再度适用任意继续投保人。此时，申请者自重新取得投保人资格之日起，在第 1 款规定的期间内，维持作为任意继续投保人的资格。

③除了第 2 款规定的事项外，任意继续投保人的再度适用申请所需的申请期间、程序、方法等，根据公团的规定。

第 78 条（业务的委托）

根据法第 112 条第 1 款，公团将同款业务委托给邮政机关、金融机关或其他人时，对选定受委托的机关及委托合同的内容，须经公团理事会的表决。

第 79 条（保险费及征缴委托保险费的分配等）

公团按照缴纳义务人的申请，将保险费及征缴委托保险费等合并在一个缴纳通知书予以征缴的（根据法第 81 条及征缴委托根据法，以滞纳处分的方法征缴的情形除外），所征缴的保险费及其征收金或征缴委托保险费等的金额，未达到应征缴总额的情形，缴纳义务人到其缴纳日为止，没有作出特别的意思表示的，根据法第 113 条第 1 款本文，应当将公团要征缴的各保险按其金额（法及征缴委托根据法规定的滞纳金及加算金除外）比例进行分配，予以缴纳处理。

第 80 条（捐款的管理）

公团对法第 114 条第 1 款规定捐款，应当分别以不同的账户进行管理。

第 81 条（敏感信息及固有识别信息的处理）

①为了施行下列事务，公团（包括根据法第 112 条，接受公团委托的业务的人）在不可避免的情形下，可以处理包含《个人信息保护法》第 23 条规定的健康相关的信息、同法施行令第 18 条第 2 项规定的相当于犯罪经历资料的信息、同令第 19 条各项规定的居民登录号码、护照号码、驾照的许可号码或外国人登录号码的资料。

1. 法第 7 条规定的事业场的申报相关的事务；
2. 法第 14 条第 1 款规定的业务相关的事务；
3. 法第 60 条规定的对现役兵等的支付疗养给付费用相关的事务；
4. 法第 61 条规定的疗养给付费用的精算相关的事务；
4 之二．法第 81 条之二规定的资料提供相关的事务；
5. 法第 83 条规定的滞纳者个人资料等的公开相关的事务；
6. 法第 87 条及第 90 条规定的异议申请及行政诉讼相关的事务；
7. 法第 94 条规定的的申报等相关的事务；
8. 法第 95 条规定的所得缩小、遗漏资料的送交相关的事务；
8 之二．法第 96 条规定的资料提供要求相关的事务；
9. 法第 104 条规定的支付褒赏金相关的事务；
10. 法第 112 条规定的业务的委托相关的事务。

②为了施行下列事务，审查评价院在不可避免的情形下，可以处理包含《个人信息保护法》第 23 条规定的健康相关信息、同法施行令第 19 条规定的居民登录号码、护照号码、驾照的许可号码或外国人登录号码的资料。

1. 法第 43 条规定的疗养机构的设施、装备及人力等现状申报相关的事务；

1 之二. 法第 48 条规定的是否是疗养给付对象的确认等相关的事务；

2. 法第 63 条第 1 款规定的业务相关的事务；

3. 法第 87 条及第 90 条规定的异议申请及行政诉讼相关的事务；

4. 法第 96 条规定的资料的提供要求相关的事务。

③为了施行下列事务，疗养机构（第 2 项的情形，包括根据法第 47 条第 6 款的代办疗养机构的团体）在不可避免的情形下，可以处理包含《个人信息保护法》第 23 条规定的健康相关信息、同法施行令第 19 条规定的居民登录号码、护照号码、驾照的许可号码或外国人登录号码的资料。

1. 法第 41 条第 1 款规定的疗养给付实施相关的事务；

2. 法第 47 条第 1 款或第 2 款规定的疗养给付费用的请求相关的事务。

④为了施行下列事务，保健福祉部长官（包括根据法第 111 条，接受保健福祉部长官权限的委任或委托的人）在不可避免的情形下，可以处理第 1 款规定的材料：

1. 法第 81 条第 3 款规定的滞纳处分的承认相关的事务；

2. 法第 88 条规定的审判请求相关的事务；

3. 法第 97 条规定的报告和检查等相关的事务；

4. 法第 98 条规定的停止业务处分相关的事务；

5. 法第 99 条规定的课征金赋课、征缴相关的事务；

6. 法第 100 条规定的违反事实公示相关的事务。

第 81 条之二（规制的复查）

保健福祉部长官对附表四之二，以 2014 年 7 月 2 日为基准，应每五年（每到五年基准日前为止）检查其妥当性，并采取改善等的措施。

第九章 罚则

第 82 条（过怠料的赋课基准）

法第 119 条规定的过怠料的赋课标准，如附表七所示。

附则

第 1 条（实施日）

本令自 2019 年 6 月 12 日起施行。但下列修订规定，按各项规定之日起施行。

1. 第 18 条之二、第 19 条第 5 款、第 76 条之二第 2 款第 1 项（1）、第 76 条之三、附表四之三第 1 项第 38 目及附表七的修订规定：公布之日；

2. 第 19 条第 3 款第 1 项及附表二第 1 项、第 3 项的修订规定：2019 年 7 月 1 日；

3. 第 26 条之二第 1 款、附表四之三第 1 项第 18 目及第 26 目的修订规定：2019 年 10 月 24 日；

4. 附表二第 5 项的修订规定：2020 年 1 月 1 日。

第 2 条（疗养给付费用的本人负担率相关的适用例）

第 19 条第 3 款第 1 项及附表二第 1 项、第 3 项的修订规定，自附则第 1 条第 2 项规定的实施日以后实施的疗养给付开始适用。

第 3 条（疗养给付费用的本人负担率相关的经过措施）

附则第 1 条第 4 项规定的实施日当时，对继续入院中的投保人或被扶养人的疗养给付，尽管有附表二第 5 项的修订规定，但仍适用从前的规定。

十三　国民健康保险疗养给付的标准相关规则

第 1 条（目的）

本规则的目的是，根据《国民健康保险法》第 41 条第 3 款及第 4 款，规定疗养给付的方法、程序、范围、上限及除外对象等疗养给付标准相关的必要事项。

第 1 条之二（决定是否是疗养给付对象的相关原则）

保健福祉部长官应考虑医学的妥当性、医疗的重大性、治疗效果性、费用效果性、患者的费用负担程度及社会便利等，决定是否是疗养给付对象。

第 2 条（疗养给付的程序）

①疗养给付区分为一阶段疗养给付和二阶段疗养给付，投保人或被扶养人（以下简称"投保人等"）应当接受一阶段疗养给付后，接受二阶段疗养给付。

②根据第 1 款规定的一阶段疗养给付，是指在《医疗法》第 3 条之四规定的上级综合病院（以下简称"上级综合病院"）之外的疗养机构接受的疗养给付（包括健康诊断或健康检查）；二阶段的疗养给付，是指在上级综合病院接受的疗养给付。

③第 1 款及第 2 款规定外，投保人符合下列情形时，可以从上级综合病院获得一阶段疗养给付：

1. 符合《应急医疗法》第 2 条第 1 项的应急患者的情形；
2. 分娩的情形；
3. 从齿科获得疗养给付的情形；
4. 《残疾人福祉法》第 32 条规定的残疾人或需要接受非单纯物理治疗的作业治疗、运动治疗等的康复治疗的人，从康复医学科获得疗养给付的情形；

  5. 从家庭医学科获得疗养给付的情形；
  6. 在该疗养机构工作的投保人接受疗养给付的情形；
  7. 血友病患者获得疗养给付的情形。
  ④投保人申请获得上级综合病院的二阶段疗养给付时，除了健康保险证或身份证明书（是指居民登陆证、驾驶执照及护照）外，还应提交记载有必要在上级综合病院获得疗养给付的医生意见的健康诊断、健康检查结果书，或附纸第4项格式的疗养给付委托书。

  第3条（疗养给付的申请）
  ①投保人等向疗养机构申请疗养给付时，应提交健康保险或身份证明书。此时，投保人等在申请疗养给付之日（投保人等因意识不清等无法归责于自己的原因，未出示健康保险证或身份证明书的情形，以被确认为投保人等之日）起14日以内，提交健康保险证或身份证明书的，视申请疗养给付时，提交了健康保险证或身份证明书。
  ②投保人等无法提交健康保险证或身份证明书的，投保人等或疗养机构可以要求《国民健康保险法》（以下简称"法"）规定的国民健康保险公团（以下简称"公团"）确认资格；收到要求的公团应确认是否具有资格，并以附纸第1项格式的健康保险资格确认通报书或电话、传真，或利用信息通信网及时通报给投保人等或疗养机构。
  ③根据第2款收到资格确认通报的，视为要求确认资格时，提交了健康保险证或身份证明书。
  ④为了便于无法出示健康保险证或身份证明书的投保人等，向公团要求确认资格，疗养机构应告知公团的电话号码或在疗养机构的诊疗受理窗口上予以公示。

  第3条之二（疗养病院入院诊疗现状的通知）
  ①保健福祉部长官可以要求《医疗法》第3条第2款第3项（4）规定的疗养病院（在《精神健康增进及精神疾病者福祉服务支援相关的法律》第3条第5项规定的精神医疗机构中，作为精神病院的疗养机构、作为《残疾人福祉法》第58条第1款第4项规定的医疗康复设施且具备《医疗法》第3条之二的要件的疗养病院除外，以下与本条相同）的负责人，将投保人等在相应疗养病院接受入院诊疗的入院、退院日期等入院诊

疗现状，通知公团。

②根据第1款的入院诊疗现状的内容、公示方法及程序等相关具体事项，由保健福祉部长官规定并公示。

第4条（限制给付与否的查询等）

①认为投保人等符合法第53条第1款、第2款或法第58条第2款的情形时，疗养机构仍应实施疗养给付，但是须及时根据附纸第2项格式规定的限制给付与否查询书，向公团查询是否限制给付。

②根据第1款收到查询要求的公团应当在七日（公休日除外）内，作出给付决定后，以附纸第2项之二格式的限制给付与否决定通报书，回信给疗养机构；收到回信的疗养机构对公团的决定内容，应溯及疗养给付开始之日起适用。

③在收到回信前结束疗养给付的或没有回信经过七日时，视为公团认定该疗养机构的疗养给付。但是公团在经过七日后，回信决定限制给付时，疗养机构应当自收到回信之日起遵循公团的决定。

④对根据法第53条第1款、第2款或法第58条第2款，应当限制疗养给付，却根据第3款获得疗养给付的投保人等，公团应当根据法第57条，征收属于不当得利的金额。

⑤疗养机构超过法第53条第2款的限度实施疗养给付的，应当在七日以内，将其事实以附纸第3项的格式规定的疗养给付适用通报书，通知公团。

第4条之二（疗养给付日数的确认）

投保人等可以向公团要求确认疗养给付日数；收到要求的公团应当以文书、传真或信息通信网等方式，及时向投保人等通报疗养给付明细分类中所规定的各疗养给付的日数。

第5条（疗养给付的适用标准及方法）

①疗养机构应按照附表一的疗养给付适用标准及方法，对投保人等实施疗养给付。

②根据第1款的疗养给付适用标准及方法相关的详细事项，由保健福祉部长官听取来自医药界、公团及健康保险审查评价院的意见，决定并公示。

③造血干细胞移植及心室辅助装置治疗术的疗养给付适用标准及方法相关的详细事项，由保健福祉部长官听取来自医药界、公团及健康保险审查评价院的意见，决定并公示。

④在《国民健康保险法施行令（以下简称"令"）》附表二第 3 项 (5) 规定的重症疾病者（以下简称"重症患者"）处方、注射的药品中，对保健福祉部长官规定并公示的药品的疗养给付适用标准及方法相关详细事项，经第 5 条之二规定的重症疾病审议委员会的审议，由健康保险审查评价院长决定并公告。此时，为了便于疗养机构及投保人等可以随时浏览，健康保险审查评价院长应当管理公告的内容。

第 5 条之二（重症疾病审议委员会）

①为了审议对重症患者处方、注射的药品的疗养给付适用标准及方法，健康保险审查评价院设重症疾病审议委员会。

②重症疾病审议委员会，由具有丰富的保健医疗领域相关学识和经验的 45 人以内的委员组成；重症疾病审议委员会的组成及运营等相关事项，由健康保险审查评价院的章程规定。

第 5 条之三（同样成分医药品的重复处方、调剂限制）

投保人等在六个月期间内，访问三个以上的疗养机构，就同样的伤病可以领取同样成分医药品的处方、调剂的日数应不超过 215 日。具体的认定标准和管理等事项，由保健福祉部长官规定并公示。

第 6 条（疗养给付的委托等）

①为了给投保人等实施适度的疗养给付，疗养机构在必要时可以委托其他疗养机构实施疗养给付。

②根据第 1 款规定，受委托实施疗养给付的疗养机构在投保人的状态好转时，可以将投保人等送回委托疗养给付的疗养机构，或负责一阶段疗养给付的疗养机构。

③疗养机构根据第 1 款规定委托疗养给付的情形，应发放附纸第 4 项格式的疗养给付委托书；根据第 2 款规定将投保人等回送的情形，应当向投保人等发放附纸第 5 项格式规定的疗养给付回送书。此时，委托或接受回送的疗养机构要求时，疗养机构应当提供诊疗记录的复印本等疗养给付相关的资料。

第 7 条（疗养给付费用账单、发票的发放及保存）

①疗养机构实施疗养给付时，应当根据下列规定，向投保人等发放账单、发票。但是在除了综合病院、病院、齿科病院、韩方病院及疗养病院的疗养机构，进行外来诊疗的，可以发放附纸第 12 项格式的简易外来诊

疗费账单、发票。

1. 入院及外来诊疗的情形（韩方的情形除外）：附纸第 6 项格式或附纸第 7 项格式的诊疗费账单、发票；

2. 韩方入院及韩方外来诊疗的情形：附纸第 8 项格式或附纸第 9 项格式的韩方诊疗费账单、发票；

3. 药店及韩国稀贵医药品中心的情形：附纸第 10 项格式或附纸第 11 项格式的药品费账单、发票。

②投保人等为了获得《所得税法》第 59 条之四第 2 款规定的医疗费扣除，要求确认相应年度的诊疗费或药品费缴纳明细的，疗养机构应当发放附纸第 12 项之二格式的诊疗费（药品费）缴纳确认书。

③投保人等根据第 1 款规定，要求账单、发票的计算明细的，疗养机构应当予以提供。此时，疗养机构应当按照保健福祉部长官规定并公示的内容，按照给付对象及非给付对象的详细项目分类，提供计算的费用单价、实施及适用次数、实施及适用期间及费用总额等；对给付对象，应按详细项目分类，区分本人负担金和公团负担金提供。

④符合第 3 款规定外，投保人等获得根据第 8 条第 3 款按疾病群以一个概括性行为公示的疗养给付，或获得根据第 8 条第 4 款按一日行为公示的疗养给付的情形，疗养机构仅限在下列情形提供明细。此时，明细的提供方法相关，准用第 3 款后段。

1. 附表二第 6 项或第 6 项之二规定的非给付对象；

2.《国民健康保险法施行规则》（以下简称"规则"）附表六第 1 项 (9) 或 (10) 规定的疗养给付费用的本人负担项目；

3. 根据第 8 条第 3 款后段或第 4 款后段，从保健福祉部长官规定并公示的概括性行为或一日行为中除外的项目。

⑥实施疗养给付的疗养机构，应将第 1 款规定的账单、发票副本，自疗养给付结束之日起保存五年。但是疗养机构以附纸第 13 项格式，制作本人负担金收纳台账保存的，以此代替账单、发票副本。

⑥第 5 款规定的账单、发票副本及本人负担金收纳台账，可以以《电子文书记电子交易基本法》第 2 条第 1 项规定的电子文书制作、保存。

第 8 条（疗养给付对象的公示）

①删除。

②保健福祉部长官对法第41条第2款规定的疗养给付对象（以下简称"疗养给付对象"），以给付目录表的方式规定并公示；根据法第41条第1款各项规定，区分为疗养给付行为（以下简称"行为"）、药品及治疗材料（是指根据法第41条第1款第2项，支付的药品及治疗材料）予以公示。但是对保健福祉部长官规定并公示的疗养机构的诊疗，可以作为一次访问行为捆绑行为、药品及治疗材料，规定并公示。

③尽管有第2款规定，在根据令第21条第3款第2项，"对保健福祉部长官规定并公示的疾病群入院诊疗"情形，保健福祉部长官仍可以按相应疾病群分类，把除了附表二第6项规定的非给付对象、规则附表六第1项（3）规定的疗养给付费用的本人负担项目、同表第1项（7）规定的移送处置费之外的所有行为和药品及治疗材料予以捆绑，作为一个概括性的行为规定并公示。此时，保健福祉部长官规定并公示的疗养机构的诊疗行为，可以将药剂和治疗剂合并公示。

④尽管有第2款的规定，保健福祉部长官根据令第21条第3款第1项规定的"疗养病院的入院诊疗"，或同款第3项规定的"临终关怀、缓和医疗的入院诊疗"情形，将第2款的行为、药品及治疗材料捆绑为一日行为，进行规定并公示。此时，保健福祉部长官可以规定从一日行为中除外的项目，并予以公示。

⑤根据第2—4款的规定，保健福祉部长官在公示疗养给付对象时，对行为或一个概括性行为的情形，应一并规定令第21条第2款规定的疗养给付的相对价值分数并予以公示。

第8条之二（对医疗研发机关的临床研究特例）

①根据《尖端医疗复合园区育成相关的特别法》第22条第1款，保健福祉部长官指定的医疗研发机关（仅限医疗机构，以下简称"指定医疗研发机关"）为了医疗研究开发，对临床研究对象使用医药品、医疗器械及医疗技术的情形，应按照本规则的规定，实施下列疗养给付：

1. 诊察、检查；
2. 药品、治疗材料的给付；
3. 处置、手术及其他治疗；
4. 康复；
5. 入院；

6. 看护。

②尽管有第 1 款规定，符合下列情形时，仍可以从疗养给付对象中予以排除。但是符合第 1 项及第 2 项的情形，应当从疗养给付对象中予以排除：

1. 符合附表二规定的非给付对象的；

2. 保健福祉部长官认为符合临床研究引起的后遗症的；

3. 鉴于临床研究对象的疾病及疾病特性、状态，其他对临床研究者所作的行为、药品或治疗材料的性格或内容等，保健福祉部长官认为实施疗养给付，具有显著困难的。

③为了判断第 1 款及第 2 款规定的疗养给付或非疗养给付，是否具有适当性等，保健福祉部长官可以要求指定的医疗研发机关或其他相关机关、团体，提交必要的资料或意见。

第 8 条之三（访问疗养给付的实施事由）

法第 41 条之五的"因疾病或负伤，行动不便等符合保健福祉部令规定事由的情形"，是指因符合下列事由，难以访问医疗机构的情形：

1. 成为《残疾人健康权及医疗接近性保障法》第 16 条第 1 款规定的残疾人健康主治医制度适用对象的重症残疾人；

2. 《临终关怀·缓和医疗及处于临终过程中患者的延命医疗决定法》第 2 条第 3 项规定的晚期患者；

3. 使用家庭型人工呼吸器等具有一定程度以上的医疗诉求，需要获得访问疗养给付的未满 18 岁患者；

4. 保健福祉部长官认为因疾病、负伤、生育等行动不便，规定并公示为有必要访问疗养给付的其他情形。

第 9 条

①根据法第 41 条第 4 款，排除在疗养给付对象之外的事项（以下简称"非给付对象"）如附表二所示。

②删除。

第 9 条之二（是否是疗养给付对象、非给付对象的确认）

①对是否是疗养给付对象或非给付对象不明确的行为，疗养机构、《医疗法》或《药事法》规定的医疗人团体、医疗机构团体、大韩药师会或大韩韩药师会（以下简称"医药关联团体"），治疗材料的制造业者、

进口业者（治疗材料为《人体组织安全及管理等相关的法律》第3条第1项规定的人体组织的情形，是指同法第13条规定的组织银行的负责人），在《医疗法》第53条规定的新医疗技术评价（以下简称"新医疗技术评价"）及《新医疗技术评价相关规则》第3条规定的新医疗技术评价推迟申请前，可以向保健福祉部长官申请确认是否是疗养给付对象或非给付对象。但是《医疗器械法》第6条第1款及第15条第1款规定的医疗器械的制造业者、进口业者根据《新医疗技术评价相关的规则》第3条之二第1款及第2款申请新医疗技术评价的，也可以一起申请确认是否是疗养给付对象或非给付对象。

②申请决定人，可以通过附录第13项之二格式的疗养给付对象、非给付对象申请书和下列文件，向健康保险审查评价院长（第1款但书规定的决定申请，应当经由食品医药品安全处长）申请。

1. 下列各项中相应文件（仅限第1款本文规定的决定申请）：

（1）所需装备、材料、药品的制造（进口）许可证、认证书、申报证等相关资料；

（2）根据《医疗器械法施行规则》第64条，要求资料提供协助的情形，制造（进口）许可、认证申请书及受理证。

2. 关于是否是疗养给付对象、非给付对象的意见书。

3. 国内外的研究论文等其他的参考资料。

③根据第1款及第2款收到决定申请的保健福祉部长官，应当确认是否是疗养给付对象或非给付对象，并且在没有正当理由的情形下，应当自受理申请之日起30日内，将其结果通知申请人（对第1款但书规定的决定申请，应经由食品医药品安全处长）和《医疗法》第54条规定的新医疗技术评价委员会。但是难以根据现存决定案例进行确认，需要深层检验的情形，可以在30日范围内延长一次通报期间。

④申请人对根据第3款的结果有异议的，应当自收到通报之日起30日内，向保健福祉部长官（对根据第1款但书的决定申请结果，应经由食品医药品安全处长）进行异议申请，此时准用第3款的程序。

⑤为了确认第3款规定的疗养给付对象与非给付对象，或处理第4款规定的异议申请，保健福祉部长官认为有必要进行专门检验的，可以交由第11条第8款规定的专门评价委员会检验。

第 10 条（行为、治疗材料的疗养给付决定申请）

①疗养机构、医药关联团体或治疗材料的制造业者、进口业者，申请决定法第 41 条之三第 1 款规定的行为、治疗材料（以下简称"行为、治疗材料"）是否是疗养给付对象的，应当分别在下列规定之日起 30 日以内，向保健福祉部长官提出申请。

1. 行为的情形，以下列规定之日：

（1）《新医疗技术评价相关规则》第 3 条第 3 款规定的新医疗技术评价的延缓公示（以下简称"评价延缓公示"）以后，首次向投保人等实施之日；

（2）《新医疗技术评价相关规则》第 4 条第 2 款规定的新医疗技术的安全性、有效性等的评价结果公示（以下简称"评价结果公示"）以后，首次向投保人等实施之日；

（3）《新医疗技术评价相关规则》第 4 条第 2 款规定的革新医疗技术的安全性的评价结果公示（以下简称"革新医疗技术公示"）以后，首次向投保人等实施之日。

2. 治疗材料的情形，以下列规定之日：

（1）根据《药事法》或《医疗器械法》规定的品目许可、认证，或作为品目申报对象的治疗材料的情形，从食品医药品安全处长获得品目许可、认证，或进行品目申报之日。但是不属于品目许可、认证或品目申报对象的治疗材料的情形，首次向投保人等使用相应治疗材料之日。

（2）《人体组织安全及管理等相关的法律》第 3 条第 1 项规定的人体组织（以下简称"人体组织"）的情形，从食品医药品安全处长获得组织银行设立许可之日。但符合下列情形时，分别在相应日：

1）进口人体组织的情形，根据食品医药品安全处长规定的内容，收到没有安全性问题的通知之日；

2）组织银行设立许可当时的取缔品目变更的情形，食品医药品安全处长确认该变更事实之日。

（3）成为新医疗技术评价对象的治疗材料的情形，第 1 项（1）至（3）规定的公示以后，首次向投保人等使用治疗材料之日。

（4）根据第 9 条之二第 1 款及第 2 款，申请决定是否是疗养给付对象或非给付对象的情形，根据同条第 3 款收到结果通报之日。

3. 删除。

②申请人向健康保险审查评价院长申请第1款规定的决定时，提交评价申请书与下列文件。

1. 行为的情形：附纸第14项格式的疗养给付行为评价申请书。

（1）新医疗技术的安全性、有效性等的评价延缓公示，评价结果公示或革新医疗技术公示；

（2）相对价值分数的计算根据及明细相关的资料；

（3）费用效果相关的资料（包含与同样或类似行为的长短处、相对价值分数等的比较）；

（4）国内外的实施现状相关资料（包含首次实施年度、实施机关名称及实施件数等）；

（5）所需装备、所需材料、药品的制造（进口）许可证、认证书、申报证及相关资料；

（6）国内外的研究论文等其他参考资料。

2. 删除。

3. 治疗材料的情形：附纸第16项格式的治疗材料评价申请书。

（1）制造（进口）许可证、认证书、申报证复印件（仅限获得品目许可、认证或进行品目申报的治疗材料）；

（2）预定销售价的计算根据及明细相关的资料；

（3）费用效果相关的资料（包含与同样或类似目的治疗材料的长短处、销售价的比较等）；

（4）国内外使用现状相关的资料（包含首次使用年度、使用机关名称及使用次数等）；

（5）构成及零件明细相关的资料及产品说明书；

（6）国内外研究论文等其他参考资料；

（7）符合第1款第2项（3）的情形时，新医疗技术的安全性、有效性等的评价延缓公示、评价结果公示或革新医疗技术公示；

（8）可以证明临床上的有用性、技术革新性等的评价根据资料。

4. 人体组织的情形：附纸第6项之二格式的人体组织评价申请书。

（1）组织银行设立许可证复印件（包括记载事项变更明细），但是进口人体组织的情形，应按照食品医药品安全处长的规定，一并提交能够证明没有安全性问题的文件；

（2）人体组织价格计算根据及明细相关资料；

（3）费用效果相关资料（包括与同样或类似目的的人体组织的长、短处，销售价的比较等）；

（4）国内外的使用现状相关资料（包括首次使用年度、使用机关名称及使用次数等）；

（5）对人体组织的说明书；

（6）国内外研究论文等其他参考资料；

（7）符合第1款第2项（4）情形时，新医疗技术的安全性、有效性的评价推迟公示、评价结果公示或革新医疗技术公示。

③根据《新医疗技术评价相关规则》第3条第2款，要申请评价新医疗技术的人，一并提交本条第2款各项规定的评价申请书及相应文件的，视为一并申请新医疗技术评价和决定是否是疗养给付对象。但是该医疗技术不属于体外诊断检查或遗传基因检查的情形时，可以在提交新医疗技术评价申请所需的文件之日起90日以内，提交本条第2款各项规定的评价申请书及相应文件。

第10条之二（药品疗养给付的决定申请）

①法第41条之三第2款中"《药事法》规定的药品的制造者、进口者等保健福祉部令规定的人"，具体如下：

1. 《药事法》第31条第1款规定的药品的制造业者；

2. 《药事法》第31条第3款规定的药品的委托制造销售业者；

3. 《药事法》第42条第1款规定的药品的进口者；

4. 《药事法》第91条规定的韩国稀贵医药品中心的负责人（作为同条第1款规定的稀贵医药品等，仅限于根据《医药品等的安全相关规则》第57条第1款第1项，为了患者的治疗，食品医药品安全处长认为需要紧急引进的品目）。

②删除。

③根据法第41条之三第2款，要申请决定是否是疗养给付对象的人，可以以附纸第17项格式的药品评价申请书和下列规定的相应文件，向健康保险审查评价院长申请关于药品的经济性、疗养给付的适当性及标准等相关的评价，而取代其申请。

1. 第1款第1—3项规定的药品的制造业者、委托制造业者、进口者（以下简称"药品的制造业者、委托制造销售业者、进口者"）的情形：

（1）制造（进口）品目许可证（申报书）复印件或《医药品的安全相关规则》第12条之二规定的食品医药品安全处长的安全性、有效性检验结果通报书（仅限保健福祉部长官另行公告的药品）（仅限获得品目许可或进行品目申报的药品）；

（2）销售预定价计算根据及明细相关资料；

（3）费用和效果相关的资料（包括与同样或类似药品的长、短处及销售价的比较等）；

（4）国内外的使用现状相关资料（包括开发国、许可国家、首次许可年度、国内使用次数及金额等）；

（5）相应药品的预计使用量、疗养给付费用的预计请求金额及其根据相关的资料；

（6）国内外研究论文等其他参考资料。

2. 第1款第4项规定的韩国稀贵医药品中心的负责人（以下简称"韩国稀贵医药品中心的负责人"）的情形：

（1）食品医药品安全处长的认定相关文件；

（2）销售预定价计算根据及明细相关资料。

第11条（对行为、治疗材料的疗养给付决定）

①根据第10条，收到决定是否是疗养给付对象申请的保健福祉部长官，无正当理由，应当在决定申请之日起100日（根据《新医疗技术评价相关规则》第3条第3款收到材料的，在评价结果公示以后30日）以内，经法第4条规定的健康保险政策审议委员会（以下简称"审议委员会"）的审议，决定是否是疗养给付对象或非给付对象并予以公示。此时，对决定为疗养给付对象的行为、治疗材料，应一并规定令第21条第1—3款规定的疗养给付的相对价值分数，或令第22条第1款规定的治疗材料的上限金额并予以公示。

②保健福祉部长官通过第8款规定的专门评价委员会（以下简称"专门评价委员会"），对行为、治疗材料的经济性及给付的适当性等的评价，决定是否是行为、治疗材料的疗养给付对象。此时，根据法第41条之四的第1款，要将相应行为、治疗材料，指定为选择给付时，除了专

门评价委员会的评价外,保健福祉部长官可以要求其经过第14条之二第1款规定的给付评价委员会(以下简称"给付评价委员会")的评价。

③根据第2款,专门评价委员会对治疗材料(人体组织除外)进行评价的,健康保险审查评价院长应当自评价结束之日起15日以内,以书面或电子文书方式将下列事项通报给申请人。

1. 评价结果(包括评价时援用的专家意见、学术研究内容等评价的根据相关的信息);

2. 对评价结果有异议的,可以在30日以内,申请再评价或经过第13条之三规定的审查(以下简称"独立审查")申请再评价的内容。

④根据第3款收到通报的申请人,可以在收到通报之日起30日内,向健康保险审查评价院长申请再评价,或经独立审查的再评价。符合下列情形时,可以申请再评价(经过独立审查的再评价除外)。

1. 申请治疗材料相关决定的人,对专门评价委员会的评价结果有异议的情形,补充提交第11条第2款第3项及第4项规定的文件或提交其他材料的;

2. 作为依职权决定对象治疗材料的制造业者、进口业者,对专门评价委员会的评价结果有异议的情形,补充提交第10条第2款第3项及第4项规定的文件或提交其他的资料的。

⑤根据第4款,收到再评价的申请的健康保险审查评价院长,应当自收到申请之日起60日内,经专门评价委员会的再审议,进行再评价并在再评价结束之日起15日内,将其结果通报给申请人。

⑥根据第4款,收到经过独立审查的再评价申请的健康保险审查评价院长,应当在收到独立审查报告书和申请人提交的意见(仅限申请人提出意见的情形)后,经专门评价委员会的再审议,进行再评价并在再评价结束之日起15日内,将其结果通报给申请人。

⑦第2款后段及第3—6款的程序所需的期间,不计入第1款前段规定的处理期限。

⑧为了有效履行第2款规定的对行为、治疗材料的评价,健康保险审查评价院按照行为及治疗材料分类,设专门评价委员会。

⑨决定第1款规定的行为、治疗材料为疗养给付对象并予以公示的情形,对未在第10条第1款规定的申请期间内申请的疗养机构,溯及符合

第 10 条第 1 款之日起，作为疗养给付对象予以适用。

⑩ 评价延缓新医疗技术的情形，在公示《新医疗技术评价相关规则》第 3 条之四规定的新医疗技术评价结果安全性、有效性以后，再进行对行为、治疗材料的疗养给付决定程序。

第 11 条之二（对药品疗养给付的决定）

①根据第 10 条之二第 3 款，收到对药品的评价申请的健康保险审查评价院长，应当在 150 日（后段规定的给付评价委员会的评价所需期间除外）以内，经第 14 款规定的药品给付评价委员会（以下简称"药品给付评价委员会"）的审议进行评价（根据第 14 条，按照保健福祉部长官规定并公示的药品计算标准，决定上限额金额的药品，不经药品给付评价委员会的审议进行评价），并在评价结束之日起 15 日以内，以书面或电子文书方式，将下列内容通报给申请人。此时，根据法第 41 条之四，要将相应药品指定为选择给付对象时，除了接受药品给付评价委员会的评价外，保健福祉部长官还可以要求其接受给付评价委员会的评价。

1. 评价结果（包含评价时援用的专家意见、学术研究内容等评价根据相关信息）；

2. 若对评价结果有异议时，在 30 日内，可以申请再评价或经独立审查后再评价的内容；

3. 可以与公团理事长，以不高于药品给付评价委员会评价的金额为具有经济性的价格，进行协商程序的内容（仅限于虽具有临床有用性，却未能举证销售预定价的费用效果性的情形）；

4. 为了省略药价协商，同意以保健福祉部长官规定并公示的标准金额（以下简称"省略药价协商标准金额"）定为上限金额的情形，可以省略协商程序进行的内容（仅限虽具有临床有用性，但销售预定价高于省略药价协商标准金额的情形）。

②根据第 1 款收到通报的申请人，自收到通报之日起 30 日内，可以向健康保险审查评价院长申请再评价或经独立审查的再评价，又或发出符合下列情形的通知。

1. 根据第 1 款第 3 项，同意以药品给付评价委员会评价的金额（以下简称具有经济性的价格），与公团理事长进行协商程序为内容的通知；

2. 根据第 1 款第 4 项，同意把省略药价协商标准金额定为上限金额，省略协商程序进行为内容的通知。

③根据第 2 款，收到再评价申请的健康保险审查评价院长，应当在 120 日内，经药价给付评价委员会的再审议，进行再评价（根据第 14 条，保健福祉部长官规定并公示的药品的计算标准，被规定上限金额的药品不经药品给付评价委员会的再审议，进行再评价），自再评价结束之日起 15 日内，将下列内容通报给申请人。

1. 再评价结果；

2. 可以与公团理事长，以不高于药品给付评价委员会评价的金额为具有经济性的价格，进行协商程序的内容（仅限虽具有临床有用性，却未能举证销售预定价的费用效果性的情形）；

3. 同意把省略药价协商标准金额定为上限金额的情形，可以省略上限金额协商程序的内容（仅限虽具有临床有用性，但销售预定价高于省略药价协商标准金额的情形）。

④根据第 2 款，收到经独立审查的再评价申请的健康保险审查评价院长，应以所收到的独立审查报告书和申请人的意见（仅限申请人提交意见的情形），经药品给付评价委员会的再审议，进行再评价，并在再评价结束之日起 15 日内，将下列内容通报给申请人。

1. 再评价结果；

2. 可以与公团理事长，以不高于药品给付评价委员会评价的金额为具有经济性的价格，进行协商程序的内容（仅限于虽具有临床有用性，却未能举证销售预定价的费用效果性的情形）；

3. 同意把省略药价协商标准金额定为上限金额的情形，可以省略上限金额协商程序的内容（仅限虽具有临床有用性，但销售预定价高于省略药价协商标准金额的情形）。

⑤根据第 3 款第 2 项或第 4 款第 2 项、第 3 项，收到通报的申请人自收到通报之日起七日内，可以以下列内容通知健康保险审查评价院长。

1. 根据第 3 款第 2 项或第 4 款第 2 项，同意以不高于药品给付评价委员会评价的金额为具有经济性的价格，与公团理事长进行协商程序的内容通知；

2. 根据第 3 款第 3 项或第 4 款第 3 项，同意以省略药价协商标准金额为上限金额，省略协商程序的内容通知。

⑥健康保险审查评价院长应当将根据第 1 款第 1 项的评价结果、第 3 款第 1 项或第 4 款第 1 项规定的再评价结果以及第 2 款或第 5 款规定的通知事实,报告给保健福祉部长官并通报至公团理事长。但是被评价或再评价为不具有疗养给付适度性的药品（申请人根据第 2 款或第 5 款作出通知的药品除外）及第 7 款第 1 项（1）或（2）的药品,可以不通报至公团理事长。

⑦对根据第 6 款收到的报告事项,保健福祉部长官应按照下列规定采取措施。

1. 根据第 1 款第 1 项的评价结果,或根据第 3 款第 1 项或第 4 款第 1 项的再评价结果,在评价为适合作疗养给付对象的药品（包括申请人根据第 2 款或第 5 款作出通知的药品）中,除了符合下列规定的药品外,应当及时命公团的理事长对药品的上限金额与相应药品的制造业者、委托制造销售业者、进口者进行协商。

（1）根据第 14 条,以保健福祉部长官规定并公示的药品计算标准,确定上限金额的药品；

（2）根据第 10 条之二第 3 款第 2 项,韩国稀贵医药品中心的负责人申请决定是否是疗养给付对象的药品；

（3）申请人根据第 2 款第 2 项或第 5 款第 2 项,作出通知同意以省略药价协商标准金额作为上限金额,省略上限金额协商程序的药品；

（4）申请人的销售预定价不高于省略药价协商标准金额的药品。

2. 对第 1 项各目的药品应当在 30 日以内,经审议委员会的审议,决定并公示是否是疗养给付对象及上限金额（仅限为是疗养给付对象的情形）。

3. 对根据第 2 项公示的第 1 项（3）或（4）的药品,应当在根据第 2 项公示后的 30 日以内,命公团理事长对药品的疗养给付费用预计请求金额,与相应药品的制造业者、委托制造销售业者、进口者进行协商。

⑧根据第 7 款第 1 项或第 3 项收到协商命令的公团理事长,应当在 60 日内,与相应药品的制造业者、委托制造销售业者、进口者,对下列药品的上限金额案或疗养给付费用预计请求金额案,进行协商并将其协商结果向保健福祉部长官报告。

1. 根据第 7 款第 1 项收到协商命令的情形：考虑药品的预计使用量、

疗养给付费用的预计请求金额、疗养给付的范围、对保险财政的影响，相应药品的制造业者、委托制造销售业者、进口者需履行的条件及药品给付评价委员会的评价结果、再评价结果等决定的药品上限金额案；

2. 根据第 7 款第 3 项收到协商命令的情形：考虑药品的上限金额、预计使用量、疗养给付的范围、对保险财政的影响，药品给付评价委员会的评价结果、再评价结果等决定的药品疗养给付费用预计请求金额案。

⑨保健福祉部长官对根据第 8 款收到的报告事项，按照下列规定，采取以下措施：

1. 根据第 8 款第 1 项的协商结果，达成合意的药品应当在 30 日以内，经审议委员会的审议，决定并公示是否是疗养给付对象及药品的上限金额；

2. 根据第 8 款第 1 项的协商结果，未能达成合意的药品中，认为对患者的诊疗所必需的药品，应当自收到协商结果报告之日起 50 日内，经第 15 款规定的药品给付调整委员会（以下简称"药品给付调整委员会"）的调整后，通过审议委员会的审议，决定并公示是否是疗养给付对象以及药品的上限金额；

3. 根据第 8 款第 1 项的协商结果，未能达成合意的药品的疗养给付费用预计请求金额，应按照保健福祉部长官规定的标准，考虑药品自登载日起一年内的疗养给付费用请求金额等计算。

⑩ 根据第 9 款第 2 项由药品给付调整委员会进行调整的情形，保健福祉部长官应当自调整结束之日起 15 日内，将下列内容以书面或电子文书通报给申请人：

1. 调整结果及其根据；

2. 对调整结果有异议的，可以在 30 日内申请经独立审查的再调整的内容。

⑪根据第 10 款收到通报的申请人，自收到通报之日起 30 日以内，可以向保健福祉部长官申请经独立审查的再调整。

⑫根据第 11 款收到申请的保健福祉部长官，应当将收到的独立审查报告书和申请人的意见（仅限申请人提交意见的情形）送交药品给付调整委员会进行再调整。

⑬第 10—12 款的程序所需的期间，不计入第 9 款第 2 项规定的处理

期限内。

⑭为了有效评价药品疗养给付的适当性等，健康保险审查评价院设药品给付评价委员会。药品给付评价委员会的组成、运营、评价标准及程序等相关事项，由健康保险审查评价院规定。

⑮为了审议对药品的疗养给付的决定、上限金额的调整相关的事项，在保健福祉部设药品给付调整委员会。药品给付调整委员的组成、运营及其他相关事项，由保健福祉部长官规定。

第 12 条（相对价值分数的调整等）

①根据第 10 条第 1 款及第 10 条之二第 1 款的疗养机构、医药相关团体、药品、治疗材料的制造业者、委托制造销售业者（仅限药品的情形）、进口者（治疗材料为人体组织的情形，是指《人体组织安全及管理法》第 13 条规定的组织银行的负责人）或投保人等，可以按照保健福祉部长官规定并公示的内容，向保健福祉部长官申请调整已公示的疗养给付对象的相对价值分数、上限金额、疗养给付对象、非给付对象。

②根据第 1 款收到调整申请的保健福祉部长官，在调整并公示相对价值分数、上限金额、疗养给付对象、非给付对象时，对行为及治疗材料，可以准用第 11 条（行为的情形，排除第 11 条第 3—6 款；人体组织的情形，则排除第 11 条第 6 款）的程序；对药品，可以准用第 11 条之二的程序。

③删除。

第 13 条（依职权决定及调整）

①根据法第 41 条之三第 4 款的规定，保健福祉部长官针对符合下列情形的行为、治疗材料可以依职权，准用第 11 条（行为的情形，排除第 11 条第 3—6 款，人体组织的情形，排除第 11 条第 6 款）的程序，决定为疗养给付对象或非给付对象并予以公示；决定为疗养给付对象的情形，应一并规定相对价值分数或上限金额并予以公示。决定并公示为疗养给付对象的，应溯及符合第 10 条第 1 款规定时起，作为疗养给付对象予以适用。

1. 没有可以代替的诊疗、治疗方法的情形；

2. 为了患者的诊疗、治疗，有紧急引进必要的情形；

3.《医疗器械法施行令》第 13 条之二第 4 款第 1 项规定的医疗器械

中,保健福祉部长官人为有必要的医疗器械;

4. 其他鉴于行为、治疗材料的内容、金额和对患者的诊疗、治疗的性质、情节等保健福祉部长官认为有必要依职权决定是否是疗养给付对象的情形。

②根据法第 41 条之三第 3 款规定,保健福祉部长官针对符合下列情形的药品,依职权准用第 11 条之二的程序,决定并公示是否是疗养给付对象以及药品的上限金额。

1. 满足下列各目的所有要件的情形:

(1) 没有可以代替的其他药品或治疗法的情形;

(2) 使用于对生命产生深刻危害的疾病的情形;

(3) 证明具有临床疗效的情形。

2. 健康保险审查评价院长以患者诊疗所必需为由,向保健福祉部长官要求的情形。

③对已公示的行为及治疗材料的相对价值分数与上限金额、疗养给付对象与非给付对象,保健福祉部长官可以依职权,准用第 11 条(行为的情形,第 11 条第 3—6 款除外;人体组织的情形,第 11 条第 6 款除外)的程序进行调整并予以公示。

④符合下列情形时,保健福祉部长官可以依职权,对已公示药品是否是疗养给付对象及其上限金额,进行调整并予以公示:

1. 超过作为协商结果达成合意的疗养给付费用预计请求金额(包括根据第 11 条之二第 9 款第 3 项,计算的疗养给付费用预计请求金额),使用的情形;

2. 疗养给付费用请求金额较于上年,超过保健福祉部长官规定的比率或金额,增加的情形;

3. 根据第 5 条第 2 款及第 4 款,因疗养给付的适用标准及方法相关详细事项的修订等,预计药品的使用范围扩大的情形;

4. 根据第 14 条,因保健福祉部长官规定并公示的药品上限金额的决定、调整标准变更,保健福祉部长官认为有必要对上限金额进行再评价的情形;

5. 注入途径、成分、剂型与根据第 11 条之二被决定为疗养给付对象的药品相同的药品,根据第 10 条之二被申请决定的情形;

5之二．注入途径、成分、剂型与根据第 11 条之二被决定为疗养给付对象的复合剂（包括保健福祉部长官公示的与该复合剂构成类似的复合剂）的价格计算基准品目（成为基准的品目为复合剂的情形，包括构成该复合剂的个别药品）相同的药品，根据第 10 条之二被申请决定的情形；

6. 注入途径、成分、剂型与根据第 11 条之二决定为疗养给付对象的药品的开发目标产品（进行相应药剂的品目许可实验时，在被选为比较对象的产品中，起到主要药理作用的成分与相应药品相同的产品，在与其注入途径、成分、剂型相同的制剂中，成为价格计算基准的品目）相同的药品，根据第 10 条之二被申请决定的情形；

7. 作为因没有经济性而被药品的制造业者、委托制造销售业者、进口者所回避，却对患者的诊疗所必需的药品，有必要保全生产或进口原价的情形；

8. 最近两年没有保险给付请求业绩的药品；

8 之二．最近三年没有生产业绩或进口业绩的药品，其有效期限或使用期限届满的情形；

9. 健康保险审查评价院长对评价为没有经济性或疗养给付适当性的，又或这些显著低下的药品，向保健福祉部长官要求的情形；

10. 药品的制造业者、委托制造销售业者、进口者希望从给付目录表中删除的药品，但是保健福祉部长官认为对患者的诊疗所必需的药品除外；

11. 按照保健福祉部长官规定并公示的内容，调查药品实际交易价的结果，成为药品上限金额调整对象的药品；

12. 根据《药事法》第 31 条或第 41 条，获得医药品的品目许可或品目申报的人，受到保健福祉部长官规定并公示的行政处分（是指《药事法》第 76 条规定的行政处分）的情形；

12 之二．根据《药事法》第 31 条或第 41 条，获得医药品的品目许可或品目申报的人，自己主动返还该许可证或申报证的情形；

13. 作为药事法令规定的以健康增进、健康维持及治疗为目的的一般医药品，即使不以医生或牙科医生的处方为要件，因对人体的副作用小，仍可以期待安全性及有效性的药品；

14. 根据第 11 条之二第 8 款，药品的制作业者、委托制造销售业者、进口者，不履行与公团理事长协商的条件的情形，或符合协商条件中规定的调整事由的情形。

⑤对第 4 款规定的依职权调整，准用下列规定的程序。

1. 第 4 款第 1 项及第 2 项的情形：第 11 条之二第 7—9 款的程序。

2. 第 4 款第 3 项的情形：第 11 条之二第 1—3 款、第 6 款及第 7 款第 2 项的程序。但是符合下列情形，准用第 11 条之二第 1—9 款的程序。

（1）根据第 11 条之二第 8 款第 1 项，作为考虑药品的制造业者、委托制造销售业者、进口者要履行的条件，规定上限金额的药品，可充分预计该药品的使用范围将会扩大的情形；

（2）根据第 4 款第 3 项的药品使用范围的扩大预计，导致疗养给付费用预计请求金额，比起其使用范围扩大预计前的疗养给付费用预计请求金额，预计增加 100 亿元以上的情形。

3. 第 4 款第 4—6 项、第 8 项及第 11 项的情形：第 11 条之二第 1—3 款、第 5 款、第 6 款及同条第 7 款第 2 项的程序。

4. 第 4 款第 7 项、第 9 项、第 10 项及第 13 项的情形：第 11 条之二第 1—6 款及同条第 7 款第 2 项的程序。

5. 第 4 款第 14 项的情形：下列规定的程序。

（1）根据第 11 条之二第 8 款第 1 项，药品的制造业者、委托制造销售业者、进口者不履行与公团理事长协商的条件的情形：第 11 条之二第 1—3 款、第 6 款及第 7 款第 2 项的程序；

（2）根据第 11 条之二第 8 款第 1 项，符合药品的制造业者、委托制造销售业者、进口者与公团理事长协商的条件中，规定的调整事由的情形：第 11 条之二第 1—3 款及第 6—9 款的程序。

第 13 条之二（独立的审查程序）

①对是否是治疗材料（人体组织除外，以下在本条和第 13 条之三亦同）及药品的疗养给付对象及上限金额相关，保健福祉部长官应准备与保健福祉部、国民健康保险公团及健康保险审查评价院相独立的审查程序。

②为了独立的审查，保健福祉部长官应当委托总管审查程序的负责人一人和负责审查的 30 人以内的审查人员。

③在治疗材料及药品领域具有丰富的学识和经验的人中，委托可以独立于保健福祉部、国民健康保险公团及健康保险审查评价院，进行审查的人作负责人和审查人员。

④负责人和审查人员的资格、任期、委托方法等相关事项，由保健福祉部长官规定。

第 13 条之三（独立的审查）

①下列情形中可以根据第 11 条第 4 款及第 11 条之二第 2 款、第 11 款（包括根据第 12 条及第 13 条准用的情形），申请独立的审查。

1. 关于治疗材料进行决定申请的人，对专门评价委员会的评价结果有异议的情形。

2. 关于药品进行决定申请的人，对下列结果有异议的情形：

（1）经药品给付评价委员会审议的评价结果；

（2）药品给付调整委员会的调整结果。

3. 关于治疗材料进行调整申请的人，对专门评价委员会的评价结果有异议的情形。

4. 关于药品进行调整申请的人，对下列结果有异议的情形：

（1）经药品给付评价委员会审议的评价结果；

（2）药品给付调整委员会的调整结果。

5. 依职权决定对象治疗材料的制造业者、进口者对专门评价委员会的评价结果有异议的情形。

6. 依职权决定对象药品的制造业者、委托制造销售业者、进口者对下列结果有异议的情形：

（1）经药品给付评价委员会审议的评价结果；

（2）药品给付调整委员会的调整结果。

7. 依职权调整对象治疗材料的制造业者、进口业者对专门评价委员会的评价结果有异议的情形。

8. 依职权调整对象药品（仅限第 13 条第 3 款第 7 项、第 9 项、第 10 项及第 13 项的情形）的制造业者、委托制造销售业者、进口者对药品给付评价委员会审议的结果有异议的情形。

②保健福祉部长官或健康保险审查评价院长收到第 1 款规定的申请的，应当及时按照下列规定将资料送交责任人：

1. 第 1 款第 1 项及第 2 项的情形：申请决定时提交的资料［同款第 2 项（2）的情形，包括药品给付调整委员会调整时所审查的资料］；

2. 第 1 款第 3 项及第 4 项的情形：申请调整时提交的资料［同款第 4 项（2）的情形，包括药品给付调整委员会调整时所审查的资料］；

3. 第 1 款第 5—8 项的情形：为了依职权决定、调整所审查的资料［同款第 6 项（2）的情形，包括药品给付调整委员会调整时所审查的资料］。

③根据第 2 款收到资料的负责人应当在审查人员中选择一人，委托其审查并及时将审查人员通知保健福祉部长官或健康保险审查评价院长。

④根据第 3 款受委托进行审查的审查人员应当在第 2 款规定的资料范围内实行审查，并制作结果报告书提交给负责人。

⑤根据第 4 款收到报告书的负责人应当及时提交给保健福祉部长官或健康保险审查评价院长。

⑥根据第 1 款申请至根据第 5 款提交报告书所需的期间，不得超过下列规定的期间：

1. 第 1 款第 1 项、第 3 项及第 5 项的情形：100 日；

2. 第 1 款第 2 项、第 4 项及第 6 项的情形：150 日；

3. 第 1 款第 7 项及第 8 项的情形：45 日。

第 13 条之四（提交申请人意见）

①根据第 13 条之三第 5 款，收到报告书的保健福祉部长官或健康保险审查评价院院长，应当自收到之日起七日内，向申请人发送报告书。

②根据第 1 款收到报告书的申请人对报告书的内容有意见的，可以自收到之日起 30 日以内，向保健福祉部长官或健康保险审查评价院长提出意见。

第 13 条之五（再评价等）

①根据第 13 条之四第 2 款，保健福祉部长官或健康保险审查评价院长收到所提出的意见或确认没有意见的，应当在 50 日以内，根据第 11 条第 6 款或第 11 条之二第 4 款、第 12 款，进行专门评价委员会的再评价、经过药品给付评价委员会的再评价或药品给付调整委员会的再调整。

②专门评价委员会、药品给付评价委员会或药品给付调整委员会在进行再评价、再审议或再调整时，不受独立的审查报告书和申请人意见的

约束。

③本规则规定的事项外，运营独立的审查程序相关事项，由保健福祉部长官规定。

第 14 条（决定及调整的详细事项）

相对价值分数、上限金额，疗养给付对象、非给付对象的决定、调整，确认是否是疗养给付对象、非给付对象等相关的详细事项和第 11 条第 8 款规定的专门评价委员会的种类、组成、运营，评价的内容、程序、方法等相关事项，由保健福祉部长官规定并公示。

第 14 条之二（给付评价委员会的设置等）

①为了审议法第 41 条之四规定的选择给付的指定及实施等事项，设保健福祉部长官所属的给付评价委员会。

②给付评价委员会由 30 人以内的委员组成，其中包括委员长一人。

③给付评价委员会委员应当符合下列情形且由保健福祉部长官委托或任命，委员长在委员（第 6 项规定的委员除外）中互选：

1. 医科、齿科、韩医科或药事相关学会推荐的该领域专家；
2. 在学校或研究机关，从事于健康保险相关领域的教育或研究人员；
3. 消费者团体推荐的人；
4. 删除；
5. 公团理事长及健康保险审查评价院长推荐的健康保险相关专家；
6. 保健福祉部公务员中，执行健康保险领域业务的四级以上公务员；
7. 其他具有丰富的健康保险相关学识和经验的人中，符合保健福祉部长官规定并公示标准的人。

④委员长代表给付评价委员会，总管其业务。

⑤除第 1—4 款规定的事项外，给付评价委员会的组成及运营相关事项，由保健福祉部长官规定。

第 14 条之三（选择给付的实施条件）

①法第 42 条之二第 1 款规定的选择给付的实施条件（以下简称"选择给付实施条件"）应当包括下列内容：

1. 诊疗科目的范围及种类等相关事项；
2. 医疗人的定员及资格等相关事项；
3. 医疗设施及医疗装备等相关事项；

4. 患者的要件及基准等相关事项；

5. 选择给付的实施所要求的疗养机构的遵守事项；

6. 为了实施选择给付，保健福祉部长官认为必要的，相当于第1—5项规定事项的其他事项。

②为了规定或变更选择给付实施条件，保健福祉部长官认为必要的情形下，可以要求相关法人、团体或专家等提交资料或意见。

③保健福祉部长官规定或变更选择给付实施条件的，应当刊登在保健福祉部网站上并向医药相关团体通报相关内容。

④根据法第42条之二第1款，欲实施选择给付的疗养机构在实施该选择给付前，应当通过健康保险审查评价院长，向保健福祉部长官提交能够举证满足选择给付实施条件的文件。

⑤对第1—4款规定的选择给付实施条件的内容、协助要求、内容通报或举证文件提交等详细事项，由保健福祉部长官规定并公示。

第14条之四（为选择给付的适当性评估的资料提交）

①根据法第42条之二第1款实施选择给付的疗养机构（以下简称"选择给付实施机关"），根据同条第2款所提交的资料范围如下：

1. 选择给付的实施现状相关资料；

2. 作为相应选择给付和可代替的疗养给付，保健福祉部长官规定并公示的疗养给付的实施现状相关的资料；

3. 选择给付的实施所要求的疗养给付费用的请求相关的资料；

4. 对第14条之三第1款第1—3项事项的现状资料及变更资料（变更资料，仅限具有变更情形时）；

5. 为了选择给付的适当性评估，保健福祉部长官认为必要的相当于第1—4项规定的其他资料。

②根据法第42条之二第2款，选择给付实施机关提交相关资料时，应当按照保健福祉部长官规定的标准及程序，每年须提交一次以上。此时，选择给付实施机关应通过健康保险审查评价院长，提交给保健福祉部长官。

③为了法第41条之四第2款规定的选择给付的适当性评估，保健福祉部长官认为有必要的情形，可以要求选择给付实施机关提交补充或追加的材料。

④第 1—3 款规定的资料的范围、制作方法、提交方法或补充要求等详细事项,由保健福祉部长官规定并公示。

第 14 条之五(选择给付的实施限制)

①根据法第 42 条之二第 3 款的选择给付的实施限制,保健福祉部长官认为必要的情形,可以对选择给付实施机关要求相关资料或确认、检验选择给付的实施现状。

②选择给付实施机关符合法第 42 条之二第 3 款规定的选择给付的实施限制事由的情形,保健福祉部长官可以按照保健福祉部长官规定的内容,命其在一定期间内更正。

③选择给付实施机关不履行第 2 款规定的更正命令的,保健福祉部长官可以在三个月范围内,限制其实施选择给付。此时,应综合考虑违反行为的内容、性格、结果或患者的保护等相关事项,决定限制选择给付的实施期间。

④第 3 款规定的选择给付实施限制期间结束后,选择给付实施机关欲重新实施选择给付的,应当通过健康保险审查评价院长,向保健福祉部长官提交能够举证满足选择给付实施条件的资料。

⑤对第 1—4 款规定的资料要求、确认及检验、更正命令、选择给付实施限制的程序及方法等的详细事项,由保健福祉部长官规定并公示。

第 15 条(规制的再审查)

①保健福祉部长官对附表二第 4 项(1)及(2)规定的非给付对象标准,应以 2014 年 7 月 1 日为准,每隔三年(是指每到三年的基准日前为止)审查其妥当性并采取改善措施。

②对下列事项,保健福祉部长官应以下列基准日为准,每隔两年(是指每到两年的基准日前为止)审查其妥当性,并采取改善的措施。

1. 第 2 条规定的疗养给付的程序:2015 年 1 月 1 日;
2. 第 7 条第 5 款规定的疗养机构的文件保存期间:2015 年 1 月 1 日。

附则

第 1 条 本规则自 2019 年 11 月 1 日起施行。

第 2 条(其他法令的修订)国民健康保险疗养给付的标准相关规则

中，修订如下部分。

第 8 条之二第 1 款中，将《尖端医疗复合园区指定及支援相关特别法》改为《尖端医疗复合园区育成相关特别法》。

第 3 条　省略

十四　基础年金法

第一章　总则

第1条（目的）

本法制定的目的在于，向老年人发放基础年金以保障老年人的稳定收入基础和生活、增进福利及促进社会和谐。

第2条（定义）

本法所用术语的含义如下：

1. "基础年金受领权"是指本法规定的领取基础年金的权利；
2. "基础年金受领权人"是指具有基础年金受领权的人；
3. "基础年金受领人"是指本法规定的领取基础年金的人；
4. "收入认定额"是指受领权人及其配偶的收入评估额与财产收入换算额之和。此时，计算收入评估额和财产收入换算额的所得及财产的范围由总统令规定，其具体计算方法由保健福祉部长官规定。

第3条（基础年金受领权人的范围等）

①65岁以上且收入认定额低于保健福祉部长官规定金额（以下简称"选定标准额"）的人，可以领取基础年金。

②保健福祉部长官规定选定标准额时，应当保障65岁以上的基础年金受领人占70%。

③除第1款规定外，符合下列情形的受领权人及其配偶或领取权人，总统令规定的人及其配偶不予发放基础年金：

1. 《公务员年金法》第28条、《公务员灾害补偿法》第8条或《私立学校教职员年金法》第42条第1款规定的退休年金、一次性退休年金、退休年金一次性抵扣金、残疾年金、一次性残疾金、非公务一次性残疾金、非职务残疾一次性残疾金、退休遗属年金、残疾遗属年金、殉职遗属年金、职务遗属年金、危险职务殉职业遗属年金、一次性退休遗属年金或一次性退休遗属金［一次性退休遗属金根据《公务员残疾补偿法》第20条第1款规定，殉职遗属年金的受领人更换选择殉职遗属年间的情形（包括《私立学校教职员年金法》第42条第1款规定的职务遗属年金受领人更换选择职务遗属年金的情形）及限定同法第20条第2款规定危险职务殉职遗属年金的受领人更换选择危险职务殉职遗属年金的情形］；

2. 根据《军人年金法》第6条规定的退役年金、一次性退役年金、退役年金一次性抵扣金、伤残年金、遗属年金或一次性遗属年金；

3. 根据《别定邮局法》第24条第2款规定的退休年金、一次性退休年金、退休年金一次性抵扣金、遗属年金或一次性遗属年金；

4. 根据《关于国民年金与职业年金之间的联系相法律》第10条或第13条规定的联系退休年金或联系退休遗属年金中，同法第2条第1款第7项规定的职域期间为十年以上的联系退休年金或联系退休遗属年金。

④选定标准的标准、公示时间及适用期间等由总统令规定。

第4条（国家和地方自治团体的职责）

①国家和地方自治团体根据基础年金第1条规定，应当尽力达到能够支援老年人生活的稳定及增进福祉的所需水平。

②国家和地方自治团体应当根据第1条规定，为负担所需费用筹集资源。此时，《国民年金法》第101条第1款所设定的国民年金不可用于发放基础年金。

③国家和地方自治团体应当根据基础年金的发放，应当尽力防止阶层间的收入逆转、工作积极性与储蓄动力的下降。

第二章　基础年金额的计算等

第5条（基础年金额的计算）

①基础年金受领权人的基础年金额（以下简称"基础年金额"）应考虑第2款或第5条之二第1款规定的标准年金额（以下简称"标准年金额"）与国民年金工资额等进行计算。

②标准年金额是指保健福祉部长官基于年度的标准年金额和总统令规

定，反映全国消费者物价变动率（根据《统计法》第 3 条规定是指每年进行公示的全国消费者物价变动率，以下相同）并每年进行公布。此时，公示的标准年金额的适用期限为相应调整年度的四月至下一年度的三月。

③第 2 款的前段规定外，2018 年的标准年金额为 25 万。

④基础年金受领权人中，发放给下列年金受领权人（以下简称"国民年金受领权人"）的基础年金根据第 5 款规定计算：

1. 《国民年金法》第 61 条、第 64 条或法第 8541 号国民年金法全部修改法律附则第 2 条、第 6 条、第 9 条规定的老龄年金受领权人或分期年金受领权人；

2. 根据《脱离北韩居民的保护及定居支援法》第 26 条之二规定的国民年金受领权人。

⑤向国民年金受领权人发放的基础年金额为第 1 项规定金额减去第 2 项规定金额（其减去金额小于零时则视为零）后加以第 3 项规定金额：

1. 标准年金额（适用于第 5 条之二的基础年金受领人是指第 5 条之二规定的基础年金额，以下相同）；

2. 国民年金受领权人可领取的年金中，基于《国民年金法》第 51 条第 1 款第 1 项所计算的金额（是指每年根据《国民年金法》第 51 条第 2 款规定所调整的金额，以下简称"收入再分配工资金额"）乘以 2/3 的金额，但根据《国民年金法》规定，推迟或提前、加算或减额发放国民年纪受领权人的年金时，年金额作为收入再分配工资金额的计算基础由总统令规定；

3. 附加年金额：相当于标准年金额的 2/3。

⑥基础年金受领权人中，以《国民年金法与职业年金关联法》第 10 条规定的关联老龄年金受领权人发放第 1 项金额扣除第 2 项金额（其减去金额小于零时则视为零）后加以第 3 项金额。

1. 标准年金额；

2. （1）加以（2）的金额中乘以 2/3。

（1）收入再分配工资金额；

（2）根据《国民年金法与职业年金关联法》第 12 条规定联系退休年金额乘以 1/2 的所得金额；

3. 附加年金额：相当于符合标准年金额的 1/2。

⑦基础年金受领权人中,给符合下列人员发放的基础年金额为标准年金额：

1. 不符合第 4 款或第 6 款规定的人；

2. 作为第 4 款或第 6 款规定的人,符合下列情形的人：

（1）根据《国民年金法》第 56 条第 1 款规定停止支付国民年金的老龄年金受领权人及分期年金受领权人；

（2）根据《残疾人年金》第 4 条规定的受领权人；

（3）作为《国民基础生活保障法》第 2 条规定的受领权人并由总统令规定的人；

（4）由总统令规定的人。

第 5 条之二 （关于低收入基础年金受领权人计算基础年金的特例）

①第 5 条第 2 款规定外,适用于 65 岁以上的人中收入认定额在 20% 以下的标准年金额为 30 万韩元。

②保健福祉部长官为了选定适用于第 1 款规定的标准年金额的人,应规定并公示其收入认定额（以下简称"低收入者的选定标准额",以下如同）。

③低收入者的选定标准额的标准、公示、时期及适用期间等由总统令规定。

第 6 条 （根据国民年金工资计算基础年金的特例）

①第 5 条规定外,符合第 5 条第 4 款或第 6 款规定的人中,按照《国民年金法》及《国民年金法与职业年金关联法》规定的受领权,每月工资额（除了根据《国民年金法》第 52 条规定的赡养家庭年金额以外的金额,以下简称"国民年金工资额等"）为标准年金额低于 150% 的人所领取的基础年金额为标准年金额。

②第 5 条规定外,符合第 5 条第 4 款或第 6 款规定的人中,国民年金工资额等发放给标准年金额低于 200% 高于 150% 的人的基础年金额在标准年金额的范围内,根据总统令规定,可超过第 5 条的计算金额,并另行规定。

第 7 条 （基础年金额的限度）

根据第 5 条第 4—6 款规定所计算的基础年金额高于标准年金额的情形,标准年金额将视为基础年金额。

第 8 条（基础年金额的减额）

①本人及其家属均为基础年金受领权人的情形，从各自的基础年金中减去该年金的 20% 的金额。

②收入认定额与第 5 条、第 5 条之二、第 6 条及第 7 条规定的基础年金额（适用第 1 款规定时，是指减额部分的金额）之和超过选定标准额的情形，在超出范围内将减去部分基础年金额。

③适用第 5 条之二规定的基础年金受领权人的收入认定额与相应基础年金额（适用第 8 条规定时，是指减额部分反映的金额）合计金额超过低收入者的选定标准额与标准年金额（是指不适用第 5 条之二规定的基础年金受领权人的标准年金额）合计金额的情形，可减去适用第 5 条之二规定的基础年金受领权人的部分基本年金额。

④第 2 款及第 3 款规定中减额的具体标准由总统令决定。

第 9 条（基础年金额的适当性评价等）

①第 5 条第 2 款规定外，保健福祉部长官应当通过综合考量基础年金受领人的生活水平、《国民年金法》第 51 条第 1 款第 1 项规定的金额的变动率、全国消费者物价变动率，评价基础年金的适当性和机动性，并以此为结果调整基础年金。

②进行第 1 款规定的适当性评价时，应同时开展对老年人贫困状况调查以及基础年金财政需求的前景调查。

③保健福祉部长官应根据第 1 款规定公示所调整的标准年金额。此时，视为根据第 5 条第 2 款前段部分规定的公示。

④第 1 款规定的标准年金的调整、第 2 款规定的财政需求的前景调查与老年人贫困状况调查的具体程序及第 3 款规定的标准年金额的公示等事项由总统令决定。

第三章 基础年金的申请及发放决定等

第 10 条（基础年金的支付申请）

①欲领取基础年金的人（以下简称"有望领取基础年金的人"）或由保健福祉部令规定的代理人可以向特别自治市市长、特别自治道执事、市长、郡守、区厅长（是指自治区的区厅长，以下相同）申请支付基础

年金。

②有望领取基础年金的人及其配偶根据第1款规定提出申请时，应当向保健福祉部长官及特别自治市市长、特别自治道执事、市长、郡守、区厅长（包括根据第28条第2款规定的受委托业务的人）以书面形式提交同意提供下列各项信息的同意书：

1. 根据《金融实名交易及秘密保障法》第2条第2款及第3条规定的金融资产及金融交易相关资料或信息中存款平均月和其他由总统令规定的资料或信息（以下简称"金融信息"）；

2. 根据《金融实名交易及秘密保障法》第2条第1款规定的信用信息中债务额和其他由总统令规定的资料或信息（以下简称"信用信息"）；

3. 根据《保险业法》第4条第1款规定，加入保险后所缴纳的保险费和其他由总统令规定的资料或信息（以下简称"保险信息"）。

③根据第1款规定的基础年金支付申请的方法、程序及第2款规定的同意的方法、程序等相关事项由总统令规定。

第10条之二（基础年金相关信息的提供）

①保健福祉部长官或特别自治市市长、特别自治道执事、市长、郡守、区厅长应向65岁以上的人提供基础年金的发放对象、金额及申请方法等相关信息。

②根据第1款规定的提供信息的内容、方法及程序等事项由总统令决定。

第11条（调查、询问等）

①保健福祉部长官或特别自治市市长、特别自治道执事、市长、郡守、区厅长为了确认基础年金受领权的发生、变更、丧失等可以向申请基础年金的有望领取人、受领权人、受领人及其配偶及雇主（该规定中简称"基础年金受领权人等"）要求提交所需资料或收入、财产相关资料，所属公务员可在受领权人的住宅或其他必要场所调查文件、向相关人员询问。

②保健福祉部长官或特别自治市市长、特别自治道执事、市长、郡守、区厅长履行第1款规定的确认、调查或为执行基础年金项目，可向部门负责人申请提供基础年金受领权人等下列资料。此时，被要求提资料或

信息的部门负责无特殊理由，应当按照要求行事。

1. 收入与财产相关资料或信息：

（1）金融信息、信用信息、保险信息；

（2）《国税基本法》第 81 条之十三及《地方税基本法》第 86 条规定的课税信息、经当事人同意的课税信息；

（3）关于土地、建筑物、机动车、船舶、飞机、住宅入住券、出售权、立目财产、渔业权及《地方税法》第 6 条第 14—18 款规定的会员权相关资料或信息；

（4）国民年金、健康保险、雇佣保险、产业灾害补偿险、保家卫国奖励、公务员年金、公务员灾害补偿工资、军人年金、私学年金及派出邮局年金领取相关资料或信息。

2. 个人事项相关资料或信息：

（1）出入境事实相关的资料或信息；

（2）根据《刑罚执行及收容者待遇法》规定的矫正设施（以下简称"矫正设施"）及《治疗监护法》规定的治疗监护设施（以下简称"治疗监护设施"）入所及出所事实的相关资料或信息；

（3）犯罪前科的资料或信息；

（4）埋葬、火葬、葬礼的相关资料或信息；

（5）居民登记、亲属关系登记的相关资料或信息；

（6）离家出走、失踪报案及不在者财产管理的相关处分资料或信息。

③根据第 1 款规定进行调查的公务员应携带其权限证明及调查期间、范围、负责人、法令等记载由保健福祉部令规定的事项的资料，向人员出示。

④保健福祉部长官或特别自治市市长、特别自治道执事、市长、郡守、区厅长对基础年金的有望受领人、受领权人或受领人尚未提交第 1 款规定的资料或提交虚假文书或资料的情形，拒绝、妨害回避调查询问或慌答问题的情形，可以驳回基础年金的支付申请或驳回发放决定或者停止发放基础年金。

⑤根据第 2 款规定获得资料或信息的情形，应免除根据本法令收取的手续费或使用费等。

⑥关于第 1 款规定的调查询问的范围、时期、内容、程序、方法等，

除了本法规定的事项外，适用《行政调查基本法》规定，其他事项由总统令规定。

第 12 条（金融信息的提供）

①除《金融实名交易及秘密保障法》第 4 条第 1 款与《信用信息使用及保护法》第 32 条规定外，保健福祉部长官必要时有权审查受领权，当受领权人及其配偶根据第 10 条第 2 款规定提交电子信息时，金融机关（《金融实名交易及秘密保障法》第 2 条第 1 款规定的金融公司等与《信用信息使用及保护法》第 25 条规定的信用信息集中机关，以下如同）负责人有权提供有望领取基础年金的人及其配偶的金融信息、信用信息或保险信息（以下简称"金融信息等"）。

②虽有《金融实名交易及秘密保障法》第 4 条第 1 款与《信用信息的使用及保护法》第 32 条规定，但保健福祉部长官为了受领权的审查，根据总统令规定的标准，通过记录个人信息的文书或信息通信网，向金融公司的负责人要求提供受领人及其配偶的金融信息等。

③除《金融实名交易及秘密保障法》第 4 条和《信用信息的使用及保护法》第 32 条规定外，根据第 1 款及第 2 款规定，收到提供要求的金融公司的负责人，应当提供名义人的金融信息等。

④除《金融实名交易及秘密保障法》第 4 条之二第 1 款与《信用信息的使用及保护法》第 32 条规定外，根据第 3 款提供金融信息的金融机关的负责人，无须向名义人通知相关事实。但是，名义人要求提供时，除外。

⑤根据第 1—2 款规定的金融信息的提供请求及提供应当使用《信息通信网的利用促进及信息保护法》第 2 条第 1 款第 1 项规定的信息通信网。但信息通信网受损等不可避免的情形除外。

⑥从事第 1 款之第 3 款规定业务的人（包括根据第 28 条授权或受委托的人）在执行业务时所获得的金融信息等，除本法规定的目的所使用外，不得泄露或提供给其他人。

⑦根据第 1—3 款及第 5 款规定的金融信息的提供请求及提供事项由总统令规定。

第 13 条（基础年金的发放决定等）

①特别自治市市长、特别自治道执事、市长、郡守、区厅长根据第

11条规定进行调查后，决定基础年金受领权的发生、变更、丧失等。

②特别自治市市长、特别自治道执事、市长、郡守、区厅长作出第1款决定后，其决定内容应以书面形式说明理由，并及时通知基础年金受领权人。

③根据第1款及第2款规定的基础年金领取的发生、变更、丧失等决定程序及通知相关事项由保健福祉部令规定。

第14条（基础年金的发放及发放时期）

①特别自治市市长、特别自治道执事、市长、郡守、区厅长根据第13条第1款规定决定为受领权人的从申请基础年金之日的当月起至第17条规定受领权丧失之日的月份为止，每月定期发放。

②根据第16条第1款规定停止支付基础年金期间，将不予发放。

③根据第1款及第2款规定的基础年金的发放方法、程序等相关事项由保健福祉部令规定。

第四章　基础年金受领人的事后管理

第15条（未发放的基础年金）

①基础年金受领人已故，年金尚未发放的情形，受领人死亡时的扶养义务人（是指配偶与直系亲属及其配偶）可以请求支付该年金。此时，特别自治市市长、特别自治道执事、市长、郡守、区厅长应及时向义务人通知是否发放的决定。

②根据第1款规定的未发放基础年金的请求程序、方法及扶养义务人的认定标准与发放顺位等事项由总统令规定。

第16条（基础年金的停止发放）

①基础年金受领人符合下列情形，自事由发生所属之月之次月起至事由消灭之月为止，特别自治市市长、特别自治道执事、市长、郡守、区厅长应停止发放年金：

1. 基础年金受领人被判处监禁以上刑罚，收容在矫正设施或治疗监护设施的情形；

2. 基础年金受领人因下落不明或失踪或由总统令的规定推测死亡的情形；

3. 基础年金受领人的国外滞留时间持续 60 日以上的情形，滞留满 60 日视为停止支付事由的发生之日；

4. 此外，根据第 1—3 款由总统令规定的情形。

②根据第 1 款规定的停止发放等相关事项由保健福祉部令规定。

第 17 条（基础年金受领权的丧失）

受领权人符合下列条件时，将丧失受领权：

1. 死亡；

2. 丧失国籍或移居海外；

3. 根据第 3 条规定，不符合基础年金受领权人的情形。

第 18 条（申报）

①基础年金受领人在符合下列事由之一时，应当根据总统令规定 30 日内申报给特别自治市市长、特别自治道执事、市长、郡守、区厅长。但第 2 项（仅限于第 17 条第 1 款中的情形）规定的情形，根据《亲属关系登记法》第 85 条规定，申报义务人应当在 30 日内将其死亡事实申报给特别自治市市长、特别自治道执事、市长、郡守、区厅长：

1. 根据法第 16 条第 1 款规定的停止发放事由消灭的情形；

2. 根据法第 17 条规定的基础年金受领权丧失事由消灭的情形；

3. 符合总统令规定标准的基础年金领取及其配偶的收入、财产发生变动的情形；

4. 基础年金受领人结婚或离婚及配偶死亡的情形；

5. 此外，保健福祉部令规定的情形。

②《亲属关系登记法》第 85 条规定的申报义务人根据同法第 84 条进行受领人死亡申报的情形，视为第 1 款但书规定的申报。

③根据第 1 款规定的申报内容、方法及程序等事项由保健福祉部令规定。

第 19 条（基础年金额的退还）

①领取基础年金的人符合下列情形时，特别自治市市长、特别自治道执事、市长、郡守、区厅长根据总统令的规定，应退还其年金。但符合第 1 款规定的情形，加上总统令规定的利息一并退还：

1. 以虚假或其他不正当方式领取基础年金的情形；

2. 根据法第 16 条规定停止发放期间支付基础年金的情形；

3. 因其他事由，发放错误的情形。

②特别自治市市长、特别自治道执事、市长、郡守、区厅长根据第1款规定，对应退还基础年金的人（受领人已故的，是指第14条规定的遗属）须支付该年金时，可与退还的基础年金抵消。

③退还金少于总统令规定的金额时，特别自治市市长、特别自治道执事、市长、郡守、区厅长可与不予退还。

第20条（退还金的通知、督促及征缴）

①特别自治市市长、特别自治道执事、市长、郡守、区厅长根据第19条第1款规定征缴退还金时，应当规定其期限以书面形式将退还金额及期限进行通知。

②收到第1款中通知的人在指定期限内未缴纳的情形，特别自治市市长、特别自治道执事、市长、郡守、区厅长应当规定其期限并根据总统令的规定进行督促。

③收到第2款中督促的人在指定期限内未缴纳的情形，特别自治市市长、特别自治道执事、市长、郡守、区厅长根据地方税处分规定进行征缴。

第五章　基础年金受领权人的权利保护

第21条（基础年金受领权的保护）

①不得将基础年金受领权转让或担保使用，不得作为扣押对象。

②基础年金所领取的钱财不予扣押。

第22条（异议申请）

①根据第13条决定，对本法的处分有异议的人，可以向特别自治市市长、特别自治道执事、市长、郡守、区厅长提出异议申请。

②根据第1款规定所提出的异议申请，自得知其处分之日起90日内以书面形式提出。但能够证明具有正当理由不能在期限内作出异议申请的情形，可以自该事由消失之日起60日内提出异议申请。

③第1款及第2款规定的异议申请的方法及程序的事项由保健福祉部令规定。

第23条（时效）

五年内不予行使根据第19条规定退还基础年金的权利与基本年金受

领权人的权利时，因时效届满而消灭。

第 24 条（尾数的处理）

根据本法规定计算基础年金额、退还金时，少于十元韩元的情形不予计算在内。

第 25 条（费用的承担）

①地方自治团体的老年人口比例及财政等因素，发放基础年金额费用中，在40%—90%的范围内，相当于总统令规定比例的费用由国家承担。

②除第1款中国家承担的费用外，由特别市、广域市、道或特别自治市、特别自治道（以下简称"市、道"）、市、群、区（是指自治区，以下相同）相互承担。此时，其承担比例应考虑老年人口比例及财政条件等因素，经与保健福祉部长官协议，由市、道条例或市、群、区条例规定。

第 26 条（基础年金信息系统的构建及运营）

①保健福祉部长官根据总统令规定，为有效处理本法规定的基础年金相关资料或信息的处理及管理业务，构建并运营基础年金信息系统（以下简称"基础年金信息系统"）。

②保健福祉部长官为了有效履行基础年金业务，可与根据《社会福祉法》第6条之二第2款规定的信息系统联动使用。

第 27 条（资料及信息的收集等）

保健福祉部长官，特别自治市市长、特别自治道执事、市长、郡守、区厅长及根据第28条第2款规定，接受业务委托的国民年金公团为确保年金业务的顺利进行，可以根据第11条与第12条规定对获得的文书、资料或信息进行处理。

第 28 条（权限的委任及委托）

①根据本法规定的保健福祉部长官的权限由总统令规定，并可以将部分权限委任给特别市市长、广域市市长、特别自治市市长、道执事、特别自治道执事、市长、郡守、区厅长。

②保健福祉部长官或特别自治市市长、特别自治道执事、市长、郡守、区厅长为确保实施基础年金事业，根据总统令的规定可将下列业务委托至《国民年金法》第24条规定的国民年金公团：

1. 第10条规定的申请的受理；

1之二. 第10条之二规定中信息的提供；

2. 第11条规定中调查、询问的支援；

3. 第14条第1款规定的基础年金的发放；

4. 第15条第1款前段部分规定的申请未支付年金的受理；

5. 第18条第1款规定中申报的受理；

6. 第20条规定中退还金的通知、督促及征缴；

7. 第22条第1款规定中异议申请的受理；

8. 基础年金信息系统的构建及运营。

③对第1款及第2款规定收委任或委托的人，根据第11条第2款规定所提供的资料或信息将免去本法令收取的使用费与手续费等。

第六章　处罚

第29条（处罚）

①违反第12条第6款规定的使用、提供或泄露金融信息的人，处以五年以下有期徒刑或5000万韩元以下的罚款。

②删除。

③以虚假或其他不正当方式领取残疾人年金或使其他人领取的，处以一年以下有期徒刑或1000万韩元以下罚款。

第30条（双罚规定）

法人代表、法人或个人的代理人、使用人及其他工作人员对法人或个人业务进行第29条第1款规定的违法行为时，对行为人处罚外，可以对法人或个人并处罚款。但法人或个人为防止违该反该行为，对相关业务作出相当大的告诫和监督的情形除外。

第31条（罚款）

①无正当理由，没有提交第11条第1款规定的文书或其他收入、财产及残疾人程度等资料或者提交虚假资料的人，拒绝、妨碍或回避调查提问、没有如实回答的，处以二十万韩元以下的罚款。

②无正当理由，根据第18条规定没有进行举报的人处以十万韩元以下的罚款。

③根据第1款及第2款规定的罚款，根据总统令规定的标准，由特别

自治市市长、特别自治道执事、市长、郡守、区厅长收取征缴。

附则

第1条（实施日）

本法自2019年4月1日起实施。

第2条（本法实施的准备行为）

本法实施前，根据第5条第2款修改规定，保健福祉部长官决定并公示低收入者的选定标准。

十五　基础年金法实施令

第1条（目的）

为了规定《基础年金法》及同法实施令中委任事项和实施所需事项，制定本法。

第2条（收入的范围）

①根据《基础年金法》（以下简称"法"）第2条第4款后段部分规定，计算所得评估额的所得范围如下：

1. 工作所得：根据《所得税法》第20条第1款规定的工作所得，但除了《所得税法》第12条第3款规定的税的工作所得外，工作所得具体如下：

（1）根据《所得税法》第12条第3款的规定免税的工资；

（2）根据《所得税法实施令》第16条第1款第1项规定免税的工资。

2. 事业所得：根据《所得税法》第19条规定的事业所得。

3. 财产所得：

（1）利息所得：符合第14条第1款第1项第1号至第5号规定的金融资产所产生的利息额与分配额或折扣额中保健福祉部长官规定并公示的金额以上的所得；

（2）年金所得：《所得税法》第20条之三第1款第2项及第3项规定的年金以及所得与《保险业法》第4条第1款第1项（2）规定的年金保险所产生的所得。

4. 公共移转所得：《国民年金法》《公务员年金法》《公务员灾害补偿法》《军人年金法》《别定邮局法》《私立学校教职工年金法》《产业灾害补偿保险法》《国民年金和职业年金关联法》《关于保护脱北住民（北韩离脱住民）及定居支援法》《关于独立有功者礼遇法》《关于国家有功

者的礼遇及补助法》《后遗症等患者支援及团体设立法》《关于参战有功者礼遇及团体设立法》和保健福祉部长官规定并公示的法令定期支付的各种津贴、年金、工资及或其他钱财。但，下列各项津贴除外：

(1) 根据《关于独立有功者礼遇法》第14条规定的生活调整津贴；

(2) 根据《关于国家有功者的礼遇及补助法》第14条、第15条及第16条之二规定的生活调整津贴、看护津贴及战功荣誉津贴；

(3) 根据《关于参战有功者礼遇及团体设立法》第6条规定的参战名誉津贴。

②本人及其配偶居住在一代以内直系亲属所属的住宅（仅限于住宅价格高于保健福祉部长官规定并公布的金额），根据保健福祉部长官规定的方法所计算的金额应视为收入并包括在第1款规定的收入范围内。

第3条（财产的范围）

①根据法第2条第4项后段部分，计算财产所得换算额的范围如下。

1. 一般财产：

(1)《地方税法》第6条第11项规定的立木；

(2)《地方税法》第6条第13项规定的渔业权；

(3)《地方税法》第6条第14—18项规定的会员权；

(4)《所得税法》第89条第2款规定的成员入住权；

(5)《地方税法》第104条第1—4项规定的土地、建筑物及住宅，但，农村共同财产与其他用于共同目的财产除外；

(6) 住宅、商家、建筑物的租赁保证金（包括住房抵押款）；

(7) 建筑物完工时，取得该建筑物及其附属土地的权利［第（4）中的成员入住权除外］；

(8)《地方税法》第104条第4项及第5项规定的飞机及船舶；

(9)《地方税法》第104条第4项规定的机动车，但根据《国家有功者等礼遇及支援法》符合伤残等级鉴定的国家有功者所属机动车，根据《残疾人福祉法》登记的残疾人所属机动车及根据《地方税特例限制法》第4条第1款规定免税的机动车中符合保健福祉部长官规定并公示的机动车除外。

2. 金融财产：

(1)《金融实名交易及秘密保障法》第2条第2项规定的金融资产；

(2)《保险业法》第 2 条第 1 项规定的保险商品。

3. 符合第 1 项及第 2 项所列财产中自 2011 年 7 月 1 日之后赠与他人的财产或以处分的财产（用处分的财产买入其他财产、偿还债务、支付医疗费等为本人及其配偶消费的事实已证实的情形除外）。

②根据第 1 款规定财产价额的计算方法由保健福祉部令规定。

第 4 条（选定标准额的标准等）

①根据法第 3 条第 1 款规定由保健福祉部长官规定并公布的金额（以下简称"选定标准额"）及根据法第 5 条第 2 款第 2 项规定由保健福祉部长官规定并公布的金额（以下简称"低收入者选定标准额"）应当考虑到 65 岁以上的人及其配偶（以下该条中简称"老年人家庭"）的收入、财产水平及生活现状、物价上升率等。

②有配偶的老年人家庭的选定标准额及低收入者的选定标准额相当于无配偶的老年人家庭选定标准的及低收入者选定标准额乘以 160% 的金额。

③第 2 款规定外，配偶根据《居民登记法》第 7 条之二第 1 款规定的居民登记证号、《出入境管理法》第 31 条第 5 款规定的外国人登记证号、《不动产登记法》第 49 条第 1 款第 2 项规定的不动产登记用登记号等，因没有保健福祉部长官规定的固有识别信息难以根据法第 11 条进行调查或询问的情形，适用无配偶老年人家庭的选定标准额及低收入者的选定标准额。

④相应年度选定标准额及低收入者的选定标准额在上年度 12 月 31 日前由保健福祉部长官规定并公布，适用于 1 月 1 日至 12 月 30 日。

⑤保健福祉部长官根据第 1 款规定选定标准额及低收入者选定标准额时，应当与计划财政部长官等相关中央行政机关的副主任协议。

第 5 条（排除在基础年金发放对象的人）

法第 3 条第 3 款规定的外，"总统令规定的人"具体如下：

1. 法第 3 条第 3 项第 1 款规定的受领年金的人，具体如下：

（1）领取一次性退休年金或一次性扣除退休年金的人；

（2）领取一次性损害金、非公务一次性损害金或非职务一次性损害金的人，在领取后不超过五年的人；

（3）领取一次性退休遗属年金或一次性遗属退休金的人，在领取后不超过五年的人。

2. 法第 3 条第 3 款第 2 项规定受领年金的人，具体如下：

（1）领取一次性退役年金或一次性扣除退役年金的人；

（2）领取一次性遗属年金的人，在领取后不超过五年的人。

3. 法第 3 条第 3 款第 3 项规定受领年金的人，具体如下：

（1）领取一次性退休年金或一次性扣除退休年金的人；

（2）领取一次性遗属年金的人，在领取后不超过五年的人。

第 6 条（根据物价变动的标准年金额调整）

根据法第 5 条第 2 款规定的标准年金额（以下简称"标准年金额"）为上年度标准年金额与上年度相比，上年度全国消费者物价变动率乘以上年度标准年金额相加或减去的金额。此时，适用上年度全国消费者物价变动率的情形，应当考虑根据《国民年金法》第 51 条第 2 款规定调整同条款第 1 款规定金额时适用的变动率。

第 7 条（所得再分配工资金额的计算标准）

①法第 5 条第 5 款第 2 项规定的国民年金受领权人可领取的金额中《国民年金法》第 51 条第 1 款第 1 项规定金额（是指产生国民年金发放事由时所适用的金额，下同）为基础所计算的金额（以下简称"所得再分配工资金额"）视为按附件一计算所得金额。

②根据法第 5 条第 5 款第 2 项但书规定，所得再分配工资额的计算基础金额的标准如下：

1. 按国民年金投保期间，根据《国民年金法》的规定，增加或减少受领权人年金的情形；根据下列所区分的金额；

（1）加入国民年金的期间超过 20 年的情形：《国民年金法》第 51 条第 1 款第 1 项规定的金额上，国民年金投保期间超过 20 年后的每一年（未满一年按每一个月以 1/12 计算）在《国民年金法》第 51 条第 1 款第 1 项规定的金额乘以 50‰金额。

（2）加入国民年金的期间未满 20 年的情形：

《国民年金法》第 51 条第 1 款第 1 项规定的金额上，国民年金投保期间未满 20 年的一年（未满一年按每一个月以 1/12 计算）在《国民年金法》第 51 条第 1 款第 1 项规定的金额乘以 50‰金额。

2. 根据《国民年金法》的规定，延期或提前发放受领权人年金的情

形:《国民年金法》第 51 条第 1 款第 1 项规定的金额, 具体金额如下:

(1) 加入国民年金的期间超过 20 年时, 根据《国民年金法》规定延期或提前支付相关受领权人年金的情形: 根据第 1 项 (1) 目所计算的金额;

(2) 加入国民年金的期间未满 20 年时, 根据《国民年金法》规定延期或提前支付相关受领权人年金的情形: 根据第 1 项 (2) 目所计算的金额。

③《国民年金法》规定的分期年金受领权人的所得再分配工资金额根据第 1 款及第 2 款计算的分期年金受领人配偶 (在该条款中简称 "配偶") 的所得再分配工资金额乘以将配偶的全体国民年金期间相当于婚姻期间的所占比率除以二的金额。

第 8 条 (多个受领权人的所得再分配工资金额)

①基础年金受领权人符合法第 5 条第 4 款及第 6 项规定的两个以上的情形时, 对各受领权应当按照第 7 条规定金额的相加之和视为该受领权人的所得再分配工资金额。

②基础年金受领权人获得符合法第 5 条第 4 款或第 6 款中的受领权与《国民年金法》第 67 条规定的残疾年金或同法第 72 条中的遗属年金受领权等两个以上受领权时〔包括符合法第 5 条第 7 款第 2 项 (1) 规定的人〕, 对于符合法第 5 条第 4 款或第 6 项规定的受领权按照第 7 条规定计算的金额为该基础年金受领权人的所得再分配工资金额。

第 9 条 (基础年金的金额为标准年金额的人)

①法第 5 条第 7 款第 2 项 (3) 中 "总统令规定的人" 是指根据《国民年金基础生活保障法》第 2 条第 2 款规定的受领人。

②法第 5 条第 7 款第 2 项 (4) 中 "总统令规定的人" 是指符合下列人员:

1. 《国民年金法》第 13 条第 1 款规定任意持续加入的人;

2. 《国民年金法》第 64 条第 1 款规定领取分期年金后, 请求该工资的人;

3. 《国民年金与职业年金关联法》第 18 条第 2 款第 1 项 (2) 号规定选择遗属年金受领权的关联老龄年金受领权人。

第 10 条 (根据国民年金的工资计算基础年金的具体标准)

向法第 6 条第 2 款规定的人发放基础年金的金额 (以下简称 "基础

年金额"）为下列金额中较大的金额：

1. 以基础年金额的250%的金额减去下列金额：

（1）根据法第5条第4款规定的受领权人的年金额（领取《国民年金法》第52条规定的抚养亲属年金额的情形除外）；

（2）根据《国民年金与职业年金关联法》第11条（领取《国民年金法》第52条规定的抚养亲属年金额的除外）规定的关联老龄年金额与同法第12条规定的关联退休年金额相加之和。

2. 根据法第5条计算的基础年金额（根据法第5条计算的基础年金额超过标准年金额时，以标准年金额为准）。

第11条 （根据减额计算的基础年金额的发放水准）

①根据法第8条第2款规定所得认定额与基础年金额的合计金额超过选定标准额的人，适用法第5条、第5条之二、第6条及第7条规定的基础年金额为上限，具体发放如下：

1. 选定标准额中减去所得认定额的金额低于标准年金额的10%的情形：相当于标准年金额的10%；

2. 选定标准额中减去所得认定额的金额超过标准年金额的10%的情形：选定标准额中减去所得认定额。

②第1款规定外，对于本人及配偶均符合基础年金的受领权人，所得认定额与法第8条第1款规定减额的基础年金额相加之和多于选定标准的本人及其配偶，根据法第8条第1款规定对减额的本人及其配偶的基础年金合计金额为上限，具体发放如下：

1. 选定标准额中减去所得认定额后，低于标准年金额的20%的情形：相当于标准年金额的10%；

2. 选定标准额中减去所得认定额后，超过标准年金额的20%的情形：选定标准额中减去所得认定额的金额。

③根据法第8条第3款规定，符合法第5条之二的基础年金受领权人的所得认定额与基础年金额相加之和超过低收入者的选定标准额与不符合法第5条之二的基础年金受领权人的基础年金额相加之和的情形，从该基础年金受领权人的基本年金中减去超过的部分后发放。

④除第3款规定外，本人及其配偶符合法第5条之二规定的基础年金受领权资格时，本人及其配偶的所得认定额与根据法第8条第1款规定减

免的基础年金额的合计金额，超过低收入认定标准与法第 5 条之二基础年金金额的 160%之和时，向本人及其配偶支付扣除超出金额的剩余金额。

⑤第 2 款或第 4 款规定发放的金额根据法第 8 条第 1 款规定减额的本人及配偶基础年金的比例分配并分别发放给本人及其配偶。但，根据第 2 款规定仅发放给其中一人的金额未满标准年金额的 10%时，发放标准年金 10%的金额。

第 12 条（基础年金额的适当性评估）

①保健福祉部长官为了第 9 条第 1 款规定的基础年金的适当性评估（以下简称"适当性评估"）在进行该评估的前年度 5 月 31 日前制定计划。

②保健福祉部长官根据法第 9 条第 2 款进行适当性评估的当年度 3 月 31 日前对老年人贫困状况与基础年金的长期财政需求进行调查。

③保健福祉部长官应当在进行评估的当年度 9 月 30 日前实施。

④实施适当性评估后，根据法第 9 条第 1 款调整的标准年金额自实施该评估的下一年度 1 月 1 日起适应。

第 13 条（支付基础年金的申请方法及程序）

①根据法第 10 条第 1 款规定申请支付基础年金的人在保健福祉部令规定的基本年金支付申请书中附上下列文书提交给特别自治市市长、特别自治道执事、市长、郡守、区厅长（是指自治区区厅长，下同）：

1. 收入、财产申报书；

2. 提供金融信息、信用信息或保险信息的同意书（包括配偶的同意书）；

3. 可以确认领取基础年金的人（以下简称"有望领取基础年金的人"）身份并由保健福祉部令规定的文书；

4. 可以确认委任状及代理人个人信息并由保健福祉部令规定的文书（仅限于代理人申请的情形）。

②特别自治市、特别自治道、市、群、区（是指自治区，下同）公务员可以代替管辖区居住的基础年金受领人中行动不便的人申请支付基础年金。此时，应获得有望领取基础年金的人同意。

③特别自治市市长、特别自治道执事、市长、郡守、区厅长受理第 1 款或第 2 款中的申请时，应当填写基础年金申请台账并通过《电子政府

法》第 36 条第 1 款规定的行政信的共同使用，确认亲属关系证明与建筑物登记事项证明及土地登记事项证明。但，有望领取基础年金的人不同意确认的情形，应附上该文书。

第 13 条之二（有望领取基础年金的履历管理）

①申请根据法第 10 条规定的发放基础年金的有望受领人无法获得受领权时，可以向特别自治市市长、特别自治道执事、市长、郡守、区厅长确认是否能够列入根据法第 3 条规定的基础年金受领权人的范围。

②根据第 1 款规定欲确认是否列入法第 3 条规定中基础年金受领权人范围内的，应当将由保健福祉部令规定的申请书提交给特别自治市市长、特别自治道执事、市长、郡守、区厅长。

③特别自治市市长、特别自治道执事、市长、郡守、区长有权审查基础年金受领申请人（以下简称"基础年金受领履历管理申请人"）是否符合本法第 3 条规定的基础年金受领权人的范围，并在其符合第 15 条第 2 款第 3 项时予以确认。

④特别自治市市长、特别自治道执事、市长、郡守、区长根据第 3 款确认后，认为申请人符合第 3 款规定的基础年金受领权人的范围时，应当告知申请人（含法第 10 条第 1 款规定的保健福祉部令指定的代理人）第 13 条规定的基础年金支付方法及程序。

⑤根据第 2 款的规定提交的申请书有效期为五年，并由保健福祉部长官根据第 3 条的规定审查申请人的基础年金受益权人资格并最终确定公示。

第 14 条（金融信息的范围）

①根据法第 10 条第 2 款第 1—3 项规定的"由总统令规定的资料或信息"是指下列各款区分的资料或信息：

1. 根据法第 10 条第 2 款第 1 项规定的金融信息：

（1）一般存款，储蓄存款，自由储蓄存款等活期存款：最近三个月以内的平均余额；

（2）定期存款、零存整取、定期储蓄等储蓄性存款：余额或总缴款；

（3）股票、受益证券、出资额、出资份额：最终市价额，此时，非上市股票的评估，准用《继承税及赠与税法实施令》第 54 条第 1 款；

（4）债券、票据、支票、债务凭证、新股买入权证书：面值；

（5）年金储蓄：定期支付的金额或最终余额；

（6）符合（1）至（5）目的规定，金融财产产生的利息、股息或折扣额。

2. 根据法第 10 条第 2 款第 3 项规定的信用信息：

（1）贷款现状及逾期内容；

（2）信用卡未结算金额。

3. 根据法第 10 条第 2 款第 3 项规定的保险信息：

（1）保险证券：解除合同时得到的退还金或近一年内支付的保险费；

（2）年金保险：解除合同时得到的退还金或定期支付的保险费。

②根据第 1 款规定的金融信息、金融信息或保险信息（以下简称"金融信息等"）的具体内容按照第 15 条第 3 款的调查与询问计划的规定内容。

第 14 条之二（基础年金相关信息的提供）

①保健福祉部长官或特别自治市市长、特别自治道执事、市长、郡守、区厅长根据法第 10 条之二第 1 款规定应当提供的基础年金相关信息如下：

1. 根据法第 3 条规定的基础年金受领权人的范围；

2. 根据法第 5 条规定的基础年金额的计算方法等；

3. 根据法第 10 条规定的基础年金的支付申请方法及程序等。

②保健福祉部长官或特别自治市市长、特别自治道执事、市长、郡守、区厅长根据法第 10 条之二第 1 款规定，65 岁以上的人可以登记网站根据《报纸振兴法》第 2 条第 1 款规定的报纸或《广播法》第 2 条第 1 款规定的广播等方法提供相关信息。

③保健福祉部长官或特别自治市市长、特别自治道执事、市长、郡守、区厅长根据第 2 款规定所提供的信息外，必要时可以通过书面、电话或传真等方式向 65 岁以上的人提供第 1 款规定的基础年金相关信息。

第 15 条（调查与询问的范围及时期等）

①根据法第 11 条第 1 款规定调查与询问的范围如下：

1. 申请调查及询问：根据法第 10 条第 1 款规定，申请基础年金的有望领取该年金的人及其配偶的领取资格及基础年金额的决定所实施的调查与询问。

2. 确认调查及询问：符合下列情形的调查与询问：

（1）为确认法第 18 条第 1 款规定的申报事实所进行的调查与询问；

（2）为确认基础年金受领权人、受领人及其各配偶的受领权或领取金额的变动而行使职权进行调查与询问。

3. 对有望领取基础年金的履历管理申请人的调查与询问：为确认有望领取基础年金的履历管理申请人及其配偶领取基础年金的可能性进行调查与询问。

②第 1 款中的调查与询问按下列时间进行：

1. 申请调查询问：受理根据法第 10 条第 1 款规定的基础年金的申请。

2. 确认调查及询问：具体如下：

（1）受理根据法第 18 条第 1 款规定申报的情形；

（2）根据第 3 款及第 4 款规定的调查与询问计划中决定进行确认调查与询问的情形。

3. 对有望领取基础年金履历管理申请人的调查与询问符合下列情形：

（1）保健福祉部长官根据法第 3 条第 1 款规定通知选定标准额的情形；

（2）保健福祉部长官认定有必要确认领取基础年金履历管理申请人领取年金的可能性并与其通知的情形。

③保健福祉部长官为了进行第 1 款第 2 项（2）规定的调查与询问，每年应当制定包括下列事项的计划：

1. 调查与询问的基础方向；

2. 调查与询问的范围、内容、时期及程序；

3. 调查与询问协助体系的构建方案；

4. 履行金融信息的请求及提供事务时必要金融信息的具体内容等相关事项；

5. 确认基础年金受领人、基础年金受领权人及其各配偶的收入与财产的事项。

④特别自治市市长、特别自治道执事、市长、郡守、区厅长根据第 3 款规定每年制定管辖区的调查与询问计划，并按该计划实施。

第 16 条（金融信息的请求与提供）

①保健福祉部长官根据法第 12 条第 1 款及第 2 款规定要求金融机关

(是指《金融实名交易及秘密保障法》第 2 条第 1 款规定的金融公司等与《信用信息的使用及保护法》第 25 条规定的信用信息集中机关,以下相同)负责人提供有望领取基础年金的人、基础年金受领权人及其各配偶的金融信息时,应当包括下列各事项:

1. 姓名;

2. 居民登记证号;

3. 查询的标准日或期间;

4. 金融信息的请求范围。

②根据第 1 款规定要求提供金融信息的金融机关的负责人向保健福祉部长官提供金融信息时,应当包括下列各事项:

1. 姓名;

2. 居民登记证号;

3. 金融机关的名称;

4. 银行账号与金融商品名;

5. 提供的金融信息内容等。

③金融机关等加入的协会、联合会或中央会(以下简称"协会等")管理金融信息的信息通信网的情形,保健福祉部长官可使用该信息通信网向相关金融机关的负责人要求提供第 1 款规定的金融信息。

④保健福祉部长官请求根据法第 12 条第 2 款规定提供基础年金受领权人及其配偶的金融信息时,在第 15 条第 1 款规定的调查目的所需的最低范围内,仅限于下列情形:

1. 根据法第 15 条第 1 款第 2 项规定的实施确认调查及询问的情形;

2. 根据法第 24 条第 1 款第 1 项规定基础年金受领人的分类管理卡记录的金融财产所得换算额的选定标准为百分之五十以上的情形;

3. 根据法第 24 条第 1 款第 1 项规定基础年金受领人的分类管理卡记录的金融财产所得换算额的选定标准为百分之七十以上的情形;

第 17 条 (未发放基础年金的请求程序及方法)

①根据法第 15 条第 1 款规定领取未发放基础年金的人应当在保健福祉部令规定的请求书中附上下列文书提交给管辖已故基础年金受领人住所地的特别自治市市长、特别自治道执事、市长、郡守、区厅长:

1. 证明基础年金受领人已死亡的文书;

2. 可以确认第 4 款及第 5 款规定的文书；

3. 由保健福祉部令规定，可以确认领取未发放基础年金的人个人信息的文书；

4. 由保健福祉部里规定，可以确认委任状及代理人个人信息的文书（仅限于代理人申请的情形）。

②特别自治市市长、特别自治道执事、市长、郡守、区厅长根据第 1 款规定受理未发放基础年金的支付请求时，应通过《电子政府法》第 36 条第 1 款规定的行政信息，确认亲属关系。但，该请求人不同意确认的情形，应附上该文书。

③特别自治市市长、特别自治道执事、市长、郡守、区厅长根据第 1 款规定受理未发放基础年金的支付请求时，自受理之日起七日内按照保健福祉部令给予决定并通知该请求人。

④根据法第 15 条第 1 款规定，可以请求支付未发放年金的扶养义务人存在下列情形时：

1. 与即将死亡的基础年金受领人的赡养义务人；

2. 定期支付生活费的抚养义务人。

⑤根据法第 15 条第 1 款，可以请求支付未发放基础年金的抚养义务人应当按照下列顺序排列：

1. 配偶；

2. 子女及其配偶；

3. 父母；

4. 孙子女及其配偶。

⑥根据第 5 款规定，可以请求未发放基础年金的同等顺位人为两个以上的情形，应分别请求平均支付。此时，同等顺位人中的一人提出的请求视为该请求人对应当领取的部分所作出的请求。

⑦第 6 款规定外，同等顺位人或其法定代理人选出领取全部或部分基础年金工资的代表并可以请求同等顺位人的全部或部分未发放基础年金。

第 18 条（停止发放基础年金的对象）

①根据法第 16 条第 1 款第 2 项规定，基础年金受领人因下落不明、失踪或离家出走等原因，警察局等相关行政部门自受理举报之日起至保健福祉部长官规定的期限内生死不明的情形，该期限届满时推定为死亡。

②法第 16 条第 1 款第 4 项中 "总统令规定的情形" 是指基础年金受领人根据《居民登记法》第 20 条第 6 款规定登记为居住不明者情形。但，无法获得基础年金受领人现住址的情形除外。

第 19 条 （申报方法）

①基础年金受领人根据法第 18 条第 1 款进行申报时，应当在保健福祉部令规定的申报书中附上下列文书提交给管辖区特别自治市市长、特别自治道执事、市长、郡守、区厅长：

1. 可以确认法第 18 条第 1 款内容的文书；

2. 可以确认法第 18 条第 1 款内容与基础年金受领人个人信息并由保健福祉部令规定的文书；

3. 可以确认委任状及代理人个人信息并由保健福祉部长官规定的文书（仅限于代理人申请的情形）。

②根据第 1 款规定受理的特别自治市市长、特别自治道执事、市长、郡守、区厅长应当通过《电子政府法》第 36 条第 1 款规定的行政信息的共同使用，确认亲属关系证明与建筑物登记事项证明及土地登记事项证明。但，基础年金受领人不同意确认的情形，应附上该文书。

第 20 条 （收入及财产的变动申报）

根据法第 18 条第 1 款第 3 项规定，基础年金受领人应申报的本人或及其配偶的收入和财产变动情形如下：

1. 因就业、退休、休职、失业、复职等工作状态的改变，第 2 条第 1 款第 1 项规定的工作收入新增、增加、减少或消失的情形；

2. 因营业执照登记、停业、关闭等事业状态的改变，第 2 条第 1 款第 2 项规定的事业收入新增、增加、减少或消失的情形；

3. 因买入及兑换存款、证券、债券、年金商品等，第 2 条第 1 款第 3 项 （1） 目及 （2） 目规定的利息所得及年金所得新增或消灭的情形；

4. 取得或消灭第 2 条第 1 款第 4 项规定的公共移转所得的受领权的情形；

5. 取得或处分全部或部分第 3 条第 1 款规定中财产的情形。

第 21 条 （退还金的决定及缴纳）

①特别自治市市长、特别自治道执事、市长、郡守、区厅长根据法第 19 条第 1 款各项规定外，部分前段中规定的退还基础年金时应一次性全

额缴纳。但，特别自治市市长、特别自治道执事、市长、郡守、区厅长根据保健福祉部令可允许分期进行缴纳。

②根据法第19条第1款外部分后段规定中"以总统令规定的利息"是指适用三年定期存款利率（计算利息期间其利率变动或各银行利率不同时所使用的利率，每年度1月1日之目前为止根据《银行法》设立的银行当中，平均以全国为营业点的银行所适用的利率）所计算的利息。此时，利息计算期间为从以虚假或不正当方法领取基础年金之日所属的月份起法第20条第1款规定通知退还金之日所属月份为止的月份数，以年份为单位计算。

③法第19条第3款规定中"总统令规定的金额"为3000韩元。

第 22 条（退还金的通知及督促）

①特别自治市市长、特别自治道执事、市长、郡守、区厅长根据第20条第1款规定通知缴纳时，所规定缴纳期限为30日以上。

②根据法第20条第1款规定的通知缴纳时应当包括下列各事项：

1. 退还金的发生事实；
2. 退还金额；
3. 退还金的缴纳期限；
4. 退还金的缴纳机关；
5. 异议申请方法；
6. 退还基础年金额时的必要事项。

③特别自治市市长、特别自治道执事、市长、郡守、区厅长根据第20条第2款规定督促缴纳时，所规定缴纳期限为30日以上。

第 23 条（费用的分担等）

①根据法第25条第1款规定，国家按照特别自治市、特别自治道、市、群、区所分类承担的基础年金发放费用的比例与附表二相同。

②国家或特别市、广域市、道所承担的基础年金的发放费用，根据下列情形发放至特别自治市、特别自治道、市、群、区。

1. 特别自治市、特别自治道的情形：国家每年按照第1款规定将所承担的费用发放至特别自治市与特别自治道；
2. 市、群、区的情形：国家每年按照第1款规定将所承担费用发放至特别市、广域市、道并加上根据法第25条第2款规定，以特别市、广域市、道的条例规定由该地区所承担的金额发放至市、群、区。

③特别自治市、特别自治道、市、群、区根据第 2 款中的基础年金发放费用支付给基本年金受领权人、基础年金受领人,特别自治市、特别自治道对发放基础年金时不足或剩余金额由国家负责清算,市、群、区的情形由特别市、广域市、道负责清算。

④第 1 款规定外,国家对于发放与基础年金类似性质的工资或津贴的地方自治团体,可以承担附表二中的国家承担比例中减去 10% 的比例(表二中的国家承担比例中减去 10% 的比例少于 40% 的情形,可承担 40%)。

第 24 条（基础年金受领人的现状管理）

①为调查基础年金事业的运营状况,特别自治市市长、特别自治道执事、市长、郡守、区厅长应分别制定和管理下列资料:

1. 记录区分基础年金受领人的收入及财产状况和领取明细管理卡;
2. 记录管辖区内基础年金受领人现状的管理台账;
3. 第 13 条第 3 款规定的基础年金申请台账;
4. 第 23 条第 2 款规定的分担金的结算明细。

②特别自治市市长、特别自治道执事、市长、郡守、区厅长应当将第 1 款中的资料汇报给保健福祉部长官。此时,市长、郡守、区厅长当向特别市市长、广域市市长、道执事汇报。

③第 1 款及第 2 款中资料的填写、管理及汇报等事项由保健福祉部令规定。

第 25 条（基础年金信息系统的构建及运营）

①保健福祉部长官为了实施下列业务将法第 26 条的基础年金信息系统纳入《社会福祉事业法》第 6 条之二第 1 款规定的信息系统进行构建及运营。但,执行第 6—8 项规定的业务时,可以构建及运营专门的基础年金信息系统:

1. 关于法第 10 条、第 10 条之二、第 11—20 条、第 22 条、第 25 条及第 31 条规定资料的记录及管理业务的电算化;
2. 关于法第 11 条第 2 款规定的基础年金相关信息的收集、管理、加工以及向地方自治团体提供信息;
3. 关于法第 14 条及第 16 条规定的金融信息的收集、管理、加工以及向地方自治团体提供信息；

　　4. 关于第 24 条规定中基础年金受领人现状的记录、管理及汇报；

　　5. 为执行第 1—4 项规定的业务所需的电算网构建相关事务；

　　6. 为执行第 27 条规定的委托业务所需的电算网构建相关事务；

　　7. 基础年金制度运营所需的统计生产、分析及提供等政策援助；

　　8. 此外，为了运营基础年金制度由保健福祉部长官规定的事项。

　　②基础年金信息系统中，资料或信息的传达应当使用《促进利用信息通信网及信息保护等法律》第 2 条第 1 款第 1 项规定的信息通信网。但，信息通信网受损等不可避免的情形除外。

　　③基础年金信息系统中资料或信息的记录、管理、汇报等应当通过交换电子文件进行。但，不可使用的情形除外。

第 26 条 （敏感信息及固有识别信息的处理）

　　保健福祉部长官（包括根据第 27 条规定受保健福祉部长官委托业务的人）或地方自治团的负责人（包括相关权限委任或委托时，受委任或委托的人）为实施下列事务时，存在不可避免的情形，可以处理《个人信息保护法》第 23 条规定的健康信息、同法实施令第 18 条第 2 款规定的犯罪资料所列信息、第 19 条第 1 项、第 2 项或第 3 项规定所包含居民登记证号、护照号或外国人登记证号的资料：

　　1. 根据法第 10 条、第 13 条及第 14 条规定，基础年金的支付申请及相关事务（包括根据该令第 13 条之二规定的有望领取基础年金的履历管理相关事务）；

　　2. 根据法第 11 条规定，调查及询问等相关事务；

　　3. 根据法第 12 条规定，请求及提供金融信息的相关事务；

　　4。根据法第 15 条规定，为支付基础年金的请求及发放相关事务；

　　5. 根据法第 19 条规定，停止发放基础年金的相关事务；

　　6. 根据法第 17 条规定，丧失基础年金受领权的相关事务；

　　7. 根据法第 18 条规定，申报相关事务；

　　8. 根据法第 19 条及第 20 条规定，基础年金的退还及退还金的通知、督促、征缴相关事务；

　　9. 根据法第 22 条规定，异议申请相关事务。

第 27 条 （业务的委托）

　　保健福祉部长官或特别自治市市长、特别自治道执事、市长、郡守、区厅长根据法第 28 条第 2 款规定，委托至《国民年金法》第 24 条规定的国民年金公团：

1. 受理法第 10 条规定中基础年金的支付申请；

1 之二．法第 10 条之二规定提供基础年金的相关信息；

2. 为履行法第 11 条规定的调查及询问，健福祉部长官或特别自治市市长、特别自治道执事、市长、郡守、区厅长的要求事项；

3. 受理法第 15 条第 1 款前段部分规定中为支付基础年金的请求；

4. 受理法第 18 条第 1 款规定的申报；

5. 受理法第 22 条第 1 款规定的异议申请；

6. 法第 26 条规定的基础年金信息系统的构建及运营中，符合第 25 条第 1 款第 6—8 项的规定事项。

第 28 条（罚款的征缴标准等）

根据法第 31 条第 1 款及第 2 款规定，罚款的征缴标准与附件三相同。

第 29 条（规制的再审查）

保健福祉部长官对于下列规定，应当以下列标准日为准，每三年审查其合理性并采取改善措施等。

1. 根据第 18 条规定中基础年金停止发放对象：2014 年 7 月 1 日；

2. 根据第 20 条规定中所得或财产的变更申报内容：2014 年 7 月 1 日；

3. 根据第 28 条及附件三规定中罚款的征缴标准：2014 年 7 月 1 日。

附则

第 1 条（实施日）

该令自 2019 年 4 月 1 日起实施。

第 2 条（2019 年低收入者选定标准额的相关特例）

第四套第 4 款修改规定外，2019 年度低收入者选定标准额适用于 2019 年 4 月 1 日至 12 月 31 日前。

十六　国民年金法

第一章　总则

第1条（目的）

本法的制定目的在于，向国民的老龄、残疾或死亡实施发放年金工资，提供国民的生活安定与增进福利。

第2条（负责）

保健福祉部长官负责本法规定的国民年金事业。

第3条（定义等）

①本法中的法律术语，含义如下：

1. "劳动者"是指，在事业场提供劳务并以此为对价领取工资维持生活的人（包括法人理事和其他工作人员），但总统令规定的人，除外；

2. "用人单位"是指，该劳动者所在事业场业主；

3. "所得"是指，一定期间工作的收入中，总统令规定的非课税收入外的金额或经营事业及资产所获得的收入中扣除必要经费的金额；

4. "平均月所得额"是指每年事业场及地区投保人（全员）标准月所得额的平均金额；

5. "标准月所得额"是指为计算年金保险费与工资时，国民年金投保人（以下简称"投保人"）的月所得额为准规定的金额；

6. "事业场投保人"是指作为事业场的雇佣的劳动者及用人单位并根据第8条加入国民年金的人；

7. "地区投保人"是指非事业场投保人，但根据法第9条加入国民年金的人；

8. "任意投保人"是指国民年金投保人或原投保人根据第13条第1

款规定成为投保人的人；

9. "任意继续投保人"是指国民年金投保人或原投保人根据第 13 条第 1 款规定成为投保人的人；

10. "年金保险费"作为国民年金事业所需费用，对于事业场投保人是指负担金与贡献金的合计额、对于地区投保人、任意投保人及任意继续投保人是指由本人承担的金额；

11. "负担金"是指由事业场投保人的用人单位所承担的金额；

12. "贡献金"是指由事业场投保人的所承担的金额；

13. "事业场"是指雇佣劳动者的事业所及事务所；

14. "受领权"是指根据法律规定受领工资的权利；

15. "受领权人"是指具有受领权的人；

16. "受领人"是指根据法律规定受领工资的人；

17. "初诊日"是指作为残疾主要原因的疾病或伤害，首次接受检查的日期，此时，具体判断标准由保健福祉部长官规定并公布；

18. "康复日"是指，导致残疾或伤害的原因符合下列情形的日期，此时，对不同症状种类痊愈日的具体标准由保健福祉部长官规定并公布：

（1）相关疾病或伤害在医学上治愈的日期；

（2）作为无法期待治疗效果的情形，症状稳定日视为认定日；

（3）症状不稳定，但结合症状的程度，可以确定痊愈的日期；

19. "加入对象期间"是指，自 18 岁起初诊日或死亡日的期间并扣除符合下列期间，但，未满 18 岁投保人在未满 18 岁投保期间，加入对象期间将包括保险费缴纳期间，对于初诊日或死亡日前符合（2）与（3）期间，根据第 92 条规定事后缴纳保险费时，加入对象期间内应当包括其事后缴纳期间：

（1）根据第 6 条规定，排除在加入对象的期间；

（2）18 岁以上未满 27 岁期间，根据第 9 条第 3 项规定，排除在地区投保人的期间；

（3）18 岁以上未满 27 岁期间，根据第 91 条第 1 款规定，未缴纳年金保险的期间（第 91 条第 1 款第 2 项的情形中包括 27 岁以上期间）。

②适用本法时，含配偶、丈夫或妻子存在事实婚姻情形。

③取得受领权时投保人或原投保人子女出生时，出生子女可以视为依

据投保人或原投保人维持生计的子女。

④投保人类型适用的收入范围、平均月所得额的计算方法、基础月所得额的决定方法及适用期间等由总统令规定。

第3条之二（国家的职责）

国家制定并实施政策，确保年金与工资稳定并持续地发放。

第4条（国民年金的财政计算及长期财政的均衡维持）

①为了国民年金财政的长期维持均衡，工资水平与年金保险费应当根据本法规定相应调整。

②根据总统令规定，保健福祉部长官每五年计算国民年金的财政收支，制定国民年金的财政前景、年金保险费的调整以及国民年金基金的运营计划等在内的国民年金运营相关计划，根据总统令的规定经国务会议审议由总统批准，并提交至国会最终公示。

③本法中的年金保险费、工资额、工资的领取条件等，应当参考国民年金长期财政相适应，并在人口结构的变化、国民的生活水平、工资、物价等经济状况发生明显变化时适时地调整。

第5条（国民年金审议委员会）

①保健福祉部设立国民年金审议委员会审议国民年金事业的相关事项：

1. 国民年金制度及财政计算事项；
2. 工资相关事项；
3. 年金保险费的相关事项；
4. 国民年金基金的相关事项；
5. 保健福祉部长官关于国民年金制度提交会议的其他事项。

②国民年金审议委员会由委员长、副委员长及委员组成，委员长由保健福祉部部长担任，副委员长由代表公益的委员中互选，根据下列规定委员由保健福祉部长官指定或委任：

1. 代表用人单位的委员由用人单位团体推荐的四名；
2. 代表劳动者的委员由劳动者团体推荐的四名；
3. 代表地区投保人的委员，包括以下人员：
（1）农渔业推荐的两名；
（2）农渔业团体之外的自营业者相关团体推荐的两名；

4. 代表受领权人的委员四名;

5. 作为代表公益的委员由国民年金相关专家五名。

③国民年金审议委员会的构成及运营事项由总统令规定。

第二章　国民年金投保人

第 6 条（加入对象）

作为居住国内的国民，18 岁以上未满 60 岁的人是国民年金的加入对象。但适用《公务员年金法》《军人年金法》《私立大学教职工年金法》及《别定邮局法》的公务员、军人、教职工及另定邮局职员以及由总统令规定的人除外。

第 7 条（投保人的种类）

投保人分为事业场投保人、地区投保人、任意投保人及任意继续投保人。

第 8 条（事业场投保人）

①根据总统令规定的事业场（以下简称"应当适用事业场"），参照营业的种类、劳动者人数等，18 岁以上未满 60 岁的劳动者与用人单位应当成为事业场投保人。但下列人员除外：

1. 根据《公务员年金法》《公务员灾害补偿法》《私立大学教职工年金法》或《别定邮局法》规定的退休年金、残疾年金或退休年金一次性付款金或《军人年金法》规定的退役年金、伤残年金、受领退休年金一次性付款人（以下简称"退休年金等受领权人"）。但，根据《国民年金与职业年金联系法》第 8 条的规定退休年金一次性付款人未申请的情形，除外。

2. 删除<2011.6.7.>。

②第 1 款及第 6 条规定外，在加入国民年金的事业场工作的未满 18 岁的劳动者视为事业场投保人。但本人不愿加入的情形除外。

③第 1 款规定外，根据《国民基础生活保障法》第 7 条第 1 款第 1 项规定的生计给付受领人或第 3 项的医疗工资受领人经本人意愿可以除外。

第 9 条（地区投保人）

未按照第 8 条的规定投保的事业场投保人，当其 18 岁以上未满 60 岁时应当成为地区投保人。但下列人员除外：

1. 下列情形下，配偶无其他收入的人：

（1）根据第 6 条但书的规定，排除在国民年金加入对象的人；

（2）事业场投保人、地区投保人及任意继续投保人；

（3）删除<2016.5.29.>；

（4）老龄年金受领权人及退休年金受领权人。

2. 退休年金受领权人，但退休年金受领权人等根据《国民年金与职业年金关联法》第 8 条规定申请的情形除外；

3. 18 岁以上未满 27 岁的学生或服役等理由没有收入的人（具有缴纳年金保险费事实的人除外）；

4. 根据《国民基础生活保障法》第 7 条第 1 款第 1 项规定，生计给付受领人或第 3 项规定的医疗工资受领人；

5. 一年以上下落不明的人，此时，认定标准及方法由总统令规定。

第 10 条 （任意投保人）

①作为符合下列人员除外，18 岁以上未满 60 岁的人根据保健福祉部令申请加入国民年金公团的可以成为任意投保人：

1. 事业场投保人；

2. 地区投保人。

②根据保健福祉部令任意投保人可以向国民年金公团申请退出。

第 11 条 （加入资格的取得时期）

①事业场投保人在存在下列情形时，当日取得资格：

1. 根据第 8 条第 1 款规定，事业场雇佣或成为该事业场的用工单位的情形；

2. 当然适用事业场的情形。

②地区投保人在符合下列之一的当日取得资格。就第 3 项或第 4 项而言，无法得知是否具有收入的情形根据第 21 条第 2 款规定的申报之日取得资格：

1. 丧失事业场投保人资格时；

2. 不符合第 6 条但书规定，排除在国民年金加入对象时；

3. 根据第 9 条第 1 款规定，配偶存在额外收入时；

4. 18 岁以上未满 27 岁的人具有收入时。

③任意投保人在申请受理之日取得资格。

第 12 条（投保人资格的丧失时期）

①事业场投保人存在下列情形之次日丧失资格。但，符合第 5 项规定的情形，当日丧失资格：

1. 死亡时；

2. 丧失国籍或移居国外时；

3. 劳动关系结束时；

4. 满 60 岁时；

5. 符合第 6 条但书规定，排除在国民年金加入对象时。

②地区投保人在符合下列之一的次日取得资格。但，符合第 3 项与第 4 项规定的情形，当日丧失资格：

1. 死亡时；

2. 丧失国籍或移居国外时；

3. 符合第 6 条但书规定，排除在国民年金加入对象时；

4. 取得事业场资格时；

5. 根据第 9 条第 1 款规定，配偶存在额外收入时；

6. 满 60 岁时的。

③任意投保人在符合下列之一的次日取得资格。但，符合第 3 项与第 4 项规定的情形，将在当日丧失资格：

1. 死亡时；

2. 丧失国籍或移居国外时；

3. 受理第 10 条第 2 款规定的退出申请时；

4. 满 60 岁时；

5. 超过总统令规定的期间内滞纳年金保险费时；

6. 取得事业场投保人或地区投保人资格时；

7. 符合第 6 条但书规定中排除在国民年金加入对象时。

第 13 条（任意继续投保人）

①第 6 条规定外，符合下列规定的人在 65 岁前根据保健福祉部令规定申请加入国民年金公团的可以成为任意继续投保人，此时，受理该申请之日取得资格：

1. 国民年金投保人或已满 60 岁的原投保人，但符合下列规定的人除外：

（1）未缴纳年金保险费记录的人；

（2）作为老龄年金受领权人受领工资的；

（3）根据第77条第1款第1项事由领取一次性返还金的人。

2. 全体国民年金投保期间的3/5以上由总统令规定的工种劳动者，加入或加入过国民年金的人符合下列情形，未领取老龄年金的：

（1）根据第61条第1款规定获得老龄年金受领权的人；

（2）根据第3902号国民福祉年金法修改法律附则第5条规定获得特例老龄年金受领权的人。

②任意继续投保人根据保健福祉部令规定只需向国民年金公团提出申请后给予退出。

③任意继续投保人存在下列情形时次日丧失资格。但在第3项情形下，最后缴纳年金保险费的所属月份的最后一天与受理退出申请的之日相同或更早时，将在最后一天丧失资格：

1. 死亡时；

2. 丧失国籍或移居国外时；

3. 已受理第2款规定的退出申请时；

4. 超过总统令规定的期间内滞纳年金保险费时。

第14条（资格的确认）

①国民年金公团应当确认投保人资格的取得与丧失及标准月所得额。

②投保人资格的取得及丧失根据第11—13条规定的取得及丧失时期内发生其效力。

③第1款规定的确认经投保人的请求、第21条规定的申报或职权行使。

④投保人或原投保人随时可以根据保健福祉部令的规定请求确认资格的取得与丧失、投保人的种类及标准所得月的变动。

第15条（死亡的推定）

乘坐发生事故的船舶或飞机的人无法确认生死或因其他事由生死不明时，关于投保人资格的确认及发放年金险事项经总统令规定推断为死亡。

第16条（投保人证明书）

①投保人要求时，国民年金公团应当提供国民年金加入证明书。

②第 1 款规定的证明书记载事项由总统令规定。

③第 1 款规定的证明书交付事项由保健福祉部令规定。

第 17 条（国民年金投保期间的计算）

①国民年金投保期间（以下简称"投保期间"）以月份为单位计算，从取得投保人资格之日的当月的下一个月至丧失资格之日的前一日当月的。但符合下列情形，将取得资格之日的当月计入投保期间，投保人在丧失资格之日的前一日重新取得资格时，重复取得的月份将不计入投保期间：

1. 投保人取得资格之日为该月份第一天时（取得之日的所属月份重新取得资格的情形除外）；

2. 取得任意继续投保人资格时；

3. 投保人有意愿时。

②计算投保期间时，未缴纳年金保险费的期间不计入投保期间。但用人单位在劳动者工资中扣除贡献金并未缴纳年金保险费的情形，按照未缴纳期间的 1/2 计算为劳动者的投保期间。此时，未满一个月的期间将视为一个月。

③第 2 项但书规定外，《国民健康保险法》第 13 条规定的国民健康保险公团（以下简称"健康保险公团"）根据保健福祉部令规定将事业场的滞纳事实通知劳动者的情形，接收通知的滞纳月下一个月起将不计入投保期间。此时，第 90 条第 1 款规定外，根据总统令可以将贡献金提交给健康保险公团。

④根据第 77 条规定领取的一次性返还金符合第 57 条第 1 款规定的退还工资时不予返还的情形，相应期间不计入投保期间。

第 17 条之二（年金保险费部分缴纳月投保期间的计算）

①计算投保期间时，已缴纳部分年金保险费的情形，将部分缴纳的保险费用于其他部分缴纳月份中未缴纳年金保险与滞纳金等，补足后所缴纳的月份将计入投保期间。此时，补足的对象及方法、投保期间的计算及工资的发放等事项由总统令规定。

②根据第 1 款规定补足后仍有部分缴纳的年金保险费的情形将其返还至初次年间支付月。第 99 条规定外，投保人或原投保人请求时收取部分缴纳月中未缴纳的年金保险费与滞纳金等计入在相应月份的投保期间内。

③根据第 2 款规定，返还或收取年金保险费或滞纳金时应计入总统令规定的利息。

第 18 条（对于服役中投保期间的追加计算）

①符合下列人员取得老龄年金受领权时（根据本条追加计算投保期间时，将包括取得老龄年金受领权的情形），在投保期间追加计入六个月。但根据《兵役法》规定履行兵役义务的期间未满六个月的情形除外：

1. 根据《兵役法》第 5 条第 1 款第 1 项规定的现役兵；
2. 根据《兵役法》第 2 条第 1 款第 7 项规定转换服役的人；
3. 根据《兵役法》第 2 条第 1 款第 8 项规定的常任预备役；
4. 根据《兵役法》第 2 条第 1 款第 10 项规定的社会服务人员。

②第 1 款规定外，根据《兵役法》规定履行兵役义务的期间计入在下列情形将不适用第 1 项规定：

1. 根据《公务员年金法》《私立学校教职工年金法》《别定邮局法》规定的在职期间；
2. 根据《军人年金法》规定的服役期间。

③根据第 1 款规定追加计算投保期间的所需资金由国家全部承担。

第 19 条（对于生育投保期间的追加计算）

①具有两名以上子女的投保人或原投保人取得老龄年金受领权时（根据本条追加计算投保期间时，将包括取得老龄年金受领权的情形），将追加计算下列规定的投保期间。但追加计算期间不得超过 50 个月份并且子女人数的认定方法等相关事项由总统令规定。

1. 子女为两名时：12 个月；
2. 子女为三名以上时：对二胎子女所认定的 12 个月加上超出二胎后的每一名子女加上 18 个月的月数。

②根据第 1 款规定，追加投保期间在父母均为投保人或院投保人的情形，经父母双方协商将两人中一人的投保期间计入在内，未协商时，平均分配后各自计入投保期间。此时，协商程序等相关事项由保健福祉部令规定。

③根据第 1 款规定，追加计算投保期间的所需资金由国家全部承担。

第 19 条之二（对于失业投保期间的追加计算）

①符合下列条件的人，根据《雇佣保险法》第 37 条第 1 款规定领取

求职工资的情形，为将领取求职工资的期间计入投保期间，向国民年金公团申请时该期间将追加计算。但追加期间不得超过一年：

1. 18岁以上未满60岁的人中的投保人或原投保人；

2. 总统规定的财产或保健福祉部长官规定并公布的标准以下的收入。

②对于第1款规定计算的投保期间，作为以《雇佣保险法》第45条规定的求职工资核定基础的日额工资换算为月额工资后的一半收入（以下该条称"认定收入"）进行加入。但认定收入的上线及下限为保健福祉部长官规定并公布的金额。

③根据第1款规定投保人或原投保人，申请求职期间计入投保期间时，应当以认定收入为基础缴纳年金保险费。此时，国家可以通过一般会计，第101条规定的国民年金基金及《雇佣保险法》第78条规定的雇佣保险基金中支援年金保险费。

④根据第1款规定，将以追加计算的投保期间（以下该项称"追加计算期间"）适用于第49条第1—3款中的工资时应当根据下列规定：

1. 第49条第1项的老龄年金：追加计算期间反映在第51条规定的基本年金额；

2. 第49条第2项的残疾年金：追加计算期间不予反映在第51条规定的基年金额；

3. 第49条第3项的遗属年金：追加计算期间不予反映在第51条规定的基年金额，但反映至符合第74条中的投保期间。

⑤国民年金公团将第1款规定申请的受理及处理等业务根据总统令的规定委托至《雇佣保险法》规定的职业稳定机关及其他公共机关（是指《公共机关运营法》规定的公共机关）。

⑥第1款规定的申请方法与第3款规定的支援范围及内容等事项由总统令规定。

第20条（投保期间的合计）

①投保人丧失资格后重新取得资格的，应对前后的投保期间进行合计。

②投保人改变加入类别的，其投保期间为各类别投保期间的总和。

第21条（投保人资格及收入等相关申报）

①根据保健福祉部令的规定，事业场投保人的用人单位应当向国民年

金公团申报符合当然适用事业场的事实、事业场的内容变更及休业与停业等相关事项、投保人资格的取得与丧失、投保人月所得额等相关事项。

②根据保健福祉部令规定，地区投保人、任意投保人及任意继续投保人应当向国民年金申报资格的取得及丧失、变更姓名或住址及收入相关事项。

③地区投保人、任意投保人及任意继续投保人因不得已的情形，无法进行根据第 2 款规定的申报时，可以由配偶或其他家属代为行使。

第 22 条（对于申报人的通知）

①国民年金公团接收第 21 条规定的申报时，确认申报内容与事实不符时应当通知申报人。

②第 1 款规定的通知准用第 23 条第 4 款规定。

第 23 条（通知投保人）

①根据第 14 条规定，国民年金公团确认事业场投保人资格的取得与丧失或确定与变更基础月收入时应当通知该事业场的用工单位，确认地区投保人、任意投保人或任意继续投保人资格的取得与丧失或确定与变更基础月收入时应当通知该地区投保人、任意投保人或任意继续投保人。

②收到第 1 款通知的用工单位应当将内容通知该事业场投保人或丧失资格的人，但因住址不明无法通知的情形应当通知国民年金公团。

③用工单位根据第 2 款规定通知事业场投保人或丧失资格的人时，应填写能够确认该事实的文书，并在保健福祉部令的规定期间内进行保管。

④符合下列情形时，根据保健福祉部令规定国民年金公团在可以公告的方式代替通知：

1. 事业场停业的情形；

2. 无法确认根据第 1 款规定收到通知的地区投保人、任意投保人或任意继续投保人住址的情形；

3. 根据第 2 款规定，通过用工单位收到通知的情形；

4. 此外，具有不得已事由，并由总统令规定的情形。

第三章　国民年金公团

第 24 条（国民年金公团的设立）

受保健福祉部部长的委托，为了能够有效地进行第 1 条规定目的的事业，设立国民年金公团（以下简称"公团"）。

第 25 条（公团的业务）

公团从事下列业务：

1. 对投保人记录的管理及维持；

2. 年金保险费的课以；

3. 工资的决定及发放；

4. 为投保人、原投保人、受领权人及受领人提供资金与设立及运营福祉设施等；

5. 为投保人及原投保人基金增值的资金贷款事业；

6. 为保障第 6 条规定的加入对象（以下简称"加入对象"）与受领权人的老年服务事业；

7. 国民年金制度、财政计算、基金运用的相关调查研究；

8. 国民年金基金运用专门人才的培养；

9. 国民年金的国际合作；

10. 此外，根据本法及其他法令委托的事项；

11. 此外，关于国民年金事业由保健福祉部长官委托的事项。

第 26 条（法人资格）

公团为法人。

第 27 条（事务所）

①公团的主要事务所及根据第 31 条规定的基金理事负责的部门所在地为全罗北道。

②根据章程规定，必要时公团可以设立分支机构。

第 27 条之二（国民年金研究院）

①执行第 25 条第 7 项规定的业务，公团可以下设国民年金研究院。

②国民年金研究院的组织及运营等所系事项由公团章程规定。

第 27 条之三（基金运营人才培养）

为培养第 25 条第 8 项规定的国民年金基金运营专门人才的培养，可以运用教育及研修项目或委托国内外教育机构及研究所等进行教育训练。

第 28 条（章程）

①公团的章程应当包括下列各事项：

1. 目的；
2. 名称；
3. 主要事务所与分支机构相关事项；
4. 员工相关事项；
5. 理事会相关事项；
6. 工作相关事项；
7. 预算及决算所涉事项；
8. 资产及会计相关事项；
9. 更改章程相关事项；
10. 规约与规定的指定及修改、废止相关事项；
11. 公告相关事项。

②更改公团章程时，应当经保健福祉部长官的许可。

第 29 条（设立登记）

公团在其主要办事处所在地注册设立。

第 30 条（管理人员）

①公团应当包括理事长一名、常任理事四名以内、理事九名、监事一名，理事中应当包括用人单位代表、劳动者代表、地区投保人代表、受领人代表各一名作为当然职理事在保健福祉部负责国民年金业务的三级国家公务员或隶属高层公务员团的普通公务员一名。

②理事长经保健福祉部长官提名由总统任免，常任理事与理事（当然及理事除外）及监事经理事长提名由保健福祉部长官任免。

③不向理事发放工资，但可以实报实销。

第 31 条（基金理事）

①对于常任理事中担任第 101 条规定中国民年金基金（以下简称"国民年金基金"）的管理及运用相关业务的理事（以下简称"基金理事"），应当从具有丰富的经营、经济及基金运用方面的知识和经验的人选任。

②设立公团理事长为委员长、理事为委员的基金理事推荐委员会（以下简称"推荐委员会"）推荐基金理事候选人。

③推荐委员会应当在主要日刊报纸上刊登基金理事候选人的招募公告，并对基金理事的候选人进行调查或委托专业团体调查。

④根据第 3 款规定招募的人，推荐委员会应当按照保健福祉部令规定的基金理事候选人的审查标准进行审查，并与推荐为基金理事会候选人协商合同条款。

⑤理事长根据第 4 款规定的审查与协商结果将基金理事候选人推荐给保健福祉部长官并提交合同案。

⑥根据第 5 款规定提交的基金理事候选人推荐按与合同案经保健福祉部长团批准后，理事长可以与该候选人签订合同。

⑦根据第 5 款规定的基金理事候选人推荐案及合同案的提交与第 6 款规定的批准分别视为第 30 条第 2 款规定的常任理事的任命提请与任命。

⑧基金理事的资格、合同案相关协议、推荐与合同等事项由保健福祉部长官规定。

第 32 条（管理人员的任期）

管理人员的任期为三年。但当然职理事的任期定为任职期间，基金理事的任期定为合同期间。

第 33 条（管理人员的职务）

①理事长代表公团并统辖公团业务。

②常任理事根据章程规定计划公团业务，理事长因故未能履行职权，由章程规定的顺位代为履行职权。

③监事会对公团的会计、业务执行情形及财产状况进行监察。

第 34 条（代理人的选任）

根据章程规定董事长可以在职工中选任公团业务的所有审判上或有权进行审判外行为的代理人。

第 35 条（管理人员的不合格事由）

下列人员不能成为公团的管理人员：

1. 被成年监护人或被限定监护人；

2. 宣告破产但未复权的人；

3. 受监禁以上的刑罚其执行结束或确定不予执行之日起未满三年的人；

4. 根据法律或法院判决丧失或终止资格的人。

第 36 条（管理人员的当然退休与解聘）

①管理人员符合第 35 条之一的应当退休。

②管理人员存在下列情形的，任免权人可以解除该管理人员的职务：

1. 因身体或精神障碍无法履行的；
2. 违反职务义务的；
3. 有意或重大过失对公团造成损失的；
4. 符合基金理事根据第 31 条第 6 款规定与理事长签订合同中规定的解聘理由的。

第 37 条（管理人员的兼职限制）

公团理事长、常任理事、监事及职员不得从事以营利为目的的业务，理事长、常任理事、监事未经保健福利部长官的许可不得兼任其他职务。

第 38 条（理事会）

①为审议及议决公团的重要事项，设立理事会。

②理事会由理事长、常任理事及理事组成。

③理事长召集理事会并担任议长。

④理事会经在籍成员过半数出席与出席成员过半数赞成而议决。

⑤监事可以出席理事会进行发言。

⑥理事会运营事项由总统令规定。

第 39 条（职员的任免）

职员根据章程规定由理事长任免。

第 40 条（管理人员的身份）

公团管理人员准用《刑法》第 129—132 条规定时，将视为公务员。

第 41 条（对公团的监督）

①公团根据总统令的规定，每个会计年度的事业运营计划与预算应经过保健福祉部负责的批准。

②公团要在会计年度结束后的两个月内向保健福祉部长官报告工作业绩与结算。

③保健福祉部长官可以要求公团进行工作报告或检查工作及财产状况，必要时可以变更章程等采取监督所需措施。

第 42 条（公团的会计）

①公团的会计年度根据政府的会计年度进行。

②公团须经保健福祉部部长批准后制定会计规定。

第 43 条（公团的收入与支出）

公团的收入为国民年金起转入金、国家补助金、借款金及其他收入，支出为根据本法规定的工资、公积金、还付金、借款金的偿还金利息及其他作为公团运营及工作所需的经费。

第 44 条（临时借入与移入抵充）

①每会计年度的支付资金不足时，根据总统令规定公团可以从国民年度基金中临时借入。

②临时借款应当在相应会计年度内偿还。

③每个会计年度的工资与相关支出超过收入时，公团根据总统令的规定经第 103 条规定中国民年金基金运营委员会的审议从国民年金基金中移入抵充资金。

第 45 条（剩余金的处理）

公团应当在每个会计年度末结算，如有剩余金时先保全损失金后剩余资金作为国民年金基金进行积存。

第 46 条（福祉事业与借贷事业等）

①为增进投保人、原投保人和受领权人的福利，公团可以根据总统令可进行下列福祉事业：

1. 资金的借贷；

2. 根据《老年人福祉法》规定，设立、供应、租赁及运用老年人福祉设施；

3. 作为第 2 项规定的老年人福祉设施的附属设施，根据《体育设施的设立与使用法》规定设立及运营体育设施；

4. 此外由总统令规定的福祉事业。

②为实施第 1 款第 2 项及第 3 项规定的福祉事业，可以从国民年金基金出资给保健福祉部令规定的法人。

③公团根据总统令规定可以对投保人与原投保人进行为国民退休金基金增值的贷款事业。

④负责第 1 款及第 3 款规定的借贷业务的管理人员在履行其职务时，故意或因重大过失给公团造成损失的应进赔偿。

⑤公团根据第 1 款规定在不影响福祉事业的范围内，根据总统令规定对投保人、原投保人或领取劝人可以使用公团根据第 1 款第 2—4 项规定

运营的部分设施。

⑥第2款规定的出资方法的相关事项由保健福祉部令规定。

第46条之二（福祉设施的设立工作的相关特例）

为了设立第46条第1款第2项及第三向规定的福祉设施，取得根据国家、地方自治团体及《韩国土地住宅公社法》规定的韩国土地住宅公社，此外由总统令规定的公共机关组成的土地时，公团将视为国家或地方自治团体。

第46条之三（养老准备服务）

公团为了保障加入对象及受领权人在内国民的养老生活，可以实施《养老准备支援法》第2条第2项规定的养老准备服务（以下简称"养老准备服务"）下列相关工作：

1. 养老准备服务的提供；
2. 养老准备服务的相关调查及研究；
3. 养老准备服务所需的项目开发及补给；
4. 养老准备服务提供者的培养及管理；
5. 养老准备服务信息系统的构建及运营；
6. 此外，由保健福祉部长官关于提供养老准备服务所委托的事项。

第47条（业务委托）

公团根据章程规定贷款偿还金的收纳，工资，贷款支付的业务，此外，其部分业务可委托至履行其他法律法规规定的社会保险业务的法人、邮政机关、金融机关和其他人员办理。

②根据第1款规定，公团可以委托的业务与受委托的人的范围由总统令规定。

第48条（《民法》的准用）

本法中除公团的相关规定外，准用《民法》中的财团法人的规定。

第四章　工资

第一节　通则

第49条（工资的种类）

本法规定的工资种类如下：

1. 老龄年金；

2. 残疾年金；

3. 遗属年金；

4. 一次性返还金。

第 50 条 （发放工资）

①工资根据受领权人的请求由公团发放。

②年金额根据支付事由以基础年金额与扶养家庭年金额为基础计算。

第 51 条 （基础年金额）

①受领权人的基本年金额为下列金额乘以 1200‰ 的金额。但投保期间超过二十年的其超额的每一年（未满一年的，将每月计算为 1/20）根据本文计算的金额加上 50‰ 的金额。

1. 根据下列情形计算的金额总额除以三的金额：

（1）根据领取年金的前三年度平均收入月额与领取年金的前三年度对应的年金领取上年度全国消费者物价变动率（是指《统计法》第 3 条规定每年由统计厅厅长通知的消费者物价变动率，以下如同）折算的金额；

（2）根据领取年金的前两年度的平均收入月额与领取年金的前两年相对比的上年度全国消费者物价变动率换算的金额；

（3）上年度领取年金的平均收入月额。

2. 投保人投保期间每年的基础所得月平均额的计算方式为，保健福祉部长官公告的年度再评估率为基础，转化为年金受领上一年度的现在价值的合并金额除以总投保期间的金额。但，下列情形下计算的金额以计算后的金额为准。

（1）根据第 18 条规定追加计算投保期间的标准所的月额相当于第 1 项规定计算金额的 1/2；

（2）根据第 19 条规定追加计算投保期间的标准所的月额相当于第 1 项规定计算的金额。

②将第 1 款金额适用于受领权人时，应当以领取年金的前两年相对比的上年度全国消费者物价变动率为准，相加或减去其变动率相应的金额并提前经第 5 条规定的国民年金审议委员会的审议。

③将根据第 2 款规定所调整的金额适用于受领权人时，其适用期间为

该调整年度的 1/12。

第 52 条（扶养家庭年金）

①扶养家庭年金额以受领权人（遗属年金的情形指已死亡的投保人或曾为投保人的人）为标准，在下列人员中依受领权人维持生计的按照该项规定的金额：

1. 配偶：每年 15 万韩元；

2. 未满 19 岁或残疾等级为二级以上的子女（包括婚前子女，以下如同）：每年 10 万韩元；

3. 60 岁以上或残疾等级为二级以上的父母（父母各方配偶、包括配偶的父母，以下如同）：每年 10 万韩元。

②第 1 款规定的扶养家庭年金适用于受领权人的情形准用给第 51 条第 2 款与第 3 款规定。

③第 1 款规定的人符合下列情形时，将在第 1 款中扶养家庭年金计算中除外：

1. 年金受领权人（包括《国民年金与职业年金关联法》规定的联系工资受领权人）；

2. 退休年金等受领权人；

3. 《公务员年金法》《公务员灾害补偿法》《私立学校教职工年金法》《别定邮局法》《军人年金法》规定的退休遗属年金、残疾遗属年金、殉职遗属年金、职务遗属年金、危险职务殉职遗属年金或遗属年金受领权人。

④第 1 款规定的人在计算扶养家庭年金额时，不得成为两名以上年金受领权人的扶养家庭年金计算对象。

⑤第 1 款规定的人符合下列情形时，应当排除在扶养家庭年金计算之中：

1. 死亡时；

2. 依靠受领权人维持生活的状态结束时；

3. 配偶离婚时；

4. 子女成为他人的养子或被收养时；

5. 子女已满 19 岁的，但残疾等级为二级以上的子女除外；

6. 残疾登记为二级以上的子女或父母不符合该残疾状态时；

7. 配偶婚前所生子女因离婚而关系终止时；

8. 再婚的父亲或母亲的配偶与受领权人的关系因父母与该配偶离婚而终止时。

第 53 条（年金额的最高限度）

年金的按月支付额不得超过下列金额：

1. 根据第 51 条第 2 款为准调整原投保人最后五年期基础月收入（以领取年金的上年度为准，根据第 51 条第 1 款第 2 项规定调整）的金额；

2. 根据第 51 条第 2 款为准调整投保期间的基础月收入（以领取年金的上年度为准，根据第 51 条第 1 款第 2 项规定调整）的金额；

第 54 条（年金发放期间及发放时期）

①发放年金事由之日（第 78 条第 1 款规定的返还金、第 92 条第 1 款规定的追缴保险费或缴纳的年金保险费产生应当支付年金的事由时所缴纳相应金额的日期）的所属月份的下个月起至受领权消灭之日的所属月份为止进行发放。

②每月的 25 日支付当月金额，但支付日为周六或公休日时，前一天进行支付。但，受领权消灭或停止发放年金时，可以提前进行支付。

③产生应停止支付年金的事由时则从产生事由之日所属月份的下个月至事由消失之日所属月份为止不予支付年金。

第 54 条之二（受领工资专用账户）

①受领权人根据第 58 条第 2 款规定，向公团申请将总统令规定的金额以下的工资存入本人名义下的指定账户。此时，公团应当将工资存入受领工资专用账户。

②第 1 款规定外，因信息通信障碍或其他由总统令规定的不可避免的事由，无法将工资存入受领工资专用账户的情形，可以经总统令规定以支付现金等方式进行。

③开设受领工资专用账户的金融机构应当只将工资存入工资发放专用账户，并对其进行管理。

④第 1 款规定的申请方法及程序与第 3 款规定的受领工资专用账户的管理事项由总统令规定。

第 55 条（未发放工资）

①受领权人已死亡时，根据其配偶、子女、父母、孙子女、祖父母或

兄弟姐妹的请求，支付受领权人的工资中尚未支付金额。但离家出走或失踪等符合总统令规定的情形的人，不予支付。针对存在兄弟姐妹的关系时，根据总统令的规定只发放给受领权人死亡当时（受理《民法》第27条第1款规定失踪申报的是指申报失踪期间的开始；根据第2款规定的失踪申报是指导致死亡的危难发生时期），依靠该受领权人维持生活的人。

②领取第1款规定工资的顺序依次为配偶、子女、父母、孙子女、祖父母、兄弟姐妹。此时，同等顺位人为两人以上的应平均支付，支付方法由总统令规定。

③根据第1款规定的未发放工资自受领权人死亡之日去五年内提出申请。

第56条（重复工资的调整）

①受领权人产生本法规定的两个以上的工资受领权时，根据受领权人的选择，仅发放其中一项其他工资则停止发放。

②第1款规定外，未按照第1款规定选择的工资符合下列条件时，不予将该项规定金额追加至所选金额中发放：

1. 未选工资为遗属年金的（所选金额为一次性返还金的除外）：相当于遗属年金额130‰的金额；

2. 未选工资为一次性返还金的（所选工资为残疾年金、未选工资为因本人缴纳年金保险费的返还一次性付款金的除外）：第80条第2款规定的金额。

第57条（工资的退还）

①受领工资的人符合下列情形时，公团应当根据总统令规定对其金额（以下简称"退还"）进行退还，但，退还金少于总统令规定的金额时，则不予退还：

1. 虚假或以其他不正当方法受领工资的情形；

2. 第121条规定的申报义务人未向公团申报或延迟申报同条款规定的申报事项而错误受领工资的情形；

3. 投保人或原投保人根据第15条规定推定死亡的并支付遗属年金等工资后，确认投保人或原投保人幸存的情形；

4. 因其他事由错误支付工资的情形。

②公团在第1款第1项及第2项情形下，经总统令规定的利息计算并

进行退还。但缴纳义务人无归责事由的，不予计算利息。

③退还金的缴纳义务人未在期限内进行缴纳的，公团应当根据第 97 条第 1 款及第 2 款规定征缴滞纳金，此时。"健康保险公团"视为"公团"，"年金保险费"视为"退还金"。但因自然灾害及其他由总统令规定的不得已事由的情形除外。

④退还金及第 3 款规定的滞纳金（以下简称"退还金等"）的缴纳义务人具有其他工资的受领权或错误缴纳金额等返还金额时，公团可以抵充该退还金。

第 57 条之二（退还金的通知、催缴及滞纳处分等）

①公团根据第 57 条规定征缴退还金时应当规定期限并制作记录退还金的金额及缴纳期限的文书通知。此时，该通知根据保健福祉部令规定可以作为电子文书，送达准用第 88 条之二第 3 款规定。

②接收根据第 1 款规定中通知的人在其期间内未缴纳退还金时，公团应当制定期限，根据总统令的规定进行催缴。

③接收根据第 2 款规定中催缴的人在期限内未缴纳退还金等时，公团经保健福祉部长官批准根据国税滞纳处分进行征缴。此时，关于滞纳处分准用第 95 条第 6 款及第 7 款规定，"健康保险公团"视为"公团"。

第 58 条（受领权保护）

①受领权不得转让、扣押或作为担保所提供。

②不得扣押作为发放给受领权人的工资，少于总统令规定的金额以下的工资。

③不得扣押存入受领工资专用账户中的工资及相关债券。

第 59 条（未缴金的扣除发放）

①投保人或原投保人取得受领权或死亡的情形，根据第 46 条规定具有借贷偿还金的相关债务时可以从本法规定的工资（包括死亡一次性付款金，停止发放的工资则除外）中扣除。但根据本法规定的工资（以第 68 条第 2 款规定的一次性补偿金发放的残疾人年金除外）中对于年金工资的受领权人则不能超过相应年金月额的 1/2 进行抵扣。

②根据第 1 款规定抵扣该偿还金的相应债务时，应当规定 20 日以上的期限以书面形式对其债务的抵债进行催告，并事先通知受领权人，如未在期限内偿还债务，将从相应工资中扣除。

③根据第1款规定所抵扣的金额可以视为发放给受领权人的金额。

第60条（税收及其他公共费用的免除）

根据本法规定的工资支付金额可以由《税收特例限制法》或其他法律及地方自治团体条例，对税收及国家或地方自治团体的财政负担予以免除。

第二节　老龄年金

第61条（老龄年金的受领权人）

①投保期间为十年以上的投保人或原投保人自60岁（特殊职业劳动者为55岁）起发放其生存期间的老龄年金。

②作为投保期间为十年以上的投保人或原投保人及55岁以上的人不予从事根据总统令规定具有收入的工作时，第1款规定外，因本人意愿在60岁前自本人提出请求起在其生存期间可领取一定金额的年金（以下简称"早期老龄年金"）。

第62条（发放延期的计算）

①作为第61条规定的老龄年金的受领权人及60岁以上未满65岁的人（特殊职业劳动者为55岁以上未满60岁的人）希望延期发放年金时，自65岁（特殊职业劳动者为60岁）前仅限于一次对其年金的所有或部分进行延期发放。

②根据第1款规定申请延期发放所有年金的受领权人希望发放年金或申请延期发放已满65岁（特殊职业劳动者为60岁）时的年金额时根据第63条及第66条第3款规定的老龄年金额（扶养家庭年金额除外，以下该条如同）按照第51条第2款规定所调整的金额延期的每月增加其金额的6‰。此时，符合6‰的金额也根据第51条第2款规定调整。

③根据第1款规定，受领人申请延期发放部分年金时，可以申请延期符合下列金额的老龄年金额。

1. 老龄年金额的500‰；
2. 老龄年金额的600‰；
3. 老龄年金额的700‰；
4. 老龄年金额的800‰；
5. 老龄年金额的900‰。

④根据第 3 款规定申请延期发放年金的受领权人，希望发放全部年金或已满 65 岁时的老龄年金应当按照下列金额的总和计算：

1. 根据第 51 条第 2 款规定对老龄年金额中未申请延期发放的金额进行调整；

2. 老龄年金额中申请延期发放的金额根据第 51 条第 2 款规定调整的金额以每月增加其金额的 6‰。此时，符合 6‰的金额将根据第 51 条第 2 款规定调整。

第 63 条（老龄年金额）

①根据第 61 条第 1 款规定的老龄年金额以下列金额加上扶养家庭年金额的总和：

1. 投保期间为 20 年以上的：基本年金额；

2. 投保期间为十年以上 20 年以下的：基本年金额的 500‰加上 投保期间超过十年的每一年（未满一年的，将每月计算为 1/12）相当于基本年金额 5‰的总和。

②早期老龄年金根据投保期间在第 1 款规定的老龄年金额中减去扶养家庭年金额，按领取年龄区分乘以下列比例（请求日为年龄到达日所属月份的下个月以后的情形，每月将加以 5‰）加上扶养家庭年金额的总和：

1. 55 岁起领取的情形为 700‰；

2. 56 岁起领取的情形为 760‰；

3. 57 岁起领取的情形为 820‰；

4. 58 岁起领取的情形为 880‰；

5. 59 岁起领取的情形为 940‰。

③删除。

第 63 条之二（根据所得活动的老龄年金额）

第 61 条规定的老龄年金受领权人从事具有总统令规定收入的工作时，在 60 岁以上未满 65 岁期间根据第 62 条第 2 款与第 4 款、第 63 条及第 66 条第 3 款发放的老龄年金额中减去下列金额。此时，所得金额不得超过老龄年金的 1/2。

1. 超过月所得额（老龄年金受领权人的月所得额中减去根据第 51 条第 1 款第 1 项计算的金额，以下在本条相同）未满 100 万韩元的人：超过月所得额的 50‰；

2. 超过月所得额为 100 万韩元以上 200 万韩元以下的人：5 万韩元+（超过月所得额-100 万韩元）×100‰；

3. 超过月所得额为 200 万韩元以上 300 万韩元以下的人：15 万韩元+（超过月所得额-200 万韩元）×150‰；

4. 超过月所得额为 300 万韩元以上 400 万韩元以下的人：30 万韩元+（超过月所得额-300 万韩元）×200‰；

5. 超过月所得额为 400 万韩元以上的人：50 万韩元+（超过月所得额-400 万韩元）×250‰；

第 64 条（分期年金受领权人等）

①婚姻期间（作为配偶投保期间中的结婚期间因分居、离家出走等理由不存在实际婚姻关系的期间除外，以下相同）为五年以上的人具有下列条件时，即日起可以领取原配偶的老龄年金中分出的一定金额：

1. 与配偶离婚时；

2. 原配偶为老龄年金受领权人时；

3. 已满 60 岁时。

②第 1 款规定的分期年金额为原配偶的老龄年金额中等额（扶养家庭年金额除外）分期婚姻期间的年金的金额。

③第 1 款规定的分期年金具备第 1 款规定的条件是起五年内申请。

④第 1 款规定中婚姻期间的认定标准及方法的给事项由总统令规定。

第 64 条之二（分期年金发放的特例）

①第 64 条第 2 款规定外，根据《民法》第 839 条之二或第 843 条另行规定年金分期的应据此进行。

②根据第 1 款规定另行决定年金分期时，应当向公团申报其分期比例等。

③第 2 款规顶的申报方法及程序等所需的具体事项由保健福祉部令规定。

第 64 条之三（请求分期年金的特例）

①第 64 条第 3 款规定外，在第 64 条第 1 款第 3 项规定年龄前离婚的，自离婚生效起可以提前申请分期年金（以下简称"分期年金先请求"）。此时，视为申请第 64 条第 3 款规定的请求（仅限于先请求后，

未撤销第 2 款规定请求的情形）。

②第 1 款规定的分期年金先请求应当在发生离婚效力起三年内进行，并在第 64 条第 1 款第 3 项规定的年龄前对其撤销。此时，分期年金先请求及撤销请求次数仅限于一次。

③根据第 1 款规定对分期年金做出先请求的情形外，也应在具备第 64 条第 1 款规定的条件时给予发放。

④第 1 款及第 2 款规定的分期年金先请求及请求撤销的方法及程序等所需事项由保健福祉部令规定。

第 64 条之四 （分期年金受领权的放弃）

①根据第 64 条第 1 款规定的分期年金受领权的人与曾是同条款中配偶再婚的情形，根据保健福祉部令规定可以申请放弃分期额年金的受领权。

②根据第 1 款规定分期年金受领权人申请放弃该受领权的情形，自申请之日起丧失该权利。

③根据第 2 款规定受领权消灭的情形，对于其申请人的配偶在发生分期年金效力前发放老龄年金。

第 65 条 （分期年金与老龄年金的关系等）

①根据第 64 条第 1 款规定的分期年金受领权在获得该受领权后，不因原配偶所产生的事由导致老龄年金受领权被消灭或停止而受影响。

②除第 56 条规定外，受领权人获得两个以上分期年金受领权时，将合计进行发放。但是，获得两个以上的分期年金受领权与其他工资的受领权（老龄年金除外，以下与本条相同）时则将两个以上的分期年金受领权视为一个分期年金受领权，并根据本人意愿择一发放，同时停止支付未选的分期年金或其他工资。

③发放根据第 72 条第 1 款规定的遗属年金时，分期年金受领权人不被视为老龄年金受领人。

④除第 56 条规定外，分期年金受领权人获得老龄年金受领权时，应当合计进行发放。

第 66 条 （早期老龄年金的停止发放等）

①根据第 61 条第 2 款与第 63 条第 2 款规定领取早期老龄年金的未满 60 岁的人符合下列情形时，停止发放早期老龄年金：

1. 从事具有根据第 61 条第 2 款规定收入工作的情形；

2. 不符合第 1 项规定或领取早期老龄年金的人申请停止发放的情形。

②根据第 1 款规定停止领取早期老龄年金的人符合下列情形时，应重新发放该年金：

1. 已满 60 岁的人；

2. 符合第 1 款第 1 项规定的人在未满 60 岁前不予从事具有第 61 条第 2 款规定收入的工作时；

3. 符合第 1 款第 1 项规定的人在未满 60 岁前不予从事具有第 61 条第 2 款规定收入的工作时，申请重新支付早期老龄年金的情形。

③根据第 1 款规定停止发放早期老龄年金的人根据第 2 款规定重新申请发放的早期老龄年金额，具体如下：

1. 合计前后停止发放的投保期间计算的第 63 条第 1 款规定老龄年金额（扶养家庭年金金额除外）乘以重新领取当时根据第 63 条第 2 款规定的各年龄比例中基数期间每一个月减去 5‰的比率加上扶养家庭年金金额的总和；

2. 根据第 1 项规定的早期老龄年金金额少于第 1 款规定的停止支付前的早期老龄年金额时，以停止支付前的早期老龄年金额为准。

④第 1 款及第 2 款规定的停止发放早期老龄年金及重新申请发放的具体事项由保健福祉部令规定。

第三节　残疾年金

第 67 条（残疾年金的受领权人）

①投保人或原投保人因疾病或负伤导致身体上或精神上具有残疾且符合下列条件时，自决定残疾程度之日（以下简称"决定残疾标准日"）起至残疾持续期间内根据其程度发放残疾年金：

1. 相应疾病或负伤初诊日当时年龄为 18 岁（但，十八岁前的加入的情形，是指成为投保人的当天）以上并未满老龄年金的发放年龄。

2. 符合下列情形的：

（1）疾病或负伤初诊日当时缴纳养老保险费的期间为加入对象期间的 1/3 以上；

（2）疾病或在负伤初诊日的五年前至初诊时缴纳三年以上保险费。

但，加入对象期间中滞纳期为三年以上的情形除外；

（3）相应疾病或负伤初诊日当时投保期间为十年以上。

②根据第 1 款规定，下列日期为残疾标准确定日。

1. 初诊日起一年六个月期间为痊愈日的情形：痊愈日；

2. 初诊日起一年六个月后为痊愈日的情形：痊愈日；初诊日起一年六个月当日的第二天；

3. 根据第 2 款规定的初诊日起一年六个月当日的第二天未被列入残疾年金的支付对象，之后病情及伤情恶化的情形：请求支付残疾年金的日期与痊愈日中更提前的日期；

4. 根据第 70 条第 1 款规定残疾年金的受领权被消灭的人获得残疾年金时疾病或伤情恶化的情形：请求日与痊愈日中较早的日期。

③根据第 1 款规定成为残疾年金发放对象，但符合下列情形时，不予发放残疾年金：

1. 初诊日因第 6 条但书规定，排除在加入对象之外的期间内；

2. 初诊日符合移居国外或丧失国籍期间内；

3. 根据第 77 条规定领取一次性返还金的情形。

④残疾程度相关的残疾等级分为一级、二级、三级及四级，但等级分类标准与残疾程度审查的相关事项由总统令规定。

第 68 条（残疾年金额）

①残疾年金额根据残疾等级分为下列金额：

1. 一级残疾人的领取金额为基本年金额加上抚养家属年金额的总和；

2. 二级残疾人的领取金额为基年金额的 800‰加上抚养家属年金额的总和；

3. 三级残疾人的领取金额为基年金额的 600‰加上抚养家属年金额的总和。

②四级残疾人的领取金额是基年金额的千分之 2250‰，作为一次性补偿金进行发放。

第 69 条（残疾的重复调整）

残疾年金受领权人重新发生支付残疾年金的情形，应当根据合并前后残疾程度进行发放。但，根据合并的残疾程度支付的年金少于前的残疾年金时，以之前的金额为准进行发放。

第 70 条（残疾年金额的变更等）

①公团审查残疾年金受领权者的残疾程度时，对于不同残疾等级应当根据等级变更残疾年金额，不符合残疾等级的应消灭残疾年金的受领权。

②残疾年金受领权人的残疾病情恶化时可以向公团申请变更残疾年金额。

③根据第 1 款及第 2 款规定，决定残疾程度时应当以治愈日期为准，但在下列规定的日期尚未痊愈的，以该日期为准决定残疾程度：

1. 第 1 款规定的情形：根据残疾程度的变化和偶然性，以公团的指定周期到来的日期所属月份的最后一天等由总统令规定之日；

2. 第 2 款规定的情形：受领权人申请残疾年金变更之日。

④第 1 款及第 2 款规定不适用于 60 岁以上的残疾年金受领权人。

第 71 条（一次性补偿金额的评价）

第 68 条第 2 款规定的一次性补偿金受益权人，适用第 56 条规定的重复给付的调整、第 69 条规定的重复残疾的调整，以及第 70 条规定的残疾年金额的变更和第 115 条第 1 款规定的时效时，应当自支付一次性补偿金给付事由发生之日所属的月份之次月的基础年金额的 400/1000 除以 12 后所得金额，此金额视为 67 个月的支付金额。

第四节　遗属年金

第 72 条（遗属年金的受领权人）

①下列人员死亡时，将对其遗属发放遗属年金：

1. 老龄年金受领权人；

2. 投保期间为十年以上的投保人或原投保人；

3. 缴纳年金保险费的期间为加入对象期间的 1/3 以上的投保人或原投保人；

4. 死亡日五年前至死亡日期间缴纳年金保险费的期限为三年以上的投保人或原投保人，但，加入对象期间里滞纳期间未三年以上的除外；

5. 残疾等级为两级以上的残疾年金受领权人。

②第 1 款规定外，符合同条款第 3 项或第 4 项规定的人在下列期间死亡的不予发放遗属年金：

1. 根据第 6 条但书规定排除在加入对象的期间；

2. 移居国外或丧失国籍期间。

第 73 条（遗属的范围）

① 有权受领遗属年金的遗属为，第 72 条第 1 款规定的人死亡时（根据《民法》第 27 条第 1 款宣布失踪时为失踪期间的开始日，第 2 款规定的宣告失踪时为导致死亡的为难事件发生时），依靠其维持生计的下列人员。此时，依投保人维持生计的人适用总统令规定的标准。

1. 配偶；
2. 子女，但仅限于未满 25 岁或残疾等级为二级以上的人；
3. 父母（包括配偶的父母，以下与本节相同），但仅限于 60 岁以上或残疾等级为二级以上的人；
4. 孙子女，但仅限于未满 19 岁或残疾等级为二级以上的人；
5. 祖父母（包括配偶的祖父母，以下与本节相同），但仅限于 60 岁以上或残疾等级为二级以上的人。

② 遗属年金根据第 1 款规定的顺序发放给最优先顺位人。但根据第 1 款第 1 项规定中遗属的受领权因第 75 条规定消灭或因第 76 条规定被停止发放时将发放给第 1 款第 2 项规定的遗属。

③ 第 2 款规定情形，同等顺位人为两名以上的，该遗属年金将平均分配发放，其发放方式由总统令规定。

第 74 条（遗属年金额）

遗属年金为根据投保期间按照下列金额加扶养家庭年金额的总和。但，老龄年金受领权人死亡的情形下，遗属年金额不得超过死者所领取的老龄年金金额：

1. 投保期间未满 10 年的，相当于基本年金额的 400‰；
2. 投保期间为 10 年以上 20 年以下的，相当于基本年金额的 500‰；
3. 投保期间为 20 年以上的，相当于基本年金额的 600‰。

第 75 条（遗属年金受领权的消灭）

① 遗属年金受领权人符合下列情形时，受领权消灭：

1. 受领权人死亡时；
2. 配偶受领权人再婚时；
3. 子女或孙子女受领权人脱离亲属关系时；
4. 不符合残疾等级为二级的子女受领人已满 25 岁时或不符合残疾等级为二级的孙子女受领人已满 19 岁时；

5. 删除。

②投保人或原投保人死亡时，投保人或原投保人子女出生获得该受领权的，父母、孙子女或祖父母的遗属年金受领权将被消灭。

第 76 条（遗属年金的停止发放）

①遗属年金受领权人的配偶发生受领权起三年内发放遗属年金至五十五岁为止停止发放。但，受领权人符合情形时，不予停止发放：

1. 残疾等级为二级以上的情形；

2. 投保人或原投保人未满 25 岁的子女或维持残疾等级二级以上子女生活的情形；

3. 未从事总统令规定的无收入工作的情形。

②一年以上无法得知作为遗属年金受领人配偶的归属时，根据遗属子女的申请，在其归属不明期间内的遗属年金将停止发放。

③除了配偶外的受领人为两人以上的情形，在其受领权人中有一年以上无法得知归属的人将根据其他受领权人的申请，停止发放该受领人在符合所属不明期间的遗属年金。

④确认根据第 2 款与第 3 款规定停止发放遗属年金的人归属的情形，因本人申请解除停止发放。

⑤子女或孙子女作为受领权人被他人领养时，自符合规定之日起停止发放遗属年金。

⑥根据第 5 款规定停止发放遗属年金的人被脱离关系的情形，因本人申请自脱离关系起解除停止发放。

⑦因残疾取得受领人的人不符合残疾等级二级以上的，自符合规定之日起停止发放遗属年金。

⑧根据第 7 款规定停止发放遗属年金的人因疾病或伤情恶化符合残疾等级二级以上的情形，因本人申请自符合之日起解除停止发放。

第五节 一次性返还金等

第 77 条（一次性返还金）

①投保人或原投保人符合下列条件时，根据本人或遗属的请求可以领取一次性返还金：

1. 投保期间未满十年的人已满 60 岁时；

2. 投保人或原投保人死亡的，但，根据第 72 条规定已发放遗属年金的情形除外；

3. 丧失国籍或移居国外时。

②第 1 款规定的一次性返还金的数额为投保人或原投保人所缴纳的年金保险费（事业场投保人或原事业场投保人的情形，将包括用工单位负担金）加上总统令规定的利息所得金额。

③根据第 1 款规定请求发放一次性返还金的情形，遗属范围与请求优先顺位等准用第 73 条规定。

第 78 条 （返还金缴纳与投保期间）

①根据第 77 条规定领取一次性返还金的人重新取得投保人资格的，将领取的一次性返还金加上总统令规定额利息所得金额（以下简称"返还金"）提交给公团。

②返还金可以根据总统令规定进行分割后缴纳。此时，应加上总统令规定的利息。

③缴纳第 1 款及第 2 款规定的返还金时，应当将相应期间算入该投保期间内。

④第 1 款及第 2 款规定中返还金的缴纳申请、缴纳方法及缴纳期限等返还金的缴纳事项由总统令规定。

第 79 条 （一次性返还金受领权的消灭）

符合下列情形时，一次性返还金消灭：

1. 受领权人重新成为投保人时；
2. 受领权人取得老龄年金受领权时；
3. 受领权人取得残疾年金受领权时；
4. 受领权人的遗属取得遗属年金受领权时。

第 80 条 （死亡一次性付款金）

①投保人或原投保人死亡时没有第 73 条规定中遗属的，向其配偶、子女、父母、孙子女、祖父母、兄弟姐妹或四代以内的旁系血亲发放死亡一次性付款金。但，对于符合离家出走、失踪等有总统令规定情形的人则不予发放。并且四代以内的旁系血亲的情形，根据总统令规定仅发放给投保人或原投保人死亡时（受理根据《民法》第 27 条第 1 款规定失踪申报的是指申报失踪期间的开始；根据第 2 款规定的失踪申报是指导致死亡的

危难发生时期）依靠该人员维持生活的人。

②第 1 款规定的死亡一次性补偿金的具体金额以投保人的一次性返还金为准，且该金额不得超过死亡投保人的最终基础所得月平均额，以及根据第 51 条第 1 款第 2 项计算的年度再评估率而得出的上一年度一次性死亡补偿金的现在价值、相应的投保期间内基础月所得平均额中较高金额的四倍。

③领取第 1 款规定的死亡一次性付款金的顺序为配偶、子女、父母、孙子女、祖父母、兄弟姐妹及四代以内的旁系血亲。此时，同等顺位人为两人以上的应平均分割。其发放方式由总统令规定。

第 81 条（遗属年金与死亡一次性付款金的关系）

对于第 73 条第 1 款第 2 项及第 4 项规定的遗属年金受领权人根据第 75 条第 1 款第 4 项规定遗属年金受领权消灭为止领取的遗属年金额少于第 80 条第 2 款规定的死亡一次性付款金时，将一次性支付该差额。

第六节　限制工资等

第 82 条（工资的限制）

①投保人故意引发疾病、负伤或事故导致残疾时，不予支付残疾年金。

②投保人因重大过失无法适用疗养或无正当理由不能适用疗养时，下列情形下，根据总统令的规定不予发放全部或部分年金：

1. 致残或死亡的情形；
2. 引起残疾或死亡原因的事故；
3. 残疾恶化或妨碍恢复的情形。

③符合下列情形时，不予发放因死亡产生的遗属年金、未发放工资、一次性返还金及死亡一次性付款金（以下简称"遗属年金等"）：

1. 有意导致投保人或原投保人死亡的遗属；
2. 有意导致可以成为遗属年金受领权人死亡的遗属；
3. 有意导致其他遗属年金受领权人死亡的遗属年金的受领权人。

第 83 条（残疾年金额的限制变更）

残疾年金的受领人因故意或重大过失不适用指示或无正当理由不适用指示而使残疾恶化或妨碍康复的情形根据第 70 条规定可以不予变更残疾

年金额。

第 84 条　删除

第 85 条　删除

第 86 条（停止发放等）

①受领权人符合下列情形时，停止发放全部或部分工资：

1. 受领权人无正当理由尚未提交第 122 条第 1 款规定中公团的文书及其他资料；

2. 残疾年金或遗属年金受领权人无正当理由未进行第 120 条规定的诊断要求或确认的；

3. 残疾年金的受领人因故意或重大过失不适用疗养指示或无正当理由不适用疗养指示而使残疾恶化或妨碍康复的；

4. 受领权人无正当理由未按照第 121 条进行申报的。

②根据第 1 款规定停止发放工资的情形，在停止发放前根据总统令的规定可以暂停发放工资。

第五章　承担费用及年金保险费的征缴等

第 87 条（国库承担）

国家每年承担公团和健康保险公团管理及运营国民年金事业所需的全部或部分费用。

第 88 条（年金保险费的课以与征缴等）

①保健福祉部长官就国民年金事业中年金保险费的征缴问题，将本法律中规定的事项委托至健康保险公团。

②公团为了抵充国民年金事业所需的费用向投保人与用工单位在投保期间内每月课以年金保险费并由健康保险公团征缴。

③事业场投保人的年金保险费中贡献金由事业场投保人本人、负担金由用工单位各自承担，其金额相当于各标准月额的 45‰ 的数额。

④地区投保人、任意投保人及任意继续投保人的年金保险费由本人承担起金额为标准所得月的 90‰。

⑤公团因基础月所得额的变更等事由重新计算初次规定的征缴金额并追加征缴年金保险费的情形，投保人或用工单位可以分期缴纳其追加的年

金保险费。此时，分期缴纳的申请对象、分期缴纳方法、缴纳期限等分期缴纳年金保险费的事项由总统令规定。

第 88 条之二（缴纳通知等）

①健康保险公将公团根据第 88 条规定课以缴纳年金保险费时，应当以文书形式向其缴纳义务人通知年金保险费的金额、缴纳期限、缴纳场所等。但，根据第 89 条第 4 款规定，自动转移年金保险费时可以省略。

②缴纳义务人申请时，健康保险公团可以根据第 1 款规定的缴纳通知作为电子文书。此时，电子文书通知的申请方法、程序及其他事项由保健福祉部令规定。

③健康保险公团根据第 2 款规定以电子文书形式通知的情形，将其保存在保健福祉部令指定的信息通信网或输入至缴纳义务人指定的邮箱时视为已提交至缴纳义务人。

④根据第 90 条第 3 款规定，缴纳年金保险费的通知对连带缴纳义务人通知时，对其他连带缴纳义务人有同等的通知效力。

⑤健康保险公团根据第 90 条之二规定第二次缴纳义务人发生缴纳义务时应当通知该缴纳义务人进行缴纳，已通知的情形应当通知相关法人用工单位及营业转让人。此时，缴纳通知方法及送达等相关事项准用第 1—3 款规定。

第 89 条（年金保险费的缴纳期限等）

①缴纳义务人应当在下个月十日前缴纳年金保险费。但，根据总统令规定的农业、林业、畜牧业或水产业从业人员可以根据本人的申请在当季度的下个月十日前缴纳各季度年金保险费。

②在缴纳期限的一个月前缴纳年金保险金的情形，视为其前一个月缴纳年金保险费期限的所属日期的第二天缴纳。

③缴纳义务人提交缴纳年金保险费的情形，该期间与需减额的金额由总统令规定。

④缴纳义务人以自动转账方式缴纳年金保险费的情形，根据总统令的规定可以减少年金保险费或提供财产上的利益。

⑤第 1 款规定外，通知书的延迟送达等符合保健福祉部令规定的事由，健康保险公团有权在一个月的范围内延长第 1 款规定的缴纳期限。

⑥根据第 5 款规定延迟缴纳期限是，根据保健福祉部长官规定向健康

保险公团申请延长缴纳期限。

第 90 条（年金保险费的源泉扣缴等）

①用工单位应当在每月工资中扣除事业场投保人所承担的定期缴款。此时，根据第 100 条之三第 1 款规定，支援事业场投保人的部分年金保险费时，应当在事业场投保人所承担的定期缴款中扣除工资的年金保险费中减去工资定期缴款金额的所得额。

②用工单位根据第 1 款规定扣除定期缴款时，应当根据保健福祉部令将扣除计算书发放给事业场投保人。此时，具有明确的定期缴款明细书可以视为扣除计算书。

②不具有法人资格的事业场用工单位的员工为 2 名以上时，该用工单位具有缴纳事业场投保人的年金保险费及其相应征缴金的义务。

第 90 条之二（二次缴纳义务）

①以法人的财产抵充法人应当缴纳的年金保险费及相应滞纳金与滞纳处分额仍不足时，在向法人赋予缴纳年金保险的缴纳义务的当天，现有的无限责任会员或垄断股东（是指符合《国税基本法》第 39 条之一的人）对其不足金额承担二次缴纳的义务。但，其不足金额除以本法人发行股份总数（无表决权的股东除外）或出资总额并乘以该垄断股东实质性权利的股份数（无表决权的股东除外）或出资所计算的金额为限。

②事业转让、受让的情形下其转让日前，转让人的财产不足以抵充转让人应当缴纳的年金保险费及其滞纳金与滞纳处分额时，事业受让人以受让财产价额为限，对其不足金额承担二次缴纳义务。

第 90 条之三（以信用卡缴纳年金保险费等）

①缴纳义务人为代理缴纳年金保险费、滞纳金、滞纳处分额及其征缴金（以下该条简称"年金保险费等"），可以经总统令规定的机关（以下该条简称"年金保险费代理缴纳机关"）以信用卡、借记卡（以下该条称"信用卡等"）进行缴纳。

②以信用卡等缴纳年金保险费的情形，代理缴纳机关的确认日视为缴纳日。

③代理缴纳机关可以向缴纳义务人收取代理缴纳的手续费。

④年金保险费等代理机关的制定及运营与手续费等必要事项由总统令规定。

第 91 条 （缴纳年金保险费的例外）

①事业场投保人或地区投保人因下列事由无法缴纳年金保险费时，缴纳义务人根据总统令规定的事由存续期间内可以不予缴纳年金保险费：

1. 事业中断、失业或休职的情形；

2. 履行《兵役法》第 3 条规定的兵役义务；

3. 根据《小·中学教育法》第 2 条或《高等教育法》第 2 条规定在校的情形；

4. 根据《刑罚执行和被关押者的待遇法》第 11 条规定关押在矫正设施的情形；

5. 根据《社会保障法》规定的保护监护设施或关押在根据《治疗监护法》规定治疗监护设施中的情形；

6. 下落不明未满一年的情形，下落不明的标准及方法由总统令规定；

7. 因灾害或事故等原因导致收入减少及其他没有从事具有收入的工作并由总统令规定的情形。

②根据第 1 款规定未缴纳年金保险费的期间不予算入投保期间内。

第 92 条 （年金保险费的事后缴纳）

①下列期间投保人可以申请缴纳全部或部分年金保险费（以下简称"事后保险费"）：

1. 首次缴纳年金保险费后，未按照第 9 条第 1 项、第 4 项或第 5 项规定缴纳年金保险费的期间；

2. 第 91 条第 1 款规定缴纳年金保险费的期间；

3. 根据《兵役法》第 3 条规定履行兵役义务后取得投保人资格的情形，履行相应兵役义务的期间，但符合下列期间，除外：

（1）根据《公务员法》《私立学校教职工年金法》《别定邮局法》规定的在职期间；

（2）《军人年金法》规定的服务期间；

（3）1998 年 1 月 1 日前履行兵役义务的期间。

②第 1 款第 1 项规定外，将缴纳的年金保险费作为一次性返还金领取时，不视为在相应期间缴纳年金保险费。但将所领取的一次性返还金根据第 78 条规定作为返还金缴纳的情形除外。

③事后缴纳保险费为申请事后缴纳之日所属月份的年金保险费乘以事

后缴纳的月份数的所得金额。但，任意投保人申请事后缴纳的情形，为计算事后保险费时年金保险费的上限由总统令规定。

④事后缴纳保险费可以根据总统令的规定，进行分期缴纳。此时，需加上总统令规定的利息。

⑤事后缴纳保险费的情形，其相应期间根据第1款规定，以缴纳日为准算入投保期间。此时，根据事后缴纳所计算投保期间的基本年金额以事后缴纳之日的所属月份为准所计算。

⑥除了第1—5款规定外，事后缴纳保险费的缴纳申请、方法及期限等事项由总统令规定。

第93条 删除

第94条（事业场投保人及地区投保人的年金保险费的缴纳期前征缴）

事业场投保人的年金保险费缴纳义务人及地区投保人具有下列事由时，可以在缴纳期前（第89条第5款规定延长缴纳期间时指该期限）征缴年金保险费：

1. 因滞纳税、地方税及其他公共费用而受处分时；
2. 强制执行时；
3. 宣告破产时；
4. 开始拍卖时；
5. 法人解散时。

第95条（年金保险费的催缴及滞纳处分）

①事业场投保人与地区投保人未在规定期限（第89条第5款规定延长期限的是指该期限）缴纳年金保险费及其征缴金或第90条第2款规定的二次缴纳义务人未在规定期限内缴纳年金保险费、滞纳金、滞纳处分额时，在总统令规定的期限内督促缴纳。

②健康保险公团根据第1款规定进行督促时，应当规定十日以上的缴纳期限发放催款单。

③根据第90条第3款规定，对连带缴纳保险费的人进行督促缴纳时，对其他连带缴纳义务人同时具有效力。

④根据第1款规定受到催缴的人在规定期限内未缴纳年金保险费及相应征缴金时，健康保险公团经保健福祉部长官同意，可以按照国税滞纳处

分方式征缴。此时，该征缴金额少于滞纳的年金保险费及相应征缴金的情形，其该金额根据总统令规定抵充滞纳的年金保险费及相应征缴金。

⑤健康保险公团根据第 4 款规定进行滞纳处分前，需发出包括年金保险费的滞纳明细、可扣押财产的种类、扣押预定事实及《国税征缴法》第 31 条第 14 项规定的小额金融财产的禁止扣押实施的通报书。但，法人解散等需要进行紧急滞纳处分的情形，且由总统令规定的情形除外。

⑥健康保险公团根据第 4 款规定的国税滞纳处分方式，在售卖扣押财产时如需要专业知识或因其他特殊情形认定不适合直接售卖时，根据总统令规定，由《金融公司不实财产等效率处分及韩国资产管理公社的设立法》所成立的韩国资产管理公社（以下简称"韩国资产管理公社"）代理进行售卖。此时将视为由健康保险公团进行售卖。

⑦根据第 5 款规定由韩国资产管理公社代理行使售卖时，健康保险公团经保健福祉部令规定应支付手续费。

第 95 条之二（年金保险费的缴纳证明）

①根据第 88 条规定的年金保险费的缴纳义务人（以下该条简称"缴纳义务人"）在国家、地方自治团体或《公共机关的运营法》第 4 条规定的公共机关领取工程、制造、买入、劳务等由总统令规定的报酬时，需证明年金保险费及相应滞纳金与滞纳处分额（以下该条简称"年金保险费等"）的缴纳事实证明。但，滞纳义务人用所滞纳的年金保险费缴纳全部或部分合同款时，例外。

②缴纳义务人根据第 1 款规定证明缴纳事实时，负责该合同的负责部门或公共机关经缴纳义务人同意，可以由健康保险公团的缴纳证明替代第 1 款的规定。

第 95 条之三（滞纳保险费的分期缴纳）

①健康保险公团可以根据保健福祉部令规定，对于两次以上滞纳年金保险费的地区投保人准予分期缴纳。

②健康保险公团根据第 95 条第 4 款规定对两次以上滞纳年金保险费的地区投保人进行滞纳处分前，应先通知可以申请第 1 款规定的分期缴纳，并对保健福祉部令规定的分期缴纳申请程序、方法等相关事项进行说明。

③根据第 1 款规定批准分期缴纳的当事人无正当理由，两次以上不予

缴纳的，健康保险公团可以撤销该批准。

④分期缴纳的批准与撤销相关程序、方法及标准等事项由保健福祉部令规定。

第 96 条（文书的送达）

送达第 57 条之二、第 88 条之二及第 95 条规定的文书时，准用《国税基本法》第 8 条（同条第 2 款但书除外）至第 12 条规定。但，邮寄送达的方法由总统令规定。

第 97 条之二（高额或惯常滞纳者的个人信息公开）

①健康保险公团根据本法规定中缴纳期限的第二天起，对超过两年的年金保险费、滞纳金及滞纳处分额（以下该项简称"年金保险费等"）的总额超过 5000 万韩元的滞纳者具有缴纳能力却尚未缴纳的情形，可以公开滞纳者的个人信息（是指用工单位的个人信息）及滞纳金额（以下该条简称"个人信息等"）等。但，因行政审判或行政诉讼所滞纳的年金保险费被积压的情形及缴纳部分滞纳金等由总统令规定的情形除外。

②为了审议是否公开个人信息在健康保险公团设立保险费信息公开审议委员会。

③健康保险公团应当以书面形式通知经保健信息公开审议委员会审议决定的应当公开个人信息的人并赋予其辨明的机会，自通知之日起六个月后，考虑滞纳金的缴纳等因素，选定公开对象。

④个人资料的公开方式为官方报纸刊登或在健康保险公团网站进行公布。

⑤个人信息公开的缴纳能力的标准、滞纳金的缴纳履行、公开程序及保险费信息公开审议委员会的构成及运营等由总统令规定。

第 98 条（年金保险费征缴的优先顺序）

年金保险费及其他征缴根据本法规定的征缴金的顺序与《国民健康保险法》规定的保险费相同。

第 99 条（年金保险费等征缴权的消灭）

地区投保人、任意投保人及任意继续投保人的年金保险费及滞纳金的征缴权在下列情形消灭：

1. 投保人或原投保人死亡时；

2. 本人领取老龄年金或根据第 77 条第 1 款规定领取一次性返还金时；

3. 根据第 115 条第 1 款规定，消灭时效完成时。

第 100 条　（错误缴费的抵充与返还）

①公团在年金保险费、滞纳金、滞纳处分额中产生错误缴费时，根据总统令规定将其错误缴纳金额用于抵充年金保险费或及其他由本法规定的征缴金。

②根据第 1 款规定抵充后的剩余金额由公团作出返还决定，健康保险公团根据总统令进行发放。

③第 1 款及第 2 款规定情形，错误缴费应加上总统令规定的利息。

第 100 条之二　（地区投保人保险费缴纳议题适用）

根据法第 8 条第 1 款规定的当然适用事业场未达到该标准的情形，截至用工单位根据第 21 条第 1 款规定申报时所缴纳的保险费将视为作为地区投保人所缴纳的保险费。

第 100 条之三　（年金保险费的支援）

①根据法第 8 条规定作为事业场投保人及国民的劳动者符合下列条件时，国家可以在预算范围内支援年金保险费中的一部分贡献金和负担金：

1. 雇佣在总统令规定规模的事业场所并获得少于总统令规定金额的收入；

2. 劳动者的财产及《所得税法》第 4 条第 1 款第 1 项规定的综合所得少于总统令的规定标准。

②第 1 款规定的年金保险费的支援水平、支援方法及程序等事项由总统令规定。

第 100 条之四　（年金保险支援金的退还）

①领取年金保险费的人符合下列情形时，国家根据本法规定可以退回所领取支援金的部分或全部金额：

1. 虚假或以其他不正当方法受领工资的情形；

2. 错误发放支援金的情形。

②第 1 款规定的退还对象的确认、退还标准及方法等事项由总统令规定。

③国家根据第 1 款规定退还支援金时，返还人下落不明或不具有财

产,及其他不可避免事由而认定不可退还的可以进行缺损处理。

④第 1 款规定的支援金退还及第 3 款规定的缺损处理应当委托公团办理,此时,支援金的退还准用第 57 条之二规定。

第六章 国民年金基金

第 101 条 (基金的设置及组成)

①保健福祉部长官应当确保国民年金事业的所需资金并设立国民年金基金 (以下该章节简称 "基金") 作为根据本法支付的补充资金。

②基金由下列资金组成:

1. 年金保险费;

2. 基金运用收益金;

3. 公积金;

4. 公团收入支出结算的剩余金。

第 102 条 (基金的管理及运用)

①基金由保健福祉部长官管理并运营。

②保健福祉部长官为了维持国民年金财政的长期稳定并提高收益,根据法第 103 条规定的国民年金金融委员会的决议,根据下列规定,管理及运营基金,对于投保人、原投保人及受领权人增进福祉事业的投资应当在不损害国民年金财政稳定的前提下进行。但,第 2 项规定的情形应当与计划财政部长官协议买入国债:

1. 对于总统令规定的金融机构的预存或信托;

2. 为了公共事业对公共部门进行投资;

3. 根据《资本市场与金融投资法》第 4 条规定的证券买卖及贷款;

4. 根据《资本市场于金融投资法》第 5 条第 1 款规定的金融投资商品指数的衍生商品市场交易;

5. 第 46 条规定的福祉事业及借贷事业;

6. 为履行基金的原有事业目的而取得或处置的财产;

7. 此外为了基金的增值由总统令规定的事业。

③除第 2 款第 5 项及第 6 项的规定外,应当诚实守信地管理与运营基金,超过同类别资产的市场收益率。但,根据第 2 款第 2 项将基金委托至

《公共资金管理基金法》规定的公共资金管理基金（以下简称"管理基金"）时，其收益率不得低于第 7 条第 2 款规定的公共资金管理基金运营委员会确定的五年期国债的收益率，且具体收益率应当由总统令规定与第 103 条中的国民年金基金运营委员会协商确定。

④根据第 2 款第 3 项规定在管理及运用基金时，为了长期并稳定地增加收益，可以考虑与投资对象相关的环境、社会及支配结构等要素。

⑤保健福祉部长官为明确基金的运用成果和财政状况，应当根据总统令对基金进行会计处理。

⑥保健福祉部长官根据总统令规定，可以将部分基金管理及运营相关的业务委托至公团。

第 102 条之二 （出捐健康保险公团）

①征缴年金保险费等所需费用经第 103 条规定的国民年金基金委员会议决，保健福祉部长官可以从基金中支付给健康保险公团。此时，捐款的规模、标准等相关事项由总统令规定。

②健康保险公团对于第 1 款规定的捐款具有结算剩余金时准用第 45 条规定。

第 103 条 （国民年金基金运营委员会）

①为了审议及议决基金运用相关的下列各事项，保健福祉部设立国民年金基金运营委员会（以下简称"运营委员会"）：

1. 基金运营指南相关事项；
2. 将基金委托至基金管理时，委托利率的协议相关事项；
3. 基金运用计划相关事项；
4. 第 107 条第 3 款规定基金的运用内容与使用内容相关事项；
5. 其他作为基金运营的重要事项，运营委员会委员长提交会议的事项。

②运营委员会由保健福祉部长官担任委员长，企划财政部副部长担任当然职委员，并由农林畜产食品部副部长、产业通商资源部副部长、雇佣劳动部副部长和公团理事长及委员长委任的符合下列条件的委员组成：

1. 作为代表用工单位的委员由用工单位团体推荐的三名；
2. 作为代表劳动者的委员由代表劳动合伙的联合团体推荐的三名；
3. 作为代表地区投保人的委员，具体如下：

（1）农渔业团体推荐的两名；

（2）农渔业团体之外的自营业者相关团体推荐的两名；

4. 对于国民年金具有一定学识与经验的相关专业人士两名。

③委员任期为两年，只能连任一次。但委员长与职员的任期为其在任期间。

④委员长召集运营委员会会议并担任其议长。

⑤运营委员会会每年召开四次以上，由在籍委员过半数议员出席而召开，出席委员过半数赞成而表决。此时，尚未出席的议员视为未行使表决权。

⑥保健福利部长官根据运营委员会的要求应当事先提交会议所需的资料。

⑦运营委员会的构成及运营等事项由总统令规定。

第 103 条之二（运营委员会的会议录）

①委员长应当记录会议时间、地点、讨论内容、决议事项及记录各出席者的发言内容制定会议录（以下简称"会议记录"）及保管，并概括其主要内容给予公开。

②委员长应当在会议召开之日起一年后公开会议记录。但妨碍基金运营业务的公正履行或对金融市场稳定造成不利影响的提案，经运营委员会议决，自会议召开之日起四年后应公开议案的会议记录。

③第 2 款规定外，国会管辖常任委员会有要求时，委员长应当以非公开形式提交会议记录。

第 104 条（国民年金基金运用实务评价委员会）

①为审议及评价基金运营的下列各事项，在国民年金基金运用实务评价委员会（以下简称"实务评价委员会"）设立国民年金运用实务评价委员会：

1. 基金运用资产的构成与基金的会计相关事项；

2. 基金运用成果测定事项；

3. 改善基金的管理及运用相关事项；

4. 运营委员会上呈的议案中实务评价委员会委员长所认定的事项；

5. 此外，运营委员会要求审议的事项。

②实务评价委员会由保健福祉副部长担任委员长、委员中互选的副委

员长及委员长委任的下列委员组成：

1. 根据运营委员会委员中第 103 条第 2 款规定的委员长与当然职委员（公团理事除外）分别指定的所属部门的三级国家公务员或符合高层公务员团所属的一般公务员；

2. 作为代表用工单位的委员由用工单位团体推荐的三名；

3. 作为代表劳动者的委员由代表劳动合伙的联合团体推荐的三名；

4. 作为代表地区投保人的委员，具体如下：

（1）由农渔业推荐的两名；

（2）农渔业团体之外的自营业者相关团体推荐的两名；

（3）消费者团体与市民团体推荐的两名；

5. 对于国民年金与国民年金基金运用具有一定学识与经验的相关专业人士两名。

③根据第 2 款第 2—4 项规定各团体推荐委员时，应当在下列人员中选出：

1. 具有律师或注册会计师资格的人；

2. 社会福祉学、经济学或经营学等专业并根据《高等教育法》规定在大学担任三年以上助理教授的人；

3. 具有社会福祉学、经济学或经营学等博士学位并在研究机构或公共机关任职三年以上的人。

④委员任期为两年，可以连选连任。但委员长及公务员编制的委员任期为再任期间。

⑤基金相关负责部门应当根据实务评价委员会的要求，事先提交会议所需的资料。

⑥实务评价委员会应当在下一年度的 6 月末前向运营委员会提交基金运营相关的评价结果。

⑦实务评价委员会的构成及运营等事项由总统令规定。

第 105 条（国民年金基金运营指南）

①运营委员会为使投保人权益最大化，应当每年制定下列国民年金基金运营指南（以下简称"基金运营指南"）：

1. 用于公共事业的基金资产的比例；

2. 公共事业基金分配的优先顺序；

3. 为增进投保人、原投保人及受领权人福祉的事业费用；

4. 为基金增值的用工单位及原用工单位的租赁事业费用；

5. 第 102 条第 2—5 款规定的基金管理及运用现状的相关公式对象及方法。

②基金运营指南事项由总统令规定。

第 106 条（基金出纳）

基金的管理及运用中的出纳相关程序由总统令规定。

第 107 条（基金运用计划等）

①保健福利部长官应当每年制定基金运营计划，提交运营委员会和国务会议审议并由总统批准。

②政府应当在上年度 10 月末前向国会报告第 1 款规定的基金运用计划。

③保健福利部长官应当将基金运营内容、企划财政部长官将管理基金使用内容在下个年度 6 月末前提交给运营委员会。

④基金的运营内容与使用内容根据第 3 款的规定经运营委员会审议后，运营委员会委员长应当向国会提交并依总统令的规定进行公示。

第七章　审查请求与再审请求

第 108 条（审查请求）

①对投保人的资格、标准月所得额、年金保险费，以及本法规定的与征缴金与工资相关的公团或健康保险公团的处分有异议时，可以提出审查请求。

②根据第 1 款规定的审查请求应提交以得知处分之日起 90 日内的文书，自处分之日起经 180 日的，不予提出申请。但可以证明具有正当理由在规定期间内未能提出审查请求的情形除外。

③除了第 1 款及第 2 款规定外，请求审查的事项由总统令规定。

第 109 条（国民年金审查委员会及征缴审查委员会）

①为了审查第 108 条规定的审查请求事项，在公团设立国民年金审查委员会（以下简称"审查委员会"），健康保险公团设立征缴审查委员会。

②审查委员会及征缴审查委员会的构成、运营及审查等事项由总统令规定。

第 110 条　（再审请求）

①不服第 108 条规定的审查请求的人，自接收该通知起 90 日内根据总统令规定的事项的审查请求书，可以向国民年金再审查委员会申请再审查。

②根据第 1 款规定的再审请求的方法及程序等由保健福祉部令规定。

第 111 条　（国民年金再审委员会）

①为了审查第 110 条规定的请求事项，在保健福祉部设立国民年金再审委员会（以下简称"再审委员会"）。

②再审委员会由包括一名委员长在内的 20 名以内的委员组成。此时，不是公务员身份的委员应占全体委员的过半数名额。

③再审委员会的构成、运营及再审等事项由总统令规定。

第 112 条　（与行政审判的关系）

①关于再审委员会的重新审查与裁决程序准用《行政审判法》。

②再审委员会重新审查根据第 110 条规定的再审请求事项时适用《行政诉讼法》第 18 条时视为根据《行政审判法》进行的行政审判。

第八章　补则

第 113 条　（年金重复工资的调整）

残疾年金或遗属年金的受领权人根据本法规定的残疾年金或遗属年金的发放事由的相同理由领取符合下列工资时，仅发放第 68 条规定的残疾年金或第 74 条规定的遗属年金 1/2 的金额：

1. 《劳动标准法》第 80 条规定的残疾补偿，同法第 82 条规定的遗属补偿或第 84 条规定的一次性补偿；

2. 《产业危害补偿保险法》第 57 条规定的残疾工资、同法第 62 条规定的遗属工资、第 91 条之三规定的尘肺补偿年金或第 91 条之四规定的尘肺遗属年金；

3. 《船员法》第 97 条规定的残疾补偿、同法第 98 条规定的一次性补偿或第 99 条规定的遗属补偿；

4.《渔船船员及渔船灾害赔偿保险法》第 25 条规定的残疾工资、同法第 26 条规定的一次性补偿工资或第 20 条规定的遗属工资。

第 114 条（代位权等）

①公团因第三人行为发生残疾年金或遗属年金的支付事由对其进行发放时，在支付范围内受领权人对第三人的损害赔偿请求权由公团代为行使。

②因第三人的行为发生残疾年金或遗属年金的支付事由时，以相同理由从第三人获得损害赔偿的，公团应当在其赔偿额范围内不予支付根据第 1 款规定的残疾年金或遗属年金。

第 115 条（时效）

①征缴或退还年金保险费、退还金及其他本法规定的征缴金的权限为三年，受领工资（根据第 77 条第 1 款第 1 项规定的一次性返还金除外）或返还误缴金的受领权或投保人追缴权为五年，领取第 77 条第 1 款第 1 项规定的一次性返还金的权利为十年，规定期间内不予行使上述权利时效将被消灭。

②受领工资的权利在其工资全额停止支付期间时效暂停。

③年金保险费或其他根据本法规定的征缴金的缴纳通知、根据第 57 条之二第 2 款及第 95 条第 1 款规定的催缴与发放工资或误缴纳金等返还请求具有中断消灭时效的效力。

④根据第 3 款规定所中断的消灭时效自缴纳通知或催缴期间后开始重新计算。

⑤计算第 1 款规定的工资发放或错误缴费的返还请求相关期间时，文件送达的日期不予计算在内。

第 116 条（一次性返还金的消灭时效特例）

①除第 115 条规定外，根据第 77 条第 1 款第 3 项及旧法第 67 条第 1 款第 1 项（经法律第 3902 号国民福利年金法修订且经法律第 5623 号国民年金法废止的法律），和旧法第 67 条第 1 款第 4 项（经法律第 6027 号国民年金法修订的法律）发生的一次性返还金的受领权人，符合第 77 条第 1 款或第 2 款时有权受领一次性返还金。

②对于根据第 1 款规定领取一次性返还金的权利准用第 115 条第 1 款规定。

第 117 条 （单数的处理）

根据本法规定计算工资、年金、保险费及返还金时，该金额中未满十元的单数准用《国库管理法》规定计算。

第 118 条 （年金原始文本）

①公团应当具备国民年金原始文本并记录及保管投保人、原投保人及受领权人的个人信息、资格的取得及丧失、年金保险费的缴纳、工资的支付情形及其他由保健福祉部令规定的事项。

②健康保险公团应当记录及保管年金保险费的缴纳、征缴权消失等由保健福祉部令规定的事项并及时向公团提供明细。

第 119 条 （劳动者的权益保护）

用工单位不得妨碍劳动者成为投保人或以逃避负担金的增加为目的，无正当理由不予晋升或提高工资并做出解雇等其他不利待遇。

第 120 条 （诊断）

必要时公团有权要求残疾的受领权人或家属年金额计算对象提交公团指定的医生出具的诊断书或由职员确认的残疾状态。

第 121 条 （受领权的变更等申报）

①受领权人及受领人关于受领权的发生、变更、消灭、停止及工资额的计算与发放等相关事项应当根据保健福祉部令的规定向公团进行申报。

②受领权人或受领人死亡的，根据《亲属关系登记法》第 85 条规定的申报义务人应当在得知死亡事实之日起一个月内向公团申报。但自得知死亡事实之日起一个月内根据《亲属关系登记法》进行死亡申报的情形除外。

第 122 条 （调查及询问等）

①公团为了确认投保人的资格、标准月所得额、年金保险费或工资相关决定、受领权或工资的发生、变更、消灭、停止等，认定有必要时可以要求用人单位、投保人、原投保人或受领权人提交所需文件或其他收入及财产等资料或让所属职员访问事业场或其他必要场所调查文件或进行询问等。

②根据第 1 款规定进行访问、调查、询问的公团职员应持有记录证明其权限的证件及调查期间、范围、负责人、法令等有保健福祉部长官规定的事项的文书并出示给相关人员。

③除了本法规定的事项外，根据第 1 款规定的调查或询问的内容、程序、方法等应当适用《行政调查基本法》的规定。

第 122 条之二（对于受领人的确认调查）

①为了确认对受领人及受领人工资的适当性，公团应当每年制定年度调查计划对受领人的死亡、离婚、维持生活等进行调查。

②公团根据第 1 款制定的年度调查计划和实施结果应准用第 40 条第 1 款及第 2 款规定提交给保健福祉部长官。

③公团对于受领人及其配偶或其他关系人两次以上拒绝或妨碍第 1 项规定的调查时可以停止或终止对受领人发放工资。此时，应当以书面形式注明理由后通知该受领人。

④调查的范围、方法及时期等事项由总统令规定。

第 123 条（请求资料及电算网的适用）

①保健福祉部长官可以向国家机关、地方自治团体及其他由总统令规定的机关、法人、团体议长要求提交作为确认是否支援根据第 100 条第 3 款第 1 项规定的年金保险费的所需资料并由总统令规定的资料。此时，国家机关、地方自治团体、机关、法人、团体的负责人无特殊事由的应当予以提供。

②公团可以向国家机关、地方自治团体及其他由总统令规定的机关、法人、团体的负责人要求提交作为投保人的资格管理、年金保险费的课以、决定工资及发放等与国民年金事业相关的所需资料，如居民登记、亲属关系登记、国税、地方税、土地、建筑物、健康保险、残疾人登记等由总统令规定的资料。此时，国家机关、地方自治团体、机关、法人、团体的负责人无特殊事由的应当予以提供。

③公团在审查抚养家属年金、残疾年金和遗属年金支付情形时，根据保健福祉部令规定，在投保人或投保人同意后，可以要求根据《医疗法》规定的医疗机构提供投保人或原投保人该诊疗相关事项的阅览或交付复印件。此时，受理请求的医疗机构无特殊事由的应当予以提供。

④保健福祉部长官及公团为了确认根据第 1 款及第 2 款规定的资料，可与《社会福祉法》第 6 条之二第 2 款规定的信息系统联系使用。

⑤根据第 1 款、第 2 款及第 4 款规定，对于提供给保健福祉部长官及公团的资料应免除使用费及手续费。

第 124 条（保密）

从事公团工作的人或曾经从事公团工作的人不能泄露通过业务所知的秘密。

第 125 条（减少收入及通报遗漏文书等）

①公团认为根据第 21 条规定的月所得额等申报内容存在减少或遗漏的情形，可以向保健福祉部长官报告并制作文件向国税厅厅长通报减少收入及通报遗漏的文书。

②接收根据第 1 款规定中明细通报的国税厅厅长根据《国税基本法》等相关法律规定进行税务调查的情形，应当向公团通报调查结果中的收入相关事项。

③根据第 1 款及第 2 款规定的同胞程序及其他事项由总统令规定。

第 126 条（对外国人的适用）

①作为适用本法律的事业场使用或居住在国内的外国人，根据总统令规定，除其他外国人之外，第 6 条规定也应当成为事业场投保人或地区投保人。但，关于根据本法缴纳的国民年金相应的年金，该外国人的本国法不适用于韩国国民的情形除外。

②对根据第 1 款正文规定加入或曾经加入的外国人（以下简称"外国人投保人"）适用第 67 条第 1 款第 1 项规定，疾病或伤害的初诊日应当在国内居住。此外，关于外国人投保人的残疾年金受领权的发生、停止、消灭及支付残疾年金等相关事项应准用第 67 条（第 67 条第 3 款第 2 项规定除外）至第 71 条规定。

③外国人投保人在国内居住时死亡的情形不予适用第 72 条第 2 款第 2 项规定。此外，关于外国人投保人的遗属年金的发生、停止、消灭及支付遗属年金等事项应准用第 72—76 条的规定。

④关于外国人投保人等不适用第 77—79 条的规定。符合下列规定的外国人，除外：

1. 根据外国人本国法律规定大韩民国国民在没有取得工资（第 49 条第 1—3 项规定工资的相应工资金）受领权并符合第 77 条第 1 款规定之一时，法律有规定向大韩民国国发放一定金额（根据投保期间缴纳的年金保险费为基础所计算的金额）的国家所属外国人；

2. 作为《外国劳动者的雇用法》规定的人并适用于本法律的事业场

的人；

3. 根据《出入境管理法》第 10 条规定具有从事产业研修活动的滞留资格，在必要研修期间未离开指定研修场所者，并适用于本法的营业场的用工单位。

⑤外国人投保人取得资格申报的方法及程序等由保健福利部令规定。

第 127 条（与国外的社会保障协定）

大韩民国与外国签订社会保障协定时，除法律规定外，关于加入国民年金、缴纳年金保险费、工资的领取条件、工资额的计算、发放工资等，应遵循社会保障协定。

第九章　处罚

第 128 条（处罚）

①以虚假或其他不正当方法受领工资的人，处三年以下有期徒刑或 3000 万韩元以下罚款。

②符合下列条件的人，处一年以下有期徒刑或 1000 万韩元以下罚款：

1. 第 88 条第 3 款规定中负担金的全部或部分由事业场投保人承担或根据第 90 条第 1 款规定在工资中扣除贡献金时，贡献金的金额从事业场投保人工资中抵扣的用工单位；

2. 根据第 95 条第 2 款至缴纳期限为止无正当理由不缴纳年金保险费的用工单位；

3. 违反第 119 条规定，妨碍劳动者成为投保人或以逃避负担金的增加为目的，无正当理由不予晋升或提高工资并做出解雇等其他不利待遇的用工单位；

4. 违反第 124 条规定，泄露在执行工作时所获取的秘密。

第 129 条　删除

第 130 条（双罚规定）

法人代表、法人或个人的代理人、使用人或者其他工作人员违反第 128 条规定时，在处罚其行为人之外，对法人或个人也应作罚款处罚。但为防止法人或个人违反该规定的行为，对于相关业务进行告诫和监督的情形除外。

第 131 条 （滞纳金）

①符合下列规定的人，应当缴纳 50 万韩元以下的滞纳金：

1. 违反第 21 条第 1 款规定，未进行申报或谎报的用工单位；

2. 根据第 122 条规定，公团或公团职员要求提交文书与其他资料或进行调查或询问时拒绝、回避、妨碍或没有如实回答的用工单位。

②符合下列规定的人将收取 10 万韩元以下的滞纳金：

1. 未进行第 21 条第 2 款、第 121 条第 1 款或第 2 款规定申报的人；

2. 未进行第 23 条第 2 款规定通知的人；

3. 根据第 122 条规定公团或公团职员要求提交文书与其他收入及财产相关资料或进行调查或询问时拒绝、回避、妨碍或没有如实回答的投保人、原投保人或受领权人。

③根据第 1 款及第 2 款规定的滞纳金经总统令规定，由保健福祉部长官课以并征缴。

第 132 条　删除

附则

第 1 条 （实施日）

该法自公布之日起六个月后实施。但第 51 条的修改部分及负责第 3 条自公布之日起实施。

第 2 条 （基本年金额适用期间相关适用例）

第 51 条的修改规定自公布之日的所属月份工资起适用。

第 3 条 （其他法律的修订）

①基本年金法的修订如下。

第 5 条第 2 款后段修订如下。通知的标准金额的适用期限为相应调整年度的 4 月至下一年度的 3 月。

②残疾人年金法的部分修改如下。

第 6 条第 6 款修订如下。

③根据第 1 款及第 2 款规定的基础工资的适用期间为相应调整年度的 4 月至下一年度的 3 月。

十七　国民年金法实施令

第一章　总则

第 1 条（目的）
为了规定《国民年金法》中委任的事项及实施事项，制定本法。

第 2 条（排除在劳动者范围的人）
根据《国民年金法》（以下简称"法"）第 3 条第 1 款第 1 项但书规定，下列人员不属于劳动者：

1. 日工或工期未满一个月的劳动者，但，工期在一个月以上并符合下列人员则符合劳动者：

（1）《建设产业基本法》第 2 条第 4 款规定外，由建设公司的事业场等在保健福祉部长官规规定并公布的事业场工作的情形：一个月内工作日为八日以上的人；

（2）工作在（1）规定外的情形：一个月内工作日为八日以上或工作时间为 60 个小时以上的人；

2. 无固定工作地点的劳动者；

3. 法人理事中根据第 3 条第 1 款第 2 项规定无收入的人；

4. 一个月内固定工作时间不足 60 小时的短期劳动者，但在下列情形时，属于劳动者范围：

（1）以谋生为目的连续工作三个月以上的人并根据《高等教育法》第 14 条第 2 款规定的讲师；

（2）以谋生为目的连续工作三个月以上的人并经用工单位同意有意愿被适用为劳动者的人；

（3）从事两个以上工作岗位的人，在各事业场一个月的固定工作时间为 60 小时以上的并在一个月未满 60 小时的工作岗位上，有意愿成为劳动者的员工。

第 3 条（收入的范围）

①根据法第 3 条第 1 款第 3 项规定，事业场投保人或在加入国民年金的事业场从事工作的任意继续投保人（包括法第 8 条第 1 款规定的退休年金的受领权人及《国民基本生活保障法》第 7 条第 1 款第 1 项规定领取生活工资的人及第 3 项规定领取医疗工资的人成为任意继续投保人的情形、《国民年金与职业年金关联法》第 8 条规定申请延期法第 8 条第 1 款规定的退休年金等受领人，以下简称"事业场任意继续投保人"）的所得额范围具体如下：

1. 用工单位（仅限于不是法人的事业场用工单位）的情形：第 2 款第 1—3 项、第 5 项及第 6 项规定的收入；

2. 劳动者的情形：《所得税法》第 20 条第 1 款规定的劳动所得中减去第 12 条第 3 项规定的非课税劳动所得（包括《租税特例限制法》第 18 条之二规定不征税的金额）。

②地区投保人与具有地区投保人资格的任意继续投保人根据法第 3 条第 1 款第 3 项规定的所得范围如下，并且投保人收入为两个以上的应合计计算：

1. 农业所得：

种养业、果蔬及园艺业、养蚕业、种苗业、特种作业生产业、家畜饲养业、种畜业或孵化也及由此产生的工作所得；

2. 林业所得：

营林业、林产品生产业或野生潮水饲养业；

3. 渔业所得：

渔业及由此产生的工作所得；

4. 劳动所得：

第 1 款第 2 项规定的所得；

5. 事业所得：

《所得税法》第 19 条第 2 款规定的事业所得金额。

6. 删除。

第 4 条（平均月所得额的计算方法）

根据法第 3 条第 1 款第 4 项规定的平均月所得额按每年 12 月 31 日已

加入的事业场投保人与地区投保人的总数（根据法 91 条第 1 款规定的例外缴纳事由而未缴纳年金保险费的事业场投保人及地区投保人除外，以下相同）计算。此时，根据第 8 条规定适用两个以上事业场投保人的情形，将各事业场标准月所得额合计后以此作为事业场投保人的标准月所得额计算其平均月所得额。

第 5 条（标准月所得额及适用期间）

①法第 3 条第 1 款第 5 项规定的标准月所得额为下列规定的上下限范围内，事业场投保人由用工单位、地区投保人由投保人申报的月所得额中放弃 1000 韩元以下的金额：

1. 下限额：（1）除以（2）（小数点以后第四位四舍五入）在乘以前适用期间标准月所得额的下限额。此时，10000 韩元以下的可四舍五入：

（1）根据法第 51 条第 1 款第 1 项规定计算，并根据第 37 条规定在相应年度 1 月起 12 月为止所适用的金额；

（2）根据法第 51 条第 1 款第 1 项规定计算，并根据第 37 条规定在上年度 1 月起 12 月为止所适用的金额。

2. 上限额：第 1 项（1）除以（12）（小数点以后第四位四舍五入）在乘以前适用期间标准月所得额的上限额。此时，10000 韩元以下可四舍五入。

②第 1 款规定外，国民的生活水平、工资、物价及其他经济状况有明显变动的情形，保健福祉部长官经法第 5 条规定的国民年金审议委员会的审议可以调整第 1 款规定中上下限额度。

③保健福祉部长官应当将第 1 款或第 2 款规定的上下限额度经国民年金审议委员会的审议在每年 3 月 31 日进行通知。

④根据第 3 项规定所公示的上下限额的适用期间为相应年度 7 月至下一年度的 6 月。

⑤用工单位或投保人所申报的月所得额少于第 3 项规定中下限额时以下限额为准，超过上限额的以其上限额为标准月所得额。

第 6 条（取得投保人资格时与恢复缴纳时标准月所得额的决定及使用期间）

①事业场投保人或事业场任意投保人取得投保人资格并初次缴纳或因根据第 91 条规定中例外缴纳年金保险费的期限届满，恢复年金保险费时

的标准月所得额以下列金额为准由法第 24 条规定的国民年金公团（以下简称"公团"）决定，其适用期间为取得资格之日或恢复缴纳之日的所属月份起第 7 条第 1 款规定的定期决定适用标准月所得额的前一个月。

1. 以月、周或一定期间为单位确定收入的情形：月所得额处以该期间总日数的 30 倍金额；

2. 以日、工时、生产量或承包方式去定收入的情形：取得投保人资格时与恢复缴纳之日的所属月份的前一个月内该事业场中同工同酬的人所领取的月所得额的平均额；

3. 难以根据第 1 款与第 2 款规定计算月所得额的情形：取得投保人资格时与恢复缴纳之日的所属月份的前一个月内该地区中同工同酬的人所领取的月所得额的平均额。

②地区投保人或地区任意继续投保人取得投保人资格并初次缴纳或因根据第 91 条规定例外缴纳年金保险费的期限届满时，标准月所得额作为取得投保人资格或重新缴纳时所从事的业务所得收入由相关投保人或代理人申报的收入为月所得额经公团决定。此时，为便于相关投保人或代理人在申报收入时提供参考，公团将按照从业行业的征税资料、从事行业、事业场规模及耕地面积等为基础所计算的金额作为申报权证收入月额提示或提前通知。

第 7 条 （投保期间中标准月所得额的决定及适用期间）

①事业场投保人或事业场任意继续投保人取得资格后，投保期间的标准月所得额作为上年度在营业场从事工作期间的所得额除以该期间总日数的 30 倍金额并每年由公团决定，其适用期限为相应年度 7 月至下年度 6 月。但该事业场从事工作的期间未满一个月时根据第 6 条第 1 款规定标准月所得额：

1. 删除；

2. 删除。

②地区投保人或地区任意继续投保人取得资格后，投保期间的标准月所得额根据下列方法由公团决定：

1. 无收入变更的情形：

根据第 6 条第 2 款规定取得资格时，投保人的标准月所得额。

2. 收入变更一次以上的情形：

公团根据法第 122 条规定对事业场等进行调查及确认从业行业变更等收入变动原因或根据课税资料等认为投保人的实际收入不同于现有的标准月所得额时，应当通知投保人根据法第 21 条申报所变更的收入，以投保人或代理人申报的上年度第 3 条第 2 款规定所决定标准月所得额并在决定之日所属月份起适用。此时，为便于相关投保人或代理人在申报收入时提供参考，公团应当将上年度第 3 条第 2 款规定的收入，以课税资料、从业行业、事业场规模及耕地面积为基础所计算的金额作为申报建议月所得额给予通知。

③地区投保人、事业场投保人或及其代理人符合下列情形时可以根据保健福祉部令规定向公团申请变更标准月所得额，其标准月所得额决定为相应投保人及其代理人所申请的收入并于申请变更之日所属月份起适用：

1. 从事行业的变更、经营业绩的变动或事业中断等导致收入增加或减少的情形；

2. 根据投保人意愿，基本所得月的高于实际收入的情形。

④公团根据第 2 款规定申报收入的，必要时经理事会审议应当制定包括申报对象的范围、调查收入的时期及方法的年金收入确认计划。

第 8 条（适用两个以上事业场投保人标准月所得额的决定）

事业场投保人或事业场任意继续投保人为加入两个以上国民年金的事业场劳动者或用工单位时（包括既加入一个国民年金的企业事业场的劳动者又是其他国民年金事业场的用工单位时的情形，以下相同），标准月所得额根据第 5 条第 1 款规定，以各事业场的收入月额为标准分别决定。但符合下列情形时，以所区分的金额为准分别决定标准月所得额：

1. 向第 2 条第 4 项（3）规定的劳动者提供来定的事业场一个月的规定劳动时间均未满 60 小时的事业场（以下简称"未满 60 小时的事业场"）时：具体区分金额如下：

（1）未满 60 小时的事业场各标准月所得额之和符合第 5 条第 1 款规定的标准月所得额的下限额（以下该条简称"标准月所得额下限额"）以上的情形：未满 60 小时的各事业场的月所得额；

（2）未满 60 小时的事业场各标准月所得额之和不足标准月所得额下限额的情形：各 60 小时以下事业场基础月收入在各 60 小时以下事业场基础月收入之和中所占的比例乘以基础月收入下限额的金额。

2. 短时工劳动者在多个事业场所提供劳动，且每个月的劳动时间在 60 个小时以上的事业场与每个月劳动时间不足 60 个小时的事业场同时存在时，具体金额如下：

（1）未满 60 小时的事业场：未满 60 小时的各事业场额月所得额；

（2）60 小时以上的事业场：第 5 条第 1 款规定的标准月所得额。

3. 各事业场标准月所得额之和多于根据第 5 条第 1 款规定的标准所得月上限额（以下该条简称"标准月所得额上限额"）的情形：各事业场基础月收入在各事业场基础月收入之和中所占的比例乘以基础月收入上限的金额。

第 9 条 （决定标准月所得额的特例）

①事业场投保人、地区投保人、事业场任意继续投保人或地区任意继续投保人的标准月所得额根据第 6 条规定难以计算或根据第 6 条或第 7 条第 1 款与第 2 款及第 3 款第 1 项规定申报或申请的收入与实际收入存在明显差异时，规定标准及方法等须经国民年金审议委员会的事前审议。

②收入的全部或部分以实物支付时，其金额以当地消费者物价为标准并由公团规定。

③作为事业场投保人、地区投保人、事业场任意继续投保人或地区任意继续投保人的月所得额未按照法第 21 条规定进行申报的情形，按照法第 122 条第 1 款规定所确认的结果不存在收入相关资料的情形下，公团以下列金额为月所得额决定标准月所得额：

1. 投保期间中决定标准月所得额的情形：以平均收入月额的变动率为准调整相应投保人上年度标准月所得额的金额；

2. 取得投保人资格或重新缴纳时决定基础月收入的情形：适用于第 10 条第 1 款规定的任意投保人的基础月收入的金额。

④作为事业场投保人、地区投保人、事业场任意继续投保人或地区任意继续投保人的月所得额未按照法第 21 条规定未进行申报的情形，按照第 122 条第 1 款规定所确认的结果，具有收入相关资料是准用第 6 条及第 7 条第 1 款与第 2 款规定。

⑤第 6 条第 1 款及第 7 条第 1 款规定外，事业场投保人的实际收入与标准月所得额的差额除以标准所得月的比例高于保健福祉部长官事前经国民年金审议委员会审议后公布的比例时，用工单位经劳动者同意根据保健

福祉部令的规定向公团申请变更基础月收入。

⑥公团收到第 5 款规定的变更申请时应顾及变更申请的实际所得金额并决定变更标准月所得额，其适用期间为申请之日所属月份的次月到下一年度 6 月为止。

⑦公团对于第 6 款规定决定变更的基础月收入应当通过其适用期间的征税资料、工资账目及其他收入相关文书或账簿等确认是否与实际收入一致。

⑧根据第 7 款规定确认结果具有不足部分的情形，该部分的补缴或抵充、返还准用法第 88 条第 5 款或法第 100 条规定。

第 10 条（任意投保人的基础月所得额的决定及适用期间）

①符合下列规定的投保人（不含《国民基础生活保障法》第 7 条第 1 款第 1 项规定的生计维持受助人及第 3 项规定的医疗受助人）的基础月所得额，以上一年度 12 月 31 日当地投保人的基础月所得额中，处于中间位置的基础月所额为基础，且适用期间为该年度 4 月至下一年度 3 月为止。但，投保人要求基础月所得额高于中间位置时，公团有权决定变更基础月所得额。

1. 任意投保人；

2. 除事业场任意继续投保人与地区任意继续投保人之外的任意继续投保人。

②《国民基础生活保障法》第 7 条第 1 款第 1 项规定的生活工资受领人及第 3 项规定的医疗工资受领人符合第 1 款之一时，基础月收入根据《国民基本生活保障法》第 23 条第 1 款规定进行调查所确认的收入中加上同法实施令第 5 条第 1 款第 1 项及第 2 项规定的收入的金额（以下简称"《国民基础生活保障法》规定的受领人的合计收入"）为准并决定，其适用期间为相应年度 4 月至下一年度的 3 月。

③第 2 款规定外，投保期间因变更《国民基础保障法》规定的受领人的合计收入由投保人申请变更标准月所得额时，在申请之日所属的月份的次月起以所变更收入为基础决定标准月所得额。

第 11 条（国民年金的财政计算等）

①保健福祉部长官根据法第 4 条第 2 款规定，截至每五年的 3 月 31 日前根据法第 101 条规定的国民年金基金（以下简称"基金"）的财政

计算，制定包括国民年金财政前景及年金保险费调整等在内的国民年金运营整体计划，经过国民年金审议委员会的审议，在该年度9月末前由总统批准，10月末前提交至国会。

②保健福祉部部长将包括国民年金财政前景等在内的国民年金运营整体计划根据《报纸振兴法》第9条第1款规定在一个以上的在全国注册为普及地区的一般日刊报纸与经济领域特殊日刊报纸上进行公示。

第12条（国民年金审议委员会委员长的职务）

①委员长代表国民年金审议委员会并总揽委员会事务。

②委员长由副委员长辅佐，因不得已的事由无法履行职务时可代为行使。

第13条（国民年金审议委员会委员的任期等）

国民年金审议委员会的委员长之外的委员任期为两年但不得连任。

第13条之二（国民年金审议委员会委员的免职等）

根据法第5条第2款规定的委员符合下列情形时，保健福祉部长官可以撤销提名或免职：

1. 因身心障碍而无法履行职务的情形；
2. 存在与职务相关的违法事实的情形；
3. 因玩忽职守、品行受损或其他原因认定不适合担任委员的情形；
4. 委员自觉表示难以履行职务的情形。

第14条（国民年金审议委员会会议等）

①国民年金审议委员会的委院长召开会议并担任议长。

②国民年金审议会议分为定期会议与临时会议。

③定期会议在每年2月召开、临时会议在符合下列规定时召开：

1. 保健福祉部长官要求时；
2. 国民年金审议委员会的1/3在籍委员要求时；
3. 此外，委员长认为必要时。

④国民年金审议委员会经在籍成员过半数出席与出席成员过半数赞成而议决。

⑤委员长应向保健福祉部长官汇报国民年金审议委员会的议决事项。

第15条（国民年金审议委员会会议录的制作与置备）

①国民年金审议委员会委员长应当制作及置备国民年金审议委员会的

会议录。

②会议录应填写会议日期、场所及讨论内容并由委员长及出席委员签名或署名盖章。

③投保人、原投保人及受领权人及其他国民年金的关系人可以随时请求阅览会议录。

第 16 条（干事）

①国民年金审议委员会设有一名干事，由保健福祉部长官在保健福祉部公务员中任命。

②干事受委员长命令处理国民年金审议的事务。

第 17 条（委员的津贴）

对出席国民年金审议委员会会议的委员在预算范围发放津贴。但，公务员身份的委员直接涉及所管业务所出席的情形除外。

第二章　国民年金投保人

第 18 条（排除在加入对象的人）

根据法第 6 条规定，符合人员排除在加入对象中：

1. 根据法第 61 条第 1 款及法律第 8541 号国民年金全部修改法律附则第 2 条规定取得老龄年金受领权并从事特殊职业及未满 60 岁第劳动者；

2. 根据法第 61 条第 2 款规定取得早期老龄年金受领权的人，但，根据法第 66 条第 1 款规定，停止发放早期老龄年金的人除外。

第 19 条（当然适用事业场）

①根据法第 8 条第 1 款规定，当然适用事业场具体如下：

1. 雇佣一名以上劳动者的事业场；

2. 作为驻韩外国机关，雇佣一名以上持有大韩民国国籍劳动者的事业场；

3. 事业场间存在总店与分店、代理店、办事处等关系，其事业经营为一体化时将视为一个事业场并适用第 1 款规定。

第 20 条（对下落不明者的认定标准及方法）

①根据法第 9 条第 5 款规定下落不明者的证明应当经特别自治道执事、市长、郡守、区厅长（是指自治区区厅长，以下相同）的确认。

②第 1 款规定的下落不明期间的起算日为特别自治道执事、市长、郡守、区厅长所确认之日。

③第 1 款规定外，下落不明者缴纳年金保险费的情形，其缴纳期间不算入下落不明的期间内。

④根据第 3 款规定缴纳年金保险费的人重新根据第 1 款规定确认为下落不行的情形，则该期间在确认缴纳年金保险费后，将从重新确认下落不明之日起计算。

第 21 条（滞纳年金保险费的资格丧失）

根据法第 12 条第 3 款第 5 项、法第 13 条第 3 款第 4 项规定任意投保人与任意继续投保人，丧失资格的年金保险费的滞纳期间为三个月。但可以证明因自然灾害及其他不得已的事由在规定期间内无法缴纳年金保险费的情形除外。

第 22 条（特殊职种劳动者）

①法第 13 条第 1 款第 2 项规定外，"由总统令规定的职业种类"具体如下：

1.《矿业法》第 3 条第 2 项规定的"矿业"（仅限于坑内工作）；

2.《船员法》第 3 条规定的渔船中根据《水产业法》第 2 条第 2 项规定的渔业（仅限于以船员身份直接从事捕鱼作业的情形）。

②第 1 款规定中特殊职种劳动者加入年金的期间少于该劳动者全年金投保期间的 3/5 时将不视为特殊职业劳动者。

第 23 条（死亡推定）

①根据法第 15 条规定，推定为死亡的情形如下：

1. 船舶沉没、覆没、灭失或下落不明以及飞机坠毁、灭失或下落不明时，乘坐该船或飞机的人自事故发生之日起三个月内生死不明时；

2. 搭乘船舶或飞机的人下落不明并在三个月内生死不明时；

3. 自然灾害或其他原因导致三个月生死不明时。

②根据第 1 款规定推定为死亡的人视为在事故发生之日或下落不明之日死亡。

③第 1 款所述原因导致生死不明的人死亡时，自事故发生之日起三个月内得到确认，但其死亡时间不详的情形则推定其在事故发生之日或下落不明之日死亡。

第 23 条之二 （国民年金投保人证明书记载内容）

根据法第 16 条第 2 款规定，国民年金证书所记载的内容如下：

1. 投保人的个人信息；
2. 投保人的种类及取得资格之日。

第 24 条 （贡献金的个别缴纳）

①劳动者根据法第 17 条第 3 款规定滞纳事实通知的滞纳月下月起发生的滞纳年金保险费中，本人需要承担的全部或部分贡献金需缴纳时，自该年金保险费的月缴纳期限起五年内，根据《国民健康保险法》第 13 条的规定，应当向国民健康保险公团（以下简称"健康保险公团"）缴纳。

②健康保险公团根据法第 88 条第 2 款及第 95 条第 4 款规定通知滞纳事实的滞纳月下月起所发生的滞纳年金保险费的全部或部分从用工单位收取或征缴后，根据第 1 款规定将劳动者重复缴纳的贡献金应加以利息返还给该劳动者。

第 24 条之二 （年金保险费部分缴纳月份投保期间的计算等）

①公团在投保人或原投保人申请老龄年金或由遗属申请遗属年金（仅限于地区投保人、任意投保人、任意继续投保人的年金保险费，以下相同）时，已缴纳部分年金保险费的，以最后一个月所缴纳的部分年金保险费依次抵充第一个月的滞纳金与未缴纳的年金保险费。此时，抵充之后将已缴纳月份计入投保期间时，适用已缴纳月份标准月所得额及年度重估率。

②公团根据法第 17 条之二第 2 款规定返还部分缴纳的年金保险费时，应返还给老龄年金或遗属年金的受领权人，但受领权人在接受返还前死亡的，应返还给法第 55 条规定的请求权人。

③投保人或原投保人根据法第 17 条之二第 2 款但书提出请求时，请求之日所属月份的次月十日前应当向公团缴付部分已缴纳月份的未缴年金保险费与滞纳金及第 4 款规定的利息。此时，请求缴纳的投保人或原投保人符合下列情形时，公团应退还部分年金保险费：

1. 缴纳前死亡的情形；
2. 领取老龄年金的情形；
3. 缴纳期间内未缴的情形。

④根据法第 17 条之二第 3 款规定，利息计算以下规定期间的月数

量为准，利率以相应期间一年定期存款利率（计算利息期间利率变动或不同银行利率不同时，适用的利率为相应年度一月一日根据《银行法》设立的银行中，以全国为营业区域的银行适用利率的平均值为准，以下如同）所计算。

1. 返还部分缴纳的年金保险费的情形：部分缴纳之日所属月份的次日起产生缴纳年金保险费事由之日所属月份为止；

2. 支付部分缴纳月的未缴纳年金保险费的情形：相应月份年金保险费缴纳期限的所属月份的次月起第3项规定中请求之日所属月份为止。

第25条（子女的认定范围等）

①根据法第19条规定，投保期间计算的子女具体如下（追加计算投保期间时将包括已死亡的人）：

1. 《民法》规定的亲生子、养子与亲养子；

2. 根据《领养特例法》规定所领养的子女。

②根据第1款规定子女的父母一方（包括养父母，以下该项规定如同）取得老龄年金受领权时，子女符合下列规定时不得追加计算父母一方的投保期间：

1. 成为其他人养子的情形；

2. 脱离关系的情形。

③根据法第19条规定投保人或原投保人对于投保期间追加计算的子女，其他人不得对其再次追加计算。

第25条之二（为了追加计算失业投保期间的财产等条件）

法第19条之二第1款第2项规定，"由总统令规定的财产或收入"具体如下：

1. 《地方税法》第105条规定的土地、建筑物、住宅、飞机及船舶；

2. 《所得税法》第4条第1款第1项规定的综合收入中（3）及（4）规定之外的收入。

第25条之三（失业投保期间追加计算的申请方法等）

①根据法第19条之二第1款规定，欲将领取《雇佣保险法》第37条第1款规定的求职工资（以下简称"求职工资"）期间计入投保期间的人根据保健福祉部令规定向公团（包括第25条之六规定受公团委托业务的职业稳定机关）申请。但，根据《雇佣保险法》第50条及第69条之

六规定领取求职工资的最后一日（根据《雇佣保险法》第 51—53 条的规定延长发放的求职工资的情形是指同法第 54 条规定领取期间的最后一天，以下简称"求职工资终止日"）所属月份的次月 15 日后不予申请。

②公团对作出第 1 款规定中（包括职业稳定机关的申请）申请人的求职工资领取日数（根据《雇佣保险法》第 63 条第 1 款及第 2 款规定，调换求职工资支付伤兵工资的领取日数除外）累计达到 30 日时，根据保健福祉部长官规定，相应月份（以下简称"保险费承担工资月"）应填写本人承担的年金保险费（是指申请根据法第 19 条之二第 3 项规定缴纳的年金保险费减去根据同条款后段规定所领取金额的年金保险费）、缴纳期限等事项。

③申请人根据第 2 款规定收到的本人承担的年金保险费，在求职工资终止日起三个月后仍未缴纳的情形将视为根据第 1 款规定提出的申请被撤回。

④公团在申请人未具备法第 19 条之二第 1 款规定条件下追加计算投保期间的情形，应撤销该投保期间的追加计算并返还其缴纳的本人承担的年金保险费。此时应返还缴纳本人负担年金保险费的第二天至返还之日期间根据前段部分规定的本人承担年金保险费乘以《国税基本法实施令》第 43 条第 3 款第 2 项规定的国税返还加算金利率的金额加上申请人所缴纳的本人承担年金保险费的所得额。

第 25 条之四（失业的投保期间追加计算的基本年金额）

对于根据法第 19 条之二第 1 款规定，追加计算的投保期间的基本年金额计算方式如下：

1. 保险费负担求职工资月前根据第 25 条之三第 1 款提出申请的情形，本人负担的年金保险费在第 2 款规定的期限前缴纳的情形：适用保险费负担求职工资月所属年度所得替代率的金额；

2. 保险费负担求职工资月前根据第 25 条之三第 1 款提出申请的情形，本人负担的年金保险费在第 2 款规定的期限之后缴纳的情形：适用保险费负担求职工资月所属年度所得替代率的金额；

3. 保险费负担求职工资月后根据第 25 条之三第 1 款提出申请的情形：适用保险费负担求职工资月所属年度所得替代率的金额。

第 25 条之五（失业的投保期间追加计算的年金保险费支援范围等）

①根据法第 19 条之二第 3 款规定的年金保险费的支援范围在同条款

前段部分中年金保险费 3/4 的范围内由保健福祉部长官规定并公布。

②法第 19 条之二第 3 款规定的一般会计、法第 101 条规定的国民年金基金及《雇佣保险法》第 78 条规定的雇佣保险基金所承担的比例由保健福祉部长官与雇佣劳动部长官协议后规定。

第 25 条之六（失业的投保期间追加计算业务的委托）

公团根据法的十九条之二第 5 款规定委托职业稳定机构负责受理根据法律第 19 条之二第 1 款规定的对失业的加入期追加产出申请（仅限于《雇佣保险法》第 42 条及第 44 条规定进行失业申报或失业认定申报时的投保期间追加计算申请的情形）的受理业务。

第三章　国民年金公团

第 26 条（理事会的审议与议决事项）

公团理事会审议及议决下列各事项：

1. 预算与结算相关事项；
2. 章程变更相关事项；
3. 重要资产的取得与管理及处分相关事项；
4. 事业运营计划及其他公团运营的基本方针相关事项；
5. 申报建议月所得额的计算标准及方法相关事项；
6. 地区投保人及地区任意继续投保人的年收入确认计划相关事项；
7. 规约与规定的制定与修订及废止相关事项。

第 27 条（理事会会议）

①理事会会议分为定期会议与临时会议。

②定期会议在每年 2 月与 10 月召开并由理事长召集。

③临时会议在理事长认为必要时或三名以上理事要求时，由理事长召集。

第 28 条（理事会会议录的制作与备置等）

公团理事会会议录的制作与备置及预览准用国民年金审议委员会关于会议录的制作与备置的第 15 条规定。此时，"国民年金审议委员会"视为"理事会""委员长"视为"理事长""委员"视为"理事"。

第 29 条（事业运营计划与预算）

①根据保健福祉部长官制定的事业运营指南与预算编制指南，公团应

当于会计年度开始前 2 个月内，向保健福祉部长官提交事业运营指南与预算编制指南。

②根据第 1 款规定提交的项目运营计划和预算应附有所需附件，以明确主要各事业的详细计划、估计借贷对照表，估计损益表等内容。

③保健福祉部长官根据第 1 款规定所提交的事业运营计划与预算应当在会计年度开始前获得批准。

第 30 条（一次性借款与提取资金）

①公团根据法第 44 条第 1 款规定第一次借款时应当向保健福祉部长官提交填写借款事由、方法、利率及偿还方法的书面资料。

②公团根据法第 44 条第 3 款规定在基金中提取资金时应填写事由及金额等相关事项并以书面形式提交给法第 103 条规定的国民年金基金运营委员会（以下简称"运营委员会"）。

第 31 条（福祉事业）

①根据法第 46 条第 1 款规定，公团可以开展下列福祉事业：

1. 老年人福祉设施的设置、供给、租赁、运营，作为老年福利设施的配套设施、体育设施的设置与运营及资金的借贷；

2. 儿童福祉设施、残疾人福祉设施等福祉设施的设置与运营及资金的借贷；

3. 医院与休养设施或疗养设施的设置与运用及资金的借贷；

4. 稳定生活资金的借贷；

5. 学费贷款；

6. 应当使用事业场的中小企业为设置福祉设施的资金借贷；

7. 购房资金与租房押款的借贷。

②公团根据法第 46 条第 5 款规定在不影响项目范围内可以让投保人与原投保人或不具有受领权的人使用根据第 1 款第 1—3 项规定的福祉设施。

第 32 条（借贷事业）

①公团根据法第 46 条第 3 款规定向投保人或原投保人，在相当于其缴纳年金保险费的 80% 的金额范围内借贷资金。

②对贷款的利率、贷款期限和标准及程序等必要的事项，由保健福祉部长官规定并公布。

第 32 条之二（为设置福利设施取得土地的特例）

法第 46 条之二中"由总统令规定的公共机关"是指《地方公共企业法》第 49 条规定所设立的地方公社。

第 32 条之三　删除

第 33 条（业务的委托）

①根据法第 47 条第 2 款规定公团可以委托的业务范围与可以接受公团委托的人如下：

1. 贷款的偿还金、法第 19 条之二第 3 款前段部分规定的年金保险费、法第 57 条规定的赎回金、法第 78 条第 1 款规定的退还金、法第 92 条第 1 款规定的追缴保险费或法第 114 条第 1 款规定由公团代为收取金额的收纳、发放工资及贷款相关业务：邮政机关、金融机关或行使金融相关业务的非营利法人；

2. 投保人资格的取得申请及丧失申请的受理等相关业务：国民健康保险保险人或地方自治团体负责人；

3. 老年人福祉设施及其附带的体育设施、儿童福祉设施、残疾人福祉设施等福祉设施的设立、经营事业及医院、休养设施、疗养设施的设立及经营事业：《社会福祉事业法》规定的社会福祉法人、《公共机关运营法》规定的国有企业与准政府机关、《农业协同组合法》与《水产业协同组合法》及《山林组合法》规定的农业协同组合中央会与水产业协同组合中央会及山林组合中央会、宗教团体或运营同类事业的人；

4. 删除<2010. 8. 17. >。

②公团可以向第 1 款规定中受业务委托的人支付手续费。

第 34 条（规定的制定等）

公团规定或变更其内部组织、职员的人事、职员的报酬、监察及基金的管理与运用等规定时，应当经保健福祉部长官的批准。

第四章　工资

第 35 条（国民年金领取证书的发放）

公团应根据保健福祉部令规定向受领权人发放国民年金领取证书。

第 36 条（各年度重估率等）

根据法第 51 条第 2 项规定保健福祉部长官公布各年度重估率（以下

简称"重估率")时根据第 1 项规定计算的金额除以第 2 项规定计算金额（在小数点以后第四位四舍五入）为准，每年应当规定该金额。此时，应当经国民年金审议委员会的事前审议：

1. 根据法第 51 条第 1 款第 1 项规定所计算的金额；

2. 根据法第 51 条第 1 款第 1 项规定的计算方式为准按重估对象年度计算的金额。

第 37 条（基本年金额计算相关适用期间）

根据法律第 51 条第 1 款第 1 项计算的金额以及根据第 36 条重新评估费率适用于该年度 1—12 月期间有权领取工资的人。

第 38 条（扶养家庭年金发放对象的维持生活的认定标准）

根据法律第 52 条第 1 款规定成为扶养家庭年金发放对象的认定标准如同附表一。

第 38 条之二（工资领取专用账户的申请方法及程序等）

①根据法律第 54 条之二第 1 款规定欲通过工资领取专用账户领取工资的人应当在支付请求书（包括老龄年金重新发放申请书及遗属年金受领权变更申报书）上填写工资领取专用账户。变更工资领取专用账户的情形也如同上述规定。

②公团在受领人开设工资领取专用账户的金融机关因停业、业务停止或信息通信问题等原因无法正常营业或无法按照上述原因转移工资时，根据受领人的申请应当变更至金融机关的工资发放专用账户给予发放。但，不得开设其他金融机关的工资发放专用账户并在受领人自愿的情形下，可以通过公团指定的金融机关以现金方式发放。

第 39 条（未发放工资的发放对象）

根据法第 55 条第 1 款但书，支付未发放工资中符合离家出走、失踪等情形下的人与作为上述人员的兄弟姐妹并依靠领取者维持生活的人如附表一。

第 40 条（未发放工资的支付方法）

根据法第 55 条第 2 款规定，领取未发放工资的同等顺位人为两名以上时起其发放方式如下：

1. 同等顺位人中有一人提出请求视为仅对该请求人领取的部分所做出的请求；

2. 同等顺位人或及其代理人选定领取同等顺位人全部或部分工资的代表时，其代表可以请求发放同等顺位人全部或部分未发放工资。

第 41 条（退还金的通知等）

公团根据法第 57 条第 1 款规定发生工资的退还事由时应当在 20 天以上期限内决定退还金额（包括根据法第 57 条第 2 款规定的利息，以下简称"退还金"）并通知。

②第 1 款规定期间内不予缴纳退还金时规定 20 日以上的期限并督促缴纳。

③退还金根据下列规定进行分期缴纳：

1. 退还金（以分期缴纳申请日为准，以下该款如同）为 20 万韩元以上未满 40 万韩元的情形：两次以内；

2. 退还金为 40 万韩元以上未满 120 万韩元的情形：四次以内；

3. 退还金为 120 万韩元以上未满 360 万韩元的情形：十二次以内；

4. 退还金为 360 万韩元以上的情形：三十六次以内。

④根据法第 57 条第 1 款规定中退还金的缴纳义务人按第 3 项规定分期缴纳时，申请分期缴纳之日所属月份的次月起每月应当按照第 1 款规定的期限进行缴纳。此时，因公团的归责事由所产生的退还金除外，对于申请分期缴纳之日所属月份的次月至分期缴纳之日所属月份的前一个月为止，应加上分期退还金乘以一年定期利率（利息计算期间其利率变动或根据不同银行利率时，该适用利率按照《银行法》规定设立的银行中以全国为营业区域的银行的相应年度 1 月 1 日适用的利率为平均利率）的金额与退还金一并缴纳。

⑤国民年金公团根据第 3 款规定连续三个月以上滞纳退还金时可以一次性收回返还金。

第 42 条（退还工资时的应计利息）

①根据法第 57 条第 2 款规定的计算利息期间为自领取相应工资日所属月份起通知退还金之日所属月份为止，按照领取的月数计算将以年为单位计算的利息算入所发放的工资并计算出之后的利息额。

②适用于第 1 款计算期间的利率如下：

1. 法第 57 条第 1 款第 1 项规定的情形：三年定期存款利率；

2. 法第 57 条第 1 款第 2 项规定的情形：一年定期存款利率。

第 42 条之二（退还工资时滞纳金的征缴例外）

根据法第 57 条第 3 款但书规定，公团不予征缴滞纳金的情形如下：

1. 因战争或事变滞纳的情形；

2. 因发生火灾等灾害滞纳的情形。

第 43 条（退还金的征缴例外）

根据法第 59 条第 1 款但书规定，公团不予退还的退还金金额为 3000 万韩元以下的数额。

第 44 条（已发放工资的禁止扣押金额）

作为根据法第 58 条第 2 款规定向受领权人发放的工资并不予扣押的金额是指《民事执行法实施令》第 2 条规定的金额。

第 45 条（有收入的业务）

①第 61 条第 2 款及第 63 条之二规定中"由总统令规定的具有收入的业务"是指将下列收入的合计金额除以从业月数（是指相应年度中从事月数，未满一个月则视为一个月）的金额超过法第 51 条第 1 款第 1 项规定所核定金额业务：

1. 删除<2010. 8. 17. >；

2.《所得税法》第 19 条第 2 款规定的事业所得金额；

3.《所得税法》第 20 条第 2 款规定的劳动所得金额。

②根据第 1 款规定计算所得金额时，在产生法第 61 条规定的老龄年金受领权的年度，以下列收入的合计金额除以产生年金受领权之日所属月份的次月起从事具有收入业务为止的月份数所得金额为准。但，产生年金受领权之日的所属月份为 12 月份时，下列年度所得金额以从事月份数为准：

1.《所得税法》第 19 条之二规定的事业所得：产生年金受领权之日所属月份的次月起事业所得的总额；

2.《所得税法》第 20 条之二规定的劳动所得：下列情形的合计金额：

（1）每月发放的收入：年金受领权之日所属月份的次月起所产生收入的合计金额；

（2）按季度发放等确定发放对象期间内的特定时期所发放的收入（以下该项简称"定期收入"）：将年金受领权之日所属月份的次月起所

发放的定期收入月为单位换算成发放对象期间的金额与发放对象期间年金受领权发生之日所属月份的次月起的发放对象期间相乘的金额；

（3）未规定发放对象期间仅在特定时间所发放的收入（以下该项简称"临时收入"）：从年金受领权发生之日所属月份的次月起所发生的临时收入除以当年度内从事有收入业务的月数（仅限从事具有临时收入的事业场期间）并以月为单位换算的金额乘以从年金受领权发生之日所属月份的次月起从事有收入业务的月数（仅限从事具有临时收入的事业场期间）所得金额。

③公团向法第61条规定中老龄年金受领权人发放年金时，根据法第123条第2款规定根据国家所提供的资料减额或停止发放年金。但受领权人可以提交证明相应年度收入资料的情形除外。

④公团根据《所得税法》第70条确定申报综合所得课税标准后再确定相应年度的年金减额或停止发放额并发放年金时加减预算差额给予支付。

第45条之二（不计入分期年金的婚姻期间）

①计算法第64条第1款规定的婚姻期间时，符合下列情形的不计入婚姻期间：

1. 《民法》第27条第1款规定的失踪期间；
2. 《居民登记证法》第20条第6款规定的居住不明期间。

②第1款规定外，下列期间适用下列规定：

1. 离婚当事人合意认为不存在婚姻关系的期间；
2. 法院判决认定不存在婚姻关系的期间。

③根据法律第61条规定的老龄年金受领权人或根据法律第64条第1款分期年金受领权人如有第1款及第2款规定的期限时应当向公团申报内容。

④第3款规定申报的程序及方法相关的具体事项由保健福祉部令规定。

第46条（残疾等级等）

①根据法第67条第4款规定区分的残疾等级标准如同附表二。

②公团进行残疾程度审查以确定等级。

③公团设立残疾审评委员或委任咨询医生对残疾程度给予适当审评。

④残疾审查委员及咨询医生的资格、残疾程度的判定标准或其他必要事项由保健福祉部长官规定并公布。

第 46 条之二（残疾年金额的变更等）

法律第 70 条第 3 项第 1 项规定的"根据残疾程度的变化盖然性、根据公团指定周期到来之日所属月份的最后一天等，由总统令规定的日期"是以下所指：

1. 考虑到残疾程度的变化盖然性由公团指定的残疾程度审查周期到来时：其到来之日所属月份的最后一天；

2. 第 1 款规定的残疾程度审查周期到来，但因未提交审查资料，根据法律第 86 条第 1 款规定停止发放残疾年金后提交资料的情形：提交资料之日；

3. 根据法第 67 条第 2 款规定的残疾决定标准日所属月份的下一月后请求发放残疾年金的情形：请求发放残疾年金之日。

第 47 条（遗属年金发放对象的维持生活的相关认定标准）

根据法第 73 条第 1 款规定，依靠遗属年金发放对象的投保人而维持生活的相关人员的认定标准，参照附表一。

第 48 条（遗属年金的发放方法）

根据法第 73 条第 3 款规定，同等顺位遗属为两名以上时，遗属年金的发放方法准用第 40 条规定。

第 49 条（遗属年金受领权人配偶有收入的业务）

遗属年金受领权人配偶根据法第 76 条第 1 款第 3 项规定关于该年金停止发放并有收入的业务范围、年金停止发放及清算方法准用第 45 条规定。

第 50 条（一次性返还金的核定）

根据法第 77 条第 2 款或法第 116 条第 1 款规定，核定一次性返还金时，会计计算的利息，自缴纳年金保险费之日所属月份的次月起，符合下列规定的日期为期限乘以相应期间的三年定期利率（计算利息期间其利率变动或根据不同银行利率的情形，所适用的利率根据相应年度 1 月 1 日当时根据《银行法》设立的银行中，以全国为营业区域的银行适用利率的平均值）计算：

1. 根据法第 77 条第 2 款核定一次性返还金时：发生法第 77 条第 1 款

之一的事由之日；

2. 根据法第 116 条第 1 款核定一次性返还金时，如下规定的日期：

（1）根据法第 67 条第 1 款第 1 项（是指根据法律第 3902 号国民福祉年金法修订法律所修改，根据第 5623 号国民福祉年金法修订法律所废止的规定）规定领取一次性返还金时，自受领权人的发放事由发生之日起五年后。不足五年已满 60 岁、移居国外或丧失国籍再或者加入其他公共年金时自发生该发放事由的当天。

（2）根据法第 77 条第 1 款第 3 项及以前法第 67 条第 1 款第 4 项规定（是指法律第 6027 号国民年金法中修订法律所修改的规定），领取一次性返还金时该发放事由的发生之日。

第 51 条（一次性返还金的发放方法）

根据法第 73 条第 3 款规定，同等顺位遗属为两名以上时遗属年金的发放方法准用第 40 条规定

第 52 条（退还金的缴纳期限等）

①根据法第 78 条第 1 款规定领取一次性返还金的人向公团临时退还一次性返还金及利息（以下简称"退还金"）时，申请缴纳退还金之日所属月份的次月末为止进行缴纳，分期缴纳时申请缴纳退还金之日所属月份的次月起缴纳至每月的最后一天为止。

②公团根据法第 78 条规定分期缴纳退还金时，下列所述次数范围内根据缴纳人的申请，将退还金根据投保期间所算入的月份为单位按月计缴纳：

1. 投保期间为未满一年的情形：3 次；
2. 投保期间为一年以上五年以下的情形：12 次；
3. 投保期间为五年以上的情形：24 次。

③根据法第 78 条第 1 款及第 2 款规定，计算一次性返还金的加算利息计算方法如下。此时，利息计算期间超过一年时以年份为单位计算将其算入本金后，再计算此后的利息。

1. 一次性缴纳的情形：对于一次性返还金，缴纳一次性返还金之日所属月份起申请缴纳退还金之日所属月份的前一月为止，相应期间所适用的一年定期存款利率所计算的金额；
2. 分期缴纳的情形：对于各分期缴纳金，缴纳一次性返还金之日所

属月份起申请分期缴纳退还金之日所属月份的前一月为止，相应期间所适用的一年定期存款利率所计算的金额。

④申请缴纳退还金的事项由保健福祉部令规定。

⑤删除。

第 53 条（死亡一次性付款金发放对象等）

根据法律第 80 条第 1 款但书，对符合不予发放死亡一次性付款金的离家出走、失踪等情形的人与依靠发放死亡一次性付款金的四代以内的旁系血亲的投保人或原投保人维持生活的人与附表一相同。

第 54 条（死亡一次性付款金的发放方法）

根据法第 73 条第 3 款规定，同等顺位遗属为两名以上时遗属年金的发放方法准用第 40 条规定。

第 55 条（工资的限制）

根据法第 82 条第 2 款规定限制工资的情形，不予发放工资的范围区分如下：

1. 故意或重大过失不予适用疗养指示的工资的 800‰—1000‰；
2. 无正当理由不予适用疗养指示的工资的 500‰—800‰。

第 56 条（发放的暂时终止）

①公团根据法第 86 条第 2 款的规定暂时终止发放工资时，应在停发 10 日内催促受领权人以上以书面方式提交解除停止发的事由。

②收到第 1 款规定催促的人逾期未采取必要措施的，自次月起三年以内暂停发放工资。

③根据第 1 款规定暂停受领工资的人在其暂停期间履行必要措施的应立即解除暂停并发放相应期间的工资。

④在根据第 2 款规定中暂停期间不履行必要措施的人根据法第 86 条第 1 款规定停止发放工资的情形，应当包括暂停发放期间并停止支付。

第五章　费用承担及年金保险费的征缴等

第 56 条之二（追溯份额年金保险费的分期缴纳）

①根据法第 88 条第 5 款规定应追加缴纳的年金保险费（以下简称"追溯份额年金保险费"）超过当前月份的年金保险费时，投保人或原用

工单位可以申请分期缴纳追溯份额年金保险费。

②根据第 1 款规定欲分期缴纳追溯份额年金保险费的投保人及用工单位应当在追溯部分年金保险费缴纳期限的三天前，向公团提交根据保健福祉部令提交的申请书。

③根据第 2 款规定申请分期缴纳追溯份额年金保险费的投保人或用工单位可以在十次以内按相同比例按月缴纳追溯份额年金保险费。

④根据第 3 款规定分期缴纳追溯份额年金保险费应当在各次通知月份的下一月十日前缴纳。但，首次的追溯份额的年金保险费应当根据第 2 款的规定缴纳追溯份额的年金保险的缴纳期限内支付。

第 57 条（农渔业的范围）

①经营或从事法第 89 条第 1 款但书规定的农业、林业、畜牧业或水产业的人（以下简称"农渔业"）应为符合《农业与农村及食品产业基本法》第 3 条第 2 款或《水产业与渔村发展基本法》第 3 条第 3 项规定的人。

②第 1 款规定外，兼营《农业与农村及食品产业基本法》第 3 条第 1 款规定的农业（以下该条简称"农业"）或《水产业与渔村发展基本法》第 3 条第 1 项（1）规定的渔业（以下该条简称"渔业"）的情形，根据保健福祉部令规定各行业的销售额或从业时间，所决定农渔业。

③除第 1 款与第 2 款规定外，符合下列条件的人，除外：

1. 农业相关收入（包括农业中产生的收入）与渔业相关收入（包括渔业中产生的收入）的合计数额相比，拥有其他较高收入的人；

2. 减去农业相关收入（包括农业中产生的收入）与渔业相关收入（包括渔业中产生的收入）合计数额的年度收入额超过根据第 4 条计算的上年度平均月所得额的 12 倍金额的人。

④符合第 1 款第 2 款规定的人根据保健福祉部令规定应得到该住所地或土地所在地管辖区市长、区厅长、镇长或乡长确认。符合下列条件的人，除外：

1. 根据《农地法》第 49 条规定的农田原本可以确认为农业人的；

1 之二．根据《关于培育和支持农渔业经营体的法律》第 4 条第 1 款规定登记农渔业经营信息的；

2. 根据《畜牧法》第 22 条第 1 款规定取得畜牧业许可的人及根据第

2 款规定登记为畜牧业者的；

3. 根据《水产业法》第 8 条规定取得渔业许可证的人、第 17 条规定登记渔业权的人、第 41 条取得渔业许可证的人及第 47 条规定申报渔业权的人。

第 58 条（年金保险费的预缴与还付）

①根据法第 89 条第 2 款及第 3 款规定预先缴纳年金保险费的人按保健福祉部令规定申请。此时，预缴期间为一年，预缴申请当时年龄在 50 岁以上的规定期间为五年以内。

②符合第 1 款规定时，公团应当核算申请人预先缴纳额后，决定下列事项。申请预缴的人应当在第 4 项概算预缴保险费的月份的前一个月的年金保险费的缴纳期限内支付：

1. 预缴申请日所属月份年金保险费（以下该条简称"标准保险费"）的金额；

2. 根据预先缴纳所减额的金额（标准保险费各乘以预缴月数与预缴申请日所属的年度的一年定期存款利率的 1/12 并以月为单位计算。以下简称"标准减额金"）；

3. 标准年金保险费扣除标准减额金的数额（以下该条简称"概算预缴保险费"）；

4. 作为概算预缴保险费合计金额的概算预缴保险费总额。

③根据第 2 款规定申请人缴纳概算预缴保险费总额时，公团每月应当决定下列各事项，如有一年以上预付款时应当将第 4 项规定的预缴余额通知给申请人：

1. 预缴期间按法律第 88 条第 2 款规定向申请人收取的相应月份的年金保险费（以下该条简称"确定保费"）的金额；

2. 先缴后减的金额（确定保险费金额乘以先缴月数与相应期间一年定期存款利率的 1/12 所计算，以下该条简称"确定减值"）；

3. 确定保险费中扣除确定减额金的数额（以下该条简称"确定预缴保险费"）；

4. 自概算预缴保险费总额中扣除相应月份为止的确定预缴保险费总额（以下简称"预缴余额"）。

④根据第 3 款规定所决定的确定预缴保险费视为法第 89 条第 2 款规

定之日进行缴纳。

⑤下列情形下，公团应当决定返还确认其事由时的预缴余额，并由健康保险公团将该余额返还给申请人。但第 6 项规定的情形下经申请人同意预缴余额将用于今后应当缴纳的一个月的年金保险费：

1. 申请人死亡的情形；

2. 申请人丧失国籍或移居国外的情形；

3. 申请人为第 6 款规定中排除在加入对象的情形（取得法第 13 条规定的任意继续投保人资格的情形除外）；

4. 申请人领取法第 61 条或第 77 条第 1 款规定的老龄年金、早期老龄年金或一次性返还金的情形；

5. 预缴期间的确定保险费已缴纳的情形；

6. 预缴余额少于确定保险费的情形；

7. 申请人做出返还申请的情形。

第 59 条　（为自动转账的人所提供利益）

公团根据法第 89 条第 4 款规定以自动转账的方式缴纳年金保险费时，根据自动转账而节省的费用从年金保险费中扣除或通过抽签的方式提供金钱或赠品等。

第 59 条之二　（受让人的范围）

根据法律第 90 条之二第 2 款后段部分规定中受让人的范围是指各营业场的所有权利（未收款相关事项除外）与义务（未发放金相关事项除外）的全面继承人。

第 59 条之三　（受让财产的价额）

①根据法第 90 条之二第 2 款后段规定，受让财产的价额金额如下：

1. 事业受让人向转让人支付或应支付的金额；

2. 无第 1 款规定金额或不明确的情形，健康保险公团根据《继承税及赠与税法》第 60—66 条规定对受让的资产及负债进行评估后，从资产总额中扣除。

②根据法第 90 条之二第 2 款规定转让人拥有两个或两个以上的事业场并受让其中的一个的情形，受让的财产的价额为与受让事业场相关的财产的加额。

③第 1 款规定外，符合下列情形时，受让的财产价额为第 1 款与第 2

款规定数额中的较大数额：

1. 第 1 款第 1 项固定金额与《继承税和赠与税法》第 60 条规定的市价差额为三亿韩元以上的情形；

2. 第 1 款第 1 项固定金额与《继承税和赠与税法》第 60 条规定的市价差额为相当于该市价的 30%金额以上的情形。

第 59 条之四（信用卡等方式缴纳年金保险费）

①删除。

②法第 90 条之三第 1 款规定的"由总统令规定的机关等"，具体如下：

1.《民法》第 32 条规定的金融委员会许可所设立的金融结算院；

2. 利用信息通信网进行信用卡、借记卡等（以下简称"信用卡等"）结算的机关中，顾及设施、业务执行能力及资本金规模等因素由公团或健康保险公团所指定的机关。

③根据法第 90 条第 3 款规定，由公团或健康保险公团综合考虑缴纳代理机关的运营经费等后给予认可。此时，其代缴手续费不得超过相应年金保险费、滞纳金、滞纳处分额及其他征缴金（以下该条简称"年金保险费等"）缴纳金额的 10‰。

④以信用卡等缴纳年金保险的事项由公团或健康保险公团规定。

第 60 条（年金保险费的缴纳例外）

根据法第 91 条第 1 款第 7 项规定，不予缴纳年金保险费的情形如下：

1. 因疾病或伤害住院三个月以上的情形；

2. 成为《农渔业灾害对策法》《自然灾害对策法》《灾害救助法》规定的辅助或支援对象的情形；

3. 灾害或事故导致收入减少，无法维持保健福祉部长官规定的基础生活的情形。

第 61 条（年金保险费的缴纳例外申请等）

①用工单位或地区投保人根据法第 91 条第 1 款规定不予缴纳年金保险费时，经保健福祉部令规定向公团申请例外缴纳申请。

②第 1 款规定外，公团因地区投保人具有法第 91 条第 1 款第 2—6 项规定事由而无法征缴年金保险费时，对其期间可以决定年金保险费的例外缴纳。但，例外期间已缴纳全部或部分年金的情形除外。

③公团根据法第 91 条第 1 款第 6 项或第 7 项固定事由未缴纳年金保险费的人，自例外缴纳之日起的每一年应确认例外事由终止与否。

④未缴纳年金保险费的例外情形结束时，公团应提前通知投保人。

⑤根据法第 91 条第 1 款第 6 项规定中下落不明的认定标准准用第 20 条第 1 款规定。

⑥例外缴纳期间为发生缴纳例外事由之日所属月份起事由消失之日所属月份止。但，符合下列情形时，规定为例外缴纳事由丧失之日所属月份的前一月为止：

1. 丧失例外缴纳事由之日为当月初的情形；

2. 投保人在丧失例外缴纳事由之日所属月份要求支付年金保险费的情形。

第 62 条（追缴保险费的缴纳申请等）

①投保人欲向公团申请符合第 92 条第 1 款各款规定的全部或部分期间的年金保险费（以下简称"追缴保险费"）时应当按照保健福利部令规定向公团申请追缴。

②根据法第 92 条第 3 款但书规定，任意投保人申请追缴时为核定追缴保险费的年金保险费的上限以追缴申请之日为准按照法第 50 条第 1 款第 1 项所计算金额的 90‰ 的金额。

③投保人根据法第 92 条第 4 款规定分期缴纳追缴保险费时，根据投保人申请在 60 次的范围内，每月一次进行缴纳，每次所缴纳的金额应当按照月份计算。

④追缴保险费的缴纳期限与分期缴纳的情形及方法、加算利息等准用第 52 条第 1 款及第 3 款规定。此时，"退还金"视为"追缴保险费"。

第 63 条（投保两个以上事业场年金时保险费的征收）

公团课以事业场投保人年金保险费时，该事业场投保人是加入两个以上国民年金的劳动者或用工单位的情形，以各事业场的标准月所得额为标准分别征缴。

第 64 条（年金保险费的催缴）

①健康保险公团根据法第 95 条第 1 款规定督促事业场投保人缴纳年金保险费与相应的征缴金时应当在缴纳期限过后 20 天内向事业场投保人的用工单位发出催缴书。

②健康保险公团根据法第 95 条第 1 款规定督促地区投保人缴纳年金保险费和征缴金缴纳时，应当在缴纳期限过后的 3 个月内向投保人发出催缴书。

③健康保险公团根据法第 95 条第 1 款规定在督促第二次缴纳义务人的年金保险费、滞纳金、滞纳处分额缴纳时应当在缴纳期限后的 20 天内向第二次缴纳义务人发出催缴书。

第 65 条（滞纳处分时的年金保险费抵充）

根据法第 95 条第 4 款规定滞纳年金保险费与由此产生的征缴金按照国税滞纳处分方式征缴时，滞纳金处分结束后，滞纳金中抵充的分配金额达不到其滞纳金数额的情形，应当以下列方法抵充年金保险费及由此产生的征缴金：

1. 滞纳两个月份以上年金保险费的情形：缴纳期限较快月份的滞纳金与年金保险费的顺序；

2. 滞纳一个月份的年金保险费的情形：滞纳金与年金保险费的顺序；

3. 除第 1 款及第 2 款规定外，滞纳年金保险费的人作为地区投保人滞纳年金保险费后，作为事业场投保人滞纳年金保险费的情形：应先补足事业场投保人的缴纳期限较快月份的滞纳金与年金保险费后，补足地区投保人缴纳期限较快月份的滞纳金与年金保险费的顺序。

第 65 条之二（年金保险费的缴纳处分前的通报例外）

法第 95 条第 5 款但书中"由总统令规定的情形"是指，年金保险费与由此产生的征缴金的滞纳人符合下列情形：

1. 因滞纳国税受处分的人；

2. 因滞纳地方税或公共费用受处分的人；

3. 受强制执行的情形；

4. 根据《票据法》及《支票法》规定在票据交换所接受停止交易处分的人；

5. 已开始拍卖的情形；

6. 法人解散的情形；

7. 被认定存在隐匿或遗漏财产及虚假合同或其他不正当手段逃避处分的行为。

第 66 条（代理出售的委托等）

①健康保险公团根据法第 95 条第 6 款规定将出售扣押财产委托至根

据《关于有效处理金融公司不良资产等及设立韩国资产管理公社的法律》设立的韩国资产管理公社（以下简称"韩国资产管理公社"）代理的情形，应当将填写下列委托书提交给韩国资产管理公社：

1. 滞纳人的姓名与住址或居所；
2. 出售财产的种类、数量、质量及所在地；
3. 扣押的年金保险费及由此产生的征缴金内容及缴纳期限；
4. 其他事项。

②健康保险公团应当将代理出售的事实通知滞纳人、对其财产拥有租赁权、质权、抵押权或其他权利的人与保管扣押财产的人。

第 67 条（扣押财产的移交）

①健康保险公团根据第 66 条第 1 款规定委托代理出售时，由健康保险公团占有或让第三人保管的财产可以转交给韩国资产管理公社。但由第三方保管的财产的交付，可代替通过移交给第三方发行的财产的保管证。

②韩国资产管理公社根据第 1 款规定接收被扣押的财产时应填写交接书。

第 68 条（代理出售的解除要求）

①韩国资产管理公社接到代理出售的委托之日起两年内未出售财产时，可向健康保险公团要求解除其代理出售的委托。

②健康保险公团受理第 1 款规定的解除要求时，无特殊事由的准予解除。

第 69 条（解除扣押的通知）

①健康保险公团要求韩国资产管理公社代理出售扣押的财产后，在出售日期前解除扣押财产时应及时通知韩国资产管理公社。

②根据第 1 款规定接收通知的韩国资产管理公社应立即停止出售其财产并将事实通知至健康保险公团。

第 70 条（代理出售的具体事项）

根据法律第 95 条第 6 款规定，作为韩国资产管理公社代理出售的必要事项，该令规定内容的具体事项由健康保险公团与韩国资产管理公社协议后规定。

第 70 条之二（缴纳事实证明对象合同）

法第 95 条之二第 1 款固定中"工程、制造、劳务等由总统令规定的合同"是指《国家当事人的合同法》第 2 条、《地方政府当事人的合同法》第 2 条、《公共机关运营法》第 39 条第 3 款规定的物品的工程、制造、买入及劳务的调配等得到放款的所有合同。

第 70 条之三 （缴纳实施的证明等）

①根据法第 88 条规定的年金保险费的缴纳义务人根据法第 95 条之二第 1 款规定证明年金保险费与相应的滞纳金及滞纳处分额的缴纳事实时，应当向健康保险公团要求发放可以证明无滞纳的年金保险费与相应的滞纳金及滞纳处分额的文书（以下该条及第 70 条之四规定简称"缴纳证明书"）。

②接收第 1 款规定中要求的健康保险公团在发放缴纳证明书当日，缴纳义务人未拖欠年金保险费与相应的滞纳金及滞纳处分额时应当给予发放证明书。此时，保险公团自要求之日起 30 日内发放缴纳证明书。

③缴款义务人根据第 2 款规定领取缴款证明书时，应及时向国家、地方自治团体或根据《关于公共机构运作的法律》第 4 条规定设立的公共机构提交缴款证明。

④领取第 70 条之二规定合同的放款的人并非原订约人时，根据下列情形提交缴纳证明书。此时，证明缴纳事实的程序准用第 1—3 款规定。

1. 债权转让导致的情形：转让人和受让人的缴款证明；

2. 根据法院转付命令的情形：扣押债权人的缴纳证明；

3. 根据《关于转包交易公平化的法律》第 14 条第 1 款第 1 项及第 2 项规定，直接领取建设工程承包款的情形：供应商的缴纳证明。

第 70 条之四 （缴纳事实证明的例外）

根据法第 95 条之二第 1 款但书规定，符合下列情形时，可以不予证明缴纳事实：

1. 因法律第 95 条规定的滞纳处分，健康保险公团收取其货款的情形；

2. 根据《债务人回生及破产法》规定的破产管理人，未能取得缴纳证明书导致管辖法院认定无法顺利进行破产程序时，有权要求健康保险公团额外提交缴纳证明书的情形；

3. 缴纳所滞纳领取全部放款的年金保险费与由此产生的滞纳金及滞纳处分额或全额缴纳部分滞纳的年金保险费和相应的滞纳金及滞纳处分额

的情形；

4. 缴纳义务人收到的款项以符合下列情形时的经费或资金所发放的情形：

（1）《国库金管理法实施令》第 31 条规定的管理运营费；

（2）《地方会计法实施令》第 38 条第 1 款规定的日常经费等；

（3）其他作为日常经费性质的资金由保健福祉部长官规定并公布的资金；

5. 滞纳的年金保险费与由此产生的滞纳金及滞纳处分额根据《债务人回生及破产法》第 140 条规定的缓期征缴或者因滞纳处分导致的财产推迟还价而无法缴纳的情形；

6. 此外，合同性质上进行缴纳事实证明时将无法履行合同的情形等由保健福祉部长官认定所需的情形。

第 70 条之五（邮件送达）

除《国税基本法》第 10 条第 2 款规定外，公团及健康保险公团根据法第 96 条规定，《邮件送达法》第 57 条之二、第 88 条之二及第 95 条规定的文书时，以一般邮件送达。

第 71 条（滞纳金的征缴例外）

根据法第 97 条第 3 款规定可以不予征缴滞纳金的情形如下：

1. 因战争或事变而滞纳的情形；

2. 因事业场关闭而滞纳的情形（仅限于事业场投保人）；

3. 因发生火灾等灾害而滞纳的情形；

4. 根据《雇佣政策基本法》第 32 条及同一条法律实施令第 29 条第 1 款规定雇佣劳动部长官指定并通知行业的事业场缴纳义务人所滞纳的情形；

5. 此外，由保健福祉部长官规定的难以征缴滞纳金的情形。

第 72 条（年金保险费的会计机关）

①健康保险公团的理事长为了负责根据法第 88 条第 2 项及第 97 条规定的年金保险费及滞纳金征缴业务，可以在健康保险公团的常任理事中任命年金保险费税入征缴官、在公团职员中任命分任年金保险费税入征缴官。

②公团理事长为了负责征缴第 1 款规定的征缴金以外的合法征缴金的

征缴等业务，可以在公团的常任理事中任命返还追缴保险费等税入征缴官、在公团职员中任命分任返还追缴保险费等税入征缴官。

第 72 条之二（高额、经常滞纳人的个人信息公开及公开除外事由等）

①根据法第 97 条之二第 1 款但书中"滞纳金额的部分缴纳等与由总统令规定事由的情形"是指符合下列情形：

1. 滞纳人（仅限于事业场投保人，以下该条及第 72 条之四相同）根据法第 97 条之二第 1 款规定滞纳的年金保险费、滞纳金及滞纳处分额（以下该条简称"滞纳额"）30%以上根据法第 97 条之二第 3 款规定的通知日起六个月内缴纳的情形；

2. 滞纳人根据《债务人破产法》第 243 条规定的回生计划许可决定，推迟缴纳滞纳金并在延期期间或根据回生计划缴纳滞纳金的情形；

3. 滞纳人因灾害等原因造成财产严重损失事业面临重大危机等，根据法第 97 条第 2 款规定的保险费信息公开审议委员会（以下简称"保险费信息公开审议委员会"）认定的滞纳者个人资料（是指用工单位的个人信息）及滞纳额等（以下该条简称"个人信息等"）认为无公开的实际利益的情形。

②健康保险公团和保险费信息公开审议委员会应当根据法第 97 条之二第 2 款及第 3 款规定，审议、选定个人资料等公开对象时，要确认滞纳者的财产状况、收入水平、未成年人与否及综合考虑其他状况并判断是否具有法律第 97 条之二第 1 款规定之缴纳的能力。

③健康保险公团根据法第 97 条之二第 3 款规定通知个人资料等公开对象时应催缴其滞纳金，并存在第 1 款规定的个人信息的公开除外事由的应说明提交相关证明资料。

④健康保险公团根据法第 97 条之二第 4 项规定公开滞纳人的个人资料时，应同时公开滞纳人的姓名、商号（滞纳人为法人时，应当包括法人名称与代表人姓名）、年龄、地址、缴纳期限、缴纳额、缴纳期间等信息。

第 72 条之三（保险费政府信息公开审议委员会的构成及运营）

①保险费政府信息公开审议委员会包括委员长一名在内的 11 名委员组成。

②保险费信息公开审议委员会的委员长由负责健康保险公团中负责保险费征缴业务的常任理事担任，委员由健康保险公团的理事长任命或下列人员担任：

1. 公团所属职员一名；

2. 健康保险公团所属职员三名；

3. 负责年金保险费征缴业务的保健福祉部所属三级或四级公务员一名；

4. 国税厅所属三级或四级公务员一名；

5. 具有丰富的律师、会计、社会保险及医疗学识与经验的人四名。

③第2款第1—4项规定的委员任期为其任职期间，第2款第5项规定的委员任期为两年，可连任一次。

④保险费政府信息公开审议委员会经包括委员长在内的在籍成员过半数出席而召开，出席成员过半数赞成而议决。

⑤除第1—4款规定外，保险费政府信息公开审议委员会的构成及运营事项由健康保险公团规定。

第72条之四　（保费金信息公开审议委员会委员的回避）

①符合下列情形的保费金信息公开审议委员会委员，应当回避：

1. 滞纳人的配偶及亲属或原配偶及亲属；

2. 滞纳人的代理人或原代理人。

②保险费信息公开审议委员会委员在涉及第1款之一的情形下或获得不公正表决时可自行回避其案件的审议与表决。此时，回避的委员应向委员长表明其事由。

第73条　（错误缴费的抵充及返还）

①根据法第100条规定产生错误缴费时，公团按下列顺序优选顺序抵充。此时，第3款规定中征缴金的抵充方法准用第65条规定：

1. 滞纳处分额；

2. 退还金与法第57条第3款规定的滞纳金；

3. 未缴纳年金保险费与法第97条规定的滞纳金；

4. 今后需缴纳的一个月份年金保险费，但根据第2款规定不得违背可退还错误缴费的剩余金额的人的意愿给予抵充。

②根据第1款规定抵充后的剩余金额时，健康保险公团应当按照下列

顺序给予返还：

1. 缴纳年金保险费的人（对于因事业场停业或用工单位死亡与下落不明等原因无法返还给用工单位的金额，其返还金额中该事业场劳动者根据法律第88条第3款规定所缴纳的年金贡献金的将劳动者视为年金保险费的缴纳人）；

2. 法第73条规定的遗属年金受领权人；

3. 符合第1项规定人员的继承人。

③法第100条第3款规定中"总统令规定的利息"是指自下列日期起决定抵充或返还之日前根据法第100条第1款规定的错误缴费乘以《国税基本法实施令》第43条之三第2款规定的国税返还加算金的利率的金额：

1. 根据法第21条的资格变动申报发生错误缴费的情形：申报资格变动之日起七日内；

2. 第1项规定之外的情形：误缴日的次日。

④第1款抵充错误缴费或健康保险公团，根据第2款规定返还错误缴费的剩余款项时，应当将其事实以书面形式通知第2款规定的人。

⑤征缴退还金及追缴保险费所产生的错误缴费准用第1—3款规定，征缴返还金所产生的错误缴费时准用第1款、第2款及第4款规定。此时"健康保险公团"视为"公团"。

第73条之二（年金保险费的支援对象）

①法第100条之三第1款第1项规定中"总统令规定规模的事业场"是指法第8条规定的事业场投保人中除用工单位外的劳动者人数符合下列条件的事业场（根据《防止腐败及国民权益委员会的设立和运营法》第2条第1项规定的公共机关除外，以下相同）。

1. 截至支援申请日所属月份最后一天的劳动者人数不足十名，截至支援申请日所属年度的全年度月平均劳动者人数不足十人的事业场；

2. 截至支援申请日所属月份最后一天的劳动者人数不足十名，截至支援申请日所属年度中支援申请日所属月份的前三个月（支援申请日所属的年度中根据法第8条第1款规定成为当然适用事业场在其未满三个月期间时，自成为当然适用事业场的月份起支援申请日所属的月份为止）期间劳动者人数不足十人的事业场。

②根据第 1 款规定核定劳动者人数时，事业场中有符合下列条件的劳动者的，在此期间（第 2 项情形是指缴纳养老保险费的例外期间）将扣除相应劳动者的人数视为该事业场工作人员的人数：

1.《劳动标准法》第 74 条第 1—3 款规定的使用分娩前后休假或流产、死产休假的劳动者；

2.《男女雇佣平等与工作及家庭两立支援法》第 19 条规定的育儿休职排除在法第 91 条第 1 款规定外的缴纳年金保险费的劳动者；

3.《男女雇佣平等与工作及家庭两立支援法》第 19 条之二规定减少育儿期工作时间的劳动者。

③根据第 1 款规定成为年金保险费工资对象的事业场，该年度连续三个月劳动者人数超过 10 人时，其事由发生之日所属月份的次月起至当年度的最后一个月停止支援年金保险费。

④法第 100 条之三第 1 款第 1 项中"少于总统令规定金额的收入"是指考虑到第 6 条及第 7 条规定所述的标准月所得额根据劳动者收入水平的加入现状、工资上升率、劳动市场条件与其他法律的关系等，由当于未满保健福祉部长官与雇佣劳动部长官协商后所公布收入的金额。

⑤根据法第 100 条之三第 1 款第 2 项规定的劳动者的财产为《地方税法》第 105 条规定的土地、建筑物、住宅、飞机及船舶。

⑥法第 100 条之三第 1 款第 2 项中"由总统令规定金额的标准"是指考虑到物价上升率、经济增长率等国内外经济状况、国民的财产与收入分布现状、投保人的综合收入分布现状及其他法令之间的关系等，由保健福祉部长官与雇佣劳动部长官协议后通知的标准。

第 73 条之三 （年金保险费的支援水准及支援方法等）

①根据法第 100 条之三第 2 款规定年金保险费的支援水准由保健福祉部长官在用工单位与劳动者各自承担的年金保险费的范围内，考量劳动者的收入水平及投保期限，与雇佣劳动部长官协议。

②欲得到第 1 款规定的年金保险费支援时，用工单位根据保健福祉部令规定向公团申请支援年金保险费。

③接收第 2 款规定中申请的公团每月应确认用工单位是否根据法第 89 条规定缴纳支付年金保险费后支援相应月份的年金保险费。此时，支援期间为支援申请日的所属月份起相应年度的最后一个月为止。

④事业场每年年末至今得到年金保险费支援并且相应年度月平均劳动者人数不足十人时，视为下年度1月1日时根据第2款规定的申请支援年金保险费，可以继续支援下年度的年金保险费。此时，该事业场中如有符合第73条之二第2款各款规定之一的劳动者时，在此期间（同条第2项规定的情形是指缴纳年金保险费的例外期间）将扣除相应劳动者人数的总数视为该事业场劳动者人数计算月平均人数。

⑤根据第73条之二第3款规定，中断支援年金保险费的情形，在相应年度的最后一个月为止不得根据第2款规定申请。

⑥除第1款之第5款规定事项外，年金保险费的支援申请及结果通知等事项由保健福祉部令规定。

第73条之四（年金保险费支援金的退还）

①根据法第100条之四规定，领取年金保险费支援的人符合下列条件时，公团应退还该项规定的金额：

1. 申请志愿时，即使不具备支援条件但以虚假或其他不正当方式申请并得到支援的情形：得到支援的全部金额；

2. 根据第73条之二第3款规定，发生停止支援年金保险费的事由仍继续得到支援的情形：自发生事由之日所属月份的下个月以后所支援的金额；

3. 支援对象劳动者（仅限于相应年度取得事业场投保人资格的劳动者）的下一年度标准月所得额超过第73条之二第4款规定通知的所得上限额1100‰的情形：支援相应劳动者的全部金额；

4. 此外，因用工单位未申报等原因被确认为非支援对象时：被错误支援的金额。

②公团根据法律第100条之四规定发生退还支援金事由时，应当根据保健福祉部令向用人单位通知相关事实后，通知并征缴该金额。此时，通知程序准用第40条第1款及第2款规定。

第六章 国民年金基金

第74条（基金的运用事业等）

①根据法第102条第2款第1项规定的金融机关如下：

1.《银行法》规定的银行、《韩国产业银行法》规定的韩国产业银行及《中小企业银行法》规定的中小企业银行；

2.《资本市场与金融投资业法》规定的投资买卖商、买卖中介商、信托业者、集合投资商、投资咨询商及综合金融公司；

3. 删除<2008.7.29.>；

4. 删除<2008.7.29.>；

5. 删除<2008.7.29.>；

6.《保险业法》规定的保险公司；

7. 邮政机关。

②为实施法第102条第2款第5项规定的事业而借贷基金时，其利率由运营委员会规定。

③法第102条第2款第7项规定的基金增值事业如下：

1. 根据《风险企业培养特别措施法》第4条第1款规定对风险企业的投资与中小企业创业投资组合、现技术事业投资组合或韩国风险企业投资组合的出资；

2. 根据《产业发展法》（是指法律9584号产业发展法全部修订法律前的法）第15条规定登记的企业结构调整组合或第20条规定的企业结构改善经营参与性私募集合投资机构的出资；

3. 根据《资本市场与金融投资业法》第5条第2款及第3款的规定场内衍生产品与场外衍生产品的交易；

4. 根据《外汇交易法》第3条第1款第13项规定进行的外汇买卖；

5. 根据《资本市场和金融投资行业法》第9条第18款对集合投资机构的投融资；

6. 根据《关于社会基础设施的民间投资法》第2条第2项对社会基础设施事业的投融资；

7. 以房地产开发、取得、管理等为目的的事业进行投融资；

8. 能源及资源开发事业的投融资；

9. 以取得飞机和船舶、企业收购等为目的的公司或事业的投融资；

10. 根据外国法令设立的或正在实施的符合第1—9号规定的投融资；

11. 根据法第102条第3款但书规定的五年届满国债收益率以上收益的事业并运营委员会认为有必要的基金增值的事业。

④根据法第 102 条第 3 款但书规定的五年届满国债收益率按《资本市场与金融投资业法》第 166 条在证券市场以外交易的下列各期债券流通收益率中的较高收益率计算：

1. 根据《住宅城市基金法实施令》第 5 条第 1 款第 1 项规定的第一类国民住宅债券；

2. 根据《国债法》第 3 条规定的国债。

第 75 条（基金会计处理）

法第 102 条第 5 款规定中基金的会计处应当根据《国家会计法》进行计算并整理。

第 76 条（基金的管理及运用相关业务的委托等）

①保健福祉部长官根据法律第 102 条第 6 款规定委托公团负责下列业务：

1. 根据法律第 102 条第 2 款规定基金管理与运用；

2. 根据法律第 102 条第 5 款规定对基金进行会计处理；

3. 根据法律第 102 条第 2 款第 6 项规定关于公团取得的财产的租赁等基金的管理与运用由保健福祉部部长指定的业务。

第 76 条之二（捐款的核定标准及用途等）

①根据法第 102 条之二第 1 款规定的捐款是以健康保险公团根据《国民健康保险法》第 14 条第 1 款第 2 项（仅限于保险费与由此产生的征缴金征缴业务）及第 10 项规定履行的全体征缴业务（以下简称"征缴委托业务"）中年金保险费及由此产生的征缴金的征缴业务所占比例为准，由保健福祉部长官核定。此时，征收委托业务的所占比例经保健福祉部长官与雇佣劳动部长官协议决定。

②健康保险公团应当在根据第 1 款规定标准计算的捐款要求书上附上事业运营计划书等凭证，应于每年 5 月 31 日前提交至保健福祉部长官。

③保健福祉部长官在确定捐款时，应通报健康保险公团。

④健康保险公团应当将捐款用于下列用途：

1. 执行征缴委托业务所需的人工费、运营经费及事业费；

2. 征缴委托业务执行所需设施（包括器材）的购置和租赁费用；

3. 此外，执行征缴委托业务所伴随的经费。

⑤健康保险公团将捐款用于第 4 款规定用途之外的情形，保健福祉部

长官应退还相应金额。

⑥健康保险公团应当在每季度的次月十日前向保健福祉部长官报告该季度的捐款执行业绩。

七十六条之三（追加出捐）

①健康保险公团根据第76条之二条第3款规定的捐款少于年金保险等用于征缴的费用时可以请求保健福祉部长官追加出捐。

②保健福祉部长官根据健康保险公团根据第1款规定所请求的金额进行审核确定其妥当性后可以追加出捐。

第77条（运营委员会委员长的职务）

①委员长代表运营委员会并总揽委员会事务。

②委员长因不得已的事由无法履行职务时，在代表公共利益的委员中事先指定并代理其职务。

第77条之二（运营委员会委员的免职等）

法第103条第2款规定的委员符合下列各项之一时，保健福祉部长官可以撤销提名或免职：

1. 因身心障碍而无法履行职务的情形；
2. 存在与职务相关的违法事实的情形；
3. 因玩忽职守、品行受损或其他原因认定不适合担任委员的情形；
4. 委员自觉表示难以履行职务的情形。

第78条（运营委员会会议等）

①运营委员会的委员长除了根据法律第103条第5款召开的会议外，在有1/3以上的在籍委员要求的情形下，或者委员长认为有必要时，可以召集运营委员会的会议。

②运营委员会设有一名干事由保健福祉部长官在保健福祉部公务员中任命。

③运营委员会会议录的制作与备置及阅览准用第15条规定，此时，"国民年金审议委员会"视为"运营委员会"。

第79条（运营委员会委员的津贴）

对出席运营委员会会议的委员，可以在预算范围内发放津贴。但，具有公务员身份的委员因直接涉及所管业务而出席的情形，除外。

第80条（国民年金基金运用实务评价委员会）

①根据法第104条规定的国民年金基金运用实务评价委员会的委员

长代表实务评价委员会（以下简称"实务评价委员会"）并总揽委员会事务。

②委员长由实务评价委员会的副委员长辅佐，因不得已的事由无法履行职务时其代为行使。

③实务评价委员会设有一名干事由保健福祉部长官在保健福祉部公务员中任命。

④可以对出席实务评价委员会会议的委员在预算范围发放津贴。但，具有公务员身份的委员因直接涉及所管业务而出席的情形，除外。

⑤关于实务评价委员会运营的第 1 款至第 4 款规定外，其他事项将运营委员会的议决后由运营委员会的委员长决定。

第 80 条之二（实务评价委员会委员的免职）

法第 5 条第 2 款规定的委员符合下列各项之一时，保健福祉部长官可以撤销提名或免职：

1. 因身心障碍而无法履行职务的情形；
2. 存在与职务相关的违法事实的情形；
3. 因玩忽职守、品行受损或其他原因认定不适合担任委员的情形；
4. 委员自觉表示难以履行职务的情形。

第 81 条（基金运营指南）

①保健福祉部长官应当制定下一年度国民年金基金运营指南案（以下简称"基金运营指南案"），并于 4 月末前提交给运营委员会。

②运营委员会应当在五月底前审议及议决基金运营指南案。

第 82 条（基金账户的设置等）

①保健福祉部长官为了明确基金的收入和支出应当在韩国银行设立国民年金基金账户。

②公团为有效履行第 76 条第 1 款规定所委托的基金外汇交易应当在根据《国库管理法》第 12 条第 1 款但书规定的金库银行中开设允许出纳外国货币的账户。

第 83 条（年金保险费等基金的缴纳）

①公团及健康保险公团将征缴的年金保险费总额应当按照日期缴纳至国民年金基金账户。

②公团及健康保险公团在每月末前，以文书形式分别向保健福祉部长

官报告前月份年金保险费等总额和未收金额等征缴情形。

第84条（基金的月度运用）

保健福祉部长官应当根据法律第107条第1款规定的基金运用计划，原则上按月管理及运用。

第85条（基金的会计机关等）

①保健福祉部长官为了负责基金的出纳业务，将在保健福祉部公务员中任命基金收入征缴官、基金财务官、基金支出官及基金出纳公务员。此时，应分别通知监察院院长与韩国银行总裁。

②基金收入征缴官和基金财务官负责基金的管理及运营的合同与进口和支出引发的行为及基金收入金的征缴和决定相关业务，基金支出官和基金出纳公务员负责基金管理及运用的收入及支出业务。

③公团根据第76条第1款规定，为处理受委托基金的管理及运用相关业务应当设有基金出纳理事和基金出纳员，此时，基金出纳理事根据法律第31条成为基金理事，基金出纳员在公团职员中由公团理事长任命。

④公团理事长根据第3款规定任命基金出纳理事和基金出纳员后，应当将事实分别通知保健福利部长官和监察院院长及韩国银行总裁。

⑤基金的支出原因行为及支出等必要事项由保健福利部令规定。

第86条（基金运用结算等）

①公团在每季度末应当根据现行法律第107条第3款规定将基金的运营结果在下一季度的第一个月份的20日前提交给运营委员会。

②公团应当在每个会计年度结束后的两个月内向保健福祉部部长提交根据《股份公司外部监督法》第2款第7款规定中监察人员的监察报告书中附加上年度基金运用报告。

第87条（基金运用内容的公示）

根据第107条第4款的规定，运营委员会委员长应当每年将基金运营内容及使用内容，刊登在《新闻振兴法》第9条第1款规定的流通区域为全国的日刊报纸以及经济领域特殊报纸上。此时，根据第104条第6款的规定，运营委员会委员长应当对外公示实务评估委员会提交的基金运营评估结果。

第七章　审查请求及复审请求

第 88 条（审查请求的方式）

①根据法第 108 条规定，审查请求应当包括下列文书（包括《电子政府法》第 2 条第 7 项规定的电子文书）并由请求人签字盖章（包括电子署名）：

1. 请求人的姓名、住址及居民登记证号（外国人指外国人登记证号，以下相同）；
2. 受处分人的姓名、住址及居民登记证号；
3. 审查请求对象的处分内容；
4. 得知有处分之日；
5. 审查请求的宗旨及理由；
6. 审查请求的年月日；
7. 非受处分人时与该受处分人的关系；
8. 附件的表示。

②请求人及受处分人为投保人或原投保人时，应填写投保人或原投保人的姓名、住址及居民登记证号。

③请求人的代理人提出审查请求的情形，应附加证明其代理人的委任状。

第 89 条（审查委员会的构成）

①法第 109 条规定的国民年金审查委员会（以下简称"审查委员会"）由包括委员长一名在内的不超过 26 名委员组成。

②委员由公团理事长在下列人员中任命或委任：

1. 公团的室长级以上管理人员；
2. 由用工单位团体推荐的人；
3. 由劳动者团体推荐的人；
4. 由代表地区投保人的团体推荐的人；
5. 具有社会保险或法律相关领域的学识与经验的人中由保健福祉部长官认定有资格的人：

（1）取得律师资格后，从事五年以上工作的人；

(2)《高等教育法》第 2 条规定高校的社会保险相关学科担任三年以上助理教授的人；

(3) 取得博士学位后，在社会保险领域从事五年以上工作的人；

(4) 十年以上从事社会保险相关领域工作的人。

第 90 条 （审查委员会委员长）

①审查委员会委员长由公团理事长在公团常任理事中任命。

②委员长因不得已的事由而无法履行职务时，由委员长指定的委员代行其职务。

第 91 条 （审查委员会的委员的任期）

审查委员会委员任期为两年，可以连任两届。但公团工作人员为委员任期的以在职期间为准。

第 92 条 （审查委员会的会议）

①审查委员会会议由委员长与委员长在每届会议指定的七名委员组成。此时，会议组成委员应当包括符合第 89 条第 2 款第 2—4 项规定的委员各一名以上及三名以同条款第 5 项规定的委员。

②审查委员会的委员长召开会议并担任议长。

③审查委员会经在籍成员过半数出席与出席成员过半数赞成而议决。

第 93 条 （干事）

①审查委员会设有一名干事。

②干事由公团理事长在公团职员中任命。

③干事受委员长命令处理审查委员会的事务。

第 94 条 （津贴）

可以对出席审查委员会会议且不属于公团的委员发放津贴。

第 95 条 （补充纠正）

①审查委员会认定审查请求不合法但可以补充纠正时应当规定适当期限并要求补充纠正。但事项轻微的依职权给予纠正。

②第 1 款规定的补充纠正应当以书面形式进行，补充并给予纠正的视为已适用合法的审查请求。

第 96 条 （证据的提交）

请求人在审查请求作出决定前可以向审查委员会提交文书、账簿、物品及其他证据资料并可以出席委员会陈述意见。

第 97 条（委托鉴定）

审查委员会因审查的必要可以由请求人申请或依职权委托具有特殊学识与经验的人进行鉴定。

第 98 条（审查请求的撤销）

请求人可以在作出决定前随时以书面形式撤销其审查请求。

第 99 条（决定）

①公团认为审查请求不合法的情形，应对其作出撤诉决定。

②公团认定无理由进行审查时，应对其作出驳回决定。

③公团认定具有合理理由进行审查时，应对其处分作出撤销或变更决定。

④公团作出第 1—3 项规定中的决定时，应及时将决定书（正本）提交给请求人。

第 100 条（决定期间）

①公团自受理审查请求之日起 60 日内作出决定。但在不得已的情形，委员长可以依职权延长 30 日。

②根据第 1 款规定延长决定期间时应当在决定期间终止的前七日通知该请求人。

③第 95 条规定的补正期间将不算入第 1 款规定的决定期间内。

第 101 条（决定方式）

决定书应填写下列内容并由公团理事长署名盖章：

1. 请求人的姓名与住址；
2. 受处分人的姓名与住址；
3. 决定书的判决主要内容；
4. 审查请求的宗旨；
5. 决定理由；
6. 决定的年月日。

第 102 条（审查委员会的运用规定）

除第 88—101 条的规定事项外，审查委员会的构成、运营及审查等事项由公团决定。

第 102 条之二（征缴审查委员会的构成、运营及审查等）

①根据法第 109 条第 1 款规定的征缴审查委员会（以下简称"征缴

审查委员会"）由包括一名委员长在内的 25 名委员组成。

②健康保险公团理事长在健康保险公团的常任理事中任命征缴审查委员会委员长，委员在下列人员中，由保健福祉部长官任命或委任的人担任：

1. 健康保险公团的职员一名；

2. 由用工单位团体及劳动者团体各推荐四名；

3. 由市民团体、消费者团体、农渔业团体及地区投保人代表团体各推荐两名；

4. 具有丰富的律师、社会保险及医疗相关学识与经验的人七名。

③根据第 2 款规定受委任委员的任期为三年。

④征缴审查委员会的运营准用《国民健康保险法实施令》第 55 条规定。此时"异议申请委员会"视为"征缴审查委员会"。

⑤征缴审查委员会的审查准用第 95—101 条规定。此时，"审查委员会"视为"征缴审查委员会""公团"视为"健康保险公团"。

⑥除第 1—5 款规定事项外，征缴审查委员会的构成、运用及审查等事项经征缴审查委员会议决，由健康保险公团规定决定。

第 103 条　（复审请求的方式）

根据法第 110 条规定不服审查请求决定的人提出复审请求时，除准用《行政审判法》第 28 条第 2 款规定中所包括的事项外，应填写下列内容：

1. 请求复审的人与受处分人不同时，受处分人的姓名、地址及居民登记号；

2. 请求复审的人及受处分人不是投保人和原投保人时，投保人或原投保人的姓名、地址及居民登记号。

第 104 条　（复审委员会的构成）

①法第 111 条第 1 款规定的国民年金复审委员会（以下简称"复审委员会"）由包括委员长在内的 20 名以下的委员组成。

②委员在符合下列人员中，由保健福祉部长官任命或委任的人担任：

1. 保健福祉部所属三级或四级公务员再或者高层公务员团的一般公务员；

2. 具有法官、检察官或律师资格的人；

3. 根据《高等教育法》第 2 条规定的大学副教授以上的在职者；

4. 具有社会保险或医疗相关领域的学识与经验的人中由保健福祉部长官认定有资格的人。

第 105 条（复审委员会的委员长）
①复审委员会委员长由保健福祉部的年金政策局局长担任。
②委员长有故时由委员长指定的委员代行其职务。

第 105 条之二（复审委员会委员的解任及免职）
保健福祉部长官根据第 104 条第 2 款规定的委员符合下列情形时，可以解任或免职该委员：
1. 因身心障碍而无法履行职务的情形；
2. 存在与职务相关的违法事实的情形；
3. 因玩忽职守、品行受损或其他原因认定不适合担任委员的情形；
4. 委员自觉表示无法履行职务的情形。

第 106 条（复审委员会会议）
①复审委员会的会议由委员长与每次会议由委员长指定的六名委员组成。
②复审委员会的委员长召开会议并担任议长。
③复审委员会经在籍成员过半数出席与出席成员过半数赞成而议决。

第 107 条（干事）
①复审委员会设有一名干事。
②干事由保健福祉部长官在保健福祉部公务员中任命。
③干事受委员长命令处理复审委员会的事务。

第 108 条（津贴）
可以对出席复审委员会会议的委员在预算范围发放津贴。但，具有公务员身份的委员因直接涉及所管业务而出席的情形除外。

第 109 条（复审委员会委员的任期）
复审委员会委员的任期准用审查委员会委员的第 91 条规定。此时，"审查委员会"视为"复审委员会"、"公团的管理人员"视为"公务员"。

第 109 条之二（受领权人确认调查的范围等）
①以法第 122 条之二第 1 款规定公团在领取者中需要确认变更或消灭受领权的人为对象进行调查。

②根据第 1 款规定进行的调查包括资料确认、现场调查、电话、邮编或以其他由法第 122 条之二第 1 款中年度调查计划规定的方法进行。

③根据法第 122 条之二第 3 款规定停止发放工资的情形准用第 56 条规定。

第八章　补则

第 109 条之三（资料的请求）

①法第 123 条第 1 款规定中"总统令规定的机关、法人、团体"是指附表二之二第 1 项规定的机关、法人、团体。

②法第 123 条第 1 款规定中"总统令规定的资料"是指附表二之二第 2 项规定的资料。

③法第 123 条第 2 款规定中"总统令规定的机关、法人、团体"是指附表二之三第 1 项规定的机关、法人、团体。

④法第 123 条第 2 项规定中"总统令规定的资料"是指附表二之三第 2 项规定的资料。

⑤根据法第 123 条第 1 款及第 2 款规定要求提供资料的机关、法人、团体根据第 2 款及第 4 项规定的资料以磁盘、磁带、卫星胶片、光盘等电算记录装置或计算程序储存时应当以相应形式提供。

第 110 条（减少收入与遗漏资料的通报程序）

①根据法第 125 条第 1 款规定用工单位或投保人所申报的收入符合第 1—3 项规定并认定具有减少收入或遗漏资料的情形，公团应当向保健福祉部长官汇报并将相应资料提交给国税厅厅长：

1. 向国税厅厅长申报的收入存在明显差异的；

2. 明显低于相应行业与工种的平均收入的；

3. 存入对账及其他收入相关文件或账簿等内容不符的。

②公团根据法第 125 条第 2 款规定，从国税厅厅长处接收收入事项的通报时应当将其结果反映到相关投保人的收入。

第 101 条（排除在应当适用的外国人）

根据法第 126 条第 1 款规定应当排除在事业场投保人或地区投保人的外国人如下：

1.《出入境管理法》第 25 条规定未取得延长居留期限许可而滞留的人；

2.《出入境管理法》第 31 条规定未登记的外国人或根据第 59 条第 2 款规定已签发强制驱逐令的人；

3.《出入境管理法实施令》附表一至附表一之三规定中具有滞留资格的外国人并有保健福祉部令规定的人。

第 112 条（对外国人的通知）

根据法第 126 条第 1 款规定，事业场投保人或地区投保人的外国人适用大韩民国年金法时，公团应当向外国人通知其符合国民年金投保人的事实，以及依法规定的不予发放一次性返还金的规定。

第 113 条 删除

第 113 条之二（敏感信息及固有识别信息的处理）

①保健福祉部长官及长官为了执行下列规定的事务，必要时可以处理包括《个人信息保护法》第 23 条规定的健康相关信息、同法实施令第 18 条第 2 号规定的犯罪前科相关资料、第 19 条第 1 项、第 2 项或第 4 项规定的居民登记号、护照号或外国人登记号的资料：

1. 法第 19 条之二规定的失业投保期间追加计算申请的受理及处理等相关事务；

1 之二．法第 245 条规定业务的相关事务；

2. 根据法第 57 条及 57 条之二规定的工资额退还及退还金的通知、催缴、滞纳处分等相关事务；

3. 法第 95 条第 4 项四款规定的年金保险费的滞纳处分相关事务；

4. 法第 108 条规定的请求审查相关事务；

5. 法第 110 条及第 112 条规定的再审查请求及裁决相关事务；

5 之二．法第 114 条规定的损害赔偿请求权代为行使相关事务；

6. 法第 122 条及第 123 条规定的调查与询问及资料请求相关事务；

7. 法第 125 条规定的减少收入与遗漏资料等相关事务。

②年金保险公团（第 4 项规定的情形，根据法第 95 条第 6 款规定将包括代为行使健康保险公团业务的韩国资产管理公司）为了执行下列事务，必要时可以处理除第 1 款规定外的个人信息的资料：

1. 法第 17 条第 3 款规定的滞纳事实的通知相关事务；

2. 法第 88 条第 2 款规定的年金保险费征缴相关事务；

3. 法第 88 条之二及第 89 条规定的年金保险费的缴纳通知及缴纳期限的延长事务；

4. 法第 95 条规定的年金保险费等催缴及滞纳处分相关事务；

5. 法第 97 条规定的滞纳金征缴相关事务；

6. 法第 100 条第 2 款规定的错误缴费的发放等相关事务；

7. 法第 108 条规定的请求审查相关事务；

8. 法第 110 条第 2 款规定的年金保险费的缴纳、征缴权消灭事项的记录、保管及提供相关事务；

③根据法第 47 条规定，受公团委托的人为了履行第 33 条规定事务，必要时可以对《个人信息保护法实施令》第 19 条第 1 项、第 2 项或第 4 项规定的居民登利号、护照号或外国人登记号等相关资料进行处理。

④根据法第 123 条第 1 项及第 2 项规定，受保健福祉部长官及公团请求的国家、地方自治团体及其他公共团体等为了提供资料，必要时可以处理除第 1 款外的个人信息相关资料。

第 114 条 （滞纳金的课以标准）

法第 131 条规定中滞纳金的课以标准与附表三相同。

附则

该令自 2019 年 6 月 12 日起实施。但，第 46 条之二及第 105 条第 1 款的修改规定自颁布之日起实施，附表二之三的修改规定自 2019 年 7 月 1 日起实施。

十八　残疾人年金法

第1条（目的）

本法制定目的在于，因残疾导致生活困难的重症残疾人发放残疾人年金，帮助重症残疾人稳定生活、增进福利及促进社会和谐。

第2条（定义）

本法所用术语的含义如下：

1. "重症残疾人"是指根据《残疾人福祉法》第32条规定，已登记为具有残疾的人中劳动能力丧失或显著降低的人，同时根据本法第20条第2款规定，判定为一级或二级伤残和三级伤残中由总统令规定的人；

2. "受领权"是指根据本法规定可以领取残疾人年金的权利；

3. "受领权人"是指具有受领权的人；

4. "受领人"是指根据本法领取残疾人年金的人；

5. "收入认定额"是指受领权人及其配偶的收入评估额与财产收入额之和；

6. "受领权人及其配偶的收入评估额"是指受领权人及其配偶的实际收入用于残疾人年金的支付决定及实施等计算的金额。此时，作为收入评估额计算基础的收入范围由总统令决定，具体计算方式由保健福利部令规定。

7. "财产的收入换算额"是指受领权人及其配偶的财产价值乘以财产收入换算率所计算出的金额。此时，受领权人及其配偶的财产范围、财产价值的计算标准与财产的收入换算率及财产的收入换算额计算方式事项由保健福利部令规定。

第3条（国家及地方自治团体的职责）

①国家及地方政府应当尽力，使残疾人年金能够支援重度残疾人的生活稳定和增进福利的相应水准，并且每年应当筹集必要资金。

②国家及地方政府应尽最大的努力，确保残疾人年金的发放不会产生不同阶层收入的逆转现象或降低工作积极性及储蓄诱因。

第4条（受领权人的范围等）

①受领权人作为18岁以上的重症残疾人，并考虑重症残疾人的收入、财产、生活水平以及物价上涨率等因素，其收入认定额为保健福祉部长官所规定的公示金额（以下简称"选定标准额"）以下的人。

②保健福祉部长官在确定选定标准额时，在18岁以上重症残疾人中的受领人应达到70%。

③除第1款规定外，符合下列各项且具有年金受领权的人及其配偶或领取下列各项年金中由总统令规定的人及其配偶则不予发放残疾人年金：

1. 《公务员年金法》第28条、《公务员灾害补偿法》第8条或《私立学校教职员年金法》第42条第1款规定的退休年金、退休年金一次性支付金、退休年金一次性扣除金、障害年金、非公务上的障害年金、非职务上的障害年金、障害年金一次性支付金、非公务上的障害年金一次性支付金、非职务上的障害年金一次性支付金、退休遗属年金、障害遗属年金、殉职遗属年金、职务上的遗属年金、危险职务殉职的遗属年金、退休遗属年金一次性支付金或退休遗属一次性支付金［领取退休遗属一次性支付金为《公务员灾害补偿法》第20条第1款规定，殉职遗属年金受领人选择领取殉职遗属年金的情形（《私立学校教职员年金法》第42条第1款规定中职务上的遗属年金受领人选择领取职务上的遗属年金的情形）与同法第20条第2款规定中危险职务殉职遗属年金受领人选择领取危险职务殉职遗属年金的情形］；

2. 根据《军人年金法》第6条规定的退役年金、退役年金一次性支付金、退役年金一次性扣除金、伤残年金、遗属年金或遗属年金一次性支付金；

3. 根据《非官方邮局法》第24条第2款规定的退休年金、退休年金一次性支付金、退休年金一次性扣除金、遗属年金或遗属年金一次性支付金；

4. 根据《关于国民年金与职业年金关联法》第10条或第13条规定的退休年金或退休遗属年金中，同法第2条第1款第7项规定的职域期间为十年以上的退休年金或退休遗属年金。

④选定标准的标准、公示时期及适用期间等由总统令规定。

第 5 条（残疾人年金的种类及内容）

根据本法规定，残疾人年金的种类及内容如下：

1. 基础工资：为了填补因劳动能力的丧失或显著降低导致的收入减少发放的工资；

2. 附加工资：为了填补因疾病产生的部分或全部费用发放的工资。

第 6 条（基础工资额）

①基础工资的金额（以下简称"基础工资额"）是保健福祉部长官根据上年度的基础工资额，并以总统令的规定，按照全国消费者物价变动率（是指统计厅厅长根据《统计法》第 3 条规定，每年公示的全国消费者物价变动率）每年公示一次。但有关 2018 年的基础工资额及对部分受领人的 2019 年的基本工资额，发放标准如下：

1. 2018 年的基础工资额：25 万韩元；

2. 2019 年根据《国民基础生活保障法》第 7 条第 1 款第 1 项规定，生计给付受领人及同条款第 3 项规定的医疗工资受领人的基础工资额：30 万韩元。

②虽有第 1 款规定，但根据《基础年金法》第 9 条第 3 款规定已公示标准年金额时，该金额为基础工资额。

③受领权人及其配偶均领取基础工资的情形，将各自减去相当于基础工资额的 20% 的金额。

④虽有第 1 款及第 2 款规定，但收入认定额与基础工资额之和以超过选定标准额的情形，根据总统令规定将减去部分基础工资额。

⑤受领人中符合《基础年金法》规定的基本年金受领权人时，不予发放基础工资。

⑥基础根据第 1 款及第 2 款规定，基础工资的适用期限为相应调整年度 4 月至下年度的 3 月。

第 7 条（附加工资额）

附加工资额应每月定额，并考虑受领权人及其配偶的收入水平与因残疾而增加的费用，由总统令规定。

第 8 条（残疾人年金的申请）

①欲领取残疾人年金的人（以下简称"有望领取人"），可以向特别

自治市市长、特别自治道执事、市长、郡守、区厅长（是指自治区的区厅长，以下相同）申请发放残疾人年金。

②特别自治市、特别自治道、市、群、区（是指自治区，以下相同）公务员为确保不遗漏由本法规定的需领取残疾人年金的人，可以申请对居住在管辖区内且有望领取人或受领权人的残疾人年金的发放。此时，须经有望领取人或受领权人的同意，其同意则视为有望受领人或受领权人提出申请。

③根据第 1 款规定申请残疾人年金或根据第 2 款规定由特别自治市、特别自治道、市、群、区的公务员申请残疾人年金，获得有望领取人或受领权人的同意时，有望领取人或者受领权人及其配偶应将其意向以书面形式（包括电子文书）向特别自治市市长、特别自治道执事、市长、郡守、区厅长提交下列资料或信息：

1. 根据《金融实名交易及秘密保障法》第 2 条第 2 款及第 3 款规定的金融资产及金融交易内容的资料或信息中存款平均余额与其他由总统令规定的资料或信息；

2. 根据《信用信息的使用及保护法》第 2 条第 1 款规定，信用信息中债务额与其他由总统令规定的资料或信息（以下简称"信用信息"）；

3. 根据《保险业法》第 4 条第 1 款规定的加入保险后所缴纳的保险费与其他由总统令规定的资料或信息（以下简称"保险信息"）。

④根据第 1 款及第 2 款规定的残疾人年金的申请方法及程序和第 3 款规定的同意方法及程序等事项由总统令规定。

第 8 条之二（残疾人年金相关信息的提供）

①保健福祉部长官或特别自治市市长、特别自治道执事、市长、郡守、区厅长应向重症残疾人提供受领权人的范围、残疾人年金的种类、内容、申请方法等有关残疾人年金的相关信息。

②第 1 款规定的有关信息内容、方法及程序事项由总统令规定。

第 9 条（申请调查）

①保健福祉部长官或特别自治市市长、特别自治道执事、市长、郡守、区厅长受理根据第 8 条第 1 款及第 2 款规定的残疾人年金的申请时，可以要求公务员对有关残疾人年金的发放决定及实施的下列所需事项进行调查：

1. 有望领取人或受领权人及其配偶的收入及财产相关事项；
2. 有望领取人或受领权人的家户特点及残疾程度相关事项；
3. 有望领取人或受领权人的支付账户等残疾人年金发放的事项。

②保健福祉部长官或特别自治市市长、特别自治道执事、市长、郡守、区厅长受理根据第8条第1款及第2款规定的申请时，为确认相关有望领取人或受领权人的残疾状态和残疾程度，可以重新审查残疾程度。

③保健福祉部长官或特别自治市市长、特别自治道执事、市长、郡守、区厅长为确认第1款事项或进行第2款规定的重新审查时难以确保所需资料的情形，根据保健福祉部令的规定可以要求有望领取人、受领人及其配偶或其他关系人（以下简称"受领权人等"）提交能够确认收入、财产及残疾程度等所需的资料。

④为调查第1款规定事项，保健福祉部长官或特别自治市市长、特别自治道执事、市长、郡守、区厅长可以要求相关机关的负责人提供国税、地方税；土地、住宅、建筑物、机动车、船舶、飞机；国民健康保险、国民年金、雇佣保险、产业灾害补偿保险、报勋津贴、军人年金、私立学校教职员年金、公务员年金、公务员灾害补偿津贴、另定邮政局年金、基础年金；出入境，矫正设施，治疗监护设施的入所、出所，埋葬，火葬，葬礼；居民登记、亲属关系登记等资料。此时，无特殊事由的，应予以提供。

⑤根据第1款规定进行调查的公务员应携带其权限证明，向人员出示。

⑥保健福祉部或特别自治市、特别自治道、市、群、区的公务员或曾经为所属公务员与根据第23条规定受业务委托的人根据第1—4款规定获得的资料，不得用于本法规定的目的以外的其他用途且不得向他人或机关提供或泄漏。

⑦保健福祉部长官或特别自治市市长、特别自治道执事、市长、郡守、区厅长根据第1—4款规定所调查的结果制定台账。但由电算信息处理组织管理的情形，可以由电算文件代替。

⑧受领权人等其他人员两次以上拒绝或妨碍（回避）提交第1款与第2款规定调查事项及重新审查时所需资料及调查询问或第3款规定资料时，特别自治市市长、特别自治道执事、市长、郡守、区厅长可以驳回支

付残疾人年金的申请。此时，应以书面形式注明其理由告知受领权人。

⑨对于根据第 4 款规定提供给保健福祉部长官或特别自治市市长、特别自治道执事、市长、郡守、区厅长的资料或第 23 条规定提供给受业务委托的专门机关应免除使用费与手续费等。

⑩根据第 2 款规定的残疾程度的重新审查对象、方法及程序等相关事项由总统令规定。

第 10 条（残疾人年金的发放决定等）

①特别自治市市长、特别自治道执事、市长、郡守、区厅长根据第 9 条进行调查时，应及时决定是否发放残疾人年金及内容。

②特别自治市市长、特别自治道执事、市长、郡守、区厅长根据第 1 款规定决定发放残疾人年金和内容时，应当以书面形式向有望领取人或受领权人通知该决定的主旨、残疾人年金的种类及开始发放的时期等。

③关于有望领取人或受领权人的第 2 款中的通知，应当自第 8 条规定中残疾人年金的支付申请日起 30 日内。

④下列情形中，虽有第 3 款规定，但自申请之日起 60 日内可以通知。此时，应当在通知书上注明其理由：

1. 有望领取人或受领权人及其配偶的收入、财产的调查或重新审查残疾程度需要一定时间的特殊情形；

2. 受领权人拒绝、妨碍或回避根据第 9 条规定的调查或提交资料的情形。

第 10 条之二（有望领取残疾人年金的履历管理）

①根据第 8 条规定申请发放残疾人年金的有望领取人等，由保健福祉部令规定的人在没有获得受领权的情形下，可以向特别自治市市长、特别自治道执事、市长、郡守、区厅长确认能否列入第 4 条规定的受领人范围。

②根据第 1 款规定，确认能否列入领取范围的人，须填写保健福祉部令规定的申请书提交给特别自治市市长、特别自治道执事、市长、郡守、区厅长。

③特别自治市市长、特别自治道执事、市长、郡守、区厅长应对根据第 2 款规定所提交申请书的人确认是否能够列入第 4 条规定的受领人范围。

④特别自治市市长、特别自治道执事、市长、郡守、区厅长经第3款规定的确认结果向有望被列入第4条规定中领取范围的人说明残疾人年金的申请方法及程序。

⑤第2款规定的申请书的提交及第3款规定的为确认其可能性所进行的调查准用第8条第3款、第4款，第9条第3—7款及第9款规定。

⑥第2款规定中申请书的有效期、第3款规定中的确认可能性的时间及第4条中的说明方法、程序等事项由总统令规定。

第11条（受领人的事后管理）

①保健福祉部长官为确认对受领人支付残疾人年金的适当性应当每年制定年度调查计划，以全国受领人为对象调查第9条第1款规定的各事项。

②特别自治市市长、特别自治道执事、市长、郡守、区厅长根据第1款规定制定管辖地区的年度调查计划，以管辖地区受领人为对象调查第9条第1款规定的各事项。

③提交受领人资料、相关资料的使用。此外，有关受领人的事后管理事项准用第9条第3—7款及第9款规定。

④特别自治市市长、特别自治道执事、市长、郡守、区厅长对受领人及其配偶或其他关系人两次以上作出拒绝、妨碍或回避根据第1款与第2款规定进行调查及准用第3款中根据第9条第3款提出的资料要求的，可以撤销或停止发放残疾人年金的决定。此时，应以书面形式注明其理由通知该受领人。

第12条（金融信息的提供）

①《金融实名交易及秘密法》第4条与《信用信息的使用及保护法》第32条规定外，保健福祉部长官将有望受领人或受领权人及其配偶根据第8条第3款（包括第10条之二第5款规定情形）所提交的同意书改为电子文书形式，且要求《金融实名交易及保密法》第2条第1款规定的金融公司或《信用信息使用及保护法》第2条第6款规定的信用信息集中机关（以下简称"金融公司等"）负责人提供金融信息、信用信息或保险信息。

②《金融实名交易及保密法》第4条与《信用信息的使用及保护法》第32条规定外，保健福祉部长官对第11条规定的受领人进行事后管理

时，根据总统令规定，通过相应文书或信息通信网，要求金融公司负责人提供受领人及其配偶的金融信息等。

③《金融实名交易及保密法》第4条与《信用信息的使用及保护法》第32条规定，根据第1款及第2款规定，该负责人应当提供名义人的金融信息等。

④根据第3款规定提供金融信息或保险信息的《信用信息的使用及保护法》第2条第1款中的金融公司负责人应当将该事实告知名义人。《金融实名交易及保密法》第4条之二第1款规定外，名义人同意的情形，可不予通知。

⑤根据第1—2款规定的事项，应使用《促进信息通信网的使用及信息保护法》第2条第1款第1项规定。但因信息通信网受损等不可避免的情形除外。

⑥从事或曾经从事第1—3款规定业务者与第23条规定受委托从事业务者在执行业务时所获取的信息，不得用于本法规定外的其他用途或提供给他人及机关。

⑦第1—3款及第5款规定中金融信息的提供请求及所需事项由总统令规定。

第13条（残疾人年金的支付期间及支付时期）

①特别自治市市长、特别自治道执事、市长、郡守、区厅长根据第10条规定，决定发放残疾人年金时，自该受领权人申请残疾人年金的月份起受领权丧失的当月为止定期进行发放。

②发生停止发放残疾人年金的情形，自该事由产生的月份起事由消失的当月为止不得发放。但停止发放的事由和事消失的日期为同一月份的除外。

③残疾人年金的支付方法及程序的必要事项由总统令规定。

第13条之二（残疾人年金的领取账户）

①特别自治市市长、特别自治道执事、市长、郡守、区厅长受理受领人的申请时，应当将残疾人年金存入受领人名下的指定账户（以下简称"残疾人年金领取账户"）。但，因通信障碍或其他总统令规定中不可避免的事由而无法存入残疾人年金领取账户时，根据总统令的规定，可以现金支付。

②开设残疾人年金领取账户的金融机构，应当根据本法规定，只能将残疾人年金存入该账户。

③根据第1款规定的申请方法及程序和第2款规定的残疾人年金领取账户的管理事项由总统令规定。

第 14 条（为发放的残疾人年金）

①受领人已故且年金却尚未发放的情形，经与受领人共同生活的遗属请求，可以发放该年金。

②根据第1款规定中未发放残疾人年金的请求程序、方法，遗属范围及发放顺位等事项由总统令规定。

第 15 条（受领权的消灭和停止支付）

①受领权人存在下列情形时，受领权将消灭：

1. 死亡的情形；

2. 丧失国籍或出国移民的情形；

3. 根据第4条规定不符合受领权人范围的情形；

4. 残疾程度的变更等，不属于重症残疾人的情形。

②受领人存在下列情形时，特别自治市市长、特别自治道执事、市长、郡守、区厅长应停止发放残疾人年金：

1. 受领人被判处监禁以上刑罚，根据《刑罚执行及收容者待遇法》或《治疗监护法》规定，收容在矫正设施或治疗监护设施的情形；

2. 受领人因行踪下落不明或失踪等原因已推测死亡的情形；

3. 受领人在国外滞留时间持续60日以上的情形，滞留的第60日视为停止支付事由的发生之日。

③特别自治市市长、特别自治道执事、市长、郡守、区厅长根据第1款第3项及第4项规定受领权消灭，或按照第2款规定停止发放残疾人年金的情形，应当以书面形式注明其理由后通知受领权人或受领人及其配偶。

第 16 条（申报义务）

受领人符合下列事由之一的情形，应当根据保健福祉部令规定申报给特别自治市市长、特别自治道执事、市长、郡守、区厅长。但在第1项规定情形下，则根据《亲属关系登记法》第85条规定，申报义务人应当在30日内将其死亡事实申报给特别自治市市长、特别自治道执事、市长、郡守、区厅长：

1. 根据第 15 条第 1 款规定受领权的消灭；
2. 符合总统令规定的标准的受领人或及其配偶的收入或财产变动；
3. 受领人的结婚或离婚。

第 17 条（残疾人年金的退还）

①特别自治市市长、特别自治道执事、市长、郡守、区厅长根据本法领取残疾人年金的人符合下列情形时，应退还其年金。但符合第 1 款规定的情形，应将总统令规定的利息一并退还：

1. 以虚假或其他不正当方式领取残疾人年金的情形；
2. 领取残疾人年金后，其领取事由溯及消灭的情形；
3. 发放错误的情形。

②根据第 1 款规定，对应退还残疾人年金的人（受领人已故的，是指第 14 条规定的遗属）须支付该年金时，可用退还的残疾人年金抵消。

③特别自治市市长、特别自治道执事、市长、郡守、区厅长根据第 1 款规定，未在规定期限内返还残疾人年金的情形，可以按照国税或地方税的滞纳处分例进行征缴。

④特别自治市市长、特别自治道执事、市长、郡守、区厅长根据第 3 款规定征缴残疾人年金时，应返还年金的人下落不明、无财产或其他不可避免的事由而认定不可收回的，可以做出亏损处理。

第 18 条（异议申请）

①根据第 10 条第 1 款规定，残疾人年金的支付决定或对根据本法的处理有异议的人，可以向特别自治市市长、特别自治道执事、市长、郡守、区厅长提出异议申请。

②根据第 1 款规定所提出的异议申请，自得知其处分之日起 90 日内以书面形式提出。但能够证明具有正当理由不能在期限内作出异议申请的情形，可以自该事由消失之日起 60 日内提出异议申请。

③根据第 1 款及第 2 款规定的异议申请的方法及程序的事项由保健福祉部令规定。

第 19 条（禁止扣押等）

①不得扣押作为残疾人年金向受领人发放的钱财或收取财产的权利。

②不得扣押根据第 13 条第 2 款第 1 项规定的残疾人年金领取账户存

款的债权。

③受领人不得将领取残疾人年金的权利转让给他人或将其作为担保权提供。

第 20 条（时效）

若在五年内不行使受领人领取残疾人年金的权利与第 17 条规定中地方自治团体退还残疾人年金的权利的，则因时效的完成而消灭。

第 20 条之二（尾数的处理）

根据本法计算支付或退还残疾人年金时，少于 10 韩元的情形不予计算在内。

第 21 条（费用的承担）

残疾人年金考虑到地方自治团体的财政等因素，根据总统令的规定由国家、特别市、广域市、道或特别自治市、特别自治道、市、群、区承担。

第 22 条（残疾人年金信息系统的构造及运营）

为有效地处理第 8—18 条及第 27 条规定相关残疾人年金事业所需的资料或信息并记录与管理业务的电算化，保健福祉部长官根据总统令规定，构建和运营残疾人年金信息系统。

第 23 条（业务委托）

保健福祉部长官或特别自治市市长、特别自治道执事、市长、郡守、区厅长的业务根据总统令的规定，可以将本法规定的部分业务委托给相关机关处理。

第 24 条（适用处罚时的公务员议题）

根据第 23 条规定从事委托业务的人在适用《刑法》第 129—132 条规定的处罚时，将其视为公务员。

第 25 条（处罚）

①违反第 12 条第 6 款规定，使用、提供或泄露金融信息的人，处以五年以下有期徒刑或 5000 万韩元以下的罚款。

②违反第 9 条第 6 款规定（包括第 10 条之二第 5 款及第 11 条第 3 款中准用的情形，违反第 12 条第 6 款情形除外），使用、提供或泄露信息或资料的人，处以三年以下有期徒刑或 3000 万韩元以下的罚款。

1. 删除。

2. 删除。

③以虚假或其他不正当方法领取残疾人年金或使其他人领取的，处以一年以下有期徒刑或 1000 万韩元以下的罚款。

第 26 条（双罚规定）

法人代表、法人或个人代理人、使用人及其他工作人员有关该法人或个人业务存在第 25 条规定的违反行为时，除对当事人进行处罚外，应对其法人或个人处以相应规定的罚款。但为了防止违反行为，已作出相应告诫与监督的情形除外。

第 27 条（罚款）

①对于没有提交第 9 条规定的文书或其他收入、财产及残疾人程度等资料再或者提交虚假资料的人、拒绝、妨碍或回避调查提问、没有如实回答的，处以 20 万韩元以下的罚款。

②无正当理由，根据第 16 条规定没有进行举报的，处以 10 万韩元以下的罚款。

③根据第 1 款及第 2 款规定的罚款，根据总统令规定的标准，由特别自治市市长、特别自治道执事、市长、郡守、区厅长收取征缴。

附则

第 1 条（实施日）

本法自 2019 年 4 月 1 日起实施。

第 2 条（基础工资余额相关特例）

虽有第 6 条第 1 款及第 2 款规定，符合第 6 条第 1 款第 2 项规定的《国民基础生活保障法》第 7 条第 1 款第 1 项的生计补助受领人及同条款第 3 项规定的医疗补助受领人的残疾人年金受领人的基础工资额在 2021 年公布基本工资前为 30 万韩元。

十九　残疾人年金法实施令

第1条（目的）

本法制定的目的在于，规定《残疾人年金法》中的委任及实施的必要事项。

第2条（重度残疾人的范围）

《残疾人年金法》（以下简称"法"）第2条第1款规定"由总统令规定的人"是指《残疾人福祉法实施令》第2条第2款规定中作为残疾程度严重的人，具备保健福祉部长官规定的条件的人。

第3条（收入的范围）

根据法第2条第6款后段中规定的收入评估额计算基础的收入范围如下：

1. 工作所得：《所得税法》第20条第1款规定的收入。《所得税法》第12条第3款规定，虽然非课税收入除外，但包括下列金额：

（1）根据《所得税法》第12条第3项规定的非课税工资；

（2）根据《所得税法实施令》第16条第1款第1项规定的非课税工资。

2. 事业所得：根据《所得税法》第19条规定的收入。

3. 财产所得：

（1）利息所得：根据第8条第1项（6）规定的利息、分红及折价额的合计收入中，《基础年金法实施令》第2条第1款第3项（1）所述的金额超过规定金额的收入。但保健福祉部长官另行规定并公示金额的情形，其收入为超额的部分。

（2）年金所得：根据《所得税法》第20条第1款第2项及第3项规定的年金或《保险业法》第4条第1款第1项（2）规定的年金保险所产生的收入。

4. 公共移转所得：《国民年金法》《公务员年金法》《公务员灾害补偿法》《军人年金法》《别定邮局法》《私立学校教职工年金法》《产业灾害补偿保险法》《国民年金和职业年金关联法》《关于保护脱北住民（北韩离脱住民）及定居支援法》《关于独立有功者礼遇法》《关于国家有功者的礼遇及补助法》《橙剂后遗症等患者支援及团体设立法》《关于参战有功者礼遇及团体设立法》和保健福祉部长官规定并公示的法令定期支付的各种津贴、年金、工资及或其他钱财。但下列津贴除外。

（1）根据《独立有功者礼遇法》第 14 条规定的生活调整津贴；

（2）根据《国家有功者的礼遇及补助法》第 14 条、第 15 条及第 16 条之二规定的生活调整津贴、看护津贴及战功荣誉津贴；

（3）根据《参战有功者礼遇及团体设立法》第 6 条规定的参战名誉津贴。

5. 私人移转收入：作为受领人从一代直系血亲及配偶处获得居住费、食品费、服装费等支援的钱财，是保健福祉部长官规定的金额以上的钱财。

第 4 条（受领人的选定标准）

①保健福祉部长官根据法第 4 条第 1 款规定的选定标准额（以下简称"选定标准额"）应于上年度 12 月 31 日前定点公示。

②根据第 1 款规定选定标准额时，有配偶的重度残疾人的选定标准额为无配偶的重度残疾人选定标准额乘以 160% 的金额。

③选定标准额的适用时间为下一年度的 1 月 1 日至 12 月 31 日。

④根据第 1 款规定由保健福祉部长官选定标准额时，应与相关中央行政机关的负责人进行协议。

第 4 条之二（排除在残疾人年金支付对象之外的人）

法第 4 条第 3 款规定外，"根据总统令规定的人"是指符合下列人员：

1. 作为领取法第 4 条第 3 款第 1 项规定年金的人，且符合下列情形的人：

（1）领取一次性退休年金或退休年金的一次性抵扣金的；

（2）作为领取一次性残害金、非公务上的一次性残害金或非职务上的一次性残害金的人在领取该金额后，未超过五年的；

（3）作为领取一次性退休遗属年金或一次性退休金的人在领取该金额后，未超过五年的。

2. 法第 4 条第 3 款第 2 项规定受领年金的人，具体如下：

（1）领取一次性退役年金或退役年金的一次性抵扣金的；

（2）作为领取一次性遗属年金的人且领取该年金未超过五年的。

3. 法第 10 条第 3 款第 3 项规定受领年金的人，具体如下：

（1）领取一次性退休年金或退休年金的一次性抵扣金的；

（2）作为领取一次性遗属年金的人且领取该年金未超过五年的。

第 5 条（基本工资的计算及减额）

①根据法第 6 条第 1 款规定的基础工资金额（以下简称"基础工资"）以上年度基础工资和上年度全国消费者物价变动率相乘的金额为基础。此时，适用上年全国消费者物价变动率时，应根据《国民年金法》第 51 条第 2 款规定调整同条第 1 款规定金额时适用的变动率。

②根据法第 6 条第 4 款规定，向所得认定额与基础工资之和超过选定标准额的人所支付的基本工资区分如下：

1. 选定标准额中扣除所得认定额后的金额低于两万韩元的情形：两万韩元；

2. 选定标准额减去所得认定额时，多于两万韩元的情形：以得出金额为准，两万韩元为单位的升值的金额。

③虽有第 2 款规定，但在受领人及配偶均领取基础工资的情形下，应当按照受领人及其配偶的所得认定额与法第 6 条第 3 款规定中由受领人及其配偶的所得认定额之和超过限定标准额时，基础工资区分如下：

1. 选定标准额中扣除所得认定额后的金额低于四万韩元的情形：四万韩元；

2. 选定标准额减去所得认定额时，多于四万韩元的情形：以得出金额为准，四万韩元为单位的升值的金额。

第 6 条（附加工资）

根据法第 7 条规定的附加工资与附表一相同。

第 7 条（申请的方法及程序等）

①根据法第 8 条第 1 款规定，欲申请残疾人年金的人应当在保健福祉部令规定的支付申请书中附上下列文书提交给特别自治市市长、特别自治

道执事、市长、郡守、区厅长（是指自治区区厅长，以下相同）。

1. 保健福祉部令规定的收入、财产申报书。

2. 可以确认残疾程度的文书［仅适用于保健福祉部或特别自治市、特别自治道、市、群、区（是指自治区，以下相同）公务员无法确认内容的情形或申请书的记载事项和公簿内容不同的情形］。

3. 保健福祉部令规定的根据第 8 条中所述的金融信息的提供同意书（包括配偶的同意书，以下相同）。

4. 确认残疾人年金的受领人（以下简称"有望领取人"）身份的材料，具体如下：

（1）居民登记证；

（2）驾驶证；

（3）残疾人登记证；

（4）护照；

（5）根据《国民健康保险法》第 12 条规定的健康保险证或《医疗补贴法》第 8 条规定的医疗补贴证［仅适用于申请人不具有上述（1）至（4）规定的证件且因长期住院或行动不便等事由而无法办理身份证明的情形］。

5. 作为可以确认保健福祉部令规定的委任状及代理人的个人信息且符合第 4 项规定之一的文书（仅适用于代理申请的情形）。

6. 根据保健福祉部令规定的关于残疾程度的审查方法及标准相关规定（以下简称"审查规定"）中残疾诊断书、检查结果、诊疗记录纸等（仅适用于第 9 条规定的再审对象）。

7. 领取残疾年金的账户存折复印件。

②根据法第 8 条第 2 款规定，特别自治市、特别自治道、市、群、区的公务员申请向居住在管辖地区的有望领取人或受领人支付残疾人年金时，应当向有望领取人或受领人提交符合第 1 款第 1 项、第 3 项、第 6 项及第 7 项规定的文书。

③特别自治市市长、特别自治道执事、市长、郡守、区厅长根据第 1 款或第 2 款规定受理残疾人年金的申请时，须制作由保健福祉部令规定的残疾人年金的支付申请台账，并通过《电子政府法》第 36 条第 1 款规定事项，确认有望受领人或受领权人的亲属关系证明与建筑物登记事项证明

书及土地登记事项证明书。但有望受领人或受领权人不予同意时，应附加该证明

第 8 条（金融信息的范围）

下列金融信息、信用信息及保险信息（以下简称"金融信息等"）视为法第 8 条第 3 款第 1—3 项规定"根据总统令规定的资料或信息"：

1. 根据法第 8 条第 3 款第 1 项规定的金融信息：

（1）一般存款，储蓄存款，自由储蓄存款等活期存款：近三个月内的平均余额；

（2）定期存款、零存整取、定期储蓄等储蓄性存款：余额或总缴款；

（3）股票、受益证券、出资额、出资份额：最终市价额，此时，关于非上市股票的评估，准用《继承税及赠与税法实施令》第 54 条第 1 款；

（4）债券、票据、支票、债务凭证、新股买入权证书：面值；

（5）年金储蓄：定期支付的金额或最终余额；

（6）符合（1）至（5）规定，金融财产产生的利息、股息或折扣额。

2. 根据法第 8 条第 3 款第 2 项规定的信用信息：

（1）贷款现状及逾期内容；

（2）信用卡未结金额。

3. 根据法第 8 条第 3 款规定的保险信息：

（1）保险证券：解除合同时得到的退还金或最近一年内支付的保险金；

（2）年金保险：解除合同时得到的退还金或定期支付金额。

第 8 条之二（残疾人年金相关信息的提供）

①保健福祉部长官或特别自治市市长、特别自治道执事、市长、郡守、区厅长根据法第 8 条之二第 1 款规定，向重度残疾人提供的残疾人年金相关信息如下：

1. 根据法第 4 条规定的受领人的范围；

2. 根据法第 5—7 条规定的残疾人年金种类及内容；

3. 根据法第 8 条规定，关于残疾人年金的申请方法及程序相关事项。

②根据法第 8 条之二第 1 款规定中信息的提供可采用电子邮件、书

面、电话或传真等方式。

第9条（残疾程度的再审对象、方法等）

①法第9条第2款规定中残疾程度再审对象根据法第8条第1款及第2款规定申请残疾人年金的人。但下列人员除外：

1. 接受按照审查规定并且保健福祉部令规定的专门机关的审查，以确定残疾种类和程度的人，但根据《残疾人福祉法》第32条第3款规定特别自治市市长、特别自治道执事、市长、郡守、区厅长为了残疾状态的变化而调整残疾程度时，需要接受诊断等措施的人除外；

2. 65岁以上的人；

3. 此外，保健福祉部长官认定由于残疾状态和残疾程度的变化可能性较低，不需要重新审查残疾程度的人。

②特别自治市市长、特别自治道执事、市长、郡守、区厅长应当以书面形式对第1款规定对象根据第7条第1款第6项规定提交的文书所记载的残疾种类及程度是否符合第2条规定的重症残疾人的范围进行审查。

③特别自治市市长、特别自治道执事、市长、郡守、区厅长为确定第1款规定对象是否符合第2条规定的重症残疾人的范围，可以根据《残疾人福祉法》第32条第6款规定委托进行详细审查。

④除第1—3款规定的事项外，重新审查的具体方法及标准均按照审查规定执行。

第10条（要求提供及提供金融信息等）

①保健福祉部长官根据法第12条第1款及第2款规定，要求《金融实名交易及保密法》第2条第1项规定的金融机关或《信用信息的使用及保护法》第2条第6项规定的信用信息集中机关（以下简称"金融公司等"）负责人提供有望受领人、有望受领履历管理的申请人与受领权人及其配偶的金融信息时，应包括下列各项：

1. 上述人员的姓名与居民登记证号；

2. 要求所提供金融信息的范围与查询标准日及查询时间。

②根据第1款规定提供金融信息的金融公司负责人提供金融信息时，应将填写下列各项：

1. 第1款规定人员的姓名与居民登记证号；

2. 金融公司的名称；

3. 金融商品名与账户号；

4. 金融信息的内容。

③由金融公司所加入的协会、联合会或中央会（以下简称"协会"）负责管理有关金融信息的通信网时，保健福祉部长官可以通过该平台，要求负责人提供第 1 款规定事项。

④保健福祉部长官通过法第 12 条第 2 款规定要求受领人及其配偶的金融信息时，在根据法第 11 条第 1 款规定进行调查的目的所需的最低限度范围内，符合下列情形时，可以提出请求：

1. 受领人（有配偶的包括配偶）的金融财产所得的换算额超过选定标准额的 50%以上的；

2. 受领人的金融财产所得换算额超过选定标准额的 70%以上的；

3. 此外，根据法律第 11 条规定定期确认受领人的受领权丧失与否的情形。

第 11 条（残疾人年金的支付方法及程序）

①法第 13 条第 1 款规定，残疾人年金于每月 20 日（周六或公休日时，提前一天支付）存入受领人指定的以受领人名义开设的金融公司账户（《邮政储蓄、保险法》规定的邮政机关或《银行法》规定的银行账户，以下如同）。

②虽有第 1 款规定，但受领人指定的金融工资账户不存在或因他人名义等原因未能在每月 20 日存入账户的情形，可以重新指定受领人名义的金融公司账户并在月末存入。

③虽有第 1 款规定，受领人符合下列情形，可存入受领人的配偶、直系血亲或三代以内旁系血亲名义的账户：

1. 成年监护开审、限定监护开审或特定监护开审确定的情形；

2. 因不履行债务，金钱债权被扣押的情形；

3. 阿尔茨海默病或保健福祉部长官规定的行动不便无法以本人名义开设账户的情形。

④特别自治市市长、特别自治道执事、市长、郡守、区厅长根据第 3 款规定账户存入残疾人年金时，应当按照保健福祉部长官的规定，事先说明其事由、已存年金的使用目的及禁止在其他用途使用等事项。

⑤经第 4 款规定的说明后，经第 3 款规定的账户支付年金的人应当向

特别自治市市长、特别自治道执事、市长、郡守、区厅长提交保健福祉部令规定的相关文书。

⑥第1款规定外，因受领人或根据第3款规定人员居住在偏远地区等，存在不可抗力的事由时，可以直接支付。

⑦残疾人年金由管辖受领人居民登记地址的特别自治市市长、特别自治道执事、市长、郡守、区厅长发放，如受领人变更居民登记地址的，发放标准如下：

1. 迁入日为当月的15日前的情形：现住址的特别自治市市长、特别自治道执事、市长、郡守、区厅长；

2. 迁入日为当月的16日之后的情形：现住址的特别自治市市长、特别自治道知事、市长、郡守、区厅长。

第11条之二（残疾人年金领取账户的申请方法等）

①根据法第13条之二第1项规定，欲以残疾人受领人名义下的指定账户（以下简称"残疾人年金领取账户"）领取年金的人在保健福祉部令规定的残疾人年金领取账户申请书中附上存折（记有账户号的页面）复印件提交给特别自治市市长、特别自治道执事、市长、郡守、区厅长（变更残疾人今年金领取账户的情形如同）。

②特别自治市市长、特别自治道执事、市长、郡守、区厅长根据法第13条之二第1款但书规定，符合下列情形，可以现金支付：

1. 开设残疾人年金领取账户的金融机构因停业，停止业务或信息通信障碍等原因无法正常营业的情形；

2. 受领人居住在金融机关地区外的情形；

3. 此外，因上述不可避免的原因无法将残疾人年金转入残疾人年金领取账户的情形。

③特别自治市市长、特别自治道执事、市长、郡守、区厅长根据第8条第1款规定，应当向申请残疾人年金支付的人说明其年金领取账户的申请方法等。

第12条（对未发放残疾人年金的请求支付程序等）

①欲领取第14条规定中未发放残疾人年金的人应在保健福祉部令规定的未发放残疾人年金支付申请书中附上下列文书提交给管理已故受领人住所管辖的特别自治市市长、特别自治道执事、市长、郡守、区厅长。但

通过《电子政府法》第36条第1款规定的行政信息的共同利用，在可以确认附件所载信息的情形下，可以根据其确认对文书进行更正。

1. 可以证明受领人死亡的文书；

2. 可以确认第3款及第5款属实的文书；

3. 可以确认欲申请支付未发放残疾人年金的人的个人信息且符合第7条第1款第4项之一的文书；

4. 符合第7条第1款第5项规定的文书（仅适用于代理申请的情形）。

②受理按照第1款规定中未发放残疾人年金的支付请求时，特别自治市市长、特别自治道执事、市长、郡守、区厅长应当根据保健福祉部令，决定是否支付未支付的残疾人年金，从收到未支付残疾人年金支付申请书之日起14日内通知申请人。

③可以请求支付未按照法第14条第2款规定发放残疾人年金的人为受领人死亡当时共同居住或每季度定期支付给受领人生活费的遗属。

④可以请求支付未按照法第14条第14条第2款规定发放残疾人年金的遗属顺序为配偶、子女及其配偶、父母、孙子女及其配偶、祖父母。

⑤请求支付未按照第4款规定发放残疾人年金的同等顺位人为两名以上的情形，可以均分支付。

⑥除了第1—5款规定事项外，对未发放的残疾人年金的支付方法及程序等事项由保健福祉部令规定。

第12条之二（收入、财产变更申报）

受领人根据法第16条第2款规定，符合下列情形，应申报本人或配偶的收入或财产的变动：

1. 根据就业、退休、休职、失业、复职等工作状态的变化，重新产生、增加、减少或消失第3条第1款规定中的劳动收入；

2. 根据营业执照、休业、停业等事业状态的变化，重新产生、增加、减少或消失第3条第2款规定中的事业收入；

3. 根据存款、证券、债券、年金商品的买入及回购，重新产生、增加、减少或消失第3条第3款（1）及（2）规定的利息所得或年金所得产生或消失的情形；

4. 根据第3条和第4条规定，取得公共转移所得的受领权或丧失该权利的情形；

5. 根据法第 2 条第 7 款后段规定范围内的财产对其进行取得或处分全部或部分的情形。

第 13 条（残疾人年金的退还）

①特别自治市市长、特别自治道执事、市长、郡守、区厅长根据法第 17 条规定，具有退还残疾人年金的事由的，应当向领取年金的人按照保健福祉部令规定的残疾人年金退还决定通知书，具体说明残疾人年金退还发生事由、退还金额、缴纳期限、缴纳机关及异议申请方法等，并缴纳残疾人年金。在此情形下，缴纳期限为通知日起 30 日以上。

②法第 17 条第 1 款规定外的部分但书中"总统令规定的利息"是指适用三年定期存款利率（在利息计算期间，其利率变动或在不同银行利率不同的情形下适用的利率为当年度 1 月 1 日根据《银行法》设立的银行中以全国为营业区域的银行适用的利率平均值）计算得出的利息。在此情形下，利息的计算期限为从领取残疾人年金的当月至退还残疾人年金和缴纳该利息的月份为止，在已经支付的残疾人年金金额中算入以年份为单位计算的利息后，得出利息额。

③根据第 1 款规定接到通知的人应当向特别自治市市长、特别自治道执事、市长、郡守、区厅长指定的机关缴纳残疾人年金的退还金，并且受理该业务的机关应及时通知特别自治市市长、特别自治道执事、市长、郡守、区厅长。

④根据第 1 规定收到通知的人在规定期限内未缴纳的情形，特别自治市市长、特别自治道执事、市长、郡守、区厅长应当规定 30 日以上的期限，并督促缴纳。

第 14 条（费用的承担等）

①根据法第 21 条规定，国家按照特别市、广域市、道、特别自治市和特别自治道所区分负担的残疾人年金费用比例如下：

1. 特别市：50%；
2. 广域市、道、特别自治市和特别自治市：70%。

②根据第 1 款规定减去国家负担额的剩余部分由特别市、广域市、道、特别自治市与特别自治道及市、群、区所分担，其比例由特别市、广域市、道的相关条例规定。

第 15 条 （残疾人年金信息系统的构建及运营）

①保健福祉部长官根据法第 22 条规定，未执行下列业务构建及运营残疾人年金信息系统：

1. 法第 8—18 条及第 27 条规定的资料、信息记录、业务管理的电算化；

2. 根据法第 9 条第 4 款规定（包括法第 10 条之二第 5 款规定所准用的情形），收集、管理、加工及向地方自治团体提供残疾人年金相关信息；

3. 根据法第 11 条规定，记录及管理受领人的调查资料；

4. 根据第 8 条及第 10 条规定的金融信息的收集、管理、加工及地方自治团体提供金融信息等；

5. 为了履行第 1—4 项规定业务所需的电算化构造及信息保护相关业务；

6. 生产、分析及提供给残疾人年金制度所需的统计。

②第 1 款中所述资料或信息应当使用《促进利用信息通信网及信息保护法》第 2 条第 1 款第 1 项规定的信息通信网进行传达。但，存在信息通信网的受损等具有不可避免的原因时，可不予使用。

③根据第 1 款中所述的资料或信息的记录及管理等，应当以电子文件交换方式或通过电算媒体进行。

第 16 条 （业务委托）

①保健福祉部长官根据法第 23 条规定将下列业务委托至《社会保障工资的利用、提供及发掘受领权人法》第 29 条规定的社会保障信息院：

1. 根据法第 9 条第 4 款（包括法第 10 条之二第 5 款准用的情形）规定的信息和资料的相关事项；

2. 根据法第 11 条规定，请求提供及提供调查受领人的相关事项；

3. 根据法第 12 条规定，请求提供及提供金融信息的相关事项。

②保健福祉部长官及特别自治市市长、特别自治道执事、市长、郡守、区厅长根据法第 23 条规定，将法第 9 条第 2 款规定的重新审查残疾程度的业务委托至《国民年金法》第 24 条规定中的国民年金公团。

第 17 条 （敏感信息及固有识别信息的处理）

保健福祉部长官或特别自治市市长、特别自治道执事、市长、郡守、区厅长（包括根据第 16 条规定受保健福祉部长官或特别自治市市长、特别自治道执事、市长、郡守、区厅长委托的人）为了实施下列事务，在不可避免的情形下，可以根据《个人信息保护法》第 23 条规定处理健康的信息，同法实施令第 19 条第 1 项、第 2 项或第 3 项中包括居民登录证号、护照号或驾驶证号的资料：

1. 根据法第 8 条规定，申请残疾人年金相关事务；
2. 根据法第 9 条规定，调查所得、财产及残疾程度相关事务；
3. 根据法第 10 条规定，残疾人年金支付决定等相关事务；
4. 根据法第 10 条之二规定，有望领取残疾人年金的履历管理相关事务；
5. 根据法第 11 条规定，对受领人的事后管理的相关事务；
6. 根据法第 14 条规定，对未支付残疾人年金相关事务；
7. 根据法第 15 条规定，供求权的消灭和停止支付的相关事务；
8. 根据法第 16 条规定，申报义务的相关事务；
9. 根据法第 17 条规定，残疾人年金的退还相关事务；
10. 根据法第 18 条规定，异议申请的相关事务；
11. 根据法第 22 条规定，残疾人年金信息系统的构建及运营事务。

第 18 条　（罚款的收取标准）

根据法第 27 条第 1 款及第 2 款规定的罚款的收取标准与附表二相同。

第 19 条　（规制的重新审查）

保健福祉部长官应对下列标准日为准，每三年（指每三年的标准日与前一天）探讨相关合理性并采取改善措施：

1. 第 12 条之二规定的收入、财产的变更申报对象：2014 年 7 月 1 日；
2. 第 18 条及附表二规定的罚款的收取标准：2014 年 7 月 1 日。

附则

本令于 2019 年 7 月 1 日起实施。

二十　公务员年金法

第一章　总则

第 1 条（目的）

制定本法的目的在于，对公务员的退休、伤残或者死亡，给予适当的工资并支援福利事业，保障公务员或其家属的生活安定和福利的提高。

第 2 条（负责）

根据本法规定，公务员年金制度运营的事项由人事革新处处长负责。

第 3 条（定义）

①本法使用的用语具体含义如下：

1. "公务员"是指，从事公务的下列人员之一：

（1）根据《国家公务员法》《地方公务员法》和其他法律规定中的公务员，军人和选举就职的公务员除外。

（2）其他在国家机关或地方自治团体工作的人员中，由总统令规定的人。

2. "遗属"是指，公务员或者曾担任公务员的人死亡时，由其扶养的下列人员：

（1）配偶（在职时婚姻关系中的人，包括事实婚姻关系人）；

（2）子女（不包括退休后出生或领养的子女），但退休时的腹中胎儿视为在职时出生的子女；

（3）父母（不包括退休后被领养时的父母）；

（4）孙子女（不包括退休后出生或领养的孙子女，但退休时的胎儿视为在职时出生的孙子女）；

（5）祖父母（不包括退休后被领养时的祖父母）。

3. "离职"是指，免职、辞职及因死亡以外的事由被解职的情形。

但是，公务员身份消失或者在其次日重新取得身份，未根据本法获得退休工资的除外。

4. "基础月收入"作为计算给付费和工资的标准是指，在职期间的收入减去非课税收入后的金额的年支付合计金额除以 12 个月的平均金额。收入及非课税收入的范围、基础月收入的制定方法及适用期间等相关事项将由总统令来规定。

5. "平均基础月收入"是指，根据总统令的规定考虑到公务员工资上涨率等因素，在职期间每年的基础月收入，以发生工资事由之日（因退休而出现工资事由或退休后出现工资事由之日，为退休日的前一天）的价值换算后合计再除以在职期间后的金额。但根据第 43 条第 1 款及第 2 款的退休金和提早退休金，第 54 条第 1 款的退休遗属年金（公务员本人在领取退休金或提早退休金时死亡，其遗属领取退休年金的除外）的计算以平均基础月收入为基础，平均基础月收入的计算考虑公务员工资上涨率等因素，根据总统令的规定，以发生工资事由之日的价值换算后合计再除以在职期间后的金额。

6. "机构负责人"由总统令决定，执行报酬预算。

7. "给付费缴费义务人"由总统令决定，是指从事预算支出工作的人。

8. "给付费"包含在工资中，由公务员负担。

9. "负担金"包含在工资中，由国家或地方自治团体负担。

②第 1 款第 2 项（2）及（4）中的子女和孙子女的范围如下。此时，孙子女父亲已故或其属于总统令规定的伤残（《公务员灾害补偿法》第 3 条第 1 款第 7 项所称的伤残）人员的情形。

1. 未满 19 岁；
2. 已满 19 岁，属于总统令规定的伤残状态。

③根据该法规定支付津贴时，公务员或曾担任公务员的人在死亡当时处于妊娠期的，其胎儿视为已出生。

第二章 公务员年金公团

第 4 条（公务员年金公团的设立）
受人事革新处处长的权限及业务委托，为有效率地推进达到本法目的的工作，设立公务员年金公团（以下简称"公团"）。

第 5 条（法人人格）

公团为法人。

第 6 条（章程）

①公团章程应当包含以下事项：

1. 目的；
2. 名称；
3. 主要办事处和支部的相关事项；
4. 有关管理人员和员工的事项；
5. 理事会相关事项；
6. 有关业务和执行事项；
7. 有关资产和会计事项；
8. 有关变更章程事项；
9. 有关规章或规定的制定、修改和废止事项；
10. 有关公告办法的事项。

②公团章程的设立和变更需经人事革新处处长的认可。

第 7 条（设立登记）

公团的设立应当在其主要办事处所在地进行注册。

第 8 条（管理人员）

①公团的管理人员包括理事长一名、常任理事三名、五名以内的非常任理事及监事一名。

②理事长的任期为三年，常任理事、非常任理事及监事的任期为两年，可连任。

③根据人事革新处处长的提请，总统任免理事长，人事革新处处长根据理事长的提请任免常任理事和非常任理事。非常任理事必须包括曾担任公务员的人。

④根据企划财政部长官的提请，由总统任免监事。

⑤根据第 3 项和第 4 项规定，管理人员（非常任理事除外）由《关于公共机关运营的法律》第 29 条规定，在推荐委员会推荐的人员中任命管理人员。

⑥根据《关于公共机关运营的法律》第 29 条规定，推荐委员会推荐

两名以上人员，经同法第 8 条规定的公共机关运营委员会审议及议决后任命第 3 款规定中的非常任理事。

第 9 条（管理人员的职务）

①理事长代表公团，总管公团的业务。

②根据章程规定，常任理事负责公团的业务，若理事长因不可避免的理由无法履行业务，就根据章程规定的顺序代理其业务。

③监事负责监督公团的业务和会计。

第 10 条（代理人的选任）

根据章程规定，理事长可以从职员当中选出可以胜任公团业务的相关审判或审判外的权限代理。

第 11 条（管理人员的缺格事由）

下列人员不得担任公团管理人员：

1. 不是韩国国民；

2. 《国家公务员法》第 33 条规定的不称职情形之一的。

第 12 条（管理人员的免职）

①管理人员属于第 11 条规定情形之一或任免当时被查处的，处以免职。

②具有任免权的人可以对发生以下情形的管理人员处以免职：

1. 因身体或精神障碍导致工作难以完成或无法完成；

2. 因故意或者重大过失给公团造成损失的；

3. 违反职务义务的。

第 13 条（管理人员和员工的兼职限制）

①公团的理事长、常任理事、监事及员工不得从事营利性工作。

②理事长、常任理事不得兼任其他职务，但人事革新处处长认可的除外。监事不得兼任其他职务，但企划财政部长官认可的除外。员工不得兼任其他职务，但理事长认可的除外。

第 14 条（理事会）

①理事会审议并议决公团的重要事项。

②理事会由理事长、常任理事及非常任理事构成。

③理事会会议应理事长或 1/3 以上在籍理事的要求召开，由理事长主持会议。

④理事会以过半数在籍理事赞成通过决议。

⑤监事可出席理事会并发言。

第 15 条（员工的任免）

根据章程的规定，公团的员工由理事长任免。

第 16 条（适用处罚时的公务员拟制）

公团员工适用《刑法》第 129—132 条的规定时，公团员工视为公务员。

第 17 条（公团的工作）

①公团从事下列业务：

1. 根据第 28 条规定，发放工资；

2. 给付费、负担金及其他费用的征缴；

3. 根据第 76 条的规定，管理公务员年金基金；

4. 公务员的福利工作；

5. 住宅的建设、供给、租赁和宅基地的取得。

②根据本法或者其他法令的规定，人事革新处处长等中央行政机关负责人，地方自治团体长等委托办理的业务

第 18 条（关于住宅建设事业的特例）

根据《住宅法》《宅基地开发促进法》《关于民间租赁房屋的特别法》或《公共住房特别法》的规定，公团为公务员建设，供应，出租或者取得宅基地。此时，公团视为国家或地方自治团体。

第 19 条（对公团的监督）

①根据总统令的规定，有关每会计年度的事业运营计划与预算，公团获得应事先获得人事革新处处长的批准。

②公团应当在会计年度结束后的两个月内，向人事革新处处长提交事业业绩和结算报告。

③人事革新处处长可以对公团下达该事业的报告或检查事业或财产状况，并令其改变章程等，采取监督上必要的措施。

第 20 条（公团的会计）

①公团的会计年度适用政府的会计年度。

②公团应经人事革新处处长批准，制定会计规定。

③为有效执行第 17 条规定的业务，有必要时，公团可以对会计规定

规定的特定领域的工作的收入和支出分别进行会计处理。

第 21 条（公团的收入和支出）

①公团的收入和支出以下列金额为准。

1. 收入：

（1）给付费；

（2）负担金；

（3）第 71 条第 1 项但书规定的补偿金；

（4）公务员年金基金的转出金和移入抵充金；

（5）来自国家或地方自治团体的补助金、借款及其他收入；

（6）根据本法或者其他法令的规定，国家或者地方自治团体等部门获得委托业务的收入。

2. 支出：

（1）根据本法发的工资、公积金及退还金；

（2）借款的还款及利息；

（3）根据本法或者其他法令的规定，国家或者地方自治团体等接受委托办理业务的拨款；

（4）其他运营公团所需经费。

②第 1 款第 1 项（4）公务员年金基金的转出金由人事革新处处长在前年度基金运用收益金的范围内确定。

第 22 条（财政结余的处理）

每一个会计年度末，若有财政结余，公团应当补填损失额，剩余部分作为公务员年金基金的收入。但是，第 20 条第 3 款对收入和支出分别做会计处理的情形除外。

第 23 条（公团工作的委托）

①根据章程的规定，公团可以将一部分业务委托至邮政机关、地方自治团体、金融机关或《关于公共机关运营的法律》第 4 条规定的公共机关和其他人员。

②根据第 1 款规定，公团可以委托的业务范围由总统令规定。

第 24 条（对《民法》的准用）

除本法规定外，其他事项根据《民法》中关于财团法人的规定办理。

第三章 在职期间

第 25 条（在职期间的计算）

①公务员的在职期间，从被任命为公务员之日起至退休之日或死亡之日止的年月数计算。

②已退休的公务员、军人或私立学校教职工（不适用本法《军人年金法》或《私立学校教职工年金法》的人员除外）晋升为公务员的，本人自愿时，可将按照此前的《年金法》规定的在职或服务期限与第 1 款在职期间合并。

③本人自愿时，聘任为公务员前的以下服务期间算入第 1 款的在职期间：

1. 根据《兵役法》的现役兵或未经过申请直接聘用的副士官的服役期间（包含防卫征召、常任预备役征召或者征召补充役的服役期间中总统令规定的服役期间）；

2. 1979 年 1 月 1 日至 1992 年 5 月 31 日，根据下列法律作为公众保健医师服役的期间：

（1）前《为国民保健医疗而采取的特别措施法》（指 1980 年 12 月 31 日第 3335 号法律废止以前的情形）；

（2）前《为农渔村保健医疗的特别措施法》（指 1991 年 12 月 14 日法律第 4430 号全部修订前）；

（3）前《为农渔村等保健医疗的特别措施法》（指 1993 年 12 月 31 日部分修改为法律第 4685 号前）；

④根据第 2 款，第 3 款规定的在职期间或者服务期间和法律第 3586 号公务员年金修改法律附则第 7 条第 2 款规定的在职期间，支付第 28 条第 4 项规定的退休工资时，不计算或者计算第 1 款规定的在职期间。

⑤为支付第 28 条第 4 项规定的退休工资而计算在职期间时，除因下列原因停职外，休职期间、离职期限、停职期限和降级按照其期间的 1/2 计算：

1. 因工伤或疾病的休职；

2. 根据《兵役法》，完成服役的休职；

3. 因被国际机构，外国机构，驻外教育机构（指《关于支援在外国民教育等法律》第 2 条第 2 项的在外教育机关），国内外大学研究机构，其他国家机关或民间企业以及其他机关临时采用的停职；

4. 根据《国家公务员法》第 71 条第 1 款第 6 项，《地方公务员法》第 63 条第 1 款第 4 项或者《教育公务员法》第 44 条第 1 款第 11 项的休职；

5. 因抚养子女或女性公务员生育的休职；

6. 其他因履行法定义务的休职。

第 26 条（在职期间的合计方法）

①根据第 25 条第 2 款规定，申请合计在职期间或者服务期的人员，应向公团提交在职期间合计申请书。

②根据第 1 款规定，申请合计在职期间且获得认可的人，应当将退休当时得到的退职工资［第 65 条（包括对《私立学校教职工年金法》第 42 条的准用）或者《军人年金法》第 33 条对工资被限制的，以不受限制的情形下应得的工资数额为准］加上总统令规定的利息，返还给公团。但是，在职期间，被批准合并的人领取退休年金或退役年金时，工资不予退还。

③根据第 2 项规定，应当返还的退休工资和利息（以下简称"退还金"）可以根据总统令的规定分配。此时，应加算由总统令规定的利息。

已允许在职期间合计计算的人，重新申请在职期间不合并计算时，公团接到申请书后，应当在允许合并计算的在职期间内扣除已给付的返还金相当的在职期间。

第 27 条（聘任前服务期间的算入方法）

根据第 25 条第 3 款规定，欲将服务期算入在内的人，应当将服务期算入申请书提交至公团。

第四章 工资

第一节 通则

第 28 条（工资）

对公务员的退休、死亡及非因工负伤给予下列工资：

1. 退休金：

（1）退休年金；

（2）一次性退休年金；

（3）退休年金的一次性抵扣金；

（4）一次性退休金。

2. 退休遗属工资：

（1）退休遗属年金；

（2）退休遗属年金附加金；

（3）退休遗属年金特别附加金；

（4）退休遗属年金一次性给付金；

（5）退休遗属一次性工资。

3. 非因工伤残疾工资：

（1）非因工伤残疾年金；

（2）非因工伤残疾一次性年金；

（3）非因工伤残疾一次性工资。

4. 退休工资。

第 29 条（工资事由的确认及工资的确定）

①各种工资根据享有权领取薪水的申请人的申请，根据人事革新处处长的决定，由公团支付。但根据法第 59 条规定的伤残年金或一次性伤残给付金、第 63 条第 3 款规定的工资限制事由是否符合等总统令规定的事项必须经过《公务员灾害补偿法》第 6 条规定的公务员灾害补偿审议会的审议。

②根据第 1 项规定，决定工资的人事革新处处长的权限可根据总统令的规定委托给公团。

第 30 条（计算工资的根据）

①根据本法，工资（第 43 条第 1 款及第 2 款规定的退休年金、提前退休年金及第 54 条第 1 款规定的退休遗属年金除外）的计算以发生工资原因之日当月的标准月收入为基础。

②根据法第 43 条第 1 款及第 2 款规定的退休年金，提前退休年金及第 54 条第 1 款规定的退休遗属年金的计算，以下列各款为基础：

1. 下列规定计算的金额合计后除以三的金额，根据公务员报酬上调率等方面的考虑、总统令的规定换算成开始支付年金时的现值的金额：

（1）退休前三年的全体公务员标准月收入，按照退休前三年全年对比退休前一年全国消费者物价变动率换算的金额；

（2）退休前两年的全体公务员标准月收入，按照退休前两年全年对比退休前一年全国消费者物价变动率换算的金额；

（3）退休前一年的全体公务员标准月收入。

2. 平均标准月收入。此时，标准月收入不能超过公务员全体平均标准月收入的 160%。

3. 全体公务员的平均标准月收入的计算标准及计算方法由总统令决定。

第 31 条（遗属的优先顺序）

领取年金的遗属的顺位，按照民法继承的顺序排列。

第 32 条（同一顺位者之间的竞争）

遗属中，若有两名以上同位者，年金可以平分支付，支付方法由总统令决定。

第 33 条（对领取工资主体的特例）

①公务员或曾担任公务员的人员死亡后，无遗属领取津贴时，将根据总统令所规定的金额发放给直系亲属，无直系亲属时，则用于该死亡人员。

②对不属于第 1 款规定中遗属的直系亲属超过两名的，其工资的支付准用第 31 条和第 32 条的规定。

第 34 条（年金的支付期间及支付时期）

①年金的发放期间为发生工资事由（包括第 60 条规定的非公务上的残疾年金的等级变更事由）所属月份的次月至事由终止月份。但第 43 条第 1 款第 1 项至第 4 项以及同条第 2 款规定情形下，则为该退休年金发放之日当月（根据第 25 条第 1 款规定，在职期间除外）至事由终止的月份。

②若发生停止发放年金的事由，在该事由发生的所属月份的次月至事由终止的月份将停止支付。但发生之日与终止之日为同月份的情形，则不予停止。

③年金的发放按照每月总统令的规定进行。

第 35 条（年金金额的调整）

①年金的金额，根据《统计法》第 3 条的规定，每年增加或减少相当于统计厅厅长公示的前一年度全国消费者物价变动率的金额。

②根据第 1 款规定所调整的金额，适用于当年度 1—12 月。

第 36 条（支付年金的特例）

①有权领取年金的人移民时，经本人的意愿，可以一次性支付在出国月的下个月开始支付的年金。此时，一次性支付的金额相当于以出国月的下个月为准的四年的年金。

②有权领取年金的人丧失国籍时，经本人的意愿，可以在丧失国籍的月的下个月开始支付年金即领取一次性年金。此时，一次性支付的金额相当于以丧失国籍的下个月为准的四年的年金。

第 37 条（工资的收回）

①符合下列各项之一的人，公团应当收回工资（支付金额与应支付金额间的所产生的差额，收回其差额即可，以下相同）。此时，若在第 1 项规定情形下，应附加总统令规定的利息及收回费用，一并收回，若在第 2 项或第 3 项规定情形下，且尚未如期缴纳还收金时，应附加总统令规定的利息。

1. 通过虚假或其他不正当手段领取的情形；
2. 领取工资后因工资事由追溯而消失的情形；
3. 其他支付不当的情形。

②若在收回第 1 项规定的工资时，需要交纳收回金的人没有按期交纳，公团可以经过人事革新处处长的批准，根据《国税征缴法》规定的滞纳金处理事例征缴。

③根据第 1 款规定，在收回工资时，若有下列情形，公团可以亏损处理。但是，在第 1 项和第 3 项情形下，对亏损处分后发现可以扣押的财产，应当立即撤销亏损处分，按照处理滞纳处分的方法征缴。

1. 欠缴处分后，抵缴欠缴数额的分配金额低于欠缴数额的；
2. 该权利已过诉讼时效的；
3. 不能根据总统令的规定征缴的。

④根据第 2 款和第 3 款的但书进行滞纳处分的公团的工作人员视为公务员。

第 38 条（欠缴金的扣除支付）

公务员或者曾经是公务员的人若有下列债务之一，可以从本法规定的工资中扣除后支付。但对于年金的支付，超过每月支付的年金的 1/2，不予扣除。

1. 返还本金和利息；
2. 第 37 条收回款的本息；
3. 第 50 条第 3 款与清算支付准备金额相关的差额；
4. 第 67 条第 1 款以及法律第 3586 号公务员年金修改法律附则第 7 条第 2 款与第 3 款规定的未缴纳的金额；
5. 第 75 条未还学费贷款的未偿还额本息；
6. 第 77 条第 2 款第 5 项未偿还贷款的未偿还额本息。

第 39 条（权利的保护）

①领取工资的权利不能转让、扣押或提供担保。但是，领取年金的权利可以为总统令规定的金融公司提供担保，可以作为《国税征缴法》《地方税征缴法》、其他法律规定的滞纳处理对象。

②对领取工资权利人发放的工资，《民事执行法》第 195 条第 3 项规定金额以下的，不予扣押。

第 40 条（各类工资之间的调整）

①退休年金或提前退休年金的领取者除了本人的退休年金或提前退休年金外，若同时领取退休遗属年金，将扣除退休遗属年金的 1/2 后支付。

②退休年金或退役年金的领取者根据第 26 条，在合计在职期间后再次退休或死亡的情形下，只能领取退休年金（包括扣除后的一次性退休年金）、提前退休年金（包括一次性退休年金）或退休遗属年金（包括退休遗属年金附加金），而不能换得一次性退休年金或退休遗属一次性给付金。

③提前退休年金领取者根据第 26 条规定，在合计在职期间后退休或死亡的情形下，只能领取提前退休年金（包括扣除后的一次性退休年金）或退休遗属年金（包括退休遗属年金附加金），但不能因此换得一次性退休年金或退休遗属一次性给付金。提前退休年金的金额，以在职期间合计计算的退休年金金额，适用再聘用前支付率计算。

④第 43 条规定的退休年金和第 59 条规定的非因公伤残工资不一并

支付。

第 41 条（与根据其他法令规定的工资的调整）

①根据其他法令，对因国家或地方自治团体的负担而领取与本法相同工资的人，从本法规定的工资中扣除相当于工资的金额后支付。

②《军人年金法》《私立学校教职工年金法》或《邮政局特殊法》规定的退休年金领取者均领取了根据本法的退休遗属年金的，支付退休遗属年金的1/2。

③根据第59条的非公伤残工资和《公务员灾害补偿法》第28条的伤残工资受领权同时发生的情形，可以选择领取其中之一。

④有权领取退休养老或提前退休年金的公务员死亡时，其遗属享有《公务员灾害补偿法》第36条规定的殉职遗属年金（以下简称"殉职遗属年金"）或根据同法第38条领取危险职务殉职遗属年金（以下简称"危险职务殉职遗属年金"）的，按照第54条第1款领取退休遗属年金和殉职遗属年金，可以从中选择其一。

⑤第4款规定外，在职十年以上的公务员于在职期间死亡的，其遗属根据第54条第4款规定选择领取退休遗属年金一次性支付金时，若该遗属具有殉职遗属年金或危险职务殉职遗属年金的受领权的，可在退休遗属年金一次性支付金与殉职遗属年金或危险职务殉职遗属年金中选择其一领取。

⑥在职未满十年的公务员于在职期间死亡的情形下，当事遗属拥有领取殉职遗属年金或危险职务殉职遗属年金的权利时，可以在第58条第1款规定的退休遗属一次性给付金和殉职遗属年金中选择其一领取。

第 42 条（对第三人的损害赔偿请求权）

①若根据本法的支付事由是因第三人的行为而发生的，公团就其支付事由在已经支付的工资（领取非因公务伤残年金的，相当于五年的伤残年金）范围内取得受领权人对第三人的损害赔偿请求权。但第三人有下列情形的，经《公务员灾害补偿法》第6条公务员灾害补偿审议会审议，可以不行使全部或者部分损失赔偿请求权：

1. 第三人为该公务员或曾经担任公务员的配偶；
2. 第三人为该公务员或曾经担任公务员的直系亲属；
3. 第三人为执行公务中的公务员。

②在第 1 款规定的情形下，第三人出于相同原因已向受领人进行损害赔偿的，在其赔偿的范围内不再支付工资。

第二节　退休工资

第 43 条（退休年金或一次性退休年金）
①公务员在职十年以上并退休的，从下列情形时起至死亡时支付退休年金：

1. 已满 65 岁；
2. 法律或国会规则，大法院规则，宪法裁判所规则，中央选举管理委员会规则及总统令（以下简称"公务员聘用关系法令等"）规定的退休年龄或工作上限年龄（在《公务员聘用关系法令》中未规定工作上限年龄的公务员的工作上限年龄为，考虑公务员聘用法令中规定的与该公务员相似的职位公务员的工作上限年龄等因素，通过总统令确定的年龄）为 60 岁以下的，从退休年龄或者工作上限年龄起五年后；
3. 公务员聘用关系法令等规定的级别退休年龄，自退休之日起 5 年后；
4. 因编制和定员的调整及废止或者减少预算等原因失去职位或者产生超编人员，退休五年后；
5. 处于由总统令决定的伤残状态。

②虽有第 1 款规定，在职十年以上后退休的公务员，在第 1 款第 1—4 项规定的退休年金支付开始前要求领取的，按照第 1 款第 1—4 项规定的退休年金支付开始时未达到的年限（以下简称"未达到年限"），按照下列划分的金额作为提前退休年金支付到其死亡时。

1. 未达年限不足一年：退休年金的 95%；
2. 未达年限满一年不到两年：退休年金的 95%；
3. 未达年限两年至三年：退休年金的 85%；
4. 未达年限三年至四年：退休年金的 80%；
5. 未达年限四年至五年：退休年金的 75%。

③根据第 1 款或者第 2 款有权领取退休年金或者提前退休年金的人员，可以申请换领退休年金或者换领提前退休年金，一次性支付退休年金。若本人愿意，在超过十年的在职期间内，可以调换相当于十年的退休

年金或提前退休年金，支付扣除后的一次性退休年金。

④第 1 款所列退休年金的金额，在职期间为一年（未满一年的，一个月为 1/12 计算）平均标准收入额的 1.7%。但在职期间不得超过 36 年。

⑤第 3 款的一次性退休年金的支付按下列计算方式计算。此时，在职年限中一年以下的期限以一个月计算为 1/12 年，超过 36 年的时间以 36 年计算。

⑥第 3 款所列扣除后的一次性退休年金，按照下列计算方式计算。此时，扣除后的在职年限以退休公务员希望算入计算扣除后的一次性退休年金的在职年限，不足 1 年的时间则以一个月为 1/12 年计算。

⑦根据第 5 款测算的金额低于给付费加上《民法》第 379 条规定的利息的金额的，替换第 5 款计算的金额，支付给付费加上按照《民法》第 379 条规定的利息的金额。

⑧根据第 1 款第 4 项规定，确定退休的工作将根据总统令规定由人事革新处处长负责。

第 44 条（退休年金受领权的丧失）

按照第 43 条第 1 款第 5 项规定的领取退休年金的人的"伤残状态"不符合总统令规定的"伤残状态"时，从次月开始将不支付因其原因而产生的退休年金。

第 45 条（分期年金的受领人等）

①婚姻期间（公务员在职期间的配偶，因分居、离家出走等原因不存在实质婚姻关系的期间除外）为五年以上的人，若具备下列条件，可获得对其在世期间配偶的人的退休年金或提前退休年金进行分期的一定金额的年金（以下简称"分期年金"）：

1. 与配偶离婚；
2. 曾为配偶的人有权领取退休年级或提前退休年金；
3. 已满 65 岁。

②分期年金是将原本是配偶的人的退休年金额或提前退休年金额中相当于婚姻期间的年金额均等分配的金额。

③分期年金自符合第 1 款规定条件时起三年内提出申请。

④第 1—3 款规定的分得年金的请求，婚姻期间的认定标准及方法等必要事项，由总统令规定。

第 46 条（支付分期年金的特例）

根据《民法》第 839 条第 2 项或者第 843 条另行决定分配年金的，从其规定。

第 47 条（分期年金和退休年金的关系）

①已取得第 45 条第 1 款规定的分期年金受领权后，即使因配偶的原因导致退休年年金或提前退休年金的受领权终止或消灭，也不予影响分期年金的受领权。但因刑罚等事由导致配偶的退休年金额或提前退休年金额减少或者停止支付时，则适用第 65 条规定。

②受领权人取得两个以上的分期年金受领权的，合并支付两个以上的分期年金。

③分期年金领取者在根据第 54 条支付退休遗属年金时，不视为退休年金或提前退休年金受领人。

④分期年金受领权人取得退休年金或者提前退休年金受领权的，应当将分期年金金额与退休年金金额或者提前退休年金金额相加支付。

⑤分期年金受领权被消灭的，自事由发生之日所属月的次月起，向配偶支付分期前的金额。

⑥若分期年金受领人及其配偶都是提前退休年金受领人，则根据当事人的协议，可以不支付各自的分期年金。

第 48 条（分期年金请求的特例）

①满足第 45 条第 1 款第 3 项年龄前离婚，从离婚生效时开始，可以申请预付分期年金。

②若根据第 1 款申请预付分期年金（以下简称"分期年金预付申请"），视为根据第 45 条第 3 款规定提出的。但仅适用于提出分期年金预付申请后，第 3 款规定没有撤销预付申请的情形。

③分期年金预付申请应当在离婚生效后的三年内进行，在达到第 45 条第 1 款第 3 项规定年龄前可以撤销分期年金预付申请。在此情形下，分期年金预付申请及先申请的撤销分别限定为一次。

④提出分期年金预付申请的，在符合第 45 条第 1 款规定时支付。

⑤根据第 1—3 款规定，分期年金预付申请和撤销申请的方法及程序等必要事项，将由总统令规定。

第 49 条（一次性退休年金的分期）

①符合下列情形的公务员配偶（婚姻期间在五年以上，其配偶在公

务员申请退休工资前离婚的情形为限），根据其请求，将相应工资给予分期支付。此时，已提出分期年金预付申请的情形，视为对相关款的工资的先请求。

1. 根据第 43 条第 3 款请求一次性退休年金代替退休年金的公务员；

2. 根据第 43 条第 3 款请求扣除后的一次性退休年金代替退休年金的公务员；

3. 根据第 51 条申请一次性退休金的公务员。

②根据第 1 款规定申请分期领取一次性退休年金、扣除后的一次性退休年金、一次性退休金的，可在一次性退休年金、扣除后的一次性退休年金、一次性退休金（以下简称"一次性退休年金"）的申请日期三年内提出。

③根据第 1 款分期的金额和请求方法准用第 45 条第 2 款和第 4 款，第 46 条，第 47 条第 1 款但书、同条第 2 项、第 4 项、第 6 项及第 48 条第 1 款、第 2 款、第 4 款。在此情形，"分期年金"为"一次性分期年金""扣除后的一次性分期年金"或"一次性分期金"。

第 50 条（退休年金或提前退休年金的停止支付）

①退休年金或者提前退休年金的受领人有下列情形的，在职期间停止支付该年金的全部。但是，有第 3—5 项情形之一的，劳动所得金额不足上一年度公务员标准月收入的 160% 的除外。

1. 被聘为适用本法、《军人年金法》或者《私立学校教职工年金法》的公务员、军人或私立学校教职员工；

2. 担任选举产生的公务员的；

3. 根据《关于公共机关运行的法律》第 4 条规定，被聘为公共机关中国家全额出资的机关的管理人或员工的；

4. 根据《地方公营企业法》第 2 条的规定，被聘为地方直营企业全额出资的机关的管理人或员工的；

5. 根据《关于地方自治团体出资及出捐的法律》第 2 条第 1 款规定，被聘为地方自治团体全额出资的机关的管理人或员工的。

②第 1 款第 3—5 项机关指定及公示等事项，由总统令规定。

③领取退休年金或者提前退休年金的，除年金外的《所得税法》第 19 条第 2 款规定的事业所得金额，或者有同法第 20 条第 2 款规定的劳动

所得金额，若超过各所得金额或者合计所得金额的月平均金额（以下简称"收入月额"）超过上一年度平均年金月额（退休年金和退休遗属年金合计金额除以相应承包者人数得出的金额），退休年金或者提前退休年金按下列区别支付金额。此时，支付停止额不能超过退休年金或提前退休年金的1/2。

1. 超过前年度平均年金月额（以下简称"超额收入月额"）不足50万韩元者：不满50万韩元超过收入月额的30%；

2. 超额收入月额在50万韩元以上100万韩元以下：15万韩元+超过50万韩元月额的40%；

3. 超额收入月额在100万韩元以上150万韩元以下：35万韩元+超过100万韩元月额的50%；

4. 超额收入月额在150万韩元以上200万韩元以下：60万韩元＋超过150万韩元月额的60%；

5. 超额收入月额超过200万韩元时：90万韩元＋超过200万韩元月额的70%。

④根据第3项规定的收入月额及平均年金月额的计算和停止支付方法等必要事项，由总统令来规定。

第51条（一次性退休金）

①公务员在职不满十年的，退休后发放一次性退休金。

②第1款中的一次性退休金按照第43条第5款的计算。

③根据第2款计算的金额低于已缴纳的金额加上《民法》第379条规定的利息的，替换根据第2款计算的金额，支付给付费加上按照《民法》第379条规定的利息的总额。

第52条（下落不明者的退休工资）

①有权领取退休金的人下落不明一年以上的，可以经继承人（应当符合遗属）的请求，将其退休工资给付该继承人。

②根据第1款规定，继承人申请下落不明者的年金的，从其下落不明者根据本法享有领取退休年金或提前退休年金的权利时起支付相应的年金，若从取得年金的权利时起三年后仍属下落不明状态，从次月开始支付该年金的60%。

③根据第2款支付工资后，若确认下落不明的人死亡，将从确认死亡

事实之日起的次月开始,向其继承人支付退休遗属年金。但是,失踪的人死亡的日期符合第1项规定的工资支付之日起三年内的,从死亡之日所属月的次月开始三年内,将继承人能够领取的退休遗属年金和实际得到的工资差额,加上总统令规定的利息缴纳至公团。

④确认下落不明人生存的情形下,从其生存事实被确认之日所属月的次月开始向下落不明人支付退休年金或提前退休年金。在这种情形下,根据第2款规定,将退休年金或者提前退休年金的60%支付给继承人的,应当在支付期间的工资和应支付的工资差额中,支付总统令规定的加算利息的金额。

⑤根据第1款规定有两名以上继承人的,其顺序及退休工资的给付,准用第31条和第32条。

第53条（与公社化相关的退休金的联系）

①因国家或地方自治团体的特定业务移交给公社或机关与团体（以下简称"公社"）,导致从事相关业务的公务员退休后转为公社管理人员或员工时,在计算公社退休金时,应根据第25条规定将之前公职期间与公社在职期间一并计算;该职员在公社退休或死亡时,公团将根据本法规定,应将之前作为公务员时退休工资的退休年金一次性支付金或一次性退休金转交至公社。

②根据第1项规定,根据公务员退休时的退休工资计算转账到公社的一次性退休年金,作为计算基础的基础月收入将以该公务员退休或死亡时的基础月收入为准。

第三节 退休遗属工资

第54条（退休遗属年金及退休遗属年金附加金等）

①作为公务员或曾经是公务员,有权领取退休年金或提前退休年金的人死亡时,支付退休遗属年金。

②在职十年以上的公务员于在职期间死亡的,除了退休遗属年金（包括根据第41条第4款代替退休遗属年金选择殉职遗属年金,第3款同此）外,还将另行支付退休遗属年金附加金。

③曾经是公务员的人退休后在退休年金的支付开始前死亡或退休年金或提前退休年金的领取者在年金支付开始的三年内死亡,除了退休遗属年

金之外，还将另行支付退休遗属年金特别附加金。

④在职十年以上的公务员在职期间死亡的，若家属愿意，可以退还退休遗属年金和退休遗属年金附加金，一次性支付退休遗属年金。

第55条（退休遗属年金及退休遗属年金附加金等金额）

①退休遗属年金的金额为公务员或曾担任公务员的人能够领取的退休年金或提前退休年金的60%。但是，有权领取退休年金或提前退休年金的人，在开始发放该退休年金前死亡的（超过未达年限五年死亡的，视为超过未达年限四年不满五年死亡），相当于死亡当时的提前退休年金的60%。

②退休遗属年金附加金为死亡时一次性退休金金额的25%。

③退休遗属年金特别附加金是相当于退休当时的一次性退休年金（选择扣除后一次性退休年金的，是指相当于选择年金期间的一次性退休年金）的1/36乘以下列比例得出的金额。

［36-（根据第34条第1款规定，在死亡前领取退休年金或提前退休年金的月数）］× 1/36

④退休遗属一次性给付金的金额，准用第43条第5款和第7款。

第56条（支付给下落不明者的退休遗属年金）

有权获得退休遗属年金的人在下落不明一年以上的情形下，可以根据同一顺位者的请求，将相当于下落不明期间的年金支付给同一顺位者，若没有同一顺位者，可以根据下顺位者的请求，将相当于下落不明期间的年金支付给下顺位者。

第57条（退休遗属年金受领权的丧失和移转）

①有权领取退休遗属年金的人有下列情形的，丧失其权利：

1. 死亡时；
2. 再婚时（包括事实上有婚姻关系的）；
3. 曾经是公务员的人死亡时，与其亲属关系消灭的；
4. 没有达到总统令规定的程度的伤残状态的子女或孙子女满19岁时；
5. 在根据总统令规定程度的伤残状态下，领取退休遗属年金的人的残疾状态消灭时。

②若有退休遗属获得年金的权利的人丧失其权利，若有同样的顺位

者，其权利将被转移到同一顺位者，若没有同样顺位者，其权利将被转移到下一位顺位者。

第58条（一次性退休遗属金）

①公务员工作不满十年死亡的，向其遗属支付一次性退休遗属金。

②关于第1款规定的一次性退休遗属金，适用第51条第2款和第3款。

第四节　非因公务的伤残工资

第59条（非公务伤残年金或一次性伤残给付金）

①公务员因公务外的事由发生的疾病或者因伤致残退职或者退职后因病或者因伤致残的，按照下列伤残等级发给非公务伤残年金或者一次性伤残给付金：

1. 第一级至第七级：非公务伤残年金；

2. 第八级以下：非公务一次性伤残给付金。

②符合第1款第1项的非公务伤残年金的金额，为基础月收入乘以下列分等比例：

1. 第一级至第二级：26%；

2. 第三级至第四级：22.75%；

3. 第五级至第七级：19.5%。

③符合第1款第2项等级的非公务一次性伤残给付金的金额，为基础月收入的2.25倍。

④第1款所列伤残等级的划分，由总统令规定。

第60条（非公务伤残年金等级的修改）

根据第59条对非公务伤残年金的等级修改，非公务伤残年金受领权消灭和有两个以上伤残时的处理，分别适用《公务员灾害补偿法》第30条和第31条。此时，"伤残年金"视为"非公务伤残年金"。

第61条（停止支付非公务伤残年金）

①停止支付非公务伤残年金适用第50条。

②根据第1款规定，被停止支付非公务伤残年金的人员再次退休时，当退休当时处于总统令规定程度的伤残状态的，以退休当时的基础月收入为基础，重新确定非公务伤残年金的金额。

③重新确定根据第 2 款规定的非公务伤残年金为从根据第 1 款作为停止支付非公务伤残年金前的金额与第 2 款规定重新确定的金额中选金额较大的款项。但，根据《公务员灾害补偿法》第 30 条，伤残年金的等级被修改的，适用修改后的等级所金额。

第五节　退休工资

第 62 条（退休工资）
①公务员在职一年以上退职或者死亡的，发放退休工资。
②第 1 款退休工资按照下列计算方式计算：在职期间×基础月所得额×总统令规定的比例。
③退休工资的支付，适用第 52 条第 1 款和第 5 款。

第六节　工资的限制

第 63 条（因故意或重大过失等原因的工资限制）
①根据本法可以领取工资的人故意引起疾病、负伤、伤残时，不予支付。
②有权领取退休遗属工资的人故意造成公务员、曾经是公务员的人或正在领取退休遗属工资的人死亡的，不支付退休遗属工资。公务员、曾经是公务员的人在死亡前，因他的死亡可以获得退休遗属工资的人故意让相应的顺位者或前位者死亡的情形也同样处理。
③根据本法规定可以领取薪水的人若有下列情形，根据总统令规定，可不予支付全部或部分薪水：
　1. 故意使疾病、负伤及伤残程度恶化或妨碍恢复的；
　2. 因有重大过失或者无正当理由不听从疗养指示而引起疾病或者负伤，或者使疾病的危害程度恶化或者阻碍恢复的。

第 64 条（不接受诊断时的工资限制）
为了支付本法规定的工资需要接受诊断时，在没有正当理由的情形下不接受诊断，可以根据总统令的规定不支付部分工资。

第 65 条（因刑罚等原因的工资限制）
①公务员或曾担任公务员的人若有下列情形，根据总统令规定，将减少支付部分退休工资及退休工资。此时，退休工资不得少于已缴纳的给付

费总额加根据《民法》第 379 条规定利息的金额。

 1. 因在职中的事由（与职务无关的过失及根据所属上司正当职务上的命令执行的过失除外，第 3 款同此）被判处监禁以上刑罚的；

 2. 因弹劾或者惩戒被罢免的；

 3. 因受领钱物及接受宴请、挪用公款，受处分解聘的。

②在第 1 款中有下列情形的，减少支付部分退休工资及退休工资后，若减薪的原因追溯而消除，支付减少的金额及总统令规定的利息。

③若因在职中的理由被处以监禁以上刑罚的犯罪行为而正在进行调查或刑事审判继续进行时，根据总统令中的规定，可以停止支付退休工资（不包括退休年金）及退休工资的一部分。此时，若不符合工资限制事由，将在停止支付的金额上加上总统令规定的利息。

④因在职事由犯《刑法》第二编第一章（内乱罪），第二章（外患罪），《军刑法》第二编第一章（叛变罪），第二章（通敌罪），《国家保安法》（第 10 条除外）规定之罪，确定监禁以上刑罚的，退还已缴纳的给付费总额加上根据《民法》第 379 条规定的利息的金额，但不予支付工资。

第五章 费用负担

第 66 条（费用负担的原则）

①第 28 条规定的工资中用于退休工资、退休遗属工资以及非公务伤残工资的费用，由公务员和国家或地方自治团体承担。此时，退休工资及退休遗属工资所需的费用至少每五年重新计算一次，以保持财政的均衡。

②根据第 28 条，支付退休工资所需的费用由国家或地方自治团体负担。

③运营公团的费用可以由国家提供补助。

第 67 条（给付费）

①给付费从被任命为公务员的日期开始到退休的前一天或死亡的日期为止，应当每月缴纳。但是，缴纳期间超过 36 年的，不缴纳给付费。

②第 1 款所列给付费为基础月收入的 9%。此时，基础月收入不得超过公务员全体基础月收入的 160%。

③根据第 25 条第 3 款规定，服务期计入公务员在职期间的人员，应

当自公团批准计入之日起的次月起，支付与该项工作期间相同金额的追缴给付费。此时，公务员在追溯给付费的缴纳过程中退休或死亡的，以退休或死亡时的基础月收入为标准，计算剩余的追溯给付费，并从相应的退休工资或退休遗属工资中扣除。

④第3款前款所列公务员，需要同时缴纳追溯给付费的，可以按照拟缴纳月的当月给付费数额计算剩余的追溯给付费，同时缴纳。

第68条（给付费的征缴）

给付费由扣缴义务人按月从报酬中提取，自发放工资之日起三日内交于公团。

第69条（转出时的给付费征缴）

公务员转出其他机关的，其转出之日所在月的给付费由原所在机关的扣缴义务人征缴。

第70条（对多交或少交的给付费的处理）

①少缴或多缴的给付费可以在征缴下次给付费时加减。

②根据第1款需要加减的给付费的计算标准，由总统令规定。

第71条（年金负担金和补助金）

①国家或者地方自治团体根据第66条第1款所负担的给付费（以下简称"年金负担金"），为每一会计年度总统令规定的报酬预算的9%。但是，国家和地方自治团体在根据第28条支付的工资中，若退休工资和退休遗属工资所需的费用不能用给付费、年金负担金抵充，须根据总统令规定承担不足金额（以下简称"补助金"）。

②国家或地方自治团体应当将第1款所列年金负担金及补助金（以下简称"年金负担金等"）分为每年四期向公团缴纳，每个期限为1月31日，4月30日，7月31日，10月31日。

③第2款的情形下，年金负担金的计算以每一期为标准。但是，报酬预算增加或者减少的，应当在计算下期年金负担金时给予核算。

④地方自治团体的年金负担金等可以在国家向地方自治团体交付的交付税或其他交付金中，由公团直接征缴。

⑤公团根据第4款征缴年金负担金等时，可先行概括性地计征。应当在下月底进行清算。

⑥少缴或多缴年金负担金时，缴下期年金负担金时加减。

⑦第 6 项规定的年金负担金的超交或未交的部分,在交纳下期退休金负担金等时未进行核算的情形(包括在相关会计年度内未向公团缴纳全部金额的情形)应当以本金计算,并根据总统令规定的金额,以加算利息的金额进行清算。

⑧人事革新处处长为灵活运营公务员年金财政,必要时经第 79 条规定的公务员年金运营委员会审议,可以用第 21 条第 1 款第 1 项第 4 号规定的公务员年金基金中的转入资金充当补助金。

第 72 条（责任准备金的积存）

国家和地方自治团体为稳定公务员年金财政,应当在预算范围内将责任准备金存入公务员年金基金。

第 73 条（退休工资负担金）

①国家或者地方自治团体根据第 66 条第 2 款所负担的退休工资的支付费用(以下简称"退休工资负担金"),根据总统令的规定计算。

②国家和地方自治团体应当向公团交纳退休工资负担金。此时,对征缴退休工资负担金等问题,适用第 71 条第 2—7 项的规定。但是,到当年会计年度末为止,国家或地方自治团体所支付的金额少于或多于实际投入的费用的情形发生时,应当根据总统令规定,在次年 1 月 31 日前清算,至次年 1 月 31 日前尚未清算的,就应当根据总统令的规定,用加算利息的金额进行清算。

第 74 条（年金的转账）

根据《军人年金法》或《私立学校教职员年金法》规定的退休年金或提前退休年金的受领人被聘为公务员,并按照第 25 条第 2 款规定合计在职期间后退休或死亡的情形,根据国防部长官或《私立学校教职员年金法》规定的私立学校教职员年金公团(以下简称"私立学校教职员年金公团")将相当于《军人年金法》或《私立学校教职员年金法》规定所领取的退役年金、退休年金,提前退休年金或遗属年金(包括第 33 条规定有权领的金额与退休遗属年金及退休遗属年金特殊附加金)的金额转交至公团。此时,转交金额的计算方法及期限等由总统令规定。

第 75 条（贷款学费的负担）

①根据 17 条第 4 项由公团执行的公务员福利事业中,用于向公务员本人及其子女提供学费的贷款和运营的经费,(以下简称"贷款学费

等"）根据总统令的规定由国家或地方自治团体承担（以下简称"贷款学费负担金"）。

②根据第1款规定，国家和地方自治团体每年要向公团交纳两期贷款学费负担金，截至1月31日和7月31日。对多交或少交的贷款负担的理算等，适用第71条第6款和第7款。

③公团若不能以国家或地方自治团体提供的贷款学费负担金抵充贷款学费，可以从公务员年金基金中临时借入不足部分。此时，国家或地方自治团体根据总统令规定，到下个会计年度末为止，必须向公团支付对公团临时贷款金额的利息。

第六章 公务员年金基金

第76条（公务员年金基金的设立和组成）

①作为根据本法支付工资的责任准备金，设立公务员年金基金（以下简称"基金"）。

②基金由每一会计年度由公团预算所列的公积金，决算盈余和基金运用收益组成。

第77条（基金的管理和运用）

①基金有公团管理并运用。

②基金以下列各项之一的方法运用：

1. 基金的增值与公务员福利相关财产；
2. 存入金融公司；
3. 托管在财政资金；
4. 买入由国家、地方自治团体或者金融公司直接发行或者保证履行债务的有价证券；
5. 向有权获得公务员或者公务员年金的人发放贷款；
6. 此外，总统令规定的基金增值事业或公务员福利事业。

③公团对基金运用的重要事项，必须事先获得人事革新处处长的批准

第78条（基金的捐助和出资）

①公团根据第79条的规定，经公务员年金运营委员会的审议，为公务员福利事业捐助基金。

②公团为在第 77 条第 2 款第 6 项公务员福利事业中实施下列事业，经第 79 条规定中公务员年金运营委员会的审议出资：

1. 《关于体育设施的建立和利用的法律》第 2 条第 2 项规定的体育设施业；

2. 《旅游振兴法》第 3 条第 1 款第 2 项的旅游住宿业，以及同款第 6 项的旅游设施业；

3. 《关于买卖的法律》第 2 条第 15 项规定设立买卖设施的设立和运营。

第 79 条（公务员年金基金运营委员会）

①为了审议公务员年金的下列事项，在人事革新处设立公务员年金运营委员会（以下简称"运营委员会"）：

1. 公务员年金制度的事项；

2. 公务员年金财政核算的事项；

3. 基金运用计划与决算事项；

4. 基金兴办公务员福利事业的事项；

5. 基金的捐助和出资的事项；

6. 此外，人事革新处处长认为公务员退休金运营有必要的事项。

②运营委员会由 15 名以上 20 名以下委员组成，其中包括委员长。

③运营委员会的委员长将成为人事革新处处长。

④运营委员会的委员由人事革新处处长从下列人员中提名或者委任：

1. 中央行政机关办理公务员中负责年金福利或灾害补偿业务的公务员；

2. 公务员团体公务员；

3. 退休年金受领人；

4. 根据《非营利民间团体援助法》第 2 条符合非营利民间团体的人员；

5. 对公务员年金有丰富的知识和经验的人。

⑤非运营委员会工作人员的委员，适用《刑法》第 129—132 条的规定时，视为公务员。

⑥运营委员会的组织和运营事项由总统令规定。

第 80 条（基金的介入和移入抵充）

①每会计年度的资金不足支付工资，公团可以从基金中短期借贷。

②第 1 款规定的短期借贷,应当在本会计年度内清偿。

③公团在每会计年度的工资支出超过收入时,可以从基金中提取补充。

第 81 条 (基金运用的公示)

人事革新处处长根据总统令规定将每会计年度的基金结算进行公示。

第 82 条 (基金的利率)

基金运用的利率由总统令规定。

第七章　公务员福利等

第 83 条 (公务员福利)

①为提高公务员的生活质量和积极性,人事革新处处长可以制定和实行公务员福利的政策。

②由总统令规定第 1 款中的制定及实行政策事项。

第 84 条 (对退休公务员社会贡献活动的支援)

①人事革新处处长可制定相关政策,使退休公务员利用自身的经验和专业性为社会做出贡献。

②为审议第 1 款政策相关的主要事项,人事革新处可设立退休公务员社会贡献活性化委员会,委员会的构成和运营事项由总统令决定。

③准备及推进第 1 款的政策问题,必要时人事革新处处长可以向相关部门或机关请求提供总统令规定的资料。没有特别情形的,相关部门等应当根据请求提供资料。

④第 1—3 款规定以外的必要事项由总统令规定。

第 85 条 (退休公务员福利)

为了退休公务员的福利,人事革新处处长应对总统令规定的退休公务员互助会的设置和运营、退休公务员的现金资产运作等事业制定必要对策。

第 86 条 (事业的委托)

人事革新处处长为有效推进第 83—85 条规定的事项,必要时可将全部或部分事业委托至公团。此时可在预算范围内对事业提供部分所需费用。

第八章　审查的请求

第 87 条（审查的请求）

①对工资的决定、给付费的征缴以及其他本法规定的工资有异议的，可以根据总统令的规定向《公务员灾害补偿法》第 52 条规定的公务员灾害补偿年金委员会提出审查请求。

②第 1 项的审查请求应当在工资的决定等发生之日起 180 日内、知道事实之日起 90 日内提起。但可证明有正当理由而不能在上述规定的期间内提出审查请求的情形除外。

③对于工资的决定、给付费的征缴以及其他本法规定的与工资相关的事由，可申请进行《行政审判法》规定的行政审判。

第九章　附则

第 88 条（时效）

①根据本法领取工资的权利，在工资事由发生之日起五年之内不行使的，因超过时效而消灭。

②领取因误缴而被返还的给付费的权利，在退休工资或退休遗属工资的支付决定之日起五年内不行使的，因超过时效而消灭。

③公团征缴或退还本法规定的给付费、退还金及其他的征缴金的权利，在征缴或退还事由发生之日起五年内不行使的，因超过时效而消灭。

④本法规定的给付费、退还金及其他的征缴金的缴纳通知，催款和工资的支付或超额缴纳金的返还请求具有消灭时效中断的效力。

⑤根据第 4 款的规定，被中断的消灭时效，从缴纳通知或催款规定的期间届满时开始重新起算。

第 89 条（生效时间）

在计算本法规定的工资或审查请求、申告的期间时，不包括邮寄的在途期间。

第 90 条（机构负责人的确定）

①由机构负责人确定本法规定的支付事由生效、缴纳给付费、计算在

职期间时必要的履历事项及其他的公务员或曾担任公务员的人的身份事项。

②为执行第 1 款规定的确认事务，必要时机构负责人可以要求公务员、曾担任公务员的人以及其他的关系人提交材料或陈述意见。

第 91 条（给付费征缴义务人的责任）

给付费征缴义务人在执行其职务时，因故意或者重大过失未能征缴，导致公团损害的，应当赔偿其损失。

第 92 条（人事革新处处长的权限）

①人事革新处处长为正确运营该法规定的工资与年金制度，可以向年金管理机关及疗养机构的负责人及其他相关管理人员提出下列各项要求：

1. 所需报告；
2. 出示账簿、文件以及其他物品；
3. 出席特定场合，陈述意见或说明。

②人事革新处处长认为为了妥善经营根据本法支付的工资，必要时可以让公务员或者公团进入场所，查验账簿、文件或者其他物品。

③根据第 2 款公务员或者公团的工作人员进行检查时，应当将其表明权限的证件向人员出示。

第 93 条（公团的权限）

①公团为了按照本法适当运营工资，可以让具有领取权利的人、年金管理机关的负责人及疗养机构的负责人，除此之外，与工资相关的人，通报必要事项或提交相关文件。

②有关该法规定的工资，公团认定必要时可以批准所属员工对相关场所进行文件调查或询问。此时，出入、调查或询问的工作人员必须出示权限证明。

③为了配合第 50 条规定的收入的调查、给付的确定、给付的赎回、学费的贷款等公务员年金相关事项，公团有权要求国家机关、地方自治团体、私立学校教职工年金公团、《国民年金法》规定的国民年金公团（以下简称"国民年金公团"），以及总统令规定的机关、法人、团体负责人提供身份证，亲属关系证明，国税、地方税、土地、建筑物、健康保险、残疾人证明等总统令规定的资料。此时，无特殊事由，国家机关、地方自治团体、私立学校教职工年金公团、国民年金公团，以及机关、法人、团

体负责人应当配合。

④根据第3款向公团提供的材料，免除使用费、手续费等。

⑤符合第1款规定时，有权领取工资的人在没有正当理由的情形下拒绝公团的要求时，可以停止支付工资。

第94条（费用负担的特例）

因战争或事变所发生费用中该年度的给付金、负担金及基金运营收益金的所超出的金额由国家承担。

第十章 处罚

第95条（罚款）

①公团的管理人员或员工违反第19条第3款规定或者拒绝检查、妨碍或者回避检查的，处以100万韩元以下的罚款。

②有下列情形的，处30万韩元以下罚款：

1. 未采取或者虚假采取第92条第1款措施的；
2. 拒绝、妨害或逃避或第92条第2款规定检查的；

③第1款和第2款的罚款由人事创新处处长征缴。

附则

第1条（实施日）

本法自2018年9月21日起实施。（但书略）

第2条至第8条　略

第9条（其他法律的修订）

①略

②法律第15523号公务员年金法的全部修订中一部分为如下：

附则第36条第5款中"第35条第2款以外的部分为如下"修改为"第35条第3款以外的部分为如下"。

二十一　公务员年金法实施令

第一章　总则

第 1 条（目的）

本法制定的目的在于，确定《公务员年金法》中的委任事项和实施的必要事项。

第 2 条（在编公务员以外的职员）

《公务员年金法》（以下简称"法"）第 3 条第 1 款第 1 项（1）中的"总统令规定的人"是指下列各项之一的人。

1. 根据《请愿警察法》规定，在国家或地方自治团体中工作的请愿警察；

2. 根据《关于配置请愿山林保护职员的法律》的规定，在国家或地方自治团体中工作的请愿山林保护职员；

3. 国家或地方自治团体中每月获得定额报酬或相应的工资的常任委员或专任职员，但不包括临时咨询委员会及不依据法令的委员会中的常任委员和专任职员；

4. 其他由人事革新处处长认定的在国家或地方自治团体中工作的非正规公务员职员：

（1）根据实施的业务是否有必要继续进行、每月的定额报酬是否支付来确定的人；

（2）根据《为了查明四月十六日岁月号事件的真相及建设安全社会的特别法》第 2 条第 2 项规定的遇难者。

第 3 条（遗属的认定标准）

①在判断公务员或过去曾担任公务员的人在死亡当时所抚养的人是否

符合法第3条第1款第2项中规定的标准时，参考附表一。

②法第3条第2款中除以外的后段中出现的"总统令规定的各程度的伤残"是指根据《公务员灾害补偿法实施令》第40条第1款及同款令中附表三和附表四规定的伤残等级一级至七级的伤残。

③法第3条第2款第2项及第57条第1款第4项、第5项中规定的"总统令规定的各程度的伤残状态"是指根据各《公务员灾害补偿法实施令》第40条第1款及同款令中附表三和附表四规定的伤残等级一级至七级的伤残状态。

④子女或孙子女为胎儿与第2款规定的伤残状态的事实，由《公务员灾害补偿法》第24条规定的疗养机构（以下简称"疗养机构"）发布的诊断书所证明。

第4条（收入及非课税收入的范围）

①法第3条第1款第4项规定的收入的范围是指在职一定时间并根据公务员的报酬相关的法律或国会的规定、最高法院的规定、宪法裁判所的规定、中央选举管理委员会的规定及总统令（以下简称"公务员报酬法令等"）而获得的上一年度报酬。但考虑到工资的种类及对征税与否的变更等，人事革新处处长认为将给付费及工资算入收入中并不合适时，以上范围可以不同方法计算。

②根据第1款的规定，下列收入是指将根据相关公务员的种类及不同的职级、级别（包括相应的等级）支付的金额（只包括给上一年度1月1日至12月31日连续工作的人支付的金额）的总和，根据年末相关公务员的种类及各职级、级别的总人数（只包括上一年度1月1日至12月31日连续工作的人）进行分类计算的金额（不足1000韩元的部分按照1000韩元计算）。

1. 根据公务员报酬法令等规定，绩效年薪、绩效奖金、奖金、职务奖金或相应报酬。

2. 根据公务员报酬法令等规定，工作时长延长工资（限于加班工资，夜班工资及节假日加班工资）或相应的工资。

3. 根据公务员报酬法令等规定，年假补偿费或相应报酬。

③根据法第3条第1款第4项，非应税收入的范围是《所得税法》第12条第3项规定的上一年度的非课税收入。

第5条（基础月收入的决定）

①法第3条第1款第4项规定的基础月收入根据以下区分进行计算。

1. 上年度1月1日至12月31日连续工作的情形：（第4条第1款及第2款规定的收入中减去第3款规定的非课税收入的金额÷12）×（1+第4款规定的公务员的报酬上调率）；

2. 非上年度1月1日至12月31日连续工作的情形或上一年度根据《公务员录用令》第57条之三采用时间选择制转换工作而使得工作时间比一般工作时间要短的情形：根据第6条或第7条计算的金额。

②虽有第1款的规定，以上一年度收入为基础决定并适用相应年度的基础月收入前（指相应年度的1—4月）发生工资事由时，第1款的金额加上第2款的金额即工资事由发生年度的标准月所得额。

1. 根据第1款第1项计算的金额-［（第4条第2款规定的金额减去第4条第3款规定的非课税收入÷12）×（1+第4款规定的公务员报酬上调率）］；

2. （基于上年度标准月所得额的第4条第2款规定金额中减去同条第3款规定的非课税收入÷12）×（1+根据种类及级别与级别所区分的公务员报酬上调率）。

③虽有第1款及第2款的规定，因晋升、转职、任职变更等原因使得薪资月额增加后，当年度发生工资（退休年金、提前退休年金及退休遗属年金除外）事由时，以第1项金额加第2项金额为标准计算基础月收入。但退休工资以第1项的金额加上第3项的金额计算基础月收入。

1. 根据第1款或第2款计算的工资事由发生之日所属的月份的基础月收入；

2. ［因晋升、转职、任职变更等增加的薪资月额的增加部分（领取年薪的公务员的情形，是指根据总统令第20537号公务员报酬规定部分修正令附则第2条第1款规定的月薪资额的增加部分）］×［（薪资月额增加的月份数）÷12］；

3. 因晋升、转职、任职变更等增加的薪资月额的增加部分（领取年薪的公务员的情形，是指根据总统令第20537号公务员报酬规定部分修正令附则第2条第1款规定的月薪资额的增加部分）。

④人事革新处处长应当在每年1月25日前在官报上公布公务员报酬

上调率。

第 6 条（新录用人员的基础月收入）

新录用人员的标准月所得额计算方法为下列规定金额乘以每年的 5 月 1 日，根据第 5 条第 4 款规定的公务员报酬上调率（以下简称"公务员报酬上调率"）加一后的数额。

1. 相当于录用时的公务员的种类及级别、职位级相同或类似的公务员的标准月所得额的平均额；

2. 根据第 1 项规定，无法计算标准月所得额时，在相应年度 1 月 1 日至 12 月 31 日期间持续工作的情形下，年度所得金额除以 12 月份的金额。

第 7 条（休职期间的基础月收入）

休职期间或时间制工作期间的基础月收入计算方法：休职日前一天或在时间制工作期间开始的前一天的基础月收入乘以每年 5 月 1 日公务员报酬上调率加上一后的数字。

第 8 条（基础月收入的适用期限）

①第 5 条第 1 款规定的基础月收入及第 26 条第 2 款规定的公务员全部的基础月收入平均额的适用期限是当年度的 5 月至下一年的 4 月。但第 5 条第 1 款第 2 项规定的基础月收入的适用时间自决定并适用第 6 条及第 7 条规定的基础月收入时起，并至根据第 5 条第 1 款第 1 项的规定决定并适用基础月收入为止。

②第一款的规定外，事由发生之年的第五条第 1 款及第 2 款所规定的标准月所得额的适用期间为相应年度的 1 月份至事由发生的所属月份。

第 9 条（收入资料的提交及基础月收入的通报）

①第 11 条规定的年金办理机构负责人为了决定公务员的基础月收入，应当将下列资料在相应规定的期限内分别提交至法第 4 条规定的公务员年金公团。

1. 可以证明第 4 条第 1 款规定的收入、第 2 款规定的金额、第 3 项规定的非课税收入的资料：每年 1 月 31 日；

2. 决定第 5 条第 2 款规定的基础月收入时所需要的收入资料：工资事由发生时；

3. 决定第 5 条第 3 项规定的薪资月额的增加部分和第 6 条规定的基

础月收入时所需要的收入资料：每月月底。

②公务员年金公团根据第4条规定，在每年5月份报酬发放日的10日为止将公务员的个人基础月所得额与给付金通报给第11条规定的年金办理机构负责人。

③第11条规定的年金办理机构负责人认为必要时，在提交第1款规定的资料时可以要求其他年金办理机构负责人将资料汇总后再进行提交。

第10条（基础月收入的现值换算）

①法第3条第1款第5项正文规定的将基础月收入换算为现值的方法如下：根据不同的适用期限，将基础月收入与公务员报酬上调率加一后的数字按照顺序相乘，即工资事由发生时的现值换算方法。

②法第3条第1款第5项但书规定的将平均基础月收入换算为现值的方法如下：根据不同的年度，将平均基础月收入与公务员报酬上调率加一后所得的数字按照顺序相乘，即支付年金时的现值换算方法。

第11条（年金办理机构负责人及给付费征缴义务人）

①法第3条第1款第6项的"总统令规定的人"是指附表二中的人（以下简称"年金办理机构如责任"）。但根据法第4条的规定，公务员年金公团为了能效率性地处理年金业务，考虑到相关机构的位置、人员和其他情形，在认定确有必要时，可另行指定附表二中的年金办理机构负责人以外的人为年金办理机构负责人。

②法第3条第1款第7项的"总统令规定的人"是指作为年金办理机构负责人所属职员，根据《所得税法》履行扣缴义务的人。

第二章　公务员年金公团

第12条（设立登记）

法第4条规定的公务员年金公团（以下简称"公团"）的设立登记事项如下规定：

1. 目的；
2. 名称；
3. 主要事务所及支部的所在地；
4. 批准设立的年月日；

5. 负责人姓名和地址；

6. 负责人的代表权被限制的情形下，其被限制的内容；

7. 公告的方法。

第 13 条（理事会的决议事项）

下列事项必须经理事会表决：

1. 预算及结算；

2. 事业计划、资金计划及基金运作计划等公团运营的基本方针；

3. 章程变更；

4. 规章的制定、修改和废止；

5. 重要财产的取得、管理和处置。

第 14 条（事业运营计划及预算）

①根据法第 19 条第 1 项的规定，公团获批事业运营计划和预算，应当于相关事业的会计年度开始的两个月前将下列资料提交给人事革新处处长：

1. 事业运营计划书；

2. 拟议方案预算（包括预算总则、估计资产负债表、估计损益表及其附件清单）。

②根据第 1 项，公团若想变更已获得批准的事业运营计划和预算，应当向人事革新处处长提交载有变更理由和变更内容的文件。

第 15 条（会计规则）

法第 20 条第 2 款规定的公团的会计规则应当包括下列事项：

1. 法第 21 条规定的从公务员年金基金的转入金及法第 80 条规定的公务员年金基金的借款及转入充值；

2. 公务员年金基金的收入、支出；

3. 《公务员灾害补偿法》第 49 条第 3 款规定的公务员年金基金的借入款项；

4. 此外的公务员年金基金的会计处理。

第 16 条（业务委托的范围）

根据法第 23 条的规定，公团可委托给邮政机关、地方自治团体、金融机关和《关于公共机构运营的法律》规定的公共机构或其他人员的业务的范围如下：

1. 给付费、负担金和其他费用的收取；

2. 工资的支付；

3. 各种贷款的支付及其偿还金的收取；

4. 有价证券的买入及本息的托收；

5. 财产出售款的收取；

6. 为公务员对住宅地块的购置、建设、销售或租赁项目及与此相关的业务；

7. 为公务员对福利设施的地皮的购置、建设、运营以及与此相关的业务；

8. 法第85条规定的退休公务员互助会或退休公务员委托的现金资产的管理及运作。

第17条（规定的制定及修改）

公团制定或修改其内部组织、职员的人事、职员的报酬及监察相关规定时，必经人事革新处处长的批准。

第三章　在职期间

第18条（认定为在职期间的服役期间）

下列期间符合法第25条第3款第1项的"总统令规定的服役期间"：

1. 根据防卫征召或常任预备役征召，服役于现役的期间；

2. 根据补充役征召，作为社会服务要员或国际合作服务要员的工作期间（限定为根据《兵役法实施令》第151条计算的期间）。

第19条（在职期间裁员事由的通报）

对于停职、解除职务、停职或降级处分等符合法第25条第5款规定的在职期间裁员事由的，机关负责人和年金办理机构负责人非同一人的情形下，给予处分的机构负责人应立即向年金领取机构负责人给予通报。

第20条（在职期间的合计程序）

根据法第26条第1款的规定，公团在收到在职期间的合计申请书时，应当向申请人与相应年金办理机构负责人通报是否合计在职期间或服役期间及其他必要事项。

第21条（返还金的缴纳方法）

①根据法第26条第2款的规定，批准合计在职期间时，被批准人应

返还的退休工资和利息（以下简称"返还金"）须根据下列分类缴纳。

1. 一次性退还的情形：截至被批准合计的次月月底向第63条规定的收纳机构缴纳；

2. 分期返还的情形：由给付费征缴义务人自批准合计的次月起每月从报酬中征缴并向公团缴纳，或被批准合计的人截至每月月底向第63条规定的收纳机构缴纳；

②退还金的分期缴纳可按月进行，但分期缴纳次数应当根据被批准合计的人的意愿且应当在60次以内。

③在职期间被合计的人退休或死亡的，有未缴纳的退还金时，公团可以扣除退还金并支付工资。

第22条（返还金的计算）

①在计算退还金时应加算于须返还的工资金额中，征缴利息的计算期间可按月计算，即自支付该工资的下一个月至公团接受在职期间合计申请书之月为止，以年为单位将利息算入工资金额中后计算出相应的利息额。但根据法第26条第3款的规定，分期缴纳时重新加算利息的计算期间自合计在职期间被批准的次月至分期缴纳结束之月为止，每次分期缴纳的金额为根据分期缴纳的次数来平分的本息金额。

②法第26条第2款正文中的"总统令规定的利息"是指在计算利息的期间，每年度根据《银行法》设立的银行中以全国为营业范围的银行（以下简称"全国银行"）所适用的1月1日定期存款利率中利率最高的利息。

③法第26条第3款后段中"总统令规定的利息"是指全国银行于在职期间合计被批准年度的1月1日所适用的定期存款利率中的最高利率，分期缴纳中的利率和在职期间合计被批准时的利率差距达到两个百分点以上时，适用其增加或减少的利率所计算的利息。

④截至第21条第1款的缴纳期限未缴清退还金的，逾期利息计算期间为滞纳期（以日为单位计算），利率为逾期利息计算期间全国银行每年度1月1日适用的一年期定期存款利率中最高利率的两倍。

第23条（录用前的服役期间的计入程序）

公团根据法第27条，在收到服役期间计入申请书时，应当决定是否计入服役期间并将结果通知于申请人与相关年金办理机构负责人。

第四章 工资

第一节 通则

第 24 条（工资事由的确认及工资的审议）

法第 29 条第 1 款但书中的"总统令规定是否符合第 59 条规定的伤残年金或一次性伤残给付金、第 63 条第 3 款规定的工资限制事由"是指下列事项：

1. 法第 42 条第 1 款但书中规定的对第三人的损害赔偿请求权是否可全部或部分行使；

2. 是否属于法第 63 条第 3 款规定的工资限制事由；

3. 是否属于第 3 条第 2 款、第 3 款及第 40 条规定的伤残；

4. 对第 54 条及第 56 条规定的伤残等级的决定及改定；

5. 其他由人事革新处处长决定的关于工资的决定及支付事项。

第 25 条（工资决定权限的委托）

人事革新处处长根据第 29 条第 2 款，向公团委托由第 29 条第 1 款规定的决定工资的相关权限。

第 26 条（公务员整体的基础月收入平均额）

①根据法第 30 条第 2 款第 1 项规定，将计算好的金额合计后除以三的金额换算为年金支付开始时的现值，此换算现值的方法适用第 10 条规定。

②法第 30 条第 3 款规定的公务员整体的基础月收入平均额的计算方法为公务员整体（限于上一年度 1 月 1 日至 12 月 31 日连续工作的人。以下相同）的基础月收入总额除以公务员人数，不足一万韩元的视为一万韩元。

③人事革新处处长应当在每年 4 月 30 日前将公务员整体的基础月收入平均额公布于官报。

第 27 条（向遗属代表支付工资的方法）

①领取退休遗属工资的遗属中有两名以上处于相同顺位遗属，在同等顺位遗属或其法定代理人中选出一名代表，委托其领取所有人的工资时，

公团可以根据法第 32 条的规定，向代表支付全部金额而非将金额等分后支付。

②根据第 1 款的规定，若要授权委托，须将委托人亲笔署名的代表人选定书及下列规定的文件一并提交给公团。

1. 委托人为成年的：委托人本人的居民登记证或其他由公共机关发放的可以证明本人身份的居民登记证复印件；

2. 委托人为未成年的：法定代理人的居民登记证或其他由公共机关发放的可以证明法定代理人身份的居民登记证复印件。

第 28 条（无遗属时支付工资的特例）

①法第 33 条第 1 款中"总统令规定的限额"是指下列金额：

1. 年金工资：死亡当时的原年金额（公务员或曾担任公务员的人在法第 43 条第 1 款第 1—4 项规定的退休年金支付年龄前死亡的，为死亡当时的提前退休年金的相当数额；法第 43 条第 2 款规定的未达年限五年以上死亡的，视为未达年限四年以上五年以内死亡，依此计算提前退休年金的相当数额）的三年份额与以下公式得出的比率相乘后的金额。

[36-（根据法第 34 条第 1 款的规定，在死亡前可领取年金的月数）]÷36

2. 其他的工资：原工资余额，但退休遗属年金一次性给付金、退休遗属一次性给付金的情形为原工资的 1/2。

②在没有非遗属的直系亲属的情形下，公团向死亡的公务员或曾担任公务员的人的年金办理机构负责人支付第 1 款规定的工资，并用于准备死亡的公务员或曾担任公务员的人的坟墓、祭祀用具或纪念碑等，纪念活动或抵充死亡前的疗养费。

第 29 条（工资的支付及领取）

①根据法第 23 条和本令第 16 条，邮政机关或金融机构受公团委托代为支付工资，公团通过工资受领人在这些邮政机关或金融机构中设立的账户支付工资。但公团根据法第 39 条的规定，认为领取工资的权利应受保护时，可以其他方式支付工资。

②根据第 1 项向工资受领人的账户汇入工资即视为本人已领取工资。

第 30 条（年金证书的发放）

公团须向领取年金工资的人（以下简称"年金受领人"）发放年金

证书。

第 31 条（年金支付日）

法第 34 条第 3 款规定的年金工资的支付日为每月 25 日。但支付日为星期日或公休日的在星期日或公休日的前一日支付，年金受领权即将消灭的可在支付日前支付。

第 32 条（因移民或丧失国籍导致的年金清算请求）

①根据法第 36 条第 1 款的规定，有权领取年金工资的人（以下简称"年金受领人"）移民至国外并领取一次性支付金而非年金工资的，须向公团提交年金清算请求书及出国证明书或出国预计证明书等可以证明移民的文件。

②根据法第 36 条第 2 款的规定，丧失国籍的年金受领人一次性清算并领取年金工资的，须向公团提交年金清算申请书及除籍登记本或家属关系记录事项证明书中的基本证明书等可以证明国籍丧失的文件。

第 33 条（对年金受领人的身份调查等）

①根据法第 93 条，为了解影响年金工资的身份变动事项，公团可以委托年金受领人的居住地或登记标准地的特别自治市市长、特别自治道执事、市长、郡守、区厅长（指自治区区长，以下相同）进行身份调查。

②第 1 款规定中受委托的特别自治市市长、特别自治道执事、市长、郡守、区厅长应当在受到委托后立即进行调查并将结果通报至公团。

③根据法第 93 条第 1 款及第 2 款的规定，为了确认受领权的变动及消灭等事项，公团可就受领人的死亡、离婚、维持生计等事宜向受领人或其家属进行调查，并可以要求其提交与此相关的资料。

④居住于国外的受领人以每年 5 月 31 日为准，须向驻外公馆馆长（若所居住的国家没有驻外公馆，则指邻国的驻外公馆）确认载有身份变动事项的文件，并于每年 6 月 30 日前提交至公团。

⑤根据法第 93 条第 5 款的规定，受领人无正当理由而没有根据第 3 款或第 4 款的规定提交资料的，公团可停止支付工资。公团应当在停止支付工资前将没有提交第 3 款或第 4 款规定的资料会导致工资支付停止的事实提前通知受领人或其家属等。

⑥第 5 款规定的停止支付工资的理由解除后，公团应立即恢复支付。

第 34 条（工资的退还）

①根据法第 37 条第 1 款中除以外的后段的规定，工资合算后须征缴

的利息及退还费用如下。在工资中加算的利息的计算期间为自领取工资的次月至决定并通知须退还的工资及利息(以下简称"退还金")之日,以年为单位将该利息算入其工资中计算利息额。

  1. 利息:用全国银行于当年1月1日适用的定期存款利率中最高的利率以计算金额;

  2. 退还费用:公团计算的为了调查工资退还所需的差旅费及其他退还所需费用。

  ②法第37条第1款以外的后段规定,需缴纳退还金的人逾期未缴纳的,其逾期利息为用逾期利息计算期间全国银行于每年1月1日适用的定期存款利率中最高利率的两倍所计算的金额。逾期未缴纳退还金的,其逾期利息计算期间为自截止期限的次月至缴纳退还金之日前。

  ③领取过工资的人或年金办理机构负责人发现存在法第37条第1款规定的情形时,应立即向公团申告或通知。

  ④公团通过第3款规定的申报或通知或其他途径发现存在工资的退还事由时,应立即进行调查并向领取过工资的人发送退还金的返还通知书,同时向年金办理机构负责人通报相关事实。

  ⑤收到第4款规定的返还通知书的人应当自收到返还通知书之日起30日内缴纳退还金。但符合法第37条第1款第2项及第3项的规定,并向公团提交退还金分期缴纳申请书并获得批准的,可自被批准的次月起在下列规定的范围之内按月进行分期缴纳。

  1. 须返还的金额不足1000万韩元的:20次;

  2. 须返还的金额在1000万韩元以上不满2000万韩元的:40次;

  3. 须返还的金额在2000万韩元以上的:60次。

  ⑥根据第5款以外的但书规定,分期缴纳时加算的利息(因年金办理机构负责人或公团的错误或遗漏而从一开始就错误支付工资的情形虽符合第37条第1款第3项规定的情形,但不包括在内)是以分期缴纳期间须缴纳的退还金为基础,按第1款第1项规定的利率计算得出的。按分期缴纳的次数平分本息金即每次分期缴纳的金额。

  ⑦根据第5款以外的但书规定,被批准分期缴纳退还金的人滞纳分期缴纳金超过三个月的,公团可撤销其分期缴纳的批准并一次性收回其退还金及滞纳利息。

⑧若符合以下情形，公团应当根据法第37条第2款的规定参照国税滞纳处分方式直接征缴：第5款以外的正文规定的缴纳期间（指但书中分期缴纳时的最有一次分期缴纳的期限）届满前未缴纳应返还的全额款项的情形；根据第7款的规定一次性返还退还金及逾期利息的情形。

第35条（亏损处分）

①根据法第37条第3款第3项的规定，对于下列情形公团可以亏损处分：

1. 长期无法得知滞纳者的下落或查明滞纳者没有财产的情形；

2. 其他因不可抗拒的事由导致无法退还的情形。

②公团根据第1款第2项的规定认定亏损处分时，须获得人事革新处处长的批准。

第36条（国家等负担的其他工资调整）

①根据法第41条第1款的规定，须从工资中扣除的金额如下：

1. 当用于计算法第28条规定的工资的在职期间与用于计算其他法令规定的国家等负担的退休金的在职期间相重时，为1960年1月1日以后重复的在职期间的工资中的负担金。此时，负担金为重复的在职期间结束的月份的受领人的给付费与重复的月数相乘的金额。

2. 由于法第28条规定的工资中第3项（1）规定的非公务伤伤残年金或第3项（2）规定的非公务伤伤残一次性支付金的支付原因，国家或地方自治团体根据《国家赔偿法》《关于国家有功者等礼遇及支援的法律》或其他法令的规定须负担的金额。

②当有工资请求时，年金办理机构负责人应当调查并确认是否存在第1款扣除事由，有扣除事由的应当记录于工资请求书中并移送公团。

第37条（第三人的损害赔偿的调整）

①第三人的加害行为造成公务员的伤残状态的，有资格领取法第28条第3项（1）规定的非公务伤伤残年金或第3项（2）规定的非公务伤伤残一次性给付金的人和负责疗养的疗养机构应立即向年金办理机构负责人申报第三人的加害行为造成伤残状态的事实。

②收到第1款规定的申报的年金办理机构负责人应立即对加害经过、《汽车损害赔偿保障法》或其他法令规定的损害赔偿相关事项进行调查，并将调查书移送至公团。

第二节　退休工资

第 38 条（工作上限年龄的适用）

根据法第 43 条第 1 款第 2 项的规定，法律或国会的规定、最高法院的规定、宪法裁判所的规定、中央选举管理委员会的规定及总统令（以下简称"公务员录用法令等"）中没有规定工作上限年龄的公务员的工作上限年龄如下：

1. 条例规定工作上限年龄的情形：工作上限年龄；

2. 各公务员录用法令和条例没有规定工作上限年龄的情形：由人事革新处处长在参考《国家公务员法》及《地方公务员法》规定的退休年龄后确定的年龄。

第 39 条（修改、废止职制和定员等导致的退休的确认）

①根据法第 43 条第 1 款第 4 项的规定，因职制和定员的修改、废止或预算的减少导致职位撤销或名额超过而使得公务员退职的，年金办理机构负责人须将相关事由、定员及现员资料提交给人事革新处处长。

②根据第 1 款的规定，人事革新处处长须审核提交的资料，并确认被退职的公务员是否符合法第 43 条第 1 款第 4 项规定的退职的情形，并将确认书发送至年金办理机构负责人。

第 40 条（为领取退休年金规定的伤残状态）

法第 43 条第 1 款第 5 项及第 44 条中的"总统令规定的伤残"是指《公务员灾害补偿法实施令》第 39 条第 1 款及附表三和附表四中规定的伤残等级一级至七级。

第 41 条（退休工资请求）

①根据法第 43 条或第 51 条的规定，想领取退休年金、提前退休年金、退休年金一次性给付金、退休年金扣除一次性给付金或退休一次性给付金的人须向公团提交退休工资请求书。

②除第 1 款的规定外，在职期间较短或金额较少的情形下，且符合公团规定标准的人申请退休一次性支付金时，无须提交退休工资申请书并通过电话申请。此时，为了确认本人身份及申请事实，应通过录音进行。

③符合法第 43 条第 1 款第 5 项及本令第 40 条规定的伤残状态的，在请求退休年金时，须在提交第 1 款规定的退休工资请求书时一并提交疗养

机构开具的公务员年金伤残诊断书。

第 42 条（计算退休工资的特例）

①退休的公务员、军人或私立学校的教职工被录用为公务员，并根据法第 25 条第 2 款的规定，将在职期间合计后从公务员退休时领取退休年金一次性给付金或退休一次性给付金的，其工资比返还金及其利息以及再录用后公务员在职期间里的退休年金一次性给付金或退休一次性给付金的合计要低的，支付合计的金额。

②被录用为公务员后，根据法第 25 条第 3 款的规定将服役期间算入在职期间后从公务员退休并想领取退休年金一次性给付金或退休一次性给付金的，其工资比法第 67 条第 3 款规定的追溯给付费及《民法》第 379 条规定的利息以及被录用后公务员在职期间的退休年金一次性给付金或退休一次性给付金的合计要低的，支付合计的金额。

第 43 条（退休年金、提前退休年金及非公务伤年金的受领权丧失申告）

法第 43 条第 1 款规定的退休年金的受领人、法第 43 条第 2 款规定的提前退休年金的受领人、法第 59 条规定的非公务伤伤残年金的受领人死亡的，《家属关系登记法》第 85 条规定的死亡申告义务者须在死亡日起 30 日以内向公团申报死亡事实。

第 44 条（不计入分期年金计算的婚姻期间）

①计算法第 45 条第 1 款规定的婚姻期间时，以下规定期间不计入在内：

1. 《民法》第 27 条第 1 款规定的失踪期间；
2. 根据《居民登记法》第 20 条第 6 款规定，登记为居住地不明的期间。

②虽有第 1 款的规定，但下列情形出现时适用以下规定：

1. 经离婚当事人间的协商，认为不存在实际婚姻关系的期间；
2. 根据法院的裁判等，认定为不存在实际婚姻关系的期间。

③法第 28 条第 1 款规定的退休工资的受领人、法第 45 条第 1 款规定的分期年金的受领人或法第 49 条第 1 款规定的退休年金一次性给付金的分期请求权人存在第 1 款及第 2 款规定的期间的情形时，须将相关内容申报至公团。

④第 3 款规定的申报程序及方法的具体事项由总理令进行规定。

第 45 条（分期年金的请求程序等）

①根据法第 45 条第 3 款的规定请求分期年金（根据法第 49 条的规定，退休年金一次性给付金的分期请求也包括在内）的人或根据法第 48 条第 1 款的规定提前请求分期年金的人，须向公团提交分期年金等请求书和下列文件。但有过实际婚姻关系的人须将可证明实际婚姻关系的文件和其他分期年金等请求书共同提交至公团：

1. 家属关系证明书一份；
2. 婚姻关系证明书一份；
3. 居民登记表副本、缩略本各一份。

②法第 45 条第 1 款规定的分期年金的支付期间为其支付事由发生的次月至支付事由消灭之当月。

③根据法第 48 条第 3 款的规定，撤销对分期年金的在先请求的，须向公团提交分期年金在先请求撤销申请书和居民登记证等居民登记证复印件。

第 46 条（年金全额停止支付对象出资、捐助机构的制定及公示等）

①在判断是否为法第 50 条第 1 款第 3—5 项规定的由国家或地方自治团体全额出资、捐助机构时，应当以结算标准财务报表计算的近三年国家或地方自治团体的平均出资、捐助比例为判断标准。

②判断是否为法第 50 条第 1 款第 3—5 项规定，由国家或地方自治团体全额出资或捐助的机构时，由国家或地方自治团体全额出资或捐助的机构全额出资、捐助的，视为由国家或地方自治团体的全额出资或捐助。

③为了判断某机构是否符合法第 50 条第 1 款第 3—5 项规定的机构，人事革新处处长可以向中央行政机关负责人，地方自治团体负责人及相关出资、捐助机构负责人请求提供相关资料。

④根据第 3 款的规定被要求提供资料的各机构或地方自治团体的负责人，无特殊情形时应当提供相关资料。

⑤人事革新处处长应指定符合法第 50 条第 1 款第 3—5 项规定的机构，并于每年 1 月 25 日前公示于官报。

第 47 条（退职年金、提前退休年金及非公务伤伤残年金的停止支付）

①退休年金、提前退休年金或非公务伤伤残年金的受领人（以下简

称"退休年金等受领人")又被录用为适用法、《军人年金法》或《私立学校教职工年金法》的公务员、军人或私立学校教师工或又退休的，应当在十日内获得所属的年金办理机构负责人或所属机构负责人的确认，并向公团提交再录用申报书或再退休申报书。

②法第50条第3款以外的但书规定的收入月额为1月1日至12月31日的一年期的收入金额（不足一万韩元的部分不计入）除以从事有收入的工作的月数得出的金额。

③根据法第50条第3款以外的前段规定，当年度的收入月额超过上一年度平均年金月额时，停止部分退休年金、提前退休年金或非公务伤残年金（以下简称"退休年金等"）的支付，采用上年度平均年金月额先计算出停止金额后，根据第5款的规定在有计税标准确定申报后再进行清算。

④根据法第93条第3款的规定，公团根据国家机关等提供的资料停止支付当年度的退休年金等。但根据国家机关等提供的资料无法确认退休年金等受领人的收入月额时，以上年度或上上年度的收入月额为根据停止支付退休年金额等。

⑤根据第4款的但书规定，公团在停止支付退休年金等时根据《所得税法》第70条的规定，在有计税标准确定申报后，确定当年度的年金支付停止额，并在下个月以后支付退休年金额时调整上述计算差额。但退休年金等受领人提交了调整年金支付停止额申请书和可客观证明当年度收入的资料，以请求调整年金支付停止额时，可在有计税标准确定申报前对年金支付停止额进行调整。

⑥第5条正文规定的在退休年金等中扣除计算差额的当月，确定退休年金等受领人无退休年金等以外的收入的，在相应年金月额的20%内扣除计算差额。

⑦法第50条第1款以外的但书规定的上一年度公务员整体的基础月收入平均额以上一年度5月计算得出的金额为准，适用于该年度1—12月。

第48条（退休工资的种类及支付时间的变更申请）

①退休工资或退休遗属工资的申请人若想变更工资的种类或变更提前退休年金的支付时间，须在工资支付前或工资支付日起30日以内向公团

提交变更申请书。

②第 1 款规定的情形中已收到工资的，其返还工资时还应当缴纳其收到工资的次日至返还日期间的利息（适用当年度 1 月 1 日全国银行适用的定期存款利率中最高的利率）。

③根据第 1 款变更退休工资的种类和支付时间的规定，法第 45 条规定的请求分期年金、法第 48 条规定的在先请求分期年金、法第 49 条规定的请求分期退休年金一次性支付金等，也被视为申请变更退休工资的种类和支付时间。

第 49 条（下落不明者的退休工资的支付）

①根据法第 52 条第 1 款的规定，退休工资受领人的合法继承人（须符合法第 3 条对遗属的规定）想领取退休工资的须向公团提交退休工资请求书及下列文件：

1. 证明继承人资格的文件；

2. 处于同等顺位的继承人选出代表的，证明继承人代表资格的文件；

3. 证明退休工资受领人下落不明一年以上的事实的文件（指特别自治市市长、特别自治道执事、市长、郡守、区厅长或警察署长和年金办理机构负责人确认的文件）。

②法第 52 条第 3 款但书及第 4 款后段中的"总统令规定的利息"是指各年度 1 月 1 日全国银行所适用的定期存款利率中的最高利率所得出的利息。

③根据法第 52 条第 4 款后段的规定，想领取工资差额的人须向公团提交请求书。

第 50 条（移转公社化相关退休金时的基础月收入）

法第 53 条第 2 款规定的从国营公司退休或死亡时的公务员的基础月收入的计算方式如下：将从公务员退休时的基础月收入与公务员报酬上调率加一后的数字按照顺序相乘，即换算为从公社退休或死亡当时的现值的基础月收入。

第三节　退休遗属工资

第 51 条（退休遗属年金、退休遗属年金附加金、退休遗属年金特别附加金、退休遗属年金一次性给付金、退休遗属一次性给付金的请求）

根据法第 54 条、第 55 条或第 58 条的规定，若想领取退休遗属年金、退休遗属年金附加金、退休遗属年金特别附加金、退休遗属年金一次性给付金、退休遗属一次性给付金，须向公团提交退休遗属工资请求书及下列文件：

1. 退休年金或提前退休年金受领人的死亡证明文件及死亡人的遗属资格证明文件；

2. 处于同等顺位的遗属选出代表的，第27条规定的证明遗属代表资格的文件。

第52条（退休遗属年金受领权的移转申请）

退休遗属年金受领人下落不明超过一年或丧失受领权的，根据法第56条或第57条第2款的规定，同等顺位或下一顺位的遗属领取退休遗属年金的，须向公团提交退休遗属年金受领权移转申请书及下列文件：

1. 退休年金或提前退休年金受领人的遗属资格证明文件；

2. 处于同等顺位的遗属选出代表的，第27条规定的证明遗属代表资格的文件；

3. 根据以下规定选择提交的文件：

（1）证明退休遗属年金受领人下落不明满一年的文件：特别自治市市长、特别自治道执事、市长、郡守、区厅长或警察署长确认的文件；

（2）证明受领权丧失的文件：以下规定的各文件：

1）死亡、再婚、与死亡的曾担任公务员的人的亲属关系终结或不处于伤残状态的子女或孙子女满19岁的，家属关系记录事项相关的证明书或居民登记表副本；

2）满19岁的曾处于伤残状态的子女或孙子女不再处于伤残状态的，疗养机构开具的诊断书。

第53条（退休遗属年金受领权的丧失申告）

根据法第57条第1款的规定，退休遗属年金受领人在丧失其受领权时，由下列不同规定的人于事由发生之日起30日内向公团申告相关事由：

1. 退休遗属年金受领人死亡的情形：《家属关系登记法》第85条规定的死亡申告义务人；

2. 与已再婚或死亡的曾担任公务员的人的亲属关系终结的情形：本人；

3. 子女或孙子女已满19岁的情形：本人或曾是法定代理人的人；

4. 满 19 岁的曾处于伤残状态的子女或孙子女不再处于伤残状态的情形：本人、法定代理人或曾是法定代理人的人。

第四节 非公务伤伤残工资

第 54 条（伤残等级的区分等）

法第 59 条规定的非公务伤伤残工资的受领人的伤残等级的区分及法第 61 条第 2 款规定的伤残状态的程度，适用《公务员灾害补偿法实施令》第 40 条及同款令的附表三和附表四的规定。

第 55 条（非公务伤伤残工资的请求）

根据法第 59 条第 1 款的规定，非公务伤伤残工资或非公务伤伤残一次性给付金的受领人须向公团提交非公务伤伤残工资请求书和下列文件：

1. 疗养机构开具的公务员年金伤残诊断书；
2. 伤残经过书。

第 56 条（伤残等级的修改等）

①非公务伤伤残年金受领人的伤残程度增加或减少的，根据法第 60 条的规定，须向公团提交伤残等级修改申请书和疗养机构开具的公务员年金伤残诊断书。

②为了判断法第 3 条第 2 款、第 44 条、第 57 条及第 60 条规定的伤残程度是否增加或减少、是否符合《公务员灾害补偿法实施令》中规定的伤残状态，公团可指定年金受领人前往指定的疗养机构开具诊断书。

③根据第 2 款的规定开具诊断书的，由公团承担相应的诊断费用。

第五节 退休工资

第 57 条（退休工资的请求）

①根据法第 62 条第 1 款的规定，退休工资的受领人须向公团提交退休工资申请书。

②虽有第 1 款的规定，符合公团规定标准的人申请退休工资的，其在职期间较短或金额较少时，可通话申请退休工资而无须提交退休工资申请书。此时为了确认本人身份及申请事实，公团应进行录音后确认。

第 58 条（退休工资）

①法第 62 条第 2 款计算公式中的"总统令规定的比例"是指如下

比例：

1. 在职期间1年以上未满5年的：6.5%；
2. 在职期间5年以上未满10年的：22.75%；
3. 在职期间10年以上未满15年的：29.25%；
4. 在职期间15年以上未满20年的：32.5%；
5. 在职期间20年以上的：39%。

②根据法第62条第2款的规定计算退休工资时，在职期间不得超过33年。

第六节　工资的限制

第59条（故意、重大过失等引起的工资的减少）

向法第63条第3款规定的公务员或曾担任公务员的人支付非公务伤伤残年金或非公务伤伤残一次性给付金时，须扣除1/2的工资，且于相关事由发生之月的次月起开始适用年金工资。

第60条（不接受诊断时的工资减额）

根据法第64条的规定，公务员或曾担任公务员的人没有在期限内接受公团或年金办理机构负责人所要求的与工资支付相关的诊断且无正当理由的，向其支付非公务伤残年金或非公务伤残一次性给付金时，应当扣除1/2的工资，且于诊断期限所属之月的次月起开始适用年金工资。

第61条（刑罚等导致的退休工资及退休工资的减额）

①公务员或曾担任公务员的人符合法第65条第1款规定的，根据下列规定向其支付减额后的退休工资及退休工资。此时至减额事由所属之月为止，不减少支付退休年金或提前退休年金。

1. 符合法第65条第1款第1项及第2项规定的人：
（1）在职期间未满五年的人的退休工资：1/4；
（2）在职期间五年以上的人的退休工资：1/2；
（3）退休工资：1/2。
2. 符合法第65条第1款第3项规定的人：
（1）在职期间未满五年的人的退休工资：1/8；
（2）在职期间五年以上的人的退休工资：1/4；
（3）退休工资：1/4。

②根据法第 65 条第 2 款的规定，被减额的金额的相应利息应当根据当年度 1 月 1 日全国银行适用的定期存款利率中的最高利率进行计算，并自支付被减额的部分退休工资及退休工资的次月起至减额事由消灭之月为止以年为单位将其利息计入被减额的金额中，以计算之后的利息额。

③根据法第 65 条第 2 款的规定，被减额金额的受领人须向公团提交减额退休工资请求书或减额退休工资请求书，并根据下列规定选择提交以下文件：

1. 符合法第 65 条第 1 款第 1 项规定的：生效的法院判决书的副本或刑事裁判宣判证明书；

2. 符合法第 65 条第 1 款第 2 项或第 3 项规定的：弹劾或惩戒所导致的罢免、解雇处分因法院的判决或决定而被无效、撤销或变更的，判决书副本或表决书副本；

3. 其他的证明工资减额事被追溯无效的资料。

④根据法第 65 条第 3 款的规定，公务员或曾担任公务员的人因在职期间的事由（与职务无关的过失行为或在执行所属上司的正当职务命令过程中发生的过失行为除外）实施了监禁以上刑罚的犯罪行为且仍在调查或刑事审判的，对在职期间不满五年的人提前支付的退休一次性给付金为其工资的 3/4，对退休工资及在职期间在五年以上的人提前支付的退休年金一次性给付金、退休年金扣除一次性给付金或退休一次性给付金为其工资的 1/2，当存在下列情形时规定时支付剩余的金额：

1. 收到不起诉处分时；

2. 没有被判处监禁以上刑罚时；

3. 被判监禁以上刑罚的缓期执行且过了缓期期限时。

⑤根据法第 65 条第 3 款后段的规定，剩余的金额的利息应当根据当年度 1 月 1 日全国银行适用的定期存款利率中最高的利率进行计算，并自支付部分退休工资及退休补助的次月起至剩余金额的支付事由发生之月为止以年为单位将其利息计入剩余的金额中，以计算之后的利息额。

⑥想领取第 4 款规定的剩余金额的人须向公团提交剩余退休工资请求书或剩余退休补助请求书，并根据下列规定选择提交以下文件：

1. 符合第 4 款第 1 项的规定的：管辖检察院检察长签发的不起诉处分决定书；

2. 符合第 4 款第 2 项或第 3 项的规定的：辖区检察院检察长签发的刑事裁判宣判证明书。

⑦年金办理机构负责人在知悉公务员或曾担任公务员的人符合法第 65 条规定的情形时，应立即向公团通报相关事实。

第五章　费用承担

第 62 条（工资费用的计算基础）

计算工资费用时应考量公务员的退休率、报酬上调率、定员增加率、医疗报酬上调率和影响费用计算等其他因素。

第 63 条（给付费及还金的缴纳）

①给付费征缴义务人在征缴给付费、返还金、退还金或接收缴纳时，有法第 23 条和本令第 16 条的规定的公团委托收款业务的情形的，应于三日内将款项汇入受委托的邮政机关或金融机构（以下简称"收纳机构"）。

②收取第 1 款的给付费、返还金、退还金的收纳机构应开具相应的收据或入账通知书。

第 64 条（退职后再录用时的给付费的征缴）

①公务员退职后于退职日或次日再次入职的，由前一所属机构的给付费征缴义务人征缴给付费。

②公务员调至其他机构时，没有领取调离当月的报酬的，由调入机构征缴给付费。

第 65 条（服兵役停职者的给付费的缴纳）

①公务员因服兵役或其他事由而停职且不领取报酬的，不缴纳停职期间的给付费，但从停职事由消灭并开始支付报酬的次月开始，由给付费征缴义务人另行征缴停职期间月份的给付费（以下简称"追溯给付费"）。但依本人的意向可在停职期间缴纳每月的给付费。

②在第 1 项正文规定的情形中公务员想一次性缴纳追溯给付费时，可以缴纳当月的给付费为准计算剩余追溯给付费并一次性缴纳。

③公务员服兵役停职期间适用《军人年金法》，并将退役时领取的工资（包括退休工资）向公团返还时，应当一并返还第 22 条第 1 款及第 2

款规定的利息。若到退休为止还未返还的，可在退休工资等中扣除退休日前的第 22 条第 1 款及第 2 款规定的利息。

第 66 条（超缴给付费的退还等）

退还或征缴多缴纳或少缴纳的给付费的，应加算多缴纳或少缴纳的期间（以日为计算单位）根据当年度 1 月 1 日全国银行适用的定期存款利率中的最高利率计算的利息。但多缴纳或少缴纳的当月的给付费和返还或征缴多缴纳或少缴纳的给付费的当月的给付费相同时，无须加算利息。

第 67 条（年金负担金及补助金）

①法第 71 条第 1 款正文中的"总统令规定的报酬预算"是指公务员报酬法令等规定的公务员的报酬、工资和其他作为工资支付给公务员的预算的总和。其计算方法由人事革新处处长决定。

②根据法第 71 条第 1 款但书的规定，国家或地方自治团体承担的补助金的金额为第 1 项的金额减去第 2 项的金额或第 1 项的金额加上第 3 项的金额：

1. 当年度给付费及年金负担金被预计不足以支付法第 28 条规定的工资中退休工资及退休遗属工资（包括办理退休工资及退休遗属工资所需的所有费用，以下简称"工资总额"）的金额；

2. 上上年度的给付费、年金负担金及补助金的合计额大于上上年度的工资总额的金额；

3. 上上年度的给付费、年金负担金及补助金的合计额小于上上年度的工资总额的金额。

③根据第 2 款的规定，国家或地方自治团体承担补助金时按所负责的会计分别承担补助金，根据各自负责的会计，将根据第 2 款的规定算得的补助金除以当年度的总报酬预算得出的比率（算到小数点后第三位数字，以下简称"补助金负担率"）与当年度的报酬预算相乘。但国家承担的补助金由人事革新处所负责的一般会计承担。

④公团应当在每个会计年度的预算编制前将补助金负担率通知于国家和地方自治团体。

⑤国家和地方自治团体应当将第 1 款及第 2 款规定的年金负担金及补助金（以下简称"年金负担金等"）向计入报酬预算的各会计的预算进行反映，并将其提交至公团。

⑥在符合下列其中一项规定时，缴纳年金负担金的机构的负责人须向公团提交报酬预算书：

1. 下年度的预算成立的；

2. 追加更正的预算被编制、确定的。

⑦根据第6款第2项的规定，报酬预算变动的，公团在计算出年金负担金的增减额后应当将其通报于相关机构的负责人。

⑧收到第7款中的通报的机构负责人在缴纳下一期的年金负担金等时应增加或减去相应的金额。但当年的最后一期有所增减时，至最后一期期末为止增加或减少缴纳相应的增减额。

⑨国家或地方自治团体的负责人在会计年度结束后，应将年度支出预算的结算书提交至公团。

⑩法第71条第7款规定的加算的利息为根据当年度1月1日全国银行适用的定期存款利率中最高利率计算得出的利息，同时每会计年度按照复利计算。

第68条（退休工资负担金）

①根据法第73条第1款的规定，用于支付国家或地方自治团体负担的退休工资的费用（以下简称"退休工资负担金"）为对第62条规定的因素进行考量后计算得出的费用。

②对于国家或地方自治团体应负担的退休工资负担金金额，公团应当按照各会计将报酬预算与一定的比例相乘，得出大概金额并将此提前通报于国家或地方自治团体。

③国家和地方自治团体应当将第2款规定的退休工资负担金向计入报酬预算的各会计的预算进行反映，并将其提交至公团。

④法第73条第2款但书中规定的加算的利息为根据当年度1月1日全国银行适用的定期存款利率中最高利率计算得出的利息，同时每会计年度按照复利计算。

第69条（年金负担金的缴纳）

国家或地方自治团体向公团缴纳年金负担金、补助金及退休工资负担金时，应当缴纳至收纳机构。

第70条（下拨税等中的年金负担金征缴）

①根据法第71条第4款的规定（含法第73条第2款规定的情形），

公团在国家分割给地方自治团体的税款或其他拨款中直接征收地方自治团体的年金负担金额或退职报酬金额时，应当向负责税款和拨款的中央官署（具体指《国家财政法》第 6 条第 2 款规定的中央官署）通知地方自治团体名称和征收金额。

②收到第 1 款通知的中央官署的负责人在无特殊理由的情形下，应当向公团缴纳相关金额。

③根据第 2 款的规定，公团在收到年金负担金等或退休工资负担金后，须向相关的地方自治团体的负责人发放年金负担金的缴纳确认书或退休工资负担金的缴纳确定书，收到确认书的地方自治团体的负责人应据此认定相关预算已被执行。

第 71 条 （年金额的移转）

①《军人年金法》或《私立学校教职工年金法》中规定的退役年金、退休年金或提前退休年金的受领人被录用为公务员的，根据法第 26 条的规定合计了相关年金法规定的在职期间或服役期间后退休或死亡时，公团应立即向国防部长官或《私立学校教职工年金法》中规定的私立学校教职工年金公团（以下简称"私立学校教职工年金公团"）请求移转法第 74 条前段规定的工资。

②根据第 1 款的规定，国防部长官或私立学校教职工年金公团需将根据法第 74 条规定的公务员退休或死亡当时的《军人年金法》或《私立学校教职工年金法》规定的可收到的工资转至公团。此时，工资为公务员退休或死亡当时的《公务员年金法》规定的工资支付事由相同地发生在《军人年金法》或《私立学校教职工年金法》的规定中时所计算的金额（有提前退休年金时，指在退役年金或退休年金中减去《公务员年金法》规定的提前退休年金的减额比例后得出的金额）。

③国防部长官或私立学校教职工年金公团应当根据下列不同的规定将第 1 款规定的金额转至公团：

1. 退役年金、退休年金、提前退休年金、遗属年金或退休遗属年金：每年分两次，每半年移转一次，上半年的移转期限至 3 月 31 日，下半年的移转期限至 9 月 30 日；

2. 法第 33 条规定的工资、法第 36 条规定的代替年金收取一次性给付金的、法第 54 条规定的退休遗属年金负担金、退休遗属年金特别负担金：上一年度9月至当年度2月的部分，应当在当年度3月31日前移转；当年度3—8月的部分，应当在当年度9月30日前移转。

④国防部长官或私立学校教职工年金公团根据法第74条及本令第3款第1项的规定每半年向公团转账的期间，公团每年应对是否有《军人年金法》或《私立学校教职工年金法》规定的退役年金受领权、退休年金受领权、提前退休年金受领权、遗属年金受领权或退休遗属年金受领权的消灭、减额或其他影响转账的事由进行一次以上的调查，并将此向国防部长官或私立学校教职工年金公团进行通报。

⑤国防部长官或私立学校教职工年金公团在第3款规定的期间内没有向公团转账的，应当向公团缴纳逾期期间内的根据当年度1月1日全国银行适用的定期存款利率中的最高利率计算得出的利息，每会计年度按复利计算。

第72条（贷款学费负担金）

①根据法第75条的规定，国家或地方自治团体须承担的贷款学费负担金如下。

1. 贷款额：在各国家或地方自治团体对上一年度的实际贷款额和当年度的学生增加率、学费上调率进行考量并与相关机构进行协商后，由人事革新处处长决定；

2. 运营贷款学费所需的费用：公团根据各机构承担的负担金的比例计算的金额。

②人事革新处处长在确定第1款规定的金额后，须将相关的负担金额通报于国家机关及地方自治团体，收到通报的机构的负责人需将相关金额向机关预算进行反映后缴纳至公团。

③根据法第75条第3款的规定，向公务员年金基金进行短期借贷的，短期借款的利息根据借贷期间年度的1月1日全国银行适用的定期存款利率中的最高利率计算得出。

④自下一缴纳期为止，国家或地方自治团体还未清算第75条第2款后段规定的多缴纳或少缴纳的贷款学费负担金的（包括至下一会计年度的1月31日前未向公团缴纳全额的情形），须以法第75条第2款后段规定的金额为本金，根据当年度1月1日全国银行适用的定期存款利率中的最高利率计算得出利息并进行清算，每会计年度按复利计算。

⑤公团在贷款给公务员本人及其子女学费时，在国家或地方自治团体

缴纳的贷款学费负担金和公务员年金基金中的贷款金中,公团应先启用国家或地方自治团体缴纳的贷款学费负担金。

⑥偿还贷学金时,学费贷款的公务员本人或子女在毕业后(子女毕业于两年制大学后编入学至四年制大学的,指从四年制大学毕业后的情形)可延期两年并分期四年偿还,且由给付金缴纳义务人在月报酬金额中征缴贷款金额并提交至公团。但符合下列条件时,由人事革新处处长决定延期时间和偿还时间:

1. 学费贷款的公务员子女中途退学的情形;
2. 学费贷款的公务员子女毕业于两年制大学的情形;
3. 学费贷款的公务员已退休的情形;
4. 三名以上子女的贷款偿还时期重叠的情形。

⑦关于贷款学费的贷款对象、金额、时间及偿还程序等必要事项,由人事革新处处长和相关机构协商后决定。

第六章　公务员年金基金

第73条（公务员年金基金的收入、支出）

公务员年金基金(以下简称"基金")的收入及支出由下列规定金额构成:

1. 收入:

(1) 基金公积金;

(2) 基金转出金;

(3) 税入税出以外的结算盈余;

(4) 本金偿还金;

(5) 贷款;

(6) 法第77条规定的基金运作收益;

(7) 其他的收入。

2. 支出:

(1) 法第21条第1款第1项(1)规定的公团的转出金;

(2) 贷款的偿还金及其利息;

(3) 其他的支出。

第 74 条（基金增值事业及公务员福利事业）

①法第 77 条第 2 款第 6 项的"总统令规定的基金增值事业及公务员福利事业"指下列规定的事业：

1. 以下简称基金增值事业：

（1）为取得或出售不动产、提高现有不动产的价值或利用度而开展的事业；

（2）《资本市场与金融投资业法》第 4 条规定的证券的取得及借贷事业；

（3）《资本市场与金融投资业法》第 5 条第 2 款及第 3 款规定的场内派生商品及场外派生商品的交易；

（4）预期收益利率大于全国银行的一年定期存款利率的平均利率的项目。

2. 以下简称公务员福利事业：

（1）公务员住房的建设、取得、出售和出租项目；

（2）《设置、使用体育设施的法律》第 2 款第 2 项规定的体育设施业；

（3）《旅游振兴法》第 3 条第 1 款第 2 项或第 6 项规定的旅游住宿业及游园设施业；

（4）医院、休养设施、疗养设施、训练设施的运营，葬礼相关的事业和为了公务员福利的零售和其他福利事业；

（5）为公务员的老年计划进行的咨询、教育和以社会贡献为目的的社会参与活动支援项目。

②为了法第 77 条第 2 款第 5 项及本领第 1 款的事业，必要时公团可以向国家、地方自治团体、金融公司贷款。

③根据第 2 款的规定，公团在贷款前须将贷款的目的、金额、条件及偿还方法等以书面的形式提交于人事革新处处长事先获得批准。

④退休工资在无法预测的情形下增加且现有的资金不足以支付增加的退休工资，对于不足的部分公团可以向金融公司等进行短期贷款。

第 75 条（为设置、运营福利设施进行的资金贷款）

①国家或地方自治团体在进行法第 74 条第 1 款第 2 项（4）规定的事业时，公团可就事业所需的资金额向基金贷款。

②根据第 1 款的规定，从基金获得贷款的事业须经人事革新处处长的批准，并按照公团的规定进行管理和运营。

第 76 条（公务员年金运营委员会的组织）

法第 79 条第 1 款规定的公务员年金运营委员会（以下简称"运营委员会"）的委员由人事革新处处长根据下列规定提名或委任：

1. 企划财政部、教育部、国防部、保健福利部和人事革新处的高级公务员团所属的公务员中负责公务员年金复利或灾害补偿相关业务的公务员各一名；

2. 四名以内公务员团体所属的公务员；

3. 两名以内退休年金受领人；

4. 两名以下的《非营利民间团体支援法》第 2 条规定的非营利民间团体所属的人；

5. 六名以下的在公务员年金方面有远见和经验的人（包括一名公团常任理事中负责财务管理的常任理事）。

第 77 条（运营委员会委员的任期等）

①第 76 条规定的运营委员会的委员的任期如下规定：

1. 第 76 条第 1 项的委员：任职职位的在职期间；

2. 第 76 条第 2—5 项（第 3 项规定的委员除外）的委员：两年，可连任；

3. 第 76 条第 5 项的公团的常任理事委员：任职职位的在职期间。

②运营委员会的委员符合下列其中一项规定的，人事革新处处长可对其给予免职或解除委任：

1. 因身心障碍无法履行职务的；

2. 存在与职务相关的违法事实的；

3. 因玩忽职守、损害风气或其他原因被认为不适合担任运营委员会的委员的；

4. 运营委员会的委员主动表示难以履行职务的。

第 78 条（运营委员会委员长的职务）

①由委员长代表运营委员会并总管运营委员会的工作。

②委员长因不得已的原因无法履行职务时，由委员长指定的委员代为行使其职务。

第 79 条（运营委员会的会议）

①由委员长召开运营委员会的会议，并担任会议主持人。

②运营委员会的会议以在职委员过半数出席和出席委员过半数赞成票进行表决。

第 80 条（运营委员会的干事和书记）

①运营委员会应当设一名干事长、一名干事和若干名书记，以担任运营委员会的事务。

②干事长、干事及书记由人事革新处处长在人事革新处所属的公务员中任命。

第 81 条（运营委员会委员的津贴）

对于出席运营委员会会议的委员，可在预算范围内向其支付一定的津贴和差旅费。但因与公务员的工作内容有直接关联而出席的，不属于支付范围内。

第 82 条（关于基金运作的报告）

①公团应当在每季度结束的次月 15 日前，将每季度基金的合计余额试算表报告至人事革新处处长。

②公团应当将每个会计年度的结算结果反映于下列规定的结算的文件中，并于次年 2 月底为止将其报告给人事革新处处长：

1. 当年度的财务状况表和损益计算表；
2. 当年度的盈余表和盈余分配表；
3. 其他的财务报表附表；
4. 收支表。

第 83 条（基金运作的公告）

根据法第 81 条的规定，人事革新处处长应当在每个会计年度结束后的三个月以内将每年的基金结算公布于官报。

第 84 条（基金的运作利率）

①以下列规定的方式运作基金的，其运作利率应当在全国银行适用的一年期定期存款利率的平均利率以上：

1. 存入金融公司；
2. 托管至政府的各会计；
3. 购入国债、国营公司债；

4. 分期付款交易的分期付款利息。

②对福利事业基金的运作利率的规定如下：

1. 各种贷款及分期付款交易的利率：年利率在 3% 以上，并由人事革新处处长确定；

2. 不动产的租金率：财产价格的 2% 以上；

3. 以法第 75 条规定的贷款学费及本令第 75 条规定的福利设施的设置、运营为目的而进行的贷款：无息。

第七章　公务员福利等

第 85 条（公务员福利基本计划的制定和实施）

①人事革新处处长应当根据法第 83 条第 2 款的规定，每五年制定并实施一次公务员福利基本计划（以下简称"基本计划"）。

②基本计划中应当包括下列规定的事项：

1. 公务员福利政策的基本目标及推进方向；

2. 公务员福利相关制度的研究；

3. 公务员福利设施的设置及运营；

4. 对公务员的健康管理的支援；

5. 对公务员的文化活动和体育活动的支援；

6. 对公务员的退休准备的支援；

7. 用于公务员福利事业的资金的筹集及使用；

8. 其他的可提高公务员福利的必要事项。

③人事革新处处长应当根据基本计划，于每年的 1 月 31 日前制定和实施年度实施计划（以下简称"实施计划"）。

④为了有效地制定和推进基本计划及实施计划，人事革新处处长可对公务员福利进行实情调查。

⑤人事革新处处长应当根据第 1 款及第 3 款的规定所制定的基本计划及实施计划向中央行政机关负责人通报。

⑥为提高公务员的福利待遇，截至每年 2 月底中央行政机关负责人应当根据基本计划及实施计划制定福利执行计划（以下简称"执行计划"），并提交至人事革新处处长。

⑦为了对公务员福利的相关事项进行专门性的讨论并收集利害关系等人的意见，人事革新处处长可设立并运营由相关的专家和利害关系人组成的咨询团。

⑧由人事革新处处长确定制定、实施基本计划及实施计划和设立、运营咨询团的必要事项。

第 86 条 （公务员福利事业计划的制定）

①公团应于每年 2 月底前根据基本计划及实施计划制定公务员福利事业计划（以下简称"事业计划"），并提交至人事革新处处长。

②事业计划中应当包括下列规定的事项：

1. 公务员的生育、养育等，为了工作和家庭两全的支援；

2. 为公务员出售及租赁住房等，为了生活安定的支援；

3. 公务员的健康检查等健康管理上的支援；

4. 为即将退休的公务员提供适应社会及退休准备的支援；

5. 其他的公团实施的公务员福利事业或人事革新处处长认定的必要事项。

第 87 条 （退休公务员社会贡献活性化委员会的构成等）

①法第 84 条第 2 款规定的退休公务员社会贡献活性化委员会（以下简称"委员会"）审议下列事项：

1. 制定和推进退休公务员社会贡献活动相关政策和事业；

2. 退休公务员的社会贡献活动相关的各部门之间的合作及行政和财政上的支援；

3. 人事革新处处长认为的其他的退休公务员社会贡献活动所必要的事项。

②委员会由 15 名以内的委员构成，其中包括一名委员长。

③委员会由下列委员构成，并由人事革新处处长担任委员长：

1. 在企划财政部、行政安全部、人事革新处及国务调整室的高级公务员团所属的公务员中，所属机关的负责人所指定的公务员；

2. 十名以内由人事革新处处长委任的在公共行政、社会福利、经济、雇佣、安全等相关领域拥有丰富的学识和经验的人。

④第 3 款第 2 项规定的委员的任期为一年，只能连任两届。

第 88 条 （委员会的运营）

①由委员长召开委员会会议并担任主持人。

②委员会的会议以在职委员过半数出席和出席委员过半数的赞成票进行表决。

③委员会应当设一名干事以处理委员会的事务，干事由人事革新处处长在人事革新处所属的公务员中任命。

④委员会可设立事务委员会以支援委员会的运营，事务委员会可预先审查须由委员会审议的案件等。

⑤对于出席委员会及实务协议会的委员和专家等，可在预算范围内向其支付一定的津贴和差旅费。但因与公务员的工作内容有直接关联而出席的除外。

⑥第1—5款规定之外的委员会运营的必要事项，由人事革新处处长规定。

第89条 （为支援退休公务员社会贡献活动的资料提供请求）

法第84条第3款但书中的"总统令规定的资料"是指下列规定的资料：

1. 退休公务员社会贡献活动的政策及事业的运营计划；

2. 退休公务员社会贡献活动的政策及事业的运营实绩及评价结果；

3. 其他的支援退休公务员社会贡献活动的必要资料。

第90条 （为了退休公务员社会贡献活动的费用支援等）

①人事革新处处长可在预算范围内，向参与退休公务员社会贡献活动相关政策及事业的人支援其所需的全部或部分费用。

②退休公务员社会贡献活动相关政策或推进事业的相关部门或机构的负责人，必要时可以向参与该政策的人员提供行政及财政上的支援。

第91条 （退休公务员的福利事业等）

①法第85条中的"由总统令规定的退休公务员互助会的设置和运营，退休公务员的现金资产运作等事业"是指下列规定事业：

1. 退休公务员互助会的设置及运营；

2. 对退休公务员互助会的资金借贷及办公室租赁；

3. 对退休公务员互助会及退休公务员现金资产运作进行委托等的资金运作事业；

4. 经营医院、体育设施、修养设施、疗养设施、零售店及其他福利设施的事业；

5. 退休公务员的社会贡献活动及其支援；

6. 其他人事革新处处长认为退休公务员福利所必要的事业。

②第1款第2项规定的退休公务员互助会的资金借贷及办公室租赁的利率规定如下：

1. 借贷资金的利率：每年3%以上。人事革新处处长决定贷款资金的具体利率、偿还期限及担保等必要事项。

2. 办公室的租金率：财产价格的2%以上。退休公务员互助会的顺利运营，必要时人事革新处处长可决定为无偿。

③根据法第86条的规定，第1款第3项规定的退休公务员互助会及退休公务员的现金资产运作委托至公团的，人事革新处处长有权批准相关程序、运作方式和其他必要的事项，并由公团最终决定。

④第1款第4项的事业的资金借贷，适用第75条的规定。

第八章　审查的请求

第92条（审查请求的程序）

①根据法第87条第1款的规定，向《公务员灾害补偿法》第52条规定的公务员灾害补偿年金委员会（以下简称"公务员灾害补偿年金委员会"）提出审查请求的人，应在法第87条第2款规定期限内将附理由的审查请求书提交至公团。

②公团收到第一款规定的审查请求书后，应在10日内将答辩书与其他所需资料送至公务员灾害补偿年金委员会。

第九章　附则

第93条（时效起算日）

①根据法第87条第1款的规定，向公务员灾害补偿年金委员会提出审查请求的人，收到决定或胜诉的，根据法第88条的规定工资受领权自决定作出或宣判之日起计算。

②根据第61条第4款的规定，部分工资被终止支付的，法第88条第1款规定的领取终止支付工资的权利的消灭时效期间自第61条第4款中

规定的情形起计算。

第 94 条（对提供资料的请求及方式等）

①法第 93 条第 3 款但书中的"总统令规定的机构、法人和团体"是指附表三中的机构、法人和团体。

②法第 93 条第 3 款但书中的"总统令规定的资料"是指附表四中的资料。

③根据法第 93 条第 3 款的规定，法第 93 条第 3 款规定的资料被储存在磁盘、磁带、微型胶片、光盘等计算机记录装置或计算机程序等介质中的，收到资料提供请求的机构、法人和团体的负责人可直接提供相应的储存介质。

第 95 条（资料收集等实情调查）

公团可委托年金办理机构负责人进行对年金财政的长期判断、改善年金制度的资料的收集等实情调查。

第 96 条（敏感信息及固有识别信息的处理）

为履行法或本令规定的下列事务，年金办理机构负责人、公团（根据法第 23 条及本令第 16 条的规定，包括受公团委托业务的机构）及人事革新处处长在不可避免的情形下，可对根据法或本令收到的文件及资料中包括《个人信息保护法》第 23 条规定的与健康的信息、相同法的实施令第 18 条第 2 款规定的犯罪经历资料的信息、相同令第 19 条规定的居民登记证号码、护照号码或外国人登记号码的信息的相关资料进行处理：

1. 法第 17 条规定的公团的事业；
2. 法第 25 条规定的在职期间的计算；
3. 法第 29 条规定的与工资事由的确定及工资的决定、支付的事务；
4. 法第 33 条规定的在没有遗属时的工资支付；
5. 法第 36 条规定的移民或丧失国籍时的工资支付；
6. 法第 37 条规定的工资的退还；
7. 法第 38 条规定的未缴款的扣除支付；
8. 法第 40 条及第 41 条规定的工资间的调整；
9. 法第 42 条规定的对第三人的损害赔偿请求权的行使；
10. 法第 45 条、第 48 条及第 49 条规定的分期年金的决定和支付；
11. 法第 50 条规定的年金停止支付；

12. 法第 52 条及第 56 条规定的下落不明者的退休工资；

13. 法第 53 条规定的公社化相关的退休工资的联系；

14. 法第 57 条规定的退休遗属工资受领权的丧失和移转；

15. 法第 60 条规定的非公务伤伤残年金等级的修改等；

16. 法第 63—65 条规定的工资的限制；

17. 法第 67 条、第 71 条、第 73 条及第 75 条规定的给付费、负担金或其他的费用的征缴；

18. 法第 74 条规定的年金额的移转；

19. 法第 83—85 条规定的公务员的福利；

20. 法第 87 条规定的审查的请求；

21. 法第 93 条规定的对公团提交资料的请求。

第 97 条（格式）

实施法及本令所需的格式，由公团和人事革新处处长进行协商后确定。

附录

第 1 条（实施日）

本令自 2018 年 9 月 20 日起实施。

第 2 条（关于返还金分期缴纳次数的适用例）

虽有附则第 12 条前段及附则第 14 条的规定，但第 21 条第 2 款的修正规定自本令实施后在职期间的合算获得许可时起适用。

第 3 条（关于工资事由的确认的适用例）

虽有附则第 14 条的规定，但第 24 条的修正规定可适用于本令实施时的工资事由的确认及请求工资审议程序等情形。

第 4 条（因移民及丧失国籍而请求清算年金的适用例）

虽有附则第 14 条的规定，但第 32 条、第 51 条及第 56 条的修正规定可适用于本令实施时因移民及丧失国籍而请求清算年金或经申请正在办理的程序等情形。

第 5 条（关于分期年金等种类及支付时间变更的适用例）

虽有附则第 14 条的规定，但第 48 条第 3 款的修正规定自本令实施后申请变更退休年金等种类及支付时间时起适用。

第6条（关于申请审查程序的适用例）

虽有附则第14条的规定，但第92条的修正规定可适用于本令实施时的经请求审查正在办理的程序等情形。

第7条（关于制定及实施基本计划或实施计划的特例）

①虽有第85条第1款的修正规定，但本令实施后的初次基本计划应当在2019年3月31日前制定并实施。

②虽有第85条第3款的修正规定，但本令实施后的初次实施计划应当在2019年4月30日前制定并实施。

③虽有第85条第6款的规定，但本令实施后的初次执行计划应当在2019年5月31日前提交给人事革新处处长。

④虽有第86条第1款的规定，但本令实施后的初次事业计划应当在2019年5月31日前提交给人事革新处处长。

第8条（关于抚养事实的认定标准的临时措施）

①虽有第3条第1款的修正规定，但本令实施前关于抚养事实的认定标准根据以前的《公务员年金法实施令》（以下是指修改为总统令第29281号前的全部规定，附则第23条除外）。在此情形下，此令实施后总统令第20501号《公务员年金法实施令部分修正令》附表一的修正规定，根据初次为公务员或曾担任公务员的人的死亡，决定领取遗属年金的人或因从前领取遗属年金的遗属的死亡重新决定领取遗属年金的人时起适用。

②虽有第1款前段的规定，但2003年1月20日（总统令第17891号《公务员年金法实施令修正令》的实施日）前发生工资事由的人根据修改为此令前的规定。

第9条（关于基础月收入的决定的临时措施）

①虽有从第5条至第8条的修正规定，但本令实施前的基础月收入的决定及试用期间根据以前的《公务员年金法实施令》第3条之三至第3条之六的规定。此种情形下，总统令第24506号《公务员年金法实施令部分修正令》第3条之三第2款、第3款及第3条之六第2款的修正规定于2013年5月1日以后发生长期工资的事由的人开始适用。

②虽有第1款前段的规定，但法律第6328号《公务员年金法》附则第8条，2000年12月31日以前晋升、降职、撤职、换职、重新聘用

（指根据此法律第23条第2款规定合算在职期间或服役期间的已退休的公务员或私立学校的教职工聘用为公务员。以本条相同）后一年内退休或死亡的情形，晋升、降职、撤职、换职或重新聘用前的月报酬额为根据总统令第17101号《公务员年金法实施令修正令》第3条之四的修正规定将乘以比公务员平均报酬上调率大1的数字的金额。

③虽有第1款前段的规定，但2008年1月2日以后因录用、复职、休职等无法根据第21974号《公务员年金法实施令部分修正令》第3条之三至第3条之五的修正规定计算基础月收入的情形下令实施日前日的公务员种类、职级以及与级别相同或类似的公务员基础月收入相当的金额为基础月收入。

第10条（关于基础月收入的现值换算的临时措施）

①虽有第10条的修正规定，但本令实施前的基础月收入及平均基础月收入的现值换算根据以前的《公务员年金法实施令》第3条之八。

②第1款的情形下，总统令第17891号《公务员年金法实施令修正令》第3条之四第2款的修正规定适用于因2000年1月1日以后发生的工资事由，2008年度的报酬月数或平均报酬月数换算成2003年的现有价值时起适用。

③第1款的情形下，总统令第24506号《公务员年金法实施令部分修正令》第3条之八第2款的修正规定也适用于2010年1月1日至2013年5月1日前退休或死亡，从而导致退休年金、提前退休年金及遗属年金（曾担任公务员的人在领取退休年金或提前退休年金时死亡，其遗属获得遗属年金的情形除外，以下第4款中简称"退休年金等"）的工资事由发生的人（包括在该期间因退休或死亡而获得工资的人）。

④符合第3款的人中已经在2013年5月1日领取工资的人，根据总统令第24506号《公务员年金法实施令部分修正令》第3条之八第2款的修正规定计算平均基础月收入的，在2013年5月1日前可获得的退休年金等减去已经支付的退休年金的差额，将在2013年5月1日以后首次支付退休年金等时进行合算支付。

⑤虽有第1款的规定，但2001年1月1日以后根据法律第6328号《公务员年金法修正法律》第23条第2款合算的在职期间或者服役期间的月报酬额，根据此法第27条第4款及总统令第17101号《公务员年金

法实施令修正令》第 3 条之四换算成现值的，对此令实施前的在职期间或者服役期间适用的公务员平均报酬上调率为 6%。

⑥虽有第 1 款的规定，但法律第 9905 号《公务员年金法部分修正法律》附则第 7 条第 5 款第 1 项规定的月报酬额或平均月报酬额为工资事由发生之日起算的现值换算金额的计算方式如下。

（2010 年 1 月 1 日前一天的月报酬额或平均月报酬额）×〔（发生工资事由之日所属月的全体公务员的基础月收入平均额）÷（全体公务员对于 2008 年度应税收入的基础月收入平均额及 2009 年度应税收入的基础月收入平均额合算及平均金额）〕

⑦虽有第 1 款的规定，但 2010 年 1 月 1 日（总统令第 21974 号《公务员年金法实施令部分修正令》实施日）以后被聘用为公务员的人员，合算此令实施前的在职期间或服役期间（以下简称"从前期间"）的，法律第 9905 号《公务员年金法部分修正法律》附则第 7 条第 5 款第 1 项规定的相应期间的月报酬额或平均月报酬额的计算方式如下。

〔考虑从前退休时的月报酬额或平均月报酬额而换算成聘用公务员时的现值金额〕×〔（发生工资事由之日所属月的全体公务员的基础月收入平均额）÷（聘用公务员时的全体公务员的基础月收入）〕

⑧虽有第 1 款、第 6 款及第 7 款的规定，但第 6 款或第 7 款计算的月报酬额或平均报酬月的金额，比 2010 年 1 月 1 日（第 7 款是指从前退休时）的月报酬额或平均月报酬额反映公务员报酬的上调率，比工资事由发生之日的现值换算金额少时，其中金额多的应视为从前期间的月报酬额或平均月报酬额。

⑨根据第 6 款及第 7 款将从前期间的月报酬额或平均月报酬额换算成发生工资事由之日所属时点的现值的，以上一年度的收入为基础决定本年度的基础月收入，在适用前（指本年度 1—4 月）发生长期工资事由时根据第 6 款及第 7 款的金额和反映本年度公务员报酬上调率的金额。

⑩第一款规定外，为算出根据法律第 9905 号《公务员年金法部分修改法律》附则第 3 条规定工资（以年金工资为限，包括《国民年金与职业年金关联法》规定的联系退休年金）的工资额，适用标准月收入额的比例如下。但超过规定在职期间超过 33 年后退休的人员，则适用相当于在职期间 33 年的比例。

⑪虽有第 1 款的规定，但 2010 年 1 月 1 日至 2011 年 11 月 5 日（总统令第 23276 号《公务员年金法实施令部分修正令》实施日）前日之间退休的人员中，根据总统令第 21974 号《公务员年金法实施令部分修正令》附则第 9 条第 1 款的修正规定计算的月报酬额或平均月报酬额的金额，对于比根据从前总统令第 21974 号《公务员年金法实施令部分修正令》附则第 9 条第 1 款计算的月报酬额或平均月报酬额的金额多的人，根据总统令第 21974 号《公务员年金法实施令部分修正令》附则第 9 条第 1 款的修正规定计算其工资。

⑫第一款及总统令第 21974 号《公务员年金法施行令部分修订令》附则第 9 条第 1 款与第 2 款及第 4 款规定外，因 2010 年 1 月 1 日至 2013 年 5 月 1 日之前退休所产生工资事由的公务员（包括根据法律第 11690 号《公务员年金法部分修改法律》第 23 条第 2 款规定将 2010 年 1 月 1 日之前的在职期间或服役期间计算在内的人）的月报酬额或平均月报酬额的计算方法遵循《公务员年金法实施令》（是指改为总统令第 24506 号前的部分规定）。

⑬虽有第 1 款的规定，第 12 款及附则第 9 条第 1 款后段的规定，但从 2010 年 1 月 1 日至 2013 年 5 月 1 日总统令第 24506 号《公务员年金法实施令部分令修正令》附则第 1 条但书规定的实施日即 2013 年 5 月 1 日期间，决定适用该年度的基础月收入前发生长期工资事由的公务员，以 2010 年前在职期间的平均月报酬额以发生工资事由之日所属时点的现值进行换算的，根据总统令第 24506 号《公务员年金法实施令部分修正令》第 3 条之三第 2 款的修正规定的该年度的基础月收入比总统令第 21974 号《公务员年金法实施令部分修正令》附则第 9 条第 1 款及第 2 款的计算方法中工资事由发生之日的基础月收入多的，应当适用计算方法于根据总统令第 24506 号《公务员年金法实施令部分修正令》第 3 条之三第 2 款的修正规定的该年度的基础月收入，将平均月报酬额换算为符合工资事由发生之日所属时点的现值。

⑭根据第 12 款及第 13 款计算的长期工资，从根据总统令第 24506 号《公务员年金法实施令部分修正令》附则第 1 条但书的实施日即 2013 年 5 月 1 日以后首次到来的年金支付日开始支付。

第 11 条（关于认定为在职期间的服役期间的临时措施）

①虽有第 18 条的修正规定，但本令实施前被认定为在职期间的服役

期间根据以前的《公务员年金法实施令》第 16 条之二。

②虽有第 1 款的规定，但总统令第 21974 号《公务员年金法实施令部分修改令》第 16 条之二第 2 款的修正规定从此令实施以后初次录用的人开始适用。

第 12 条（关于返还金的缴纳方法的临时措施）

除第 21 条的修正规定外，本令实施前关于返还金的缴纳方法根据从前的《公务员年金法实施令》第 18 条。此时，总统令第 23276 号第 18 条之一第 2 款的修正规定也适用于在 2011 年 11 月 5 日（此令实施日）根据从前的《公务员年金法实施令》（指修改为总统令第 23276 号的部分规定）分期缴纳返还金的人员，根据总统令第 23276 号《公务员年金法实施令部分修正令》第 18 条第 1 款、第 2 款的修正规定直接向收款机关缴纳的情形。

第 13 条（关于计算返还金时适用利率的临时措施）

①虽有第 22 条第 2—4 款及第 34 条第 1 款、第 2 款的修正规定，但本令实施前关于利率的适用根据以前的《公务员年金法实施令》第 19 条第 2—4 款及第 26 条第 1 款。此时，2013 年 5 月 1 日前未按照总统令第 24506 号《公务员年金法实施令部分修正令》第 18 条第 1 款规定的缴纳期间缴纳返还金时计算延期利息的期间的，截至 2013 年 5 月 1 日的滞纳期间根据以前的《公务员年金法实施令》（指修改为总统令第 24506 号的部分规定），对于 2013 年 5 月 1 日以后的滞纳期间根据总统令第 24506 号《公务员年金法实施令部分修正令》第 19 条第 4 款的修正规定计算。

②虽有第 1 款前段的规定，但在 1988 年 1 月 23 日（法律第 12380 号《公务员年金法修正法律》实施日）根据法律第 3964 号《公务员年金法修正法律》第 24 条第 2 款在职期间的合算获得许可的人根据以前的《公务员年金法实施令》（指修改为总统令第 12380 号的部分规定）滞纳返还金，在职期间合算被撤销后再次获得许可并负担延期利息的，对于 1988 年 1 月 23 日以后需要缴纳的返还金应当缴纳滞纳当时应返还的金额，而对于被撤销前返还金的滞纳期间（超过六个月的视为六个月）应当根据总统令第 12380 号《公务员年金法实施令》第 19 条第 1 款但书，以加算延期利息的金额重新计算后缴纳规定的金额。

③除第 1 款前段规定外,总统令第 12653 号《公务员年金法施行令修订

令》第 19 条第 2 款及第 26 条第 1 款规定利率的计算期间处于 1988 年 12 月 4 日的情形，则遵循修订之前的规定。

④虽有第 1 款前段的规定，但 2005 年 7 月 1 日（总统令第 18923 号《公务员年金法实施令部分修正令》实施日）前根据法律第 7543 号《公务员年金法部分修正法律》第 24 条第 2 款获得在职期间合算的许可，未按照总统令第 18923 号《公务员年金法实施令部分修正令》第 18 条第 1 款规定的缴纳期间缴纳返还金时的延期利息的计算，对总统令第 18923 号《公务员年金法实施令部分修正令》实施日前的滞纳期间将根据以前的《公务员年金法实施令》（指修改为总统令第 18923 号前的部分规定）第 19 条第 4 款计算，对总统令第 18923 号《公务员年金法实施令部分修正令》实施以后的滞纳期间将根据此令第 19 条第 4 款的修正规定计算。

第 14 条　（关于发生工资事由的一般临时措施）

①本令实施前，对发生工资事由的人的工资根据以前的《公务员年金法实施令》。

②虽有第 1 款的规定，但 1988 年 1 月 23 日（总统令第 12380 号《公务员年金法实施令修正令》）前发生工资事由的人的工资根据修改为此令前的规定。

③虽有第 1 款的规定，但 1989 年 9 月 30 日以前发生支付事由的工资根据修改为总统令第 12822 号《公务员年金法实施令修正令》的规定。

④虽有第 1 款的规定，2001 年 1 月 1 日前发生工资事由的人的工资根据修改为此令前的规定。

第 15 条　（关于工资退还的临时措施）

①虽有第 34 条的修正规定，但关于本令实施前的工资退还根据以前的《公务员年金法实施令》第 26 条。此时，本令实施时总统令第 22175 号《公务员年金法实施令部分修正令》第 26 条第 4 款的修正规定优先适用于需要缴纳退还金的人的剩余缴纳额，此令实施时第 26 条第 5 款的修正规定优先适用于需要缴纳退还金的人的剩余缴纳额。

②虽有第 1 款前段的规定，但 2001 年 1 月 1 日（总统令第 17101 号《公务员年金法实施令修正令》实施日）前根据法律第 6328 号《公务员年金法修正法律》第 31 条第 1 款，对工资应加算的利息及对退还金应加算的延期利息的计算期间，按照修改为总统令第 17101 号《公务员年金法

实施令修正令》前的规定。

③第 1 款前段规定外，总统令第 17101 号《公务员年金法施行令修正令》实施日（2011 年 1 月 1 日）之前，根据法律第 6328 号《公务员年金法修改法律》第 31 条第 1 款第 2 项及第 3 项规定，受还受处分的工资额退还则遵循修订之前的规定。

④虽有第 1 款前段的规定，但总统令第 21974 号《公务员年金法实施令部分修正令》第 26 条第 4 款的修正规定，适用于此令实施日以后获得退还金分期缴纳许可的人。

第 16 条（关于计算退休工资特例的临时措施）

①第 42 条的修正规定外，本令实施前的退休工资计算特例遵循之前的《公务员年金法实施令》第 43 条规定。此时，总统令第 23276 号《公务员年金法施行令部分修订令》第 43 条第 4 款的修改规定，截至 2009 年 12 月 31 日修改为同法令前根据第 19 条之二第 1 款规定申请办理军服役期间的算入并将其算入在职期间后，根据第 10984 号《公务员年金法部分修改法律》第 66 条规定，适用于将缴纳追溯给付金的终止时间为 2010 年 1 月 1 日后的人员。

②虽有第 1 款前段的规定，但总统令第 13340 号《公务员年金法实施令部分修正令》实施时当退伍军人或私立学校教职员被聘用为公务员，对在职人员适用此令第 43 条第 3 款的修正规定时，根据第 4334 号《公务员年金法修正法律》第 24 条第 2 款的返还金是根据总统令第 13340 号《公务员年金法实施令修正令》的退休工资扣除加算利息后的金额。

第 17 条（关于退休工资的种类及申请变更支付时间的临时措施）

虽有第 48 条的修正规定，但关于本令实施前的退休工资的种类及申请变更支付时间根据以前的《公务员年金法实施令》第 41 条之二。此时，总统令第 21974 号《公务员年金法实施令部分修正令》第 42 条之二的修正规定，将从此令实施日以后获得工资的人开始适用。

第 18 条（关于计算退休工资的临时措施）

①虽有第 58 条的修正规定，但关于本令实施前的退休工资的计算，根据之前的《公务员年金法实施令》第 52 条之三。

②虽有第 1 款的规定，但在 1991 年 10 月 1 日（总统令第 13340 号《公务员年金法实施令修正令》的实施日）职人员因退休或者死亡获得的

退休工资低于下列规定金额的，按照下列金额支付退休工资。根据总统令第 13340 号《公务员年金法实施令修正令》第 55 条第 1 款及第 2 款减收并支付退休工资的情形下，按照下列规定支付的金额为其金额的 1/2：

1. 在职期间 5 年以上不满 10 年的：退休一次性给付金或遗属年金一次性给付金×20%；

2. 在职期间 10 年以上不满 20 年的：退休一次性给付金或遗属年金一次性给付金×25%；

3. 在职期间超过 20 年的：退休一次性给付金或遗属年金一次性给付金×30%。

③虽有第 1 款的规定，但修改为总统令第 13340 号《公务员年金法实施令修正令》前的规定，在职期间计算时返还的退休工资加算金加上利息（指缴纳退休工资加算金，以每年 10%的复利计算的利息）的金额和公务员在职期间的退休工资加在一起的金额，少于在 1991 年 10 月 1 日（总统令第 13340 号《公务员年金法实施令修正令》实施日）为在职人员的，根据第 4334 号《公务员年金法修正法律》第 23 条第 2 款计算在职期间的人员因退休或者死亡获得的退休工资数额的情形下，将支付加在一起的金额为退休津贴。

第 19 条（关于兵役服役休职期间征缴给付费的临时措施）

①虽有第 65 条的修正规定，但关于本令实施前的兵役服役休职期间的给付费征缴根据以前的《公务员年金法实施令》第 63 条。

②第 1 款的规定外，1983 年 1 月 1 日实施《公务员年金法实施令修正令》时，根据《公务员年金法实施令》（是指修改为总统令第 10962 号之前的规定），为《兵役法》规定服役期间，给付金缴纳期间相当于 1/2 的休职期间的人，应根据《公务员年金法实施令》规定方法所缴纳，并在完缴月份的次月起，对剩余服役休职期间，只需缴纳等同于相应月份给付金的金额。

第 20 条（关于过缴给付费的返还的临时措施）

本令实施以后，若返还或征缴多交或少交的给付费，该谈付费的计算将根据之前的《公务员年金法实施令》第 65 条计算，而对本令实施日以后的期间将根据第 66 条的修正规定计算。

第 21 条（关于缴纳减额前的月报酬额的给付费的临时措施）

在 2001 年 1 月 1 日（总统令第 17101 号《公务员年金法修正令》的

实施日）根据之前的《公务员年金法》（指修改为法律第 6328 号的部分规定）第 66 条第 4 款，对根据减额前的职别及号俸缴纳给付费的人也适用总统令第 17101 号《公务员年金法实施令修正令》第 65 条之二的修正规定，不过根据减额前的职别及号俸且符合此令实施日的年份的月报酬额，视为根据此令第 65 条之二减额前的月报酬额。

第 22 条（关于格式的临时措施）

本令实施时，按照之前的《公务员年金法实施令》提交的请求书视为根据本令提交的请求书等。

第 23 条（关于先前附则适用范围的临时措施）

以前根据修改的《公务员年金法实施令》规定的附则，除在本令实施前已经失效的以外，在不违反本令规定的范围内，在该令实施后继续适用。

第 24 条（其他法令的修改）

①1980 年《关于补偿被解职公务员的特别措施法实施令》部分修改为如下：

第 2 条第 2 款第 8 项的"根据《公务员年金法》第 47 条第 2 项和第 3 项规定"为"根据《公务员年金法》第 50 条第 1 款第 3—5 项的规定"。

②《关于五·一八民主有功者礼遇的法律实施令》部分修改为如下：

附表三之二第 6 项为如下：

6.《公务员年金法》（以下简称"法"）及《公务员灾害赔偿法》规定的下列资料：

（1）根据法第 3 条第 1 款第 4 项的基础月收入；

（2）根据法第 25 条关于计算在职期间的聘用日及退休日的信息；

（3）根据法第 28 条关于工资支付的信息；

（4）根据《公务员灾害赔偿法》第 8 条第 3 项及第 5 项的伤残工资及遗嘱伤残工资支付的信息。

③《警察公务员保健安全及福利基本法实施令》部分修改为如下：

附表备注第 2 项中"第 21 条第 3 款"为"第 26 条第 3 款"。

④《关于枯叶剂后遗症患者支援及组织设立的法律实施令》部分修改为如下：

附表三之二第 6 项为如下：

6.《公务员年金法》（以下简称"法"）及《公务员灾害赔偿法》规定的下列资料：

（1）根据法第3条第1款第4项的基础月收入；

（2）根据法第25条关于计算在职期间的聘用日及退休日的信息；

（3）根据法第28条关于工资支付的信息；

（4）根据《公务员灾害赔偿法》第8条第3项及第5项的伤残工资及遗嘱伤残工资支付的信息。

⑤《公务员劳动法实施令》部分修改为如下：

附表一第32项中"第七章"为"第八章"，此表中第33项为第34项，在此表中增加第33项为如下，此表第34项（从前的第三十三项）中"第32项"为"第33项"。

33.《公务员灾害赔偿法》（仅适用于此法第二章工资和第五章审查请求的规定）。

⑥《公有财产及物品管理法实施令》部分修改为如下：

第38条第1款第14项中"公务员年金公团"为"公务员年金管理公团"。

⑦国家公务员名誉退休工资等支付规定部分修改为如下：

第3条第1款以外部分正文中"《公务员年金法》第23条第1款"为"《公务员年金法》第25条第1款"。

⑧国家公务员服役规定部分修改为如下：

第15条第2款以外部分正文中"《公务员年金法》第23条第1款"为"《公务员年金法》第25条第1款"。

⑨《关于国家有功者等礼遇支援的法律实施令》部分修改为如下：

附表十之二第6项为如下：

6.《公务员年金法》（以下简称"法"）及《公务员灾害赔偿法》规定的下列资料：

（1）根据法第3条第1款第4项的基础月收入；

（2）根据法第25条关于计算在职期间的聘用日及退休日的信息；

（3）根据法第28条关于工资支付的信息；

（4）根据《公务员灾害赔偿法》第8条第3项及第5项的伤残工资及遗嘱伤残工资支付的信息。

⑩《国家债券管理法实施令》部分修改为如下：

第12条第2项中"《公务员年金法》第66条"为"《公务员年金法》第67条"。

第22条第2项中"《公务员年金法》第66条"为"《公务员年金法》第67条"。

⑪《关于成立并运营农林水产品投资组合的法律实施令》修改为如下：

附表一第3项中"第73条第1款"为"第76条第1款"。

⑫《独立有功者礼遇的法律实施令》部分修改为如下：

附表三之二第6项为如下：

6.《公务员年金法》（以下简称"法"）及《公务员灾害赔偿法》规定的下列资料：

（1）根据法第3条第1款第4项的基础月收入；

（2）根据法第25条关于计算在职期间的聘用日及退休日的信息；

（3）根据法第28条关于工资支付的信息；

（4）根据《公务员灾害赔偿法》第8条第3项及第5项的伤残工资及遗嘱伤残工资支付的信息。

⑬《别定邮政局法实施令》部分修改为如下：

第45条第2款中"《公务员年金法实施令》第40条之二第5款"为"《公务员年金法实施令》第46条第5款"。

附表一第1项但书中"第3条之二第1款"为"第4条第1款"，此表第3项中"第3条之三第4款"为"第5条第4款"，此项中"第3条之三第3款"为"第5条第3款"。

⑭《关于扶助金管理的法律实施令》部分修改为如下：

附表四法第26条之三第1款第8项相关的邀请资料或信息栏第27项中"根据《公务员年金法》第42条的长期工资"为"根据《公务员年金法》第28条的工资及《公务员伤害赔偿法》第8条第3项、第5项的伤残工资、遗属伤残工资"。

⑮《关于报勋补偿对象支援的法律实施令》部分修改为如下：

附表九之二第6项为如下：

6.《公务员年金法》（以下简称"法"）及《公务员灾害赔偿法》

规定的下列资料：

(1) 根据法第 3 条第 1 款第 4 项的基础月收入；

(2) 根据法第 25 条关于计算在职期间的聘用日及退休日的信息；

(3) 根据法第 28 条关于工资支付的信息；

(4) 根据《公务员灾害赔偿法》第 8 条第 3 项及第 5 项的伤残工资及遗嘱伤残工资支付的信息。

⑯《关于预防腐败及国民权益委员会的设置及运营的法律实施令》部分修改为如下：

第 90 条第 4 款第 3 项中"《公务员年金法》第 64 条第 1 款"为"《公务员年金法》第 65 条第 1 款"。

⑰《关于对不称职公务员等支付退休补偿金的特例法实施令》部分修改为如下：

第 3 条第 2 款正文中"公务员年金管理公团"为"公务员年金公团"。第 5 条第 3 款及第 4 款中"公务员年金管理公团董事长"为"公务员年金公团董事长"。第 7 条第 2 款及第 3 款中"公务员年金管理公团董事长"为"公务员年金公团董事长"。

⑱地方公务员名誉退休工资等支付规定部分修改为如下：

第 3 条第 1 款正文中"《公务员年金法》第 23 条第 1 款"为"《公务员年金法》第 25 条第 1 款"。

⑲地方公务员服役规定部分修改为如下：

第 7 条第 2 款以外正文中"《公务员年金法》第 23 条第 1 项"为"《公务员年金法》第 25 条第 1 项"。

⑳《地方会计法实施令》部分修改为如下：

第 47 条第 2 项中"《公务员年金法》第 69 条"为"《公务员年金法》第 71 条"。

㉑《参战有功者及集体设立的法律实施令》部分修改为如下：

附表二第 5 项为如下：

5.《公务员年金法》（以下简称"法"）及《公务员灾害赔偿法》规定的下列资料：

(1) 根据法第 3 条第 1 款第 4 项的基础月收入；

(2) 根据法第 25 条关于计算在职期间的聘用日及退休日的信息；

(3) 根据法第 28 条关于工资支付的信息；

(4) 根据《公务员灾害赔偿法》第 8 条第 3 项及第 5 项的伤残工资及遗嘱伤残工资支付的信息。

㉒《关于特殊任务有功者礼遇及集体设立的法律实施令》部分修改为如下：

附表二之二第 6 项为如下：

6.《公务员年金法》（以下简称"法"）及《公务员灾害赔偿法》规定的下列资料：

(1) 根据法第 3 条第 1 款第 4 项的基础月收入；

(2) 根据法第 25 条关于计算在职期间的聘用日及退休日的信息；

(3) 根据法第 28 条关于工资支付的信息；

(4) 根据《公务员灾害赔偿法》第 8 条第 3 项及第 5 项的伤残工资及遗嘱伤残工资支付的信息。

㉓《关于特定经济犯罪加重处罚的法律实施令》部分修改为如下：

附表三第 49 项为如下：

49. 公务员年金公团

第 25 条（与其他法令的关系）本令实施时，其他法令引用于前的《公务员年金法实施令》或其规定，该令有相应规定时，可以视为分别引用了该令或该令的相关规定。

二十二　私立学校教职员年金法

第一章　总则

第1条（目的）

本法制定的目的在于，为私立学校教师及行政人员的退职、死亡及职务疾病、负伤、残疾等提供适当的给付制度，稳定教职工及其遗属经济生活并提高福利。

第2条（定义）

①本法使用的符合如下。

1. "教职工"是指，根据《私立学校法》第54条的规定任命后报送管辖厅的教师，及根据《私立学校法》第70条之二的规定任命的行政人员。但临时任命的人以及附条件任命的人及无薪酬人员除外。

2. "遗属"是指，教职工或曾为教职工的人死亡时，其抚养的下列条款的人：

（1）配偶（限于在职时存在婚姻关系，含事实婚姻的人）；

（2）子女（不含退职后出生或领养的子女，退职时的胎儿视为出生子女）；

（3）父母（不含退职以后认养的父母）；

（4）孙子女（退职以后出生或认养的孙子女除外，退职当时的胎儿视为在职中出生的孙子女）；

（5）祖父母（不含退职以后认养的祖父母）。

3. "退职"是指免职、辞职或其他非因死亡原因的解聘。但，教职工的身份消灭之日或次日重新任命为教职工且不按本法的规定受领退职给付或退职报酬的除外。

4. "基础月所得额"是指作为负担金及给付计算标准,在职一定期间且扣除获得的非课税所得金额的年支付合计额,平均到12个月的金额。此时,所得及非课税所得范围、基础月所得额的决定方法及适用期间等事项,由总统令具体规定。

5. "月平均基础所得额"是指,根据总统令的规定在职期间(根据第31条第3款及第4款的规定不计入在职期间的除外),每年结合公务员薪酬上升率的基础月所得额,自给付事由发生之日起(退职时发生给付事由或退职后发生给付事由时指退职前日),换算为现在价值后的合计金额,除以在职期间的金额。但第42条第1款准用的《公务员年金法》第43条第1款及第2款规定的退职年金、早期退职年金及同法第54条第1款规定的退职遗属年金(不含受领退职年金或早期退职年金的教职工死亡时,其遗属受领退职遗属年金的情形)的计算基础之月平均基础所得额,其给付事由发生时点换算为现在价值的金额。

6. "学校经营机构"是指,根据第3条的规定设立、经营私立学校的学校法人或私立学校经营者。

7. "负担金"是指,国家负担金、个人负担金、法人负担金及灾害补偿负担金的合计金额。

8. "个人负担金"是指,教职工承担的给付所需费用。

9. "国家负担金"是指,国家承担的给付所需费用。

10. "法人负担金"是指,学校经营机构承担的给付所需费用。

11. "灾害补偿负担金"是指,根据第42条第1款的规定,准用《公务员灾害补偿法》第8条的给付,以及学校机关为了负担本法规定的金额,根据第48条之二第3款的规定,自灾害补偿给付准备金中支付的费用。

②第1款第2项(2)规定的子女是指,不满19岁的人以及19岁以上且符合总统令规定的残疾程度(指第42条第1款准用规定的《公务员灾害补偿法》第3条第1款第7项的残疾)的人。

③第1款第2项(4)规定的孙子女是指,无父或父亲存在总统令规定的残疾程度且符合下列条件的人:

1. 未满19岁的人;

2. 19岁以上且符合总统令规定的残疾程度的人。

④教职工或曾为教职工的人死亡，当时的胎儿是根据本法有权受领给付且视为已出生的人。

第3条（适用范围）

①本法适用于，在学校机关工作的教职工：

1.《私立学校法》第3条规定的私立学校及设置、经营的学校经营机关；

2.《初、高中教育法》第2条规定的特殊学校中私立学校及设置、经营的学校经营机关；

3. 不符合第1款及第2款的私立学校及学校经营机关，尤其是教育部长官指定的私立学校和设置、经营的学校经营机关。

②本法不适用下列人员：

1. 适用《公务员年金法》的公务员；

2. 适用《军人年金法》的军人；

3. 自2017年1月1日以后，新聘用的教职工（不含第2条第1款第3项规定的情形），聘用时超过下列情形规定的退休年龄时：

（1）教员：《教育公务员法》第47条第1款规定的适用于教育公务员的退休标准；

（2）行政人员：《国家公务员法》第74条第1款规定的适用于一般行政公务员的退休标准。

第二章 私立学校教职工年金公团

第4条（设立）

设立私立学校教职工年金公团，主管下列事务（以下简称"公团"）：

1. 征缴负担金；

2. 各类报酬的决定与支付；

3. 资产的运营；

4. 教职工福利事业的履行；

5. 其他年金相关的业务。

第5条（法人人格）

①公团是法人。

②公团在其主要事务所在地设立登记而成立。

第 6 条（事务所）

根据章程的规定，公团可以在主要事务所在地及必要地方设置分支机构。

第 7 条（章程）

①根据章程规定，公团应当包含下列事项：

1. 目的；
2. 名称；
3. 所在地；
4. 组织机构事项；
5. 资产与会计相关事项；
6. 高管的相关事项；
7. 理事会的相关事项；
8. 事业相关事项；
9. 章程变更相关事项；
10. 公示方法的相关事项。

②变更章程时，公团应当取得教育部长官的核准。

第 8 条（登记）

①公团登记事项由总统令规定。

②对于有必要登记的事项，公团未经登记，不得对抗第三人。

第 9 条（解散）

公团解散由其他法律规定。

第 10 条（高管）

①公团高管为，理事长一人、两人以内的常任理事、六人以内的非常任理事及监事一人。此时，应当在教育部高位公务员中，选任普通公务员或讲学官一人，任当然职非常任理事，除当然职非常任理事外的非常任理事中，应当含有教职工代表与学校经营机关代表。

②高管任免事项由《公共机构运营法》第 26 条具体规定。

第 11 条（高管的任期）

①理事长的任期为三年，常任理事、非常任理事及监事的任期为两年，当然职非常任理事的任期以其在任期间计算。

②高管每届以一年为单位连任。

第 12 条（高管的职务）

①理事长代表公团总管业务。

②常任理事根据章程规定分管公团的业务，理事长存在不得履行职务的事由时，根据章程规定的顺位代替履行职务。

③理事出席理事会审议案件并参与表决。

④监事监督公团的业务与会计。

第 12 条之二（代理人的选任）

根据章程的规定，理事长在职员中选任代理人，委托其代理行使公团相关业务的所有裁判及裁判外的行为。

第 13 条（资格欠缺事由）

①符合《国家公务员法》第 33 条规定的不适格事由的人，不得成为公团高管。

②高管符合第 1 款事由或任命时发现符合第 1 款事由时，高管当然退职。

第 14 条（理事会）

①为了审议、决议公团重要事项，设置理事会。

②理事会由理事长与常任理事、非常任理事构成。

③理事会会议由理事长或 1/3 以上的理事召集，理事长主持会议。

④理事会以过半数理事出席而召开，并以全体理事过半数表决而决议。

⑤监事出席理事会并陈述意见。

第 15 条（罚则适用时公务员资格的拟制）

公团高管适用《刑法》第 129—132 条时，视为公务员。

第 16 条（高管的兼职限制）

①公团高管（不含非常任理事）和职员在其职务外，不得从事以营利为目的的业务。

②理事长、常任理事及监事未取得《公共机关运营法》第 26 条规定的任免权人（以下简称"任免权人"）的许可，不得兼任其他职务。职员未取得公团理事长的许可，不得兼任其他职务。

第 17 条（报酬的限制）

不得向非常任理事支付报酬，只能补偿实际支出费用。

第 18 条 （职员的任期）

公团的职员由理事长任免。

第 19 条 （公团的权限）

①公团为了本法规定报酬的适当履行，必要时可以向报酬相关人员，要求提供下列事项或要求所属职员检查账簿或文件等材料：

1. 与报酬相关的报告；

2. 出示账簿、文件以及其他材料；

3. 出示并阐述意见或说明。

②根据第 1 款的规定提供检查的公团职员，应当向关联人出示表明其权限的证明。

③根据本法规定，有权接受报酬的人或医疗机构，无正当理由不遵守第 1 款规定的要求及检查时，直至遵守时，有权终止报酬受领权人或医疗机构的报酬给付。

④为了确认下列事项，公团可以要求相关机关或团体提供相应的资料。此时，被要求提供资料的机关或团体，无正当理由不得拒绝，应当提供。

1. 为了确认年金受益人的住所地及家族关系材料：市长、郡守、区长出具的居民登记证、登记本人及家族关系证明书；

2. 为了确认教职工及年金受益人的纳税材料：国税厅厅长出具的勤劳所得资料及营业所得资料；

3. 为了确认教职工及年金受益人的月所得额材料：国民健康保险公团理事长出具的报酬月所得额资料；

4. 为了确认教职工工伤疾病及残疾与否的材料：国民健康保险公团理事长出具的健康保险疗养给付资料；

4 之二．为了确认教职工及曾为教职工的人的疗养给付、残疾给付及灾害给付、遗属给付支付的审查材料：医疗机构出具的诊疗资料；

5. 为了确认年金受益人死亡的材料：国民健康保险公团理事长出具的健康检查结果资料；

6. 为了确认教职工及曾为教职工的人的住所地、年金受益人死亡及居民登记证的注销和国外移民的材料：行政安全部长官出具的居民登记事项的电子信息资料；

7. 年金受益人的再婚或亲属关系终止与否的材料：法院行政处处长出具的家族关系登记事项的电子信息资料；

8. 为了确认教职工及曾为教职工的人因职务原因，被处以监禁以上刑罚或在侦查阶段、审判阶段时的材料：检察厅检察长出具的犯罪经历资料及搜查经历资料、所管检察厅检察长出具的判决书复印件；

9. 根据本法规定，为了计算并支付适当的报酬，有必要确认事实关系时，总统令规定的第1—8项规定的材料。

⑤公团收到第4款规定的材料时，应当根据《个人信息保护法》给予保护。

⑥对于公团接收的第4款规定的材料，免除使用费和手续费。

第20条（业务的委托）

①公团认为有必要时可以将个人负担金、法人负担金、灾害补偿负担金及收入的征缴与支付相关的业务，教职工福利事业相关的业务，委托至邮政机关、地方自治团体、金融机构或《公共机构运营法》第5条规定的公共企业等。

②第1款规定的委托业务，具体由总统令规定。

第21条　删除

第22条（会计年度）

公团的会计年度适用政府的会计年度。

第23条（公团的收入与支出）

①公团的收入与支出由下列规定。

1. 收入：

（1）负担金；

（2）由私立学校教职工年金基金的转入金及移入抵充金；

（3）其他收入金额。

2. 支出：

（1）本法规定的报酬金、积累金、退还金；

（2）其他公团运营的经费。

②第1款规定的私立学校教职工年金基金的转入金，在上一年度基金运营收益的范围内由公团理事长决定。

第24条（预算）

①理事长每年编制预算，在会计年度开始前提交至教育部长官。

②根据第 1 款提交的预算应当包括预算总额、推定资产负债表、推定损益计算书、资金计划书等，以及为了明确内容而附加的必要附加材料。

第 25 条（决算）

每个会计年度结束后的两个月以内，理事长应当制作本年度的决算书（资产负债表、损益计算书及盈余金处分计算书）和附属明细书等并提交至教育部长官。

第 26 条　删除

第 27 条（盈余金的处理）

每个会计年度末决算后的盈余金用于填补损失，剩余纳入私立学校教职工年金基金。

第 28 条（对公团的监督）

教育部长官监督公团业务，并有权采取监督必要措施。

第 29 条（高管的解聘）

高管存在下列行为时，任免权人有权解聘高管：

1. 违反本法或章程规定时；
2. 身心残疾导致无法履行职务时。

第 30 条（报告与检查）

教育部长官认为有必要时，可以要求公团迅速递交报告书或要求公务员检查公团业务状态或其账簿及文件等必要材料。

第 30 条之二（《民法》的准用）

本法规定以外事项，公团适用《民法》关于财团法人的规定。

第三章　在职期间

第 31 条（在职期间的计算）

①本法计算报酬时，教职工在职期间，自教职工聘用所属的月份起至退职前日或死亡所属月份，为标准计算。此时，月数换算为年时，应当将每一个月计算为 1/12 年。

②任命为教职工前，应本人的意愿可以将服役期间计入至下列第 1 款规定的在职期间内。

1.《兵役法》规定的现役军人或非志愿军副士官的服役期间（作为

防卫召集、常任预备役召集或补充役召集的服役期间等包括总统令规定的服役期间）；

2. 自 1979 年 1 月 1 日起至 1992 年 5 月 31 日前，根据下列法律规定作为公众保健医生服役的期间：

（1）旧《国民保健医疗特别措施法》（1980 年 12 月 31 日法律第 3335 号废止前）；

（2）旧《农渔村保健医疗特别措施法》（1991 年 12 月 14 日法律第 4430 号全面修订前）；

（3）旧《农渔村保健医疗特别措施法》（1993 年 12 月 31 日法律第 4685 号部分修订前）。

③除第 1 款规定外，符合下列固定期间不计入第 1 款的在职期间。

1. 教师：第 3 条第 2 款第 3 项（1）规定的超过工作年限的在职期间；

2. 行政人员：第 3 条第 2 款第 3 项（2）规定的超过工作年限的在职期间。

④计算第 3 款规定的在职年限时，教师准用《教育公务员法》第 47 条第 2 款，行政人员适用《国家公务员法》第 74 条第 4 款的规定。

⑤下列规定的期间根据第 42 条第 1 款准用于《公务员年金法》第 28 条第 4 款规定的退职薪酬（以下简称"退职薪酬"）时，不计入第 1 款规定的在职期间之内。

1. 第 2 款规定的服役期间；

2. 第 32 条第 1 款规定的在职期间；

3. 法律第 3684 号《私立学校教师年金法修订法》附则第 2 条第 1 款、法律第 7536 号《私立学校教职工年金法部分修订法》附则第 3 款及法律第 7889 号《私立学校教职工年金法部分修订法》附则第 2 款计入的溯及统合在职期间。

⑥支付退休薪酬而计算在职期间时，扣除因下列事由导致的休假，其他休假期间、职位解聘期间、停职期间及拒绝履行职务期间等，按 1/2 期间计入：

1. 工伤疾病或工伤负伤导致的休假；

2. 《兵役法》规定的完成兵役服务的休假；

3. 国际机构、外国机关、在外国民教育机构、国内外大学或国内外研究机构临时雇用导致的休假；

4. 《私立学校法》第 59 条第 1 款第 11 项或《劳动合伙及劳动关系调整法》第 24 条第 1 款规定的休假；

5. 《私立学校法》第 59 条第 1 款第 7 项及第 70 条之二规定的子女养育或女性教职工的妊娠或生产导致的休假；

6. 履行其他法律规定的义务导致的休假。

第 31 条之二（聘用前服役期间的计算方法）

根据第 31 条第 2 款的规定计入服役期间的人，应当向公团提交服役期间计入申请书。

第 32 条（在职期间的合算）

① 退职的教职工、公务员或军人（不含适用本法、《公务员年金法》或《军人年金法》的人）聘用为教职工时，申请合计计算在职期间的，根据总统令的规定，可以将以往根据年金法计算的在职期间或服役期间，计入第 31 条的在职期间之内。

② 根据第 1 款的规定申请合计计算在职期间且获得公团认可时，应当将退职时受领的退职报酬额或退役报酬额［含《公务员年金法》第 65 条（含本法第 41 条第 1 款规定准用的情形）或《军人年金法》第 33 条规定的报酬额支付限制时，是指无支付限制时应当受领的报酬额］加算总统令规定的利息，返还至公团。但，认定可以合算在职期间的教职工系退职年金、早期退职年金或退役年金的受益权人时，年金报酬不予返还。

③ 第 2 款规定的返还报酬额及其利息（以下简称"返还金"），公团可以根据总统令的规定，允许返还人分期缴纳。此时，加算总统令规定的利息。

④ 在职期间合算认定人，再次申请部分或全部在职期间的合计除外申请，又或六个月以上欠缴返还金时，公团可以在合计除外申请期间或合计认定在职期间中，扣除相当于返还金的在职期间。

第四章　报酬

第 33 条（报酬）

教职工的退职、死亡、残疾（不含职务原因导致的情形）适用《公务员年金法》第 28 条规定的报酬，教职工职务引发的负伤、疾病、残疾、死亡适用《公务员灾害补偿法》第 8 条规定的报酬。

第 33 条之二（看护报酬的给付）

①根据第 33 条的规定，受领报酬的人在《公务员灾害补偿法》第 22 条第 2 款规定的疗养期间届满时，医学层面认为有必要继续经常或随时看护时，应当支付看护费。对于身体残疾需求辅助工具的人，配备辅助工具或支付辅助报酬。

②第 1 款规定的看护费用的支付标准、程序及方法等必要事项由总统令具体规定。

第 33 条之三（再疗养）

①根据第 33 条接受报酬的人治愈后，疗养对象的公务负伤或职务疾病再次复发导致相比治愈时，情形更为恶化的，医生认为需要积极治疗时，可以适用第 33 条及《公务员灾害补偿法》第 22 条第 1 款规定，接受疗养（以下简称"再疗养"）。

②《公务员灾害补偿法》第 28 条规定的残疾年金的受益权人接受再疗养时，再疗养决定之月份的下一个月起直至再疗养结束的月份，停止残疾年金的支付。

③再疗养的条件及程序等必要事项，由总统令规定。

第 34 条（报酬的决定）

①各种报酬权，经权利人申请由公团决定。但确定由总统令规定的报酬时，应当经私立学校教职工年金报酬审议会（以下简称"报酬审议会"）审议。

②报酬受领权人根据第 1 款申请报酬时，应当经过教职工所属学校经营机关负责人（在学校工作的教职工则经过学校负责人）的确认。

③第 1 款但书规定的报酬审议委员会的组织与运营事项，由总统令规定。

第 35 条（报酬额的计算基础）

①下列情形下的报酬以报酬发生事由所属月份的基础月所得额为基础计算。此时，基础月所得额不得超过《公务员年金法》第 30 条第 1 款及《公务员灾害补偿法》第 10 条第 1 款规定的公务员基础月所得额中总统令规定的金额。

1. 第 42 条第 1 款规定的准用于《公务员灾害补偿法》第 43 条第 2 款规定的死亡慰问金；

2. 第 42 条第 1 款规定的准用于《公务员年金法》第 28 条规定的报酬（《公务员年金法》第 43 条第 1 款及第 2 款规定的退职年金、早期退职年金及同法第 54 条第 1 款规定的退职遗属年金除外）；

3. 第 42 条第 1 款规定的准用于《公务员灾害补偿法》第 28 条规定的残疾报酬及同法第 35 条、第 36 条规定的残疾遗属年金、殉职遗属年金。

②第 1 款规定外，第 42 条第 1 款规定的准用《公务员灾害补偿法》第 36 条规定的遗属年金及同法第 43 条第 2 款规定的死亡慰问金以教职工基础月所得额作为同法第 10 条第 2 款规定的金额。

③第 42 条第 1 款准用的《公务员年金法》第 43 条第 1 款及第 2 款规定的退职年金、早期退职年金及同法第 54 条第 1 款规定的退职遗属年金的计算，以下列金额为基础。此时，基础月所得额不得超过《公务员年金法》第 30 条第 2 款第 2 项后段计算出来的金额。

1. 根据下列情形计算出来的金额合算后除以三的金额为基础，结合公务员报酬上升率，根据总统令的规定，换算为开始支付年金时的现在价值的金额：

（1）退职三年前根据该年度全体公务员的基础月所得额的平均额，和退职三年前和退职前年度的全国消费者物价变动率换算的金额；

（2）退职两年前的公务员全体基础月所得额的平均额，和退职两年前对比退职前年度的全国消费者物价变动率换算的金额；

（3）退职前年度的公务员全体基础月所得额的平均额。

2. 月平均基础所得额。

④下列报酬的计算应当根据《公务员年金法》第 30 条第 3 款及《公务员灾害补偿法》第 10 条第 3 款规定的以全体公务员基础月所得额的平均为基础计算：

1. 根据第 42 条第 1 款的规定准用于《公务员灾害补偿法》第 37 条规定的殉职遗属补偿金；

2. 根据第 42 条第 1 款的规定准用于《公务员灾害补偿法》第 42 条规定的灾难补助金；

3. 根据第 42 条第 1 款的规定准用于《公务员灾害补偿法》第 43 条第 1 款规定的死亡慰问金。

第 36 条 （遗属的优先顺位）

受领报酬的遗属顺位由继承顺位来确定。

第 37 条 （同顺位者的竞合）

遗属中同顺位者为两人以上时，应当平均分配报酬，支付方式由总统令规定。

第 38 条 （无遗属时报酬给付的特例）

①教职工或曾为教职工的人死亡时，无报酬受领的遗属时，根据总统令规定的金额范围内，向直系亲属支付。此时，无直系亲属时，公团可以听取学校经营机关负责人的意见，为死亡的人使用经费。

②第 1 款规定的向直系亲属支付报酬时，准用第 36 条和第 37 条的规定。

第 39 条 （报酬的退还）

公团将下列报酬支付至受益权人（含继承人）时，应当退还报酬额。此时，符合第 1 项或第 2 项时，应当加算总统令规定的利息及退还费用，符合第 3 项或第 4 项时，被退还人未在期间内退还时，应当加算总统令规定的利息。

1. 以欺骗等不正当方式取得报酬；

2. 根据本法有权受领报酬的人，申请第 34 条第 1 款规定的报酬时，向公团提供的报酬限制事由与事实不符（含未申报的情形），又或报酬支付后发生的报酬限制事由，以及未申报受助权丧失事由（含未申报或晚申报的情形）等导致报酬错误支付；

3. 报酬受领后，报酬事由溯及消灭；

4. 其他报酬错误支付情形。

第 39 条之二 （未缴纳金额的抵扣支付）

①教职工或曾为教职工的人，退职或死亡时，存在下列规定的未付款或对公团的债务时，应当从退职报酬、退职遗属报酬、灾害遗属报酬或退职薪酬中，扣除后支付。但可归责于学校机关负责人的事由导致未能支付时除外。

1. 第 32 条第 3 款规定的返还金的本金；

2. 第 39 条规定的退还金的本金；

3. 第 42 条第 1 款规定的准用于《公务员年金法》第 50 条规定的支付停止金额的清算相关差额；

4. 第 45 条及第 51 条规定的个人负担金及其迟延金；

5. 根据第 53 条之三第 2 款第 3 项的规定借贷的本金，以及第 60 条之三规定的国家委托公团运营的事业费的本金；

6. 对公团的其他债务。

②年金报酬受领权人存在第 1 款规定的债务（不含第 1 项）时，从作为年金的报酬外的退职报酬、退职遗属报酬、灾害遗属报酬或退职薪酬中，优先扣除后仍有遗留债务时，在不超过每月年金 1/2 的范围内，扣除给付。

③教职工或曾为教职工的人，申请报酬支付时，存在第 1 款规定的未付款及债务时，应当根据第 34 条第 2 款的规定，取得学校经营机构负责人（学校工作的教职工时为学校负责人）的确认。

第 40 条（权利的保护）

①除下列情形外，报酬受领权不得转让或抵押以及提供其他担保：

1. 将作为报酬的年金受领权根据总统令的规定提供给金融机构担保，以及根据《国税征管法》的规定受到滞纳处分时；

2. 将报酬受领权作为债务担保提供给公团时。

②向受益权人支付的报酬不得低于《民事执行法》第 195 条第 3 款规定的金额。

第 41 条（协调其他法律规定的报酬）

①根据其他法律的规定，学校经营机关应当在本法规定的报酬内，扣除与本法报酬类型相同的报酬，并向公团支付。此时，公团应当将扣除的金额向学校经营机关支付。

②本法规定的报酬事由因第三人的行为而发生时，公团应当考量报酬给付事由，并在已支付的报酬额（残疾年金及非职务残疾年金以残疾一次性给付金及相当于五年份非职务残疾年金的金额）的范围内，取得受益人对第三人的损害赔偿请求权。但是，第三人符合下列情形时，可以经报酬审议会的审议，不行使或部分行使损害赔偿请求权。

1. 教职工或曾为教职工的配偶；

2. 教职工或曾为教职工的直系亲属；

3. 职务履行中的教职工。

③第 2 款情形下，受益权人自第三人处以相同的事由已经接受损害赔偿时，在赔偿额范围内可以不予支付报酬。

第 42 条　（准用《公务员年金法》及《公务员灾害补偿金》）

①第 33 条规定的报酬种类、报酬事由、报酬额及报酬限制等事项分别准用《公务员年金法》第 28 条、第 34—36 条、第 40 条、第 43—52 条、第 54—65 条及《公务员灾害补偿法》第 8 条、第 13—15 条、第 19 条、第 20 条、第 22 条、第 24—33 条、第 35—37 条、第 40—45 条中准用相关规定（不含危险职务殉职遗属年金及危险职务殉职遗属补偿金的规定）。此时，"公务员"为"教职工"（不含《公务员灾害补偿法》第 42 条第 1 款的灾难补助金计算以及同法第 43 条第 3 款的配偶、父母、配偶的父母、子女死亡等规定的死亡慰问金的计算，《公务员年金法》第 50 条第 1 款第 2 项规定的年金的停止支付对象），"工伤"为"职务伤"，"非工伤"为"非职务伤"，"殉职公务员"为"职务死伤教职工"，"殉职"为"职务伤"，"公团"及"人力革新处长"为"公团"，《私立学校教职工年金法》为《公务员年金法》，"私立学校教职工"为"公务员"，《公务员年金法》第 30 条第 1 款但书中"第 25 条"为本法"第 31 条"，《公务员年金法》第 40 条第 2 款及第 3 款和本法第 43 条第 3 款的"第 26 条"为本法"第 32 条"，《公务员年金法》第 52 条第 5 款的"第 31 条和第 32 条"为本法"第 36 条和第 37 条"，"贡献金"为本法"个人负担金"。

②根据第 1 款准用的《公务员年金法》第 43 条、第 51 条、第 54 条、第 55 条、第 58 条及第 62 条规定的报酬的事由、在职期间、在职年数及抵扣在职年数的计算过程中，超过第 31 条第 3 款规定的在职年限时，对于超过的年限不计入在职期间。

③第 2 款规定的在职年限的计算方法准用第 31 条第 4 款的规定。

④第 1 款规定的准用于《公务员年金法》第 43 条第 1 款第 2 项的在职年限或职业上限年纪，由总统令具体规定。

⑤除第 1 款规定外，私立学校行政人员因在职中的事由（不含与职务无关的过失及服从上司命令而存在过失的情形）处以监禁以上刑罚时，

根据学校机关章程及就业规定,当然退职时准用《公务员年金法》第65条第1款第1项的规定。

第五章 费用承担

第 43 条（费用负担的原则）

报酬或其他必要费用应当在预期费用额度与个人负担金、国家负担金、法人负担金、灾害补偿负担金以及预期运营收益金的合计额相匹配。此时,报酬费用至少应当每五年重新计算。

第 44 条（个人负担金）

①教职工自任命之日所属月份开始至退职之日所属月份或死亡所属月份为止,缴纳个人负担金。

②教职工退职所属之月份重新聘用为教职工时,应当自重新聘用后承担当月的个人负担金。但第 32 条规定的在职期间合算后,无须承担再聘任所属月（1 号再聘任时,不含该月）的个人负担金。

③除了第 1 款与第 2 款的规定,个人负担金的缴纳期间超过 36 个月或超过第 3 条第 2 款第 3 项的规定的在职期间,无须承担个人负担金。此时,在职期间的计算方法由第 31 条第 4 款规定。

④第 1 款的个人负担金以基础月所得额的 900‰ 来计算。此时,基础月所得额不得超过《公务员年金法》第 67 条第 2 款后半段规定的金额。

第 45 条（个人负担金的缴纳）

①个人负担金由学校机关的负责人每月从薪酬中征缴,且自薪酬支付日起三日内缴纳至公团。

②教职工因无权受领全部报酬的事由,导致当月无报酬时,个人负担金自报酬支付日起两日内,缴纳至学校机关负责人。但教职工休职时,基于教职工的选择可以下列方法缴纳个人负担金：

1. 休职期间每月应当继续缴纳个人负担金；

2. 复职日所属月份至休职期间的每月追加缴纳个人负担金。此时,每月追加缴纳的个人负担金以缴纳当月的个人负担金为基础计算；

3. 复职后应当一次性缴纳未缴期间的个人负担金。此时,一次性缴纳的个人负担金以缴纳当月的个人负担金为基础计算。

③学校机关负责人根据第2款规定收缴个人负担金后，应当立即上交至公团。

第46条（国家负担金）

①国家负担金是下列金额的合计额：

1. 第44条第4款规定教职工负担的个人负担金合计额中总统令规定的金额；

2. 第48条之三规定的教职工缴纳的溯及个人负担金合计额等同的金额；

3. 退职薪酬支付所需费用中第47条第3款但书规定的负担金额。

②国家应当将第1款规定的负担金提交至公团。

③国家负担金少缴或多缴时，应当在下一期的国家负担金中加减。

④根据第3款少缴或多缴的国家负担金在下一期国家负担金缴纳中未加以计算时（含该会计年度内未向公团缴纳的情形），应当以该金额作为本金，加算总统令规定的利息。但支付退职报酬所需费用由国家负担时，以该会计年度末为标准国家缴纳的金额比应当缴纳额多或少时，应当根据总统令的规定于下一年度1月末为止清算。下一年度1月末为止未清算时，应当加算总统令规定的利息。

第47条（法人负担金）

①法人负担金由学校经营机关承担。但，学校经营机关无法承担全部或部分法人负担金时，差额由学校承担。

②《私立学校法》第4条第3款第1项规定的学校经营机关，根据第1款但书的规定，承担法人负担金的不足金额时，应当取得教育部长官的许可。此时，教育部长官收到学校经营机关的财政条件改善计划，结合财政状态的考量，确定缴纳期间后给予许可。

③第1款规定的法人负担金，是指学校教师负担的个人负担金的合计金额中总统令规定的金额、学校机关行政人员负担的个人负担金的合计金额以及教职工退休报酬支付费用所需的金额。但，退职报酬支付所需的费用可以由公团承担一部分，公团承担后的全部或部分剩余款由国家承担。

④第3款规定的退休报酬支付所需费用的承担范围等必要事项，由总统令规定。

⑤学校经营机关应当在每年学校机关的预算中计入第3款规定的法人

负担金。此时，学校的法人负担金，应当在学校经营机关的业务预算中由学校会计全部承担。但，第1款规定的由学校负担的金额除外。

第47条之二（责任准备金的累积）

为了私立学校教职工的财政稳定，国家可以在预算范围内在私立学校教职工年金基金中累积责任准备金。

第48条（法人负担金的缴纳）

法人负担金应当由学校机关负责人每月和个人负担金一并缴纳至公团。

第48条之二（灾害补偿负担金）

①灾害补偿负担金，应当在教职工个人负担金合计金额的181‰以上且在545‰以下的范围内，由总统令具体确定金额。此时，负担及缴纳相关事项准用第47条第1款、第2款、第5款以及第48条。

②公团应当将第1款规定缴纳的灾害补偿负担金累积为灾害补偿报酬的准备金。

③根据第2款累积的灾害补偿报酬准备金中支付的报酬，应当根据第42条第1款准用《公务员灾害补偿法》第8条规定的疗养报酬、残疾报酬、看护报酬、灾害遗属报酬（危险职务殉职遗属年金及危险职务殉职遗属补偿金除外）及补助报酬。

④灾害补偿报酬准备金应当与公团其他资产区分进行会计处理，其管理运营所必要的事项，由总统令具体规定。

第48条之三（服役期间的负担金）

根据第31条第2款的规定，服役期间计入在职期间时，相应的教职工应当对计入期间，追加缴纳公团许可计入之日所属的月份至下一个月份为止，每月的个人负担金与相同金额的溯及个人负担金。此时教职工一次性缴纳溯及个人负担金时，以缴纳之日所属月份的个人负担金为基础，计算溯及个人负担金并一次性缴纳，缴纳过程中退职或死亡时，以退职前日所属月份或死亡当时的基础月所得额为标准，计算剩余溯及个人负担金并扣除退职报酬、退职遗属报酬、灾害遗属报酬或退职薪酬。

第49条（转出时的负担金）

教职工转到适用本法规定的其他学校机关时，转出之日所属月份的个人负担金及法人负担金，由转出前的学校机关缴纳。

第 50 条（清算错账）

个人负担金与法人负担金错误缴纳时，应当在下一次负担金缴纳时，加减清算。

第 51 条（滞纳金）

公团未在规定期间内缴纳个人负担金、法人负担金或灾害负担金时，应当根据总统令的规定征缴迟延金。

第 52 条（强制征缴）

①未按期缴纳负担金或第 39 条规定的退还金时，公团应当确定期限不断催促。

②公团第 1 款规定催促时，应当发送催促文书。

③接到第 1 款规定的催促的人，未在规定期限内缴纳负担金或退还金时，公团可以取得教育部长官的许可后，根据国税滞纳处分的规定直接处以滞纳处分。

④公团根据第 1 款的规定征缴负担金或返还报酬额时，具有下列事由时，可以进行缺损处理。但符合第 1 项及第 3 项时，做了缺损处理后发现有可扣押的财产时，应当立即撤销缺损处理并根据滞纳处分的规定征缴。

1. 滞纳处分终止后，滞纳额的金额低于分配金额时；
2. 针对权利的消灭时效完成后；
3. 根据总统令的规定认为无征缴可能性时。

⑤根据第 3 款规定滞纳处分时，公团的职员视为公务员。

⑥根据第 3 款规定滞纳处分时，公团作为债权人的偿还顺位在税收之后。

第 52 条之二（滞纳金的转账）

①《公务员年金法》或《军人年金法》规定的退职年金、退役年金或早期退职年金受益人，被聘用为教职工时，根据第 32 条第 1 款的规定申请合算在职期间后退职或死亡时，公务员年金公团或国防部长官，应当将退职的人或其遗属（含根据第 38 条有权受领报酬的人），根据《公务员年金法》或《军人年金法》可以获得的退职年金、退役年金、早期退职年金或退职遗属年金（含第 38 条可以受领的金额和退职遗属年金附加金及退职遗属年金特别附加金）等值的金额，转账至公团。此时，转账

金额的计算方法及转账期限等，由总统令具体规定。

②根据第 42 条第 1 款规定而适用《公务员年金法》第 41 条第 4 款至第 6 款的规定，未按期支付本法规定的报酬时，未支付金额应当转账至灾害补偿负担金。此时，在职期间因公死亡、因公致疾及致伤残时，死亡的教职工遗属符合第 42 条第 1 款规定准用的《公务员年金法》第 54 条第 1 款规定的退职遗属年金受益人资格时，以退职遗属年金一次性补偿金为标准，计算金额。

第 53 条（请求审查）

①报酬决定、个人负担金的征缴以及其他根据本法的处分或报酬存在异议的人，可以根据总统令的规定，申请私立学校教职工年金报酬再审委员会的审查。

②第 1 款的审查请求自处分之日起 180 日内，自知道事实之日起 90 日内进行。但上述期间内因正当理由能够证明无法进行审查请求时，除外。

③第 1 款规定的私立学校教职工年金报酬再审委员会应当设置在公团，且其组织与运营以及其他必要事项由总统令规定。

第六章　私立学校教职工年金基金

第 53 条之二（私立学校教职工年金基金的设置及调整）

①为了抵充本法规定的报酬而积累的责任准备金，私立学校教职工应当设置年金基金（以下简称"基金"）。

②基金由公团预算的积累金、决算盈余金以及基金运营收益金构成。

第 53 条之三（基金的管理与运营）

①基金由公团管理、运营。

②基金基于下列规定的方式运营。

1. 总统令规定的金融机构的预存或信托；
2. 总统令规定的有价证券的买入；
3. 教职工及年金受益人的资金借贷；
4. 以基金增持和教职工福利待遇为目的的资产的取得及处分；
5. 其他总统令规定的基金增持事业或福利增进事业。

③针对基金运营的重要事项，公团根据章程的规定应当取得教育部长官的许可。

第 53 条之四（私立学校教职工年金运营委员会）

①审议私立学校教职工年金相关事宜，应当在公团内设置私立学校教职工年金运营委员会（以下简称"运营委员会"）。

1. 私立学校教职工年金制度相关事项；
2. 私立学校教职工年金财政计算相关事项；
3. 基金运营计划及决算相关事项；
4. 以基金为基础的私立学校教职工福利事业相关事项；
5. 其他公团理事长认为私立学校教职工基金运营的必要事项。

②运营委员会由委员长一人、15 人以上 20 人以下委员组成。

③运营委员会的委员长由公团理事长担任，委员由教育部长官在下列人员中任命：

1. 从事基金相关的中央行政机关公务员；
2. 从事私立学校教职工年金业务及其相关的公团高管；
3. 教职公团体推荐的私立学校教职工；
4. 私立学校的设立及经营者；
5. 退职年金受益人；
6. 《非营利民间团体志愿法》第 2 条规定的非营利民间团体所属的人；
7. 有私立学校教职工年金相关学识与经验丰富的人。

④运营委员会的组织及运营所必要的事项，由总统令规定。

第 53 条之五（基金的借入及移入）

①每个会计年度报酬所需资金不足时，公团可以向基金借款。

②第 1 款规定的借款应当在当年会计年度内偿还。

③每个会计年度的报酬支付超过收入时，公团可以在基金中转入支付。

第 53 条之六（会计处理的原则）

基金应当根据企业会计准则的规定进行会计处理。

第 53 条之七（国家的支援）

法律或制度事由导致本法规定的报酬无法通过基金支付时，国家应当补足差额。

第七章　附则

第 54 条（时效）

①本法规定的报酬受领权，自报酬事由发生之日开始计算，疗养报酬、看护报酬、辅助报酬在三年内，退职报酬、退职遗属报酬、非职务伤残疾报酬、退职薪酬、残疾报酬、灾害遗属报酬在五年内，不行使则因时效届满消灭。

②第 1 款规定的退职报酬、退职遗属报酬、非职务伤害残疾报酬、退职薪酬、残疾报酬、灾害遗属报酬等受领权因时效消灭时，负担金、征缴权一并消灭。

③错缴的负担金退还或征缴的权利及报酬退还权，自事由发生之日起五年内未行使，则因时效届满而消灭。

④负担金或其他本法规定的退还金的缴纳通知及督促、报酬的支付请求或错缴负担金的返还请求，适用时效终止的效力。

⑤第 4 款规定的时效终止，自缴纳通知或基于督促的缴纳期间届满后，重新计算。

第 55 条（效力发生期间）

本法规定的报酬或审查请求、报告等相关期限的计算，不计入邮寄在途的时间。

第 56 条（尾数处理）

征缴负担金及支付报酬时，按照《国库管理法》处理尾数。

第 57 条（学校经营机关的负责人确认）

①根据本法的规定，学校经营机关负责人，确认报酬给付事由的发生、个人负担金的缴纳、在职期间的计算等的履历事项，和调查其他教职工或曾为教职工的人的身份事项。

②为了履行第 1 款规定的确认事务，学校经营机关负责人可以要求教职工、曾为教职工的人以及其他关系人提供资料或陈述意见。

第 58 条（学校机关负责人的责任）

学校机关负责人履行职务时，因故意或重大过失未征缴个人负担金或法人负担金以及灾害补偿负金，导致公团利益受损时，应当赔偿公团损失。故意或过失违反本法或总统令规定，而未报告或虚假报告导致公团利益受损时，也应当赔偿公团损失。

第 59 条（战时、事变的特例）

战时或事变导致报酬给付费用超过当年度个人负担金、国家负担金、法人负担金、灾害补偿负担金及运营收益金时，公团应当取得教育部长官许可后，适当延长报酬给付时间。

第 60 条（国库保存）

国家可以全部或部分补助公团运营所必要的经费。

第 60 条之二（管辖厅的业务协助）

《私立学校法》第 4 条规定的管辖厅许可学校的设立、注销等事宜又或撤销学校经营机关的设立、解散时，应当立即向公团报告。

第 60 条之三（国家事务的委托）

①国家可以将增进教职工福利的事业，根据总统令的规定委托至公团管理。

②第 1 款规定的委托事业所需费用由国家承担。

③第 1 款规定的委托事业管理方法，经相关机构的协商，由教育部规定。

第 60 条之四（适用范围的特例）

①根据法律规定，高等学校以下的学校或大学院设置、运营的研究机构（以下简称"研究机构"），对教育部长官指定的研究机关的教授研究员、研究员及教职工（适用《公务员年金法》或《军人年金法》的公务员或军人除外），适用本法。此时，教授研究员、研究员及教职工视为第 2 条第 1 款第 1 项规定的教职工（以下简称"教职工"），研究机关视为第 2 条第 1 款第 6 项规定的学校经营机关（以下简称"学校经营机关"）。

②《终身教育法》第 31 条规定的学校形态的终身教育设施，或同法第 33 条规定的远程大学形态的终身教育设施等由教育部长官指定的终身教育设施的教师及行政人员，适用本法。此时，教师及行政人员视为教职工，设立并运营学校形态的终身教育设施的人或设置远程大学形态的终身教育设施的法人，视为学校经营机关。

③根据本法设立的公团的职员，适用本法。此时，公团的职员视为第2款第1款第1项规定的行政人员，公团视为学校经营机关。

④第1—3款规定的下列事项由教育部长官具体确定：

1. 第1款规定的教授研究员、研究员及教职工的范围；
2. 第2款规定的终身教育设施的教师及行政人员的范围；
3. 第3款规定的公团职员的范围。

⑤国家名义设立的国立大学法人之国立大学的教师、行政人员及助教中，不适用《公务员年金法》的教师、行政人员及助教，适用本法。此时，教师、行政人员及助教视为第2条第1款第1项规定的教职工，国家名义设立的国立大学法人之国立大学，视为同款第6项的学校经营机关。

⑥国家作为法人设立的首尔大学医院及首尔大学牙科医院的临床教授、职员（含派到国家或地方自治团体受托运营的医院），适用本法。此时，临床教授、职员视为第2条第1款第1项的教职工，首尔大学医院及首尔大学牙科医院视为同款第6项的学校经营机关。

⑦国家作为法人设立的国立大学医院及国立大学牙科医院的临床教授、职员（含派到国家或地方自治团体受托运营的医院），适用本法。此时，临床教授、职员视为第2条第1款第1项的教职工，首尔大学医院及首尔大学牙科医院视为同款第6项的学校经营机关。

第61条　删除

第62条（罚款）

①公团高管规避、妨碍、拒绝第30条规定的检查，又或虚假报告时，处以100万韩元以上的罚款。

②违反第19条第1款的规定，未报告或虚假报告的人，又或妨碍、拒绝检查的人，处以30万韩元以下的罚款。

③第1款及第2款规定的罚款，由教育部长官处罚和征缴。

第八章　罚则

本法自公布之日起三个月后实施。

二十三　私立学校教职工年金法实施令

第一章　总则

第1条（目的）

本实施令的目的在于、明确《私立学校教职工年金法》中的委任事项，及同法中规定的必要事项。

第2条（遗属的残疾等级及证明方法）

①教职工或曾为教职工的人（以下简称"教职工等"）死亡时，抚养《私立学校教职工年金法》（以下简称"法"）第2条第1款第2项规定的人时，抚养认定标准参照附录1。

②法第2条第2款规定的19岁以上的子女遗属，视为第41条、附录五及附录六规定一级至七级残疾等级的人。

③下列规定的"总统令规定的残疾状态"，是指第41条、附录五及附录六规定的一级至七级残疾等级的人。

1. 法第2条第3款规定以外的部分及同款第2项；

2. 法第42条第1款规定的准用于《公务员灾害补偿法》（以下简称"补偿准用法"）第40条第1款第4项及第5项；

3. 法第42条第1款规定的准用于《公务员年金法》（以下简称"年金准用法"）第57条第1款第4项及第5项。

④子女或孙子女为胎儿的事实以及存在第2款及第3款规定的残疾的事实，根据补偿准用法第24条规定的疗养机构（以下简称"疗养机构"）出具的诊断书来证明。

第3条（所得及非课税所得的范围）

①法第2条第1款第4项规定的所得范围，是指教职工所属学校及学

校经营机关（以下简称"学校机关"）在职一定时间且上一年度领取报酬为《所得税法》第20条第1款第1项规定的所得。但，教育部长官认为以学校机关受领的劳务所得为根据计算负担金及工资，存在明显不公时，可以另行规定具体报酬。

②法第2条第1款第4项规定的非课税所得的范围，是指《所得税法》第12条第3款规定的上一年度非课税所得。

第3条之二（基础月所得额的决定）

①法第4条规定的私立学校教职工年金公团（以下简称"公团"）根据每年7月1日教职工的基础月所得额决定。但，当年新聘用的教职工自聘用时决定。

②从事上一年度所得期间为一个月以上的教职工，其基础月所得额是在第3条第1款规定的所得中扣除同条第2款规定的非课税所得的金额，除以上一年度工作总天数得出的金额乘以30后，再乘以公务员薪酬上升率（根据《公务员年金法实施令》第5条第4款的规定公示的比例）得出的金额。

③上一年度聘用且上一年度所得从事期间不足一个月的教职工，和本年度新聘用的教职工，其基础月所得额是在所属学校机关将要在本年度向教职工支付的《所得税法》第20条第1款第1项规定的所得中，扣除第3条第2款规定的非课税所得后的金额，除以该年度所得从事的总天数之后得出的金额的30倍金额。

④除第2款及第3款规定外，上一年度存在休职或适用时间制替换出勤时间的教职工的基础月所得额应当为，近期的基础月所得额乘以本年度公务员薪酬上升率的金额。

⑤学校机关未提交第3条之五第1款规定的所得相关资料，导致无所得相关资料时，教职工的基础月所得额以下列规定的金额为基础。

1. 在职员工：按照公务员薪酬上涨率调整的该教职工的上一年度基础月所得额；

2. 新聘用员工：按照所属学校机关和同级学校机关从事的职业种类、职位类似的教职工的基础月所得额中较低的金额。

第3条之三（基础月所得额的下限）

①法第2条第1款第4项规定的基础月所得额的下限金额为下列

金额。

1. 幼儿园及初、中等教师：92万韩元；

2. 大学（含专业类大学）教师：120万8400韩元；

3. 一般职位及技术岗位的行政人员：82万100韩元；

4. 技能型行政人员：73万5100韩元；

5. 雇用型行政人员：52万5400韩元。

②除第1款规定外，当教职工的生活水平、薪酬、物价等其他经济状况显著发生变化时，教育部长官有权调整第1款规定的下限金额。

③教育部长官根据第2款规定调整下限金额时，应当立即公示调整的下限金额及调整事由。

第3条之四（基础月所得额的适用期限）

基础月所得额适用本年度7月起至下一年度6月。但是第3条之二第3款规定的情形适用下列规定的期间。

1. 上一年度聘用且工作期间不足一个月的情形：聘用之日起至聘用之日所属的年度的下一年度6月30日止；

2. 本年度新聘用的情形：自聘用之日起至聘用所属年度下一年度的6月30日止。

第3条之五（所得相关资料的提交及基础月所得额的通报）

①学校机关的负责人为了决定所属教职工的基础月所得额，应当将法第19条规定的所得相关材料递交至公团。但已经将《所得税法》第164条规定的支付明细书上报国税厅的人，可以免交所得相关资料。

1. 上一年度从事一个月以上劳务所得工作的教职工：每年5月底递交第3条第1款规定的所得相关资料；

2. 上一年度从事劳务所得时间不足一个月的教职工（不含休职员工及复职员工）：本年度5月底递交本年度预计劳务所得资料；

3. 研究项目新聘用的教职工：新聘用合同申报时递交本年度预计劳动所得资料。

②教职工个人的基础月所得额确定后，公团应当将金额及其负担金向学校机关负责人通报。

第3条之六（计算基础月所得额及月平均基础所得额的现在价值）

①法第2条第1款第5项本文规定的基础月所得额的现在价值换算方

法如下：

根据适用期间，基础月所得额乘以公务员薪酬上升率后所得的金额，换算成工资发生时的现在价值。

②法第 2 条第 1 款第 5 项但书中规定的月平均基础所得额的现在价值换算方法如下：

月平均基础所得额乘以每年度公务员薪酬上升率后所得的金额，换算成年金支付时的现在价值。

第 3 条之七（申报所得的确认）

①根据第 3 条之五第 1 款规定的学校机关提交的所得相关材料符合下列情形时，公团认为存在缩小、扩大或遗漏所得事实时，可以要求国税厅提供该人士的所得材料：

1. 该教职工的薪酬显著低于或高于从事类似职业的其他教职工的平均薪酬时；

2. 薪酬总账与其他薪酬材料或账本内容不符时。

②根据第 3 条之五第 1 款提交的薪酬相关资料，与第 1 款规定的薪酬存在明显差异时，公团可以根据第 1 款规定的资料为基础决定基础月所得额。

第二章　私立学校教职工年金公团

第 4 条（设立登记）

私立学校教职工年金公团的设立登记事项如下：

1. 目的；
2. 名称；
3. 主要办公地点及分支机构所在地；
4. 高管的姓名和住所；
5. 公告方式。

第 5 条（支部的设置登记）

①根据法第 6 条设置分支机构时，公团应当对下列事项进行登记：

1. 主要办公地点所在地登记两周内，新设立的分支机构的名称及所在地；

2. 新设立分支机构所在地登记三周内根据第 4 条规定的事项；

3. 已设立分支机构所在地登记三周内，新设立的分支机构名称及所在地。

②在主要办公地点所在地或分支机构的所在地的管辖登记所的管辖区域内，新设分支机构时，应当于两周内登记分支机构的名称及所在地，视为完成第 1 款规定的登记。

第 6 条 （转移登记）

①主要办事所在地搬迁至其他管辖区域时，公团应当于两周内，在旧址所在地登记转移住所的意思，并于三周内在新住所所在地登记第 4 条规定的事项。

②分支机构搬迁至其他管辖区域时，应当于两周内，在旧址所在地登记转移住所的意思，并于三周内在新住所所在地登记第 4 条规定的事项。

③同一登记所管辖区域内，转移主要办事机构所在地或分支机构所在地时，应当于两周内登记搬迁意思。

第 7 条 （变更登记）

第 4 条规定事项发生变更时，公团应当于两周内在主要办事机构所在地，于三周内在分支机构所在地，进行变更登记。

第 8 条 （登记申请人）

公团登记与分支机构登记时，公团理事长是申请人。但，公团设立登记时则例外。

第 9 条 （登记申请书的附加材料）

①法第 5 条第 2 款规定的公团设立登记申请书应当附加下列资料：

1. 章程的誊本；

2. 证明高管选任的材料。

②第 6 条及第 7 条规定的登记申请书，应当附加证明登记事项变更的材料。

第 10 条 （登记期间的起算）

法和本令规定的登记事项，需要取得教育部长官的认可或许可时，自认可文件或许可文件到达公团之日起计算登记期间。

第 11 条 （管辖登记所）

①法和本令规定的登记，由主要办事机构所在地与分支机构所在地的

登记机构管辖。

②登记机关应当置备私立学校教职工年金公团登记簿。

第 12 条（准用规定）

除本令规定外，公团登记准用《非诉事件程序法》的相关规定。此时，"总部"为"主要办公所在地"，"分店"为"分支机构"。

第 13 条（营利业务的范围）

法第 16 条规定的以营利为目的的业务范围如下：

1. 从事商业、工业、金融业等显著追求营利的业务；

2. 成为第 1 项规定的企业的董事、监事、业务执行的无限责任股东、总管、发起人等高管；

3. 向职务相关的第三人企业投资的行为；

4. 以持续性获取利益为目的的业务。

第 13 条之二（资料提供的邀请）

①法第 19 条第 4 款第 9 项规定的"总统令规定的资料"是指附录二第 1 项规定的资料。

②根据法第 19 条第 4 款第 9 项，公团（含根据法第 20 条及本令第 14 条受托公团业务的人）可以要求提供附录二第 2 项规定的资料。

第 14 条（业务的委托）

根据法第 20 条的规定，公团向邮政机关、地方自治团体、金融机构、《公共机关运营法》第 5 条规定的公企业等委托业务时，应当与受托人协商业务范围、处理程序、委托手续费及其他必要事项。

第 15 条　删除

第 16 条　删除

第三章　在职期间的合算

第 17 条　删除

第 17 条之二（认定为在职期间的服务期间）

法第 31 条第 2 款第 1 项规定的防卫召集、常任预备役召集或补充役召集的服役期间可以认定为在职期间的情形如下：

1. 防卫召集或常任预备役召集的服役期间；

2. 补充役召集作为社会服役员或国际合作志愿者提供劳动的期间（限于《兵役法实施令》第 151 条计算的期间）。

第 17 条之三 （聘用前服务期间的计算程序）

根据第 31 条之二接收服役期间计算申请书的公团，应当向申请人及学校机关负责人通报服役期间计算与否的结果。

第 18 条 （在职期间的合算程序）

①根据法第 32 条第 1 款规定申请在职期间合算的人，应当向公团提交在职期间合算申请书。在职期间合算申请书，应当记载合算在职期间和返还的报酬额及其利息（以下简称"返还金"）的缴纳方法。但是，退职的教职工在未请求退职工资的情况下，重新聘用为教职工时，学校负责人应当根据第 89 条之二的规定，向公团提交教职工聘用申报书时，应当记载在职期间合算的意思。

②删除。

③公团自收到第 1 款的申请书之日起，调查合算期间、返还金额及其他必要事项后，决定是否合算在职期间并向申请人及学校机关负责人通报上述事实。

第 19 条 （返还金的缴纳方法）

①在职期间合算申请获批的人缴纳返还金时，一次性返还时合算获批所属月份至次月末为止、分期缴付时合算获批所属月份自次月起至受领报酬之日前，缴纳至学校机关负责人，或根据第 14 条的规定于次月末缴纳至公团委托的邮政机关。

②分期缴纳返还金应当每月返还，分期缴纳次数为 60 次以内时，合算获批人可以自由决定期频率。

③删除。

④在职期间合算申请获批的人退职或死亡时，存在未缴纳返还金时，公团可以扣除未缴纳返还金后支付薪酬。

第 20 条 （返还金额计算）

①计算返还金额时，利息的计算期间为薪酬支付的下个月起至在职期间合算申请书受理之月为止，利息附加在薪酬金额中计算。但法第 32 条第 3 款规定的分期缴付时，利息计算应当以在职期间合算获批的下个月起分期缴付至结束之月为止，本金加利息金额除以分期缴付次数，所得的金

额为每次分期金额。

②第1款的利息率以利息计算期间的每年1月1日根据《银行法》设立的银行中全国性银行（以下简称"全国银行"）适用的定期存款利息中最高的利率为准。

③根据法第32条第3款的规定分期缴付时适用的利息率，应当以在职期间合算获批年度1月1日的利息率为准。分期缴付时利率与在职期间合算获批后的利率相差2%以上时，应当结合增加或减少的利率重新计算返还金额。分期缴付过程中利率变动超过2%时，适用前款规定。

④未按照第19条第1款的缴纳期限缴纳返还金时，迟延利息的计算期间，适用滞纳期间（以日为单位计算），利率以迟延利息的计算期间每年1月1日全国银行一年定期存款利率中最高利率的两倍为标准计算。

第四章　工资

第一节　通则

第21条（审议对象的工资）

法第34条第1款但书中规定的"总统令规定的工资种类"具体指以下工资类型。

1. 法第33条之二规定的看护工资、辅助器材或辅助器材报酬。
2. 补偿准用法规定的工资项目：
（1）补偿准用法第22条规定的疗养工资；
（2）补偿准用法第28条规定的残疾年金或残疾一次性补偿金；
（3）补偿准用法第36条规定的工伤遗属年金；
（4）补偿准用法第37条规定的工伤遗属补偿金。
3. 年金准用法第59条规定的非工伤残疾年金或非工伤残疾一次性补偿金。

第21条之二（私立学校教职工年金给付审议会）

①根据法第34条第1款但书的规定，公团设置私立学校教职工年薪薪酬审议委员会（以下简称"薪酬审议委员会"）。

②薪酬审议委员会审议下列事项。

1. 法第 33 条之三及本令第 32 条之三规定的再疗养认定；

2. 法第 34 条第 1 款但书规定的工资的决定；

3. 法第 41 条第 2 款但书中规定的不履行对第三人损害赔偿请求权的全部或部分情形；

4. 是否符合补偿准用法第 44 条第 3 款及年金准用法第 63 条第 3 款规定的工资限制事由；

5. 第 32 条之七疗养终结与否；

6. 第 41 条、第 44 条及第 45 条（含其他规定中规定的残疾状态等规定以及准用的情形）规定的残疾符合与否，残疾等级的决定及修订。

③薪酬审议委员会由委员长一人在内、50 人以内的委员构成。

④薪酬审议委员会委员长为公团常任理事，委员长以外的委员应当为教育部五级以上公务员（含高位公务员组里的一般职公务员）、教职工、医疗业务及法务从事者中理事长委派的人。

⑤薪酬审议委员会的委员（不含委员长）的任期为两年。但教育部公务员委员退职或转岗时任期终止，并从教育部公务员中重新委派委员。

⑥当薪酬审议委员会委员存在下列情形时，公团理事长可以解聘委员：

1. 身心残疾导致无法履行职务时；

2. 存在职务相关的违法事实时；

3. 职务怠慢、品行不端或其他事由导致不适合担任薪酬审议委员会委员时；

4. 薪酬审议委员会无法履行职务时。

⑦薪酬审议委员会委员长召集会议并主持会议。但，委员长无法履行职务时，委员长应当提前指定委员，委员长未指定委员或指定委员无法履行职务时，年纪较大委员代行委员长职务。

⑧薪酬审议委员会会议由薪酬审议委员会的委员长和委员长指定的委员共计 9 人以上 11 人以下组成。

⑨薪酬审议委员会会议以第 8 款规定的委员过半数出席（含需要迅速审议或轻微事项时可以利用网络信息通信网进行）而举行，出席委员过半数同意而决议。

⑩公团可以在预算范围内给予出席薪酬审议委员会会议的委员相关报酬。但，公务员委员在其业务范围内出席会议除外。

⑪除第1—10款规定的事项外，薪酬审议委员会及其会议运营必要事项由公团理事长具体规定。

第22条（基础月所得额的上限）

①法第35条第1款后半段规定的"总统令规定的金额"是指下列规定的基础月所得额。但，该年度基础月所得额的上限低于前年度基础月所得额的上限时，以年前度基础月所得额的上限为准。

1. 教师的情形：适用《公务员报酬规定》附录第12条规定的大学校长基础月所得额中较高的基础月所得额；

2. 行政人员的情形：适用《公务员报酬规定》附录三的一般职员二级公务员基础月所得额的较高的基础月所得额。

②教育部长官应当将第1款规定的基础月所得额的上限金额，于每年5月31日前通报至公团。

第22条之二（全体公务员基础月所得额平均额之现在价值的计算）

合算法第35条第2款第1项规定的金额除以三之后获得的金额，换算成支付年金时的现在价值的方法准用第3条之六的具体规定。

第22条之三（年金证书的交付）

①公团应当向年金受益人交付年金凭证。

②年金受益人丢失年金凭证或年金凭证毁损时，可以自公团重新领取年金凭证。此时，毁损的年金凭证，应当返还给公团。

第22条之四（年金受益权人的住所、姓名的变更申报）

年金受益人的住所或姓名发生变更时，应当根据下列情形向公团申报：

1. 住所变更：住所变更申报书提交至公团或者口头申报；

2. 姓名变更：姓名变更时提交居民登记本或家属关系证明书。

第22条之五（年金支付日）

补偿准用法第13条第3款及年金准用法第34条第3款的规定，年金支付日为每月25日。但，支付日为星期六或公休日时，前一天为支付日，年金受益权消灭时，可以在支付日前支付。

第22条之六（移民及国籍丧失时的年金计算请求）

①外国移民的年金受益权人根据补偿准用法第15条第1款或年金准

用法第 36 条第 1 款的规定，替代年金申请受领一次性补偿金时，应当向公团提交年金清算申请书以及出国证明、预计出国证明等能够证明移民的相关材料。

②丧失国籍的年金收益权人根据补偿准用法第 15 条第 2 款或年金准用法第 36 条第 2 款的规定，替代年金申请受领一次性补偿金时，应当向公团提交年金清算申请书及撤销国籍登记本或亲属关系登记本中的基本证明等能够证明国籍丧失的材料。

第 22 条之七（年金额全额支付停止对象机关）

补偿准用法第 32 条第 1 款及年金准用法第 50 条第 1 款规定以外的情形，受益权人被聘用为职工时，应当停止支付补偿准用法第 28 条规定的残疾年金、年金准用法第 43 条规定的退职年金、早期退职年金或同法第 59 条规定的非职务性残疾年金（以下简称"退职年金"），上述行为中法第 50 条第 1 款第 3—5 项规定的机构由《公务员年金法实施令》第 46 条第 5 款具体指定并公告。

第 22 条之八（残疾年金的停止支付）

①退职年金的受益权人（以下简称"退职年金受益权人"）被聘用或退职时，为适用《公务员年金法》或《军人年金法》的私立学校教职工、公务员或军人时，应当于十日内取得年金机关负责人的确认，向公团提交再聘用申报书或再退职申报书。

②年金准用法第 50 条第 3 款规定以外的月所得额，是指 1 月 1 日至 12 月 31 日前一年所得金额（不足一万韩元则不计入）除以从事业务的月份数计算的金额。

③年金准用法第 50 条第 3 款规定以外的相应年度月所得额，超过上一年度公务员月平均年金时，可以停止支付部分退职年金之后适用上一年度公务员月平均年金金额，优先计算停止金额，当课税标准确定申报时根据第 5 款的规定进行计算。

④根据法第 19 条第 4 款的规定，公团可以根据提供的资料停止支付相应年度的退职年金。但，通过国家机关提供的资料无法确定退职年金受益权人的所得金额时，应当以上一年度或上上一年度所得金额为基础，停止支付退职年金。

⑤根据第 4 款但书的规定，公团停止支付退职年金后，根据《所得

税法》第 70 条的规定确定课税标准，计算该年度年金支付停止金额，并于下个月支付退职年金时将差额扣除。但，退职年金受益权人提交年金支付停止金额调整申请书时，能够附加提交证明年度所得的客观资料，可以在课税标准确定前调整年金支付停止金额。

⑥能够确认扣除第 5 款规定的计算差额当月，退职年金受益权人除退职年金外无其他所得时，可以在月年金额的 20% 范围内扣除前述计算差额。

⑦年金准用法第 50 条第 1 款规定以外的但书中前年度全体公务员的基础月所得额，应当以上一年度 5 月计算的金额为基础，适用期限为该年度 1—12 月。

⑧年金准用法第 50 条第 3 款规定教育部长官应当于每月 1 月 10 日前向公团通报上一年度公务员平均月所得额。

⑨补偿准用法第 32 条第 2 款及年金准用法第 61 条第 2 款规定的"总统令规定的残疾程度"，是指本令第 41 条及附录五、附录六规定的对应残疾等级一级至十四级的残疾状态。

第 22 条之九（年金受益权人的信息调查）

①公团为了掌握影响年金的薪酬等身份变动信息，可以委托年金受益权人居住地或登记住所地的特别自治市市长、特别自治道道长、市长、郡守或区长（自治区为区厅长），代为调查相关身份信息。

②根据第 1 款规定受托的特别自治市市长、特别自治道道长、市长、郡守或区长（以下简称"市长、郡守、区长"），应当立即调查并向公团通报。

③为了确认法第 19 条第 1 款及第 2 款规定的受益权人变更或消灭等情形，公团有权要求受益权人及其家属，提供受益权人的死亡、离婚、生计维持等调查所需的材料。

④居住在外国的受益权人，应当于每年 5 月 31 日，针对记载身份事项变动情形的材料取得在外公馆负责人（未设置在外公馆的国家，应当向邻近国在外公馆负责人）确认后，并于每年 6 月 30 日前递交。

⑤受益权人无正当理由拒绝提交第 3 款或第 4 款规定的资料时，公团可以根据法第 19 条第 3 款的规定，停止支付薪酬。此时应当提前通知受益权人及其家属拒绝提交第 3 款及第 4 款规定资料时停止支付薪酬的

事实。

⑥第 5 款规定的薪酬停止支付事由消失时，公团应当立即重新开始支付。

第 23 条（遗属代表人的报酬支付方法）

①遗属中存在两人以上同顺位受领人且同顺位受领人指定代表人时，公团可以不按照第 37 条的规定分别给付，可以全部向代表人支付。

1. 补偿准用法第 8 条第 5 项规定的灾害遗属给付；

2. 年金准用法第 28 条第 2 项规定的退职遗属给付。

②针对第 1 款规定的委托，委托人可以通过向公团提交亲笔署名的代表人指定书及其相关材料来实现。

1. 委托人为成年人：委托人的居民登录证等居民登记证复印件；

2. 委托人为未成年人：法定代理人的居民登录证等居民登记证复印件。

第 24 条（无遗属时的报酬支付特例）

①法第 38 条第 1 款但书中规定的"总统令规定的限制金额"是指下列金额。

1. 作为年金的薪酬：死亡当时的年金金额（根据年金准用法第 43 条第 1 款第 1—4 项的规定，教职工在退职年金支付年龄前死亡时的早期退职年金金额，死亡时超过年金准用法第 43 条第 2 款规定的未达年限五年以上时，视为未达年限四年以上五年以下死亡而计算早期退职年金金额）的三年份额乘以下列比例的金额。

［36-（年金准用法第 34 条第 1 款或补偿准用法第 13 条第 1 款规定的死亡时接收年金的月份总数）］/36

2. 其他薪酬：原薪酬全额。但，补偿准用法第 37 条规定的工伤遗属补偿金、年金准用法第 54 条和第 58 条规定的退职遗属年金一次性补偿金及退职遗属一次性补偿金是原薪酬额的 1/2。

②无遗属也无直系亲属时，向死亡的教职工所属学校机关的负责人支付薪酬，用于准用死亡教职工的墓碑、祭祀品、纪念品等纪念活动或抵充死亡前的疗养费用。

第 24 条之二（报酬的给付）

①根据法第 20 条及本令第 14 条的规定，公团委托的金融机构通过薪

酬受益权人存款账户支付薪酬。但，公团可以结合法第 40 条规定的权利保护相关规定另行处理。

②根据第 1 款的规定汇入薪酬受益权人账户，视为薪酬的受领。

第 25 条（报酬的退还）

①除法第 39 条规定外，薪酬金额附加征缴的利息及退还费用如下。此时，薪酬金额附加征缴利息的计算期间为，受领薪酬金额次日决定，退还金额和利息（以下简称"退还金"），并以年为单位，记入薪酬金额中计算之后的利息。

1. 利息：根据相应年度 1 月 1 日全国银行适用的定期存款利率中较高的利率计算的金额；

2. 退还费用：调查薪酬退还的必要率费及其他退还费等公团计算的金额。

②法第 39 条后半段规定的缴纳退还金的人，在缴纳期限内未缴纳时，以每年 1 月 1 日全国银行定期存款利率中较高利率的两倍为基础，计算迟延利息。此时，迟延利息的计算期间为退还金缴纳期限的次月起至退还金实际缴纳日前。

③薪酬受领人及学校机关的负责人，知晓符合法第 39 条任意情形时，自知道事实之日起，应当立即通报公团。

④公团通过第 3 款规定的申报或通报等方式，知道薪酬的退还事由时，应当立即着手调查并向薪酬受领人发送退还金返还通知书，并向学校机关负责人通报上述事实。

⑤根据第 4 款接收退还金返还通知书的人，应当自接收返还通知书之日起 30 日内缴纳退还金。但，法第 39 条第 3 项、第 4 项规定的情形下应当向公团递交退还金分期缴付申请书，并自许可日的次月起至下列规定的次数，每月分期缴付相应金额。

1. 返还金额不足 1000 万韩元：8 次；

2. 返还金额为 1000 万韩元以上不满 2000 万韩元：16 次；

3. 返还金额为 2000 万韩元以上不满 4000 万韩元：32 次；

4. 返还金额为 4000 万韩元以上不满 6000 万韩元：48 次；

5. 返还金额为 6000 万韩元以上：60 次。

⑥第 5 款但书后半段规定的分期缴付情形下，利息（不含法第 39 条

第 4 项规定的学校机关负责人或公团因错误或遗漏导致薪酬错误支付的情形）应当适用第 1 款第 1 项规定的利率。此时，本金加利息除以分期缴纳次数为每次缴纳的分期缴纳金额。

⑦根据第 5 款但书的规定，分期缴付退还金的人，三个月以上未缴纳退还金时，公团可以撤销分期缴付承诺，要求其一次性缴纳退还金和迟延利息。

第 26 条（报酬受领权的担保）

法第 40 条第 1 款第 1 项规定的"总统令规定的金融机构"是指第 87 条之二第 1 款规定的金融机构。

第 27 条（其他法律规定的报酬抵扣额的请求）

①根据法第 41 条第 1 款的规定，学校经营机关受领公团抵扣的金额时，学校机关应当向公团递交申请薪酬事由、教职工的身份信息及支付金额等事由。

②公团接到第 1 款申请时，应当确认事实并向学校经营机关支付抵扣金额。

第 27 条之二（协商年金的受益权人确认）

①为了进行补偿准用法第 20 条第 6 款或年金准用法第 41 条第 2 款的协商时，公团可以委托公务员年金公团、国防部长官或邮政年金管理团，确认向遗属支付的薪酬受益权人是否符合《公务员年金法》《军人年金法》或《邮政法》规定的退职年金、早期退职年金或退职年金的受益权人。

②根据第 1 款规定，公务员年金公团、国防部长官或邮政年金管理团，接受受托时，应当确认是否符合《公务员年金法》《军人年金法》或《邮政法》中规定的受领退职年金、早期退职年金或退役年金的权利，并将调查结果通知公团。

第 28 条（第三人损害赔偿额的调整）

①教职工因第三人加害行为导致负伤、疾病、残疾或死亡（以下简称"负伤等"）时，受领权人与疗养机构，应当立即向所属学校机构负责人报告第三人加害行为导致伤害的事实：

1. 法第 33 条之二规定的看护报酬、辅助器材及辅助器材报酬；

2. 补偿准用法第 8 条规定的工伤疗养报酬、复健报酬、残疾报酬及工伤遗属补偿金；

3. 年金准用法第 28 条第 3 款规定的非工伤残疾报酬。

②学校机关负责人收到第 1 款规定的报告时，应当立即调查加害经过、《汽车损害赔偿保障法》及其他法律规定的损害赔偿相关事项，并向公团报告结果。

③受益权人受领第 1 款规定的薪酬之后，请求第三人因加害行为导致的损害赔偿时，应当立即向公团递交相关损害赔偿资料。

第 28 条之二（报酬种类及支付时间的变更）

①申请变更下列事项的人应当于薪酬给付前或薪酬支付日（年金给付时为初次支付日）30 日前向公团递交变更申请书。

1. 变更下列薪酬种类：
（1）补偿准用法第 8 条第 3 款规定的残疾报酬；
（2）年金准用法第 8 条第 5 款规定的灾害遗属报酬；
（3）年金准用法第 28 条第 1 款规定的退职报酬；
（4）年金准用法第 28 条第 2 款规定的退职遗属报酬。

2. 变更年金准用法第 43 条第 2 款规定的早期退职年金的支付时期。

②申请变更第 1 款规定事项时，已经受领的报酬自受领之日起至返还日前，根据日数计算返还利息（该年度 1 月 1 日起至现在全国银行适用的定期存款利率中的较高利率）。

③申请变更第 1 款规定的年金准用法第 28 条第 1 项、第 2 项的报酬种类，或者同法第 43 条第 2 款规定的早期退职年金的支付日期时，根据年金准用法第 45 条的规定请求分期的人，同法第 48 条规定请求分期的人或同法第 49 条规定请求分期退职年金、一次性补偿金的人，都视为薪酬种类和支付时期的变更。

第二节　补偿准用法规定的报酬

第一小节　职务疗养报酬

第 29 条（职务疗养报酬）

①教职工因工作灾害疗养时（含法第 33 条之三规定的再疗养），经薪酬审议委员会的审议，公团可以根据补偿准用法第 22 条，支付疗养报酬（以下简称"工伤疗养费"）。

②第 1 款规定的"工作灾害"是指下列情形，具体认定标准参考附录三。但，工作与负伤、疾病之间无相当因果关系时，不视为工作灾害。

1. 工作负伤：符合下列规定的事故（以下简称"工作事故"）引发的负伤：

（1）履行职务过程中发生的事故；

（2）正常途径和方法上下班的过程中发生的事故；

（3）其他与履行职务相关发生的事故。

2. 职务疾病：符合下列规定的疾病：

（1）履行职务过程中物理、化学、生物因素引发的疾病；

（2）履行职务过程中工作导致身体、精神压力而引发的疾病；

（3）因公负伤导致的疾病；

（4）其他与履行职务相关发生的疾病。

③工作灾害疗养的教职工追加发现工作灾害引发的负伤或疾病时，追加发现的负伤或疾病视为工伤。

④因公负伤或工伤疾病的治疗过程中引发的并发症视为工伤疾病。但，并发症源自基础疾病或体质原因自然形成或恶化时，不视为工伤。

⑤除第 1—4 款规定外，教职工因自害行为导致工作灾害时，不予支付工伤疗养报酬。但，因工作原因导致正常认知能力显著不足而引发的自害行为，符合下列情形时可以支付工伤疗养报酬。

1. 职务履行或职务相关精神疾病导致疗养的教职工在精神状态异常时发生的自害行为；

2. 职务负伤或疾病导致疗养中的教职工在精神状态异常时发生的自害行为；

3. 医学鉴定认为，其他职务负伤或疾病导致疗养中的教职工在精神状态异常时发生的自害行为。

⑥职务疾病认定结果应当综合考量教职工业务的特性、性别、年龄、体质、健康状态、基础疾病、病假及退职等因素。

第 29 条之二（疗养咨询）

针对下列事项，公团可以寻求医疗专家的咨询：

1. 工伤疗养报酬的适当性；

2. 第 30 条规定的疗养期间的决定以及第 31 条规定的延长疗养期间

的适当性；

3. 补偿准用法第 26 条、第 27 条规定的复健报酬及同法第 28 条规定的残疾报酬的适当性；

4. 法第 33 条之二规定的看护报酬的适当性；

5. 其他公团疗养及再疗养所需的医疗咨询相关事项。

第 30 条（职务疗养的许可）

①教职工申请工伤疗养报酬时（含工伤疗养报酬的再疗养，以下简称"职务疗养"），申请教职工填写工伤疗养申请书并附加诊断书（限于疗养机构发行的情形）提交至学校机关负责人。但，负伤或疾病等需要紧急处理而不能提前申请许可时，应当在疗养开始后立即取得许可。

②学校机关负责人接到第 1 款规定的申请书时，应当着手调查负伤或疾病的经过并于七日内附加下列材料递交至公团：

1. 健康诊断结果通报书副本；

2. 负伤、疾病调查书。

③公团接到第 2 款规定的申请后确定工伤疗养与疗养时间并将决定书发送给申请人、学校机关负责人以及根据法第 20 条、本令第 14 条规定的工伤疗养报酬相关业务的受托人。

第 30 条之二　删除

第 31 条（职务疗养期间的延长）

①超过第 30 条第 3 款规定的工伤疗养期间，教职工继续疗养或根据补偿准用法第 22 条第 2 款但书的规定，超过实际疗养期间三年延长工伤疗养期限时，应当向公团提交工伤疗养期间延长申请书和诊断书（疗养机构发行的记载工伤疗养的内容、工伤疗养期间延长的必要性以及医生建议书）。

②公团收到第 1 款规定的工伤疗养期限延长申请后，决定工伤疗养期间延长与否和工伤疗养期间（仅限于准予延长的情形），并将决定书发送至申请人和法第 20 条及本令第 14 条规定的工伤疗养业务的受托人。

第 32 条（职务疗养报酬费用的请求及支付）

①疗养机构实施工伤疗养时，应当根据补偿准用法第 25 条的规定，计算工伤疗养报酬和诊疗费申请书、明细书等一并请求公团支付。

②公团或法第 20 条规定的工伤疗养相关业务的受托人，请求第 1 款规定的工伤疗养费用时，应当审查费用明细后向疗养机构支付相关费用。

但，符合下列情形时，可以直接向本人支付：

1. 补偿准用法第 25 条第 1 款规定的疗养费用中，《国民健康保险法》第 44 条本人向疗养机构缴纳的本人负担金；

2. 补偿准用法第 25 条第 2 项、第 3 项及本令第 32 条之二规定的疗养费用。

③第 2 款但书规定符合第 2 款第 2 项规定的工伤疗养费的直接受领者，应当向公团提供工伤疗养费用申请书、收据及疗养机构出具的诊断书。

④法第 20 条规定的工伤相关业务受托人，根据第 2 款的规定，请求工伤疗养费用时，应当向公团提交申请书及明细，公团应当于一个月内审查并支付相关费用。

⑤教职工履行职务行为过程中负伤时，公团认为有必要支付工伤疗养费用，应当根据第 30 条的规定进行工伤认定前，通知疗养机构工伤疗养费用支付的意思与支付范围。

第 32 条之二（职务疗养报酬费用的计算）

补偿准用法第 25 条第 3 项规定的"总统令规定的疗养费用"是指下列疗养费用：

1. 补偿准用法第 25 条第 1 项、第 2 项规定的正常治疗相对困难，或治疗后无法从事正常社会活动，而需要另行支付医药费、诊疗费（含整容手术）、器具、复健等公团认定的治疗费用；

2. 超过补偿准用法第 25 条第 1 项、第 2 项规定的疗养费用的支付报酬等公团认定的疗养费用。

第 32 条之三（再疗养的要件及程序）

①工伤疗养报酬受领人符合下列条件时，可以向公团申请第 33 条之三规定的再疗养。但，受领补偿准用法第 28 条规定的残疾一次性补偿金之日起，五年内不得申请再疗养。

1. 治愈的工伤或疾病与再疗养对象的负伤或疾病之间存在相当的因果关系；

2. 针对再疗养的对象之负伤或疾病，医学建议认为有必要进行手术（含内置的固定物取出以及义肢部位的再手术）等积极治疗手段，才能取得治疗效果的情形。

②教职工申请第 1 款规定的再疗养时，应当在工伤再疗养申请书中附

加下列材料一并提交至公团：

1. 诊断书（疗养机构出具的记载所需再疗养内容和必要疗养期间的医生建议）；

2. 疗养相关记录副本；

3. 其他能够证明再疗养事由的记录副本。

③公团根据第 2 款的规定申请再疗养时，应当经薪酬审议委员会审议决定再疗养许可与否，以及再疗养期间（仅限于许可再疗养的情形）之后，应当将决定书送达申请人和法第 20 条及本令第 14 条规定的工伤疗养业务受托人。

④为了作出再疗养许可决定，公团在必要范围内可以指定疗养机构并要求当事人接受诊断。此时，诊断所需费用由公团承担。

⑤再疗养期间的延长准用第 31 条规定。

第 32 条之四（疗养机构外的医疗机构疗养）

①基于紧急情形或不得已情形，教职工在疗养机构以外的医疗机构接受疗养时（含再疗养），公团认定时可以请求支付工伤疗养报酬。

②教职工根据第 1 款的规定，在指定的疗养机构以外的疗养机构接受疗养时，自疗养开始之日起，应当立即申请第 30 条规定的工伤疗养许可。申请时，应当附加无法在指定疗养机构接受疗养的事由。

第 32 条之五（疗养机构的变更）

疗养过程中申请变更疗养机构时，应当向疗养机构提交第 30 条第 3 款规定的工伤疗养许可决定书的副本。

第 32 条之六　删除

第 32 条之七（疗养的终止）

①针对因公负伤、因公致疾等人继续进行治疗仍无法取得期待医学效果时，公团可以根据法或者本令的规定，经过薪酬审议委员会决定终止疗养。

②根据第 1 款终止疗养时，公团应当提前通知教职工相关事实。

第二小节　看护报酬辅助器材及辅助薪酬

第 33 条（看护报酬的支付条件及支付程序）

①法第 33 条之二规定的看护报酬的支付条件参照附录四。

②自符合第 1 款规定的看护报酬支付条件的人实际看护时，支付看

报酬。

③看护报酬支付标准准用《产业灾害补偿保险法实施令》第 59 条第 3 款、第 4 款规定。

④看护报酬受益权人根据法第 33 条之三的规定接受再疗养时,再疗养期间不支付看护报酬。

⑤看护报酬受益权人在看护报酬申请书中记载下列材料并向公团递交。

1. 看护及看护费相关的证明材料;

2. 医生出具的符合第 1 款规定的看护报酬支付条件与有必要提供看护服务的情形;

3. 私立学校教职工年金残疾诊断书,但,公团认为免于提交时可以不予提交。

⑥公团收到第 5 款规定的看护报酬请求时,应当审查并支付相关费用。

第 34 条 (辅助器材或辅助器材费用的支付标准)

①法第 33 条之二规定的辅助器材的支付对象及支付标准,根据《产业灾害补偿保险法》第 40 条第 5 款规定的疗养报酬计算标准,适用复健辅助器材及义齿的相关规定。

②辅助器材或辅助器材费费用的申请人,应当提交辅助器材及辅助器材费用申请书及下列证明材料:

1. 辅助器材费用的证明材料;

2. 与第 1 款规定的辅助器材支付对象及支付标准相关的医生建议书。

③公团应当审查第 2 款规定的辅助器材或辅助器材费用申请书并支付费用。

第 35 条 删除

第 36 条 删除

第 37 条 删除

第三小节 复健报酬

第 38 条 删除

第 39 条 (复健运动费用的支付条件及支付程序)

①除补偿准用法第 26 条第 1 款规定外的"总统令确定的残疾"是指

下列残疾：

1. 胳膊或腿的三大关节中一个以上关节存在功能残疾；
2. 脊椎的变形、功能残疾或神经残疾；
3. 胳膊或腿的筋或神经的残疾（大脑或脊椎损伤而导致胳膊或大腿发生残疾的情形）且符合附录五残疾等级一级至十二级的残疾。

②根据补偿准用法第 26 条规定，申领复健活动费的教职工应当在复健活动机构（限于与体育活动相关且登记在册的适用《增值税法》第 8 条规定的法人），接受复健活动后，向公团递交复健活动费申请书及下列材料：

1. 复健活动实施及费用的证明材料；
2. 符合第 1 款规定的残疾且有必要复健的医生建议书。

③公团接到第 2 款规定的复健活动费支付请求时，应当审查后支付。但，复健活动符合补偿准用法第 22 条第 1 款规定的疗养条件时，不得重复支付工伤疗养费用和复健活动费。

④补偿准用法第 26 条规定的复健活动费的支付期间为教职工开始复健活动之日起三个月以内。

第 40 条（心理商谈费用的支付条件及支付程序）

①工伤疗养中的教职工，申请接受补偿准用法第 27 条规定的心理商谈时，应当向公团提交心理商谈许可申请书，及心理检查的疗养相关记录副本等资料。

②根据第 1 款规定获批心理商谈的人，受领补偿准用法第 27 条规定的心理商谈费时，应当在心理商谈机关（限于《增值税法》第 8 条登记的法人）接受心理商谈相关服务，并向公团提交心理商谈费申请书及与费用相关的证明材料。

③公团接到第 2 款规定的心理商谈费请求时，应当审查后支付。但，心理商谈符合补偿准用法第 22 条第 1 款规定的疗养时，不得重复支付工伤疗养费与心理商谈费。

④补偿准用法第 27 条规定的心理商谈费的支付对象期间为接到第 1 款规定的心理商谈的人于心理商谈开始之日起三个月内。此时，心理商谈自许可通报日开始计算，一个月之内未进行商谈，则许可决定通报之日起至一个月届满之日，视为商谈开始之日。

第四小节 残疾报酬

第 41 条（残疾状态的程序区分）

①补偿准用法第 28 条规定外的"总统令规定的残疾等级"参照附录五规定的残疾等级（以下简称"残疾等级"），部分残疾不符合残疾等级分类的残疾类型时，以残疾状态区分适用既有的残疾等级。但是，符合补偿准用法第 31 条规定的二级至十级的残疾存在两个以上时，取程度较重的残疾适用附录五的残疾等级，并根据附录六的规定确定综合残疾等级。

②残疾等级细分判断标准由公团决定。

第 42 条（残疾报酬的请求）

①根据补偿准用法第 28 条的规定，申请残疾年金或残疾一次性补偿金的人，应当向所属学校机关负责人提交残疾报酬申请书及疗养机构发行的私立学校教职工年金残疾诊断书等材料。

②学校机关负责人受领第 1 款规定的残疾报酬申请书时，应当立即开展调查，确认后附加下列材料一并提交至公团：

1. 健康诊断结果通知书副本；
2. 残疾经过调查书。

第 43 条（残疾年金受益权的丧失申报）

根据补偿准用法第 28 条规定，受益权人（以下简称"残疾年金受益权人"）死亡时，《亲属关系登记法》第 85 条规定的死亡申报义务人，应当于死亡之日起 30 日内通报公团。

第 44 条（依请求的残疾等级再评定）

①残疾程度恶化或好转时，残疾年金受益权人应当根据补偿准用法第 30 条第 1 款的规定在残疾等级重新评定申请书中，附加疗养机构发放的私立学校教职工残疾诊断书并向公团提交。

②公团接收第 1 款规定的残疾等级再评定申请书时，应当审议下列事项，并将决定书通知申请人：

1. 残疾等级是否有必要重新评估；
2. 残疾等级重新评定时的残疾等级。

③公团为了确定第 2 款的事项，必要时可以要求残疾年金受益权人在公团指定的疗养机构接受诊断。此时，诊断所需费用由公团承担。

④根据第 2 款规定重新评定的残疾等级，自第 1 款规定的私立学校教职工年金残疾诊断书出具之日所属的月份起适用。

第 45 条（依职权的残疾等级再评定）

①公团对符合下列情形的残疾年金受益权人（不含残疾年金受益权人的部分残疾等级变更但仍有一级残疾等级时，最终残疾等级不予变更的情形，以下简称"残疾等级重新评定对象"），应当于作出残疾年金支付决定之日起的两年后的一年内，重新评定残疾等级。此时，残疾等级再评定以一次为限。

1. 残疾年金支付对象的残疾中，具有一处以上符合附录五的第一级第 3 项、第二级第 3 项、第三级第 3 项、第五级第 2 项、第七级第 4 项或第九级第 10 项的残疾；

2. 残疾年金支付对象的残疾中，具有一处以上符合附录五的第六级第 5 项、第八级第 2 项（限于脊椎运动功能导致的残疾等级的情形），第十一级或第十二级的残疾（限于脊椎神经残疾导致的残疾等级的情形）；

3. 残疾年金支付对象的残疾中，具有一处以上符合附录五的第一级第 6 项、第 8 项，第四级第 6 项、第五级第 6 项、第 7 项，第六级第 6 项、第 7 项，第七级第 7 项、第 11 项，第八级第 4 项、第 6 项、第 7 项，第九级第 13 项、第 15 项，第十级第 7 项、第 10 项、第 11 项，第十一级第 9 项、第 10 项，第十二级第 6 项、第 7 项、第 9 项、第 11 项，第十三级第 8 项、第 11 项的残疾（限于身体关节运动功能引发的残疾）；

4. 残疾年金支付对象的残疾中，具有一处以上附录五规定的残疾等级。

②残疾等级重新评定申请人进行再疗养时，公团应当在疗养结束（残疾等级变更时以残疾年金支付决定之日为准）两年后的一年内重新评定残疾等级。

③根据第 1 款或第 2 款的规定重新评定残疾等级时，公团可以要求残疾等级评定申请人在指定疗养机构诊断。此时，诊断费用由公团承担。

④根据第 3 款前半段接受诊断时，公团应当将重新评定开始日、诊断期限、诊断疗养机构及其他重新评定需要的必要事项，通知残疾等级评定

申请人。

⑤根据第 3 款前半段接受诊断的人，应当自接受诊断之日起三个月内，向公团提交诊断疗养机构出具的教职工年金残疾诊断书。

⑥经薪酬审议委员会审议后出具残疾诊断决定书，公团应当通知残疾等级评定申请人。

1. 是否重新确定残疾等级；

2. 重新确定残疾等级时的残疾等级。

⑦根据第 6 款重新评定的残疾等级，应当自第 3 款诊断所属月份之次月起适用。

第 46 条（残疾年金受益权人的残疾状态）

补偿准用法第 30 条第 2 款规定的"总统令规定的残疾程度"是指本令第 40 条及附录五、附录六规定的残疾等级一级至十四级规定的残疾程度。

第 46 条之二（残疾状态确认所需的诊断）

①为了确认是否符合补偿准用法第 30 条第 1 款、第 2 款以及本令规定的残疾程度、恶化程度又或好转与否，公团可以要求残疾对象在公团指定的疗养机构接受诊断，并根据诊断的残疾状态认定残疾等级。

②根据第 1 款规定要求诊断时，准用第 45 条第 3 款及第 7 款的规定。

第 46 条之三（下落不明的人的残疾报酬给付）

①根据补偿准用法第 33 条第 1 款规定，申领残疾报酬的继承人（应符合法第 2 条第 1 款第 2 项规定的遗属范围）应当填写残疾报酬申请书并附加下列材料递交至公团：

1. 能够证明是继承人的材料；

2. 同顺位继承人中代表人递交申请时，证明是诸多继承人中的代表人的材料；

3. 残疾报酬受领权人一年以上下落不明的证明材料（市长、郡守、区长或警察署署长确认的材料）。

②补偿准用法第 33 条第 3 款但书及同条第 4 款后半部分规定的"总统令规定的利息"是指同年度 1 月 1 日全国银行适用的定期存款利率中较高的利率计算出来的利息。

③补偿准用法第 33 条第 4 款后半段规定的报酬金额的差额及利息的

受领权人应当向公团递交报酬差额申请书。

第四小节之二　灾害遗属报酬

第 46 条之四（残疾遗属年金的请求）

补偿准用法第 35 条规定的残疾遗属年金（以下简称"残疾遗属年金"）申请人，应当在残疾遗属年金申请书中附加下列材料递交至公团：

1. 残疾年金受益权人的死亡事实及能够证明是死亡者遗属的证明材料；

2. 同顺位遗属中的代表人申请时，根据第 20 条的规定能够证明是遗属代表人的材料。

第 46 条之五（职务遗属年金的请求）

①补偿准用法第 36 条及第 37 条规定的工伤遗属年金、工伤遗属补偿金（以下简称"工伤遗属报酬"）申领人，应当向教职工所属学校机构负责人提交工伤遗属报酬申请书及下列材料：

1. 教职工死亡事实及证明是死亡者遗属的材料；

2. 同顺位遗属中的代表人申请时，根据第 23 条能够证明遗属代表人的材料。

②学校机关负责人接到第 1 款规定的申请书时，应当立即着手调查死亡经过并将死亡经过调查书提交至公团。

第 46 条之六（残疾遗属年金的受助权丧失申报）

补偿准用法第 40 条第 1 款规定的残疾遗属年金或工伤遗属年金受领权人丧失受领权时，应当自下列事由发生之日起 30 日内将上述事实向公团通报。

1. 残疾遗属年金或工伤遗属年金受领权人死亡时：《亲属关系登记法》第 85 条规定的死亡申报义务人；

2. 再婚或与死亡教职工的亲属关系终止时：本人；

3. 子女或孙子女年满 19 岁时：本人或曾为法定代理人的人；

4. 19 岁以上处于残疾状态的子女或孙子女残疾状态消失时：本人或法定代理人、曾为法定代理人的人。

第 46 条之七（残疾遗属年金的受助权移转申请）

残疾遗属年金或工伤遗属年金受领权人丧失受领权或一年以上下落不

明时，补偿准用法第 40 条第 2 款或同法第 41 条规定的同顺位或次顺位遗属，申请受领残疾遗属年金或工伤遗属年金时，上述遗属应当向公团提交残疾遗属年金、工伤遗属年金受益权人移转申请书并附加下列材料。

1. 残疾年金受益权人遗属的证明材料或工伤死亡教职工遗属的证明材料；

2. 同顺位遗属中代表人申请时，根据第 23 条能够证明遗属代表人的材料；

3. 下列情形要求的材料：

（1）补偿准用法第 40 条第 2 款事由，下列材料：

1）死亡、再婚或与死亡教职工的亲属关系终止，非残疾的子女或孙子女年满 19 岁：亲属关系记录事项证明书或居民登记本副本；

2）处于残疾状态的 19 岁以上子女或孙子女残疾状态消除时：疗养机构发放的私立学校教职工残疾诊断书；

（2）补偿准用法第 41 条事由：市长、郡守、区长或警察署署长确认的残疾年金受益权人一年以上下落不明的材料。

第五小节　补助报酬

第 47 条　（灾难补助金）

①补偿准用法第 42 条第 2 款规定的灾难引发的损害是指，火灾、洪水、暴雨、暴雪、暴风、海啸等自然或人为现象，导致教职工或其配偶所有的住宅（含共有住宅的情形）以及教职工经常居住的住宅等，教职工或其配偶的直系亲属所有的住宅遭受的损害。

②补偿准用法第 42 条第 2 款规定的灾难引发的损害，根据损害程度补助金额如下。

1. 住宅完全消失、遗失或破坏时：公务员全体基础月所得平均额的 3.9 倍；

2. 住宅 1/2 以上消失、遗失或破坏时（不含第 1 项情形）：公务员全体基础月所得平均额的 2.6 倍；

3. 住宅 1/3 以上消失、遗失或破坏时（不含第 1 项及第 2 项）：公务员全体基础月所得平均额的 1.3 倍。

③根据补偿准用法第 42 条的规定申请灾难补助金的人，应当记载灾

难补助金申请书，附加市长、郡守、区长或消防署署长确认的受灾情形确认书，并获得所属学校机关负责人的确认后向公团提交。此时，公团可以通过《电子政府法》第36条第1款或第2款规定的行政信息共同使用规定，确定下列规定的行政信息，申请人拒绝第1项规定的信息确认程序步骤时，应当直接提交相关材料。

1. 居民登记证复印件；
2. 建筑物登记证副本。

第47条之二（死亡慰问金）

①补偿准用法第43条第1款后半段规定的"总统令规定的一人以上的教职工"是指下列教职工中顺位靠前的教职工：

1. 死亡者配偶的教职工；
2. 死亡者直系亲属的教职工中，年纪最大的人；
3. 死亡者最亲近直系亲属的配偶为教职工时，年纪最大的人；
4. 死亡者父母的教职工中年纪最大的人。

②根据补偿准用法第43条规定的死亡教职工无配偶时，死亡慰问金支付给死亡教职工举行葬礼并祭祀的人等，下列罗列人员中顺位靠前的人。但，举行葬礼和祭祀的人是死亡教职工的直系亲属时，向直系亲属支付死亡慰问金。

1. 死亡教职工直系尊属中年纪最大的人；
2. 死亡教职工直系卑属中年纪最大的人；
3. 死亡教职工的兄弟姐妹中年纪最大的人。

③根据补偿准用法第43条申请死亡慰问金的人，应当在死亡慰问金申请书中附加下列材料，并获得学校机关负责人的确认后向公团提交。但，根据补偿准用法第43条第1款后半段的规定，向死亡教职工扶养的教职工支付时，公团应当通过《电子政府法》第36条第1款及第2款的规定确认居民登记证副本，申请人不同意时可以要求其直接提交相关材料。

1. 补偿准用法第43条第1款及第2款规定的能够证明教职工配偶死亡事实的材料；
2. 第1项规定的能够证明和死亡者关系的材料。

第三节 年金准用法规定的报酬

第一小节 删除

第 48 条 删除

第 49 条 删除

第 50 条 删除

第 50 条之二 删除

第 50 条之三 删除

第 50 条之四 删除

第 50 条之五 删除

第 51 条 删除

第 52 条 删除

第 52 条之二 删除

第二小节 退职报酬及退职遗属报酬

第 52 条之三（确认职级和定额导致的退职）

①根据年金准用法第 43 条第 1 款第 4 项的规定，学校机关负责人在因修订、废止或减少预算等原因，导致所属教职工免职或超过规划人数而导致退休时，应当向公团提交能够确认规划人员及在职人员的资料。

②公团接到第 1 款规定的材料时，确认教职工退职是否符合年金准用法第 43 条第 1 款第 4 项规定的退职，并向学校机关负责人提交上述事项确认书。

第 52 条之四（退职年金领取的残疾状态）

年金准用法第 43 条第 1 款第 5 项及同法第 44 条规定的"总统令规定的残疾状态"，是指本令第 41 条及附录五、附录六规定的残疾等级一级至七级的情形。

第 52 条之五（退职年金、早期退职年金的受助权丧失）

年金准用法第 43 条第 1 款规定的退职年金受益权人及同法第 43 条第 2 款规定的早期退职年金受益权人死亡时，《亲属关系登记法》第 85 条规定的死亡申报义务人，应当在死亡之日起 30 日内向公团申报。

第 52 条之六（事实婚姻期间的认定标准）

①根据年金准用法第 45 条第 1 款规定计算实际婚姻期间时，下列期间应当给予排除：

1. 《民法》第 27 条第 1 款规定的失踪期间；

2. 《居民登记法》第 20 条第 6 款规定的登记为居住不明的期间。

②第 1 款外，符合下列规定的期间，从其规定：

1. 离婚当事人之间合意不存在婚姻关系的期间；

2. 依法院裁判认定为不存在事实婚姻的期间。

③年金准用法第 28 条第 1 项规定的退职报酬的受益权人，同法第 45 条第 1 款规定的分期缴付的受益权人或同法第 49 条第 1 款规定的退职年金一次性补偿金的分级缴费申请人，存在第 1 款、第 2 款期间时，应当将上述内容通知公团。

④第 3 款规定的申报程序及方法的详细事项由公团确定。

第 52 条之七（分缴年金的请求程序）

①根据年金准用法第 45 条第 3 款规定，请求分缴年金（含同法第 49 条规定的退职年金一次性补偿金的分缴请求），或根据同法第 48 条第 1 款的规定提前申请分缴年金的申请人，应当向公团提交分缴年金的申请书及下列材料。但，处于事实婚姻的人应当将能够证明上述事实的材料及分缴年金申请书一并提交至公团：

1. 亲属关系证明书一副；

2. 婚姻关系证明书一副；

3. 居民登记证誊本及副本各一副。

②年金准用法第 45 条第 1 款规定的分缴年金的支付期间，为支付事由发生之日所属月份之次月起至分缴年金支付事由消灭之日所属月份为止。

③根据年金准用法第 48 条第 3 款的规定，申请撤销分缴年金请求的申请人，应当向公团提交分缴年金撤销申请书及居民登记证复印件。

第 53 条（退职报酬的请求）

①根据年金准用法第 43 条、第 51 条的规定，申请受领退职年金、早期退职年金、退职年金一次性补偿金、退职年金一次性抵扣金的人，应当

向学校机关负责人提交退职报酬申请书。

②学校机关负责人接到第1款规定的申请书时，应当调查、确认报酬的限制事由、《所得税法》规定的年度退职所得、法第39条之二第1款规定的欠缴金额及其他必要事项，并向公团递交申请书。

③年金准用法第43条第1款第4项规定的因职责和规划人数等事由退职并申请退职年金时，应当根据本令第1款递交退职薪酬申请书和本令第52条之三第2款规定的公团确认书。

④符合年金准用法第43条第1款第5项及本令第52条之三第2款规定的残疾状态，申请退职年金时，应当提交本条第1款规定的退职薪酬申请书，及疗养机构出具的残疾状态证明材料和私立学校教职工年金残疾诊断书。

第53条之二　（退休年龄或工作上限年龄）

法第42条第4款规定的退休年龄或出勤上限年龄如下：

1. 教师：《教育公务员法》第47条规定的适用于教育公务员的退休年龄；

2. 行政人员：《国家公务员法》第74条规定的适用于一般岗位公务员的退休年龄。

第53条之三　删除

第53条之四　删除

第54条　（退职报酬的计算及支付的特例）

退职教职工、公务员或退役军人重新被聘为教职工时，根据法第32条第1款的规定，获批在职期间合算的人退职或死亡时，领取的退职年薪一次性补偿金、退职一次性补偿金、退职遗属年金一次性补偿金或退职遗属一次性补偿金，低于下列合算金额时，应当以下列合算金额作为薪酬额，并给予支付。

1. 法第32条第2款规定的返还金额及相关利息（缴纳返还金额时适用每年1月1日全国银行适用的定期存款利率中较高的利率并以年为单位的复利计算利息）；

2. 重新聘用为教职工时，以其在职期间为基础计算的退职年金一次性补偿金、退职一次性补偿金、退职遗属年金一次性补偿金或退职遗属一次性补偿金。

第54条之二 （下落不明之人的退职报酬的支付）

①退职薪酬受领权人的继承人（符合法第2条第1款第2项遗属的范畴），申请领取年金准用法第52条第1款规定的退职薪酬时，应当向公团递交申请书及下列材料：

1. 能够证明继承人资格的材料；

2. 同顺位继承人中代表人请求时，能够证明是继承人代表人的材料；

3. 证明退职薪酬受领权人一年以上下落不明的材料（市长、郡守、区长或警察署署长确认的材料）。

②年金准用法第52条第3款但书及同条第4款后半段规定的"总统令规定的利息"，是指每年1月1日全国银行适用的定期存款利率中最高利率计算的利息。

③申请年金准用法第52条第4款后半段规定的薪酬额差额与利息的金额时，应当向公团提交薪酬差额申请书。

第54条之三 （申领退职遗属年金、退职遗属年金附加金、退职遗属年金特别附加金、退职遗属年金一次性补偿金、退职遗属一次性补偿金）

①申领年金准用法第54条、第55条、第58条规定的退职遗属年金、退职遗属年金附加金、退职遗属年金特别附加金、退职遗属年金一次性补偿金或退职遗属一次性补偿金的申请人，应当向教职工所属学校机关负责人，递交退职遗属薪酬申请书及下列材料：

1. 能够证明退职年金或早期退职年金受领权人死亡及遗属资格的材料；

2. 同顺位遗属中代表人申请时，能够证明是第23条规定的遗属代表人的材料；

3. 遗属年金的受益权人符合年金准用法第41条第2款规定的情形时，能够证明退役年金、退职年金或早期退职年金受领事实的材料。

②学校机关负责人收到第1款规定的申请书时，应当立即调查确认薪酬支付相关事项，并向公团提交申请书。

第54条之四 （退职遗属年金受助权的转移申请）

退职遗属年金受益权人一年以上下落不明或丧失受益权时，根据年金准用法第56条或第57条第2款的规定，由同顺位或次顺位遗属受领退职遗属年金时，该遗属应当向公团提交退职遗属年金受益权移转申请书，并附加下列相关材料：

1. 退职年金或早期退职年金受领权人证明其遗属资格的材料；

2. 同顺位遗属中的代表人请求时，能够证明第 23 条遗属代表人资格的材料；

3. 下列情形规定的材料：

（1）年金准用法第 56 条事由：市长、郡守、区长或警察署署长确认的退职遗属年金受益权人一年以上下落不明的事实材料；

（2）年金准用法第 57 条第 2 款事由：

1）教职工死亡、再婚或与死亡的教职工终止亲属关系、非残疾的子女或孙子女年满 19 岁时：亲属关系记录事项相关证明书或居民登记证誊本；

2）处于残疾状态的年满 19 岁子女或孙子女恢复正常时：疗养机构发放的私立学校教职工年金残疾诊断书。

第 54 条之五（退职遗属年金受助权的丧失申报）

年金准用法第 57 条第 1 款规定退职遗属年金受领权人丧失权利时，下列人员自事由发生之日起 30 日内，应当将相关事实向公团申报。

1. 退职遗属年金受益权人死亡时：《亲属关系登记法》第 85 条规定的死亡申报义务人；

2. 再婚或其他亲属关系终止时：本人；

3. 子女或孙子女 19 岁时：本人或其曾经的法定代理人；

4. 处于残疾状态的 19 岁以上的子女或孙子女恢复健康时：本人、法定代理人或曾经的法定代理人。

第三小节　非职务残疾报酬

第 55 条（非职务残疾报酬的请求）

年金准用法第 59 条规定的非工伤残疾年金或非工伤残疾一次性补偿金的受领人，应当向公团提交下列材料：

1. 疗养机构发放的私立学校教职工残疾诊断书；

2. 残疾经过调查书。

第 56 条（残疾程序的等级决定）

年金准用法第 59 条规定的非工伤残疾报酬的受领人的残疾等级的决

定、修订或维持年金受益权资格的残疾状态及诊断等，应当准用第 41 条、第 44—46 条、第 46 条之二、附录五及附录六的规定。

第 57 条（非职务残疾年金的受助权丧失申报）

年金准用法第 59 条规定的非工伤残疾年金的受益权人死亡时，《亲属关系登记法》第 85 条规定的死亡申报义务人，应当自死亡之日起 30 日前向公团通知死亡事实。

第四小节　删除

第 58 条　删除

第 59 条　删除

第 60 条　删除

第 60 条之二　删除

第 61 条　删除

第 62 条　删除

第 63 条　删除

第五小节　退职报酬

第 63 条之二（退职报酬的请求）

①年金准用法第 62 条第 1 款规定的退职报酬受领人，应当向所属学校机关的负责人提交退职报酬申请书。

②学校机关负责人接到第 1 款规定的申请书时，应当立即调查、确认在职期间的缩短事由、报酬的限制事由等相关事项，并将申请书提交至公团。

第 63 条之三（退职报酬）

①年金准用法第 62 条第 2 款的计算公式中"总统令规定的比例"是指下列比例。

1. 在职期间 1 年以上 5 年以内时：6.5%；
2. 在职期间 5 年以上 10 年以内时：22.75%；
3. 在职期间 10 年以上 15 年以内时：29.25%；
4. 在职期间 15 年以上 20 年以内时：32.5%；
5. 在职期间 20 年以上时：39%。

②计算年金准用法第 62 条第 2 款规定的退职报酬时,在职期间不得超过 33 年。

第四节 薪酬的限制

第 64 条（重大过失导致的薪酬的减少）

教职工符合补偿准用法第 44 条第 3 款或年金准用法第 63 条第 3 款时,应当支付补偿准用法第 28 条规定的残疾报酬,同法第 35 条、第 36 条规定的遗属年金或扣除薪酬额 1/2 的年金准用法第 59 条规定的非工伤残疾报酬。此时,作为薪酬的年金自事由发生之日所属月份之次月起给付。

第 65 条（不应诊断时薪酬的减少）

根据补偿准用法第 45 条或年金准用法第 64 条的规定,教职工无正当理由未在规定期间内,接受公团或学校机关负责人要求的支付薪酬相关检查时,可以根据补偿准用法第 8 条的规定,疗养报酬、残疾报酬、工伤遗属年金报酬或年金准用法第 59 条规定的非工伤残疾报酬扣除 1/2 支付。此时,作为薪酬的年金自诊断期限所属月份之次月起给付。

第 66 条（刑罚导致的退职报酬及退职薪酬的减少）

①教职工符合年金准用法第 65 条第 1 款规定时,区分下列情形年金准用法规定的退职薪酬及退职报酬减额支付。此时,减额事由所属之月不适用减额。

1. 符合年金准用法 65 条第 1 款第 1 项、第 2 项的人：

（1）在职期间不满五年时的退职薪酬：1/4；

（2）在职期间五年以上的退职薪酬：1/2；

（3）退职报酬：1/2。

2. 符合年金准用法第 65 条第 1 款第 3 项的人：

（1）在职期间不足五年时的退职薪酬：1/8；

（2）在职期间五年以上的退职薪酬：1/4；

（3）退职报酬：1/4。

②年金准用法第 65 条第 2 款规定的减额金额加算利息时,应当适用每年 1 月 1 日全国银行适用的定期存款利率中较高的利率,并在退职薪酬

及退职报酬减免支付的月份所属之次月起,至减免事由消失所属月份为止,以年为单位将利息计入减免金额内,计算之后的利息。

③年金准用法第 65 条第 2 款规定的受领减免金额的人,应当向公团提交减免退职薪酬申请书或减免退职报酬申请书以及下列材料。

1. 年金准用法第 65 条第 1 款第 1 项的情形:法院的判决书副本或刑事判决证明书;

2. 年金准用法第 65 条第 1 款第 2 项、第 3 项的情形:法院判决无效、撤销或变更弹劾或者惩戒为基础的罢免、解聘处分的判决书副本或决议书副本;

3. 能够证明其他薪酬减免事由溯及既往消灭的相关资料。

④年金准用法第 65 条第 3 款规定的教职工在职中的事由(不含与工作无关的情形以及上级过失下令的情形),可能处以监禁以上刑罚的案件,正在调查中又或刑事裁判继续过程中时,在职期间不足五年则优先支付 3/4 的退职一次性补偿金,退职报酬和在职期间为五年以上则优先支付 1/2 的退职年金一次性补偿金、退职年金抵扣一次性补偿金或退职一次性补偿金,符合下列情形时支付剩余金额:

1. 不起诉决定;

2. 未处以监禁以上刑罚;

3. 处以缓期执行监禁以上刑罚而经过缓期。

⑤根据年金准用法第 65 条第 3 款后半段的规定,剩余金额加算利息应当以每年 1 月 1 日全国银行适用的定期存款利息中较高的利率,并在退职薪酬及退职报酬部分支付的月份所属之次月起,至剩余金额支付事由消失所属月份为止,以年为单位将利息计入减免金额内,计算之后的利息。

⑥申请第 4 款规定的剩余金额时,应当向公团提交退职薪酬申请书或者剩余退职报酬申请书并附加下列材料:

1. 第 4 款第 1 项的情形:管辖检察厅厅长出具的不起诉决定书;

2. 第 4 款第 2 项或第 3 项的情形:管辖检察厅厅长出具的刑事判决证明书。

⑦学校机关负责人知晓所属教职工或曾为教职工的人符合年金准用法第 65 条的情形时,应当立即通知公团。

第 67 条　删除
第 68 条　删除

第五章　费用承担

第 68 条之二　（国家负担金及法人负担金的金额）

①删除。

②法第 46 条第 1 款第 1 项规定的"总统令规定的金额"是指法第 44 条第 4 款规定的教职工承担的个人负担总金额的 37706/90000。

③法第 47 条第 3 款规定的法人负担金额为法第 44 条第 4 款规定的学校教职工负担的个人负担金额的 52940/90000。

第 69 条　（个人负担金及法人负担金的缴纳）

①学校机关负责人收缴个人负担金额、法人负担金额、返还金额及退还金额向公团缴纳时，应当由年金收缴机关收缴，并一并提交缴纳金额和汇款通知书。

②收缴第 1 款规定的缴纳金额时，年金收缴机关应当向学校机构负责人交付收据，并向公团提交汇款通知书。

③公团调查确认第 2 款规定的汇款通知书后，发现有错缴时，应当更正处理。

第 69 条之二　（灾害补偿负担金）

①法第 48 条之二第 1 款规定的灾害补偿负担金，是教职工个人负担总金额（不含在职期间计入或因溯及统算而负担的金额）的 454‰。

②根据法第 48 条之二第 2 款规定的积累的灾害补偿薪酬准备金，应当按下列方式使用：

1. 存入或信托至第 87 条之二第 1 款规定的金融公司；

2. 第 87 条之二第 1 款规定的证券买入。

③第 2 款规定的灾害补偿薪酬准备金，不足以支付法第 48 条之二第 3 款规定的薪酬时，可以向法第 53 条之二规定的私立学校教职工年金基金（以下简称"基金"）暂时借贷。此时，应当于下一次会计年金末为止，偿还一次性补偿金。

第 69 条之三　（支付退职报酬的费用负担）

①法第 47 条第 3 款规定支付退职薪酬的费用（以下简称"退职报酬

支付费用"）是指下列费用中的 40% 由学校经营机关承担：

1. 法第 3 条规定的幼儿园、小学、中学教职工退职报酬的支付费用；

2. 设置、经营法第 3 条规定的幼儿园、小学、中学的学校法人之行政职员退职报酬的支付费用；

3. 法第 60 条之四的适用范围特例机关中，在高等院校以下的学校上班的教职工，退职报酬的支付费用；

4. 设置、经营法第 60 条之四规定的适用范围特例机关中，在高等院校以下的学校机关工作的行政职员，退职报酬的支付费用。

②法第 60 条之四第 6 款或第 7 款规定的临床教授核心研究员及职员的退职报酬支付费用，由学校经营机关全额承担。

③退职报酬支付费用中，法第 47 条第 3 款但书规定的公团负担的金额，以 1992 年公团所有的退职报酬费用来承担。

④退职报酬支付费用中，法第 47 条第 3 款但书规定的国家负担的金额，以扣除下列金额为准。

1. 第 1 款及第 2 款规定的学校经营机关承担的金额；

2. 第 3 款规定的公团承担的金额。

⑤由于法人解散等理由需要承担第 1 款及第 2 款规定的退休报酬费用时，不存在学校经营机关时，应当由国家承担。

⑥计算第 1 款及第 2 款规定的学校经营机关负担的金额时，退职教职工在两个以上学校工作，且符合法第 2 条第 1 款第 3 项但书的情形下，学校经营机关应当根据在职期间的比例，各自分担负担金额。此时，由于第 63 条之三规定的比例不同，导致退职薪酬总支付额与学校经营机关承担的金额之间存在差额时，差额由国家承担。

⑦第 1 款及第 2 款规定的学校经营机关承担的金额，基于每月实际总金额为基础，在支付退休报酬之次月支付。

⑧第 4 款、第 5 款及第 6 款后半段规定的每年国家负担的金额少于或者超过实际金额时，应当在下一年度清算国家负担金额。

第 70 条（国家负担金的计入）

①国家应当每年将法第 46 条及法第 47 条第 3 款规定的国家负担金额，计入国家预算内。此时，上一年度不足金额也应当一并计入。

②公团应当于每年 3 月 31 日前计算下一年度国家负担金额，并提交

至中央行政机关负责人（总统所属机关及国务总理所属机关、辅佐机关等）。

第 70 条之二 （国家负担金计算利息率）

法第 46 条第 4 款规定的国家负担金额及国家负担金额的利息，应当适用每年 1 月 1 日全国银行定期存款利率中较高的利率计算，每个会计年度加算复利。

第 71 条 （国家负担金的缴纳）

①法第 46 条规定的国家负担金额分为一年四期，每期由相关中央行政机关长官向年金收缴机关缴纳，收缴机关向中央行政机关提交收据并向公团提交汇款通知书。

②删除。

第 72 条　删除

第 72 条之二 （迟延金的征缴）

①法第 51 条规定的迟延金利息，应当以每年 1 月 1 日全国银行适用的定期存款利率中较高利率的两倍计算。但，聘用申报迟延导致未及时缴纳个人负担金时，聘用日所属月份之次月 1 日开始，至聘用申报书被公团受领之日所属月份末为止，适用该年度 1 月 1 日全国银行定期存款利率中较高的利率，计算利息。

②由于学校机关的关闭学校、天灾地变或其他不可抗力事由导致未在缴纳期间内缴纳负担金时，不予征缴第 1 款规定的迟延金。

第 73 条 （强制征缴）

①第 25 条规定的退还金，第 69 条规定的个人负担金、法人负担金或第 69 条之二规定的灾害补偿负担金，未在规定期限内缴纳时，公团应当自缴纳日至一个月以上三个月以内的范围内，发送催缴函。

②发送第 1 款催缴函后，仍未在催缴期间内缴纳时，可以根据国税滞纳处分的规定，通知强制征缴。

③符合下列事由导致公团认定滞纳处分时，应当向教育部长官提交滞纳处分许可申请书：

1. 滞纳期间六个月以上时，但，退还金经过第 1 款规定的催缴期间的除外；

2. 学校经营机关解散或收到撤销许可处分时。

④教育部长官收到第 3 款规定的滞纳处分许可申请时，自接受之日起 30 日内，决定是否许可并通知公团。

⑤公团职员根据法第 52 条第 3 款的规定，进行滞纳处分时，应当向利害关系人出示滞纳处分许可书及身份证件。

第 73 条之二（亏损处理）

符合下列情形时可以进行法第 52 条第 4 款第 3 项规定的亏损处理：

1. 滞纳人长时间下落不明或确认无财产时；

2. 其他不可抗力的事由导致认定退还不可能时。

第 74 条（基础月所得额变动时个人负担金的计算）

教职工基础月所得额变动导致同一个月存在两个以上的基础月所得额时，学校机关负责人应当以该月份薪酬支付日的基础月所得额为基础，计算个人负担金。

第 75 条（申报身份变动）

学校机关负责人发现教职工退职、死亡、转出（含教职工退职后，自退职之日或其次日重新聘用为教职工而未受领退职薪酬及退职报酬的情形）、休职等在职身份发生变动时，应当立即向公团提交身份变动申请书。但，接受教职工转入的学校机关负责人，向公团提交转入申报书时，原学校机关负责人不用再提交转出申报书。

第 75 条之二（年金金额的转账）

①《公务员年金法》或《军人年金法》规定的退职年金、早期退职年金或退役年金的受益权人被聘用为教职工时，根据法第 32 条的规定年金法中的在职期间或服役期间合算后退职或者死亡时，公团应当立即要求公务员年金公团或国防部长官转账法第 52 条之二规定的薪酬额。

②第 1 款规定的公务员年金公团或国防部长官向公团转账的金额，是法第 52 条之三规定的教职工退职或死亡时，根据《公务员年金法》或者《军人年金法》规定，可以支付的薪酬额。此时，薪酬额计算时，教职工退职或死亡时按照法律规定受领的金额，视为符合《公务员年金法》或者《军人年金法》规定的同种类支付事由计算具体金额（早期退职年金则以退职年金或退役年金中扣除法律规定的早期退职年金的减额比例）。

③公务员年金公团或国防部长官应当将第1款规定的薪酬,根据下列方式转移至公团:

1. 退职年金、早期退职年金、退役年金或遗属年金每年支付两次,上半年度于3月31日前支付,下半年度于9月30日前支付;

2. 法第38条规定的薪酬、年金准用法第36条规定的替代年金支付的薪酬及同法第54条规定的退职遗属年金附加金及退职遗属年金特别附加金等,自上一年度9月至本年度2月为止的金额,应当于本年度3月31日前支付,本年度3—8月为止的金额应当于本年度9月30日前支付。

④根据法第52条之二及第3款第1项规定,公务员年金公团或国防部长履行每半期支付前,公团应当每年调查一次涉及《公务员年金法》或者《军人年金法》规定的退职年金受益权、早期退职年金受益权、退役年金受益权或遗属年金受益权的消灭事由、减额事由等影响支付的事由,并向公务员年金公团或国防部长官报告。

⑤公务员年金公团或国防部长官在第3款规定的期间内,未支付薪酬时,迟延期间内适用每年1月1日全国银行定期存款利率中较高的利率计算利息并且每个会计年度计算复利支付。

第六章　审查请求

第76条 (报酬再审委员会的组织)

①法第53条规定的私立学校教职工年金薪酬再审委员会(以下简称"薪酬再审委员会") 由委员九人构成。

②第1款规定的委员以教育部五级以上公务员(含高层公务员所属的一般职位公务员)或在奖学官、医疗界、法律界、社会保障相关学识与经验丰富的在职人员中由教育部长管任命或委派。

第77条 (委员的任期)

①委员的任期为三年,委员为公务员时,退职或者补充人员除外。

②补选委员的任期以上一任委员的剩余期间为限。

③委员可以连任。

第78条 (委员长)

①薪酬再审委员会设置委员长一人,委员长在委员中选任。

②委员长统领会务，不可抗力导致无法正常履行职务时，由委员长指定委员代为履行职务。

第 79 条（议事）

①薪酬再审委员会会议由委员长召集。

②薪酬再审委员会会议以全体委员过半数出席和出席委员过半数同意而表决。

第 80 条（委员会的事务及委员薪酬）

①为了有效处理相关事务，薪酬再审委员会设置干事一人和书记若干人，书记与干事由公团理事长在所属职员中任命。

②出席薪酬再审委员会的委员（不含公团工作人员任委员的情形），公团应当在预算范围内支付报酬。

③薪酬再审委员会运营相关事宜经薪酬再审委员会决议后由委员长决定。

第 81 条（审查请求的程序）

①他人对薪酬决定、负担金的征缴等存在异议时，可以根据第 53 条第 1 款的规定申请薪酬再审委员会审查，并在法第 53 条第 2 款规定的期间内，向公团提交审查申请书和提请申请之理由。

②公团应当在接到第 1 款审查申请书之日起十日内，向薪酬再审委员会提交答辩书、其他必要材料以及相关申请书，并要求审查。

第 82 条（请求书的补足及请求的驳回）

①第 81 条第 1 款规定的审查申请书或同条第 2 款规定的答辩书，存在需要补充的事项时，薪酬再审委员会可以确定补充期间，要求申请人及公团补充材料。

②申请人在第 1 款规定的补充期间内未补充时，审查申请书记载的事实无法审查时，可以驳回申请。

第 83 条（对关系人的通知）

①薪酬再审委员会收到第 81 条审查申请时，应当通知相关教职工、学校机关负责人等。

②接到第 1 款通知的薪酬再审委员会可以对本案陈述意见。

第 84 条（报告或意见的陈述）

薪酬再审委员会认为必要时，可以向其他相关人员报告或者陈述意见、出席接受提问等。

第 85 条（审查的决定）

①审查决定以书面形式进行。

②第 1 款决定书中记载主要内容和理由，要求委员长及参会委员签字或盖章并将复印件发送至申请人、学校机关负责人及其相关人员。

第 86 条（决定的效力）

薪酬再审委员会决定的事项，自决定书复印件送达申请人时开始发生效力。

第 87 条（关联人的实报实销）

根据第 84 条的规定，公团应当向出席薪酬再审委员会的相关人员进行适当补偿。

第七章　私立学校教职工年金基金

第 87 条之二（私立学校教职工年金基金的运营方法）

①根据法第 53 条之三第 2 款第 1 项规定，可以托管或信托私立学校教职工年金基金（以下简称"基金"）的金融机构如下：

1.《银行法》规定的银行；

2.《资本市场与金融投资业法》规定的投资买卖业、投资中介、集合投资业、信托业、投资咨询业、投资委托业、证券金融公司及综合金融公司；

3. 删除；

4. 删除；

5.《邮局储蓄及保险法》规定的滞薪官属；

6.《相互储蓄银行法》规定的相互储蓄银行；

7.《保险业法》规定的保险公司。

②法第 53 条之三第 2 款第 2 项规定的有价证券的范围如下：

1.《资本市场与金融投资业法》第 4 条规定的证券；

2. 删除；

3. 不符合第 1 项规定的有价证券但教育部长官许可收购的有价证券。

③法第 53 条之三第 2 款第 5 项规定的基金增值业务或福利增进事业

如下：

1. 不动产租赁业及不动产增值或提高利用率的业务；

2. 提高教职工后勤福利的医院、休养设施、疗养设施、小卖店等福利设施经营业务；

3. 观光业及其附带业务；

4. 《资本市场与金融投资业法》第 5 条第 2 款规定的场内衍生商品交易（仅限于同法第 8 条之二第 4 款第 2 项规定的衍生商品市场中交易的商品）；

5. 《外汇交易法》第 3 条第 1 款第 9 项及第 10 项规定的衍生金融交易（不含投机目的的交易）；

6. 《风险企业培育特别措施法》第 4 条第 1 款规定的投资风险企业；

6 之二．《中小企业创业支持法》第 2 条第 5 项规定的中小企业创业投资合伙，及《信贷专门金融业法》第 41 条第 3 款规定的投资新技术业务投资合伙；

6 之三．《风险企业培育特别措施法》第 4 条之三规定的向韩国风险投资合伙的出资；

7. 教育部长官认定的期待长期定期存款利率以上的收益事业。

第 87 条之三（私立学校教职工年金运营委员会的组织）

①删除。

②法第 53 条之四规定的私立学校教职工年金运营委员会（以下简称"运营委员会"）的委员如下：

1. 企划财政部及教育部四级以上公务员中（含高层公务员中的一般职位公务员）负责私立学校教职工年金制度或基金运营相关业务的三个人；

2. 私立学校教职工年金业务相关的公团高管二人；

3. 教职公团体推荐的私立学校教职工五人；

4. 私立学校设立、经营人三人；

5. 退职年金受益人一人；

6. 《非营利民间团体支援法》第 2 条规定的非营利民间团体所属的人两人；

7. 有私立学校教职工年金相关学识与经验丰富的人三人。

③委员任期为三年且可以终止任期。但，第2款第1项及第2项规定的委员的任期以在职期间为限。

第87条之四　删除

第87条之五（委员长的职务）

①委员长代表运营委员会并统管委员会业务。

②委员长无法履行职务时，由委员长指定的委员替代履行职务。

第87条之六（会议）

①委员长召集运营委员会并担任议长。

②运营委员会会议由全体委员过半数出席并以出席委员过半数同意形成决议。

③公团的监事出席运营委员会并陈述意见。

第87条之七（干事与书记）

①运营委员会设置干事一人及书记若干人承担运营委员会事务。

②干事与书记由委员长在公团所属职员中任命。

第87条之八（薪酬）

公团应当在预算范围内向运营委员会出席的委员支付报酬。

第87条之九（基金运营的公示）

教育部长官应当在每年会计年度结束后的三个月内在官报中公示基金决算内容。

第八章　附录

第88条（时效起算日）

①根据法第53条第1款和本令第81条第1款，不服薪酬再审委员会的审议结果，再次提起不服申请而胜诉时，薪酬受领权自判决确定之日起开始计算法第54条第1款规定的诉讼时效。

②根据第66条第4款规定，部分薪酬额支付终止时，终止薪酬的受领权符合第66条第4款规定情形起开始计算法第54条第1款规定的诉讼时效。

第89条（年金相关事项的电算处理）

公团针对适用法律的教职工将下列年金相关信息进行电子化管理：

1. 负担金、返还金的缴纳事项；

2. 新员工聘用、升职、转入、强制聘用、休职、退职等身份变动相关事项；

3. 国库委托助学贷款及公团实施的信贷相关事项；

4. 其他信贷相关事项。

第 89 条之二 （新聘用教职工的聘用申报）

新聘用教职工时，学校机关负责人应当立即向公团提交教职工聘用申报书。

第 90 条　删除

第 91 条 （印章的登记）

学校经营机关负责人及校长应当将其印章向公团登记。登记的印章变更时，应当进行变更登记。

第 92 条 （对在职人员的情形调查）

为了薪酬所需资金的长期判断与薪酬制度的改善而搜集资料时，公团认为必要时，可以委托学校机关负责人对教职工进行情形调查。

第 93 条 （电子文书与格式）

①根据法或本令的规定，需要提交的申请书等材料和附加材料，可以以电子文书的方式提交。

②本令实施所必要的详细事项及格式（含电子文书的格式）由公团规定并公告。

第 94 条 （管辖厅的业务协助）

管辖部门许可或撤销设立、废止、解散学校机关时，应当在许可或撤销之日起一个月内通知公团相关事实。

第 95 条 （定额增减的通报）

机关章程或规则确定的业务职员规划人数发生增减时，学校经营机关负责人应当立即向公团通报相关事实。

第 96 条 （委托事业与费用承担）

①法第 60 条之三规定的有利于提高教职工福祉的业务等国家可以委托至公团的业务如下：

1. 助学贷款；

2. 住宅业务。

②第1款第1项助学贷款业务所需的费用,由国家在预算范围内承担。此时,部分费用可以在基金中借贷,基金出借的部分,国家承担的利息,适用出借期间每年1月1日全国银行一年期定期存款利率的较高利率。

③根据第2款后半段规定,基金出借的金额,自出借之日起两年后的三年内,国家一次性或分期缴付,国家应当将本金与利息计入预算之内并向公团缴纳。

④国家未按照第3款规定的期限内缴纳本金与利息时,迟延期间的利率,适用每年1月1日全国银行定期存款利率中较高的利率,并每个会计年度计算复利。

第97条(敏感信息及固有识别信息的处理)

①公团(含法第20条及本令第14条规定的公团业务受托人)实施下列事务时,必要时,调用根据《个人信息保护法》第23条规定的健康相关信息,及同法实施令第18条第2项规定的犯罪信息,同令第19条规定的居民登记证号码、护照号码、外国人登记证号码(以下简称"敏感信息及固有识别信息")。

1. 负担金等费用征缴相关事务;
2. 法第33条规定的薪酬的决定、支付、限制、调整及退还等事务;
3. 法第33条之二规定的看护报酬、辅助器材费用,或法第33条之三规定的再疗养的决定、支付、限制、调整、退还等事务;

3之二. 法第53条之三第2款第3项规定的资金借贷的事务;

4. 法第60条之三规定的委托业务;
5. 教职工福利事业相关业务。

②教育部长官为了履行法第52条及本令第73条第4款规定的业务,必要时可以使用包含敏感信息及固有识别信息的资料。

第98条(公团的报告)

①公团发现有人违反法第62条第2款规定时,应当制作报告书并向教育部长官提交。

②第1款规定的报告书应当附加违法行为人的陈述书,及其他能够证明违法行为的材料和公团的相关意见。

第99条(规制的再探讨)

针对第92条规定的在职人员情形调查,教育部长官自2015年1月1

日起开始，每隔两年（具体为每个两年的 1 月 1 日前）探讨适当性并提出相关改善建议。

附则

第 1 条 （实施日）
本令自 2018 年 9 月 21 日起实施。

第 2 条 （决定基础月所得额的适用例）
第 3 条之二第 1 款、第 4 款及第 5 款的修订规定，自本令实施后的基础月所得额决定之日起适用。

第 3 条 （返还金分期缴付次数的适用例）
除附录第 9 条外，第 19 条第 2 款的修订规定，自本令实施后合算在职期间之日起适用。

第 4 条 （年金清算及退职遗属报酬请求的适用例）
除附录第 9 条外，第 22 条之六及第 54 条之三的修订规定，适用于本令实施过程中请求年金清算或退职遗属报酬，以及相关申请处理过程之中。

第 5 条 （分缴年金的种类及支付时期变更的适用例）
除附录第 9 条及第 12 条外，第 28 条之二第 3 款的修订规定，适用于本令实施后报酬种类及支付时期变更申请的情形。

第 6 条 （依职权的残疾等级再评定的适用例）
除附录第 9 条外，第 45 条的修订规定，适用于本令实施后残疾年金受益权人。

第 7 条 （残疾状态确认相关的诊断要求的适用例）
除附录第 9 条外，第 46 条之二的修订规定，适用于本令实施时，满 19 岁以上的子女和孙子女作为遗属（含孙子女的父亲）的情形和残疾年金受益权人。

第 8 条 （综合残疾等级决定相关的适用例）
除附录第 9 条外，附表六种的但书修订规定，适用于本令实施前因残疾触发报酬事由的人。

第 9 条 （报酬发生事由的经过措施）
本令实施前发生报酬事由的人，适用从前报酬的规定。

第 10 条（报酬审议会之构成的经过措施）

①除第 21 条之二的修订规定外，本令实施后的三个月的范围内直至报酬审议委员会完成组建时，根据从前第 21 条第 1 款及第 2 款组成的薪酬审议委员会，视为修订规定的薪酬审议委员会，并对其会议适用从前第 21 条第 3 款的规定。

②根据第 21 条之二的修订规定，初次组成薪酬审议委员会时，从前第 21 条第 1 款及第 2 款规定的薪酬审议委员会的委员，自第 21 条之二修订规定初次组成薪酬审议委员会起至剩余任期终止之时，视为修订规定之第 21 条之二规定薪酬审议委员会。

第 11 条（退还金计算相关的经过措施）

除第 25 条修订规定外，退还金中受领报酬日之次日起至本令实施前的利息及迟延利息，适用从前规定计算金额。

第 12 条（退职报酬种类及支付时期变更申请的经过措施）

本令实施前的退职薪酬的种类及支付时期的变更申请，适用从前的第 53 条之三的规定。

第 13 条（职务负伤或疾病认定标准相关的经过措施）

除第 29 条及附表三的修订规定外，本令实施前的工伤或疾病的认定标准，适用从前的规定。

第 14 条（退休年纪及工作上限年龄相关的经过措施）

除第 53 条之二的修订规定外，本令实施前发生报酬事由时，退休及工作年龄限制，适用从前的规定。

第 15 条（迟延金计算时延误措施）

除第 72 条之二第 1 款修订规定外，缴纳日之次日起至本令实施前的迟延金，适用从前规定计算。

第 16 条（其他法律的修订）

①公务员报酬相关规定修订如下。

第 10 条第 3 款第 4 项的《私立学校教职工年金法实施令》第 55 条，视为《私立学校教职工年金法实施令》第 41 条及附表五、附表六。

②地方公务员报酬相关事项修订如下。

第 10 条第 3 款第 4 项的《私立学校年金法实施令》第 55 条，视为《私立学校教职工年金法实施令》第 41 条及附表五、附表六。